重新解读
现代中国学术史

修订增补版

方朝晖 著

中学与西学

中央编译出版社
Central Compilation & Translation Press

图书在版编目（CIP）数据

中学与西学：重新解读现代中国学术史：修订增补版 / 方朝晖著. —北京：中央编译出版社，2022.3（2024.9 重印）
ISBN 978-7-5117-3994-0

Ⅰ.①中⋯ Ⅱ.①方⋯ Ⅲ.①思想史–研究–中国 Ⅳ.①B2

中国版本图书馆 CIP 数据核字（2021）第 146256 号

**中学与西学：重新解读现代中国学术史（修订增补版）**

| | |
|---|---|
| 责任编辑 | 郑永杰　贾宇琰 |
| 责任印制 | 刘　慧 |
| 出版发行 | 中央编译出版社 |
| 地　　址 | 北京市海淀区北四环西路 69 号（100080） |
| 电　　话 | （010）55627391（总编室）　（010）55627309（编辑室） |
| | （010）55627320（发行部）　（010）55627377（新技术部） |
| 经　　销 | 全国新华书店 |
| 印　　刷 | 北京文昌阁彩色印刷有限责任公司 |
| 开　　本 | 710 毫米×1000 毫米　1/16 |
| 字　　数 | 514 千字 |
| 印　　张 | 37 |
| 版　　次 | 2024 年 9 月第 1 版 |
| 印　　次 | 2024 年 9 月第 2 次印刷 |
| 定　　价 | 98.00 元 |

新浪微博：@中央编译出版社　　　微　信：中央编译出版社（ID: cctphome）
淘宝店铺：中央编译出版社直销店( http://shop108367160.taobao.com )　（010）55627331

本社常年法律顾问：北京市吴栾赵阎律师事务所律师　　闫军　梁勤
凡有印装质量问题，本社负责调换，电话：（010）55626985

# 中学、西学与历史文化传统
## ——序《中学与西学》一书

何兆武

友人方朝晖先生多年来潜心于古今中外经典之哲理,每发之为文辄匠心独运,多有创见,启人深思。最近,以其历年研究之心得汇为一书,题名《中学与西学——重新解读现代中国学术史》,力图为此百余年来争论不休的问题作出一份理论性的总结。

## (一)

历史上所谓中学与西学既有其可比性,又复有其不可比性;过去人们所谓的中学与西学与今天人们所谓的中学与西学,其含义有连贯性,又复有断裂性。简单说来,这一问题和某些其他类似的问题一样,是一个具有两重性的问题,而过去的研究者往往执一以求,但执其为一贯,不知其为两重,故在理论上每陷于扞格难通,不能自圆。

学或科学,作为纯粹理性产物的知识(拉丁文的 Scientia 或德文的 Wissenschaft)而言,本无所谓中西之分,而只有所谓真伪或正确与错误之分,也有精粗与高下之异,但无本质之别。如"一尺之棰日取其半,万世不竭"这样的命题,本无所谓中西;或者用通俗的话来说,亦即真理是放之四海而皆准的。而过去人们所习惯称之为中学与西学的,大多并非是什么学术理论本质上的不同，而只不过是不同的历史文化背景之下所积淀的价值观或者思想习惯的不同。历史文化只不过是一种人为的方便设定，虽则习之既久，似乎也就成了自然（天性），但它毕竟是不断去改变着的，而不可能是万世不变的。这当然只是我个人的看法，即严格说来并不存在什么中学、西学之别，而只有不同的历史文化背景之下所形成的思想习惯的不同。是"学"就有真伪高下之别，东海、西海并无二致；至于不同的历史文化所积淀的心态，则可以千姿百态、千别万殊，很难判定其间有什么真伪或高下之别。我们不应把对客观事物的知识的判断与对主观的价值取舍的判断混为一谈。

人们天生的认识能力并无二致，导致他们思想取向不同的乃是后天不同的社会境况。例如，过去有人认为中国人不善于逻辑思维。假若是如此，那么其原因也绝非是由于中国人天生来就拙于逻辑思想，而只是后天的历史条件未能导致中国的思想朝着这个方向去发展而已。思想上的不同取向并非是先天注定的，而只能归因于不同的文化导致了不同的发展途径。另一个争论多年的问题：中国历史上为什么没有出现（近代意义上的）科学，似也应作如是观。

大抵上，我同意作者所拈出的，过去所谓的中学与西学之别乃是两种不同的思维方式之别，即"是怎样的"和"应该是怎样的"之别。但是导致了这一点的却须归因于双方历史社会背景的不同才导致中国思想文化走上了主德主义而西方则走向了主智主义的道路。这一点只要比较一下中世纪的中国经学与西方的经院哲学，双方代圣人立言的精神实质并无二致，就不难找到解答。归根到底，这个差异乃是时代上的（中世纪与近代），而非本质上的，即所谓中西之别。中国历史步入近代化的阶段，其间，最为关键的一端在于她必须要掌握近代科学。我们没有理由说，中国人的心智就掌握不了近代科学。中国的历史当然也必定要走上近（现）代化的这条不归路，所以她也必定要掌握近代科学及其思维方式。至于民族的、历史的、文化的乃至个人的差异，并不妨碍其学术思想的（广义的）科学取向。其间的差异是必然会有的，但学术思想中的真理内涵却是普遍性的，并不因人而异。如果可以这样理解的话，那么中学、西学作为学而言，仍然是可以而且应该是通约为一体的，学术思想中的真理是普遍性的，其间的不同，只不过是不同的历史文化背景所形成的某种心态上的不同。也可以说，人的智性能力是先天给定的，并无古今中外之别，但在不同的现实条件之下，则其表现形态便会各不相同。除非我们认为人类历史上各个民族各自走着其独特的截然不同的道路，否则的话，共同的历史道路就必然会有其共同的科学与共同的思想。各个民族的文化特色当然（而且也必然）会保持下来并不断地发扬光大。但这并不关乎中学与西学有什么本质上的不同。

作者在本书中所论及的中学与西学的不同，关系到中西思维方式不同的问题，我以为这是一个有价值的论点。这个问题似也应从其两重性着眼：一方面是某种特定的思维方式本身是否能被人类普遍的纯粹理性所裁可，一方面则是这一特定的思维方式在多大程度上是由于不同的历史文化的积淀所使然。把两个不同性质的问题混为一谈，结果便不免治丝而棼，对一个假问题是永远不可能给出一个真答案的。我们不可以把伦理上的善恶混同于认识上的真伪或是非。求真是一回事，求善又是另一回事，而人们却往往执求善作为标准以求真，结果是永远纠缠不休，而一无所获。本书对此问题有颇为详尽的论述，是足以启人深思的。假若我们能把这个问题加以澄清，把伦理道德的诉求排除于求真的范围之外，那么历来的许多成其为问题的问题，大都不难迎刃而解，而不再成其为问题。进而言之，则古今中外的许多问题之成其为问题，大都是由于特定的历史文化与社会的背景所使然，而与思想理论的本身并无关系。

这涉及中学与西学的可比与不可比的问题。在哪种意义上双方是可比的，或者说对双方进行比较是有意义的，又在哪种意义上对双方进行比较就是毫无意义之举。这其实也是真问题与伪问题之别。大抵上，涉及价值观的不同或文化惯性的往往是不可比的，而涉及纯粹理性或工具理性的则是可比的。物质生活的层面是可比的，而精神生活的价值则是难以比较的。什么是生活的方便和舒适是可比的，而什么是生活的美好或幸福则是难以比较的。作者在本书所涉及的这一方面是值得人们深入探索的。本书不仅从理论上探讨了上述有关的问题，而且进一步诠释了中国近代思想史上的几次大论战，如中国哲学的特色、国粹与现代化等等，也对近代思想史上一些重要的代表性人物如冯友兰、牟宗三、梁漱溟等人，一一作出了作者本人的评价。

科学和思想都没有最后的定论，因为它永远是在发展着的，而不会停滞在某一点上固定不动。哲学也没有最后的结论，因为人们的认识和理解也是不断变化和深化着的。没有最后的答案不等于就应该不去追求最后的答案。本书所探索的是评论带有根本性的问题，值得读者的深思，尽管每个人可以有自己的解答，但这些问题是无法回避的。

## （二）

一个多世纪以前，中国文化思想界曾经爆发过一场中学与西学之争的大论战，那实质上是一场保守与进步之争、守旧与维新之争。本来，所谓学只有正确与错误之分、真与伪之分，而无所谓中与西之分。学术者，天下之公器也，并无所谓中西之分的。几何学源出于希腊（或埃及），没有理由说几何学是希学或埃学。代数学源出于阿拉伯，也没有理由说代数学是阿学。别的民族一样可以学好几何学和代数学，甚至比古希腊人的几何学或中世纪阿拉伯人的代数学来得更加高明。中国人历史上有过四大发明，但也不能说那就是中学，别的民族不能有的，就是学也学不好的。任何学都不是某一个民族所能垄断的专利，所以没有理由可以挂上一个中学或西学或英学、法学之类的招牌。任何学是任何民族都可以学到手的，而且完全有可能青出于蓝。就学之作为学而言，本来无所谓中西。总不能说马克思主义是德学，尽管马克思本人是德国人。不过，百年前的那场大论战却并非没有意义。在当时的历史条件之下，所谓的中学有其具体的内涵，所谓的西学也有其具体的内涵。当时的中学是指三纲五常，西学是指声光化电。中学为体、西学为用的具体含义就是说：我这个君主专制政体的绝对权威是不能动摇的，虽则科学技术的用处也还是少不了的。及至后来，历史条件变了，再标榜中学、西学就没有任何意义了。在今天，你怎么界定中学、西学？难道西方学术就不研究伦理道德？难道中国学术就不研究物理学、化学？五四时期所揭橥的民主与科学两面旗帜已经是全人类共同的价值取向，其内容实质上不存在什么中西之别。然而一百年后神州大陆竟然又掀起一阵中学、西学之争，实在叫人觉得有点不知所云了。难道时代竟然倒流，乃至我们又回到了一百年以前的思想认识的水平了么？

　　然则，究竟有没有中学和西学呢？也可以说是有的，但只能是限于下述的意义的，即到某些学术在历史上最初是出现在中国的，我们就简称之为中学；最初是出现在西方的，就简称之为西学。一种学术的出现当然和它的具体社会历史条件有关，但并不和某个民族有必然的内在联系。别的民族处于相同的条件下，也完全可能作出相同或类似的贡献。几何学也好，印刷术也好，帝王专制也好，仁义道德也好，莫不皆然。其间当然也有偶然的个人因素在起作用，但那无关乎本质的不同。所谓中学西学之分，不外是历史发展的不同，但其间并没有一条不可逾越的鸿沟。所有的民族大体上都要走全人类共同的发展道路。毕竟真理是放之四海而皆准的，其间并无中西之分或者华夷之辨。在学术上谈不到什么夷变夏或夏变夷，而应该是通常所说的坚持真理、修正错误，取其精华、弃其糟粕。这里并不存在任何先天注定了的本质之不同，像是吉卜林（R. Kipling）口出狂言所说的什么东方是东方，西方是西方，他们永远也不能会合。

　　任何民族的文化或学术既是与一定历史条件相制约的产物，也就必然会随历史条件的改变而改变。这一点是不言而喻的。一百年前中学与西学之争的那一幕，到了五四就已经寿终正寝了。此后再继续这一争论（如全盘西化或保存国粹之类）就成了毫无意义的语句。不过在那场争论中以及在前几年再度被炒起来的那场争论中，似乎有一个根本之点却是往往被人忽略了的,没有受到应有的重视:那就是中西历史不同的具体背景长期以来所形成的中西文化心态之不同,也可以叫作"情结"的不同吧。如恩格斯《家庭、私有制和国家的起源》中提到过日耳曼人比起古典的古代来,历来就比较尊重女性,就是不同的文化心态之一例。文化心态固然也不必一定永世长存,但它又确实是在漫长的时期内一直在渗透人们的心灵的,这也是不争的事实。与其浪费口舌纠缠一些假问题的无谓之争,何如认真地探讨一下具体的历史条件之下所形成的具体的心态这类问题。长期以来历史教科书大抵是空洞说教的成分多,而具体的心态分析和解读的内容少;假如能跳出空洞的概念之争,进入实质性的心态研究,或许会更有助于我们理解历史,并能更公正地判断历史。威尼斯画派喜欢画裸体美女,倘若被一个严肃的卫道者看到了,他必定要斥责说这哪里是什么艺术,分明是道德败坏、腐化堕落;而另一个浪漫的艺术家则会称赞这是最美好的艺术、最崇高的理想,哪里会有什么道德败坏和腐化堕落。假如让双方来进行一场辩论,大概是谁也说服不了谁。归根结底,双方的不同无非只是不同文化背景所积淀的价值观或心态不同罢了。一个人固然免不了要采取某一种观点,但如果同时也能学会多以另外不同的观点来思考,或许就更能深化自己的认识和提高自己的境界。如果能从具体的文化心态的角度切入,或许更能得出较为深层的看法——尽管深层的看法也未必就是确凿不移的结论。

因而忆及历史学界前辈北大邓广铭先生谢世后,曾看到有一篇纪念文章提到:有一次(当然已是"文革"之后)邓先生在系里闲谈,曾有这样的话:老实说,我(邓先生)在"文革"中并没有吃太大的苦头,因为我的原则是好汉不吃眼前亏。好汉不吃眼前亏——这条原则在伦理上能成立吗?不妨设想,假如你是单身一个人黑夜里遇到暴徒手持武器,勒令你放下钱包。如果这时候你同他英勇地进行生死搏斗,当然不失为一个维护正义的英雄好汉。但若是你老老实实地交出钱包来,那恐怕也不失为明智之举。权衡利害得失,一个人又何必一定要舍命不舍财呢?不过这项灵活性与原则性相结合的有效性,应该允许推行到一个什么限度呢？所谓好汉不吃眼前亏，就必然是以牺牲原则性为其代价的，它必然导致说假话、办亏心事等等。邓先生本人若是在"文革"中说了真话，大概也是不会不吃很大的苦头的。故而说假话、办亏心事怕也是属于悠久的传统文化心态之一。雍正皇帝当年不杀曾静，为的是不但要给他那部《大义觉迷录》留下一个反面的活教材，而且还要逼得大小臣工争先恐后地纷纷表态，为文作诗，摇笔乞怜，一面詈骂曾静罪不容诛，一面就肉麻地歌颂天子圣明。这种具体的心态，难道不是比空洞的理论思想更值得研究么？

历史研究者往往喜欢引用一句谚语：历史决不重演。具体的历史事件自然是不会重演的。但是某些历史的精神，即一个民族根深蒂固的文化心态却可以不断地重演，直到它能自觉地进行一场理论性的自我批判为止。也许纯理论的探讨要和这种具体的心态研究结合起来，才能使我们对于所谓的中学与西学的理解达到更高一层的境地吧。

# 修订版自序

在 2002 年本书旧版中，我曾这样写道：

> 任何一种学术，作为一项长久的人类事业，都有自身独特而内在的传统。用中国人的话来说，这个传统可以叫作学统。一种学统之所以能长久地传承并发展下去，是因为它有自己独立的内在逻辑，以及与这一逻辑相关的人性的境界。
>
> 如何来认识西方两千多年来薪尽火传、绵延不绝的学统呢？我认为，辩证法、形而上学这两个西方哲学范畴足以说明许多问题。从这两个西方学术范畴出发，深入探讨西方学术传统所具有的若干基本特征，可以发现，这一学术传统为每一个追求及参与其中的人提供了无限神奇的精神王国，即在对至高无上的"宇宙真理"的追求中所体验到的人性升华与欢乐。事实上，两千多年来的西方学术传统，之所以能呈现出自身强大的独立性，并不是由于它预知或追求给现代世界带来巨大的科技物质成果，而是由于它从一开始就是一个有着自己独立的精神价值、精神理想和精神命脉的传统。然而，20 世纪中国学者们在强烈的救中国愿望的支配下，从来都没有真正理解过西方学术传统背后的精神境界，这样一个伟大的学术传统，一个多世纪以来并没有被中国人真正接受过……

当然，正如读者从本书所看到的那样，我并不是说只有西方有独立而伟大的学术传统，中国同样有自己独立而伟大的学术传统。本书的主要目的在于说明，这两种学统完全可以并行不悖，而不必相互纳入对方的体系或分类中，尽管二者之间可以相互借鉴、吸收和欣赏。过去一个多世纪中国学术的可悲命运就在于，在学习、接受西方学术传统的过程中，将中国古代学术传统完全摧毁了。我在后来的一篇文章中这样总结道：

> 现代中国学术是用西方学科范畴和学术概念解构中国古代学术传统（儒家学统）的产物。这一形成过程的特征，使它带上了一种先天的后遗症：由于用西方式知识眼光解读传统学问，导致以修身、践履为本的中国古代学统的丢失，进一步导致现代中国学人在精神上无家可归；由于用东方式功利心态接受西学，又导致对以认知主义为本的西方学术食而不化，难以超越其表面观点，上升到学统高度、在精神旨趣上与之同步。因此，现代中国学术的一个致命问题就是学统的迷失——既丧失了儒家学统，又不能在中国文化中建立起西方式学统。具体表现为：学人在学术参与中找不到安身立命的终极归宿，感受不到无穷无尽的意义之源，学术研究为过于功利的目标所主宰，乃至成为满足当下现实需要的工具。（《中华读书报》2011年5月11日）

此文源自拙著《学统的迷失与再造：儒学与当代中国学统研究》（2010），而其思想源头则是2002年版的《"中学"与"西学"——重新解读现代中国学术史》一书。

本书以哲学、本体、ontology、辩证法、形而上学、伦理学、儒学等范畴为主题，通过深入分析它们在西方语境中的含义及其在现代中国的演变，试图说明现代中国学人因为长期不理解西方学术的精神，习惯于从中国学术惯有的观点来曲解西学；另一方面，全面引进西方学科和概念,从而将中国传统学术五马分尸、强行纳入西方知识体系,又导致了中国传统学问的人为中断。今天,我更认为当代中国的学统问题表现在两个方面:一是学术范式的难产,二是学人意义的丧失。

本书是我20多年前从西学转入中学(国学)过程中的心得和所见。20年来,笔者参加各种会议、阅读各种文章,并未发现自己当年所提现代中国学术在吸收、引进西方学科时的相关问题得到了广泛重视,也没看到我当年所意识到的一些问题有所改观。很多人对于自己所从事的学科,往往是关心其实际用处,不问其根本基础;深陷其具体问题,不疑其终极意义;迷恋其现实作用,不究其合法性根源。全面、深入反省现代中国学术的学统问题或范式危机,在今天仍然是一个亟须面对的,关系到现代中国学术能否成熟或走向世界,也关系到无数学人精神世界能否安顿的大问题。这是我有意再版此书的原因之一。所以我不认为自己当年的相关研究已经过时,尽管当年的研究并非完美无缺。

当然,本书有的观点我现在并不认为最妥,比如从"知"与"做"来区分西学与中学,今天我宁愿用康德提到的"思辨"与"实践"这两个概念。本书语言表述有时较为偏激,这次修订虽有所调整,但恐难完全消除旧迹。我为此感到有些遗憾,但也无可奈何,读者不妨把这些当作我当年年少气盛的见证吧。

这次新版,犹豫不决的一件事是要不要大幅调整全书结构。虽然非常不想改变原书章节次序和整体结构,但最终还是作了大幅调整。这主要是因为新增的两章使我意识到,原书八章内容可以大体分为两组,一组是讨论几个西方哲学范畴的,而另一组是以中国传统学问——儒学为重心的若干专题。因此,我最终痛苦地采取了调整结构的方案。另外,旧版中"理解西方两千多年来的'学统'"那章,本来就以辩证法、形而上学为重心,篇幅较短,也与总体风格不太一致,反复考虑后,将其分解合并到了辩证法、形而上学两章。

最终,新版分成了上下两编,上编主要讨论了哲学、本体、ontology、辩证法、形而上学等几个基本哲学范畴,它们在近代中国的含义变化,学人们如何对此缺乏自觉,含义曲解背后隐含的国人对西方学术传统的误解,对中国学术传统的抛弃,以及相关的当代中国学术问题。我想以此说明,自古希腊时代以来一开始以哲学为代表,今天发展成人文科学、社会科学、自然科学的西方学术,与中国古代学术不属于同一性质的学术传统,因此将中国古代学术纳入西方现代学术分类体系存在巨大困难。20世纪以来,中国人虽然在极短的时期之内引进了几乎所有的西方学科之名,但是他们从未真正理解和吸收西方学术的精神和思维方式。迄今为止中国人对这一学术传统的本质特征仍然相当隔膜。

下编主要讨论了儒学是不是哲学、儒学是不是宗教、中国古代有无伦理学等涉及中国传统学问的定位、当下流行的学科体系的合法性以及如何看待新儒家在处理中学与西学关系上的得失。其中有两章以儒学为例来讨论中国古代学术在性质上的定位,认为儒学作为中国古代学术的主体成分之一,与西方宗教而不是哲学传统更接近,因此将它称为哲学,或将它直接纳入现代西方哲学等学科范畴中去,是值得疑问的。最后一章以新儒家学者唐君毅的《生命存在与心灵境界》、牟宗三的"外王三书"等为例,试图说明当代中国学者是如何因为误解西方学术传统的实质,而在人为制造的中西结合问题上虚耗精力。通过剖析其学说在思维方式上的误区,论证现代新儒家在中学、西学结合方面所作的理论尝试失败的根源,从而试图对中学与西学的关系、未来中国学术的方向等一系列重大问题提出若干总结性的说明,认为中学与西学的结合主要不是一个理论问题,而是一个实践问题;等等。

上编与下编存在侧重点的不同,但上下两编是相互呼应、内在关联的。

在此特别说明一下,正如读者可以看到的,新版的结构虽有了较大变化,内容也有所增加(具体变化后记有详细交待),但旧版的内容基本上完整地保留了下来,只是增加了后来新写的、我认为与本书主题一致的两章和一个附录。对于看过本书老版的读者,我想说的是,此书本为若干专题长文的结集,故而虽然新版调整了次序结构,但并未影响原各专题论文的内容（尽管内容上有修订）。

总的来说，尽管本书有内容的统一性，但各章是自成一体、各自独立的。各章的开头也都有一个内容提要，可以使读者对各章内容有一个整体印象。

本书将许多背景材料放在了注释之中，读者或值得留意。

# 目 录

导论：现代中国学术的命运与前途 ………………………… 1

## 上 编

**哲学范畴的中国化及其内在问题** ……………………………… 27
    爱智慧与世界观的学说 ………………………………………… 29
    哲学的目的在于指导人生吗？ ………………………………… 30
    且看这一理解来自何种传统 …………………………………… 32
    Philosophy：作为一门学科与作为一个日常用语 …………… 34
    Philosophy：求知而未必求用 ………………………………… 36
    Philosophy：求知与思想的自由 ……………………………… 41
    以何为准：思维方式？研究对象？ …………………………… 45
    接受了是否等于理解了？ ……………………………………… 48

**本体的三种含义及其现代混淆** ………………………………… 59
    比较视野下的本体问题 ………………………………………… 60
    体用意义上的本体 ……………………………………………… 65
    体用论何以盛行？ ……………………………………………… 72

  宗教意义上的本体 …………………………………… 78
  宗教义本体在中国 …………………………………… 81
  哲学意义上的本体 …………………………………… 84
  三种本体不能混淆 …………………………………… 89
  小结：本体问题再思考 ……………………………… 93

**Ontology 与中西学术不可比性** ……………………………… 100
  Ontology 作为"是"之学 …………………………… 103
  求是：古希腊哲学在思维方式上的根本特征 ……… 109
  求是：整个西方学术的主要特征之一 ……………… 118
  中国古代学说也以求是为旨归吗？ ………………… 123
  从是与应该看中学与西学的不可比性 ……………… 129
  西学范畴可以用来整理国学吗？ …………………… 132
  科学可以解决人生观问题吗？ ……………………… 136
  哲学与宗教是一回事吗？ …………………………… 140
  中学与西学中的哪一支更有可比性？ ……………… 145

**辩证法与西方学术传统** ……………………………………… 159
  希腊文化的理性主义精神 …………………………… 160
  城邦、辩证法与希腊哲学 …………………………… 162
  辩证法概念的形成 …………………………………… 165
  古代世界的辩证法大师：柏拉图 …………………… 169
  如何理解辩证法？ …………………………………… 174
  对辩证法的误解 ……………………………………… 177
  柏拉图与孔子 ………………………………………… 182
  《美诺篇》与《论语》 ……………………………… 188
  哲学、科学与辩证法 ………………………………… 198
  辩证法与西方学统 …………………………………… 206

## 目 录

**形而上学与西方学术传统** ………………………………… 221
    "玄学吃饭的家伙"是"离心理而独立的本体" ………… 223
    "凡属官觉以上者,概以归之玄学" ……………………… 226
    来自《周易·系辞》的话语 ……………………………… 228
    形而上学 ≠ 形而上之学 …………………………………… 232
    西方人心目中的 Metaphysics ……………………………… 235
    如何理解 Metaphysics ……………………………………… 238
    形而上学是一门科学吗? …………………………………… 241
    英国经验论与形而上学 …………………………………… 245
    当代形而上学中的特例 …………………………………… 249
    形而上学与西方学统(一) ……………………………… 253
    形而上学与西方学统(二) ……………………………… 258

## 下 编

**儒学是哲学学说吗?** ……………………………………… 273
    问题的缘起 ………………………………………………… 274
    知与做:人类学术的两条路径 …………………………… 278
    从知的两种含义到学术的两种类型 ……………………… 285
    且看"四书"是怎样论"学"的 ………………………… 288
    义理之学:对"学"的进一步发挥 ……………………… 293
    再看"四书"是怎样论知的 ……………………………… 296
    义理之学:对知的进一步发展 …………………………… 301
    儒学真的可称为哲学吗? ………………………………… 304
    我们如何面对这些历史后果 ……………………………… 309

## 儒学是宗教学说吗？ ………………………………………… 320
关于儒教的各种争论 …………………………………… 322
宗教乎？哲学乎？ ……………………………………… 326
争论的若干焦点 ………………………………………… 329
飘荡在哲学与宗教之间的儒学 ………………………… 334
什么是宗教思维？ ……………………………………… 339
宗教与哲学思维方式之别 ……………………………… 344
儒学代表典型的宗教思维 ……………………………… 348
重新定位中学与西学 …………………………………… 352

## 中国古代有伦理学吗？
——兼论儒学与知识的关系问题 ……………………… 364
道德与知识的基本分野 ………………………………… 366
道德关怀的两种方式：认知的与实践的 ……………… 370
Sophia 与 Phronesis …………………………………… 374
伦理学≠道德学说 ……………………………………… 378
中国型态的伦理学？ …………………………………… 382
传统儒学家犯了重道德、轻知识的错误吗？ ………… 388
余论：儒学需要与知识传统相结合吗？ ……………… 394

## 新儒家与现代中国学术 ………………………………… 402
唐君毅的心灵九境说 …………………………………… 405
中学的境界比西学高吗？ ……………………………… 407
牟宗三的"自我坎陷"说 ……………………………… 410
是国家需要还是人性的理想？ ………………………… 413
科学的人性论基础 ……………………………………… 416
民主的社会文化基础 …………………………………… 418
儒家没有民主观念说明了什么？ ……………………… 420

## 目 录

  儒学：亟待重新定位自身 ………………………………… 422
  不是"坎陷""暂忘"，而是相辅相成……………………… 425
  重建内圣外王之道的基本思路 …………………………… 429
  论中国学术未来的三个方向 ……………………………… 434

**跋** ……………………………………………………………… 441
  当代中国学人的意义危机 ………………………………… 441
  对中国哲学史的反思 ……………………………………… 447
  中国哲学的范式危机 ……………………………………… 450
  现代儒学的出路问题 ……………………………………… 455
  现代中国知识分子的命运 ………………………………… 461
  现代化：中国知识分子的巨大困境 ……………………… 464
  现代化：目的、手段与意义危机 ………………………… 466

**附录：卡恩、王太庆、王路论"是"/Ontology/形而上学** ……… 470
  卡恩论 Being 与希腊哲学 ………………………………… 470
  王太庆对"是"与 ontologia 的研究 ……………………… 483
  王路对是、真与形而上学的研究 ………………………… 490

**参考文献** …………………………………………………… 497
**人名索引** …………………………………………………… 528
**术语索引** …………………………………………………… 535
**修订版后记** ………………………………………………… 566

# 导论：现代中国学术的命运与前途

## 一

20世纪中国学术在很大程度上是西学冲击的产物，对西学的回应成为20世纪中国学术的主要特征。这场冲击的影响之大，只要看一看下面这个简单的事实就足以明白了，那就是：今天，我们早已完全习惯于用西方现代学术的范畴和标准来衡量一切学术，特别是中国古代学术。比如说，我们已经完全抛弃了中学中过去特有的以"六艺"为核心、以四部为框架的学术分类体系，而完全采用了哲学、伦理学、政治学、经济学、历史学、社会学等一系列现代西方学科范畴。当我们谈论中国古代学术思想的时候，常常使用的一些名词是中国哲学（史）、中国伦理学（史）、中国认识论（史）、中国政治学说（史）、中国经济学说（史）等一系列学术范畴。这些范畴，甚至包括今天人们用得越来越多的中国思想史这个范畴，应该说都是西学影响的产物。因为古人基本上从来不用这些范畴来形容他们的思想及其历史，而是用诸如经学（史）、理学（史）、心学（史）、禅学（史）、道学（史）、格物之学、训诂之学、心性之学、义理之学……这类学术范畴。

然而，问题在于，这样一种回应西学的方式真的是天经地义的合理吗？下面这两个事实也许能进一步有助于我们理解这个问题：

第一，我们今天所广泛接受的哲学、伦理学、政治学、历史学等一系列西方学科，至少一直到19世纪中叶以前，都具有追求成为一门严肃的科学的主流特征。换言之，现代西方的学科范畴是科学求知的产物。具体地说，古希腊第一批哲学家就赋予了哲学（philosophia）这门科学"求是"这样一个最重要的特征；而苏格拉底（Socrates）以及特别是他的门徒柏拉图（Plato）则更是深入地探讨了哲学这门科学——epistēmē——"方法"重于"结论"的特征。他们虽然重视哲学"经世"的价值，但即便是经世，也出于"德性即知识"的信念；到了亚里士多德（Aristotle），则对哲学这门科学作了更加准确的定位，即强调哲学是一门产生于人对自然万物的惊异、出自人的自由本性因而与一切实用的关怀无关的学术。于是哲学成为一门有着自己独立的逻辑、创造着独特的人生乐趣而不是以满足这门学问之外的人生、社会及政治需要为主要目的的学术。古希腊哲学家对于哲学这个范畴的理解和使用，影响了一直到今天为止的西方学术主流。19世纪中叶以来，很多西方学者都对传统意义上的西方学术提出了严厉挑战，很多学者反对把哲学等学科看作是一门科学，但是这丝毫也不意味着我们可以脱离古希腊以来的西方哲学传统来理解西方现代学科范畴的成因及基础。正是从一个历史的、发展的观点出发，我们可以发现，我们今天所广泛接受的上述一系列西方学科，是一种独特的、中国古代学术中所完全没有的学术传统的产物，而这些学科的概念及其含义也绝不可以脱离西方学术的上述传统来理解。正因如此，我们可以提出这样的问题，即我们根据什么理由认为，我们可以把一系列产生于完全不同的学术传统的西方学科范畴，直接引进到中国古代学术系统中去，并用它来改造中国古代学术呢？

第二，我们知道，两千多年来，以儒、道、释为主体的中国古代学术，本来也是有自己的一整套学术分类体系的。单就儒学而言，早在孔子之前即已初步形成"六艺"（诗、书、礼、易、乐、春秋）的学问门类，孔子通过对各种历史文献的全面整理，使之正式成为六门固定的学问。此后伴随着学术的发展，学术分类方式也在不断进步和完善。从刘歆的

《七略》到荀勖的《中经》，从《四库全书》的精心编目到《古今图书集成》的系统分类，事实上已经证明古人已形成一整套成熟的学术分类体系。仔细研究儒家学术分类方法，可以发现，儒家学说的分类体系建立在不同的逻辑之上，摧毁或抛弃儒学固有的分类体系，就是对儒家学说内在精神的人为阉割。大体来说，西方学科范畴是针对着人类认知的目的而建立起来的，而儒家学术分类体系则是服务于人格的成长和终极关怀等实用的需要而建立起来的。前者遵从的是知的逻辑，后者遵从的则是做（doing）的逻辑。20世纪中国学术史的一个重要特征就是，把本来不属于认知范畴的学术强行纳入"认知性"的学术传统之中，从而导致几千年来绵延不绝的中国古代学术传统的人为中断。这种情况的发生，完全是由于到今天为止几代人都在用西方认知的逻辑来阅读、理解和接受中国古代学术的产物，这场对中国传统学术思想的普遍误读无疑同时也构成了我们民族现代学术史、思想史及文化史上一场空前绝后的灾难。

然而强调中学与西学的异质性，反对将西方学术及学科范畴直接应用到中国古代学术中去，在很多人看来是不可忍受的。其中的原因不外如下几条：

一是认为中国古代学术当中也存在着大量与上述西方相应学科研究对象相一致的内容。例如中国古代有大量讨论伦理道德问题的学问，与西方伦理学的探讨对象完全一致，都可以称之为伦理学。对于其他学科（如哲学、政治学、历史学等）也存在类似现象。

二是认为中国古代学术虽然遵从与西方学术不同的思维方式，但这只能证明中学与西学在思维方式上有侧重点的不同，而不能证明二者属于不同性质的学问。例如我们可以谈论什么是中国形态的哲学，什么是西方形态的哲学；若是否认中国古代有哲学，那么就失去比较中学与西学的框架了。

三是认为即使在西方，也有不少学者对学术本质的理解与中国古代学者相近，例如柏拉图对哲学社会功能的理解、海德格尔（Martin Heidegger）等人对哲学终极关怀的理解等就已与中国古代学术中的一些思想颇为接近。

现在让我们来看看这三种观点所存在的问题。

首先，必须指出，仅仅由于研究对象一致就把两种学问冠之以同样的学科之名是一个极为普遍的误解。如果两种学术性质不同，即使它们的研究对象一致，我们也不能以同样的名称称呼之。例如，伦理学与宗教学说都是以善恶问题为研究对象，但是这并不意味着宗教学说可以与伦理学混为一谈。事实上，亚里士多德以来所正式形成并绵延不绝的西方伦理学，之所以一直与西方宗教学说判然而别，主要是因为它们代表着两种迥然不同的思维理路。前者曾经是一门求知（knowing）的科学，对道德现象的认知是它的主要任务，而后者则以价值判断为特征，其主要任务是解答人生的终极关怀问题；宗教学说的主要内容是对人生的各种劝诫和箴言，而伦理学的主要内容则是对各种道德真理的客观认知，道德劝诫从来不是它的主要内容；宗教学说向人们提出的直接要求是投身于人格的践履、灵魂的拷问和心理的训练，而伦理学向从事它的人们提出的直接要求则是以更加合乎逻辑的方式进行思辨；宗教学说必定预设若干价值作为千古不变的追求，而伦理学作为一门科学则反对把任何现存结论当作无条件接受的前提；伦理学也可以基于对现实的批判来思考问题，但即便如此，它所提供的也只是对现实的深刻知识，而与宗教学说直接以解答人生的终极关怀为旨归不同。事实上，无论是西方现代一系列学科之名，还是中国古代的一系列学术门类，都不是某个人一朝一夕的发明，而是漫长的历史过程的产物，与这种历史过程相对应的是导致此种学术形成的独特思维方式。

其次，如果我们把两种思维方式不同的学问都称为同一种学问，必须十分清楚根据什么标准这样做。中学与西学在思维方式上的差异究竟属于同类学术内部的思维方式差异还是属于不同类型学术之间的差异，我们似乎应当首先提出恰当的标准来。比如说，科学与艺术、宗教分别代表着不同的思维方式，但是没有人认为它们属于同一种类型的学问；如果有人用科学的标准来衡量艺术和宗教，认为应按照科学中的学科门类来划分艺术和宗教,没有人不认为这是荒谬之极了。然而,有趣的是,正如我们在前面说到的那样,古希腊以来一开始以哲学为代表,后来逐渐发展为同时包括人文科学(humanities)、社会科学(social sciences)和自然科学(natural sciences)在内的西方学术,是作为严肃的科学追求发展起来的。我们也一向公认,对于科学性的追求不是中国古代学术的主流。中国古代学术的主体成分如儒、道、释,道家和佛教已被公认为是宗教,而儒家虽然不被人们称为宗教,但其思维方式与道家、佛家并无二致,且正因为如此,魏晋以来的中国学者多从这三门学问的互补性中得到启发。既如此,我们根据什么标准认为可以把一系列在追求科学性的基础上建立起来的学科范畴,应用到在宗教性思维方式的基础上建立起来的中国古代学术中去呢?在多数情况下,中国人一提到科学,就把它等同于自然科学,而对于人文科学、社会科学研究中的科学性往往一无所知,本书用大量事实来探讨什么是人文科学、社会科学研究的科学性,并说明这种科学性不仅在中国古代学术中极其缺乏,即便在今天它对于中国学者来说也是那么的陌生。

再次,尽管我们承认,像哲学、伦理学等一些西方学科本来就没有固定不变的含义,在不同的历史时期、不同的著作中人们对它们的理解也颇不相同,多数西方哲学史家也承认很难给它们下准确的定义;甚至于我们还可以找到一些对哲学等西方学科含义的理解与中国古代学者对于学问的理解颇为一致的哲学家来[如海德格尔、雅斯贝尔斯(Karl Jaspers)等人]。关于这一点,需要指出的是:对于我们今天所已大量引进的一系列西方人文、社会科学学科的含义以及西方学术的本质,只有用历史的、发展的眼光,结合那些西方学术和学科范畴赖以生长和发展的西方整个历史文化语境来理解,才能真正理解之。需要指出的是:

(1)对于一些西方学术大家与中国古代学者相近的思想,我们要区别对待。例如,苏格拉底、柏拉图虽然重视哲学的经世价值,但是如果我们看到他们处在希腊学术从发轫到定型的过渡时期,看到他们把哲学的经世价值完全建立在认知的基础上,就会自然理解到他们心目中的哲学与孔子心目中的学问绝无可比性（关于这一点，我在本书论述辩证法的部分作了专门探讨）。又如，像马克思（Karl Marx）、韦伯（Max Weber）等许多西方学术大家，其强烈的现实关怀似乎与儒家学者治国平天下的关怀一样，但是他们在具体进行研究的时候遵从的是科学路径，与中国古代学者追求明确的实践效果的研究方式截然有别。

（2）要分清主流与支流。尽管在今天的西方有像海德格尔那样的人走到了与中国古代学术思维方式类似的境地，但是如果因此而认为这种思维方式代表着西方现代学术的主流，那就大错特错了。在多数情况下，我们都是盲目夸大了一些西方哲学家的思想与东方思想的相近之处，而对他们的学术与西方传统学术之间的连续性认识明显不足（这种连续性的内容我们将在下面涉及）。例如，像胡塞尔（E. Husserl）、舍勒（M. Scheler）、伽达默尔（H. G. Gadamer）等西方现代哲学家，尽管对传统哲学思维提出了激烈的批判，但是其思想与西方传统学术的连续性仍然是极为明显的；他们讲事实与价值不分，只是揭示出一个认知性事实而已，从未把设计、论证、提供一套可直接用来指导现实的价值体系当作他们的主要任务。很多人试图以他们的学说来重新解释中国古代学术，以为总算找到中学与西学汇通的桥梁了，其结果往往只不过是把一些本来风马牛不相及的东西硬凑到一起来罢了，让人哭笑不得。

（3）强调中学与西学的异质性，并不意味着我们否认这样的事实，即两千多年来的西方学术，特别是19世纪中叶以来的西方哲学中，有不少成分与中国古代学术中的不少成分是可以相通的，甚至在思维方式上有相近之处。我们只是强调，对于历经两千多年逐渐形成的一系列西方学科范畴及整个现代西方学科体系，绝不能脱离西方学术发展的整个历史传统来理解。如果我们仅仅由于看到部分西方学者（如海德格尔等人）对于某个西方学科的理解（或者个别西方哲学流派的某些思想）与中国古代学术有相近之处，就认为可以以此为典型来理解整个西方现代学科范畴的含义，那完全是断章取义和割裂历史的做法。对于中国人来说，从宏观的、历史的高度来理解西学这一外来学术尤其重要。这是因为，一个多世纪以来，正是由于人们普遍地习惯于从中国古代学术的传统观念来解读西方学术，结果导致他们对于古希腊以来两千多年西方学术的传统从未真正理解过；他们不知道，他们如获至宝地从西方现代哲学中找到的一点与中学相同的地方，结果却变成了阻碍中国人了解西方文化、西方科学精神的源头和实质的一道道屏障！这难道不是一个异常可悲的事实吗？

（4）任何一种学术传统都不可能永久不变，西方学术传统未来可能发生种种变化是完全正常的。我们都知道，越来越多的西方现代学者对西方现有的学科体系展开了激烈的批判［如麦金太尔（A. MacIntyre）等］，如果有人因此而猜测，西方学术（如哲学）未来将会发生更大的变化，甚至可能会呈现出与中国古代学术更多的共通之处，那也并非完全不合情理。然而这是否意味着我们有理由将西方现代学科范畴直接应用于中国古代学术中去呢？答案是否定的。因为不管西方学术未来的发展方向如何，都是在现有学科体系的基础上进行的，而现有的学科体系又是两千多年来西方学术中一种基础性思维方式，即认知性思维方式的产物。正是由于在中国古代学术中这种思维方式从来不占主导地位，所以中国古代学术才没有形成我们今天所看到的诸如哲学、伦理学、政治学、历史学、经济学等一系列现代学科及其完整的体系。因此，即使将来有一天西方现有学科体系特别是其学科部门的划分都不复存在了，也不意味着20世纪中叶以前所形成的西方学科体系可以直接应用到中国古代学术中去，更不意味着两千多年来的西方学术服从同样的分类标准。

人们可以从各个角度来为用西方学科范畴重新整理国学的行为辩护，但是需要提醒人家注意的一个重要事实是：一百多年来，中国学者正是由于在对几千年西方学术的传统尚无深刻了解的前提下，出于种种功利需要而囫囵吞枣般的引进了几乎所有的西方现代学科范畴，才导致了国人对于西方学术的本质长期停留在只见树木、不见森林的状态。例如，我们看到，中国人习惯于把西方科学的价值局限于科学技术对于现实改造的功能上，从而导致他们不能正确理解西方人从古希腊时代起就一再强调的人文—社会科学研究的科学性，不能正确理解亚里士多德所强调的那种观点：即哲学——包括今天所说的自然科学、人文科学以及社会科学在内——的价值在于它满足了人性自在的兴趣，体现了人的自由本性（《形而上学》982b。1959a，5）。谁都清楚，古希腊哲学家研究自然并不是为了征服自然这个实用的目的，而出自一种自在的人性的兴趣。亚里士多德的观点在我看来即使到今天为止也仍然有着振聋发聩的意义，因为一方面，它表明西方人早在古希腊时期就已认识到，学术研究虽然可能给社会现实带来巨大的功利效果，但是这并不意味着学术的价值在于为外在的社会现实需要服务。恰恰相反，学术研究有自己独立的价值，即对于人性的发展所具有的独特价值。另外，我们还应认识到，亚里士多德之所以强调哲学研究的非实用性，强调它是"为学术自身而成立的唯一学术"（《形而上学》982b27。1959a，5），还意在强调学术研究应有自己独立的内在逻辑，这个内在逻辑就是学术研究在方法上的严肃性和合逻辑性。[1]我们还看到，今天中国学界对后现代主义特别感兴趣，往往是因为觉得它对批判现实有用；80年代以来中国学者对于存在主义哲学等大陆哲学流派的兴趣之所以远远超过对于英美分析哲学的兴趣，与20世纪初叶大批中国学人对于柏格森（Henri Bergson）、叔本华（Arthur Schopenhauer）等人哲学的浓厚兴趣一样，都是因为这些西方学说与中国学者所最关心的人生价值问题有关。可见长期以来，中国人从来都是从他们自身实用需要的眼光出发，来理解和接受一种具有超于实用需要之上的更高关怀的西方学术的伟大传统的。

现在我们要提出本书的主要论点之一：西方人文社会科学正因为是以求知为内在理路，所以才会形成哲学、伦理学、政治学、经济学、社会学、法学、史学……一整套学科划分体系；中国古代儒家学术正因为以做为内在理路，所以自然会形成以"六艺"为核心及按经、史、子、集分部的学术分类体系。内在理路的不同，决定了中学和西学在分类上必然彼此分别,并且从其自身角度看均是合理的;无论以西学的分类方法衡量、肢解中学,还是以中学的分类体系去衡量、统摄西学(马一浮,2015,10—14)均是错误的。

## 二

20世纪中国学术在西学冲击下的回应方式,迄今为止还很少有人对之作过真正清醒、严肃的反思。它的上述特征,以及时下流行的所谓中学与西学的比较,都包含着一个共同的假定,即假定了中学与西学属于同类性质的学问,其中最突出的现象是认为存在着中国形态的哲学这样一个事实,并以此为准进行中国哲学与西方哲学的所谓比较。在"中国哲学如何如何、西方哲学如何如何"这样一种时髦的说法之上,越来越多的中国学者(或华裔学者)似乎好不容易找到了某种失落已久的文化自信。本书向这种长期流行的观点提出了严厉挑战。本书认为,两千多年来的中国古代学术,特别是儒家学术,从整体上来讲,与古希腊以来一开始以哲学为代表,后来逐渐发展为同时包括人文科学、社会科学和自然科学在内的西方学术,代表着两种不同的学术传统,尽管人们时常可以从中发现一些与中国古代学术类似的学术思想,但是在多数情况下二者之间不存在可比性。

这涉及我们应该如何正确地来理解两千多年来的西方学术传统的问题。我认为,尽管两千多年来的西方学术传统一变再变,但是其发展的历史脉络是异常清晰的,其作为一个独特的学术传统的历史连贯性也无可否认。前面我们谈到,古希腊以来一开始以哲学为代表,后来发展为同时包括人文科学、社会科学和自然科学的西方学术是作为科学性质的学术发展起来的;具体来说,从苏格拉底、柏拉图到亚里士多德,古希腊哲学为日后西方学术和学科奠定了三个最基本的科学性标准:一是求是,与求应(该)相对,求是代表事实判断,求应(该)代表价值判断;二是在现实的需要之外,还有独立于一切现实需要而存在的自在的学术逻辑；三是在实用的关怀之外，还有超出于实用关怀而存在的超然的兴趣和价值。自从 19 世纪中叶以来，许多西方学者强调人文科学与自然科学之间的异质性，越来越多的西方学者反对人文社会科学学科（如哲学）是一门科学，尽管如此，这并不意味着我们可以脱离两千多年来追求科学的历史传统来理解我们今天看到的西方学科体系及其含义。而且，许多西方学者反对科学的观点在一定程度上是针对科学拜物教所作的矫枉过正的言论；如果我们真的因此而否认或忽视现代西方学术与西方历史上的学术之间的连续性，未免失之偏颇。我们必须认识到，尽管现代西方学术与传统西方学术存在巨大的不同，但是从整体上说，它们仍然是一系列思辨性很强的学术，在多数情况下它们表达的是人类认知的兴趣（intellectual curiosity），体现了方法重于结论的基本观念，从而与中国人一向最感兴趣的人生或社会现实的"指导原理体系"大异其趣。这一切，无不深刻地体现了现代西方学术与传统西方学术之间的内在连续性。

将以儒学等为主体的中国古代学术与古希腊以来的西方学术传统稍作对比，就可以发现：前者是实践性的人生观、价值观或世界观学说，而后者则是一种思辨性、认知性的学术；前者以提供解决现实问题的指导方案为目的，后者以求得关于世界的认知为宗旨；前者发挥的主要是信仰的作用，而后者发挥的往往是知识的作用。如果说，中国古代学术的主体成分（儒、道、释）中起决定性作用的是宗教性思维方式；那么也可以说，西方学术的主流在很长时期内都曾是科学，其中主流的思维方式是科学的思维方式。由此出发，我们不难看出这两种学术之间的关系是什么。从人类生活的实际需要来讲，科学和宗教代表着人性两种不同的兴趣和需要，二者应当是互补的和并行不悖的。本书用大量的事实来说明，我们有充分的理由把儒学说成是一种宗教性质的学说，但却绝不可能把儒学特别是宋明理学说成是哲学。与此相应的一个结论是，用西方学术或学科范畴来衡量中学是一个历史的误会；中学与西学的结合主要不是一个理论上的问题，而是一个实践上的问题。那种认为为了吸收西方学术成果，就必须在理论上搞出一个中、西结合的学说体系的想法未必正确。

对中学与西学关系的重新定位，对于许多热衷于中、西文化比较的人来说，无疑是当头一棒。例如，长期以来，人们对中学与西学的区别有这样一些看法，即中学重人生，西学重自然；中学重道德，西学重知识；中学重直觉，西学重逻辑；中学重内心，西学重外物；如此等等。在张君劢、冯友兰、唐君毅、张岱年等一大批中国近代学者的著作中，诸如此类的话不胜枚举。这种观点表面看来很有道理，然而稍加考察即可发现，中学与西学的这些所谓差别乃是人类历史上大多数信仰或宗教学说与科学性质学说的基本差别。试问哪一种信仰或宗教学说不重心灵、人生、道德，并在思维方式上以直觉为主？既然我们视科学重自然、重知识、重方法（逻辑）为当然，那么我们是不是应该说中学与西学的上述所谓区别，其实也是多数信仰或宗教学说与科学的主要区别，而并不是什么中学与西学之间独一无二的区别，更不能以此来反映中、西方人思维方式的差异。因此，从这样一种角度来比较中学与西学，是不会结出任何有意义的果实来的。任何人都会承认，除了儒家之外，西方人长期信仰的基督教同样是重心灵、重人生、重道德，在思维方式上也是以直觉为主。当中国人口口声声要实现道德和知识、中学与西学的结合，以为只有与西方的科学相结合，中学才会找到出路时，我们完全可以向他们提出这样的问题，为什么没有人认为基督教只有与西方的科学、知识相结合才是它的唯一出路呢？难道一种信仰性质的学说只有与知识、与科学性质的学说相结合才是它的唯一出路吗？令人感到奇怪的是，很多人指责儒家学说不重科学，将其看作儒家的一大弊病，但却没有人认为与儒家学说同样性质的基督教不重视科学是基督教的一个弊病。

如果说宗教在人类多数文明中都存在过的话，那么可以说，古希腊以来一开始以哲学为代表，如今发展成为同时包括自然科学、人文科学和社会科学的西方学术，几乎是西方世界独一无二的成就，尽管在人类其他文明中并不是不存在这种学术的萌芽。但也正是这种学术，一个多世纪以来中国人对它的误解最深。其中最典型的案例就是，20世纪中国学者多半认为中国古代没有西方意义上的科学，但是却有哲学、伦理学、政治学等一系列西方人文社会科学学科（用冯友兰的话来说，中国古代哲学虽无形式的系统，却有实质的系统[2]）。长期以来，我们一方面承认中国没有西方意义上的科学，另一方面却又说哲学这门很长时期内作为西方人心目中最高层次的科学，在中国自古就很发达。本书强调了另一个与此截然相反的观点：包括哲学、伦理学、政治学等在内的一系列西方学科，不管它们今天的含义有何变化，当初是在严格科学的标准下成长起来的；至少一直到19世纪中叶以前，西方学者还普遍认为追求成为一门严格的科学是所有这些学科的共同理想。换言之，若是不追求成为一门科学，它们也就失去了自身存在的合法性（胡塞尔，1999，1—7）。尽管这种科学理想在今天的西方学术界已被普遍扬弃，但是下述这样一种观点无疑仍然是成立的：衡量一门学问是否可以称为哲学、伦理学、政治学等等，不仅要看它的研究对象，而且要看它的思维方式。我们今天虽然有大量诸如哲学、伦理学、政治学之类的学科，但是这一事实充其量只能说明我们引进了这些西方学科之名，而不能说我们已经真的建立起了相应的学科思维。尽管这些西方学科本身的含义在西方也不是固定不变的，但是可以肯定的是，它们的发展不是没有脉络可循的，也不是完全没有连贯性的。我们根据什么理由认为可以把在另一个迥然不同的思想传统背景下成长起来的中国古代学术，纳入一个在科学传统之下成长起来的西方现代学科体系中去呢？难道这些西方学科本身的含义尚不确定就是我们引进它们、用它们来改造国学的充分理由吗？

实际情况是，20世纪以来，中国学者在理解西方学术的科学性时，心中想的多半是其导致了自然科学的发展这个事实，而不是针对某个人文社会科学学科只有作为一门科学才能存在这个重要事实。换言之，他们仅仅关心西方人文社会科学所导致的功利性历史后果，而没有对于这些学术作为各门科学的内在逻辑给予足够的关注。这就充分表明20世纪中国学者在大肆引进西学、盲目崇拜西学的同时，对于西方学术的内在逻辑恰恰非常缺乏认识。本书考察了哲学这一范畴在西方的本义及其被引进到中国后是怎样被中国学者用自身的文化观念来中国化的，以此来证明儒家学说被称为哲学是一种历史错觉的产物；本书关于辩证法及形而上学的讨论则旨在进一步揭示西方学术的科学特征及其在中国被误解的命运。

读者也许会问：强调这一事实真的很有必要吗？答曰：然。这一事实涉及一个极为重大但却长期为国人所忽视的问题，即两千多年来西方学术传统的独立性及其意义问题。正如我在本书所强调的那样，两千多年来的西方学术，并不是像中国人所说的是由于重视什么东西（诸如自然、外物、逻辑等）的产物，而是一个有着自身独立的内在逻辑和伟大的精神价值传统的学术。所谓独立的内在逻辑，指的是在一种思辨的兴趣主宰之下、视方法优先于结论的研究方式。这种研究方式正如我在本书中所反复论证的那样，在中国从来都没有正式建立起来。但是在西方，正因为人文社会科学有着自身独立的内在逻辑，所以它显示了自身存在的强大独立性，体现为它不可以用任何外在的社会需要来主宰、摧毁或淹没，体现在两千多年来它一直超然于社会、政治及经济现实而存在。从精神价值上说，两千多年来的西方学术虽然不是以人生的价值、人生的终极归宿为直接追求，但是这并不排除它有自己独立的精神价值传统，因为它体现了人的自由本性，满足了人性纯粹的、非实用的求知欲望。正是它那伟大的精神价值传统，导致它几千年来成为无数人永恒的价值追求，导致几千年来无数人为之鞠躬尽瘁、死而后已。本书论证认为，这个传统所包含的精神价值和儒学所追求的精神价值在性质上有着根本的分别，二者之间不存在高低上下之分，就像我们不能拿京剧的精神价值境界与物理学研究的精神价值境界来比较高下一样。与此相应的是，20世纪新儒家试图以儒学特别是宋明理学的精神价值境界为准来统摄或包容西方学术的做法，和那些试图用西方学术的范畴和标准来衡量中学的做法一样，都是以一种学术的逻辑或境界为准来衡量另一种学术，是彻头彻尾的错误。

我们看到，20世纪中国学者对于西方学术的理解和接受基本上都是在一个共同范式的支配下发生的，这个范式就是现代化，在现代化需要这个范式背后还有另一个更加根本的理念，那就是救中国的理念。后者既是现代中国特殊命运的产物，也与中国学术两千多年来的理想有关。这就是说，本来并不是以实用的"国家拯救事业"为核心的西方学术，现在被中国人按照一种完全实用的国家理想来理解和接受了。尽管这样做从道德上无可厚非，在实践上也确实需要；但是这一不自觉的思维范式却导致中国学者长期以来对于西方学术传统的严重误解，导致长期以来他们在从事西方学术研究的过程中，心中想着的总是如何用它来实现中国的现代化，用它来找到中学的根本出路；导致他们在精神价值上不能真正认同或参与到西方学术特有的、独立于一切实用需要的精神王国中去，不能真正体验到西方学术那种严肃、科学的研究所带来的神奇的欢乐。我们非常不幸地发现，20世纪以来，中国的知识分子们一方面获得了知识分子这个非常西方化的职业的角色特征，但是另一方面他们却完全不能进入知识分子这个职业角色所应有的心态。来自传统的士大夫心态，来自现实的治国平天下理想，使他们虽然获得了知识分子之名，做的也是与西方知识分子类似的科学研究工作，但是在精神价值世界上却与后者有天壤之别。即他们把西方学术原有的文化理想转化为国家理想来理解和接受，他们心中失去了对西方文化理念中所包含的永恒价值的体验，只有国家利益、世俗功利或实用需要。然而由于从理论上说，什么是真正行之有效的中国现代化之路，乃是一个永远也说不清的话题；从现实上说，现实的国家现代化之路也并非完全是一个理论问题，同时更是一个实践问题。于是这就导致20世纪中国知识分子在精神价值世界里一直漂漂荡荡、无家可归，至今迟迟不能正确地定位自己。

当然，把当代中国知识分子在精神上不能定位的原因完全归结为他们对于西学的误解或他们的士大夫心态也是片面的。还有另一个更加可怕的现实，即一个多世纪以来，由于中国人在不自觉地用他们自身那个如何使中国现代化的理想来曲解西方学术的同时,还自觉地进行着另一个巨大的工程,即自觉地引进西方现代学术范畴来解构中国古代学术,并在此同时人为地摧毁了中国古代学术的伟大传统,这是导致他们今天找不到精神家园的另一重要原因。为什么这样说呢?因为两千多年来以儒家学说为主导的中国古代学术,也是一个有着独立的内在逻辑和崇高的精神价值传统的学术,20世纪中国学者正是在引进西学的过程中摧毁了这一伟大传统。

## 三

一个世纪以来,学术界普遍倾向于认为中国古代的学术体系是"一半断烂,一半庞杂"[3],主张用西方现代的学科分类体系来分割和重新整理古代的学术,即把原来以"六艺"为核心、以四部为框架的分类彻底抛弃。[4]这种做法未考虑导致中国古代学术分类体系与西学分类体系之间巨大差异的根源是什么,未考虑中国古代学术是否与西方相应的学科属于同一类型的学问,未考虑中国古代学术分类体系的形成有没有它自身的内在合理性。

### 中国古代学术有其完备的分类体系

我们知道,根据司马迁的记载,孔子生前删《诗》《书》,定《礼》《乐》,赞《易》、修《春秋》,其弟子身通"六艺"者七十有二人(《史记·孔子世家》),《论语》中亦有多处记载孔子与其弟子论述《诗》《书》《礼》《乐》《易》之处,可见孔子已将"六艺"——《诗》《书》《礼》《乐》《易》《春秋》——作为教授弟子的六门学问;这些学问实际上早在孔子之前即已有之,不过只是作为官学使用且未经孔子删定而已(章太炎,2018b,872—874;马一浮,2015,10—14)。也就是说,孔子之前我国古代的学术即已形成诗、书、礼、易、乐、春秋的分类,到孔子定型,即形成所谓"六艺",后人又称之为"五经"(《乐经》无书传世)。到战国年代,天下大乱,百家争鸣,"道术将为天下裂"(《庄子·天下》),诸子之学兴起,"六艺"之分类已不能包,故西汉末刘歆著《七略》时分"辑略""六艺略""诸子略""诗赋略""兵书略""术数略""方技略"七部分,已形成一种更进一步的学术分类系统;刘歆之后,晋人荀勖在《中经》中始立经、史、子、集四部,区别经、史为二,后世仍之(章太炎,2018b,875);到清代《四库全书》编目时,立经、史、子、集四大部,每一部中又有少则几个多则十余个门类。《四库全书》的编目虽然是一种图书分类,属于目录学,但从其文献分类方法已可反映当时的一种学术分类思想,尤其是其中的一些分类方法在领域划界方面已与今人相当一致。例如,在《史部》当中有"地理学""职官""政书类"等,在《子部》当中有"兵家类""农家类""医家类""天文算法类""艺术类""杂家类""小说家类"等(永瑢,1965)。透过这些,我们无法否认古人那里有一整套独立、完备的学术分类体系,所谓中国古代学术不成体系的说法是不成立的。

**中国古代学术分类体系有其独特的特征**

那么,古人的学术分类系统是否不科学或存在根本问题呢?比方说,是否应该将经、史、子、集的分类系统予以打乱,按照现代西方学科分类系统所划定的领域,将其重新归类,即按照文、史、哲、政治、经济、法律、社会、教育……领域划界分类,例如《经部》当中的诗类归入文学类,书类可归于政治学类,礼类根据情况可以分别归入政治学、伦理学、文化学等类,易类似乎应归于哲学类或杂类,春秋类应归于历史类……其他各类部分当中的学术思想亦可按同样的方法归类;如此一来,是否可以形成一新的、可与西学分类体系相协调的、更加科学的分类系统呢?如果再考虑前面讲的古人的分类系统中已有许多与今人一致的地方,如《七略》中的诗赋、兵书与今日之文学、军事学之分类相近,《四库全书总目》中的政书类、正史类、地理类、农家类、医家类、天文算法类已与今日之政治学、历史学、地理学、经济学、医学、天文学之分类相当接近等,似可证明古人的学术分类系统也并非与今人之分类格格不入,只不过不如今人之更有条理而已。这样做表面上看很合理，但实则不然。因为它严重忽视了如下一些重要事实：

首先，儒家的学术思想将"六艺"或"五经"作为一个完整的、不可分割的整体。"十三经"实际上可以划归为围绕"六艺"或"五经"的分析、阐述之作：《春秋三传》是阐述《春秋经》的，"三礼"（《周礼》《仪礼》《礼记》）均是说明礼的，此外《论语》《孟子》《孝经》乃是围绕"六艺"或"五经"的议论或进一步发挥，《尔雅》及一系列"小学类"著述则是对"五经"的文字训诂。无论古文经学还是今文经学，无论是义理之学还是考据之学，在中国思想史上均是围绕"五经"或"六艺"展开出来的。孔子弟子中有七十二人身通"六艺"（司马迁语），实际上他已把"六艺"当作彼此相辅相成的学问而不是人为地分割开来，所谓"兴于《诗》，立于礼，成于乐"（《论语·泰伯》）说的正是此理。自汉武帝置五经博士始，唐孔颖达著《五经正义》，至明清之际以"四书五经"为科举取士的教科书，历代儒者均视"五经""六艺"为一整体，莫敢偏废。如今按西方学科体系将"六艺"归入六门不同的学科，使之分为六门以上不相关联的学术，从学理上看固无不可，但"六艺"或"五经"内在的关联和整体性则遭到了忽略，而在儒家学说史上，这种内在关联和整体性恰恰具有特殊的意义。

其次，在儒家学说史上，"六艺"或"五经"一直处于群学之首、万学之源的特殊地位。按照这一思想，一切古代其他领域的学问均可视作围绕、阐述"六艺""五经"的某一方面，或以"六艺""五经"精神为依据的产物。《庄子·天下》讲到古人的"道术"，"配神明、醇天地、育万物、和天下、泽及百姓"，"其在于《诗》、《书》、《礼》、《乐》者，邹鲁之士、缙绅先生多能明之"，"百家之学时或称而道之"，"天下大乱，圣贤不明，道德不一，天下多得一察焉以自好"，也就是说，诸子百家之学可视为"六艺"内在完整精神的分裂或延伸。这种观点颇能代表儒家的立场。刘歆《七略》将"六艺"置于首位，也反映这一立场。至于经、史、子、集的分类方法，本身已包含着一切学问必须以经为宗的原则。经者，常也；而"六艺"或"五经"乃是经中之经，故而近世学者马一浮有所谓"六艺赅摄一切学术""国学者,六艺之学也"之说;并论证认为,不仅群经可归为"六艺",诸子可归为"六艺",而且整个四部均可归结为"六艺"之学(马一浮,2015,10—14)。即使从今天的学科分类领域来看古代学术中的方方面面,也可得出类似的结论。如古人的史书可看成《春秋经》的延伸,政治思想可看作《书经》精神的产物,文学、艺术可看作《诗》《乐》精神的体现,等等。古人注经、释经、解经,以"五经"或"四书五经"为取士标准,因为在他们看来只要能精通"五经"或"六艺",那么天下就没有什么事情他们不能做了。如今按西方学科分类系统将经、史、子、集的分类打乱,将诸经和其他所有的古代学术相互并列、不分高下地混同一气,其结果必然歪曲历史,歪曲儒家学术界思想的精神实质。

## 中国古代学术分类体系服务于自身特殊的目的

为什么"六艺"或"五经"一旦形成就成为中国传统学术思想的核心,在儒家学说史上一直处于群学之首、万学之源的特殊地位呢?这是因为"六艺",或者更准确地说,《诗》《书》《礼》《易》《春秋》这些经过了几千年、至少也有数百年才完成的五个方面的经书(《乐经》后亡佚),实际上凝聚了中华民族自唐虞三代以来几千年生活的精华,不仅能代表中华民族全部生活最深刻的经验结晶,而且也能涵盖中国人生活的几乎所有重要方面。古人之所以把它们当作万学之源,因为在他们看来,它们是每一个中国人经世治民、修身齐家、安身立命之永不枯竭的精神源泉。这充分表明,"六艺"的全部精神实质在于一个用字,用古人自身的话来说就是可以经世致用。

自古中国人一贯主张学以致用,让我们来看儒学求用的特点。儒学中的用至少有三个方面:以学治己、以学治人和以学治天下。治己是内圣,治人、治天下则是外王。具体说来,儒家所谓的内圣,又至少包含三个层次的内容:一是内心的精神境界。所谓"致中和"(《中庸》),"浩然之气"(《孟子·公孙丑上》),所谓"肫肫其仁,渊渊其渊,浩浩其天"(《中庸》),孔子所谓"从心所欲,不逾矩"(《论语·为政》），所谓"大中至正之极"（张载《正蒙·中正》），"所过者化，所存者神，上下与天地同流"（《孟子·尽心上》）……均是描述通过修身所达到的圣贤所独有的精神境界。二是做人的德性。《论语》中所讲的"仁、义、忠、信"，"恭、宽、信、惠、敏"，《大学》中所谓的"明德"，《中庸》中所谓的"聪明睿知，足以有临也；宽裕温柔，足以有容也；发强刚毅，足以有执也；齐庄中正，足以有敬也；文理密察，足以有别也"；此外还有"五经"及历代儒者们所讲的"主敬""至诚""敬德""致中和"……无不是儒家追寻德性的体现。三是处理人伦日用关系的能力。这些人伦关系在儒家中被分为君臣、父子、夫妇、兄弟、朋友关系，《中庸》称之为"天下之达道"，《大学》中则曰："为人君，止于仁；为人臣，止于敬；为人子，止于孝；为人父，止于慈；与国人交，止于信。"《论语》中"乡党"一篇详细记载了孔子在各种日用场合下"动容周旋无不中礼"的情景，成为后世学者仰慕的楷模。这里内圣的第三个层次即处理人伦日用关系的能力实际上也可纳入以学治人的范围，因为它包含着"己欲立而立人，己欲达而达人"（《论语·雍也》）的精神。

请问儒家这种学以致用的精神，是否也是西方哲学的根本精神呢？当然不是。是否是一系列现代西方人文社会科学学科赖以形成的根本原因呢？当然更加不是。在西方社会科学学说中不仅没有以学治天下之精神，也同样没有以学治己和以学治人的精神（至少不是其直接和首要关怀）。但是在儒家学说中，正是这种学以致用的精神不仅构成了它的一切学术门类赖以形成的原因和实质，也正是这种精神决定了"六艺"在一切学问中有着独一无二的地位。正是如此，古人强调一切学问均从"六艺"或"五经"出发。不仅如此，古人还强调"六艺"的用既有相互分工，又有相互合作、相互配合、相互协调的趋向。下面就让我们看看古人是如何评价"六艺"的致用之效及其内部的分工和协作关系的：

子曰："兴于《诗》，立于礼，成于乐。"（《论语·泰伯》）

入其国，其教可知也。其为人也温柔敦厚，《诗》教也；疏通知远，《书》教也；广博易良，《乐》教也；洁静精微，《易》教也；恭俭庄敬，《礼》教也；属辞比事，《春秋》教也。(《礼记·经解》)

《诗》以道志，《书》以道事，《礼》以道行，《乐》以道和，《易》以道阴阳，《春秋》以道名分。(《庄子·天下》)

所有这些都是古人对"六艺"致用之效的理解，更具体地说，就是对"六艺"在治己、治人、治天下方面所具有的用途的部分经典总结(这里所列出的只是其中极少数一部分)。

## 中国古代学术分类体系有其内在逻辑根据

需要提醒人们注意的另外一个重要事实是，与求用的精神实质相联系，儒学在思维理路上以"做"为重要特征，而这一点也是西方哲学及西方其他人文社会科学学科所不具有的。所谓做的内在理路，这里指的是学者在思维方式上的特征。儒家学说中做的特征是由其以学治己、以学治人、以学治天下的精神决定的。具体地说，所谓做即"格物、致知、正心、诚意、修身、齐家、治国、平天下"(《大学》)；概括地说，则可以分为内圣和外王两个方面，"格、致、正、诚、修"属内圣，"齐、治、平"属外王。如何内圣？内圣就是修身、正心，就是"吾日三省吾身"(曾子语)，就是"克己复礼"(孔子语)，就是"存天理、灭人欲"(朱熹语)，就是"主敬""静坐"。《诗》曰："战战兢兢，如临深渊，如履薄冰"(《小雅·小旻》)，可以说很好地概括了儒家修身时的态度；《诗》云："瞻彼淇澳，绿竹猗猗；有斐君子，如切如磋，如琢如磨"(《卫风·淇澳》)，是对君子修身方式的恰当概括，《大学》引之；孟子曰："学问之道无他，求其放心而已矣。"(《孟子·告子上》)；《易·文言》曰："君子敬以直内，义以方外"；此外，历代学者所谓存心、养心、格物穷理、居恭处敬等思想莫不是关于内圣途径的。尽管对于如何外王历代学者说法不同，但没有人否认内圣是外王的基础，要齐家治国平天下必须从正心修身做起。

有人说，中国古代学术特别是"六艺"中文、史、哲不分，人文科学与自然科学不分，这导致了中国科学没有发展起来，似乎是儒学的一大弊病。然而事实上，这种"混淆不分"是由中国古代学术内在理路决定的，是完全合理的，我们不能以现代科学有没有发展起来来评判这一现象。如果说西方社会科学学说是一种"理论的兴趣"，那么也可以说中国古代儒家学说是一种"实践的兴趣"；如果说，西学以知为内在理路或思维方式上的根本特征，那么也可以说中学以做为其内在理路或思维方式上的根本特征。如果我们把治国平天下当作政治领域的事，把"齐家"当作伦理领域的事，把"正心、修身"当作儒家的人生观，那么于此很容易发现，在知的理路上必然会彼此区分开来的哲学、伦理学、政治学领域，在做的理路上却必然会紧密地、不可分割地联系在一起。否认这一点，就否认了儒家学术思想的一些根本要点。这是因为：

第一，从做的内在理路出发，修身之学和伦理之学不可能区分开来。一方面，人不修身就不可能"齐家"，一个没有修养的人不可能处理好家庭关系；另一方面，修身亦不是在空中进行，而是要在家庭关系中，在处理父子、夫妇、兄弟、朋友等一系列关系中修炼自己。

第二，从做的内在理路出发，伦理之学不可能和治国平天下的政治之学区分开来。这是因为，一个人要担当天下国家的重任，必须具备相当高的德行，有极深的修养；如何才能达到这种修养和德行呢？要从"齐家"、从处理人伦日用关系出发才能达到。因为这些关系是人一刻也离不了的，若是连人伦日用关系都处理不好，又怎么能够处理天下国家大事呢？

第三，从做的内在理路出发，关于人生、世界及方法的学问三者不可能不联系在一起。因为我的目的是做，做是为了人生、事业，为了安身立命，这就涉及人生观；做的时候想要继天立极，想要"与天地参"（《中庸》），这就自然涉及世界观；做的方法，修身养性、立功立德之类常被今人称为方法论。做是一个枢纽，把上述三个方面自然联系到一起；但若认为这种学问中有独立的、可作为学科对待的世界观、人生观和方法论则是错误的，因为这是一种做的学问，不是一种研究和求知的学术。

现在我们终于可以理解，为什么中国传统学术在被用西方学科范畴解构以后，会导致中国文化传统的人为中断和中国人精神价值的失落了。这是因为：以儒家学说为主导的中国古代学术，从本质上说是一种以践履为特征的、信仰性质的学说，它的主要任务是通过严厉、持久而漫长的人格训练来确立道德的理想和人格的伟大信念。所谓"如切如磋，如琢如磨"（《诗经》），所谓"正心诚意"（《大学》）、"求其放心"（《孟子》），所谓"格物穷理"（朱熹）、"致良知"（王阳明），乃是针对心理训练而发；历代儒生都反对视道德为知识，故有德性之知与闻见之知之分，有知行合一之说，其原因正在于道德的进步非知识所能解决；与此相应的是，历代儒家的师徒相传都是"以心传心"，强调传的不是知识，而是严格而独特的心灵训练方式。这样一种践履性的学术训练过程的合理性，我将在本书下编第一部分"儒学是哲学学说吗？"进行论证，此处不赘述。然而20世纪中国学者所做的一个主要工作就是把这一伟大的精神价值传统强行纳入一个儒家曾一再反对的、以认知为主要特征的西方学术和学科范畴（如哲学、伦理学、政治学等）中去，从而把儒家学说自身原来包含的最重要的部分——践履的过程，心理训练的过程，"正心诚意""求其放心"的过程等——几乎完全抛弃了。

今天的青年一代，当他们读《中国哲学史》《中国伦理学史》等一系列反映中国古代学术思想的著作时，他们再也不像古人那样"熟读""玩味"并做"切己"的功夫了，再也不把"正心诚意""求其放心""知行合一"等当作对自己当下的严厉要求，再也不认为诸如此类的人生践履和心理训练是他们的当务之急了。这难道不是《中国哲学史》《中国伦理学史》《中国古代思想史》这些成果成为青年一代学习古人思想的唯一渠道的产物吗？想当初，当《中国哲学史》《中国伦理学史》

等这一类著作第一次在中国学术舞台上出现时，曾经无数人欢呼雀跃，以为总算找到了中学与西学沟通的桥梁了；然而今天看来，在这种用西方学术范畴肢解和切割中国古代学术的过程中，我们看到了另一个令人哭笑不得的局面，即在诸如中国哲学史、中国伦理学史、中国古代思想史等按照西方学科范畴整理出来的新型学科中，我们感受不到来自一种独立的学术传统的内在逻辑，也难以体验到来自这种逻辑的巨大魅力和一种崇高的精神价值世界。20世纪的中国知识分子就是这样在学习和模仿西学的过程中一步步埋葬了自身的伟大传统，一步步摧毁了原本为任何一个中国读书人应有的信仰和价值的源头，一步步使自身的精神家园陷入可怕的深渊，走到了今天这种无家可归的境地。这难道不令人深思吗？

行文至此，我要特别提醒读者注意的一点是：本书的目的绝不是要反对人们用哲学、伦理学、政治学、经济学等一系列西方学术或学科范畴来研究国学，而只是反对将国学"归结为"这些来自西方的学术系统，因为在这一过程中，中国古代学术传统的独立性和完整性遭到了不应有的摧毁，从而失去了生机与活力。正如人们可以研究千百年来基督教学说中的哲学、伦理学、政治学、经济学思想，但却不能因此否认基督教教义或学说包含着超越于这一切学科范畴的独立逻辑。如果将基督教教义肢解，归并到这些学科体系中去，它的生命力也就枯竭了。这种情况，没有发生在西方，但却发生在今天的中国。这正是本书想要提醒人们思索的问题。

## 本章注释

[1] 亚里士多德在《尼各马科伦理学》一书第六篇第三小节对于学术研究的科学标准作过探讨（1139b15—35），而苏格拉底和柏拉图早在他之前也深入探讨过这个问题，体现在他们关于辩证法的思想中，参本书论辩证法的部分。

[2] 在1931年神州国光社出版的《中国哲学史》初版"绪论"中，冯友兰说："中国哲学家之哲学之形式上的系统，虽不如西洋哲学家；但实质上的系统，则同有也。"(1931，12) 在此书后来各版中，此话保留了下来（冯友兰，1934，14；1961，14）。

[3] 1918年，蔡元培先生在为胡适编的《中国哲学史大纲》写的"序"中说：

> 中国古代的学术从没有编成系统的记载。《庄子》的"天下篇"，《汉书·艺文志》的"六艺略""诸子略"，均是平行的记述。我们要编成系统，古人的著作没有可依傍的，不能不依傍西洋人的哲学史。所以非研究过西洋哲学史的人，不能构成适当的形式。……我只盼望适之先生努力进行……编成一部完全的《中国哲学史大纲》，把我们三千年来一半断烂、一半庞杂的哲学界，理出一个头绪来，给我们一个研究本国哲学史的门径，那真是我们的幸福了。（胡适，1928，序）。

[4] 四部分类法严格说来不是学术分类而是图书分类，应当承认，一方面，绝大多数图书分类都是建立在学术分类之上的，从图书分类中总能反映出学术分类的大致面貌，这种情况在西学中同样存在。另一方面，图书分类与学术分类的一致性也并不是绝对的。就拿《四库全书》的图书分类来说，虽然经、史、子、集这四个领域的分类从大体上反映了中国古代学术的几大类型，特别是其中经学与史学的区别以及经学中易、书、诗、礼、春秋、乐及小学的区分更是如此。但是这只是不严格的说法，严格说来，子、集反映的是图书分类的需要，而不代表学术分类；而在经和史中也有不少内容属于图书分类而不是学术分类。如经中的四书类、孝经类，严格说来，反映的是图书分类而非学术分类。从学术分类的角度来看，我们认为儒家学术分类的整体框架应该可以概括为以"六艺"为核心，并以此为基础向外延伸，首先是经学中可从六经发展到十三经，其中包括大学和小学；其次是区别经学与史学，子学则是服务于经学和史学的。

# 哲学范畴的中国化及其内在问题

## 【本章提要】

本章分析哲学这一西方学术范畴在引进到中国以后在含义上所发生的扭曲，20世纪中国学者用这一范畴来重新整理中国古代学术所存在的种种理论问题，以及导致这些问题的思想根源。

在中国近代史上，人们几乎普遍把哲学当作一种人生的智慧或行动指南，而今天则把它说成是一门关于世界观的学说；这种看法的出发点是从人生实际需要的角度来理解哲学。但是具有讽刺意味的是，在西方两千多年的哲学史上，几乎从未有人将哲学定义为关于世界观、人生观以及与此相应的方法论的学问。希腊人虽然把哲学理解为爱智慧，但他们所说的智慧是知识，不一定对人生有实际指导作用。而亚里士多德则明确强调这种知识与任何实用的人生需要无关。有趣的是：一方面，中国人普遍承认哲学（philosophy）这一学术范畴来自西方；另一方面，他们在理解哲学这一概念时又不知不觉地从中国文化自身的传统出发理解之。哲学范畴的这一中国化过程充分体现了中国思想界在吸收西学的过程中的一种历史的"错位现象"，它不仅导致无数现当代中国学者在试图理解西学的时候犯下了种种错误，同时也向我们提出这样的问题：在对西方学术范畴的本义尚不清楚的情况下，就用它们来整理和规范中国古代学术，这样做合适吗？

1918年，胡适之先生以其在北大教学的讲义为基础编成了《中国哲学史大纲》一书，是中国学者当中较早使用西方哲学这一学科范畴来改编中国古代学术思想史的例子，他的这一做法立即受到了蔡元培先生等人的极大称许（胡适，1928，序）。兹后，冯友兰先生的《中国哲学史》（上册）于1931年正式出版，由学界巨擘陈寅恪、金岳霖为之专门撰写《审查报告》，一时间声名大振，广为流传，并很快由西方著名的汉学家卜德（Derk Bodde）先生译为英文，于1937年在北平正式出版，后来又在美国再版（Fung, 1937; 1952）。[1]

由于胡、冯等人的影响，继他们之后，专门性的《中国哲学史》著作及以中国哲学为专题的学术论著日益增多。半个多世纪之中，中国人在用西洋人之哲学范畴来重新整理国学方面可谓成果颇丰。除了冯先生在半个多世纪中一直在继续他的编写《中国哲学史》的事业外，海内外学人们也已编出或正在编写着更多本新的以中国哲学史或中国哲学为主题的教材或专著。[2]另一方面，在现代中国每一个大学的哲学系里，中国哲学史都是一门必修课；在中外许多人的眼里，中国哲学史这门学科成为他们了解中国古代思想的一个主要途径。在这种风气之下，中国古代的许多典籍，如"四书"、《周易》《礼记》《墨子》《荀子》《老子》《庄子》等统统被纳入哲学这一学科门类中去了，而孔子、孟子、墨子、荀子、老子、庄子等也都堂而皇之地赢得了"哲学家"的头衔。

半个多世纪以来，不仅中国学术界已经习惯于中国哲学及中国哲学史这一称呼，而且西方学术界也早已习惯于这样做，不少人甚至认为这是比较中西方思想的前提。很少有人问过这样做是否会存在任何内在的问题。

## 爱智慧与世界观的学说

目前中国学术界对哲学的理解归纳起来不外两个方面，其中最流行的是把哲学理解为与人生智慧相关的世界观、人生观及与之相应的方法论的学问，另一方面是把哲学理解为系统化、理论化的抽象思维。本章我们重点讨论前一方面的理解，后一方面将在下一章讨论。

首先，人们一般认为，哲学是指一种人生智慧；由于中国自古以来就有把大智慧的人称为"哲人""圣哲""浚哲"的传统，而在西方所谓 philosophy 在古希腊就是指爱智慧的意思，所以中国自古就有哲学传统。例如，蔡元培（1924，1）在《简易哲学纲要》中就说："哲学是希腊文 philosophia 的译语；这个字是合 philos 和 sophia 而成的，philos 是爱，sophia 是智，合起来是爱智的意思。……若要寻一个我国用过的名词，以'道学'最合。"在20世纪30年代写的一篇名为"爱智"的文章中，张岱年先生（1996a，172）也说："爱智，是古希腊文中哲学的本义，然实亦是一切哲学之根本性质。"他认为中国的孔子、庄子与西方的苏格拉底、亚里士多德都是"爱智"的典型，当然他们的学说也就是哲学。所以张先生的结论是，中国古代有"哲人"之称，而无哲学之名，但是"古代所谓'诸子之言'基本上说是哲学（儒家也属于诸子）"；《庄子·天下篇》称"古之所谓道术者，果恶乎在？"，"所谓道术即是哲学的主要内容"（张岱年，1996d，64）[3]。又如方东美1937年作《哲学三慧》，称"哲学生于智慧，智慧现行又基于智慧种子，故为哲学立义谛，必须穷源返本，以智慧种子为发端。希腊人之'名理探'，欧洲人之权能欲，中国人之爱悟心，皆为甚深甚奥之哲学源泉"（1979，146）。据此，"希腊人以实智照理，起如实慧"；"欧洲人以方便应机，生方便慧。形之于业力又称方便巧"；"中国人以妙性知化，依如实慧，运方便巧，成平等慧"。（方东美，1979，140）

其次，哲学是关于世界观、人生观及与之相应的方法论的学问，中国、西方历史上都有大量相关的学问，所以都可称之为哲学。这种观点的代表人物早期有冯友兰、张岱年、胡适等人。胡适在早年写的《中国哲学史大纲》（卷上）中曾说："凡研究人生切要的问题，从根本上着想，要寻一个根本的解决，这种学问，叫做哲学。"（1928，1）冯友兰在 1931 年出版的《中国哲学史》中指出，要知道"哲学为何物"，关键在于要搞清哲学之内容，他认为古希腊以来之哲学，"以现在术语说之"，应包括三大部分，即宇宙论、人生论、知识论或方法论（1931，2）；在 1934 年此书新版中，他在"绪论"中增入"哲学与中国义理之学"一节，其中称中国历史上的许多学说如魏晋玄学、宋明理学等的研究对象与此约略相当（1934，7）。张岱年先生 1937 年在《中国哲学大纲》中认为中国古代哲学家所讲的学问，大致可分为五个方面，"其中宇宙论、人生论、致知论三部分为其主干；总此三部分，正相当于西洋所谓哲学"（宇同，1958，3）；又说："哲学是研讨宇宙人生之究竟原理及认识此种原理的方法之学问"（宇同，1958，1），这种关于哲学的定义于新中国成立后在国内学术界影响最大，并多半被表达成"哲学是关于世界观的学问"，而世界观当中同时也包含人生观、方法论、认识论等与之相关的内容。[4]

## 哲学的目的在于指导人生吗？

把哲学理解为一种人生的智慧，并以此为基础进一步把它称为一门关于世界观、人生观及与之相关的方法论的学问，这种理解的精神实质是把哲学当作一种可以帮助人们摆脱人生的烦恼，解除人生的痛苦，找到人生的归宿的人生智慧。所谓世界观、人生观及方法论三个领域的划分，是针对这门学科所研究的对象得出的，即只有通过对世界、人生、社会等的正确认识，并掌握获得这种认识的方法，才能使人生得救。由此可见，这种对于哲学的理解的根本点在于一个用字上。现举几例证之：

冯友兰在早年写的一篇文章《论哲学与人生之关系》中区分了"活哲学与死哲学"："什么是活哲学呢？能成为一种力量，领导人的行动的即是；反此，就是死哲学。"（1984，364—365）在其晚年最后一部著作《中国现代哲学史》一书中，冯友兰更是把哲学的主要价值定位为"提高人的精神境界"。他说："哲学不能增进人们对于实际的知识，但能提高人的精神境界。我在《新原人》中指出，人的精神境界可能有四种：自然境界，功利境界，道德境界，天地境界。天地境界最高，但达到这种境界，非经过哲学这条路不可。"（1999，240）

唐君毅《生命存在与心灵境界》（1977/1986）一书"导论"部分在论及"哲学之任务"时提出，"哲学者之所为"即"求知彼足以为元序、大类、大全之概念义理，以说明宇宙与人生者"，而哲人们这样做则总是自觉地或不自觉地"由于其欲成为一无限惟一之生命之目标为其根"。（1986a，28）由此出发，唐先生进一步认为"哲学之目标在成教"（1986a，33）："故凡哲人之言说，初虽是说其所学，而其归宿，则皆是以言说成教。故说所学非究竟，以说所学成教，方为究竟。"（1986a，35）[5]

方东美认为，哲学的智慧在于通过成就"先知、诗人、圣贤"的综合人格来产生伟大的行动：

> 哲学的智慧眼光总是要根据过去，启发未来，而对未来的一切理想又能根据现在的生命、行动去创造，才能构成所谓的"先知、诗人、圣贤的综合人格"……借用司马迁的名词，一位哲学家应当"究天人之际，通古今之变"，如此成就的系统知识才能应付这个世界。哲学家应当回想过去、透视现在、制定未来的蓝图。（1983，40）

张岱年先生在 1936 年写成的《人与世界——宇宙观与人生观》一文中说：

> 哲学可以说是最高指导原理之学。哲学乃自觉的探求自然与当然之基本原理，以为行动之指针。哲学是指导生活与知识之原理系统……生活中发生问题，哲学乃想出解决问题之方法者；而实际解决问题者乃是行动，是实验，是革命，是作为。哲学是行动之指针。（1996a，350）

张岱年先生这种关于哲学的作用的观点今天也常被说成"哲学是认识世界、改造世界的思想武器"。

此外，高清海等亦有类似观点。他说，哲学研究世界与科学研究世界的根本分野在于前者是"出于关心人才去关心外部世界"，而后者则只提供关于外部世界的客观知识。因此他说"哲学研究世界，从归根结底的意义说，主要还是为了理解和把握人自己"，是为了"要对人、人的本性、人的历史发展有一个清醒的估量和认识"。也就是说，哲学的世界观本质上是为了建立人生观的需要。（1997，总序）

所有这些理解尽管不尽相同，但都有一共同点，即将哲学的根本任务规定为对生活或人生有某种指导意义，也就是说，哲学的主要特点在于一个用字。这与西方人两千年来的对于哲学这门学科的一贯理解是否相符呢？

## 且看这一理解来自何种传统

把哲学理解为一门对生活或人生有指导作用的世界观、人生观或与此相应的方法论的学问，与中国古代学术传统中对于学问的目的及宗旨的理解是完全一致的。因为我们知道，古人常把那些对人生及世界的真谛有深刻领悟的人如孔子、老子等称为"哲人"或"圣哲"。在《尚书》《诗经》《左传》《礼记》等书中有不少诸如"圣哲""先哲""哲人""浚哲""明哲"之类的术语。[6] 概括起来讲，先秦著作中普遍把"哲"当作一种人生的智慧，指对小到人生、大到宇宙的真谛的认识；而所谓"圣哲"或"哲人"就是指通过对人生、社会、国家、天下乃至宇宙真谛的深刻认识，找到了人生的归宿或懂得治国平天下的人。因此"哲人""圣哲"就是指有大智慧的人。《说文解字》："哲，知也。从口折声。或从心。古文哲从三吉。"《尔雅·释言》："哲，智也。"古汉语中"知""智"通。在道家或佛教经典中，这种理解同样存在。如老子《道德经》中有"知人""知和""知常""自知""有知"等一系列用法，又曰"使我介然有知，行于大道，惟施是畏"（第53章），正是把求得人生的智慧当作学问的根本目的。《庄子》屡用"大知"与"小知"相对照，以各种形象的比喻来讽刺人们各种无知的情形；所谓"小知不及大知，小年不及大年"（《逍遥游》），"大知闲闲，小知间间"（《齐物论》），亦表明庄子是以与上述类似的人生智慧为学问旨归的。又如佛教主要经典之一《金刚经》全称是《金刚般若波罗蜜经》，其中般若即智慧之义，六祖慧能将"金刚般若波罗蜜"七字释为"大智慧，到彼岸"。在儒家及佛教经典中又把具备了人生大智慧的"哲人"称为"先知""先觉"或"觉者"。

　　基于上述原因，我们有理由认为，今人把哲学理解为一种关于人生观、世界观或方法论的学问，从根本上说与中国文化中自古以来对于学问的根本目标的认识有着极为密切的关系。

　　然而我们不能不提醒大家注意的是，尽管古人常常会使用"哲人""圣哲"一类的术语，却从来没有人把自己的学问称为哲学的；他们曾把自己的学问称为经学、道学、理学、心学、玄学、义理之学、心性之学等等，但从未有将其称为哲学者。必须提醒人们注意的是，把哲学当作一门独立的学科，乃是西洋从古希腊以来的学术传统。而中国人谈论哲学这门学科，其实也是从西洋学来的。日本人最先用哲学来翻译 philosophy 一词，从此哲学这一名词开始在中国人的生活中日益普遍地得到使用。而将中国古代许多不同的学问——包括儒家、道家、佛教乃至先秦诸子的各种学说，包括被古人称为经学、道学、理学、玄学、义理之学、心性之学等的各方面的思想——综合到一起给它们起一个共同的名字叫哲学、中国哲学或中国哲学史，则是起于中国近代，是非常晚近的事情。

这样一来就发生了一件非常有趣的事情，即中国人用哲学一词来翻译西洋人 philosophy 一词，而同时他们对哲学一词的理解却完全来自中国人自身对于学问的有关理解。那么这种理解究竟对不对呢？

## Philosophy：作为一门学科与作为一个日常用语

从表面上看，philosophy（philosophia）在希腊文中原义确是指爱智慧之义。但是如果我们对这一术语的理解仅仅停留在这样一个由词源学考证得出的结论上，那就大错特错了。我们必须掌握西方人在通常情况下是怎样使用 philosophy 这个术语的。我们知道，philosophy 一词在西方语言中虽然有多种不同含义，但是基本上有两种不同的用法，即一种把它理解为日常生活中的智慧，和中国人的理解相近；另一种则把它理解为一门独立的学科，和其他许多门学科相并列。这两种用法在西方迥然不同。前一种理解是从广义上使用 philosophy 一词，而与人们把 philosophy 当作一门独立学科的理解迥然不同。正因如此，西方一般的工具书、哲学百科辞典等在讲到 philosophy 的定义时，都不得不首先明确区别这两种完全不同的 philosophy 之义。例如：以安东尼·弗卢（Antony Flew）为顾问的《新哲学辞典》（*A Dictionary of Philosophy*）一书在讲到 philosophy 一词的含义时指出，在一种情况下，人们使用该词来表达对人生或事物的经典式、概括式认识，通常可指当事人的价值信仰，也可指一个人对事物一般本质的看法（to take an aphoristic overview that usually embraces both value-commitments and beliefs about the general nature of things）。但是这种理解和存在于大学哲学系等教育机构之中、作为一门学科（an academic discipline by departments of philosophy within institutions of tertiary education）的 philosophy 是完全不同的。前者是广义上的用法，后者则是"学科"的专门用语（Flew, 1979, preface）。G. H. R. 帕金森（G. H. R. Parkinson）在其主编的《哲学百科辞典》（*An Encyclopaedia of Philosophy*）一书"什么是哲学"一章中讲到，人们在一般情况下提到 philosophy 一词时，常将它作为对事物的一般看法，这种看法可用来支持当事人的具体行为（引者按：这种用法颇类似中国人所说的世界观或人生观）。但他强调这种理解和该书（指其所主编的《哲学百科辞典》一书）所讲的、存在于教育机构中的作为一门学科的哲学（academic philosophy）是完全不同的（Parkinson, 1988, 1）。

需要承认的是，从"广义上"把哲学理解为一种人生的智慧（类似于中国人所谓的世界观或人生观）的传统在西方世界一直存在。据 G. H. R. 帕金森提供的材料，古希腊政治家梭伦（Solon，约公元前 638—前 559 年）曾经离开希腊外出旅行以开阔心灵，他被描写为从事哲学（philosophising）（Parkinson, 1988, 1—2）；又据约翰·帕斯莫尔（John Passmore）提供的材料，罗马政治家西塞罗（Cicero）曾把哲学定义为"生活的艺术"，文艺复兴期间，他的这一观点在普通受过教育的人们中间占有统治地位。甚至到 17 世纪，约翰·塞尔登（John Selden）还写道："哲学不是别的，就是机智精明（prudence）"（Edwards, 1967c, 219）。但帕金森指出，和这种广义的用法相反的是，作为一门学科的 philosophy 则是狭义的，且只适用于苏格拉底、柏拉图、亚里士多德等一批公认的西方哲学家（Parkinson, 1988, 1—3）。

这就是说，在西方人看来，日常生活中所理解的广义上的 philosophy 和作为一门独立学科的 philosophy 是完全不同的。我们知道，只有西方人在广义上所使用的 philosophy 与我们中国人所理解的哲学一词含义相近，即把它们理解成一种对现实人生有指导意义的人生观或世界观。区别在于：中国人在使用哲学时从来没有像西方人那样把这两种对于哲学的理解区别开来，他们在把哲学当作一门学科来对待时，同样将之理解为是一门智慧之学，认为其根本目的在于为人生服务。

那么为什么西方人要区分这两种不同的 philosophy 呢？这是因为古希腊以来被作为一门独立的学科的 philosophy 的含义，与中国人今天所理解的作为世界观、人生观或方法论的学问的哲学的含义是有本质不同的。下面我们将先分析一下这二者之间的本质区别体现在什么地方，然后检讨把哲学理解为关于世界观、人生观的学问存在的问题。

## Philosophy：求知而未必求用

首先我们必须承认，在西方哲学史上，把哲学理解为会给人生带来巨大的实用价值或以追求对人生、社会事务有益而从事哲学的哲学家也是大有人在的：毕达哥拉斯（Pythagoras）、苏格拉底、柏拉图都认为哲学能提高人的德性，使人的灵魂得救；斯多葛学派（Stoicism）、伊壁鸠鲁（Epicurus）、希腊化时期的怀疑论者都曾认为哲学的目的在于使人的心灵获得平静（Edwards, 1967c, 219）；中世纪以来大批哲学家认为哲学有益于人们认识上帝的存在，这种观点一直影响到笛卡尔（René Descartes）和贝克莱（George Berkeley），而18世纪法国的唯物主义者们则普遍以他们的唯物论来攻击基督教的有神论；19世纪以来，几乎所有的西方哲学家，特别是在克尔恺郭尔（Soren Kierkegaard）、狄尔泰（Wihelm Dilthey）、尼采（Friedrich W. Nietzsche）等人影响之下而形成的现代西方哲学洪流中的哲学家，更是几乎无一例外地带着极为强烈的、对于现代性一些根本性问题的关怀而从事哲学。其中有些人的哲学，如海德格尔的晚期哲学，已完全脱离西方传统哲学的路子，达到与东方思想合流的地步。

对于这种情况，我们需要认识到一个重要的事实，即一个哲学家赋予哲学什么样的现实功能或带着什么样的现实关怀从事哲学研究，与哲学研究采取什么样的思维路径是两码事。我们先要明白求用与求知这两种思维方式是有本质区别的，虽然任何知都必然会最终给人们带来某种用。求知即求真，但这个知不是前面所说的以对人生有用为目的的真，而是指求得对世界的真理性认识，是普遍、客观意义上的知识。虽然任何好的知识对人们来说都必定会有某种用处，但是知识的追求有自身独立的内在逻辑，这个内在逻辑不是可以用任何用的标准去衡量的。举一个极其简单的例子可以说明这个问题："地球绕着太阳转"是一个真理，它按照自身的规则存在并有效，绝不会因为人们的某种喜好而发生任何变化。哥白尼提出"日心说"，主要是因为他发现了这一事实。这个发现对于人类社会毫无疑问是有用的，但如果是为了求用，也许当时条件下相信并论证"地心说"会更有用。因此一个哲学家可以本着求用的目的来求真，但是知识的追求有它自身独立的逻辑，即必须严格按照世界本身"是什么"的逻辑来开展，决不以我们对于人生、社会乃至世界的价值需求为衡准。为了用的目的去求知固然可以，但若不严格按照知识的逻辑规则去运作，就会把用的需求强加在知识的逻辑之上，这样就不会给知识带来任何进步。我们需要强调的是：以价值判断为前提的学术研究与以事实判断为前提的学术研究二者在思维的理路上判然而别，而恰恰是后者曾在西方两千多年来的哲学史上的很长时期内一直占主导地位，直到今日也仍然是哲学研究中最主要的思维方式。

如果说中国古代的学术思想，特别是儒、道、释思想，在思维方式上的根本特征可以概括为以求用为旨归、以价值判断为前提，那么可以说古希腊哲学从它刚诞生时起在思维方式上就是以求真为旨归、以事实判断为前提的，不管古希腊哲学家们宣称自己的哲学最终会对社会或人有什么用。我们知道，古希腊哲学从第一批哲学家开始就关注世界的本原是什么，有的把它解释成"水"，有的解释成"气""无限者""火"，有的解释成"数""一""存在"等。无论是唯物的解释还是唯心的解释，都是围绕着"世界的本原实际上是什么"展开的。古希腊哲学从巴门尼德（Parmenides of Elea）开始从宇宙论转向存在论（ontology），所谓"存在论"实际上就是"是论"（本书专论见后），即研究世界实际上是什么，在终极的意义上是什么。这个"是"是事实判断，而不是价值判断。一位西方学者这样写道："第一批自然哲学家是米利都的公民……这些希腊人发明了哲学，即出于其自身的缘由而对知识的追求，它老问'为什么'，并超出实用关怀之外进行抽象（generalizing beyond pragmatic concerns）。"（Chamber, 1979, 19）爱德华·M. 伯恩斯（Edward M. Burns）等主编的《西方文明史》中写道："希腊哲学公元前6世纪在所谓的'米利都学派'的工作中发源，其成员都是小亚细亚沿海商业城市米利都的本地人。他们的哲学基本上是科学的和唯物主义的。"（Burns, 1980, 125）"在公元前6世纪末叶以前，古希腊哲学发展到一个形而上学的转折点，不再完全沉浸在物理世界的问题上，把它的注意力转移到关于存在的本质、真理的意义及神在万物之林中的位置这些深奥的问题上。第一个扩展这种趋势的是毕达哥拉斯……他和他的追随者教导人们，思辨生活（the speculative life）是最大的善，但为了建立它，个人必须清除情欲上的恶念。"（Burns, 1980, 125—126）"希腊人的兴趣在伯里克利时代及其后的世纪里主要是思辨的和艺术化的，他们并不深刻地关心物质上的满足或对物理世界的征服。"（Burns, 1980, 132）

　　希腊哲学家苏格拉底、柏拉图生前都有以哲学经世致用的抱负，苏格拉底企图用哲学（更准确地说是伦理学）来改造青年，而柏拉图一生亦有极强的政治抱负，并在《国家篇》（又译《理想国》）中提出了著名的哲学王（philosopher king，或译哲人王）的政治模式。但是另一方面他们的思维方式却和中国人不一样。他们虽然也带着求用的目的从事哲学，但在思维方式上却不是以价值判断为前提的。只要我们稍加研究就可发现，他们在思维方式上求是、求知的特征最终使哲学成为超越于实用关怀之外而独立存在的一门科学。我们知道，苏格拉底虽然重视人的德性，但是他同时强调"德性即知识"；而更重要的是，他所开创的

"问答法",即通过追问人们一系列概念,如勇敢、节制、美德等的准确定义来寻求概念的普遍本质,实际上是一种求知的方法,这种方法不仅为柏拉图所采用,而且对整个西方哲学及科学的发展都有着极为深远的影响。(Parkinson, 1988, 1—3)不管柏拉图一生的政治抱负多么强烈,他的理念论在本质上是以求得世界本质上是什么为旨归的,他的哲学在思维方式上是为了对世界作一正确解释,即求得对世界之真知。至于他们一生的政治抱负,即他们一生所追求的用,在他看来也是以求得普遍、客观、绝对的知识为前提的。

事实上,柏拉图的现实政治理想来自这样一种信念:知识是万能的;一个人只要有了真正的知识,就自然会懂得什么是德性,并会把自己培养成一个可以担当城邦统治者重任的人。这种知识万能的信念使他把哲学家看作至高无上的人,但到了亚里士多德就已充分认识到柏拉图的这种信念是错误的,并给了哲学一个正确的定位,指出哲学是一门"为学术自身而成立的唯一学术"(《形而上学》982b27),亚里士多德对哲学本质的重新定位,与他发现了柏拉图关于哲学本质的思想中所存在的内在矛盾有关,这一事实体现在他对 phronesis 和 sophia 这两个词汇的区别之上。我们知道,在柏拉图的对话中,phronesis 和 sophia 这两个是常常混淆使用的,在英文中都可译作 wisdom(中译为智慧)。这一点在《美诺篇》中表现得最为明显。但是到了亚里士多德,phronesis 和 sophia 这两个词的意义却被有意作了区分。亚里士多德在《尼各马科伦理学》中用 phronesis 专门指称"实践的智慧"(苗力田先生译为"明智",英文中有时译为 practical wisdom),而用 sophia 来指在哲学这门学科中所专门关注的"思辨的智慧"(英文中有时译为 philosophic wisdom)(周辅成,1964,314—319)。

亚里士多德把思辨的智慧——sophia——理解为"关于事物的原因与原理的知识"(《形而上学》982a1。1959a, 3),把实践的智慧——phronesis——理解为政治人物或社会活动家实用的人生智慧[7]。他强调,"若认为政治或实践的智慧是最高的知识,这是荒谬的,因为人并不是世界上最完善的东西"（周辅成，1964，318）。也就是说，思辨的智慧虽无关于实用的需要，但却导向科学知识的建立，因而它是哲学家所追求的理想；而实践的智慧至多只体现为一个人治理国家时的精明和才干，它不配称为真正的知识，也不是哲学家追求的理想。"思辨的智慧（sophia）显然和治国的才能不一样。……由上可知，智慧显然是结合直觉的理性而研究性质上最高的事物所得的科学知识。"（周辅成，1964，318）相比之下，"实践的智慧（phronesis）乃是以人类的善为目的而求实践的一种合理的或正确的才能或习性"（周辅成，1964，316）。政治智慧就是一种典型的实践的智慧。"我们认为伯利克里及其相类的人物，是有实践的智慧的，因为他们能看出什么于他们自己和一般人是好的。"（周辅成，1964，315）从这里我们可看出亚里士多德对 phronesis 与 sophia 作了很大的区分，前者总是与具体事物联系在一起，用他自己的话来说就是"实践的智慧总是实践的，而实践乃与特殊事实联系在一起"（周辅成，1964，319），而后者则不然，因为哲学智慧的特点是完全超出于特殊的事实之外而寻求科学的知识（亚里士多德关于智慧的论述在下节进一步介绍）。

在西方哲学史上，绝大多数关怀现实或强调哲学的现实功能的哲学家都与柏拉图情况一样，他们只是在强调或重视某种知识的社会功能，在具体研究时他们遵循的是严格的科学研究方式，是以事实判断而非价值判断为前提的。笛卡尔、贝克莱、唯物论者无不是如此，当代哲学家胡塞尔等人也是如此。当代哲学中有一种重要倾向，即强调事实与价值不可分割，现象学、阐释学、实用主义哲学皆然，然而指出事实与价值不可分的事实仍然是事实判断而非价值判断，至于这一事实作为一个真理被发现有多大价值则是另外一回事，其思维方式与直接追求某些现存价值的宗教毕竟判然而别。尽管当代西方哲学一些流派如存在主义等在思维方式上出现了一些重要的转向，但是像海德格尔晚期哲学那样站到价值判断的立场从事哲学，以哲学思考等同于神秘的人生体验的毕竟只是极少数，绝不能代表当代西方哲学的主流。如果说，当代西方哲学的有些流派不能再用"事实判断"与"价值判断"二分的立场来分析之，那么这种情况也只是发生在当代的事情，且只对个别流派有效。[8]

当然，应当承认，求真已不是现代西方哲学的主流。现代哲学家们多半倾向于将求真的任务完全交给科学，而认为哲学的任务在于寻求对世界更好的解释框架。尽管如此，在多数情况下，当代西方哲学家还是承认自己追求的是知识而非其他，尽管他们所说的已非完全是普遍、客观的知识了。

## Philosophy：求知与思想的自由

不管现代西方哲学在思维方式上发生了什么样的重要转向，西方哲学在两千多年的漫长岁月里一直以求知为其主要目的是一个不容置疑的事实。而且在多数情况下，它所求的是普遍、客观、逻辑上有效的知识，是以事实判断为基础的，而不是中国人所谓的世界观、人生观之类的东西。如果说中国人把哲学所代表的智慧理解为所谓的世界观、人生观，那么古希腊以来哲学家们所理解的哲学的智慧则主要是知识：前者是以价值判断为前提的，后者则是以事实判断为前提的；前者以求用（人生的解脱、灵魂的得救、生活的艺术等）为宗旨，后者求真（普遍、客观、绝对的知识）而未必求用。正因为如此，一些西方的哲学工具书都认为，希腊文 philosophia（即英文 philosophy）应当理解为爱知识（love of knowledge）而不是爱智慧（love of wisdom），因为智慧一词含义太广泛（Parkinson, 1988, 1—2；Edwards, 1967c, 216）。关于这一点，柏拉图和亚里士多德也说得十分清楚，柏拉图说："让我们一致认为这一点是哲学家天性方面的东西吧：即永远酷爱那种能让他们看到永恒的不受产生与灭亡过程影响的实体的知识。"（《国家篇》485A—B。1986, 230）而亚里士多德则写道："智慧就是有关某些原理与原因的知识。"（《形而上学》981b—982a。1959a, 3）[9]

《尼各马科伦理学》第六章专门考察了智慧（sophia）一词在当时的各种用法，亚里士多德说："智慧一词（一）在技艺上，应用于那些技艺精美的人的身上。……这种用法，所谓智慧就指技艺上的优点。（二）但是也有些人，他的智慧不在某一部分，也不在于任何特殊的事物。……显然智慧是最完善的知识形式。智慧的人必须不仅仅知道从知识的第一原则推论出来的知识，而且还必须知道关于那些第一原则的真理。所以智慧就是直觉的理性和科学知识的统一，也即是我们研究具有超越价值的对象所得的知识之最高形式。"（《尼各马科伦理学》1141a。周辅成，1964，317—318）亚里士多德又说：

> 在被发现的越来越多的技术中，有的为生活必需，有的供消磨时间。与前者相比较，后者总被当做更加智慧的，因为这些技术的科学，并不是为了实用。只有在全部生活必需都已具备的时候，在那些人们有了闲暇的地方，那些既不提供快乐、也不以满足必需为目的的科学才首先被发现。（《形而上学》981b16—22。1993，29）
>
> 在全部科学中，那更善于确切地传授各种原因的人，有更大的智慧。在各门科学中，那为着自身，为知识而求取的科学比那为后果而求取的科学，更加是智慧。（《形而上学》982a13—17。1993，30）

哲学的这种以求真、求是、求知为特征的思维方式，亚里士多德在《形而上学》（《形而上学》982b27。1959a，5）中的阐释至今仍然是最经典的，并且直至今日对多数西方哲学家来说仍然是适用的，即强调哲学起源于"对自然万物的惊异"，"这类学术研究的开始，都在人生的必需品以及使人安适的种种事物几乎全都获得了以后"；"所以我们认取哲学为唯一的自由学术而深加探索，这正是为学术自身而成立的唯一学术"。

如果一种学问以求用为目的、以价值判断为前提，它就容易把观点、结论看得比什么都重要。在这里，人们不仅会把一些公认为正确的观点、结论当作不容置疑的前提，而且当作千古不变的永恒主题，不断从新的角度来理解它、阐释它或进入它。因此我们看到儒学及各种宗教学说都有很多几千年来一直未变的主题，尽管对这些主题的阐释方式一直在变化。仁、义、礼、智、信对于儒家的重要性，无为对于道家的重要性，上帝对于基督教的重要性几千年来从未发生过变化，这是由于这些学说在思维方式上是以价值判断为前提、以求用为旨归的缘故。但是世界上还有另外一种学问，它以求真为目的、以事实判断为前提，对它来说方法的重要性压倒了一切，因此任何观点、结论都成为可以推翻的，关键在于它能不能经得起方法的严峻考验。在西方哲学及其他各门科学中，我们所看到的正是这样一幅图景：新的学说层出不穷，没有任何一种结论可以永恒不变，没有任何理论体系敢宣称自身在任何情况下都会无条件的正确。原因很简单，因为这些学说本质上都以求知为目的。只要我们不敢说我们已经穷尽了对于世界的认识，我们就不能说我们在理论上的某个发现可以永远有效。因为从价值判断上来讲，我们也许可以说"做人要讲道德"在任何情况下永远有效，不会随着人类社会的发展而发生任何变化；但是从事实判断出发，我们却不能说量子力学的某个最新发现将永远有效，永远不会随着科学的进步而被证伪。

正因为哲学是一门科学，在很长时期里是以求是为旨归、以事实判断为前提的，所以许多一流的西方哲学家都强调哲学赖以产生的前提条件或思维方式上的根本特征就是思想的自由。

黑格尔（G. W. F. Hegel）在《哲学史讲演录》中写道：

> 思想必须独立，必须达到自由的存在，必须从自然事物里摆脱出来，并且必须从感性直观里超拔出来。思想即是自由的，则它必须深入自身，因而达到自由的意识。哲学真正的起始是从这里出发……（1959, 93）

真正的哲学是从西方开始。惟有在西方这种自我意识的自由才

首先得到发展……在希腊我们看见了真正的自由在开花……(1959，98—99)

黑格尔关于哲学在思维方式上的上述特征的看法是许多西方哲学家的共识。在柏拉图的《对话录》里，我们随处都可见到上述黑格尔所说的思想的自由，而柏拉图自己则把这种思维方法称为辩证法，其含义和我们今天所说的辩证法大不相同，指一种通过论证、反驳、批判、否定达到对事物普遍本质的把握的方法。正如约翰·帕斯莫尔（John Passmore）所说的："对于柏拉图来说，哲学智慧的首要特征就是它要面对批评意见的考验。……一个人在某个时候做了一件聪明、正确或完美的事情并不能证明他拥有了哲学的智慧；他必须为他的行为提供根基，以便经得起诘难。"（Edwards，1967c，216）笛卡尔则强调哲学必须从普遍的怀疑出发，先将人类一切现有的知识彻底地从理论上予以否认，将一切建立在感官经验之上的知识视为不可靠，并宣称：只有我们的知识像几何学那样，从个别绝对正确的、逻辑上牢不可破的、人人不得不接受的公理出发，人类才能建立起真正的知识。正因如此，第一哲学（或称为形而上学）所承担的任务对于一切其他部门的知识来说有着最为根本的意义。在当代西方哲学家中，雅斯贝尔斯和胡塞尔也曾经对哲学在思维方式上的上述特征作过深刻的论述。雅斯贝尔斯对哲学的这一特征的强调主要体现在他对于"理性"的重视上，强调以无穷批判及追求清晰为特点的"理性"乃是哲学思维区别于宗教及其他学问的根本特征（Jaspers，1994，178—185，347—350）。胡塞尔 1936 年在《欧洲科学危机和超验现象学》一书中指出古希腊人所确立的"哲学的人生存在形式"，是"根据纯粹的理性，即根据哲学，自由地为他们自己、为他们的整个生活塑造法则……根据文艺复兴的主导思想，古人是通过自由的理性明智地塑造着他们自己的"。（Husserl，1970，8）

## 以何为准：思维方式？研究对象？

我们在前面已经讲到过，所谓世界观、人生观及方法论三个领域的划分，是针对这门学科所研究的对象——世界、人、方法等——得出来的。这一理解实际上包含着一个潜在的思想前提，即根据研究对象而不是思维方式上的根本特征来确定什么是哲学。这一点冯友兰先生在他1931年版的《中国哲学史》一书中说得最为明白：

> 哲学一名词在西洋有甚久的历史，各哲学家对于哲学所下之定义亦各不相同。为方便起见，兹先述普通所认为哲学之内容。知其内容，即可知哲学之为何物，而亦无需有正式的定义矣。(1931，1)
>
> 以现在之术语说之，哲学包涵三大部：宇宙论——目的在求一"对于世界之道理"（A Theory of World）；人生论——目的在求一"对于人生之道理"（A Theory of Life）；知识论——目的在求一"对于知识之道理"（A Theory of Knowledge）。(1931，2)

然而，冯友兰先生可能忽略了一个严重的问题，即仅仅根据研究对象来确定哲学的内容，并将哲学定义为一对于世界、人生或知识之道理，那么世界哪一种学问不可能被称为哲学呢？西方历史上那些公认的哲学学说，人类迄今所有的宗教学说，佛教、道教、基督教等等，有哪一个没有自己的世界观、人生观及与此相应的方法论呢？如果这样划分的话，那么宗教是不是可能就是哲学或者哲学的一个分支呢？实际情况是：当人们问我们什么是哲学时，我们就说是关于世界观、人生观及方法论的学问；当人们问我们宗教与哲学的差别时，我们可能马上说两者思维方式上的差别在于前者更重直觉，后者更重推理；前者有关于信仰，后者有关于知识；前者需要把若干事物（上帝、涅槃、道等）当作永恒的价值，千百年来只要这种宗教存在，它所信奉的价值就不会改变，改变的往往只是修行的方法，而哲学则反对人为预设任何价值，主张一切都必须诉诸合乎逻辑的推理和严密的论证过程。然而按照这一区别，世界观、人生观本身就是有关于信仰的，从而需要借重于直觉和顿悟，并且时常不得不把若干事物当作永恒的价值（如20世纪以来中国人把集体主义、大公无私、"五讲四美""三热爱"等当作永恒不变的价值，写进了马克思主义哲学教科书中）。这一事实充分表明中国人在理解什么是哲学时，有时是混乱不清、自相矛盾的。

冯友兰先生似乎没有认识到，一些西方哲学家将哲学理解为关于世界和人的学说（a theory of life and the world），他们所说的是关于世界和人的知识，与中国人所谓世界观、人生观不是一个概念。[10]如果世界观、人生观以及与此相关的方法论是指冯友兰等人所理解的以指导人生为宗旨的学问的话，那么可以说在西方两千多年的历史上，很少有哪一个哲学家将哲学定义或理解为关于世界观、人生观及与之相关的方法论的学问，只要我们把哲学作为一门科学而非从广义上来使用它。[11]柏拉图主张哲学的根本任务是寻求最高级、最普遍的知识，引导人们从现象世界进入永恒不变的真实世界；亚里士多德也认为哲学的任务在于研究普遍知识，同时要寻找事物的最后原因或第一原理（《形而上学》982a。1959a，4）；黑格尔将哲学定义为"用思维和概念来把握真理"（1959，24），认为它是"关于实在的普遍的思想"（1959，88）；笛卡尔认为哲学的首要使命和根本任务在于为人类知识奠定一绝对可靠之基础；维特根斯坦（Ludwig Wittgenstein）则说"哲学的目的是使思想在逻辑上清晰"（1962，44）；罗素（Bertrand Russell）认为哲学是"介乎神学和科学之间"的"一片受双方攻击的无人之域"（1963，11）；雅斯贝尔斯、海德格尔将哲学的任务规定为对"存在"（sein）的探求。不管这些对于哲学的理解有什么不同，他们在定义或理解哲学的本质时，都是着眼于哲学这门学科在思维方式上的根本特征，这一点是共同的。20世纪以来，西方不少大哲学家们，如胡塞尔、罗素、雅斯贝尔斯、海德格尔等，都主张抛弃古典形而上学的研究对象，他们对哲学本质的理解与古希腊以来西方人对于哲学的理解有了巨大不同，但即便如此，这些不同流派的哲学思想都有一个共同点，即认为他们所倡导的哲学革命本质上是哲学思维方式上的变革。在他们看来，衡量哲学的标准主要也在于思维方式而不是哲学研究的对象。而冯友兰先生把关于世界、人的理论与世界观、人生观混为一谈，将知识的追求与智慧的探索当作一回事，事实上是忽视了衡量哲学的主要标准是思维方式，而不是研究对象。[12]

最后，关于哲学的领域划分，在西方哲学史上，从来没有人将哲学划分为世界观（宇宙论）、人生观及方法论这几大领域。我们知道，古希腊以来逐渐形成的哲学领域有宇宙论（cosmology）、形而上学（metaphysics）、认识论（epistemology）、逻辑学（logic）、伦理学（ethics）等一些主要的部门。这种划分从亚里士多德以来开始形成，但是19世纪以后，随着知识的扩张，更形成了许多新的哲学部门，如美学、政治哲学、社会哲学、历史哲学等，而到了今天则更有科学哲学、技术哲学、生态哲学等一系列新的哲学领域形成。[13] 从思维方式的角度讲，它们与中国人所谓的世界观、人生观及方法论的学问是有本质不同的。例如，逻辑学与我们所说的方法论本质上不是一回事。因为我们所谓的方法论主要是指使人生获得"大智慧"（用今天的话来讲就是正确的世界观、人生观）的方法；按照这种理解，则古人所谓静坐、修身、养性之方法皆可称为方法论，然而这种方法在西方哲学中被视为宗教神秘主义一类方法，是最没有逻辑性的。

又如，伦理学与我们所说的人伦之学或人生观之学也不是一回事，后者是以人生的自我拯救、人生的价值归宿为旨归来研究人和世界这两种对象，这样一种研究在西方历史上一直被认为是由宗教来承担而不是由哲学承担的。至于作为哲学的一个分支的伦理学，在西方人看来，它是一门科学，无论是元伦理学、德性伦理学，还是规范伦理学，其实质都在于从理论上探究一些伦理范畴本质上是什么，是以从事实判断出发为特征的,而不是从价值判断出发的。尽管伦理学中的一些分支如规范伦理学也具有求用的性质,但是它在思维方式上毕竟是以事实判断为前提进行论证,这与我们在儒家、道教、基督教等之中所看到的,视若干价值（如仁、无为、上帝等）作为不容置疑的永恒前提,并将主要精力集中于去践履而不是从逻辑上去论证的思维方式迥然不同。

再如,西方人所谓 metaphysics（形而上学）,其实是一种求是的学问,它也以事实判断为前提,而中国人所谓形而上之学乃是求应当之学、以价值判断为前提;又,metaphysics 研究宇宙的第一因、终极原因,故而唯物论、唯心论皆被西方人称为 metaphysics。可见 metaphysics 不是以研究形而上的东西（如中国人形而上之道）为旨归;再次,metaphysics 是一门关于知识之学,求的是唯一、简单、普遍、逻辑上牢不可破的知识,这种倾向在 20 世纪以前一直是一个主流。而中国人所谓形而上的道学则从不追求这种意义上的知识。因此它与我们所谓的世界观之学有天壤之别,以至于我们简直不能说中国古代有什么 metaphysics（形而上学）（见本书后面论述形而上学的部分）!

## 接受了是否等于理解了?

将哲学理解为关于世界观、人生观以及与此相应的方法论的学问,导致中国人一个世纪以来在理解西方哲学以及从事哲学研究的时候犯下了一系列几乎是不可饶恕的错误。当他们读到西方人关于世界的学说的时候,就在想西方人提出这种学说是为了什么?是代表一种什么治国平天下的思路?当他们读到西方人的伦理学学说时,就在想西方人提出的某个伦理思想代表什么样的人生价值观?所有这些理解都是建立在中国人对哲学的一个根本的偏见之上,即认为哲学的目的在于提供一套关于如何改造人生、社会以及世界,从而使之变得更加美好的理论和实践方案,哲学是一种可以为人生的价值、社会的完善、世界的发展等提供理想的解决方案的学说,换言之,是一种以求用为旨归、以价值判断为前提的学说。然而,这种看法完全不符合哲学作为一门学科在西方历史上的真实含义。

首先,将哲学理解为世界观、人生观或方法论的学问,使我们对西方伦理学中各种关于价值的学说无法正确理解。例如,在近代西方功利主义伦理学中,有一个非常著名的观点,即认为"善是最大多数的最大幸福"。一些中国学者据此得出:西方近代伦理学提出这种观点的目的是提倡这样一种人生价值观,即人生的价值在于追求个人的幸福,因为功利主义伦理学的理论前提是每个人都有趋乐避苦的本性。他们认为近代伦理学家们之所以提倡这样一种人生价值观,是为了从理论上为文艺复兴以来西方资本主义的兴起提供理论基础。然而这种看法本身就是对西方哲学的本质特征不了解的产物。诚然,一个哲学家对一些问题的看法可能是与他个人生活的时代背景有某种关联,但是我们长期以来认为西方人从事哲学研究、提出某个哲学理论的目的,都是在为某个时代需要或某个政治主张进行理论论证的说法,则是对西方哲学的本质不了解的结果。如果哲学的目的只在于论证某些个人或社会的主张的话,那么它早就不可能作为一门独立的学科而在西方存在了。我们不应该忘记,西方人之所以一直把哲学当作一门科学,是因为作为一门科学的哲学有它自己的研究路径;作为一门科学的哲学研究,不是以应该为前提,而是以"是"为前提的。举例来说,欧几里德几何学建立在若干前提性的假定(公理)之上,如"两点之间只能有一条直线";作为假定,它们和人们是不是应该无条件地接受它并无关系;不是人们应不应该接受的问题,而是一个人们事实上是否已经接受了它的问题。同样的道理,功利主义理论赖以建立的个别前提性假定,如每一个人都有趋乐避苦的本性,作为一个假定,它本身丝毫也不意味着要求人们在现实生活中把它当作价值理想来追求;或者更准确地说,这个假定不是应然判断、价值判断,而是一个在事实上已经普遍接受了的、类似于几何学公理那样的前提。诚然,伦理学研究价值,功利主义伦理学也是如此,它的上述结论本身也可当成一个价值，而不是单纯的事实。但是我们不应忘记，这个结论的得出是建立在一个假定之上，而不是建立在应该之上；这和道德家们以某些价值（如仁、义、忠、信等）为前提，然后去讨论如何在当下的生活中去践履是两码事。换言之，伦理学关心的是知的问题，而道德家们关心的则是做的问题。

其次，将哲学理解成关于世界观、人生观或方法论的学说，使我们对西方形而上学史上各种关于人的本质的学说无法正确把握。一提到人的本质（本性）是什么，我们立即想到，搞清了人的本质是什么，我们不就知道了自己该怎么做人了吗？似乎人的本质是什么的问题与人生的终极归宿是什么，以及与此相应的人应该追求什么之间有着直接的关系。然而这种理解严重地混淆了价值判断与事实判断之间基本的区别。价值判断所讲的人的本质是人应该追求的本质，而事实判断所讲的人的本质是人事实上所具有的本质，在多数情况下，人的本质从价值判断的角度讲与从事实判断的角度讲完全是两码事。例如，在近代西方哲学中，有一种关于人的本质的基本观点，即把人的本质归结为精神实体，这一观点在笛卡尔、洛克（John Locke）、贝克莱等人的学说中得到了大量论证。笛卡尔（1986，27）说："我究竟是什么呢？是一个在思维的东西。……一个在怀疑，在领会，在肯定，在否定，在愿意，在不愿意，也在想像，在感觉的东西。"笛卡尔据此说"自我是一实体"。毫无疑问，他是在证明人的本质"实际上是"什么，这个我丝毫也不代表现实生活中的每一个我所应追求的价值目标。正像哥白尼发现地球绕着太阳转，不是因为他想追求地球绕着太阳转这一目标；笛卡尔对我的本质的发现也并不代表他想追求或提倡一种什么样的人的本质。但是一些中国学者喜欢说，笛卡尔提出这一学说是因为他想提高人的主体能动性，为新兴的资产阶级势力呐喊助威。对于这个问题，我所想回答的是，不管一种哲学学说在现实生活中事实上起到了什么作用，都不能代替哲学研究本身所具有的独立的逻辑。哥白尼的日心说在现实生活中确实对天主教的某些理论构成了打击，但尽管如此，日心说本身在哥白尼这儿是作为一个事实判断而存在，这一事实判断的真理性与哥白尼主观上想不想批判天主教无关。同样的道理，笛卡尔的自我本质上是一实体之说，在他那里是作为一个与哥白尼科学发现同样的发现而被提出来的，是被作为一个事实来对待的，这一事实的真理性与笛卡尔主观上想不想为新兴的资产阶级呐喊助威并无关系。如果总是从价值判断的角度去理解笛卡尔提出来的事实判断，那么我们就不能理解为什么他之后许多其他的近代西方哲学家——如斯宾诺莎（Spinoza）、莱布尼兹（G. W. Leibniz）、休谟（David Hume）等——不去维护笛卡尔的观点，却是去批判之、摧毁之并用其他的理论取而代之？难道这些其他的哲学家们就不想为新兴的资产阶级呐喊助威吗？

最后，我还想指出的是，把哲学理解为关于世界观、人生观或方法论的学问，我们就不能正确地理解和把握自从古希腊以来西方形而上学中各种关于世界的学说。这是因为，我们所说的世界观，其实是指旨在帮助我们正确地认识世界从而指导自己的人生的观点或学说。我们常常会说，一个人一旦建立起了科学的世界观，就可以在现实生活中少犯错误，避免走不必要的弯路了。然而这种对于世界观的理解与两千年来西方哲学中对于世界本质的研究走的是完全不同的两条道路。原因亦如上所说：它是以求用为旨归或以价值判断为前提的，而在西方哲学中对于世界本质的研究是以求是为旨归或以事实判断为前提的。无论是古希腊第一批哲学家对世界本原的探讨，还是柏拉图对于理念的论证；无论是亚里士多德关于第一本体的学说，还是康德（Immanuel Kant）关于"物自体"不可知的思想；无论将世界的本质归结为人的知觉，还是将世界的本质归结为各种实体（实体、灵魂、单子等）——都是在研究世界本质上是什么，而不是在研究人生在世应该建立一种什么样的世界观，以便此生此世活得更好（少走一些弯路，少犯一些错误等）。当然在当代西方哲学中，这种情况发生了深刻的变化，当代哲学家如雅斯贝尔斯、海德格尔、萨特（Jean-Paul Sartre）等一批通常所说的存在主义哲学家研究了不少的人生价值问题，并力图在他们的现实生活中加以实施，他们的哲学似乎也是以求用为旨归、以价值判断为前提的。但是尽管如此，我们不能用现代西方哲学的新动向来概括两千年多年来西方哲学在思维方式上的主流特征，即使现代西方哲学中的新动向，在很大程度上也仍然必须返回到数千年来西方学术发展的历史脉络中去，才能获得准确理解；以为抓住现代西方哲学中一两个与中国古代思想相近的哲学家，就找到了沟通中学与西学的桥梁了，这种想法是极端幼稚的。另一方面，如果我们仔细研究一下这些哲学家的著作，也许会发现他们的哲学与西方两千多年来的哲学传统的关系仍然是那么紧密，且绝不像我们想象的那样，与中学已经多么接近。读一读萨特的《存在与虚无》、海德格尔的《存在与时间》、雅斯贝尔斯的《哲学》（三卷本）、《论真理》莫不如此[14]，我们不得不承认，即使这些我们最喜欢称道的人，其思想仍然是典型的思辨的。尽管他们一再反对传统意义上的科学思维，但是其内容绝不像我们在儒家学说中所看到的那样，将一系列价值如仁、义、忠、信之类视为永恒的出发点；他们的主要工作是从事论证或解释，而不是像儒家那样把主要功夫花在践履或实施一些永恒价值之上。

## 本章注释

[1] Philosophy 最早的中文译名见于艾儒略（Giulio Aleni）的《西学凡》（1623年），当时译为"斐禄所费亚之学"或理学（在17世纪以来的汉语中该词还有多个其他译法）；日本学者西周（1829—1897）先生1870年在其生前未出版、由学生记录的讲演录《百学连环》中最早将 philosophy 译成汉语哲学。但西周直到1874年的《百一新论》中才正式确立哲学这一译名，自称为了使 philosophy 区别于"东瀛之儒学"。1877年东京大学设哲学科；1881年井上哲次郎等人以东京大学三学部名义编撰《哲学字汇》，哲学译名在日本迅速传播开来，至1887年前后在日本已成"普通词语"。中国学者当中，1890年黄遵宪在《日本国志》第32卷提到了中文哲学之名，可能是最早引进哲学这一译名者；梁启超在1899年1月2日在《清议报》开辟

"支那哲学"专栏,可能是最早将哲学用之于中国思想的做法;1903年王国维撰"哲学辨惑",力辩"哲学为中国固有之学";中国第一部以中国哲学史为专题的著作可能是1914年陈黻宸的《中国哲学史》讲义,此后谢无量(1916)、胡适(1919)、钟泰(1929)均撰有类似著作。最早将 philosophy 应用于中国传统思想可追溯至利玛窦(1552—1610),他的《中国札记》(生前未出版)中已称孔子为哲学家,时间不晚于1610年。日本学者西周在1870年也在《开题门》中将 philosophy 与儒学相等同,并称"东士谓之儒,西士谓之斐卤苏比……其实一也",孔孟之道与"西洲之哲学""乃大同小异"(转引自陈晓隽,2018,40);日本学者井上哲次郎曾自述于1880—1881年间"开始计划编著东洋哲学史,关于中国哲学、印度哲学之材料,装订成册"(转引自乔清举,2014,46),1881年东京大学设立"印度、支那哲学讲座",这些可能为最早将哲学之名应用于中国传统思想做法之一。(陈启伟,2001,60,66—68;陈晓隽,2018,38—41,57—58;乔清举,2014,47—48)

[2] 其中最值得注意的也许是张岱年先生的《中国哲学大纲》一书,该书首次用宇宙论、人生论、致知论等一系列西方哲学范畴来全面系统地整理中国古代哲学,颇有影响。据作者介绍,该书于1937年写成初稿,1943年在北平私立中国大学印为讲义,1958年由商务印书馆正式出版(署名宇同),1982年经修订后由中国社会科学出版社重版,1990年由清华大学出版社收入《张岱年文集》第二卷,1996年收入《张岱年全集》第二卷。

[3] 类似的观点还可参朱立言等编著的《哲学通论》等书。在该书第2页上这样写道:"西方语言中的'哲学'一词,来自希腊文 Philosophia,意即爱智慧、向往智慧,或智慧之友。……在中国的汉语中,'哲学'字具有聪明、智慧、贤明之意,是通晓世事,通晓人生大道理的意思。我国自古就有哲学人哲学之说……可见,中国的哲学概念和西方是相通的,哲学也就是智者之学,是解答常人解答不了的问题,是使人聪明的学问。"(朱立言,1990,2)

[4] 《辞海》中对哲学的定义是:"源出希腊文 philosophia,意即爱智慧。社会意识形态之一。关于世界观的学说。人们对于整个世界(自然界、社会和思维)的根本观点的体系。自然知识和社会知识的概括和总结。哲学的根本问题是思维对存在、精神对物质的关系问题。"(《辞海》,1980,49)任继愈先生主编的《中国哲学发展史》(先秦卷)则说:"哲学这门学科不同于自然科学、社会学、历史学等具体学科,它是一门世界观的学问,所涉及的领域是人类对自然、社会和思维的一般规

律的认识。"(任继愈,1983,10)

关于所谓的世界观,任先生又进一步论述道:"世界观是人们对自然、社会和思维一般规律的认识,哲学则是世界观的理论形态。在人类认识史上,最早的世界观是在人的思维具备了相当的概括、联想能力之后形成的;而世界观以哲学理论的姿态出现则更晚,哲学是人的抽象思维高度发展的产物,迄今只有数千年的历史。"(任继愈,1983,10)朱立言等编的《哲学通论》一书中则说:"哲学是理论化、系统化的世界观。世界观是处在一定历史阶段上的人们对于周围世界、对于他们自身,以及对于他们处处同周围世界的关系的根本看法和总的观点,包括人们对所能把握到的整个世界的本质和一般存在方式,对人生和社会历史,对作为主体的人和作为客体的对象世界的关系,对思维和存在的关系,对总体上提高人的活动的自觉性和有效性等方面的看法和观点。"这样,作为世界观的哲学同时也"是认识论和一般方法论"。(1990,7,10—11)

关于世界观与方法论的关系,张岱年先生(1983,363)说:"有什么样的世界观,就有什么样的方法论。所谓世界观,就是指人们对整个世界的总的理解。当人们运用一种世界观来观察问题和处理问题时候,这就形成一种方法。世界观和方法论是一致的。"

关于世界观与人生观的关系,高清海先生说,哲学研究世界与科学研究世界的根本分野在于前者是"出于关心人才去关心外部世界",而后者则只提供关于外部世界的客观知识。因此他警告说:"要求哲学去提供关于世界的客观知识,不仅有'越俎代庖'之弊,而且,手无寸铁的哲学要去完成这样的任务也是'无能为力'的。"所以"'人是哲学的奥秘',只有抓住人,从对人、人的本性、人的历史发展的理解中,才能揭开、解开哲学理论中的一切秘密"。(1997a,总序)

方立天先生(1990,2)的观点则更加全面:"哲学是关于世界观的系统学说,是人们对自然界、人类社会和人类认识三个方面及其相互关系的系统研究和根本看法。所以,哲学的内容包括三个大的方面:对于自然界的总看法叫做宇宙观,也叫自然观;对人自身和人类社会生活的系统看法,叫做人生观,若果同时注意它的演进,就叫历史观;对于人类认识的研究叫做认识论,其中也包括了方法论。总起来称为世界观。世界观有广义和狭义之分,狭义指自然观,广义则是上述三方面的总称。"

[5] 冯友兰、唐君毅二人的观点都将哲学与宗教的本质区别给抹杀了。按照冯

的观点，西方哲学的主要成分至少在很长时期内都曾是认识论、逻辑学，对现实生活一点指导作用都没有，都成了"死哲学"了。相反，按照他们二位的观点，倒是西方的基督教这个历来不被作为哲学对待的东西相反地更应当说成是哲学了。

[6] 在《尚书》中"哲"字共有 18 例，其中有如"浚哲文明"（《舜典》），"知人则哲"（《皋陶谟》），"敷求哲人"（《伊训》），"敷求先哲王"（《康诰》），"经德秉哲"（《酒诰》），"哲人惟刑"（《康王之诰》）等；《左传》中"哲"字共 5 例，其中有"并建圣哲"（文公六年），"赖前哲以免"（成公八年），"季孙于是为不哲"（襄公二年），"犹求圣哲之上"（昭公六年）等；《诗经》中共 12 例，其中有"维此哲人"（《小雅·鸿雁》），"或哲或谋"（《小雅·小旻》），"世有哲王"（《大雅·下武》），"哲人之愚"（《大雅·抑》），"既明且哲，以保其身"（《大雅·烝民》），"哲夫成城，哲妇倾城"（《大雅·瞻卬》），"宣哲惟人"（《周颂·雍》），"浚哲维商"（《商颂·长发》），等等。《礼记》中共 3 例，其中有"哲人其萎乎"（《檀弓》）等。参香港中文大学中国文化研究所刘殿爵等主编《尚书逐字索引》《左传逐字逐句索引》《诗经逐字索引》等。又见台湾"中央研究院"汉籍电子文献网上查询：http：//www.sinica.edu.tw/ftms-bin/ftmsw3，"十三经"。

[7] 陈康先生在《智慧：亚里士多德的科学追求》（*Sophia*：*The Science Aristotle Sought*, Hildesheim, 1976）一书中对亚里士多德的"智慧"（sophia）含义作了系统、全面的研究。他指出，亚里士多德认为"Sophia 不仅知道从原理推出的事情，而且知道原理本身"（Chen, 1976, 385）。前者与 epistēmē（认知、知识）相关，后者与 nous（心灵、理智相关）；前者关于 ontology，后者关乎 theology（神学）。亚氏似乎对后者更重视。不过他所谓神学不是后来基督教意义上的神学，而是指对第一原理的研究。即一切事物背后的最高的或终极的原理，比如矛盾律。所以陈康称这二种在亚氏这里均可被称为科学。他认为亚里士多德在《尼各马科伦理学》和《形而上学》中，一直未能将这两种因素——epistēmē 和 nous 协调起来（Chen, 1976, 385—387）。

[8] 在多数情况下，当代西方哲学家还是承认自己追求的是知识而非其他，尽管他们所说的已非完全是普遍、客观的知识了。例如，卡尔·雅斯贝尔斯在探讨哲学与科学的区别时说："尽管哲学超越科学而且自身不是科学，但它也总是用它的语言追求对一种知识的表达。……诚然，知识是在科学中通过方法论获得了清楚明确的形式和独一无二的展现，但是它的实体和形式也在哲学中呈现。哲学活动

(philosophizing) 正是通过知识的这样一种呈现构成的,即知识在拥有意义的同时意识到超越纯粹知识的义务。"(Jaspers, 1994, 377—378) 毫无疑问,雅斯贝斯所说的知识已非完全客观、普遍意义上的知识,而是与人的生存(Existenz)密切相关。在这一点上他与海德格尔接近。

[9] 与新中国成立后国内学术界普遍把哲学定义为"关于世界观的学说"相反,1936年12月出版、舒新城等主编的《辞海》一书对哲学的定义则与西方人对于哲学作为一门学科的理解相近得多:"[哲学](philosophy),原字为希腊语,爱智之义,为建立知识总体之秩序,而使之体系化之学问。其形式存乎思考、认识,故别于艺术、宗教等;其认识为方法的,故为科学之一;又其对象为普遍的,全体的,故别于特殊科学。"(1936, 81)

[10] 在西方,把哲学表达为一种关于世界或人的认识或理论的确实不乏其人,但是他们的表达方式常被中国人译为世界观或人生观,这是一个很大的误区。例如,文德尔班(Wilhelm Windelband)著名的《哲学史教程》"导言"部分一开头就说:"所谓哲学,按照现在习惯的理解,是对 Welterkenntnis 和 Lebensansicht 一般问题的科学探讨。"("Unter Philosophie versteht der heutige Sprachgebrauch die wissenschaftliche Behandlung der allgemeinen Fragen von Welterkentenis ud Lebensansicht." Windelband, 1928, 1) 其中德语单词 Welterkenntnis 和 Lebensansicht 严格说来应当分别译为"关于世界的认识""关于人生的认识"。中译本中将 Welterkenntnis 和 Lebensansicht 分别译为世界观、人生观,让人们误以为文德尔班也把哲学当作世界观、人生观的学问(文德尔班,1987, 1)。又如,罗素著名的《西方哲学史》中"绪论"第一句话说:"我们所谓的'哲学的'的 conceptions of life and the world 是两种因素的产物:一种是传统的宗教与伦理思想,另一种是可以称之为'科学的'研究,这是就科学一词的最广泛的意义而言的。"(Russell, 1972, xiii) 其中 conceptions of life and the world 可译为"对于世界和人的认识",但是在中译本中也被译为"世界观和人生观",似乎罗素也和中国人一样把哲学理解为一门关于世界观和人生观的学问(罗素,1963, 11)。此外,卡尔·雅斯贝尔斯的早期代表作《哲学》(三卷本)共分三部分:philosophische Weltorientierung(哲学的世界观),Existenzerhellung(对生存的阐释),Metaphysik(形而上学)。其中第一部分虽可译为"哲学的世界观",但其义为"一种关于世界的哲学化知识"。雅斯贝尔斯明确地把哲学理解为对知识的追求,尽管他一再声称他所界定的哲学的任务与前人已

大不相同。

无论是德文 Welterkenntnis、Weltorientierung，还是英文 conception of the world，a theory of world，在西方语汇中都主要是指一种关于世界的知识，与中国人所说的世界观含义有别；无论是 Lebensansicht（德）、conception of life（英），还是 a theory of life（英）都主要是指一种关于人的知识，而与中国人所谓的人生观有别。中国人所谓的世界观、人生观主要不是指知识，而是一种能够用之于指导人生的实践的智慧，类似于亚里士多德所说的 phronesis，其着重点在"实用性""指导性"方面。

相比之下，我们所说的世界观一词从词义上更加接近于英文 worldview、world-outlook 或 a general view (or picture) of world，德文 Weltanshauung 等词。

[11] 与中国学术界当前极为普遍地把哲学定义为一种关于世界观的做法相反的是，在西方学术界，一般的哲学史家都倾向于认为很难为两千年来的西方哲学找到一个恰当的定义以准确概括其特征。有关这方面的讨论参 Edwards，1967c，216—226；Parkinson，1988，1—15；Flew，1979，vii-xi："preface"；文德尔班，1987，1—14。而世界观这一名词常常被用作西方人对于宗教的定义。例如，保罗·爱德华（Paul Edwards）主编的《哲学百科辞典》（*The Encyclopedia of Philosophy*）（第七卷）宗教条目下分别从九个方面罗列了宗教的基本特征，其中一条这样写道：

> A world view, or a general picture of the world as a whole and the place of the individual therein. This picture contains some specification of an over-all purpose or point of the world and an indication of how the individual fits into it. (Edward, 1967d, 141)

这个"解释"与中国人对作为哲学定义的世界观（其中包括人生观）的理解何其相似！

[12] 冯友兰在其晚年最后一部著作中提到这样一个有趣的事情，他说：

> 金岳霖在剑桥大学说过："哲学是概念的游戏。"消息传回北京，哲学界都觉得很诧异，觉得这个说法太轻视哲学了。（1999，239）

金先生的这个观点其实并无新奇之处，乃是典型的分析哲学的观点，与前面我们讲的维特根斯坦的哲学观一脉相承。这种哲学观从另一个角度说也符合前面提到的亚里士多德的哲学观,即哲学是为了自身的目的而存在的一门学术,并无任何实用的目的。但是中国人之所以觉得诡异,其实是因为中国人自己对于哲学的理解与西方人迥异的缘故。冯友兰先生在书中提到这个观点时,说金岳霖使用"游戏"两个字,"也许是解嘲的意思",显然他没有理解金岳霖的观点。所以他虽然是为金先生的观点辩护,但把这一观点的含义理解为"哲学不能增进人们对于实际的知识,但能提高人的精神境界"(1999,240)。哲学本来就是求知的学术,怎么反而不能增进人们对于实际的知识呢?

[13] 冯友兰在《中国哲学史》(上册)一书中说,希腊哲学家多分哲学为物理学、伦理学、论理学(即逻辑学)三大部,他用今人术语称为宇宙论、人生论和知识论。(1931,1—2;参 1961,2)冯先生又称,孟太葛先生(W. P. Montague)分哲学为方法论、形上学与价值论三部分,其中方法论即知识论,形上学即上面所谓宇宙论,价值论分为伦理学和美学。(1931,3—4;参 1961,4)他的说法是不够精确的,因为希腊哲学是直到亚里士多德才提出物理学、伦理学、逻辑学这一分类的,而他更忽略了亚里士多德还将形而上学(当时称第一哲学)放在哲学各部门之首。从本章的研究可以看出,冯友兰将西方人所谓形而上学、认识论、逻辑学、伦理学、美学等一些哲学部门的划分硬性地纳入了他的宇宙观、人生观及方法论的分类法中是有问题的。按照他的这种分类法,美学似乎应该放到人生论里去,可是西方美学在多数情况下不是以人为研究对象的。又,按照这种做法,近代以来西方形成的一些新的哲学部门如历史哲学、政治哲学、社会哲学、科学哲学、技术哲学及至生态哲学等应该称为宇宙论、人生论还是方法论(或知识论)就更成问题了。无怪乎德克·卜德(Derk Bodde)先生在将冯先生关于哲学内容的三分法这一段译成英文时,不得不对冯友兰的话作了重大修改,冯先生关于哲学的内容的一段话被他改成:"In the West, philosophy has been conveniently divided into such divisions as metaphysics, ethics, epistemology, logic, etc."(可译为:"在西方,哲学通常被划分为形而上学,伦理学,认识论,逻辑学,等等。")见 Fung,1937,1。

[14] 海德格尔的晚期哲学也许是个例外。不少人都说他晚期的思维方式已经相当接近于中国古代的思维方式。但是我们应当把旁枝末节和西方哲学中占主流的思维方式相区别。就像我们不能因为中国古代也曾有过某种与西方相接近的逻辑思想而否认中国古代学术在思维方式上的根本特征与西方哲学有着本质不同一样。

# 本体的三种含义及其现代混淆

## 【本章提要】

中国古代的本体概念，本指原来的形体或存在，后指事物固有的恰当样式；可针对一切事物而言，不专对宇宙及万有全体而言；主要在体用意义上使用。这种体用义的本体概念，与近代以来学界普遍从宇宙及万有的最高决定者、最后本质或终极实在的角度所言之本体有根本区别。中国古代的道、天地、天理、本无（玄学中）甚至良知（心学中）等范畴，若用现代流行做法称为宇宙或万有本体，方法论上更接近世界各大宗教中的本体概念，未必可称为哲学意义上的本体。混淆三种不同的本体概念，即（1）体用义本体，（2）哲学义本体，（3）宗教义本体，将中国古代的本体当成哲学义本体，以此说明中国哲学特色，是现代中国学术接受西方学科体系时的错位，从一个侧面体现了现代中国学术的困境。

现代中国学科迟迟不上轨道的主要原因之一，在于在西方现代学术范畴和学科概念的驱动下，急于在西方学科体系中定位，反而丧失了自我。这并不是说我们不能采纳西方术语、接受西方学科，而是说由于对西方学科性质的不了解，错误的定位导致学问丧失真正的目标和追求。如果定位正确，其实是可以在接纳西方学科的同时，保持自身的独立性和完整性，从而找到自身的目标和意义的。本章分析本体一词的三种不同含义及其在近现代中国的混淆，或可间接说明这一点。

最近几十年来，国内学界对中国古代本体/本体论问题的讨论或争议从未间断。在这些讨论中，学者们最关心的问题也许是中国古代是否有一套与西方本体论哲学相对应而又自成特色的自己的本体论哲学。有的学者（强昱；向世陵）极力声张中国古代本体/本体论哲学的存在及特色，也有学者对中国古代本体/本体论的合法性提出质疑。事实上这方面的讨论，早在民国时期即已展开，因此它是一个伴随中国学界长达近一个世纪的老问题。本章将在梳理中国古代体用义本体概念的基础上，揭示哲学义本体概念与宗教义本体概念的根本区别；并试图说明，对本体不同含义的严重混淆，是导致这一争论僵持不下、长期困扰人们的症结所在。

## 比较视野下的本体问题

关于本体一词在中国古代文献中的含义，近年来学界多有考察（强昱、谢荣华；向世陵；闫斌等）。学者们大多承认，在唐以前的早期文献中本体一词往往不脱"身体""形体"等原始含义（方克立，1984；闫斌，2012），但是由于他们乐于从中国古代的本体观念中找到与西方哲学中本体论相对应的内容，特别重视本体在中国古代的形而上含义，并试图把中国古代的体用关系与西洋哲学中的本质与现象关系或本体与属性关系对应起来。一种流行的观点是，中国人虽没有与西方哲学同样的本质、本体概念，但有自己的本质和本体概念，因此形成了中国哲学自身特色的本体论。虽然有人对此种观点提出过质疑（刘立群，1992；张汝伦，2007；郑开，2018等），但有些问题未彻底澄清，所以目前持此观点者仍大有人在。下面我们来分析这类观点是否存在误区。

首先检视一下常被用来形容本体的"本质"一词。我们知道，西方哲学中的本质（essence）主要指经验现象背后某种看不见、摸不着但却决定了一物之为此物的东西。另一个更重要但却常常被忽略的一个事实是，它从属于西方无比强大的认知主义（intellectualism）传统，是指可以通过合理的推理来发现、在每个人的日常生活中均可验证的客观存在。比如苏格拉底的发肤日渐变化，凭什么说还是同一个苏格拉底呢？那个在这一系列变化之中决定了苏格拉底之为苏格拉底的东西，即其本质。"这个由于你自己而成为你，这就是你的本质"[1]（《形而上学》1029b16。亚里士多德，1959a，129），"本质就是任何事物出于自身之所是"（《形而上学》1029b14。Aristotle，1941，786）。亚里士多德使用了 to ti ên enai（简写为 to ti esti）来表述这一含义，英文直译为"the what it was to be" for a thing（一物之所是）；此词后在拉丁文中译为 essentia，成为英文 essence（本质）来源（Cohen，2016）。如今学者们认为此词除译为"本质"，亦可译为"怎是"（吴寿彭）、"恒是"（余纪元）甚至"是其所是"（苗力田）。拉丁文 essentia（本质）亦从拉丁文"是"（esse）演变而来。不管如何翻译，它的本义是指决定一物"之所是"的那个东西（萧诗美，2003，97—113）；用亚里士多德的话说，"本质就是一事物确切的所是"（《形而上学》1030a2—3。Aristotle，1941，787；1959a，130）。

亚里士多德又称本质就是本体 [ουσία（ousia）]，至少是"决定本体的各个项目"之一（983a28，1029b13 等）。此词由希腊文"是"（einai）的阴性分词 oua 转名词而成，英语常译 substance，陈康译为"自在的是"（柏拉图，1982，85，98），王太庆译为"所是"（2004，681，694）。王太庆先生指出，这个本体，源于巴门尼德的 to on，它不是英文中的 being 或德文 das Sein，应当译为英文中的 that which is、德文的 das Seiende 或法文的 ce qui est；中文不当译为"存在"，而当译为"是者"或"所是"；是者与是（系词）不同，是者是回答究竟是什么的。(1993,428;2004,681—697 等) 从这个是者,发展出柏拉图的理念(idea, eidos)来。柏拉图把理念说成是 ho estin(那个"它是")或 ho estin auto(那个"它是"本身);"柏拉图提出了各式各样的 idea,如'大的 idea'、'美的 idea'、'像的 idea'、'好的 idea',其中的每一个都是 to on"(王太庆,1993,429)。柏拉图的理念,即 idea 和 eidos,本指心灵所见,"他就用这两个词来表达'所是'的意思"(王太庆,2004,682)。在柏拉图对话中,苏格拉底反复追问"什么是大""什么是小""什么是美德""什么是正义"这类问题。不难发现,在柏拉图那里,寻找事物的准确定义,就是寻找一事物之所是,即本质上是什么。亚里士多德的本体概念,学界已多有研究(汪子嵩,1981;1997;余纪元,1995),这里只补充一点,本体与本质都是为了找出事物在日常经验中"之所是"的含义。吴寿彭(1959a,375)在描述亚里士多德本体与范畴的关系时总结道:"凡物必有所'是',或是人,或是马;或是白或是黑;或是长或是短。日常的言谈或学术的理论就只在各述其所'是'。"(萧诗美,2003,113—123;黄颂杰,2016)总之,本质、本体是纯认知概念,这里面没有生命信仰,谈不上终极价值。难怪有学者担心,今日使用西方的本体论术语,终究"摆脱不了那种视'本体'为知识论(epistemology)之对象的思想局限"(郑开,2018,70)。

那么,中国古代的本体不也是决定一物之为一物者吗?是否也可称为事物的本质呢?须知,上面所讲本质与现象、本体与属性是创造与被创造或决定与被决定关系,有时类似母子关系、有时类似主奴关系。但中国人讲"化育流行""莫非此理之用"(《中庸章句》。朱熹,1983,22),并不是在讲"最高本体'理'造化发育产生天地万物";古人讲"用即是体中流出也"(《朱子语类》卷四十二《论语二十四·颜渊篇下》。朱熹,1994a,1095),也不能简单理解为用是由体创造或主宰的,而是在讲活动的基础。如果把体用关系理解为本质和现象或本体与属性的关系,那么理学家既主张性之本体"粹然至善",就必须证明性之发用也粹然至善,至少要说明性之发用由性之本体决定。事实上中国文化中没有这种决定论（determinism）思维。另外，在西方哲学中，本质/本体是完全独立于一切经验的超验存在。亚里士多德称本体为"可以分离而独立的"（《形而上学》1017b24—25。1959a），斯宾诺莎则指出，"本体（substance）在我看来是指自在的存在、通过其自身而存在。换言之，本体的概念不需要通过其他的概念而被构成"（1997，3）。但接下来我们会说明，中国思想家一贯反对把道体或本体理解为有一超然于经验之外的独立存在。因此其本体与万物关系不当解为本质与现象或本体与属性的关系。（《道德经》讲道为"天地始、万物母"，但并未称道为本体，更未讨论体用，我们放第四节讨论，这里先不专门涉及。）

也许有人质疑：古人讲"道既虚无为体"，"万物皆因之而通、由之而有"（《周易正义》卷十一《系辞上》。孔颖达，1980a，66），"其所以一阴而一阳者，是乃道体之所为也"（《晦庵集》卷三十六《答陆子静》。朱熹，2010a，1568），"天下无心外之物"[《传习录下》，（钱德洪录）。王阳明，2014，123]、"这心体即所谓道"[《传习录上》，（陆澄录）。王阳明，2014，31]。是否可以说道体是中国哲学意义上的本质或本体呢？在第五节专门分析道体之前，这里先指出一点，这种道体概念完全不是认知主义概念，与西方哲学家的追求根本异趣，何以能称为同一门学问？更重要的是，它与人类历史上各大宗教中的最高存在（如上帝、梵、涅槃等）一样，并非日常经验可以验证的事实；由于它的宗旨在于寻找生命终极归宿，而不是客观认识日常事物，所以以修行、体悟为途径，因而非常接近于宗教意义上的本体。只要去认真总结一下各大宗教中的最高存在（本体）概念，即很容易发现其与上述所谓道体含义更加相近。如果硬要将道/道体称为万物的本质/本体，那不如说是宗教意义上的本质/本体，怎么能不堂而皇之地称之为中国哲学特色的本体/本体论呢？

英国著名汉学家葛瑞汉（A. C. Graham，1919—1991）曾指出，中国思想家从来不把实在（being or reality）与表象（appearance）分开。汉语中所谓"实"指硬的、满的，与"虚"相对，后者指缺和空，都不是超越感觉经验的"绝对实在"(absolute Reality);汉语中"有""无"皆针对具体事物而言。在印欧语系中,人们说一个事物,是同时包含其存在与其本质,即 what it is *per se*。但是在绝大多数非印欧语系的语言中,人们追求的不是事物的本质,而是怎么称呼更合适,即如何"名"的问题,所以在《老子》中"名"的问题拥有极大的重要性。正因如此,我们才能理解为什么"道"(the Way,即恰当方式)有了首要的重要性。由于西方哲学家关心的是 being(存在)、reality(实在)、truth(真理)一类的问题,他们容易把道想成 absolute reality(绝对实在)。其实,中国思想家真正关心的是"出路在哪里(where is the Way)?"他们想知道人该怎样生活、怎样组织,以及汉末以来关心怎样与宇宙感应。因此,当中国人追问"多"背后的"一"时,他们并不是在探求现象背后更加实在的东西(something more real than what appears to the senses),而是在变化不定、充满冲突的生活和政治中,不可变的途径/方式是什么(the constant way)?这里真正重要的是人们的生活朝什么方向走。(Graham, 1989, 222—223)

一个可以支持葛瑞汉的例子,便是中国人对"物质"这个概念的长期误解。我们知道,西方古典哲学中的物质概念,当其作为万物实体(substance)时,是指存在于一切感官属性(大小、颜色、形状等)背后、决定了这些属性及其关系但自身却不可见的"基质"(substratum)。洛克说:"假定一个为思维、认识、怀疑、运动能力等等所寄托的实体,那我们就是对精神实体有一个清楚的概念,和我们对于物体的概念同样清楚;前者被认为是(并不知道它究竟是什么)我们从外界获得的简单观念的基质;后者被认为是(同样不知道它是什么)我们在自己的心里经验到的那些活动的基质。"(北京大学哲学系外国哲学史教研室,1958,259)洛克所谓物质实体,是看不见、摸不着的"基质",是要靠推论来发现的。洛克因此主张物质实体是为了解释第一性的属性和第二性的属性不得不提出来的假设。这种物质概念来自亚里士多德。亚里士多德说,只有在长、阔、深等物体的一切属性"都剥除了以后剩下的"

才是"物质","我所谓物质,它自身既不是个别事物也不是某一定量,也不是已归属于其他说明实是的范畴"(《形而上学》1029a13,21。1959a,127,128)。事实上,笛卡尔、贝克莱的物质实体以及德谟克利特、伊壁鸠鲁的原子概念都与此类似,是一系列感官属性背后的实在。但是中国人由于没有印欧文化这种区分感官属性与本质/本体的思维,至今仍倾向于把物质理解为物体一切感官属性(如大小、颜色、形状等)的总和。所以,中国人的实体、实在概念均与西方不同。在中国人的常识中,实体就是指拥有上述感官属性的存在体,实在就是这种存在体的实实在在。这些都是与西方的本质/本体思维迥然不同的。

这些提醒我们,中国历史上的体用关系,既不是西方哲学中的本质/现象关系,也不是西方哲学中的本体与属性关系,因为中国人其实没有西方古典哲学中的本质/本体概念。

## 体用意义上的本体

首先,如果我们把研究的对象限定在自汉代以来就流行的本体一词,而不是今日盛行的本体概念的话,可以发现古人极少从整个宇宙或万有全体的最高决定者、最后本质或终极实在(ultimate reality)这一意义上使用本体一词。即,本体一词理论上可用于一切事物,可指任何事物的本来样子、固有存在,与今日流行的哲学及宗教意义上的本体绝非同一个概念。比如朱子所使用的本体一词,仅就《朱子语类》看,就有"纬星本体"(卷二)、"心之本体"(卷五、十五、四十一,等等)、"性之本体"(卷四、二十、五十三,等等)、"礼之本体"(卷二十二、二十八)、"天理自然之本体"(卷二十)、"自然之本体"(卷二十八)、"仁知之本体"(卷三十二)、"仁之本体"(卷六、十二、三十三)、"仁义礼智本体"(卷五十三)、"坤之本体"(卷六十七)、"卦之本体"(卷六十八)、"气之本体"(卷五十二)、"形器之本体"(卷七十五)、

"天命之本体"（卷九十五）、"文字本体"（卷一百三十九）等多种用法。此外，我们还在古籍中查到所谓"易之本体"（《温公易说》卷五）、"圣人本体"（高攀龙《高子遗书》卷四）、"学问本体"（邹元标《愿学集》卷三）、八音本体（阮籍《乐论》）、"文章本体"（刘勰《文心雕龙》）、"干支本体"（刘勰《文心雕龙》）、"修道本体"（弘忍《最上乘论》）、你我本体（《法苑珠林》）、"智仁勇本体"（王夫之《读四书大全说》卷六）……

今以《四部丛刊初编·子部》及王阳明《传习录》（《王文成全书》卷一——三）为例，通过统计其中的本体用法，或可帮助我们理解其含义。[2]

例一，丛刊初编子部中本体共15见，除《弘明集》异义1例，实14见，包括《孔子家语》（王肃注）1见、《太玄经》（范望注）1见、《重修政和证类本草》2见、《九章算术》3见、《法苑珠林》2见、《翻译名义集》2见、《南华真经》（郭象注）1见、《云笈七签》2见。见下表表1：

**表1 四部丛刊初编子部本体词义**[3]

| 序 | 文献 | 次数 | 原文 | 本体词义 |
|---|---|---|---|---|
| 1 | 孔子家语 | 1 | 未尽达于治国之本体也（卷三，王肃注） | 治国正确方式b |
| 2 | 太玄经 | 1 | "测曰螟蛉不属失其体也"［范注］：以亲为疏，失其本体也（卷三） | 螟蛉固有生活方式b |
| 3 | 重修政和证类本草 | 2 | 消石朴者，消即是本体之名（卷三。消即朴消） | 原草药a |
| | | | 茯苓……既离其本体，则有茯之义（卷十二） | 原草药a |
| 4 | 九章算术 | 3 | 广袤……其余两端各积本体，合成一方焉（卷五） | 图形两端原身a |
| | | | 句股相乘，为图之本体（卷九，两见） | 三角形边长关系b |

本体的三种含义及其现代混淆　　　　　　　　　　　　　　　　　　　067

（续表）

| 序 | 文献 | 次数 | 原文 | 本体词义 |
|---|---|---|---|---|
| 5 | 法苑珠林 | 2 | 太山之东有澧泉，其形如井，本体是石也（卷七十九） | 澧泉形体a |
| | | | 一切地水是我先身，一切火风是我本体（卷八十二） | 我之身体a |
| 6 | 翻译名义集 | 2 | 摄心静坐，照元明之本体，复常寂之性原（序） | 固有本性b |
| | | | 一切众生身，心之本体也（集五） | 身体a |
| 7 | 南华真经 | 1 | 侈于性（陆德明音义）：司马云："性，人之本体也。"（卷四） | 天然方式b |
| 8 | 云笈七签 | 2 | 迹一本三者，应气为一，本体俱三（卷四十九） | 迹之本a |
| | | | 若乃清玉为醴，炼金为浆。化其本体，柔而不刚（卷五十六） | 身体a |

我归纳其中本体一词的含义大致如下：

a. 事物的身体或形体，8 见。如 "一切火风是我本体"（《法苑珠林》卷八十二）；"澧泉……本体是石也"（《法苑珠林》卷七十九）；"消石朴者，消即是本体之名"（《重修政和证类本草》卷三）；"茯苓……既离其本体，则有茯之义"（《重修政和证类本草》卷十二）；"一切众生身，心之本体也"（《翻译名义集》集五），"若乃清玉为醴，炼金为浆，化其本体，柔而不刚"（《云笈七签》卷五十六）等。

b. 事物固有的恰当样式或存在方式，4 见。如："未尽达于治国之本体也"（《孔子家语》卷三，王肃注）；"螟蛉……以亲为疏，失其本体也（《太玄经》卷三）；"句股相乘，为图之本体"（《九章算术》卷九）。又如："司马云：性，人之本体也"（《南华真经》卷四）；"摄心静坐，照元明之本体，复常寂之性原"（《翻译名义集·序》）。

两种含义中，a 体现本体的原始含义，b 是 a 的基础上发展出来的新义，可看成 a 的引申。本体的本义（即 a），指身体、形体，共 8 见，超过总数一半。在对本体的所有使用中，无一例针对宇宙万物全体而言，具体用法包括治国本体、草药本体（2 见）、尺寸本体、图形本体、螟蛉本体、泉水本体、生命本体（2 见）、修行本体、心之本体、人之本体、事物本体等。

例二，在王阳明《传习录》中，本体共 109 见（卷上 32 见、卷中 22 见、卷下 55 见）。其中"心之本体" 68 见，占总比 62%，近三分之二（其中明确使用"心之本体"一词共 41 次），可见阳明说本体主要指心之本体，其所用性之本体、良知之本体与心之本体义近。我归纳《传习录》本体一词的用法大体分为如下几类：心之本体（68 见），本体与功夫的关系（13 见），良知本体（9 见），知行本体（7 见），性之本体（5 见），自家本体（2 见），意之本体（1 见），人之本体（1 见），圣知本体（1 见），天之本体（1 见），渊之本体（1 见），日的本体（1 见）等。见下表表 2：

表 2　王阳明《传习录》本体用法

| 序 | 术语 | 次数 | 文献[4] |
| --- | --- | --- | --- |
| 1 | 心之本体[5]（善恶 10，无执 9，良知 8，明蔽 7，天理 6，私欲 5，大公 4，动静 4，诚意 3，圣人 3，定 3，正心 2，乐 2，众人 1，性 1） | 68 | [善恶] 4 见（至善是 ~ 或 ~ 是善的/无不善，no. 2、228、317/2），1 见（去恶念着善念便复 ~，no. 237），1 见（本体有差便是恶，no. 228），1 见（恶人之心失 ~，no. 34），1 见（集义以复 ~，no. 81），1 见（无有作好作恶方是本体，no. 119），1 见（此心原慈的本体，no. 294）；[无执] 1 见（~ 原无一物，no. 119），2 见（~ 出入无时，no. 48），1 见（本体无内外，no. 204），2 见（~ 无时不在 [无起无不起]，no. 152），1 见（~ 无知无不知，no. 282），1 见（~ 无分于动静，no. 157），1 见（七情有差非 ~，no. 44）；[良知] 3 见（良知是 ~，no. 152、155、159），1 见（~ 是真己、躯壳主宰，no. 122），2 见（知是 ~，no. 8、118），1 见（致其本体之知，no. 134），1 见（本体之知难泯息，no. 221）；[明蔽] 1 见（~ 明莹无滞，no. 315），1 见（有习心则本体蔽，no. 315），1 见（要复他本体， |

(续表)

| 序 | 术语 | 次数 | 文献[4] |
|---|---|---|---|
| 1 | | 68 | no.169），1见（去恶则本体明，no.315），2见（本体明觉之自然，no.160），1见（心有昏蔽则本体暂明暂灭，no.76）；［天理］4见（~是天理，no.96、122、145、169），1见（天理本体自有分限，no.44），1见（本体无分部分全体，no.222）；［私欲］3见（无私欲/无欲便是~，no.118、222/2），1见（非本体之念即是私念，no.202），1见（货色名利之心灭则见~，no.72）；［大公］2见（~廓然大公，no.101、235），1见（~须是广大的，no.324），1见（良知是廓然大公、寂然不动之本体，no.155）；［动静］3见（~不动，no.81、272、292），1见（已发何以谓之本体，no.156）；［诚意］1见（诚是~，no.121），1见（意诚则本体正，no.317），1见（求复~便是思诚，no.121）；［圣人］3见（圣人本体明白，no.227）；［定］3见（定者~，no.41、156、202）；［乐］2见（乐是~，no.166、292）；［正心］1见（正心以全本体之正，no.7），1见（正心如何在本体处用功，no.317）；［性］1见（~即是性，no.81）；［众人］1见（众人失了~，no.308） |
| 2 | 本体与功夫 | 13 | 3见（功夫不离本体；功夫分内外则失本体；功夫无内外乃本体功夫。no.204），3见（不睹不闻、戒慎恐惧与本体功夫关系，no.266），3见（有心无心与本体工夫关系，no.337），3见（本体即是功夫；本体功夫一悟尽透；不做为善去恶却空想本体。no.315），1见（不睹不闻是本体，戒惧恐惧是功夫，no.329） |
| 3 | 良知本体 | 9 | 1见（物欲无加损于~，no.155），1见（真诚恻怛便是他本体，no.189），1见（良知若须假借则非其真诚恻怛之本体，no.189），1见（有适有莫便不是，no.248），1见（~无动无静，no.262），1见（良知在夜气发的方是本体，no.268），2见（仙家佛氏于本体上加些意思、便于本体有障碍。no.269），1见（不睹不闻是~，no.329。此条重见） |

(续表)

| 序 | 术语 | 次数 | 文献[4] |
|---|---|---|---|
| 4 | 知行本体 | 7 | 1见(被私欲隔断不是~, no. 5), 1见(圣贤教人安复本体, no. 5), 1见(知行分不开是~, no. 5), 1见(知行合一是~, no. 5), 1见(分开知行失却~, no. 133), 1见(~莫详于答人论学与答周道通等四书,钱德洪序), 1见(~即是良知良能, no. 165) |
| 5 | 性之本体 | 5 | 1见(~无善无恶, no. 308), 1见(自本体上说性, no. 308), 1见(本体自是中和的,未用词。no. 58), 1见(中和便是复其~, no. 127), 1见(不违于道以复其~, no. 127) |
| 6 | 自家本体 | 2 | 读书要晓得~ (no. 252) |
| 7 | 意之本体 | 1 | ~是知 (no. 6) |
| 8 | 人之本体 | 1 | ~寂然不动感而遂通 (no. 328) |
| 9 | 圣知本体 | 1 | 识得~ (no. 286) |
| 10 | 天之本体 | 1 | ~只是一个昭昭之天 (no. 222) |
| 11 | 渊之本体 | 1 | 私欲窒塞失~ (渊喻心之渊即良心。no. 222) |
| 12 | 日的本体 | 1 | 无照无不照原是~ (no. 282) |

我总结此书本体一词的含义有二:

a. 指事物固有的恰当存在/活动方式。如"意之本体便是知"(《传习录上》,徐爱录),"恶人之心,失其本体"(《传习录上》,陆澄录),"定者心之本体"(《传习录上》,陆澄录),"乐是心之本体"(《传习录中·答陆原表书》),"诚是心之本体"(《传习录上》,薛侃录),"至善是心之本体"(《传习录上》,徐爱录),等等(王阳明,2014, 6, 17, 19, 79, 40, 2)。

b. 一种需要借助于功夫来体悟的生命极致状态或终极理想。如"无善无恶是心之体"(《传习录下》,钱德洪录),"人心本体原是明莹无滞

## 本体的三种含义及其现代混淆

的,原是个未发之中"(《传习录下》,钱德洪录),"人之本体,常常是寂然不动的,常常是感而遂通的"(《传习录下》,黄以方录),"心之本体原是不动的"(《传习录下》,钱德洪录),"良知本体原是无动无静的"(《传习录下》,钱德洪录),"这心体即所谓道"(《传习录上》,陆澄录),"心之本体即是天理"(《传习录中·启周道通书》《答欧阳崇一》)等(王阳明,2014,133,133,139,121,119,31,65,81)。

其实第二义可看作第一义的延伸,同样可理解为生命固有的恰当存在或活动方式,只不过强调了功夫、体悟的重要性。二义均不脱体用框架。

综而言之,我未发现王阳明明确从宇宙或万有全体这一意义上来使用本体一词。这一点,特别可从其使用的诸如"知行本体"(《传习录上》,徐爱录)、"意之本体"(《传习录上》,徐爱录)、"良知之本体"(《传习录中·答陆原静书》)、"目的本体"(《传习录下》,黄省曾录)、"天之本体"(《传习录下》,黄直录)、"渊之本体"(《传习录下》,黄直录)等一类用法中得到印证(王阳明,2014,5,7,71,124,109,109)。

那么,王阳明所谓的心之本体是否隐含着宇宙本体这一含义呢?从其"心之本体即是天理"(上引)、"天下无心外之物"(《传习录下》,钱德洪录。2014,123)、"这心体即所谓道"(上引)等说法看,其所谓心之本体确实蕴含有针对宇宙及万物全体的意思,这是后来熊十力、牟宗三等人讲宇宙本体的重要渊源。我在后面将论述,这包含着王阳明在体用论基础上延伸出来的宗教义本体概念。但这是要强调,王阳明和朱熹一样,没有使用宇宙本体或万有本体之类的说法,其本体用法是针对心、性、人、天、日、渊乃至良知、知行、圣知等个别事物而言的。所以总体来说,王阳明的本体概念与今日专用于宇宙及万有全体的本体概念有根本不同。(不妨设想一下,假如古人真的使用宇宙本体或万有本体这一说法,按照古人本体概念的本义,可以指宇宙本身或万有本身，或他们的固有样式，而不一定非要指道或天理。）

## 体用论何以盛行？

其次，关于形而上。根据闫斌（2012）对竺法护、竺佛念、鸠摩罗什、吉藏、慧远等中国早期佛教翻译家文献的统计分析，发现其所用本体一词仍多指原来的身体、形体等。笔者也专门统计了《四部丛刊子部·初编》中本体一词的用法，在所查到的15例（除异义实14例）用法中，发现有至少超过一半（8例）均可解释身体或形体（见后）。

当然必须承认，中国的本体概念有一个从形而下到形而上的演变。魏晋以后，本体一词越来越形而上。这或许是宋明理学中形而上这个词大为流行的主要原因。但是重要的是，无论形而上还是形而下，本体往往是针对用而言，尽管用的含义可以变化。古人所谓本末、所谓本体与功夫，大体都可以放在体用论的框架内讲。中国古代的本体概念多在体用意义上使用是学人共知的。那么，为什么说在本体已经形而上之后，仍然不脱体用论模式呢？

先解释一下形而上。今人每爱以形而上标榜哲学，殊不知古人所谓形而上，不一定是指宇宙的最后实在，而只是指事物的活动方式或道理无形、不可见（只能语言描述）。《易·系辞上》所谓"形而上者谓之道"一语，本义也不是以道为宇宙最高主宰或最后实在，而只是在讲恰当的方式或途径不可见，需要用大脑想明白。正因如此，我们发现在宋明理学中，形而上一词被广泛用于心、性、德、仁、孝、悌、道、理等一切无形的道理，甚至可以指任何事物的方式方法。例如，程颢云："洒扫应对便是形而上者，理无大小故也。"（程颢、程颐，2004，139）朱子说："扇子是如此做，合当如此用，此便是形而上之理。"（《朱子语类》卷六《中庸一》，1994a，1496）以扇子的做法和用法为形而上。王夫之则称"车之所以可载，器之所以可盛，乃至父子之有孝慈，君臣之有忠礼"皆"形而上者也"（2011a，568）。在程子、朱子、王夫之等人那里，此词指道理"无形体""无形迹"，在理论上形而上可涵盖一切事物的道理。

可以发现，本体的含义虽从形而下发展为形而上，但其重心并不在于形而上，而仍然代表一种存在基础，故对其含义较好的理解是相对于功用而言——体指形体，则用指作用；体指基础，则用指活动；体指固有样式，则用指展开样式。在规范意义上，固有样式喻恰当样式，展开样式喻习见样式。[6]所以我认为佛教兴起后，本体一词引申为指事物固有的恰当存在或样式［张岱年称为"本然状况"（1985，53）[7]］。这里"恰当样式"，是指活动或存在方式，当然是形而上的。这种形上本体往往需要通过基础与活动、固有与展开或恰当与习见之别来说明。

朱子云："体是这个道理，用是他用处。如耳听目视，自然如此，是理也；开眼看物，著耳听声，便是用。"（《朱子语类》卷六《性理三》。1994a，101）下面马上看到，朱子在其他地方或以形体言"体"，或以做法言"体"，与这里以道理言"体"明显不同。他为什么会这样说呢？他自相矛盾吗？我认为更妥当的解释是，此处"道理"当作固有方式；眼耳的固有方式是视听，而"开眼看物、著耳听声"则是活动。如果按照今人做法，将这里的"道理"理解为"原理"，字面上极顺，但却不是朱子原意，因为朱子明确反对在发用流行之外找一个独立的道（原理）。在西方语境下，原理指完全独立于现象、对现象有绝对支配作用的超验存在［希腊第一批哲学家所谓"本原"就常译为"原理"（principle）］。当然，将本段中朱子的"体"读为存在基础也是没问题的。朱子以道理为体，正因为他以正确活动方式为事物存在的基础。所以，本体指事物固有的恰当样式，这是从本体作为基础这一含义引申出来的。也因此，本体的要点不在于形而上，而在于存在基础。王夫之所谓"天下无无用之体，无无体之用"（《读四书大全说》卷六。2011b，806），这话是针对德、功关系而发；德虽形而上，但作为"功"的基础而被视为体。故张岱年认为，"中国人讲本根与事物的区别，不在于实幻之不同，而在于本末，原流，根支之不同"（宇同，1958，40）。

由此我们理解，为什么古人常喜欢以形而下的物体来比喻形而上的本体，因为他们心目中的形上本体只是形下本体的隐喻，形上、形下之别未必最重要。朱熹也许是宋代学者最好用本体这个词的人，他所用的本体，大多是指形而上的存在，如"心之本体""性之本体""道体"[8]等。但是朱子在讨论道体时却用水和人体来比喻：

> 如水之或流，或止，或激成波浪，是用；即这水骨可流，可止，可激成波浪处，便是体。如这身是体；目视，耳听，手足运动处，便是用。如这手是体；指之运动提掇处便是用。（《朱子语类》卷六。1994a，101）[9]

朱子又定义体为"合当做底"，用为"人做处"，并用扇、尺、秤等形而下之物来比喻：

> 人只是合当做底便是体，人做处便是用。譬如此扇子，有骨，有柄，用纸糊，此则体也；人摇之，则用也。如尺与秤相似，上有分寸星铢，则体也；将去秤量物事，则用也。（《朱子语类》卷六。1994a，102）

王阳明也曾以形而下的眼睛来比喻形上本体。他认为各家论人性"有自本体上说者，有自发用上说者"（《传习录下》，钱德洪录。王阳明，2014，130）。好比眼有喜、怒、直、斜之种种作用，但眼睛的本体只有一个；"若见得怒时眼，就说未尝有喜的眼，见得看时眼，就说未尝有觑的眼，皆是执定，就知是错"；引申来说，"性之本体原是无善无恶的，发用上也原是可以为善，可以为不善的，其流弊也原是一定善一定恶的"。（《传习录下》，钱德洪录。2014，130—131）

此外，现代学者当中，熊十力也一方面将本体理解为形而上的宇宙本原，另一方面又多次用形而下的大海水与众沤比喻体用关系（1956，312，318—321，679—681等；1958，5—6，18，35—36，74—75，96—98，138等）。

最后，体用问题。由于中国文化固有的此岸取向，导致中国人以眼见为"实"，本体即指此物固有之实体。故本体、实体在中国古代义近（张岱年，1983，1—4；1996c，515—524）。此体之所以"实"，是因为它的存在是可以感知到的。而所谓用，就是指此实体的活动或作用。所以就有了根深蒂固的体用论思维。唐君毅对此论述尤为清楚。他认为，中国古代的本体概念当作今人所谓"主体"而非西方哲学中作为客体的substance；"'体'初指人之身体，为人之视听言动之活动所自出者"；"本体之一名，恒指吾人之生命心灵之主体"（唐君毅，1978，22）；本体之所以特别适合从体用关系来理解，是因为"此主体即表现于生命心灵之种种活动或用，如体验、体会、体贴、体悟、体达等之中。故于'体用合一'之义，以中国文字之'体''用'之字表之，最易明白"（1978，22—23）。这种思维是西方哲学乃至印欧文化中极难理解的。我认为只有从中国文化此岸取向、以感官感知为衡量事物真实与否这一角度才能真正理解为什么中国文化中盛行体用论。

导致体用论盛行的原因正在于，在此岸取向思维支配下，中国人认为形上之体不过是描述形下之器的活动方式的，所以不能有脱离形器的超然独立存在。例如，朱子一方面说，"一阴一阳虽属形器，然其所以一阴而一阳者是乃道体之所为也"（《晦庵集》卷三十六《书·答陆子静》。2010a，1568）；另一方面，又强调道体并非独立于万物另有一超然存在，"不可专以太虚无形为道体，而判形而下者为粗迹也"（《晦庵集》卷三十七《与范直阁》。2010a，1607），因为"道之流行发见于天地之间，无所不在，在上则鸢之飞而戾于天者此也，在下则鱼之跃而出于渊者此也，其在人则日用之间，人伦之际，夫妇之所知所能，而圣人之所不知不能者，亦此也"（《四书或问》《中庸或问上》。2010b，571）。

又如，王阳明曾提出"无善无恶是心之体"（《传习录下》，钱德洪录。2014，133），"人心本体原是明莹无滞的，原是个未发之中"（《传习录下》，钱德洪录。2014，133），"人之本体，常常是寂然不动的，常常是感而遂通的"（《传习录下》，黄以方录。2014，139），"良知本体原是无动无静的"（《传习录下》，钱德洪录。2014，119）。单从这些看，似乎王阳明主张性之本体超越于其发用而独立存在。事实恰恰相反。《传习录上》载陆澄问良知作为心之本体（心之本体、性之本体在王阳明处几乎同义），"寂然不动""廓然大公"，是否"超然于体用之外"？王阳明坚定而明确地否定说：

　　体既良知之体，用即良知之用，宁复有超然于体用之外者乎？（《传习录中·答陆原静书》。2014，70—71）

正如眼之本体不可能脱离包括喜怒直斜等种种样态独存一样，我们也不能以为性之本体可独立于各种表现而独存，这用王阳明的话说是"本体即是功夫"（《传习录下》，钱德洪录。2014，133），用牟宗三的话说是"即存有即活动"（存有是体、活动是用）。王阳明一定会反对将性之本体视作一超然于一切经验（形而下者）之上而独立存在的实体。如果将本体解释为本质，与现象相对，那就要用说明性之本体超越于一切经验而客观独立存在，且决定、保证性之善恶及其一切活动。

由上我们就能理解，为什么古人有"明体达用"（胡瑗）、"体用一源"（程颐）、"体用不二"（熊十力）、"即工夫即本体"（王阳明）[10]等一系列说法，正是要强调事物的存在/基础与活动/作用之不分。故朱子曰："'体'与'用'虽是二字，本未尝相离，用即体之所以流行。"（《朱子语类》卷四十二。1994a，1095）。王夫之则更透彻："有是体则必有是用，有是用必固有是体，是言体而用固在，言用而体固存矣。"（《读四书大全说》卷七。2011b，867）

综上所述，我认为，在中国古代思想史上，本体一词的含义有如下

## 本体的三种含义及其现代混淆

几个特点：（1）不专门针对整个宇宙或万物，可针对任何具体事物而言。（2）古人主要从体用论出发来使用本体一词，所谓本体/迹用关系、本体/功夫关系也大体上可以理解为体用论的变化形式。（3）有时古人强调本体以工夫为基础、以体悟为途径，有明显的宗教义（见第四节）。总之，通常情况下，古人所谓本体，"实乃言一物（天或地或万物中之一物）之体用，非言全宇宙之体用"（宇同，1958，38）；"就具体事物（天地万物、政治人伦）来说，它们都有体有用"，"体用范畴在中国哲学中运用极其广泛"（方克立，1984，189）。这不是说古人不能将本体一词用于整个宇宙或万有，后面我们将看到严遵及朱熹的例子。但是这种情况即使有，也只是本体一词多种应用中的一种。另外，我的意思更不是说古人不探讨整个宇宙或万有全体的根本或终极存在问题，事实上下面我们将看到古人这方面探讨很多，只是古人在探讨此类问题较少使用本体这个词。我想古人少用或不用本体言宇宙或万有全体之本质，是由这个词的本义决定的，即本体这个词指示事物固有的存在，比较适合于从体用关系角度来理解。

今天讲本体论时，习惯于在整个宇宙的最高实在或本质的意义上使用本体一词，这是近代以来的习惯做法。而这一做法，显然是由于受到西方哲学的影响所致，它提示我们本体概念在现代的流变。将古人并不针对宇宙整体、主要限于体用论使用的本体概念，用于专门针对整个宇宙的终极实在或最后本质，同时却不愿区分古今，甚至竭力将古人针对具体事物而言的本体说成是通向宇宙本体过渡，或说成是从宇宙论向本体论（ontology）过渡，这是混淆。之所以有这种混淆，不是由于现代学者不了解古人的用法，而是在中西哲学中架桥的愿望太强烈，迫切地希望把中国古代的本体概念与西方哲学中的本体概念相比附。

当然，我们说中国人自古少有从宇宙整体的意义上使用本体一词，但我并没有说中国古代少有讨论宇宙整体的根本或终极实在。恰恰相反，早在先秦，老子、庄子就有从整体上讨论宇宙的根本问题，故有所谓道论；在《易传》也有类似的思想。到了汉代特别是宋代，相关讨论就更多了。只不过古人不称其为本体论,甚少以本体作为描述道、天理、本无、无极、太一等为宇宙最高存在或万有终极实在的专门术语。当然,按照当下汉语学界熟悉的用法,这一类存在皆可称为本体。那么该如何理解中国古代从宇宙最高存在或万有终极实在意义上的本体概念呢?

## 宗教意义上的本体

按今天汉语学界的习惯理解,本体指宇宙的最后本质、最高决定者或终极实在;用张岱年的话说,本体是所谓"唯一的究竟实在"(宇同,1958,40);或者用张君劢的话说,本体"为一切万物所由之以出,且自足乎己而无待于外物之凭藉者"(1981,55),按照这一定义,可以说,各大宗教也都有自己的本体和本体学说,这应该是毫无疑问的。就本体指宇宙或万有的最高决定者、终极实在或最后本质而言,一神教的上帝、印度教的梵、佛教的涅槃等,当然都可以称为本体或最高本体。那么,宗教意义上的本体有什么特点呢?为了回答这一问题,我在这里先总结出宗教义本体的几个特征,然后再来看它与哲学义本体的区别。下面给出的这些宗教义本体的特征在各大宗教中普遍存在,我认为每个人都容易观察到:

(1) 它从根本上讲是一种武断的设定,而不是合乎逻辑的推理产物;虽然各大宗教对自己的最高本体也有并时常倡导大量、深入的理性分析和讨论,但从根本上讲,宗教上的最高本体是一种信仰;

(2) 它高度依赖于个人修行实践,即信仰实践来证明,人们需要脱离理论抽象思辨,在生动的人生践履中认识它;

(3) 以个人直觉或顿悟为主要特点的神秘体验(mystical experiences)是证明或发现它存在的主要方式;

(4) 它代表整个宇宙或个人生命的终极实在,是个人生命追求的最高目标或生命的终极归宿。

其一，无论是基督教、伊斯兰教、印度教还是佛教，都有其符合现代中国学界惯用意义上的本体概念，即上帝、梵或涅槃等，因为它们在各自的教义中是宇宙终极实在或万事万物的最高决定者，或一切事物的最后本质。这种宗教意义上的本体，绝不是通过合乎逻辑的证明而得出的，严格说来它的提出者常常不加证明，只以武断的方式将它呈现出来。上帝存在的证明虽然在欧洲历史上也多有发生，但在宗教核心经典中，上帝的存在是一个不容置疑的前提设定。对于信徒来说，信与不信才是最重要的。

其二，信徒对于这些终极实在或本体的最佳认识方式，绝不是从事思辨的推理或逻辑的论证，而是投身于生活的实践，特别是严格按照宗教教义所规定的清规戒律或生活方式来实践。无论是它们的存在还是它们作为最高决定者或终极本质的特征，只有个人的践履而不是理论的证明才是根本途径。比如，基督徒常把自己通过自己的亲身实践证明上帝称为 testimony。

其三，在信徒的个人实践中，对于终极实在或本体的认识常常是伴随着个人顿悟式直觉，特别是所谓神秘体验来实现。并不是每个从事宗教修行的人都能认识终极实在或本体，只有少数修行好、践履深的人才能真正认识它。大量研究表明，诉诸个人独特的神秘体验，是所有宗教中认识本体特别重要的途径。在基督教中就是基督徒在信仰实践中体验上帝存在甚至与上帝合一的感觉。威廉·詹姆斯（William James）（詹姆斯，2005，271—311；James，2002，294—332），W. T. 斯泰斯（W. T. Stace）（Stace，1960，41—133）等许多学者皆曾讨论宗教中的神秘体验问题及其与最高本体的关系问题[11]。史华兹[12]（Benjamin I. Schwartz）、郝大维（David L. Hall）与安乐哲[13]（Roger T. Ames）、冯友兰 [1927；1931，157—158，277 以下（参 1961，163—166，298 以下）；2001，108—121；2014]、方东美[14]（1979，321—365）、傅伟勋（1986b；Fu，1973）等人也讨论了中国古代思想中的宗教神秘体验与最高存在（如道）的关系问题。

其四，宗教意义上的本体的另一重要特点是事实存在与价值理想不分，它代表个人生命追求的最高目标或终极归宿，因而代表最高价值。如果本体仅仅是事实上的存在，就绝不能用好或坏来衡量，因而也不一定是终极归宿或最高价值。比如希腊哲学家所讲的水、气、火或原子之类，又比如亚里士多德所谓的第一本体，都无关乎个人价值目标。但是上帝对于一神教徒，梵对于印度教徒，涅槃对于佛教徒，绝对不仅仅是事实上的存在，而且是一切修行的最高目标或个人生命的终极归宿，是最高价值。

现在我们可以来看看宗教义本体与哲学义本体的基本差别。我们知道，人类认识事物的方式本来有知识与实践两种途径。从实践功夫（宗教上常称修行）出发认识事物，与从理性思辨出发认识事物，这是两条完全不同的进路。这一点我们后面在谈康德的本体思想时还会提到。认识方式的不同，其证明或确认对象的方式也迥然不同。英国哲学家赖尔（Gilbert Ryle，1900—1976）曾经提到 knowing what 与 knowing how 之别。他所谓 knowing how，即指人类通过生活实践来认识事物的方式。关键在于这种知识——也被称为"实践知识"（practical knowledge），不能为"理论知识"（theoretical knowledge）所代替[15]。最简单的例子有如：你通过书本获得"苹果是甜的"这条知识，与你通过亲口品尝获得"苹果是甜的"这条知识，同样的知识对于人来说含义是完全不同的；一个人通过书本知道如何骑自行车，与他通过大量练习知道如何骑自行车，这是两种不同类型的知。

从心理学角度看，人们凭借自身的主观想象建立的信仰对象可以对其心理状态和思想认识产生无比强大的作用；而信仰的对象一旦对人的精神状态产生巨大影响，又会促进人们进一步相信其信仰对象为真。因此这种信仰对象虽无法为逻辑和科学来证明，但并不妨碍其存在的价值。人类历史上许多伟大的宗教，其最高信仰对象都不是因为获得了严格的逻辑论证而有效，也不因无法通过很客观的认知来证明而失效。比如上帝、涅槃、梵这些东西，从客观认知的角度本来就无法证明。但是从人类精神实践的角度看，无数信徒之所以对之乐此不疲，甚至舍生忘死、无怨无悔，恰恰说明它们的存在与否不是一个科学问题，而是一个精神实践问题。不能因为从科学上无法证明，而否认其存在及意义。

正因如此，我认为哲学与宗教在本体概念上的最大区别之一体现在途径上——思辨还是践履。首先，哲学的主要特点在于思，而不在于践。历史上注重实践的哲学家如苏格拉底、柏拉图、马克思等人，均是以理论认知为基础，而不是以实践为基础的。虽然哲学家往往有实践，宗教家常常有思辨，但毕竟存在重心的不同。相比之下，几乎所有的宗教都十分注重修行为个人最重要的功夫（即实践），以及相关的个人体悟（即神秘体验），这是我们理解宗教义本体的关键。虽然历史上也有不少哲学家注重体悟，包括毕达哥拉斯学派、新柏拉图主义、晚期古希腊哲学、欧洲中世纪哲学中都有一些神秘主义传统，但且不说这些传统在西方哲学史上不属于主流，且往往被认为是结合了宗教的产物，是哲学与宗教不分所致，所以通常不以这些因素作为衡量哲学的主要标准。因此我们可以说，从践履出发认识事物发达于宗教，从思辨出发认识事物发达于哲学。这一点，应当是任何人从历史上很容易观察得出来的。只要我们不以"传统儒道释学说是哲学"为前提来考虑问题，我想多数人不难发现：哲学研究本体的主要途径是理性推理，看重论证、推理，而宗教认识本体的主要途径是修行功夫，看重践履、体验。

## 宗教义本体在中国

不管哲学的定义如何，如果大家能接受上述几个界定，那么我们就可以区分宗教义本体与哲学义本体了，也不难发现中国古代有关宇宙最高存在即本体的概念，比如道、天理、天地、本无（在玄学中）、良知（在心学中）等，是宗教意义而非哲学意义上的。比如，古人以道为宇宙最高本原（如《道德经》第 42 章讲"道生一，一生二，二生三，三生万物"），看不到合乎逻辑的推理和论证，而是直接作为一种武断的设定；而其实质在于以道为生命最高目标或终极实在。就此而言，道难道不是一种信仰吗？至少，以道为宇宙最高存在，这绝不是建立在逻辑论证的基础上，而是建立在个人修行功夫和直觉体悟的基础上；千百年来，古人都是讲通过个人修行而不是知识推理来悟道、明道；道是个人生命的终极归宿或最高目标，从老子、孔子以来就是如此。单凭这几点，是否表明它更接近于宗教义本体概念，而非哲学义本体概念？又如，朱熹称"未有天地之先，毕竟也只是理。有此理，便有此天地；若无此理，便亦无天地，无人无物"（《朱子语类》卷一。1994a，1），王阳明称"大人者，以天地万物为一体者也"（《大学问》。2014，1066），这些都是严重违背日常生活经验的，也无法用科学和形式逻辑来证明，但我们都知道这些观点，特别是其中包含的本体观念并不会因此而失去意义，而这从宗教义本体与哲学义本体区分的角度就比较好理解。

为了进一步澄清中国古代本体问题，下面我们以朱熹等人的道体和王阳明的良知这两个概念为例，试图说明古人心目中的宇宙最高存在是宗教义本体而非哲学义本体。

今按道体一词，可能出于道家，较早见于《淮南子·人间训》："或明礼义、推道体而不行"。汉人严遵《道德指归论》称"夫道体虚无……不施不与而万物以存，不为不宰而万物以然"（卷四。1985，39）。这显然是以道体为宇宙万物的最高主宰。孔颖达《周易正义》称形而上之道"以无言之，存乎道体；以有言之，存乎器用"（《卷首》。1980b，2），"道既虚无为体……故言万物皆因之而通，由之而有"（卷十一《系辞上》。1980b，66）。"万物皆因之"，可见道体为万物主宰。至宋，小程子曾称"道非阴阳也，所以一阴一阳，道也"（《遗书卷三·二先生语三》。程颢、程颐，2004，67）。朱子进一步说，"一阴一阳虽属形器，然其所以一阴而一阳者是乃道体之所为也"（《晦庵集》卷三十六《答陆子静》。2010a，1568）。朱子又称"道之体用，流行发见，充塞天地，亘古亘今，虽未尝有一毫之空阙，一息之间断"（《四书或问》《中庸或问上》。2010b，571）。这些均是以道/道体为万物最高主宰或终极实在。

不过要指出，古人道体一词当读为"道之本体"或"道之体"，指道本来的存在/样式，不是指以道为宇宙本体。道体犹言道之真身；道无身体，故以道体喻道之存在、道之自身（itself）。[16]易言之，道体一词非针对宇宙或万有而言其体/本体，乃针对道而言其体/本体。如果说古人所谓道体确实有宇宙本体之义，这是现代人的本体概念，并非古人的本体概念，这点要分清。从现代人用法出发，古人道体——道之真身——确有万物主宰之义，故现代人称道体为宇宙本体未尝不可。

那么以现代人之用法，古人道体是不是宗教义本体呢？不妨以朱子为例来说明。今检索《四库全书》电子版并加核对，得《朱子文集》（即《晦庵集》）中道体一词凡77见（除异义2例，实75例），《四书或问》中道体凡9见。[17]朱子之前，张载、程子及其门人偶尔使用道体一词。[18]朱子言道体，大抵承程子而来而有所发展。[19]一方面，朱子主张"道体无穷"（《晦庵集》卷一、三十八、七十、七十二等）、"道体流行"（《晦庵集》卷四十九、六十、六十一等）、"道体渊穆无穷"（《晦庵集》卷八十六）、"道体虚静无累"（《晦庵集续集》卷一）、"道体无为"（《晦庵集》卷五十六）等，这是在描述道体本身的特征；另一方面，朱子除了强调于人伦日用、具体细微处下手外，又明显强调个人的直觉体悟，使用诸如"洞见道体"（《晦庵集》卷一）、"洞见道体之妙"（《或问》卷四）、"灼见道体"（《晦庵集》卷三十六）、"卓然真见道体之全"（《晦庵集》卷四十）、"卓然自见道体"（《晦庵集》卷四十一）、"默契道体"（《晦庵集》卷七十八）、"见道体亲切处"（《晦庵集》卷三十九）这一类重视个人顿悟的语言。此外他在描述性之本体时还说"介然之顷，一有觉焉，则其本体已洞然矣"（《朱子语类》卷十七。1994a，376），甚至用"忽然闪出这光明来，不待磨而后现"来形容本体的呈现（《朱子语类》卷十七《大学四》。1994a，377）。这些似乎说明，朱子道体一词甚合宗教义本体概念。

再以王阳明为例，我们知道他对好谈宇宙本体的熊十力、牟宗三影响巨大。王阳明的良知或心体，如果像现代学者牟宗三等人一样理解为宇宙本体，我认为也是宗教义的本体概念。这一点从王阳明本人论述即可清楚看出。《传习录下》载王阳明与王畿、钱德洪论四句教，其中"无善无恶是心之体""人心本体原是明莹无滞的""有习心在，本体受蔽"等语（《传习录下》，钱德洪录。2014，133），是王阳明对心之本体的重要论述。但王阳明强调，"明莹无滞""无善无恶"的心之本体只可对利根之人讲，因利根之人最大的特点是本体、功夫已经合一；"利根之人一悟，本体即是功夫，人己内外，一齐俱透了"（《传习录下》，钱德洪录：2014，133。引者注：标点有调整）。而对于习心之人，由于未能"本体功夫一悟尽透"，阳明则明确反对他"去悬空想个本体"。因为如果"不教他在良知上实用为善去恶功夫，只去悬空想个本体，一切事为俱不着实，不过养成一个虚寂。此个病痛不是小小"（《传习录下》，钱德洪录。2014，134）。此外，王阳明在论述天理时也一样，反对人们把它当作认知的对象，然后"以私意去安排思索"；"天理只是一个，更有何可思虑得？"与其思虑纷纷，"莫若廓然而大公，物来而顺应"。因此，"学者千思万虑，只是要复他本来体用而已"（《传习录中·启周道通书》。2014，65—66）。所谓"复他本来体用"，正是指通过功夫和实践来体悟道。无论就其强调功夫，还是强调顿悟，王阳明的本体均接近于宗教义本体。

## 哲学意义上的本体

在讨论哲学义本体之前，我想有必要对我们的方法作一交代。由于我在下面要从西方哲学出发来分析哲学义本体，这很容易被指责为以西方哲学为哲学的唯一标准。对此，我想说的是，本章并不预设中国古代无哲学、西方哲学为唯一的哲学为前提。但是，鉴于哲学在西方发展了两千多年且具成熟形态，鉴于哲学在中国毕竟是外来事物、且有争议，先从西方哲学出发来分析何为哲学义本体就是稳妥的策略。在搞清了西方哲学中本体含义的基础上，我们再来追问，中国古代的相关本体究竟算不算哲学义本体；如果我否定中国古代存在哲学义本体的话，也会同时说明这不是先预设了中国古代无哲学这样的前提。在回答中国有无哲学意义上的本体时，为了避免哲学的定义是什么、中国古代有无哲学这样一些较为复杂、难有定论的问题，我采取了另一种策略，即先搁置它们，去探讨什么是宗教意义上的本体，并且尽可能在人们通过常识而不是专业宗教定义就可以接受的范围内，对其内涵达成共识。在对宗教义本体的内涵达成共识的基础上，我们发现中国古代相关的本体概念（道、天理、良知、本无等概念）非常符合宗教义本体的基本特征。正是在这一过程中，我们得出中国古代没有哲学义本体概念，并非基于任何有关中国哲学有无合法性的预设。换言之，如果读者不同意本章中国古代无哲学义本体这一观点，除了要推翻下面对哲学义本体特征的分析，更重要的是要推翻下一节对于宗教义本体内涵的辨析，才算对本章的逻辑有针对性的争论。

现在就让我们来探讨一下哲学意义上的本体概念。如果我们按今天汉语学界的习惯理解，以本体指宇宙的最后本质、最高决定者或终极实在。如果这样定义本体的话，那么也许它在西方哲学中对应如下若干概念：希腊哲学中的"本原"［又译"始基"，άρχή（archē）］，柏拉图哲学中的"理念"或"形式"（idea, eidos），亚里士多德至近代欧洲哲学中的实体［ούσία（substance）］，康德哲学中的"物自身"（it itself）和"本体"（noumena）等。这种对应关系也是学界多年来的共识。亚里士多德在《形而上学》中认为早期哲学家所提出的"水""气""火""原子"亦属于他所谓的 substance（希腊文作 ousia）范畴（1017b10—14）。亚里士多德（1b1—4b19, 1017b10—25）、笛卡尔、洛克、斯宾诺莎（1997, 3—9）等古典哲学家都曾对本体概念作过明确界定或分析。然而，这种西方哲学中的本体概念是认知主义的（intellectualism），我认为主要有如下特点：

（1）本质与现象区分：与一切感官经验现象相对、在现象背后独立存在、往往超越于感官经验（"本原"概念例外）、决定和支配后者之属而自身不受后者支配的终极存在，且往往是唯一的。

（2）理性推理与主观直觉区分（证明方式）：本体的存在及特征可以用逻辑的推理或经验的归纳来证明和发现。证明本体的方式应当是任何一个有正常理智的人都普遍接受和理解的。这是因为本体客观存在，其特征不受任何人的主观直觉或价值取向左右。相反，个人非理性因素不具有客观普遍性，故不能作为本体的鉴别标准，更不能用于证明本体。

（3）事实与价值区分：本体是事实上的存在而非价值上的目标。人们发现它存在就像发现这张桌子那把椅子一样，是基于事实探究而非价值追求。因此本体不代表人们的价值追求或生活理想，它往往无所谓好坏、价值中立。比如中国人可以说"朝闻道，夕死可矣"（《论语·里仁》），因为它是价值目标，所以可以这样说。但是西方哲学家说水、气、火、理念、物质实体或精神实体为最高存在时，他们绝不会说朝闻水、气、火、理念、物质或精神则"夕死可矣"。

自从休谟之后，西方哲学家们发现了古典哲学本体概念的荒谬，所以有了康德"物自体"不可知说，有了实证主义［马赫（Ernst Mach）、卡尔纳普（Paul Rudolf Carnap）等］及分析哲学反对形而上学之说。为什么古典意义上的本体概念在休谟以后就被普遍放弃了呢？这都是因为古典哲学中的本体概念基于经验事物之间存在必然联系、主要是因果联系这一预设，休谟令人信服地说明了：这一因果必然联系的预设建立在人类习惯的联想之上，是完全不可靠的，这就揭示了本体无法证明，休谟正是在这个意义上宣告了古典形而上学的破产（休谟，1957；北京大学哲学系外国哲学史教研室，1958，363—404）。正因如此，休谟使康德从"独断论的迷梦"中警醒，使西方形而上学从此走上了全新的道路

(康德，1978，6—10)。休谟的伟大成就不容置疑，在休谟之后就无法再谈论一个因果必然联系意义上的本体（作为终极原因）。

休谟之后，在欧洲大陆哲学的现代发展中，还提出了一些最高存在的新概念，类似于（但实际上不是）宇宙或万物全体的最高决定者或最后本质，它们可不可以称为中国人如今习惯的本体呢？像黑格尔的绝对精神、叔本华作为自在之物的意志、胡塞尔的先验自我、雅斯贝尔斯的超验存在（transcendence）、海德格尔和萨特的存在（sein/being）、哈贝马斯（Jürgen Habermas）的社会科学意义上的生活世界（lebenwelt）等，如果借用现代汉语惯用法，有人也许理解为一种新的意义上的本体，尽管在西方当代哲学中找不到一个相应的术语来翻译这一中文特有的本体概念。如果我们称它们为后休谟、后康德的新本体的话（我对此持否定态度），它们虽无因果必然性预设，不是现象世界背后的超验存在者，而只是力图对经验世界整体作恰当的解释，但它们仍然是建立在认知主义传统之上，仍然基本符合前述西方哲学古典本体概念的前两个条件。它们虽然多带有事实和价值不分的特点，但也以事实上可认知为基础，而不能理解为最高价值目标。就此而言，这些现代西方哲学中的新本体，与下面即将谈到的宗教义本体概念依然迥然不同。

如果读者同意我前述哲学义本体概念之界定，则可以说哲学义本体概念在中国古代基本上不存在。这一点，张岱年、张东荪（1947b，58—59，99—102，162—163）、唐君毅（1978，22—23）等许多前辈均已直接或间接地说明。张岱年先生尤其明显。从早期的《中国哲学大纲》，到80年代的论著，他始终坚持认为中国古代有本根而不一定有本体，对本根论是否称为本体论，他一直感到犹豫。[20] 张岱年、张东荪共同的看法是，这种西方哲学中的本体概念建立在本质与现象二分的基础上，以天地六合为幻，这种印欧思想模式在中国古代实不存在。葛瑞汉（Graham，1989，222—223；1986，403—404）、史华兹（2004，31—32，368—379；Schwartz，1975）、陈汉生（Hansen，1992，203—209）、郝大维&安乐哲（Hall & Ames，1998，189—285）等西方学者也曾表达过类似的看法。

然而，一定有人会说，这一说法是以西方哲学为哲学的唯一标准而得出来的。如果我们承认中国古代的儒学、道学、玄学等也是哲学，就会发现有所谓中国哲学自身的本体概念，与西方不同。为了避免陷入哲学定义的困境，本章提出另一思路，即是否存在宗教意义上的本体？如果我们能够确定宗教义本体的基本内涵，并发现长期以来被当成体现中国哲学自身特色的本体概念，如道、天理、本无、心体等，体现了宗教义本体的基本特征，称其为宗教义本体更为恰当，那么我们是否还能轻率地把上述概念称为哲学义本体呢？

我的意思是，如果我们理解并接受海内外学界迄今所广泛论证，也普遍接受的一个观点，即儒学、道家学说等中国传统学说具有明显的宗教性（方朝晖，2010，23—30），那么我们是否能不加分辨地直接把这些学说当成中国形态的哲学，以此为基础讨论中国哲学特色的本体概念呢？我的逻辑是：如果 A 同时具有 x、y 这两种类型的特征，那么如果我们要分析其 x 类型的特征，就不能把它与其 y 型特征混淆。否则，我们可能把其 y 类型的特征归属于 x 类型之下。我的意思是，假如 A 指中国传统学问，x 代表哲学，y 代表宗教；那么，如果我们不加分辨地先把 A 而不是其中的 x 当成是中国形态的哲学，就容易把 A 的一切特征特别是其中的 y（宗教性特征）也误当成中国哲学的特点。这正是目前国内流行的研究中国哲学特点的方式。

也许有人会说，中国传统哲学的特点恰在于哲学与宗教不分，或者还有一种观点认为，任何大宗教的核心都建立在某种哲学之上（冯友兰，1985，3）。虽然从一种广义的哲学概念看，这一说法似乎能自圆其说。但是这是不是说哲学与宗教没有思维方式的基本区别呢？如果有的话，体现在本体概念上的哲学与宗教有什么区别？如果公认的哲学与宗教思维方式之别在中国古代学问中也能找到的话，我们还能轻率地说在中国古代学问中哲学和宗教不分吗？如果我们能超越中西之分，从各大宗教的共同特点出发，提出一些比较容易被接受的区分宗教义本体与哲学义本体的要素，那么，中国传统的本体概念究竟是更接近于哲学义本体还是宗教义本体，抑或二者兼有，岂不是很容易回答了吗？因此本章接下来将在这一思路下试图明确宗教义本体的基本特征。

## 三种本体不能混淆

现在我们可以这样来总结，本体概念大体有三种不同的含义：

一是体用论意义上的本体（体用义），体是相对于用而言，本体可指一切事物的形体或基础，引申为事物固有的恰当样式，盛行于中国古代。

二是哲学意义上的本体（哲学义），本体与现象相对，本体作为宇宙和万有的最后本质、最高决定者或终极实在，以因果必然联系为预设，盛行于西方古典哲学中，但在中国思想传统中基本不存在。

三是宗教意义上的本体（宗教义），本体作为最高决定者或终极实在，以功夫为基础、以体验为途径，盛行于各大宗教传统中，也存在于道家学说、魏晋玄学、中国佛学及宋明理学等之中。

其中体用义本体不针对特定事物、不专指宇宙或万物全体，而哲学义、宗教义本体概念多针对宇宙或万有全体而言，往往指整个宇宙或一切生命的最后本质、最高决定者或终极实在。体用义本体与哲学义本体、宗教义本体最大的区别还在于，它强调的是行为者（主体）与其作用之关系，不是深入经验现象背后、从因果关系出发寻找现象的根本原因。总之，中国古代不乏上述第一、第三种本体思想，但并没有第二义即哲学意义上的本体概念。如果我们仅限于从本体一词出发来看古人的本体概念，则可以说中国古代的本体概念主要也不是宗教意义上的本体概念，因为它主要限于体用义。

不过人们可能会说：本章所谓体用义本体，如果它既不属于哲学，也不属于宗教，它究竟属于什么学问？它凭什么独立于一切学科并与哲学义、宗教义本体并列？首先，体用义本体是中国人基于此岸取向思维而生的，本不是一门独立学问而只是一种习惯性概念；它可以被哲学或宗教所借用，成为后者的利用对象，但它本身确实与哲学义本体或宗教义本体不是一个概念，因为哲学义、宗教义本体均专指宇宙及万有的终极实在和最后本质等。其次，前面提到体用义本体在中国古代学术中有时带上宗教性含义，或者说它在特定情形下与宗教义本体（甚至哲学义本体）重合。但是这只是借用，即便在古人使用本体来称呼道、天理、良知等时，其所谓本体仍然指事物本身、事物之存在、事物之基础等，而不是指宇宙或万有的终极本质，这典型地体现在道体、"道之本体""天理本体""良知本体"等词汇中，其中的"体/本体"并不是指示道/天理为宇宙万物之本体，而往往是指道/天理/良知本身。

那么，体用义本体凭什么与哲学义本体、宗教义本体并列呢？这里，所谓并列，并不是指体用义本体与后两种本体具有同等的位置，而是因为它无法作为哲学或宗教义本体对待，不得不单列出来。这样做也是为了提醒人们，不要将古人所说的本体与今人习惯的本体混为一谈。事实上，体用义本体，它在中国古代学术中地位并不高，与哲学义或宗教义本体不是一个层级的概念。即使在好用此词的宋明理学中，本体地位虽有较大提升，但仍远不及道、天理、天地、太极、良知等概念。中国古代确有丰富的宗教义本体概念，诸如道、天地、天理、本无（在玄学中）、太极或无极、良知（在心学中）等，但古人基本上不称它们为宇宙本体或万有之本体（或实体）。将本体上升为整个宇宙的最高存在，本体变成宇宙本体之简称，这种用法在现代中国当发生于20世纪以来，从民国学者如严复（李维武）、梁启超（1920，6849—6854）、郭沫若（2012，119—144）、张君劢（1935，65—66；1981，55）、丁文江（1923b）、熊十力[21]、汤用彤[22]、牟宗三[23]等人以来，都已经这样使用。迄今，这一用法在中国学界已占统治地位，而体用义本体概念趋于消失。

然而最有趣的是，在普遍采用新的本体用法时，人们常常混淆此词在古今中外的不同含义，笼统立说。其中最严重的混淆不仅在于他们不辨此词的体用义与哲学义,更在于混淆了此词的哲学义与宗教义。极少有人认识到,中国古代的道、天地、本无、天理、良知(在宋明心学中)等所谓本体概念,从本质上更接近于宗教义之本体,而非哲学义之本体。下面我们就举若干例证,来说明区分不同本体概念之重要。

例一,1923年爆发、一直持续到40年代的科玄论战,所涉及的核心问题实际上是科学能否取代信仰问题,但由于张君劢没有认识到以求道为核心的人生观(玄学)本不是一个哲学问题,而是一个信仰问题;没有认识到哲学与宗教代表人类生活中的两种不同的追求,哲学义之本体与宗教义之本体不能相互替代、各有存在的意义,导致丁文江(1923a/b)等人从现代西方实证主义哲学普遍反对本体(substance)这一思潮出发,批判中国古代宗教义本体及相应的玄学。事实上,丁文江等人把西方古典形而上学所讨论的本体问题混同于宗教问题而加以否认,而不知道西方古典哲学中本体思想之破产,并不意味,也不能证明宗教义本体破产,包括基督教对神的信仰的破产。这种混淆当时在包括张东荪在内的许多人那里同样存在。[24]

例二,有了宗教意义上的本体概念,我们就能比较好地解释熊十力何以批评冯友兰视良知为一假设,而主张"良知是一呈现"。我们知道,宗教意义上的本体,虽然在教义上总是以武断方式设定,但在修行过程中主要是通过直觉呈现的方式被人们了解和认可的。虽然冯、熊均混淆了宗教义本体与哲学义本体,但冯氏欲用哲学眼光看本体,故视良知是假设(与康德类似);而熊氏实重宗教义本体,故认本体为呈现。(牟宗三,2003a,184;参119—196)[25]良知是呈现而非假定,这绝对是一种宗教神秘体验,故为持哲学立场的冯友兰所不解。此外,诸如陆象山"宇宙便是吾心,吾心即是宇宙"(陆九渊,1980,273)的豪言,王阳明"天下无心外之物"(《传习录下》,钱德洪录。2014,123)、"无心外之理"(《传习录下》,徐爱录。2014,7)的壮语,均是类似意义上的宗教修行的特殊体验。他们的话违背常理,在知识上无法验证,在哲学上无法证明,但正因为以修行为基础,有强烈的宗教性,所以不会丧失其意义。

例三，牟宗三由于混淆了宗教义本体与哲学义本体，导致其批评康德"人类不能有智性直观（又译智的直觉）"［die intellektuelle Auschauung（intellectual intuition）］这一观点。牟说："如果吾人不承认人类这有限存在可有智的直觉，则依康德所说的这种直觉之意义与作用，不但全部中国哲学不可能，即康德本人所讲的全部道德哲学亦全成空话。这非吾人之所能安。"（2003b，序）这完全是误会。康德认为本体（Noumena）不可知、唯有上帝能通过智性直观知之，这是由人类知性（Verstand）的局限所必然得出的结论。这是因为，人类知性的一切经验均来自感性直观，知性的能力是运用先验范畴联结感性直观提供的内容；感性直观的限制，导致知性无法直达本体，只能永远面对现象。于是他设想另一种可能，即能够直达本体的直观，就是所谓"智性直观"。这种直观不是人所具有的，只有上帝可能具有。[26]由于人类不可能脱离其先天具有的知性范畴来直观，所以不可能对本体或自在之物有所直观，因为现象"是惟一我们的知识能够据以拥有客观实在性的一些客体"（B335。康德，2004，248），康德正是据此一劳永逸地解决了为什么上帝的存在不能为思辨理性所证明这个问题（1960，242—492；2004，258—546；张世英，1987，196—231）。

然而，康德只是说思辨理性无法证明上帝，并未因此否定本体包括上帝（最高本体）的存在。康德正确地认识到，上帝的存在不是一个知识问题，而是一个实践问题；"在康德看来，在知识范围内固然无本体立足之地，但在道德经验中和美的经验中却可以体验到（而非认识到）本体。所以康德取消关于本体的伪知识，正是为他所说的信仰留地盘"（张世英，1987，230）。上帝的存在不能为思辨理性所证明，却可以为道德实践和审美实践所体认。这就进一步说明，康德所谓的"智性直观"是个纯认知主义（intellectualism）的概念，不涉及实践功夫和宗教经验。人类不具有直达本体（包括上帝）的智性直观，这从认知主义看没有问题，是完全成立的。由于中国学术传统对于康德所谓的"感性直观""智性直观"均无讨论,儒家、道家均不关注此类纯认知问题,牟宗三所谓"智的直觉之所以可能,须依中国哲学的传统来建立"(2003b,序),就显得匪夷所思。中国思想传统中确有丰富的直达本体的学问,其意义不容怀疑,但是不等于中国思想中有康德所谓"智的直觉"。正因如此,也不存在所谓中国哲人比西方高明,西哲做不到的事,宋儒却做到了。然而牟宗三竟认为,"如若人类不能有智的直觉,则全部中国哲学必完全倒塌,以往几千年的心血必完全白费,只是妄想。这所关甚大,我们必须正视这个问题"(2003c,序)。这如果不是杞人忧天,也是张冠李戴。牟宗三所说宋明儒体证本体的方式,与人类各大宗教体证本体的方式并无二致,但按照康德的概念,绝不称为智的直觉,所谓宋明儒比康德高明的想法何从谈起?

也许有人会说,现代西方哲学中的本体概念,与中国古代思想传统中的本体概念含义相近。这是非常值得疑问的。前者虽然是在休谟、康德以来本体概念破产的基础上提出的,但仍与古典形而上学有连续性,即这些概念仍然大体停留在理论思辨、知识分析的层面,主要为了对万事万物的存在提供更好的解释;虽然现代哲学中事实与价值难分,但其所谓本体(如果可以这样称呼的话)绝不是什么武断的设定,而是抽象思辨的产物;另外,人们提出它们,并不是为了给普通人提供信仰或终极关怀,也没有建立一套相对应的人生实践或修行方式,比如清规戒律或修行功夫之类。因此,现代西方哲学中如果真有所谓本体概念,恐怕也不能与中国古代的道、天理、天地、良知(在心学中)一类概念相混,二者终究是两种不同性质的学问。

## 小结:本体问题再思考

综上所述,本章认为,只有正确认识中国古代本体概念的宗教性,才能对中国几千年学术传统与西方学术体系之关系有恰当之定位。由于现代中国学术急于在西方学术框架内证明中国哲学的价值，常将中国古代本体概念所表现出来的宗教性特征理解为中国哲学区别于西方哲学的所谓中国特色。混淆哲学与宗教这两种不同意义上的本体概念，将中国古代固有的更加接近于宗教义的本体思想，误当作所谓中国哲学特有的本体思想，这一普遍流行的做法源于现代中国学术力图纳入西方学科体系时的错误定位。虽用心良好，但其所引起的后果也是异常严峻的。

具体来说，当代中国学术陷入了既放弃了古代学统又不能进入西方学统的窘境中，结果是：一方面丢失了中国传统学术固有的意义和精神，另一方面却又找不到现代中国学术的问题和范式。诚然，对中国传统思想进行哲学研究和分析永远都不会过时，但是其前提也许是正确认识中国传统学术在性质上与西方学术体系的异同，而不一定是过早地套用西方学科分类。无视儒家、道家等学问传统相对于西方现代学科体系的独立性，不仅意味着一种伟大的学问传统被人为割断，还可能导致一个民族的精神世界被人为掏空。今天，之所以纠正一百多年来普遍盛行的对中国思想传统中哲学维度与宗教维度的混淆，不是要反对从哲学角度来研究中国传统思想，而是为了正确定位中国几千年的学问传统，特别是儒道释传统，重新认识它们与人类一切学术传统和精神传统的整体关系，从而找到中国学术的真问题和真出路。

最后想要说明的是，本章否定中国古代有哲学义本体概念，并不等于说中国古代的本体概念——无论是体用义本体还是宗教义本体，没有哲学意义，不能从哲学角度来研究。这就好比上帝主要是一个神话和宗教概念，但是它也完全可以成为哲学研究的对象，从亚里士多德至中世纪哲学都有大量对上帝的研究，近代哲学家如笛卡尔、斯宾诺莎、贝克莱等人均认为自己成功证明了上帝存在。但是，这些并不能否定上帝主要是一个宗教概念。我们知道哲学家针对上帝的工作主要是理性论证，而宗教家针对上帝的工作主要是信仰实践。从理论上讲，哲学家可以研究一切事物，当然也研究上帝，但这与宗教家作为信仰实践来对待上帝迥然不同。我们不能因为哲学家研究了某个对象，就否定该对象的性质。如果那样的话，哲学家研究了《圣经》，《圣经》就改变了性质，不再是一部宗教经典了？本章所反对的是，不考虑中国古代思想的复杂性，特别是其宗教性维度，直接把儒学等古代学问当作中国形态的哲学，从而误把其中的宗教义本体当成了中国哲学特色的本体。如果因为我辨明中国古代本体概念不是哲学意义上的，就认为我否认中国古代有哲学是出于个人偏见，那也不是事实。

# 本章注释

[1] 原译本中"本质"作"怎是"，下同。

[2] 以下两例统计数据来自电子检索，依据北京书同文数字化技术有限公司制作的"《四部丛刊09增补版》全文检索系统"网络版电子检索系统（含图文对照），清华大学图书馆提供（附录同）。

[3] 电子检索依据北京书同文数字化技术有限公司制作的"《四部丛刊09增补版》全文检索系统"网络版电子检索系统（含图文对照），清华大学图书馆提供（附录二同）。最后一列词义所附a、b代表词义分类，a指身体或形体，b指固有的恰当样式或存在方式，具见正文。

[4] 根据《四部丛刊》《王文成公全书》检索。按出现次数从多到少排列。个别句子重复计入，则标记为阴影。统计仅限于使用本体一词的文句（若计入实指本体但使用"某体"，如"其体""之体""常体""体"等表达的句子，则数量及分类将增加很多，但要除去"一体""体认""身体"等词汇）。为了读者检索方便，我们在每一条文献后面标记了文献编号（徐爱、钱德洪等人序、跋未计入）及每条中出现次数，如no.327/2，指此条文献于第327条2见。段号全依陈荣捷（1983）《王阳明传习录详注集评》。

[5] 括号中为心之本体分类，后面数字为各类之次数。

[6] 方克立认为体用范畴中的用原指"作用、功用、用处"，后扩大到包括"作用、功能、属性"。但他在举例说明用的含义扩大到包含"属性"时，所举是亚里士多德的例子，似难说明中国情况。他并认为，中国古代唯心主义哲学家的体用范畴"一般地从本体和现象的意义上来了解的"，"把本体和现象说成是父子关系，

是为了说明宇宙万物都是精神本体派生的"（方克立，1984，192，193）。事实上，他是借西方哲学中的本质与现象关系来理解宋明理学等之中的本体及其作用。

[7] 张岱年先生曾以"本然"释本体，在学界影响广泛（1985，53）。他指出，"宋明哲学中所谓本体，常以指一物之本然，少有指宇宙之本根者"；"所谓本体亦即本然，原来之意"（宇同，1958，38—39）。张先生"本然"之说甚合古人原意，但我认为若表述为"固有的恰当样式"，从而将其内含的规范义揭示出来更为恰当。例如，王阳明也多次使用"本然"一词形容心之本体或性之本体，细推其意，其所谓本然/本体有明显的规范意义。王阳明说："至善者性也……止之，是复其本然而已"（《传习录上》），联系《传习录》上、下卷多次提到"至善是心之本体"[《传习录上》（徐爱录），参《传习录下》（黄以方录、黄直录）。心之本体、性之本体在《传习录》中几无分别]，极易理解这里"本然"即本体。王阳明又说"动于私意，非复良知之本然矣"（2014，242），而在其他场合王阳明则多有"良知之本体"这一说法，如《传习录中·答陆原静书》"良知即是未发之中，即是廓然大公，寂然不动之本体，人人之所同具者也；但不能不昏蔽于物欲，故须学以去其昏蔽，然于良知之本体，初不能有加损于毫末也"（参《传习录下》。2014，116，119，139），故其"良知之本然"即"良知之本体"。阳明全书载其弟子蔡汝楠发明师说，称"本然之体昭明灵觉"，"圆莹洞彻"（卷四十一。2014，1761），其所谓"本然之体"当即王阳明心之本体。朱子也有这方面的例子：《论语集注·子罕》"子在川上曰"章朱注称："此道体之本然也"，以"本然"描述道之本体。又《朱子语类》卷十七"大学四或问上·或问吾子以为大人之学"一段友仁以"本然之明"说明本体，朱子称是。《晦庵集》卷三十七《与范直阁》论忠恕一贯时，以忠恕之本体同于"理之本然"（朱熹，2010a，1606）。"本然"、本体在朱子、王阳明处有强烈的规范含义是毫无疑问的。

[8] 今查电子版四库全书，得《晦庵集》道体75见，"心之本体"14见；"性之本体"8见；《朱子语类》道体55见、"心之本体"11见，"性之本体"10见。

[9] 朱子又尝云："见在底便是体，后来生底便是用。此身是体，动作处便是用。天是体，'万物资始'处便是用。地是体，'万物资生'处便是用。就阳言，则阳是体，阴是用；就阴言，则阴是体，阳是用。"（《朱子语类》卷六。1994a，101）这是以物理存在言体。

[10] "即工夫即本体"是黄宗羲对王阳明的总结，参《明儒学案〈师说·王

阳明守仁〉》(1985, 7)。

[11] 参 Saeed Zarrabizadeh (2008) 对百年来各家对宗教神秘经验中神秘体验的界定的总结。

[12] 史华兹特别指出，佛教、婆罗门教、伊斯兰教、基督教、道家中均有神秘主义，比如信徒在修炼中产生与最高存在——如梵、婆罗门、上帝——合一的奇妙体验；他强调，神秘主义并不仅限于某种神秘的修炼技艺，如冥想或迷狂，而是包含着对于终极实在的特殊体验——终极实在超出了语言把握能力，但却能在修炼中被体验到。但是，他基本上只是在讨论道家思想时大量使用了神秘的/神秘主义一类词汇，并未用明显地用之于讨论儒家的心性修养思想。(Schwartz, 1985, 192—201)

[13] 郝大维、安乐哲在讨论儒家（也包括道家）时明确而较深入地分析了神秘主义的意义。他们批评了西方基督教正统派长期以来歪曲、"修正"信仰活动中常见的神秘体验，并主张只有回到未被有神论和教会正统曲解过的"纯粹的"神秘体验，才能揭示其在人类不同文化中的共同特征。他们在瓦尔特·T.斯泰斯(Walter T. Stace) 对内向神秘体验（指"意识合一的感觉"）和外向神秘体验（指"万物合一的感觉"）划分的基础上，提出人类神秘体验的三种类型：或以自我或灵魂为重心，或以外物为重心，或以内外合一为重心，并认为这种对神秘体验的三分法尤其适合于研究中国儒家、道家的精神世界。"当我们来看'天'和'道'的时候，[发现] 把神秘经验分为外在迷醉 (ec-static)、内在迷醉 (en-static) 和综合迷醉 (con-static) 这三种，与中国古典道家和儒家的精神类型 (the sorts of spirituality) 尤其吻合。"(Hall & Ames, 1998, 212。参 "Chapter 8: The Decline of Transcendence in the West", pp. 203—212 )

[14] 在初作于1969年的《从宗教、哲学与哲学人性论看"人的疏离"》一文中，方东美先生也曾从宗教神秘主义角度来论述儒家、道家的最高境界。首先，他认为"伟大的宗教家都是真正的神秘主义者"，具体体现为"他们能够通过重重难关而跃入'存有'(Being) 的终极根源，那便是神明。在人对神性生命之终极关怀中，他才能觉知自身的存有，以及宇宙万物原为一体之存有"(1979, 324)。其次，他认为，"旁通统贯的'道'、'太极'或无限的'太一'……能在理性思维不逮之时，凭借神秘经验发现其归宿和命运"(1979, 345)。

[15] 赖尔的讨论见其著作《心的概念》第二章及专门论文："Knowing How

and Knowing That," in Gilbert Ryle, *Collected Papers*（Volume 2）, New York：Barnes and Nobles, 1971 [1946], pp. 212—25。学界关于这个问题的讨论的系统回顾和总结参 Jeremy Fantl（2012）。

［16］例如，《二程遗书》卷十三记明道称释氏"彼固曰出家独善，便于道体自不足"（程颢、程颐，2004，139）；卷十四记伊川称"佛、庄之说，大抵略见道体"（程颢、程颐，2004，156）；《明儒学案》卷十一记载徐爱论求学"恍若有见，已而大悟，不知手之舞足之蹈。曰：此道体也"（黄宗羲，1985，223）；这些地方道体皆当读（进入）道自身、自体。《论语·子罕》"子在川上曰"一句，程子称"此道体也"（《论语集注·子罕》。朱熹，1983，113），而朱熹认为程子道体指"与道为体"，非指"道之体"；其中"体""只是形体"，道体则"言道无形体可见，只看日往月来、寒往暑来、水流不息、物生不穷"（朱熹，1994a，975）。这与《近思录》从宇宙演化过程论道体一致，是古人道体的另一种含义。

［17］电子检索参"文渊阁四库全书电子版－原文及全文检索版"，该数据库以台北商务印书馆1986年版《景印文渊阁四库全书》为底本，由迪志文化出版有限公司及书同文计算机技术开发有限公司承办制作，上海人民出版社和迪志文化出版有限公司出版，1999年11月发行，产品代号：SKQS－V－02，中华人民共和国标准书号：ISBN 7－980014－91－X/Z52。

［18］四库全书电子版检索发现《张子全书》仅1见，《二程遗书》4见，《王文成全书》中道体仅3见，可见朱子言道体尤其多。

［19］《二程遗书》（四库全书本）道体一词共4见（其中一例为吕大临语）。如卷三谓"庄生形容道体之语，尽有好处"，卷十三谓释氏"彼固曰出家独善，便于道体自不足"，卷十五谓"佛庄之说大抵略见道体"。

［20］在1983年写的《中国哲学中的本体观念》一文中，他说，"本体观念却是可以废除的"（1983，4）。在1985年的《中国古代本体论的发展规律》（《社会科学战线》1985年第3期）上，他说，"讲述中国古代哲学还是适当地采用中国固有的名词为好。把中国古代关于世界本原的学说，称为本体论，不如称为'本根论'，这样才能显示出中国古代哲学的特色。本文仍用'本体论'的名称，姑且从俗而已"（1985，60）。另参氏著《中国哲学大纲》（宇同，1958，40）。

［21］熊氏在《新唯识论》（删定本）（1953，3）《赘语》论"体用不二"时称："体者，具云宇宙本体；用者，本体之流行至健无息、新新而起，其变万殊，

是名为用。"熊氏所用本体与宋明儒道体之体含义相近，但另一方面又强调"体"指宇宙本体。

[22] 汤用彤认为汉代学问论宇宙尚为宇宙论，"王弼之说则为本体论。此所谓体，非一东西。万有本因本体而有，超乎时空，超乎数量，超乎一切名言分别，而一切时空等种种分别皆在本体之内，皆因本体而有"，此本体即亚里士多德形上学所讲"being qua being（存在之为存在）"（2015，166）。又以道为本体，称："王弼之所谓本体，为至健之秩序。万物生成为本体之用，而咸有其必然之位。秩序者就全体以称。分位者就一物立言。全体之秩序，即所谓道。"（2015，77）又称"道安之说……由禅法使一普通人的人格达到宇宙（cosmos）之本体"（2015，186）。论张湛（2015，192）。总之，汤认为魏晋时期崇高本无的学说包含一种本体论，而不限宇宙论。

[23]《心体与性体》论道体、心体、性体时着眼于"即工夫即本体"这一思路，故"由'成德之教'而来的'道德底哲学'既必含本体与工夫与之两面，而且在实践中有限即通无限，故其在本体一面所反省澈至之本体，即本心性体，必须是绝对的普遍者……且亦须是宇宙生化之本体，一切存在之本体（根据）"（牟宗三，2003a，10—11）。

[24] 张东荪说："民族的祖先，社会的整体，宗教的神，与形而上学的本体，乃是由一个根本要求而生的，亦可以说在实际上只是一个东西"（1947a，48）。

[25] 较系统的论述见该书"第三章 道德自律与道德形上学"（牟宗三，2003a，119—196），牟氏的主要目的在于批评康德以"自由意志为一设准"。

[26] 康德说："如果我们把本体理解为一个这样的物，由于我们抽掉了我们直观它的方式，它不是我们感性直观的客体；那么，这就是一个消极地理解的本体。但如果我们把它理解为一个非感性的直观的客体，那么我们就假定了一种特殊的直观方式，即智性的直观方式，但它不是我们所具有的，我们甚至不能看出它的可能性，而这将会是积极的含义上的本体。"（B307。2004，226）

# Ontology 与中西学术不可比性

## 【本章提要】

本体论已成为今日中国学术界极为时髦的一个名词,魏晋、特别是宋明以来,本体一词在中国古代典籍中已较为常见。如果仅用该词来形容中国古代关于本体的学问,是不会有什么争议的。但是问题恰恰出在,近代以来,人们已经习惯于认为该词是对一个西方术语 ontology 的中文译称,于是产生这样一种流行的见解:ontology 即中国古代人关于本体(道体)的学问。

Ontology 的本义是什么?通过大量的词源学及历史文献学的考证,我们不仅发现该词在西方哲学中的本义与中国古代的本体之学本来是风马牛不相及的两种学问,而且还发现了西学与中学在出发点上所存在的一个基本差异,即是与应该的差异,并认为这一差异在中西学术和思想比较中具有重要意义。一方面,西学与中学在思维方式上"是"与"应该"的差异,构成了西学与中学几乎一切重大差异的根源,它不仅包含着西方一切人文科学、社会科学及自然科学学科产生的秘密,也导致西学走上了一条与中学根本不同的道路;另一方面,这一思维方式在出发点上的差异也标志着中学和西方人文、社会科学学科在多数情况下本质上属于两种不同类型的学问，二者之间在很多领域的思想都不具有可比性。既不能以中学的标准来衡量西学，也不能以西学的标准来要求中学。然而令人遗憾的是，这一事实在中国学术界长期没有引起足够重视，许多引人注目的中西比较研究或学术话题都是在错误范式的支配下进行的……

任何一个研究过西方哲学的人都知道，ontology（中译万有论、存在论、本体论等）是西方哲学两千多年来的一个核心范畴。自从古希腊哲学家巴门尼德首次提出以存在（是）/非存在（非是）作为区分真理道路与意见道路的标准以来，存在（是）就已成为柏拉图、亚里士多德等古希腊哲学家心目中的核心问题。在西方中世纪哲学中，在从笛卡尔到休谟的近代哲学中，对这一问题的回答一直是一切哲学认识的首要前提。同时，它无疑也是康德以后德国古典哲学的中心：通过回答关于彼岸世界的本体论的证明（ontological argumentation）的问题，康德试图为未来形而上学开辟新路；黑格尔把哲学这门科学为三部分，即逻辑学、自然哲学和精神哲学，这三个部分研究的都是存在（是）的问题。[1]在现代西方哲学中，且不说像雅斯贝尔斯、海德格尔、萨特等公认的"存在主义"哲学家们以ontology为哲学的中心，其实许多其他哲学家也是以ontology为其哲学的中心课题之一。如胡塞尔、哈贝马斯都曾将自己的哲学称为"生活世界的本体论"（ontology of life-world），维特根斯坦、蒯因（Willard Van Orman Quine）则从语言哲学的角度研究了"是"及ontology的问题。[2]

为什么ontology会成为两千多年来西方哲学的中心范畴呢？这既不像一些人所认为的那样是寻求普遍性的结果，也不可以简单地归结为西方语言的独到特征，而是古希腊哲学自从泰勒斯以来求是或以事实判断为前提的思维方式的必然产物。本章认为，如果我们用是和应该分别代表两种不同思维方式及中西方学术在出发点上的一个差异的话——前者以事实判断为前提，以求是、求知为特征，后者则以价值判断为前提，以求应（该）、以做（又可称为行，包括做人、践履、身体力行、安身立命等）为特征——那么，我们不仅可以发现，西学与中学在发展过程及其后果方面所呈现出来的一系列看来不可思议的差异均可从中找到答案，而且更重要的是，西学与中学在很多方面其实是不可比的。

首先，在历史上，求是这一希腊哲学的基本走向不仅决定了两千多年来西方哲学在思维方式上的基本特征，而且深刻地决定了整个近现代西方学术和学科的发展方向；不仅导致了一系列我们今天所见到的西方哲学各分支学科——宇宙论、本体论、逻辑学、伦理学、认识论等——的形成，而且也是一系列现代人文、社会科学学科特别是现代自然科学得以在西方诞生的根本原因，这几乎是一系列现代西方文化、社会、学术、思想变革的总根源。相反，在中国古代学术中，由于求是不是占主导地位的思维方式，故而中国不仅没有发展起类似于西方那样的现代科学，而且由于和学术的追求紧密相连的不是各种客观逻辑，而是内在体验，因而学术的分化不可能沿着人文科学、社会科学、自然科学的道路走下去，这也是导致中学最终走上了一条与西学迥然不同的道路的根本原因。

其次，以是和应该来比较西学与中学，使我们发现，西学和中学在出发点上的思维差异表明它们从本质上来说属于两种不同性质、不同类型、不同层面的学问，二者之间在很多领域都不可比：我们既不能以中学的标准来要求和衡量西学，也不能以西学的标准来要求和衡量中学。正如我们在后面将要看到的那样，同样是宇宙论，希腊人所说的宇宙的本原——"水""气""原子""第一本体"等——是事实上的存在，与我们的人生价值、人生理想、人生追求毫无关系；而中国人则把宇宙的本原——"道""太极""无极""无"等——当成了人生的终极归宿，代表了人生价值的最高理想。表面上二者都在谈论宇宙的本原，但在思维方式上却存在天壤之别：前者在求是，是事实判断；后者在谈应该，是价值判断。从事实判断出发，必然要求结论要合乎逻辑，可用经验验证；从价值判断出发，必然说终极价值不能论证或认知，而只能身体力行。因而中学中占主导地位的不是求是，而是求应（该）的思维方式，即以价值判断为前提、以"做（行）"为特征。正因如此，西学与中学的宇宙论一直在两个不同的层面上思考问题，它们之间在思维方式的出发点上的差异表明二者之间不存在谁正确、谁不正确的问题，两者是不可比的。类似的情况在西学与中学的各个重要方面比比皆是。

然而令人遗憾的是，20世纪以来，中国人在比较或看待西学与中学的关系时，常常由于忽略了西学与中学在思维方式上的上述差异，由于认识不到这两种不同性质、不同类型、不同层面上的学问之间的不可比性，常常不是用中学的标准来衡量西学，就是以西学的标准来要求中学，结果在处理西学与中学的关系时犯了许多极端严重的错误。比如用西方现代人文社会科学分类体系来代替中学分类体系，而以文、史、哲不分等原因来彻底否定中国古代学术分类体系的内在合理性；在以哲学、"认识论"、伦理学、政治学、法学等一系列西方现代学科范畴来分割和重新整理国学的过程中，完全抹杀或忽视了中学自身的内在理路，对传统文化精神造成了巨大破坏；又比如，将中国古代学术没有发展出现代科学归咎于古人重人文、轻技艺，将科学和"玄学（形而上学）"对立起来，等等。

## Ontology 作为"是"之学

让我们先从 ontology 一词之本义开始讨论。Ontology 一词在学术界历来有多种不同的译法，本体论、存在论、生存论、万有论、有论、是论等等，不一而足。从词源上讲，ontology 出自拉丁文 ontologia，后者来自希腊语 onta 一词，该词又是由希腊文 on 演变过来的。On 常译为英文 being，而 onta 在英文中可译为 beings，在中文中常译为"是者""在者""存在者""存在物"等。希腊文中 to on 一词，一般也译为 being，但不少学者均以为该词相当于德文中的 Das Seiende，英文中当译为 what is 或

that which is 而不是英文 being(王太庆，1993，428；Burnet，1920，173，178)[3]。它们都与更加基本的表示"是"的希腊文字母 einai 或 eimi 相关(汪子嵩、王太庆，2000，23—24；王太庆，1993，419—437；王晓朝，2000，77—80)。由此可见，古希腊以来的 ontology 实即"是"之学。要理解希腊以来的 ontology，关键在于搞清希腊文中的"是"为何义。希腊文中系词 be 相关的词汇关系如下表：

表3　希腊文中的系词 be

| 词性 | 动词原形 | 动词不定式 | 第三人称单数 | 中性分词 | 阴性分词 |
|---|---|---|---|---|---|
| 希腊文 | eimi | einai | esti（n） | (to) on | oua |
| 英文 | be | to be | is | what is, being | |

希腊文中的"是"（einai，eimi，estin 等）来源于印欧语词根 *es，学术界一般皆以为同时有中文"是""有""在"或"存在"等意义。例如，维特根斯坦曾指出，"是"有"作为联系词，作为等号，作为存在的表达而出现"（1962，34）。俞宣孟指出该词兼有存在、本质、真理三个规定性（1989，12）。赵敦华先生则分析了在西方哲学史上人们是怎样分别在"是（系词）""有（本质）""在（存在）"这三种不同的意义上来使用这个词的（1993，331—417）。谢遐龄先生认为"是"（ist，德文）有五重含义："正号（肯定），等号，从属于××集合，系词，存在。"（1987，271）其实他所讲的五个方面中"正号""等号""从属于……""系词"四者在使用时均以系词出现，而"是"表述本质时也用作系词。但是如果我们把"是"在希腊文中的用法归纳成作系词使用和表达存在两个方面也是有问题的，因为西方语言中的"是"在作系词使用时本身即可表达存在（蒯因，1987，1—18）。[4] 此外，海德格尔曾考证认为，希腊文中的"是"来自印度日耳曼语系，而印度日耳曼语系中的"是"有如下几种含义：（1）"生活，生者，由其自身来立于自身中又走又停者；本真常住者"；（2）"起来，起作用，由其自身来站立并停留"；（3）"持续为当今，在与不在场"（1996a，71—72）。王

太庆、汪子嵩等也认为希腊文"是"（希腊文作 einai、estin 等）有"依靠自己的力量能自然而然地生长、涌现、出现"之义（汪子嵩、王太庆，2000，21—36；王太庆，1993，419—437；陈村富，1988，610）。[5]

值得指出的是，我国研究古希腊哲学的杰出学者陈康先生早在 1946 年版的《柏拉图巴曼尼得斯篇》译注中就曾指出，希腊文 esti（n）硬译为"存在"不合适，因为"它所表示的比'存在'广的多"（1946，79）；而译为"有"则可能导致句法不通，即"不成词"；因此，他干脆直译为"是"：

> 这ἐστιν在中文里严格的讲起来不能翻译。……在这种情形下我们以为，如若翻译，只有采取生硬的直译。（这样也许不但为中国哲学界创造一个新的术语，而且还给读者一个机会，练习一种新的思想方式。）（1946，79）

陈康先生早在 40 年代的观点，后来为其学生王太庆、汪子嵩所倡导和发挥。20 世纪 90 年代以来，他们主张纠正国内学界多年来将古希腊哲学原著中与"是"有关的一组词汇 eimi、einai、esti（n）、to on 等在中文中的译法，主张与其译为"存在"，不如译为"是"，尽管后者也不能完整表达希腊文原义（王太庆，1993；汪子嵩、王太庆，2000）。

王太庆先生指出，汉语中的"在"指在时间、空间的特定存在，类似于英文中的 there is、德文中的 ist da 以及拉丁文里的 existere（英文 exist），但这与希腊文原义不符。西方人即使在表达特定时空中的存在时，仍然使用系词，比如会把"我在北大"说成"I am in Peking University"；又如笛卡尔那句名言"我思故我在"（I think therefore I am），本来没有"我在"的意思，这样翻等于把原文改写成"I am there"了。总之，系词不一定指存在，因为它没有特定时空含义：

> 西方人没有我们中国人的"在"这个动词……至于笛卡尔说的

"I think therefore I am",也是同样的 am,只是我们中国人认为单单一个"是"不能懂,(汉语普通话的"是"只是系词,有主语缺宾语就系不成了),才给它凑一个 there,译成"我思故我在",其实原来并没有"在"的意思。加上 there 的"是"才是在或存在,德国人把它叫 Dasein。Dasein 这个字和 Sosein 一样,里头都有一个 Sein("是");Sein 加上 so(样子)就成了 Sosein(是什么样子),sein 加上 da(那里)就成了 Dasein(是在那里)。(1993,430)

考虑到"'存在'也没有'是'的含义,而'是'的意义是西方哲学中十分注意的,也是它异于中国哲学的一大特征"(1993,434),他"建议选定'是'字译 estin,把'estin'译为'它是'"(1993,435),认为这样译还有两个好处:一是体现希腊文系词含义,二是体现希腊文系词表真实、圆满之意:

"是"包含着"有"所没有的系词意义,这个意义正标志着西方哲学的特色,需要表明。(1993,435)

汉语"是"的原意"正当"、"正确",在今天还继续保持着,即是非之是。这个意义在希腊语中也有,即 estin 是真的,圆满无亏。这两个词本来不是一回事,却在这个意义上交叉了。(1993,435)

王太庆的独立研究成果,若结合查尔斯·H. 卡恩(Charles H. Kahn)的成果来看,意义尤其突出。《世界哲学》杂志 2002 年第 1 期发表了美国杰出的希腊哲学专家查尔斯·H. 卡恩(Kahn,2002)论希腊文 to be 的论文,向国人开启了一扇窗户,让中国学者认识到西方学界在同一问题上所取得的研究成就,且研究成果已相当丰富。[6]

具体来说,早在 20 世纪 50 年代,欧文(G. E. L. Owen,1960)对西方希腊学界长期处于垄断地位的、过分注重存在(existence)、忽略了希腊语中 einai 的系词功能的现象进行了严厉批判,因为发现柏拉图、亚里士多德等在使用此词时主要都是在系词意义上使用的。与他同时或稍后,迈克尔·弗雷德(Michael Frede)、罗素·M. 丹西(Russell M. Dancy)(1986)、维克·欣提卡(Jaakko Hintikka)(1986),特别是卡恩(Kahn, 1986; 2009)继续了这一研究方向。其中,美国希腊研究专家卡恩驳斥了以存在/系词二分的方式对希腊文中 einai(to be)的流行解释。这一观点一开始并不是针对哲学文献得出来的,而是从希腊神话《伊利亚特》《奥德赛》等入手,再进入哲学文献后发现的。他发现:

第一,系词是希腊语 einai 最基本的含义,其他含义则属于此词含义的第二层次(second order)。

第二,einai 的非系词用法(指后面不接名词或形容词等表语),包括断真用法(veridical use)、存在用法(existential use)等,可看成系词用法的缩略或变体。

第三,在系词用法中,einai 最基本的功能是表真(truth claim)。所谓表真,是确认某事是真的、是那样的(我认为代表事实判断)。他认为,系动词之所以有表真功能,"答案就在于系词 einai 作为谓语符号的角色"(Kahn, 2009, 125)。本来在任何常规陈述句式中,谓语句都可以表真。比如 he runs(他在跑步)、you sit(你坐着)等一类陈述句,以陈述事实为特点,本来就是表真的(指出某个真事)。但是系动词的特殊处就在于:所有这些包含谓语动词的陈述句,均可改写成系动词形式,比如:he is running, you are sitting。这一早为亚里士多德道破的事实,说明系动词是比所有动词更基本的动词,因而其表真功能更加突出(2009, 125)。卡恩指出:

> 如果我们把自己限制在陈述句中使用的指称形式上,可以说:is 作为系词或谓语符号的语义功能就是发挥句子表真(truth claim)的标志性作用,作为整个句子断言的焦点。(一个句子的表真作用大体对应于如下事实,即因为具备真条件,所以有真价值)系词的

断言功能——更准确地说，系词与句子的断言功能之间的亲密联系在我们发音强调动词时就凸显出来："Margaret is clever, I tell you!"（玛格丽特是聪明的，我告诉你！）"The cat is on the mat after all"（猫就在垫子上）。(Kahn, 1986, 6)

卡恩多次指出，通过从同一印欧语中分化出来的今日印地语和斯堪的纳维亚语这两个差异极大的语言相比，还可以发现词根 ∗es 早在史前就具有表真的功能。系词虽偶有存在用法，也与其表真功能不可分割。

系动词的表真功能对于理解希腊哲学有着特殊的意义。卡恩指出，einai（to be）的表真功能与希腊哲学追求实在（reality）和真/真理（truth）的知识潮流深刻关联。他指出：

> 系词作为表真符号的语义作用，让我们理解了希腊语中 einai 最重要的特殊用法之一，即所谓断真用法。在这里，动词自身（在第三人称指称和在分词中）表达着真（truth）和实在（reality）。如果我们看不到系词与表真的联系是一切陈述中最根本的，那么希腊语中 "being"（to on）意味着实在（reality）变成了脱离动词陈述功能的神秘怪物。(Kahn, 1986, 6)

从表真功能出发，就能理解为什么自巴门尼德以后，einai 一直是包括柏拉图、亚里士多德等许多哲学家学说的中心问题，它对应着希腊哲学家对真（真理）和实在的追求。卡恩发现，希腊哲学家从巴门尼德到亚里士多德对于 Being 的使用，其所寻求的并不是一个什么神秘、高悬的"存在"，而是（一切）事物究竟是什么。卡恩专门考证发现，在巴门尼德、柏拉图、亚里士多德、麦里梭（Melissus）、普罗塔哥拉（Protagoras）、普罗提诺（Plotinus）等许多哲学家的著作中，einai 虽有存在含义，但并不是主要的，而且其存在含义不能脱离此词作系词时的谓语功能。也就是说,希腊哲学家们在使用 einai 时,注重此词表真、断真(veridical)含义。

在 2009 年新版《Being 论集》(*Essays on Being*)中,他总结说,自己 40 多年来的研究有两个主要方面,一是 to be 作为一个语言学问题的含义,二是"理解 Being 概念为何成为从巴门尼德到亚里士多德的希腊哲学的中心概念";但是,"这两个问题在我所谓 einai 的断真意义上汇合到一起来",并因此使他在早期文章中"将动词与真概念的联系作为 Being 在希腊哲学中扮演中心角色的关键"(Kahn, 2009, 1)。在对 1976 年所写的一篇题为"为何存在(existence)在希腊哲学中未成为突出概念"的一文进行总结时,卡恩指出:

> 存在(existence)概念在希腊哲学中并非主题。从巴门尼德到亚里士多德,真(truth)概念及谓语用法在其 Being 概念中占主导地位。哲学家们从事对知识的寻求,这也意味着求真(truth)。因此,Being 成为哲学的根本概念,是因为在哲学家那儿,它提供了实在(reality)的概念,后者是知识对象和真理标准所需要的。因此,断真含义揭示了该动词在哲学上的中心作用。(Kahn, 2009, 6—7)

卡恩针对巴门尼德、柏拉图、亚里士多德、普罗塔哥拉等人论著中的 to be 作了许多细致、专门研究(见本书附录),证明了上述结论。

## 求是:古希腊哲学在思维方式上的根本特征

"是"为什么会成为古希腊哲学思想中的一个核心范畴呢?有的学者曾指出这是由于古希腊哲学家用它来指称各种现象之间的统一性(靳希平,1995,124)。然而问题似乎并不如此简单,因为追求各种不同现象背后的统一性乃是人类所有伟大文化中共有的主题,但是这些文化最终却走上了一系列迥然不同的道路。另有不少人认为导致"是"成为古希腊哲学主要范畴的原因是希腊语的特殊语言结构,即"是"本来在希腊语中扮演着一个极其重要的角色,而这一现象在汉语等其他语言中并不存在。[7]然而这一解释其实也是经不起推敲的。因为就"是"这个单词的用法来说,人类其他一些伟大文明的语言中并不是没有与希腊语相同或相似之处,但是他们却没有走上古希腊哲学同样的道路。例如希腊语属印欧语系,其中的"是"(eimi)字是从印度日耳曼语中的词根 es 来的,其语法结构当与印度语相类似(海德格尔,1996a,70—72;汪子嵩,1988,610—611);陈村富先生进一步指出,"在拼音系统的文字中,大体上最后都形成了一个最通用的系词"(汪子嵩,1988,611)。因此,我认为要找到上述问题的真正答案需要从思维方式上入手,即古希腊哲学家们在使用"是"这一术语时是从什么思维方式出发的,而不能单纯地停留在所谓"追求统一性"或语言、语法结构问题上。

我们注意到一个极为重要的事实,即伦理学中以是和应该为标准所区分的两种判断,即表示"事物实际上是什么"的事实判断和表示"事物应该是什么"的价值判断。前者揭示事物的"实然"状态,以求知为特征;后者表达事物的"应然"状态,以求用为特征。在日常生活中,"此人是位老师"就是一个事实判断;而"此人是个畜生"却是一个价值判断。因为我们必先有"人应当怎样"之价值前提,才能下此判断。从事实判断的角度讲,我们不能说此人不是人,但从价值判断的角度讲我们却可以这么说。可见既不能以事实判断来否定价值判断,也不能以价值判断来代替事实判断。按照陈康先生的有关论断,只有这种求是的思维方式才是"万有论的"——ontological(亦可译为本体论的,我认为也可译为"求是论的")(柏拉图,1982,374,377—378)。后面我们将会看到,在中国古代各种学说中,占统治地位的思维方式从来都是以价值判断为前提,也就是说,ontological——求是的——思维方式在中国古代学术思想中不占统治地位。在西方两千多年来的哲学中,求是或以事实判断为前提开展研究则几乎是一个永恒的主题。不仅如此,在希腊哲学乃至整个西方哲学,"是(存在)"之所以成为一个长盛不衰的话题,其根本原因恰在于西方哲学在思维方式上以求是为特征。本章就将以此作为立论的全部基石,并由此出发来说明中西方思想在出发点上的差异及其重大后果。现在我们先来说明古希腊哲学中的求是传统。

首先,我们知道,苏格拉底、柏拉图、亚里士多德等人的哲学不是凭空想象出来的,不论他们的学说与他们的前辈之间有多少区别,不同历史时期的古希腊哲学家们在思维方式上的共通性都是无法否认的。巴门尼德、柏拉图、亚里士多德等人将"是"当成重要哲学范畴不是偶然的,从思维方式上讲,或许可以看成是古希腊哲学从它诞生的那一天起就把求是当作了自己的根本任务的必然结果,尽管前苏格拉底哲学家中大多数都不直接研究"是"这个范畴。因为,在前苏格拉底哲学中,寻求世界的本原(或译作始基、基质、元素等)几乎是所有哲学家的共同目标。什么是世界本原?为什么早期所有的哲学家们都醉心于世界的本原?对此,亚里士多德总结道:"因为,一个东西,如果一切存在物都由它构成,最初都从其中产生,最后又都复归于它(实体常住不变而只是变换它的性状),在他们看来,那就是存在物的元素和始基。因此他们便认为并没有什么东西产生和消灭,因为这种本体是常住不变的。……因为一定有某种本体存在,或者是一种,或者多于一种,其他的东西从它产生出来,而它本身则常住不变。"(《形而上学》983b8—18;北京大学哲学系外国哲学史教研室,1961,4)可见所谓万物的始基实是指万物共有的某种永恒不变的本质,它被亚里士多德称为本体。本体一词在希腊文中写作 ousia,该词是从另一个希腊文单词 oua 演变而来。Oua 在希腊文中是"是"(eimi)的阴性分词,与英文中的 being 相当。后面我们将谈到,ousia 这个术语并非亚里士多德自创,在柏拉图的著作里它是"理念(eidos/idea)"的别名,可译作本质、实体或"自在的是"。汪子嵩说,ousia 在亚里士多德的著作里"是其它范畴的主体(hypokeimenon,在背后或底下的东西,一般译为'载体'或'基质',

即'是的东西'),通过拉丁文翻译成为 substance,我们主张译为'本体'。'本体'的意思也是'是的根本'或'基本的是'"(汪子嵩、王太庆,2000,24;参亚里士多德,1959a,6—7)。亚里士多德之所以把前苏格拉底哲学家所追寻的"始基"称为本体——"是的根本"或"基本的是",原因其实很简单,因为前苏格拉底哲学家所探索的目标正是"万物从根本上'是'什么"的问题,而不是其他;当他们把世界的本原归结为水、气、火、原子乃至爱恨、一、数等时,他们是在试图描绘或发现"世界实际上是什么",是事实判断而不是价值判断。

其次,从寻求本原(始基)的 cosmology(宇宙论)发展到直接思考"是"的 ontology,希腊哲学在思考本原的方式上发生了一个巨大的变化,即从对可感世界的经验归纳中寻找世界本质上是什么,发展到从思维的逻辑规则中去寻找世界本质上是什么(谢遐龄,1987,20)。导致这一重要转向的根本原因是对思维力量的重大发现,这个发现首先由巴门尼德揭示出来,表达在他的"能被思想的与能'是'的是一样的"(王太庆,1993,428—429)的著名论断里。正是由于巴门尼德的发现,苏格拉底、柏拉图才注重起概念来,苦心孤诣地寻求概念的本质,并创立了一系列对概念加以精确定义的方法,其实质正在于想通过找到概念的本质来揭示世界的本质。用亚里士多德的话来说,"苏格拉底竭诚于综合辩证,他以'这是什么'为一切论理(综合论法)的起点,进而探求事物之怎是"(《形而上学》1078b22—25。1959a,266)。而到了柏拉图,则更是如此。王太庆总结道,"巴门尼德提出 Sein,说 es ist,这个 es 就是 to on;柏拉图提出 Sosein,说 es ist so,这个就是 idea(eidos)"(1993,429),其中 Sosein 就是"是那样的"意思,代表事实判断。王太庆指出,柏拉图所说的理念(他译为相、型)是对巴门尼德的"是者"(to on)的回答,他将柏拉图称呼理念的本体(ousia)一词译为"所是",指出:

柏拉图提出"所是"是巴门尼德的"是者"理论的进一步发

展。他把"所是"为模样，但不是眼睛看到的模样，而是心灵掌握到的样子。希腊语动词 eido（看）的对象就叫 eidos 和 idea（所见，前者为阳性词，后者为阴性词，同出一根，意义相同），他就用这两个词来表达"所是"的意思。(2004，682)[8]

下面我们具体说明：

(1) 在柏拉图哲学中，"是（estin）"或"是者（to on）"一词使用得极为频繁。尤其在中期代表作《巴门尼得斯篇》中，柏拉图系统地论证了"一"之相（理念）与"是"的相互结合和分离所分别产生的各种结果，试图全面地说明万事万物的存在及其性质的"是"与"非是"的问题(柏拉图，1982，44—45，71—72 等)。陈康先生对柏拉图著作中的"是者"一词之义作过全面考证，指出："柏拉图的哲学里所谓'是者'从它……的内容方面看有广狭不同的两个范围。广范围的'是者'兼包'相'和个别事物（譬如《费都篇》79A），狭范围的'是者'仅包括'相'（譬如《国家篇》V477ff.）。"（柏拉图，1982，85）

(2) 柏拉图常常把理念（相）说成是"真正的是（存在）"(true existence)，"自在的是（存在）"。(《斐多篇》65D，78D 等) 具体来说，柏拉图常把"理念"（相）表达为：to on（是者），to noein estin（可以思想或理解的），ho estin（那个"它是"），ho estin auto（那个"它是"本身）（王太庆，1993，429）。陈康先生指出，柏拉图对话中作为狭义范围的"是者"的相（理念）的含义是：

它是永是者（aei on）或者严格地是者（onton on，直译"以是的样式是者"）。onton on（"以是的样式是者"）是 ho estin on（"那个是'是'是的"）的最好的解释。（柏拉图，1982，89。引者注：原希腊文转写成拉丁文，下同）

德国柏拉图哲学专家策勒尔（E. Zeller, 1814—1908）也指出：

在柏拉图的哲学中，理念具有本体论、目的论和逻辑学的三重意义。从本体论上说，它们代表真正的存在，即自在之物（ousia outos on）。每一个事物之所以成为该事物，只有通过理念存在于其中，或者通过它对理念的分有（methexis koinōnia）。因此，理念就像一与多相对立；多是可变的，而一总是保持原样。(1992，140—141)

策勒尔所谓"真正的存在"或"自在之物"，即事物在真正或本质的意义上"是"什么。

（3）柏拉图"对话"中另一个极为常用，后来成为亚里士多德哲学中核心范畴的术语是 ousia。[9]我们前面已经指出该词是从希腊文"是"（eimi）的阴性分词 oua 演变而来，在柏拉图著作的英译本中，该词有如下几种译法：essence, nature, reality, being 等。(Day, 1994, 251; Robinson, 1953, 70；等等)一般的西方学者都认为它的含义是指一个事物永恒不变的本质，如理查德·罗宾逊（Richard Robinson）将此词理解为 essence of each thing（Robinson, 1953, 70），卡恩将它理解为 what-a-thing-itself-is（一个事物本身是什么），认为可将其译作 what-is，另一个跟它对立的名词 doxa（意见）则可译为 what-seems（Kahn, 1996, 296）；罗宾·沃特菲尔德等将它理解为 what it is to be any given thing（对个别事物而言）、reality 或 essence（《国家篇》485B，534B，525C；参 Plato, 1999, 204, 267, 256; Plato, 1961/1963, 721, 758, 766）。陈康认为根据此词在柏拉图著作中的含义，它可译作"自在的是"（柏拉图，1982，85，98 等）。在中译本中 ousia 被译作本体、实体等（柏拉图，1986，433）。在柏拉图的著作中它主要指与个别事物相对立的本质事物、与现象世界对相对立的实体世界或与虚幻存在相对立的真实存在，也就是说，它是"理念"的别名，是真正意义上的"是者"。文德尔班指出：

与感觉对应的是不断变化的、相对的、暂时的现实；与思维相对应的是一种不变的、绝对的、永恒的现实。对于前者，德谟克利特似乎采用了"现象"这个词；而柏拉图把它叫做流变的世界（lenesis）；另一种现实，德谟克利特叫做 ta eten onta［真实的存在］；柏拉图叫做 to ontos on 或 ousia［实际存在的东西，或本质］。（1987，147）

总之，在柏拉图看来，理念是万物的原型，是现象世界永恒不变的本质，所以它也是世间万物成其所是的根本缘由。

最后，由于亚里士多德是古希腊哲学的集大成者，他的研究在反映古希腊哲学的思维方式方面就更有代表意义。汪子嵩、王太庆先生《关于"存在"和"是"》（2000）一文对于这个问题作了相当深入的分析。我认为他们的分析从三个方面反映了希腊哲学在思维方式上求是的根本特征：

（1）亚里士多德是古希腊哲学家中对"是"进行全面而深刻地研究的第一人（汪子嵩、王太庆，2000，31）。在《形而上学》中，他声称一切学问都是研究"是"的，要么是研究"是"的一个部分（各门具体学科），要么是直接研究"是"本身的，而直接研究是本身——to on hei on——的学问则是人类一切学问中最高的学问，被他称为"第一哲学"（《形而上学》1026a30。1959a，120）。To on hei on，拉丁文作 ens qua ens，英文作 being qua being；苗力田先生译为"作为存在的存在"（亚里士多德，1993，84），吴寿彭先生译为"实是"或"实是之所以为实是"（亚里士多德，1959a，56），汪子嵩以为应当译为"作为'是'的'是'"（汪子嵩、王太庆，2000，31）。在《形而上学》第四卷（Γ）第一章一开头有这样一段经典的对于 to on hei on 的学问的概括：

有一门学术，它研究"实是之所以为实是"（to on hei on），以及"实是（on）由于本性所应有的秉赋"。这与任何所谓专门学术不同;那些专门学术没有一门普遍地研究实是之所以为实是(to on hei on)。它们把实是(on)切下一段来,研究这一段的质性。(《形而上学》1003a20—25;见1959a,56。括号内拉丁文为引者加)[10]

(2)亚里士多德把本体(ousia)当成形而上学研究的根本目标,并认为本质也是本体(《形而上学》1017b23,1030a2—6,1031a15—16等;参汪子嵩,1983,106—120)。关于本体一词,我们从前面的介绍已可得知,柏拉图已大量使用之,根据汪子嵩先生的分析,它在亚里士多德的著作中主要是指"基本的是"或"是的根本"。这一理解与该词在柏拉图著作中的含义是一致的,区别仅在于亚里士多德的对于什么是"是"的根本或基本的"是"的理解不同,一个理解为抽象的、脱离感性事物的"共相",另一个理解为具体可感的"这一个"与"那一个"。亚里士多德将世界万物区分为两大类:一是本体世界(又分为第一本体和第二本体),它们是所有其他事物的基础和主体;二是用来描述本体或依赖于本体而存在的东西。亚里士多德说:"除了第一性的实体(即本体——引者)之外,任何其他的东西或者是被用来述说第一性实体,或者是存在于第一性实体里面,因而如果没有第一性实体存在,就不可能有其他的东西存在。"(《范畴篇》2b4—6。1959b,13)在他看来,"世界本质上是什么"这个问题的答案就是本体或第一本体。

(3)亚里士多德把寻求事物的本质当作哲学研究的出发点,并从定义、种属关系等不同角度探讨了如何抓住事物的本质[11],还说"本质就是一事物确切的所是。……只有那些事物,其说明可成为一个定义的,方得有其本质"(《形而上学》1030a。1959a,130)。他所使用的希腊文的"本质"一词写作 to ti estin 或 to ti en einai,在英文中可直译作 what it was to be so and so, what the "to be" (of something) is, what it was (for something) to be,余纪元、汪子嵩、王太庆以为可译作"恒是"或"向来是",认为其意义是指"一个事物的真正的'是'的东西",意在强调"事物中恒久不变的东西"（汪子嵩、王太庆，2000，35）。而吴寿彭先生将此词译为"怎是"，他说："to ti en einai，事物之所以成是者，兹译'怎是'。"又说："'怎是'（to ti en einai）为某物之所以成其本体者，包括某物全部的要素。"（亚里士多德，1959a，6，56）苗力田先生在《亚里士多德全集》第七卷《形而上学》的中译本中将此词译为"是其所是"，理由是这个词"不是指质料和载体意义下的实体，而是指形式或本质意义下的实体。……这一词组是从日常生活而来，它就是要回答：何以事物是如此如此的样子"（亚里士多德，1993，33）。古希腊哲学中的 to ti en einai 后来在英文中多译为 essence 或 essence of things，后者亦是来自拉丁文 esse［是］。[12] 总之，希腊文的"本质"一词与"是"有着极为密切的关系，其本义就是指"（世界、事物、人＝万有）从根本上是什么"。

（4）亚里士多德反复指出哲学是求取原因的知识，而第一哲学是求取最高原因与原理的知识，这正是它区别于一切其他学科的所在。那么为什么要求取最高原因与原理呢？因为他认为只有这样才能把握"实是之所以为实是"，用我们的话来讲，就是把握世界从本质上"是"什么。亚里士多德说：

> 我们寻求的是那些是的东西的本原和原因，显然是作为"是"的。因为健康和好的身体状态是有原因的，而数学对象也有它的本原、要素和原因。一般这些包含推理的思想的学问都是或多或少地研究原因和本原的。但是这些学问都是取某种特殊的是的东西，对它进行研究，而不是单纯地研究"作为是的是"，它们不回答"它是什么（ti estin）"的问题，而是以此为出发点，有些人说得比较明确，有些人只是将它当作一种假设，用以证明他所研究的那种东西有什么特性。显然这样既不能证明本体，也不能证明它是什么，只是以某种方式将它揭示出来而已。这些学问也没有说明它们所研究的是"是"还是"不是"，因为说明它是什么，和说明它"是"，是属于同一种思想的。（《形而上学》1025b 3—18。中译据汪子嵩、

王太庆，2000，32)

王太庆先生这样总结亚里士多德的 ontology 与柏拉图理念论的关系：

> 他［亚里士多德——引者注］并没有因此把"型"（即"相"）一举而歼灭之，却把它吸收到自己的学说中成为最基本的范畴，即与质料（ule）合成事物的 eidos。只是我们把它翻译成"形式"，好像与"相"不同的新东西而已。亚里士多德的"形式"是从"是者"出发经过"相"进一步发展出来的。此外，他也从柏拉图的"相"（即"是者"的"所是"）再返回到"是者"本身，来研究"是者之为是者（to on e on）"，建立他的基本学说，即后人称为 ontologia（是者论）的哲学。(2004，687)

## 求是：整个西方学术的主要特征之一

通过上述讨论可以发现，在 ontology 背后有一个比 ontology 含义更广的以求是为旨归的西方哲学思维方式。我们认为，这一思维方式不仅是古希腊哲学自诞生以来所具有的共同特征，而且从整体上说也代表了整个西方近现代哲学在思维方式上的根本特征之一：欧洲中世纪的哲学受宗教神学支配，没有自己的独立性，但哲学家们醉心于如何论证上帝的存在，而不是像神学家那样把上帝存在当作不容置疑的前提，这一事实本身就表明哲学关注的还是"世界本质上是什么"，而与从"应然"出发对上帝的存在不加置疑的思维方式判然而别。近代哲学以理性代替神学，则是在求是的 ontological（万有论的）道路上走得更远。从笛卡尔到休谟，我们可以说，所有的认识论几乎都是以 ontology 为前提的。本体世界的普遍设定本身表明哲学家认为先要解决世界本质上是什么，才能探讨人类知识的来源问题。康德虽然在休谟的启发下认识到关于意志自由、灵魂、上帝的万有论证明（或译为"本体论证明"）是不可能的，但这一事实仅仅表明康德抛弃了一切关于彼岸世界存在的证明，但并不意味着他要抛弃关于此岸世界本质上是什么的证明。恰恰相反，对"未来形而上学是如何可能的"的探索是对经验世界赖以存在的根本前提的探索，实际上就是对经验世界本质上是什么的探索。《纯粹理性批判》一书本质上是 ontology（万有论、本体论）而不是 epistemology（认识论），正是因为它的根本任务在于回答经验世界本质上"是什么"。[13]这一思想不仅贯穿在康德以后的整个德国古典哲学中，即使在当代哲学中特别是现象学中也是如此。

求是这一思维方式不仅是整个西方哲学中长期以来占统治地位的思维方式，而且是西方哲学所有其他部门——逻辑学、伦理学、宇宙论、认识论、美学等——得以形成的根本条件，因此也是这些哲学部门所共同具有的思维方式特征。我们知道，20世纪以来，中国人在引进西学的过程中普遍认为中国古代哲学中各个分支部门互不分家，宇宙论也是伦理学，伦理学也是认识论，甚至于逻辑学、美学与伦理学也都紧密纠缠在一起。为了学习西方，近代中国学者们作了大量努力，硬是按照西洋人的标准把古代人自成一体的学术体系拆散开来，写出了一本本像《中国伦理学史》《中国逻辑学史》《中国美学史》《中国认识论史》之类的著作来。然而他们不知道，西方哲学的上述各个分支部门之所以得以形成不是没有前提条件的。这个条件就是思维方式上的求是：

（1）求是是西方逻辑学十分发达并在很早就独立出来的重要原因之一。[14]因为求是的缘故，人们对"事物本质上是什么"不能预设任何结论，任何结论都必须诉诸严格有效的方法，于是方法的重要性超过了结论的重要性，所以自然就十分重视逻辑。古希腊哲学从一开始就是在雄辩的辩论中产生的，我们今天所熟悉的辩证法一词在古希腊文中的本来含义是一门对话的艺术，辩证法实是形式逻辑得以产生的重要土壤，保罗·爱德华（Paul Edwards）主编的《哲学百科辞典》将形式逻辑当成是希腊辩证法的内容之一（Edwards，1967a，385）。在苏格拉底、柏拉图的哲学中，辩证法是对概念进行精确定义从而找到事物本质的最主要途径，柏拉图在《国家篇》中将辩证法放在一切学科的最上层，他所说的辩证法与他所说的形而上学已无差别。亚里士多德是形式逻辑的创立者，他之所以重视逻辑问题，是因为他发现命题是描述事物本质的最主要手段，命题的真假及性质对我们认识什么是第一本体（即真正的"是"）无比重要（汪子嵩、王太庆，2000，29—30）。黑格尔将哲学这门学科分成三个部门，即逻辑学、自然哲学和精神哲学，其中逻辑学的地位最高（黑格尔，1980，60）。为什么他把逻辑学放在如此之高的位置呢？因为他认为逻辑学以思维的纯概念为研究对象，而一切存在都是通过思维的纯概念得到规定的，因此逻辑学同时就是存在论，只有通过它才能回答世界的本质是什么。分析哲学作为20世纪西学哲学的一个重要分支主张从根本上抛弃柏拉图、黑格尔等人为代表的古典形而上学传统，把哲学问题降格为语言的分析问题，这一分析导致数理逻辑的创立。为什么哲学问题再次变成逻辑问题呢？因为哲学思维的本质特征在于求是，为了求是就不能随便预设任何结论性前提，任何对于存在是什么的结论都必须诉诸方法的合理性。

（2）求是导致认识论与形而上学长期不可分离。几乎任何一个研究过中国及西方思想的人都会说中国人自古重视人生的价值，而西方人自古就重视对世界的认知。这一说法的肤浅之处在于不知道，西方人之所以重视认知是由于西方哲学一开始就以求是为特征，这一思维方式与中国人自古以来以求应（该）为前提、以做为特征的思维方式形成鲜明对照。认识不到这一点，我们就不能理解为什么西方的认识论一直与存在论（或译本体论、万有论）联系在一起。从苏格拉底提出"德性即知识"，到柏拉图的"认识就是回忆"，其认识论的核心是认识世界的本质是什么，也就是说是一种存在论。近代哲学的开山鼻祖笛卡尔最重视认识论，宣称要给人类知识找到牢不可破的起点，却同时把形而上学当成了知识这棵大树的根。康德的《纯粹理性批判》一书处处都在谈认识论问题,从数学是如何可能的到自然科学是如何可能的,然而最终却还是为了确立一门作为科学的形而上学。

(3) 求是导致宇宙论、形而上学、伦理学、政治学、心理学等一系列人文、社会科学学科作为单独学科从哲学中分化出来。我们今天的学科体系毫无疑问都是从希腊哲学中发源的,为什么这些不同学科中的许多分支在亚里士多德时代就已经完成分化、独立,在中国却迟迟没有发生呢?原因很简单,因为希腊人想搞清世界实际上是什么。古希腊人并不是一开始就想把学术研究分成这么多门学科,而以为世界本质上是什么可从整体上来把握;但是在对世界的本质(一开始理解为本原)进行探讨的过程中,他们发现涉及的问题越来越复杂,而每一个问题都可以成为一门专门学科。柏拉图的《国家篇》就已涉及政治学、伦理学、形而上学、美学、逻辑学、心理学、教育学等诸多学科的问题,可以说是它们后来彼此独立,各自成为一门学科的萌芽。而到了亚里士多德,明确划分的学科就有形而上学(第一哲学)、伦理学、政治学、逻辑学、心理学、物理学、生物学、修辞学、诗学等。我们应该认识到,这些学科的分化、独立并不是偶然的,而是古希腊哲学为了搞清世界本质上是什么的必然结果。可以说,只要我们想搞清一个对象是什么,就必然会走上一条分析的道路,分析得越多、越细,所涉及的学科就越多;因为分析过程中所涉及的每一个方面,都包含着无穷无尽的道理,都值得花巨大的精力来研究,把其中任何一个方面独立出来单独进行研究就是一门新的学科。这就是西方现代学科产生的根源。例如,哲学中的两个分支宇宙论和本体论在后人看来判然有别,一个是从自然因果关系的角度来研究世界,一个是从"是"与"不是"的逻辑关系上来研究世界(谢遐龄,1987,18—19)。然而在古希腊哲学中,没有宇宙论就没有本体论,巴门尼德、苏格拉底等人都是在发现了宇宙论哲学不能真正回答"宇宙本质上'是'什么"之后,才走上本体论道路的。又如,形而上学、政治学和伦理学在柏拉图的哲学中混而为一,但到了亚里士多德,发现世界本质上是什么的问题可从"第一本体""第二本体"之中找到答案，而柏拉图在《国家篇》等之中所研究的问题其实是人与人的关系问题，这种研究虽与"从整体上"研究世界是什么不是一回事，但却可以看作后者的一个分支，于是他首次提出有一门研究人与人的关系本质上是什么的学科，即政治科学，这就标志着政治学从形而上学中分化出来了。由于人与人的关系又可分为两种，一是社会关系，一是政治关系，这二者的性质并不一样，于是亚里士多德又从政治科学中分化出伦理学这门学科。其他一些学科的产生情况大体与此类似，都是在分析世界的某一方面或某一部门是什么的过程中产生的。

（4）求是导致自然科学从哲学中分化出来。要搞清事物本质上是什么，其中一个重要方面就是搞清它产生的根源，亚里士多德反复指出哲学是求取原因的知识（《形而上学》981b25—982a19。1959a，3—4）。他提出"四因说"的同时也把本体当成了万物的第一原因、终极原因或根本原理。他说："本体类乎原理与原因……我们可以询问'人何以是如此如此性质的一个动物？'这很清楚，我们不是在问'人何以为人'，我们现在问的是某物何以可为某物的说明……抽象地讲，询问即求其所怎是（"怎是"又译为本质——引者），有些事物如一房屋或一床铺，其怎是为目的，有些则为原动者；原动者也是一个原因。在生灭成坏的事例上，所求当为动因；而于事物存在的问题上则应并求其极因。"（《形而上学》1041a9—32。1959a，157—158）在寻求事物原因的时候，亚里士多德发现不仅事物的原因多种多样，而且不同性质的事物有不同的原因，甚至同一种事物从不同的角度研究其原因也不一样，于是存在着将这些不同的事物分别开来加以研究的必要，自然科学和人文科学的分别就是这样产生的。我们知道，在毕达哥拉斯那儿，数学与哲学还没有分别，数学问题同时就是宇宙论问题，但在柏拉图学园中就已把数学、天文学、理论哲学三者明确区分开来，并作为三门主要课程；亚里士多德则根据哲学研究部门的不同，区分了第一哲学与物理学、生物学、政治学、伦理学、逻辑学等，在他看来这些不同的学科之间只存在研究对象的不同，而不存在研究方法的不同，从本质上说，它们都可称为哲学。

因此在亚里士多德看来，物理学、生物学等自然科学学科从哲学中分化出来是十分自然的事情，因为它们代表了一种新的与心理学、逻辑学、伦理学、修辞学、诗学不同的研究对象。尽管如此，在他看来自然科学与人文学科之间不存在知识层次上的高下之分。因此像中国人那样，把形而上之学与形而下之学相对立，认为二者有高低之分的做法在亚里士多德看来是无法理解的。在他的心目中，我们今天所说的自然科学学科与人文、社会科学学科都是哲学的具体分支，因为哲学就是求原因的知识，这些不同的学科所求的只不过是不同部门的原因罢了。[15]

## 中国古代学说也以求是为旨归吗？

从前面的研究中可以得知，求是这一希腊哲学的基本走向不仅决定了两千多年来西方哲学在思维方式上的根本特征，而且深刻地决定了整个近现代西方学术和学科的发展方向；不仅导致了一系列我们今天所见到的西方哲学各分支学科——宇宙论、本体论、逻辑学、伦理学、认识论等——的形成，而且也是一系列现代人文、社会科学特别是现代自然科学学科得以在西方诞生的根本原因。正是这个原因，我们认为有必要检讨一下这一思维方式在中国古代学术中是否存在或是否占主导地位，以此来评判中国古代学术在思维方式上与西学在出发点上的基本差异。那么，中国古代的学术是否也像古希腊一样以求是为占主导地位的思维方式呢？答曰：否。

首先，从宇宙论的角度说，中国古代虽然也有大量宇宙论学说，但这些学说从思维方式上讲都不具有求是的特征，因而与古希腊的宇宙论有着根本的区别。西方哲学史在很长时期内，对宇宙本原的思考走的是一条求是的道路，而其得出的结论——如"水""气""原子""物质实体""精神实体"之类——代表对宇宙的本原实际上是什么的回答，而不是个人在自我修炼所应追求的价值理想，正因如此，它们的存在可以而且应该用逻辑的或科学的方式来验证。而中国思想史对宇宙本原的思考走的却是后一条道路，其所得出的结论——如"道""无""太极""一"之类——在中国文化中却代表着一些文化的理想、人生的价值或人格的境界等，这些东西不能用逻辑的或科学的方式来证明，中国学者历来都主张用他们的人格实践、道德修为、内心体验来验证之，它们在文人学士们心中的地位和作用与上帝在一个基督徒心目中的地位和作用是一样的。这就是说，中国人的宇宙论的核心不是求是，而是求应该、以价值判断为前提。相反，在古希腊，哲学家们所说的宇宙本原并不代表任何与人生的价值、理想或追求相关的东西，而纯粹是指一个事实意义上的存在。

另一方面，中国人讲阴阳五行，其根本出发点是天人相应，要"上律天时、下袭水土"（《中庸》），或者说欲借天之道来说明人之道，以其宇宙论来论证其人生论。也就是说，其出发点是行，即想搞清人该怎么活着，怎样找到人生的终极价值、终极理想；而不是知，并不是真的想求宇宙本质上、实际上是什么。《周易》可以说最典型地代表了中国古代的宇宙观。"天尊地卑，乾坤定矣。卑高以陈，贵贱位矣。动静有常，刚柔断矣。方以类聚，物以群分，吉凶生矣。在天成象，在地成形，变化见矣。是故刚柔相摩，八卦相荡。鼓之以雷霆，润之以风雨。日月运行，一寒一暑。乾道成男，坤道成女。"（《周易·系辞上》）"天一，地二；天三，地四；天五，地六；天七，地八；天九，地十。天数五，地数五。五位相得而各有合，天数二十有五，地数三十，凡天地之数五十有五，此所以成变化而行鬼神也。"（《周易·系辞上》）"是故易有太极，是生两仪，两仪生四象，四象生八卦，八卦定吉凶，吉凶生大业。"（《周易·系辞上》）这些话表面上看来似乎与古希腊人的宇宙观颇为相似，似乎也是在求是，但这种相似只是一种表面现象。因为《周易》宇宙观的精神实质不在这儿。那么，什么是《周易》宇宙观的精神实质呢？让我们来看下面一段话：

> 一阴一阳之谓道，继之者善也，成之者性也。仁者见之谓之仁，知者见之谓之知，百姓日用而不知，故君子之道鲜矣。显诸仁，藏诸用，鼓万物而不与圣人同忧，盛德大业至矣哉！富有之谓大业，日新之谓盛德。生生之谓易，成象之谓乾，效法之谓坤。（《周易·系辞上》）

道的存在体现为善、性、仁、知、德、生生等一系列伦理范畴，这其实是在用价值判断来代替事实判断，也就是说不是求是而是求应（该），它们的被认知不是以知而是以行为基础的。与此相应的，《周易》讲天地万物变化的根本规律，也不是从认知的意义上讲的，不是在求是而是在求天地之德，这个德与《中庸》三十章所讲的"辟如天地之无不持载，无不覆帱，辟如四时之错行，如日月之代明。万物并育而不相害，道并行而不相悖，小德川流，大德敦化，此天地之所以为大也"是一个意思：

> 天地之大德曰生。（《周易·系辞下》）
> 夫乾，其静也专，其动也直，是以大生焉。夫坤，其静也翕，其动也辟，是以广生焉。（《周易·系辞上》）

我们必须认识到，所谓"天尊地卑"，所谓"生生之德"，是不能从事实判断的角度来论证的，而只能说是对自然现象的拟人化的想象，因而它们不能代表一种事实存在。在多数情况下，我们看到中国人的宇宙观都是在表达一种至高无上的人生体验。从思维方式上看，这种宇宙观与人类许多宗教的宇宙观一样，都是以价值判断为前提的。总而言之，这种以价值判断为前提，以求应（该）为特征的思维方式不仅体现在《周易》的宇宙观中，同样也体现在《尚书》和老子的《道德经》等其他许多中国古代典籍中。这充分证明中国人的宇宙观在主流上不具有求是的根本特征。

其次，从人生观的角度说，中国人的人生观也不具有西方人那种求是的特征，不管古人自身是怎么说的。中国人讲人性善、人性恶，讲了几千年，表面上似乎都是在说人性实际上是什么，其实都是以价值判断为前提，以"怎么做"为旨归的。原因如下：

（1）西方哲学研究人性，是从"本质上或事实上是什么"的意义上讲"人性"，正因为如此，他们所说的人性多与任何人生的价值取向无关，也往往不带任何价值色彩。而中国人一讲到人性立即把一切关于人性的探讨归结为人性是善还是恶之上，两千多年来不出此藩篱，这一事实充分证明中国人对人性感兴趣完全不是由于它们对人性"事实上'是'什么"有什么兴趣，而仅仅是因为他们想要找到人生的价值、人生的终极归宿，人类一切宗教的人性论莫不如此。这两种思维方式之间是有本质差别的。苏格拉底、柏拉图将人性的本质归结为不死的灵魂，亚里士多德则千方百计地证明了人性可归结为不具有任何价值色彩的"第一本体"——"这一个"——之上；从笛卡尔到贝克莱等人皆以人性的本质为一精神实体，即一个能思想、能怀疑的东西；而康德以来的哲学家们在否认了精神实体的存在可以证明之后，就将人的存在归结为"先验自我"，都是从事实判断的角度出发，而不是从价值判断出发来思考人性。他们所说的人性没有任何价值色彩，对于我们在现实生活中如何做人，如何找到人生的价值、人生的终极归宿没有任何直接帮助，这种情况直到当代才开始发生变化。然而与此相反的是，中国人一说到人性，立即说到人性是本善还是本恶，不假思索地将学统看作理解人性的根本点，从来没有人问过为什么人性的本质只能从善恶的角度来理解，也没有人问过"人性有善恶"这一说法本身有没有局限性。因为如果真正从事实判断的角度讲，我们其实很容易发现，所谓"人性是本善还是本恶"是永远也不可能有答案的，在哲学上我们把这类问题称为伪问题，哲学家们应尽可能避免去思考其答案，就像"上帝的存在是否可以证明"其实是一个伪问题一样。但是为什么中国人却围绕着它争论了几千年呢？原因是：在人性的问题上，与西方人从是的角度来研究它相反,中国人真正感兴趣的是人性应该是什么,其根本出发点是应该的寻求。荀子的性恶论是为了说明"从人之性,顺人之情,必出于争夺,合于犯分乱理而归于暴,故必将有师法之化,礼义之道"(《荀子·性恶》)。而孟子的性善论则是为了确立人—"存心、养性、事天、立命"(《孟子·尽心》)的人格理想。

(2) 性善论并不比性恶论有更充分的证据,但是孟子的性善论却在中国思想史上长期占统治地位,这一事实恰恰说明中国人的人性论本质上不是在求是而是在求应(该)。我们知道,从事实判断的角度讲,性善论、性恶论在论证时所能找到的事实根据是一样多的,但同时所能找到的反例也一样多。所以从逻辑上来衡量,不能说性善论比性恶论说得更有道理,有更充分的证据,那么为什么性善论却一直在中国思想史上占统治地位呢?这与孟子的性善论带有的价值判断特征有关。须知,在日常生活中,当我们说"人性是好是坏"时,是从事实判断的角度说的;但当我们说"这种做法不符合人性"时,则已站在价值判断的立场上说话。孟子所谓性本善表面上似乎是事实判断,但事实上他所说的性乃是一种理想的价值,这一点历代已有无数学者指出过。孟子曰:"尽其心者,知其性也。知其性,则知天矣。存其心,养其性,所以事天也。"(《孟子·尽心上》)这个性和《中庸》所谓"天命之谓性""自诚明谓之性"之性一样,都是作为一种价值理想,是儒家学者们在戒慎恐惧、切磋琢磨、修身齐家的道路上所应努力追求的。所以朱熹说:"性则心之所具之理,而天又理之所从以出者也。"(《孟子集注·尽心上》。1983,349)。显然这个性的存在,我们只能用存理去欲、反身而诚的自我实践来体验,而绝不能、也不应该通过客观的逻辑来证明,因为它本质上并不是一个事实上的存在(是)。

(3) 从方法论的角度讲,中国古代学术在讨论宇宙及人的本质的时候,之所以不像西方人那样注重逻辑论证的方法,其原因在于中国古代学术的精神实质就不以求是为旨归。和苏格拉底、柏拉图、亚里士多德等人讲终极实在时竭尽全力进行逻辑论证的做法相反,中国人在讲天地宇宙的终极实在时并不认为逻辑的论证有什么用，而是强调一种伟大的人生体验，一种参与宇宙生命之流的精神追求，一种无止尽的自我修炼过程。过去我们总是在批判中国人不讲逻辑认知，所以导致科学没有发展起来，却没有去思考为什么会出现这种情况。对比之下，我们发现：西方哲学之所以一直十分注重逻辑，乃是因为这种学说在思维方式上的出发点是为了求是，求是决定了方法比结论更重要，所以西方哲学在发展中新旧学说体系更替的速度非常快，从来没有一成不变的定律。而中国人的宇宙观由于以价值判断为前提、以求应（该）为旨归，一开始就为自己设立了若干永恒的价值（如道之类）；而且和人类其他宗教学说一样，这些价值一旦设立，就不再变化，变化的只是不同时代的人们自我修炼的方法。这就是儒家学者几千年都不曾想要推翻圣贤们的思想体系而永远只是在为圣人作注的主要原因。然而，这种只重体验不重论证的宇宙论却不能说是一个错误，因为它本来就不具有求是的特征。它从应该出发、以价值判断为前提。这种思维方式在基督教及人类一切其他宗教中同样存在，即使站在现代西方哲学的立场上也不能说中国人的宇宙观是错的，自从休谟、康德以来关于终极实在的本体论证明（ontological argumentation）就已被推翻。终极实在被西方哲学家们改称为非存在（ouk on/non-Being），非存在即是无（又称本无或虚无），无即中国人所谓道，这个道（本无）虽不能证明，但却可以体验。这是康德哲学带给我们的重要结论(谢遐龄，1987，213—268)。与此同样的道理，中国人的人生观几千年来都一直注重修身、践履、静坐、慎独、体验，强调知、行不可分，要学者们"戒慎恐惧""切磋琢磨""吾日三省吾身"等，其原因很简单：人生的意义不可能在逻辑论证中实现，而只能在自己的人生修炼和人生实践中实现。也就是说，它是以价值判断为前提、以求应（该）为旨归的。

# 从是与应该看中学与西学的不可比性

是不是所有的西方哲学都是以求是为特征的呢？当然不是。

其一，我们的观点主要是针对理论科学而非实践科学而言。[16]

其二，不要认为一个学说在思维方式上求是就意味着这一学说的提倡者不可能有求应（该）的抱负。可以说，无论是苏格拉底、柏拉图，还是马克思、韦伯、哈贝马斯、胡塞尔等人，他们的学术研究都确实是带有异常深刻的实用的人生关怀、政治关怀、社会关怀、文化关怀等在其中的；但是，一个人带着深刻的现实关怀做学问与他在做学问的过程中是遵从求是的科学研究的路径，还是遵从求应（该）的宗教思维或信仰的路径不是一码事。马克思也许是西方现代学者中最具有现实关怀的哲学家之一，但是他在学术研究的过程中所遵从的仍然是科学研究的路径，他一再声称自己的学说是科学，是用严格科学的方法来揭示社会发展的规律，而不是以某种预设的价值判断为前提，然后对之进行论证。苏格拉底、柏拉图、胡塞尔、哈贝马斯等人也莫不如此。

其三，要把个别或少数思想家的特殊现象与大多数思想家的主流现象相区别。我们并不否认，少数西方哲学家（如伊壁鸠鲁等一批提倡快乐主义的哲学家，中世纪及中世纪以后不少受基督教深刻影响的哲学家等），他们的哲学并不完全具有求是的特征。但是这种现象并不代表主流，并不能排除我们在对两千多年来的西方哲学作整体估价时可以说，求是这一独特的思维方式对整个西方思想史及西方文化发展方向起到了决定性的作用，而正是这一思维方式是我们比较中学与西学时所特别关注的。我们是从宏观的历史高度出发，针对西方历史上那些有根本影响的思维方式进行论断的。

其四，要将当代西方哲学中个别流派在思维方式上的转向与西方历史上的曾长期占主导地位的哲学思维方式区分开来。我们不能否认，在当代西方哲学中，特别是在存在主义哲学家雅斯贝尔斯、海德格尔等人那里，对存在（是）的思考带有深刻的价值判断性质，并似乎已有与东方思想合流的迹象。但是必须认识到：

（1）20世纪西方哲学家是在批判历史上已经形成的求是这一思维方式的基础上赋予存在（是）以全新的含义，从而实现哲学和ontology的转向的，而我们今天所熟悉的西方现代学术范畴、学科分类正是在求是的基础上才形成的。不管这种批判是否打着回到古希腊的旗号，它们都不能否认西方历史上的ontology确实代表求是的思维方式这一事实；不管现代西方个别哲学家是怎样来理解ontology以及与之相关的存在（是）的含义，都无法否认，在古代，ontology这门学问的兴起是古希腊人强烈的求是欲望的产物。[17]我们难以想象，如果没有历史上两千多年的逻各斯中心主义，没有求是求了几千年的本质主义、认知主义或基础主义，现代哲学家又如何会苦心孤诣地赋予存在（是）以某种全新的含义。

（2）以现代西方哲学家中个别与中国古代相近的思想家为例，来进行所谓的中西结合、中西比较，结果之一是导致中国人长期对西方学科思想本质的不了解。对于那些仅仅抓住现代西方哲学中若干代表人物，就将西学中的本体论与中学的有关思想混为一谈的人，我们不妨这样问他们一句：像海德格尔、雅斯贝尔斯等赋予存在（是）以全新的含义的人，无不十分强调他们的哲学、本体论已不复能从古典的认知主义、本质主义和基础主义立场上来理解之，强调现代哲学与西方古典哲学之间所存在的质的分裂。原因很简单，因为他们本来就是在对统治西方人两千多年的认知主义、本质主义、基础主义等的激烈批判中建立起自己的哲学的。但是当我们中国人把中国古代的许多学术思想也称为ontology/本体论的时候，他们是否也认为中国古代的本体论与西方历史上的ontology事实上存在着"质"的分裂呢？

最后，我们说西学与中学不可比，是从整体上而言，但绝不是认为中学中的所有部分与西学中的所有部分都不可比。具体说来：

(1) 我们并不否认现代西方哲学中部分流派的思想与中国古代学术在思维方式上存在着很多相似之处。它们之间确实存在一定的可比性。20世纪上半叶对中国思想界影响最大的是生命哲学（柏格森）、唯意志主义（叔本华、尼采等人），而不是在西方影响更大的实证主义哲学；80年代以后对中国影响最大的西方哲学流派是存在主义、精神分析学说等关心人生价值的欧洲大陆流派，而不是英美的分析哲学。这些显然都是与中国人对人生价值的本能关怀有关，对英美分析哲学有一种本能的排斥心理。但是这也并不就意味着，他们所钟情的西方哲学流派在思维方式上与中国传统学术真的都能沟通。另一方面，更加重要的一个问题是，即使我们可以在现代西方哲学中找到个别人物，他们的思想与中国古代学术之间具有某种可比性，我们是不是可以以偏概全，置西方历史上盛行达几千年的求是的思维方式于不顾，认为自己已经找到了中学与西学相互结合的桥梁了呢？

(2) 中国古代学术思想中也并非完全没有求是、求知的思维方式。不少中国古代学说或学术研究都是以求是为特征的，除了先秦诸子之学中有不少求是的学问之外，中国历史上曾几度兴盛的训诂之学、考据之学、象数之学等都具有典型的求是的特征。但是正像历史上许多宗教都有大量求是性质的研究这一事实，并不能代替这些宗教学说中占统治地位的思维方式是以价值判断为前提、以求应（该）为旨归一样，中国历史上的许多学说都具有求是的性质这一事实，并不妨碍我们说中国古代学术中占主导地位的思维方式仍然是求应（该）（即该怎么做）为旨归而不是求是、求知。儒家经典中存在大量关于知的讨论也是事实。不过正如我在前面探讨"儒学是哲学学说吗？"时指出的那样，儒家学说中大量关于知的讨论几乎有一个共同特征，即强调知必以行为基础，因而并不真正具有求是的特征。在孔子那儿知是直接为行服务的，在宋代理学家那里知必以行为条件，到了王阳明则主张知行合一。

以是和应该来代表西学和中学中两种典型的思维方式，如果说前一种思维方式的特点是以事实判断为前提，常探究事物的实然状态，它以求是、求知等为旨归,那么后一种思维方式的特点则是以价值判断为前提,探究事物的应然状态,它以求应(该)、求善等为旨归。前者把知(knowing)当作自己的首要任务,方法比结论更重要;后者把做(doing,又可称为行)——修身、践履、慎独、做人等——当作自己的首要任务,结论比方法更重要。[18] 如果把由前者所导致的学术称为知识(科学)的话,那么由后者所导致的学术则可称之为宗教、准宗教或信仰性质的学问(也可称为人生观)。这两种学问之间的不同我们可以通过下述这样一个极其简单的事实获得更清楚的认识:我们可以把伦理学称为一门科学,但没有人把同样研究道德问题的宗教学说当作科学。现将这两种思维方式作如下对比:[19]

表4  两种学问两种思维

| 是 | 知 | 实然 | 事实判断 | 论证 | 求知 | 方法优先 | →……知识 |
|---|---|---|---|---|---|---|---|
| 应该 | 做 | 应然 | 价值判断 | 体验 | 求善 | 结论优先 | →……信仰 |

由此出发,如果我们把西学局限在以西方哲学为中心所形成的人文科学、社会科学及自然科学学科的话,那么可以说,在多数情况下,中学与西学本质上是两种不同性质、不同类型、不同层面的学问,它们在很多问题上的看法都不具有可比性。

## 西学范畴可以用来整理国学吗?

用是和应该来代表两种不同的思维方式以及中西方学术思想在出发点上的一个重要差异,不仅可使我们发现西学与中学在发展过程及后果方面所呈现出来的一系列看来不可思议的差异均可从中找到答案;[20] 而且更重要的是,如果我们认识不到西学在多数情况下与中学在本质上是两种不同类型的学问,它们之间的一系列差异在多数情况下是两种不同类型、不同性质的学术之间的差异,而且在多数情况下盲目地用西学的标准来要求中学，或者用中学的标准来要求西学，都是极其荒唐的。比如说，有的人指责中国人缺乏创新精神，儒家学者几千年来都只是声称自己在为圣人作注，而没有人像亚里士多德向柏拉图挑战那样向孔子的学说挑战，这是导致中华民族缺乏生机的主要原因之一。这种说法显然忽视了一个重要事实，即任何一种以求应（该）为特征、以价值判断为前提的学说都具有此特点。或者说，它总是先设立若干伟大而永恒的价值，后人所做的主要工作不是去推翻它们，也不是去论证它们，而是去体验它们、实践它们。无为对于道家而言，耶稣受难事件对于基督教而言，仁、义、忠、信对于儒家而言，几千年来都是作为永恒的价值而被人们信奉和实践的。对于那些批评中国人缺乏反叛精神的观点，我们可以这样问他们：为什么你们没有想到去批评基督徒们几千年来一直不敢反叛《圣经》和上帝呢？我们既不能因为西学学术中没有中学中的某些思想而谴责西学，也不能因为将中学不重科学等特征归咎于中国人的国民性。20世纪以来中国人在进行中西文化、思想、学术比较的过程中，由于忽视这一事实而犯下了一系列几乎是致命的错误，这些错误几乎都是由于不了解西学与中学在思维方式的出发点上的不同所致。其中最突出的一个现象就是用西方现代分类体系来肢解和重新整理国学。

一个世纪以来，学术界普遍倾向于认为中国古代的学术体系是"一半断烂，一半庞杂"（胡适，1928，蔡序），主张用西方现代的学科分类体系来分割和重新整理古代学术，即把原来以"六艺"为核心、以四部为框架的分类彻底抛弃，转而按照哲学、历史、文学、政治学、法学、经济学、社会学、数学、自然科学等一系列现代西学分类体系来分割和重新归类之。这种做法未考虑导致中国古代学术分类体系与西学分类体系之间巨大差异的根源是什么，未考虑中国古代学术是否与西方相应的学科属于同一类型的学问，未考虑中国古代学术分类体系的形成有没有自身的内在合理性。正如我们在前面所说的那样，哲学（其中又有形而上学、认识论、伦理学、逻辑学、美学等分支）、政治学、经济学、社会学等一系列现代人文社会科学学科及其分支的形成不是历史的偶然，而是西方人求是的思维方式的必然结果；这一事实本身也说明，哲学、形而上学、认识论、伦理学、政治学、经济学等一系列西方学科的存在是以求是的思维方式为内在根据而长期存在的。尽管当代西方哲学中有个别流派不再坚持这种求是的思维方式，但是它们毕竟是求是科学这棵大树上所长出的枝叶，并不能妨碍我们说哲学这个西方学科与儒学等许多中国古代学说从整体上看不是性质相同的学问，因为毕竟后者不是在求是的思维方式下发展起来的。与此同样的道理，我们还可以质问：我们为什么认为中国古代学术中许多部分并不具有"是"的特征，但却要用一系列在求是的思维方式之下发展起来的西方学科来命名呢？

20世纪以来，指责中国古代学术分类体系不合理的一个重要理由是中国古代学术思想中各门学科或每门学科的分支混淆不分，譬如说文、史、哲不分，伦理学、政治学、法学、历史学不分，而在哲学这门学科中逻辑学、认识论、形而上学、伦理学等分支学科不分，等等。这种指责如果联系西学与中学在思维方式上存在着内在理路上的不同来看的话，是毫无道理的。因为按照这样一种思考方法，我们为什么不可以指责西方现代学术分类体系中没有形成"六艺"及经、史、子、集的分类呢？其实这两种指责都是站不住脚的，因为它们视一种学术分类体系为唯一可行，而不考虑不同学术由于思维方式不同而不可能有共同一致的分类体系（方朝晖，1998，73—77）。现在我们再来看看以求应（该）为核心的儒家学说为什么必然会导致所谓的学科不分。以求应（该）为特点的中国古代学术，在思维方式上另一个相应的特点就是把做（或称之为行）当作一切知的根本基础。为此，它总是会不断地追求以各种行（动）来成全自己，其所求之行，或者说其所做之事包括孝悌忠信、成圣成贤、治国平天下等，根本上是求如何安身立命，是一个同时包含内圣和外王在内的践履（身体力行）过程。因此，我们可以从做的内在理路出发来理解中国古代学术分类体系的形成：首先，从做的内在理路出发，修身之学和伦理之学不可能区分开来。其次，从做的内在理路出发，伦理之学不可能和治国平天下的政治之学区分开来。最后，从做的内在理路出发，人生观、方法论和世界观三者不可能不联系在一起。正如我在本书"导论"部分所论证指出的那样：

（1）中国古代学术有其自身完备的分类体系；
（2）中国古代学术分类体系有其自身独有的特征；
（3）中国古代学术分类体系服务自身特殊的目的；
（4）中国古代学术分类方式有其自身内在的学理根据。

现在我们需要指出，以西方现代学术分类体系来分割和重新整理国学，其历史后果是极其严重的。在这方面，一个极为显著的现象就是，在努力地用西方人的眼光去理解中国人原有思想的过程中，将中国人传统思想的精神实质丢之殆尽，导致了中国文化传统的人为中断和几代人文化精神的沦丧。例如，在儒家学说史上，心性之学十分强调道德人格不能用知识的眼光来衡量，道德的理想只能通过切己修身，通过自我反省，通过在人伦日用中"戒慎恐惧""切磋琢磨""正心诚意"来体悟之，而不是用逻辑的方式论证之、用科学的实验验证之。黄宗羲在总结王阳明为什么要提倡知行合一学说的时候曾这样说道："夫以知识为知，则轻浮而不实，故必以力行为功夫。……［故］不得不言'知行合一'。"（1985，183）儒家强调，知是建立在行之上的，做学问的过程实际上就是人生的践履过程。因此儒家心性之学所谓知是良知意义上的知，是发自本心的彻悟，是对道德境界活生生的体验。这种知，和今人具有求是特征的知识不是一回事，后者可以客观地表达、客观地存在、客观地衡量，而前者不能客观地表达、客观地存在、客观地衡量。正因如此，儒家坚决反对用知识的眼光来理解良知意义上的知。然而，今天我们已经把儒家的心性之学纳入中国哲学史这门学科中，在这门学科中，儒家的心性思想变成了一堆堆客观的知识，变成了各种可以客观地表达、客观地衡量、客观地理解的"观点堆积"。将一种本来不能用客观方式来权衡的思想硬性地用客观的方式来权衡之，如何能真正理解它呢？试问这样对待心性之学公正吗？合理吗？在中国哲学史、中国伦理学史、中国政治学史、中国法学史等一系列现代学科成为青年一代理解中国古代学术思想的入门之书的历史条件下，怎能不导致中国传统文化精神的人为中断呢？

许多近世学者批评中国古代学术太注重实用，以致各门学科不分，导致中国没有出现过科学。然而这种批评一方面也是一种实用的考虑，根本没有超出国学的框子，另一方面也是对中国古代学术思想精神实质和内在理路的不尊重。其严重后果就是：要么盲目抬高中学，要么盲目抬举西学，于是不仅所谓的中西结合、中西文化比较一无所成，而且完全忽视了中国文化生命和精神的内在合理性和完整性，将之任意切割、肢解得不成样子，导致了中国文化精神的丧失和文化命脉的人为中断，其给中国文化带来的损失不是未来的几代中国人所能轻而易举地挽回的。

## 科学可以解决人生观问题吗？

从是和应该这样一种思维方式上的区分来看西学与中学的区别，可以发现 20 世纪以来一系列为学人们争论不休的西学与中学差异的根源本来并不像人们想象得那样复杂，而仅仅是在出发点上的一个思维方式区别导致的；但是由于学术界长期以来忽视了这一差异的重大意义，以致在中西思想比较中犯了不少严重的错误。

1923 年 2 月 14 日，张君劢先生在清华大学发表了一篇以人生观为题的讲演，在这篇讲演中，张君劢先生提出人生观的问题不能由科学来解决，理由据张君劢所言大致可以概括为："科学为客观的，人生观为主观的"，"科学为论理学为方法学所支配，而人生观则起于直觉"，"科学可以以分析方法下手，而人生观则为综合的"，"科学为因果律所支配，而人生观则为自由意志的"，"科学起于对象之相同现象，而人生观起于人格之单一性"。"惟此五点，故科学无论如何发达，而人生观问题之解决，决非科学所能为力，惟赖诸人类之自身而已"。（1923，5—10）

这篇演讲由《清华周刊》（第二七二期）发表后，丁文江先生随即在《努力周报》上发表了《玄学与科学》一文，对张君劢先生的观点大加批判，由此引发了一场规模空前的"科学与人生观之战"（丁文江，1923a/1923b；胡适，1923。系统的介绍见郭梦良，1923a/1923b/1923c；亚东，1923；钟离蒙，1981a/1981b 等）。今天看来，在当时的历史背景下，否认"科学万能"是极不符合国人急于"以科学救国"的心态的，因而玄学派思想受到一大批人的激烈批判也很自然。

科玄之战中一个极大的问题是张君劢、丁文江等人对科学、玄学含义的严重误解。这其中包括误以为西方 metaphysics（当时译为玄学、形而上学或形上学）与中国历史上的理学或道学是一回事，误以为 metaphysics 是科学的死敌，误以为神学即 metaphysics 之一种，误以为中国古代的形而上之学与西方人文、社会科学（当时称之为精神科学）是一回事，误将西方人文、社会科学与自然科学对立起来，等等。[21] 但是撇开由于当时的历史时代因素而导致的对于这些西方概念的误解不谈，还应当承认这场论战所涉及的另一哲学问题——自由意志与因果律问题——不仅与本书主题有密切关系，也曾是西方哲学史上长期争论不休的一个大问题。张君劢先生在这场论战中曾提出自己思想的"立脚点"是人有自由意志，他说：

……吾人之立脚点，可以简括言之：

一、官觉界以上，尚有精神界。学问之是非真伪即此精神之综合作用之表示。

二、官觉与概念相合，知识乃以成立。然除学问上之知识外，尚有宗教美术，亦为求真之途径。

三、学问上知识之成立，就固定状态施以理智之作用。若夫生人所以变迁之故，则出于纯粹心理，故为自由的。伸言之，历史之新陈代谢，皆人类之自由行为，故无因果可言。（郭梦良，1923a，69）

系统地叙述西方哲学史上围绕着人有没有自由意志的各种争论不是我们的任务，但是需要指出这场论战中一再被人提到的康德却遭到了时人的严重误解。事实上，康德在这个问题上作出过巨大贡献，如果当时人们真的理解了康德，也许会发现他们所关心的问题早已为康德明确解答。我们知道，康德在《纯粹理性批判》中曾将自由意志与因果律的矛盾称为纯粹理性四个二律背反中的第二个二律背反，其正题承认人有自由意志，而反题则否认人有自由意志，即一切现象皆服从因果律。但是在该书之后的《道德形而上学原理》《实践理性批判》等书中，康德一再强调，意志的自由乃是实践理性一切价值行为之基本预设。因此，康德的意思是：意志的自由以及上帝、灵魂的存在等，虽然人的理性不能证明它们，但对于人类实践来说却有着永恒的意义。这也就是说，人类对于终极世界的关怀，不是思辨理性所能解答的，但是对于实践理性来说，把它们当作一个前提性的假设却是必不可少的。因此像科学派那样因为意志自由不能证明而否认它的意义是错误的，而像玄学派那样硬是认为意志自由可以通过理论来证明的观点也无疑是错误的。

按照康德的观点：（1）科学与人生观之间的矛盾是纯粹理性的一个二律背反，不可能通过理性本身来解决；（2）人生的价值不能由科学来实现，而只能由实践来成全。尽管中国人常指责康德"从前门赶跑了上帝，却又从后门把它迎了回来"，但是我认为他的观点并不存在自相矛盾，因为他是分别针对思辨理性与实践理性进行分析的。从这个意义上讲，我们可以说对于科玄之战所论及的核心问题，康德早在18世纪末就已作出了明确回答。从本章的基本观点出发，我认为康德的观点还暗示了另一个与本章主题相关的思想，即科学代替不了以人生终极关怀为旨归的宗教及信仰世界。在人类生活中，这两种学问思考问题的方式不但可以并行不悖，谁也代替不了谁，而且更重要的是，它们对于人类生活来说都是必不可少的。原因很简单：价值的存在需要依赖于人的体验，依赖于人们的人生境界、道德素养、主观精神面貌，因而这不是一个理论认知的问题，而是一个人生实践的问题。因此，人既可以是科学和哲学从求是的角度研究的对象,也可以同时是宗教学说以及一切信仰活动所关注的对象,这两种研究谁也代替不了谁,而且都为人类生活所必需。由此也可发现,在人生观问题上强调要以科学的方式来解决一切,本身就是对本章所讲的两种不同思维方式可以而且应该互补共存这一事实不了解的结果。[22]

科玄论战中另一个重要的理论误区是:不少人都错误地认为对于人生及社会事务的研究只能有一种思维方式,而不能同时有两种不同的思维方式并存。从本章的研究我们可以看出,同样是人生问题,就有两种迥然不同的研究思路:一个是从求是的角度进行的研究,旨在辨析人性本质上、实际上是什么;一个是从求应(该)出发,以价值判断为前提的探究思路,旨在辨析我们该怎么做。前者一开始体现在西方哲学中,后来波及整个西方现代人文科学、社会科学及自然科学研究;后者则存在于宗教及一切以信仰为旨归的思想之中,也是中国古代学术一贯的传统。

如果把科学理解为包括从古希腊以来一开始以哲学为代表,后来发展成为同时包括人文科学、社会科学及自然科学在内的广泛的知识体系,而同时把人生观理解为包括一切宗教、信仰及各种实践性质的人生价值学说的话,那么可以说,科学与人生观就分别代表了本书所说的是与应该这两种不同性质的学说。前者以求是为旨归,在思维方式上具有事实判断的特征;而后者以求应(该)为旨归,在思维方式则以价值判断为特征;前者欲求关于事实世界的客观真理,后者则以求得人生的价值和归宿为目标;前者又可称为知的学说,后者则可称为做的学问;前者可以以西学为代表(但不包括基督教),而中国古代学说特别是儒、道、释学说以及人类历史上一切宗教学说皆属后一类型的学说。所以,科学与人生观谁也代替不了谁,这两种不同的学说是互补共存的;由于它们建立在不同的思维理路之上,因而其分类方式有所不同也是顺理成章的事情。

## 哲学与宗教是一回事吗？

长期以来，由于对西方学术中求是这一思维方式的严重忽视，以及与之相应的，对中学与西学存在性质之别这一事实的严重忽视，导致一大批中国学者混淆哲学与宗教的关系，以宗教的标准来理解哲学的功能。

例如，牟宗三在 20 世纪 60 年代所作的演讲《中国哲学的特质》中，一方面对于那些反对中国有哲学的说法大表不满，"说中国以往没有开发出科学与民主政治，那是事实。说宗教与哲学等一起皆没有，那根本是霸道与无知"（2003d，1）。那么为什么说中国有哲学呢？牟宗三说：

> 什么是哲学？凡是对人性的活动所及，以理智及观念加以反省说明的，便是哲学。中国有数千年的文化史，当然有悠久的人性活动与创造，亦有理智及观念的反省说明，岂可说没有哲学？……因此，如果承认中国的文化体系，自然也承认了中国的哲学。问题是在东西哲学具有不同的方向和形态。（2003d，3—4）

按照牟宗三先生这样定义的哲学，则当然不仅中国有哲学，世界绝大多数民族也都有哲学了。这样做固然可以极大地满足中国人的自尊心，但是与此同时，按照这样的定义，哲学与宗教之间也就没有什么区别了，因为世界上哪一个宗教不是"对人性的活动所及，以理智及观念加以反省说明的"呢？而且这一定义还有一个致命的问题，就是它暗示了这样一个观念——衡量一个东西是不是哲学，主要取决于其活动的内容，而这种活动所蕴含的思维方式却不是特别重要的。也就是说，哲学与宗教在思维方式上的本质差别被它所严重忽略了。果然，牟宗三在

《中国哲学的特质》"第十二讲"将儒家直接称呼作"儒教",从宗教的两重作用来论证儒家是一种宗教,并将儒家与基督教相比较,得出二者在发挥宗教之责任或作用方面完全一样的结论来。具体来说,牟宗三认为宗教的责任或意义体现在两方面:

> 第一,它须尽日常生活轨道的责任。比如基督教就作为西方文化中日常生活的轨道,像祈祷、礼拜、婚丧礼节等等。佛教也是同样的情形,它也可以规定出一套日常生活的轨道,如戒律等是。在中国,儒教之为日生活轨道,即礼乐(尤其是祭礼)与五伦等是。(2003d,97—98)
>
> 第二,宗教能启发人的精神向上之机,指导精神生活的途径,耶稣说:"我就是生命,我就是真理,我就是道路。""道路"一词就是指导精神生活之途径。……儒教也有这方面。周公制礼作乐,定日常生活的轨道,孔子在这里说明其意义,点醒其价值,就是指导精神生活之途径。(2003d,99—100)

像牟宗三先生这样一面大谈自古就有哲学,一面又把被他称为哲学的东西说成是宗教,是十分令人费解的,但是持类似观点的却不乏其人。如冯友兰在20世纪40年代所写的《中国哲学简史》中就说:"宗教也和人生有关系。每种大宗教的核心都有一种哲学。事实上,每种大宗教就是一种哲学加上一定的上层建筑,包括迷信、教条、仪式和组织。"(1985,5)又如,唐君毅在《生命存在与心灵境界》一书"导论"部分论及"哲学之目标"时提出,"哲学之目标在成教":"故凡哲人之言说,初虽是说其所学,而其归宿,则皆是以言说成教。故说所学非究竟,以说所学成教,方为究竟。"(1986a,35)

我们前面说过,哲学与宗教属于两种不同类型的学问,前者在西方历史上曾被属之于科学这个范畴,后者则可属之于人生观类型的学问。从思维方式上讲,哲学作为一门求是的科学,与宗教作为一门求应

（该）的学问，是有本质区别的。混淆哲学与宗教的区别，也与前面我们所遇到的混淆科学与人生观的区别，用一种学问的标准来衡量另一种学问是同样类型的错误。从这个角度上说，我们完全有理由反对把儒家学说当作哲学，并反对中国自古以来有所谓哲学这样一门独立的学科。这本来不是一个民族自尊心的问题，但是如今却因为"民族自尊心"而变得无比复杂。[23]

在此我们也许要提出这样一个问题：为什么这么多中国学者主张哲学与宗教没有本质分别呢？其实原因很简单，我们前面说过，儒家学说在思维方式上更加接近宗教这种类型的学问，由于中国学者"坚定不移地"将儒学称为哲学，这样他们自然就很难找到他们心目中的哲学和宗教之间在思维方式上有何区别了。所以，他们得出哲学和宗教在功能上、目标上或思维方式上完全一致的结论来是不足为奇的。不过，这种理解最大的问题就是无法解释为什么西方人写哲学史的时候却很少给"耶稣"写上一章这一事实。

与混淆哲学与宗教这一事实相关，还有如下一些观点：

（1）认为中学与西学在思维方式上的差别只能说明中国哲学与西方哲学形态的不同，而不能说明中国没有哲学。这是几乎所有主张中国有哲学的人的共同看法。例如牟宗三在《中国哲学之会通十四讲》中曾提出："中国哲学所关心的是'生命'，而西方哲学所关心的重点在'自然'。"（2003e，17）"中国哲学对于智思界是积极的，对于感触界是消极的（就成立知识言）；西方哲学则反是。"（2003e，95）由此，牟宗三认为：

> 说中国没有"希腊传统"的哲学，没有某种内容形态的哲学，是可以的。说中国没有哲学，便是荒唐了。西方的哲学工作者，历来均有无视东方哲学的恶习，所以他们的作品虽以哲学史为名，而其中竟无只字提及东方的哲学。如此更易引起一般人的误会，以为东方哲学无甚可观，甚至以为东方全无哲学。（2003d，4）

冯友兰（Fung, 1921, 593）、张岱年（1996d, 67—69）也有类似的观点。

（2）习惯于从中国古代学术特有的思维方式出发理解哲学在思维方式上的特征，往往将国学中最深奥的部分如宋明理学当成最典型的哲学思维方式，在他们的心目中，儒家学说乃至于宋明理学竟被进一步当成了世界哲学未来的方向了！例如，冯友兰在《新理学》中说"新理学""是'接著'宋明以来底理学底"，"若理学即是我们所说之理之学，则理学可以说是最哲学底哲学"（1986a, 5）。按照这种说法，"新理学"是今天这个时代"最哲学的哲学"，那么宋明理学无疑应当是当时那个时代"最哲学的哲学"。原来宋明理学竟成了世界哲学的方向了！冯友兰在后来的其他著作中又多次提出，《新理学》中提出哲学的最大功用在于提高人的精神境界。[24]据此我们可以作如下推论：鉴于在西方两千多年的哲学史上，从未有过哪一位哲学家认为哲学的根本价值在于提高人的精神境界，因此两千多年来西方哲学史上能真正配得上哲学称号的内容几乎没有，真正的哲学原来竟在中国！又，牟宗三在研究了康德关于"现象与物自身"的思想之后得出，康德"把主体错开"，将同一物的现象与物自身分别当作依赖于人和上帝这两个主体的东西，所以不能充分地证成那个"物自身"，只是保留一个消极的概念而已。中国哲学就不同了，一下子就能把二者统一起来，所以"你不能瞧不起中国哲学，中国哲学比他们高明多了"（2003e, 223）。其实牟宗三所说的中国哲学的"高明之处"完全是他自己所理解的儒家学说——特别是宋明理学——"万物与我为一"（语出《庄子》）的精神境界。在西方哲学史上，基本上没有人认为哲学应当追求这种浑然一体的精神境界，因此看样子两千多年来西方哲学史上真正配称得上哲学的内容实在太少了！

（3）认为哲学与科学之间有本质区别，而置西方历史上哲学曾长期是科学皇后的事实于不顾。例如，冯友兰说：

真正的哲学不是初级的科学，不是太上科学，也不是科学。这是它的性质所决定的。真正哲学的性质,如我在《新理学》中所说的"最哲学的哲学",是对于实际无所肯定,科学则是对实际有所肯定。科学的性质,是对于实际必定有所肯定。任何一个科学命题,无论是一个大发明,或是一篇小论文的题目,都必须对于实际有所肯定。如其不然,它就是能称为科学命题了。反过来说,如其对于实际有所肯定,它就不能称为哲学了。(1999,237—238)

这样一来,不仅可以说一门学问要么是哲学,要么是科学,而不可能同时是哲学与科学,而且还应该说,由于西方历史上从古希腊一直到19世纪中叶以前,几乎所有的哲学家都在把哲学当作一门科学来追求,都是犯了巨大的错误,不懂得什么是真正的哲学的缘故!

(4)将宗教所追求的圣人当作哲学的根本目标,而真正的哲学家就是指一个圣人。冯友兰说:

> 最合于"人之所以为人"的标准的人,儒家称为"圣人"。儒家认为,圣人最宜于做社会最高统治者,因为他是廓然大公。柏拉图认为,在他的理想社会中,最合适的统治者是哲学家,即把哲学与政治实践结合起来的所谓哲学王。儒家也认为,有圣人之德者,才宜于居最高统治者之位,这就是所谓"圣王"。《庄子·天下篇》认为,最高的学问是"内圣外王之道",用我现在的话说,就是哲学。(1999,247—248)

冯友兰以柏拉图为例来说明哲学家就是圣人,然而柏拉图所谓的哲学王虽然可以说成道德上的圣人,但是柏拉图强调哲学王的德性是他的知识造就的,换言之,他的观点来自一种"知识万能"的信念,这与一向反对将德性之知与闻见之知(知识)相混的儒家学说相差何其远也;而且在西方哲学史上,视哲学家必定是道德圣贤的人除了柏拉图之外寥若晨星。牟宗三也有类似的观点，他在《心体与性体》一书中将"宋明儒之大宗"所开发的"圣人"之"圆而神"的最高境界当成了道德形而上学的最高完成，实际上也当成了哲学的最高理想。(2003a，119—196)

## 中学与西学中的哪一支更有可比性？

从是和应该来区分中学与西学，我们发现，中学在思维方式上的特征，决定了它与西方以哲学为中心所形成的人文社会科学乃至自然科学虽然没有相似之处，但是却与基督教在思维方式的出发点上完全一致。因为毫无疑问，基督教也是典型的以价值判断为前提、以求应（该）为旨归的。本来比较应该在同类事物之间进行方可结出成果，但是一个多世纪以来中国人多半视儒家学说为哲学，而对西学中极能反映西方文化精神的基督教讳莫如深，硬是把中学与西方以哲学为中心而形成的现代人文社会科学体系相比较，结果得出了许多不伦不类的结论来。如果从世俗化、大众化的角度来讲，可以发现基督教所代表的希伯来传统在西方"大众社会"中的影响不但比希腊认知主义传统更大，而且它也同样能反映西方人的文化精神、文化性格及思维方式，这本来也是每一个中国学者的常识。为什么长期以来中国人在比较中学与西学的关系时，都选取西学中与中学思维方式完全不同的哲学和科学，而有意回避那个与中学在思维方式的出发点上本来完全一致的基督教呢？试举几例：

**例1** 张君劢先生说："吾国重人生，重道德、重内在之心；西方重自然，重智识，重外在之象。"（1935，6）难道西方基督教不和我们一样重人生、重道德、重内在之心吗？这何时成了中国人的专利了？这种观点还忽略了另外一个重要事实，即希腊人之所以沉醉于纯粹的求知活动，乃是因为在他们心目中这种活动本身就是人世间最高级的心灵活动，就是自在的价值，它绝不是为其他的需要（如征服自然之类）服务或依附于后者而存在的。[25]一个更加值得我们重视的问题是：如果西方哲学及其相关的学术研究活动本身不构成一种有价值的心灵活动的话，那么像这种时常和日常生活毫无关系可言的哲学和科学研究何以能长期存在并发展下去？牛顿（Isaac Newton）如果为了发展生产也许就不会发明他的运动三定律了，对于他来说从事物理学研究与其说是为了征服自然不如说是为了揭示宇宙的真理，后者本身就是自在的价值，是一种有着无穷意义的心灵活动；同样的道理，对于希腊哲学家来说，探求宇宙的本原虽与现实生活需要无关，但是这种揭示宇宙真理的活动本身就是自在的价值，就是一种心灵活动。我们凭什么说西方人不重"内在之心"呢？

**例2** 唐君毅先生说："中国哲学家与西洋哲学家对哲学态度的根本不同""大约有三种"："一、重知行之不同"，"西方一向是重在知"，"中国哲学家中从来无为求知识而求知识的思想"，他们一贯"都是重行不重知的论调"；"二、以思辨为哲学方法与以直觉为哲学方法之不同"，西方重思辨，中国重直觉；"三、重讲习辩论与否之不同"，"重知重思辨，自当重讲习辩论。重行重直觉，自不重讲习辩论。"（1943，41—45；1988，51—55）重行、重直觉而不重辩论，是一切宗教或信仰活动区别于哲学、科学的根本所在，根本谈不上是所谓中国哲学区别于西学的特征，这种思维方式在西方人信奉的基督教中同样存在。另一方面，正因为儒家学说与包括基督教在内的一切宗教活动一样，是以价值判断为前提、以求应（该）为旨归的，因而它不重知识、不重分析、不重逻辑以及不能从中发展出科学来也是理所当然的。为什么我们指责中国传统思想重直觉而不重科学，而没有人指责过基督教重直觉而不重科学呢？[26]

**例3** 牟宗三将中西方文化生命分别称为"智的直觉形态与智的知性形态""综合的尽理之精神与分解的尽理之精神"，并主张吸收西方"智的知性形态"，以确保逻辑科学之出现，因为"中国的文化生命，在其发展中，只在向上方面撑开了，即只在向上方面大开大合而彰著了本源一形态,而未在向下方面撑开,即未在下方再转出一个大开大合而彰著出属于末的'知性形态'与国家政治法律方面的'客观实践形态'"(2003f,207)。牟宗三先生一生苦心经营,要在理论上将本来风马牛不相及的儒家心性之学与西方哲学硬性地合并起来,以实现"良知的自我坎陷""老内圣开出新外王",何其苦也!他一方面为康德的《纯粹理性批判》作译注,发现西方人最高不过发现了"道德的神学",而没有发现"道德的形上学",其思想境界不过如此;另一方面又不得不自卑地承认我们还是要学习西方那"低级"的思维方式。(2003a,143—196)其实牟宗三完全误解了康德,后者的道德哲学只是要揭示道德的真正基础实际上是什么,是在求知,而不是在求用,其所言形而上学(metaphysics)与中国人所谓形而上之学承担着根本不同的使命;用儒家求用的形而上之学来权衡西方的 metaphysics,其发现西方人的精神境界不及中国人高是很自然的,然而这样对待康德公平吗?这和有些西方哲学家用西方哲学的标准(如黑格尔、胡塞尔等人)来看东方思想,发现东方哲学根本不值一提或属于较低层次的人类思想,是一个道理。

**例4** 成中英先生说:"中国哲学的问题与西方哲学的问题相反:西方哲学的问题是如何在知识宇宙中安排价值;中国哲学的问题则是如何在价值宇宙中建立知识,如何认清知识的重要。"(1986,代序)如果说这样做的目的是从哲学上建立事实与价值的结合点,那就是一个现代哲学的话题,这个话题一个多世纪以来已有许多西方哲学家在研究,并已产生出许多优秀成果。要是真的想理解它,只要去研究西方人已经做过的工作就行了,并在他们工作的基础上有一些突破。如果这样做的目的是改造国学,那么我可以毫不犹豫地说:没有这个必要。在一个本来不以认知为鹄的的学问中硬性地插入认知的成分,结果只能是阉割这种学术,使其最终丧失存在的余地。基督教是一种价值的学说,为什么没有人认为基督教发展的根本出路就是在其中安排知识,使之"认清知识的重要性"呢?因为作为一种价值学说,它和知识学说之间本来就存在着分工的差别,本来没有必要把与知识相结合当作它的根本使命。同样的道理，儒家学说也是一种价值学说，没有必要把在其中安排知识当作它的根本使命。如果中国人要吸收西方人的知识传统，直接去学习它并严格地按照知识的逻辑来研究就可以了，为何要以此为基础来改造儒家学说呢？

**例5** 张世英先生说："大体来说，中国传统哲学是天人合一的哲学，西方传统哲学是主客二分的哲学。""中国的天人合一的传统思想给中国人带来了人与物、人与自然交融和谐的高远境界，但也由于缺乏主客二分思想和主体性原则而产生了科学和物质文明不发达之弊。""中国当前要发展自然科学，需要主客二分和主体性原则。""如果说我们对主客二分和主体性的召唤叫做'西化'，那么西方现当代哲学主张人物交融，提倡诗化哲学，就可以叫做'东化'了。……未来中国哲学的发展也许是一种既有西方近代的主客二分和主体性的进取精神，又有天人合一、人物交融的诗意境界的哲学，是个体性、差异性和流变性从传统的整体性和凝滞性中获得解放的哲学。"（张世英，1995b，序）西方近代哲学中的主体性思想是为了征服自然吗？西方人是为了科学发达和物质文明而进行哲学思考的吗？如此说来，哲学的目的就是为了一个外在的存在服务，比如东方、西方之类，而永远没有一个自身的自在目的。这也叫作哲学吗？这离亚里士多德几千年前对哲学本质的阐释相差何其远。我们由此所能得出的唯一的结论就是：中国引进西方哲学概念虽已有一个多世纪，但说来说去说的还是中国人自己心目中的某个事物，而这个事物与同一概念在西学中所暗含的那个千年传统相去仍远。

为什么20世纪有那么多中国学人们如此热衷于将中国古代学说同西方哲学相比较，而不愿意将其与在西方社会生活中影响大得多的基督教相比呢？我想原因可能有两条：一是认为中学中的大部分，特别是儒家学说，不是宗教而是哲学，并进而将诸子之学、道家之学、佛学等统统纳入哲学范畴中，于是谓：中国哲学有何特点，西方哲学有何特点，中国哲学应该学习西方哲学什么东西，云云；二是因为基督教作为一种宗教是要触及人的心灵的，学习它需要身体力行，要在日常生活中痛加实施方可理解之。而这对中国人来说实在是太痛苦了。毕竟那是一个多么不同于中国人的文化、生活及信仰的东西啊！试想，如果牟宗三研究过基督教，并像西方基督徒那样参与其中，也许他绝不会拿一个本来与他的学术思维路径如此不同的康德来作比较，而一定会拿与儒学在思维方式上更加相近的基督教作为比较对象了，如此他也不可能会说西方人未能确立他心目中的那种"道德的形而上之学"了！三是急功近利之心在作祟。毕竟西方哲学在西学中曾是万学之源，又是西方现代科学之母，是理解西方现代文明的关键。然而想学习西方的科学本来很简单，只要严格按照西方人自身的路数来做就可以了，无需在理论上先来一个大的建构，一定要做出一个"中国与西方的结合"来。结合的结果很可能是这样一个悲剧：一方面，根本学不到西学的精神。因为结合的根本目的是求行，说白了，就是为了振兴中华，而这不符合西方科学的精神，这样一种为了求行而从事科学的心态不可能建立起牟宗三想要建立的西方学统；另一方面，很容易把中学的精神也给丢了。因为一种本来就是以行动为特征、以价值判断为前提的学术，赖以存在的全部基础在于其一整套与知识不相干的独特的话语体系，如果要求它在思维方式上改变自身，也就同时意味着抛弃其原有的话语系统，令其原有的传统不能保持下去。20世纪以来，中国人用西方哲学、人文社会科学范畴来改造国学的后果在今天已经显现出来了，那就是：几代人的文化贫困、精神沦丧和彷徨无依，失去了精神的家园。

# 本章注释

[1] 黑格尔视逻辑学为"研究理念自在自为的科学"，它无疑是哲学三部门中的最高部分，为什么会这样呢？黑格尔说："逻辑思想是一切事物的自在自为地存在着的依据。"（1980，85）他又说："逻辑学是以纯粹思想或纯粹思维形式为研究的对象。"（1980，83）他所说的"纯粹思想或纯粹思维形式"其实就是我们所说的

广义上的"存在",这一思想是从巴门尼德那里来的。在逻辑学中,"存在"(sein)被他当成了向本质论及概念论发展的最初阶段。也就是说,"存在"是纯粹思想或纯粹思维形式得以形成或发展的逻辑起点。关于从古希腊至康德时代,西方 ontology 的发展过程,参谢遐龄,1987;赵敦华,1993。

[2] 关于 ontology 在西方哲学史上的重要性还可参汪子嵩、王太庆,2000,21—22;俞宣孟,1989,13—28;Paul Edwards,1967b,542—543 等。俞宣孟《本体论研究》称"本名 ontology 所指的内容是以'是'为其核心范畴的、逻辑地推论出来的范畴体系。中国哲学中并没有这样的内容。然而'本体论'这个译名却很容易将人引向另一类内容,即以为它是关于本根、本体、体用等的学说。于是人们误以为中国哲学史中也存在着类似西方 ontology 的部分,甚至把中国哲学本体论问题当作专题性肯定的研究。这真是谬种误传了。这种误解的要害是把'本体论'这个名称中所包含的西方传统哲学的特殊形态和思想方法掩盖掉了"(1999,573)。此言甚是。

[3] 此词在海德格尔晚期著作中被大量使用,在英文中亦普遍译作 what is (Heidegger,1949,135—136,334—335,等等)。

[4] 张东荪先生曾将英文中的"is/to be"与汉语中的"……者……也""为""是""此乃""系""即""存在"等相比较,并得出前者很难在古汉语中找到完全对应的单词的结论(1947b,56—60,167—169)。

[5] 国内学者围绕希腊文"是"的争论参宋继杰主编的《BEING 与西方哲学传统》(2002),此书上下册共百万字。此后,王路《"是"与"真"——形而上学的基石》(2013)、萧诗美《是的哲学研究》(2003)也都是这方面的重要论著。

[6] 笔者初步查得若干相关论文集或专著如下:

G. E. L. Owen, *Logic, Science, and Dialectic: Colleted Papers in Greek Philosophy*, Ithaca, N. Y.: Cornell University Press, 1986. (G. E. L. 欧文对于开创20世纪60年代以来西方对于希腊文 einai 研究的新方向勋劳卓著,他首先揭示了 einai 的系词功能在古希腊哲学家如亚里士多德等人那里的重要性,指出亚里士多德所谓 to be 总是 to be something,而不是抽象意义上的 being。如 Knuuttila & Jaakko Hintikka, 1986, 22, 49, 等等。)

J. W. M. Verhaar, ed., *The Verb "Be" and Its Synonyms: Philosophical and Grammatical Studies*, Dordrecht: D. Reidel Publishing Company, 1967—1973. (即 *Foundations of*

*Language*, *Supplementary Series*, vol. 1, 6, 8-9, 14, 16。此为《语言根基》杂志1967年来的几个增补专号，每期有若干专题论文。卡恩的专著 *The Verb "Be" in Ancient Greek* 最初即发表于此专号 vol. 16。)

Simo Knuuttila & Jaakko Hintikka, *The Logic of Being: Historical Studies*, Dordrecht: D. Reidel Publishing Company, 1986. (此书汇集了查尔斯·卡恩，本森·梅兹（Benson Mates），罗素·M. 丹西，维克·欣提卡，史坦·艾佰森（Sten Ebbeser），克劳斯·雅各比（Klaus Jacobi），赫尔曼·魏德曼（Hermann Weidemann），西莫·努蒂拉（Simo Knuuttila），莉莉·阿兰（Lilli Alanen），莱德拉·哈帕兰塔（Leidia Haaparanta）共10位学者有关古希腊文、柏拉图、亚里士多德、彼得·阿伯拉尔（Peter Abelard）、托马斯·阿奎那、威廉·邓·司各脱、笛卡尔、康德、弗雷格等人有关 Being 或 existence 思想之研究论文。)

Charles H. Kahn, *The Verb "Be" in Ancient Greek*, Dordrecht: D. Reidel, 1973（初版）; Indianapolis, IN: Hackett Pub. Co., 2003（再版）。

Charles H. Kahn, *Essays on Being*, Oxford: Oxford University Press, 2009. (1966—2006，40年间个人论文集)。

[7] 张东荪先生可能是新中国成立前我国学者当中第一个系统、全面、深入地从语言、逻辑、范畴的角度来研究中学与西学关系的人，他的很多关于东西方语言、语法结构差异的思想至今读来仍极有启发意义，他试图从这种研究出发来证明中国思想中范畴不发达及中国哲学中之所以没有本体论、逻辑学的原因（1947b，56—67，99—102，123—140，157—170，等等）。

[8] 王太庆对柏拉图理念论与"是"的关系的专门论述参王太庆，"柏拉图关于'是'的理论"（1997），参氏著《柏拉图对话集》（2004，675—698）。

[9] 在 *Liddell-Scott-Jones Lexicon of Classical Greek*（Gregory R. Crane, 2000）上搜罗了 ousia 一词在希腊语中的各种含义，现将其中所列出现于柏拉图著作中的 ousia 一词及其含义归纳如下：(1) 指属于一个人自身的东西，包括其实体或性征（that which is one's own, one's substance, propety）：《国家篇》551B；(2) 指事物的本性（phusis）：《国家篇》359A—B，《蒂迈欧篇》29C，《智者篇》232C，《法律篇》996E，《泰阿泰德篇》185C；(3) 实体（substance），本质（essence）：《尤息弗罗篇》11A；(4) 某一个具体事物的真正本性（true nature of that which is a member of a kind）：《斐多篇》65D 和 92D，《国家篇》509B，《斐德罗篇》245E；(5) 指对

上述本性的占有：《国家篇》509B；(6) 具体地在背后从本质上支配一切变化和过程的本原性的基质 (in the concrete, the primary real, the substratum underlying all change and process in nature)：《智者篇》246A，等等。从其中所列柏拉图与亚里士多德对这同一个词的用法还可看出，虽然柏拉图使用这个词的意义也多能在亚里士多德的著作中见到，但亚里士多德比柏拉图更多地从上述第六种含义上来使用这个词，此外他又发展出一些新的含义，如将它用在逻辑上，指一种具有主导地位的实体。

[10] 类似的思想，亦可参《形而上学》1003a35—1005a17, 1025b10, 1026a32, 1028a5, 1031b10—20, 1032a2, 1060b32, 1061a5—7, 1061b6—33, 1064b12. On 一词在亚里士多德著作中多次出现，据《亚里士多德全集》中译本作者汇编出现于如下地方：16b18, 19a23, 21a32, 92b14, 169a25, 170b20, 185a21, 186a24, 410a14, 412b9, 985b7, 986b15, 987b23, 998b22, 1001a5, 1005a10, 1017a9—1017b9, 1018a35, 1027b31, 1030a20, 1051a34, 1054b21, 1059b30, 1060b34, 1062b1—25, 1064b15, 1070b7, 1089b5 等，见亚里士多德，1997, 273。

[11] "本质"一词在亚里士多德的著作里大量出现，英文中多译为 essence 或 essence of things, 该词亦是来自拉丁文 esse (是)。(见 91a8, 92a18, 93a19, 94a20, 34, 101b21, 103b10, 132a2, 133a1, 153a15, 185b9, 194a21, 194b26, 195a20, 198b8, 402a13, 708a12, 711a19, 983a27, 993a20, 994a11, 994b19, 1007a22, 1007a22, 1013a27, 1022a11, 1022a28, 1025b30, 1029b19—1030b14, 1030b15—1032a10, 1032b15, 1033b8, 1035b17, 1035b33, 1037a1, 1037a21—1037b7, 1038b1—24, 1041a28, 1042a15, 1043b1, 1044b1, 1045a33—1045b9, 1074a37, 1107a5。见亚里士多德，1997, 307；又见吴寿彭译《形而上学》, 993a18, 994b17, 1025b28, 1038b14, 1045b3, 1030a6, 1033b5 等。参亚里士多德，1959a, 343。

[12] 根据苗先生的意见，将此术语译为"本质"或 essence 都是有问题的，"因为词组具有人称和时态的变化，不用现在时态，而用表示过去的未完成时态 en。研究亚里士多德的学者们多方查证了词类的用法，他们以不同的论证，认为这一未完成体所表示的是先于，甚至把它作为形式先于质料的佐证"（亚里士多德，1993, 33）。

[13] 谢遐龄曾对康德哲学中的"是"作系词使用时所具有的意义作过精辟分析。他说："ist (作为系词) ……是判断的中心环节，判断的客观有效性是由它带来的。它带来的什么使判断成为具有客观有效性的经验判断？是客体概念。……ist

就是'对一个客体的关系',或者说,ist 体现一个客体。这个客体绝不是独立于思维、语言、感觉者。……因此,客体就是客观思想的诸纯粹概念,或:客观思维的诸规定。这也就是 ist 的意义所在。E ist da′中的 da 表现着感性杂多,Dasein 表达经验对象的感性存在。而 ist 从 ist da 中提出来则表现着纯粹思维,于是换形为 Sein。"(1987,273)

赵敦华先生在《"是"、"在"、"有"的形而上学之辩》一文中认为,西方哲学对于"是"的理解形成了本质主义和存在主义两种传统的对立。在巴门尼德—亚里士多德的古希腊哲学中,表述性的"是"与存在性的"是"是彼此不分地熔为一炉的。但是在康德、黑格尔的哲学中,表述性的"是"与存在性的"是"之间的关系被割断,"是"作为系词使用时是从本质主义(即"有")的角度被理解的;而在海德格尔等存在主义哲学家那里,"是"作系词使用时是从存在的角度来理解的。(1993,391—417)

[14] 张君劢、牟宗三、冯友兰等人皆对中国古代逻辑不发达之原因作过探讨。例如,冯友兰说:"中国哲学之所以未以知识问题为哲学中的重要问题者,固由于中国哲学家之不喜为知识而求知识,然亦以中国哲学迄未显著的将个人与宇宙分而为二也。"(1984,107)。张君劢先生曰:"吾国人惟知向内不知向外,惟知有心不知有物,因而思想界乃生一缺点,即论理学(指逻辑学——引者)之不发达是已。"(1935,13)。牟宗三先生则曰,中国文化中"概念的心灵未彰著出,而智之知性形态亦始终未转出。是以知性中的成果,即逻辑、数学、科学,亦未出现。"(2003f,202)从本章的观点可以看出,中国之所以未发展起逻辑、数学、科学,只是中西学在思维方式的出发点上所存在的一个小小的差异所致,冯、张、牟的所有这些分析均是把本来很简单的原因过分地复杂化。

[15] 我们知道,在西方哲学史上,哲学曾经在很长时期内被当作科学的皇后,在笛卡尔、黑格尔等近代哲学家的著作中这一信念得到了最为鲜明的表达。20 世纪西方哲学家胡塞尔亦对作为哲学的一分文的"形而上学"与欧洲科学的关系作过深刻的论述。为什么会是这样呢?因为哲学在思维方式上与科学上是共同的,即以求知、求是为其根本旨归。只有理解了这一点,我们才能理解为什么希腊哲学会导致欧洲科学的发展这一重要事实。但是令人遗憾的是,20 世纪以来的中国人普遍把哲学的求知本质当作仅仅是西方哲学的特征,而中国哲学可以有另外一些特征,于是他们在引进西方人的哲学概念的同时实际上是为哲学这一名词赋予了新的含义。

[16] 例如，伦理学作为一门实践的科学，就不完全以求是为特征。规范伦理学家将主要精力用之于研究什么是社会正义，并得出一系列社会行为在道德上的最后标准。但即便如此，规范伦理学所做的主要工作仍然是"证明"而不是践履某个价值，它的研究方式的特点是先确立若干"假设性"前提为根本出发点，然后"以合乎逻辑的方式"展开"论证"，这和宗教家、道德家将若干价值（如基督教中的上帝，道教中的无为，儒学中的仁、义、忠、信等）当成永恒不变的前提并将主要精力不是用之于论证而是用之于"身体力行"完全不同。也就是说，作为一门实践的科学，伦理学虽求用，但是仍是以事实判断为前提而不是以价值判断为前提的。

[17] 不仅如此，存在主义仍然致力于探讨存在（是）是什么，是在求是，尽管他们所说的是（存在）已不再是古典意义上的"是"。这和儒家将仁、义、忠、信等价值当成不容置疑的价值前提，将主要精力用之于践履这些价值的思维方式有着本质的不同；多数存在主义哲学家的主要工作是从理论上去认知、证明，儒家学说的主要工作是力行、践履，这两者是一码事吗？所以我认为，20 世纪以来西方人文社会科学的某些研究领域发生了思维方式上的深刻变化这一事实，并不意味着我们不能从求是的角度来整体把握西方学术思想两千多年来的发展路径在思维方式上的出发点与中学所有的本质差别及这一差别所导致的一系列重要后果。

[18] 在规范伦理学中，前一种思维方式被用于探究应该，被用之于求用，当这两种思维方式都被用于探求事物的应然状态时，它们的区别在于：前一种思维方式以事实判断为前提，把合乎逻辑的论证当成学术研究最主要的手段，为了证明自己的理论，它往往会把一套逻辑上牢不可破、普遍适用的方法当作取得理论成就的首要前提。后一种思维方式则以应该为前提，它往往需要先确立一系列价值作为人们永恒的追求，人们对于这些价值的认识主要是依靠每个人自身的内在体验、身体力行，而不是逻辑上的论证，考虑到每个人个性的不同，也不存在一套普遍适用、对人人都有效的方法。这种差别可以用来解释为什么同样是研究道德问题，人们常常把规范伦理学称为一门科学，而没有人把宗教学说称为科学。正因为宗教学说与伦理学虽然同样研究人伦关系，研究道德及善恶问题，但在思维方式上二者是完全不同的。

[19] "是"与应该、事实与价值的关系是西方哲学史，特别是伦理学史上的一个重要话题。"事实可以假定为经验上能证实或否定的关于世界的某一方面的陈述。""反之，价值被当作是评价性陈述或关于什么是（例如）善、正确或美德的判

断(在很多的场合,但不是所有场合,价值判断是关于事情所以应当是什么的判断)。"(彼彻姆,1990,514—515)人们一般认为这个问题首先是由英国经验论哲学家休谟提出来的,他的主要观点是认为道德不可能通过事实的科学来证明。但是这一观点在历史上也不是完全没有争议的。根据彼彻姆的介绍,在西方伦理学史上有关这方面的争论可分为至少五个派别:首先是自然主义的观点,认为一切价值判断都可还原为事实判断,亚里士多德和边沁(Jeremy Bentham)似乎可以看作自然主义者。这一思想后来受到了休谟、G. E. 摩尔(G. E. Moore)等人的批驳。以摩尔等为代表的直觉主义在否定应当陈述能够从"是"陈述中推导出来的同时,认为价值原则是被直觉证明的,或不证自明地被人察知的。艾耶尔(Alfred Ayer)、C. L. 史蒂文森(C. L. Stevenson)等人发展的非认识主义的道德理论则既反对自然主义,又拒绝直觉主义。他们认为"伦理判断不是事实可确证的,也不是诉诸直觉所能确证的,也不可以用任何理性的方法确证"(彼彻姆,1990,529)。R. M. 海尔(R. M. Hare)的规约主义伦理学"沿袭了休谟及其他非认识主义者区分事实和价值的观点。价值判断被看作具有规约的或行为指导的功能……相反,事实论述不是行为指导,而只能作为对人类或自然现实的描述以及对它们的原因的解释。所以,根据规约主义,这两个领域中的陈述表现出不可逾越的逻辑上的区别"(彼彻姆,1990,539)。福特等人的描述主义则一方面"不主张价值实际上就是事实。价值不能还原为事实,而事实也不能还原为价值",但是另一方面认为"价值与事实在逻辑上是相联的,所以,要把它们分成具有不同'功能'的两种不同的类型是毫无意义的"(彼彻姆,1990,548)。彼彻姆的总结主要是局限于西方伦理学对于事实和价值的讨论。但是如果我们超出这个范围,从整个西方思想史的角度看,则可发现在事实与价值的关系上,把事实问题看得比价值问题更重要的是整个近代西方哲学的传统,但是这个传统一直受到基督教思想传统的抵制,最初表现在帕斯卡(Blaise Pascal)、狄尔泰、谢林(Friedrich W. J. Schelling)、叔本华、克尔恺郭尔、尼采等人身上,20世纪以来现象学、存在主义、阐释学乃至美国的实用主义哲学都反对将事实与价值割裂开来(成中英,1986,代序)。

本章以"是"与应该来说明中学与西学的关系,不是要否认事实与价值的相关性,或认为事实判断与价值判断二者不可调和,也不是否认20世纪以来西方哲学所发生的从事实本位到价值本位(如果允许这样说的话)的重要转向,而主要是针对过去历史上所发生过的历史事实而言,即就西方哲学及与之相关的西方人文、社会科学整体的理论源流、过去历史及整体状况而言来立论。

[20] 张君劢先生早年在论及东西学术之异同时亦曾指出，中国古代学术"非西方所谓物理界之必然者，而道德界之当然者（ought to be），非事实判断而价值判断也"（1935，11）。他还从六个方面比较了"自孔孟迄于宋儒之格物致知与西方科学工作之所以大异者"：（1）"东方治学之目的在修身养性"，"西方治学之目的在求真理"；（2）"东方学术之对象为人生，为人伦"，"西方学术之对象为宇宙，为自然界，为客观方面之社会"；（3）"东方治学之方法为内省，为读书，为在待人接物上体验"，"西方治学之方法为观察、实验与统计"；（4）"东方治学方法，除考诸先圣之典籍，验诸一心之是非外，无他法"，"西方治学方法，其理论之是非，以论理为标准，其事实之是非，以实验与调查所得为标准"；（5）"东方治学与处世之道，合而为一"，"西方之治学与处世，分而为二"；（6）"东方所谓理学或性理学，与西洋之哲学有相类处亦有相异处。乃吾国独有之身心修养法，自有其特殊价值"，"西方之学术，自其分科者言之为科学，自其求宇宙最高之原理言之为哲学"（1935，11—12）张君劢先生的上述观点与本章颇有相似之点。但是他没有认识到，正因为东西方学问代表的是人类两种彼此本无好坏优劣之分的不同的思维方式，因而这两种学术既没有可比性，亦不存在以一个来抨击另一个之可能。

[21] 这个问题当时已有不少学者如张东荪、徐旭生、孙伏园等人指出过（郭梦良，1923c：《玄学与科学论战杂话》；钟离蒙，1981b，391—394 等）。关于科学、玄学这两个西方术语在西方思想史上的含义，特别是科玄之战中对于"形而上学"的误解，参本书关于"形而上学"部分的讨论。

[22] 梁启超（1923）先生在《人生观与科学》一文中也曾说道："人生问题，有大部分是可以——而且必要用科学方法来解决的。却有一小部分——或者还是最重要的部分是超科学的。"梁先生虽然认识到科学研究方法与非科学研究方法二者都是必要的，但是他对于这两种思维方法之间的区别的内在根据是什么却没有能够说清楚，同时西方哲学中对于终极实在的研究方式与包括儒家在内的一切宗教或信仰活动研究的方式之间的根本差别在什么地方，玄学派始终未能很好地解释，这些都是这场科玄之战中"玄学派"一直不能说服"科学派"的原因之一。但是今天看来，"玄学派"一开始就认识到科学不能解决人生的终极实在问题，其结论与康德完全一致，这多半是因为"玄学派"深谙儒家信仰，对于人生的终极关怀有切身体会的缘故。在这一点上，他们确实比盲目地崇拜科学万能的"科学派"要高明。

[23] 黑格尔在《哲学史讲演录》"导言"中曾提到，宗教中虽然可能包含哲学，但是还是必须从哲学史中把宗教的成分清洗出去，因为哲学思维在宗教中毕竟只是潜伏着的东西；他举例说："譬如，小孩也有理性，但理性在小孩中仅是一种潜在的禀赋。"所以他总结说："哲学所研究的是形式，是内容发挥成为思想的形式。……潜伏地包含在宗教中的哲理与我们无关，必须这哲理取得思想的形式时，才是我们研究的对象。"（1959，82）

[24] 例如，冯友兰在《中国现代哲学史》中提出："哲学不能增进人们对于实际的知识，但能提高人的精神境界。我在《新原人》中指出，人的精神境界可能有四种：自然境界，功利境界，道德境界，天地境界。天地境界最高，但达到这种境界，非经过哲学这条路不可。"（1999，240）这是非常典型地从宋明理学出发来理解哲学的作用。

[25] 一位西方学者这样写道："第一批自然哲学家是米利都的公民……这些希腊人发明了哲学，即出于其自身的缘由而对知识的追求，它老问'为什么'，并超出实用关怀之外进行抽象（generalizing beyond pragmatic concerns）。"（Chamber, 1979, 19）爱德华·M. 伯恩斯（Edward M. Burns）等主编的《西方文明史》中有这样两段话："在公元前六世纪末叶以前，希腊哲学发展到一个形而上学的转折点，不再完全沉浸在物理世界的问题上，把它的注意力转移到关于存在的本质、真理的意义及神在万物之林中的位置这些深奥的问题上。第一个扩展这种趋势的是毕达哥拉斯……他和他的追随者传授道，思辨生活（the speculative life）是最大的善，但为了建立它，个人必须清除情欲上的恶念。"（Burns, 1980, 126）"希腊人的兴趣在伯里克利时代及其后的世纪里主要是思辨的和艺术化的，他们并不深刻地关心物质上的满足或对物理世界的征服。"（Burns, 1980, 132）

[26] 不少其他学者也有与此类似的观点。(1) 张岱年：在20世纪30年代写的《中国哲学大纲》中曾将中国哲学的特色归纳为"合知行""一天人""同真善""重人生而不重知论""重了悟而不重论证""既非依附科学亦不依附宗教"（宇同，1958，4—8；参张岱年，1996b，5—9）。在1995年写的《中西哲学比较的几个问题》一文中，他更是从如下几个方面来比较中西方思想：从思维方式上讲，"西方哲学的思维方式比较显著的特点就是注重分析"，中国哲学的思维方式"特别注重统一、注重和谐"；从本体论上讲，西方哲学家讲本体与现象的对立，而"中国自古以来，许多大哲学家都是不讲本体与现象对立的，认为本体与现象是统一的，又

有区别，又有统一"；从天人关系上讲，"中国古代许多思想家都讲天人合一"，"西方传统思维强调克服自然、战胜自然"；从人生理想上讲，"中国哲学讲五伦"，"西方比较强调个人自由"(1995，3—18)。(2) 张世英："中国传统哲学以天人合一为主导，西方传统哲学以主客二分（包括主体性原则）为主导"，"中国传统哲学因重天人合一，不分主客，故较少关于主体如何认识客体的认识论，不重自然科学而侧重于讲人如何生活于世界之中的人生哲学和人伦道德哲学"，"西方传统哲学特别是近代哲学因重主客二分，故注意发挥人对自然的主体性和人对统治者的主体性，这两个方面的主体性在近代哲学中就表现为科学与民主这两个概念的明确建立和发展，这也是西方近代哲学的两大特征"，"与此相联系的是中国传统哲学的模糊性与西方传统的确定性的对比"。(1995a，56—58)

# 辩证法与西方学术传统

## 【本章提要】

辩证法一词多年来已被我们习惯地理解为对立的统一，然而辩证法的这一含义主要是在黑格尔以来才形成的；在黑格尔以前，特别是在古希腊哲学中，辩证法是什么意思呢？古希腊哲学家们在使用该词的时候是不是也像我们这样把它理解成事物之间的矛盾、对立与统一呢？答曰：非也！古希腊人所说的辩证法一开始是指"对话的艺术"，到了柏拉图，它被用来指以合乎逻辑的方式论证和发现真理的学问。对古希腊哲学史的详细考察表明：不是赫拉克利特（Herakleitus），也不是芝诺和苏格拉底，而是柏拉图第一次正式发明并在哲学的意义上使用了辩证法这个词；柏拉图是西方哲学史中第一个把辩证法当作一门科学抬到至高无上位置的哲学家，而在他的哲学对话中，辩证法的任务是为了发现真理，而专门以揭示矛盾为目标的古希腊智者派被柏拉图指责为"诡辩家"而被他嗤之以鼻。揭示长期以来被历史的尘埃所湮没的古希腊人本来意义上的辩证法极其重要，因为柏拉图提出辩证法的目的在于为处在从发轫到定型的过渡时期的人类学术（哲学）奠定必要的方法论基础。因此,尽管辩证法这一概念在亚里士多德之后不再显得同样重要,但是这一历史的概念与古希腊哲学、古希腊学术的本质特征之间的深刻联系对于我们理解西方学术两千多年来的伟大历史传统仍然有着极为重要的意义。

## 希腊文化的理性主义精神

"没有历史家会否定希腊人的成就是世界历史上最不平凡的一件事。他们没有太多的膏腴之地或富足的矿藏,但却[比]比之富厚的任何非洲和西亚诸民族发展了更高度更灿烂的文明,"一位历史学家这样说道(伯恩斯、拉尔夫,1987,257)。

"公元前500年左右,在一个人群集居、文明进化的地区的西部偏远边界上,有一个小镇,镇上有一派新兴的、不同于寻常的势力,十分活跃。那里的人们的心灵与智慧受到了某种感化与启发,开始了觉醒。这一觉醒对于后来世界所产生的影响,终非一个世纪复一个世纪的时间长河的缓慢流逝,以及历史进程中的翻天覆地的变化所能泯灭。雅典开创了它的短暂的但是极其辉煌的百花争艳、千贤争雄的时期。它创造了这样一个精神与智慧的世界,以致今天我们的心灵与思维不同于一般。那时候所创造的艺术作品,所产生的思想观念,直到现在都没有被人们所超越,达到它们水平的例子也寥寥无几。西方世界中所有的艺术和思想意识都有它们的烙印,"一位美国学者这样形容雅典文明(汉密尔顿,1988,1)。

那么,什么是希腊文化的精神?它区别于人类其他文明的地方是什么?对此,几个世纪以来,大批希腊史专家和西方杰出学者都作了大量生动、精彩的分析。伯恩斯、拉尔夫合著的《世界文明史》中是这样总结的:

> 希腊的文明，以其雅典形式为例，是建立在自由、乐观主义、世俗主义、理性主义的理想之上，尊重肉体也尊重心灵，对个人的庄严和价值给以高度重视。（1987，259）

美国学者汉密尔顿则说：

> 爱理性，爱生活，喜欢用脑，乐于动手——这是希腊方式所独具的特点。埃及方式或者东方的方式导向精神至上的境地，抑制人们的聪明才智，引起无穷的苦难与痛楚。希腊人不可能走到那种境地中去……伟大的理性同伟大的精神在他们身上结合了起来。对他们来说，精神世界并不是不同于自然世界的另一个世界，两者都是理性所熟悉的同一个世界，既美丽又合乎理性，两者统一了起来。（1988，29）

毫无疑问，理性主义精神是古希腊文明区别于其他文明的最重要特征之一，是希腊人精神生活中最重要的一个方面；与此同时，它也是古希腊学术区别于人类其他学术事业的最重要特征之一。因此，当我们试图探讨西方学术的精神价值基础时，让我们不妨从古希腊文化的理性主义精神及其与古希腊学术的关系出发。

根据一些学者的总结，我们将古希腊文化的理性主义精神概括如下：

（1）对神话、王权、巫术及一切权威的藐视。"昂扬的精神与强劲的活力使希腊人挺起身来反对暴君的统治，反抗宗教势力的控制，不允许任何人的独裁。他们不要主人，没有主人，自由地进行思考"（汉密尔顿，1988，25）。"与东方的教会主义相反，希腊人完全没有有组织的僧侣阶层。他们令其僧侣退居后位，在任何情况下拒绝让他们解释教条或统治知识领域。而他们还不让僧侣控制道德领域"（伯恩斯、拉尔夫，1987，259）。

（2）自由人的观念。"希腊人是自由人，为保卫他们最珍贵的东西而战斗。……从早期的部落时代流传下来的一个观念认为，个人对于国家来说是无足轻重的。古代世界普遍地接受了这个观念。可是到了希腊，它被个人在国家中享受自由权利的观念代替了，个人出于自由意志为保卫国家而战斗"（汉密尔顿，1988，19）。正是在希腊，"世界上第一次有了思想自由。今天的自由程度几乎很难同它相比。国家与教会让希腊人自由思考，听凭自便。……在雅典，言论自由是每一个人的基本权利"（汉密尔顿，1988，25）。

（3）独立思考的精神。"古代世界受非理性的支配，受种种可怕的、尚未被揭示的力量控制。人们完全听天由命，而且他们想法理解作弄他们命运的原因也是不允许的。希腊人站起身来，理性开始了它的统治。希腊人的一个最根本的事实是他们一定要运用自己的思维能力。古代的传教士告诉人们说：'到此为止，不能再向前了。我们给思维制定了界限。'希腊却说道：'一切都应该经过考察，经过质疑，对于思想，不能规定界限。'"（汉密尔顿，1988，20）

（4）为求知而自由探索。"希腊人的文化是第一次被放在以知识为首位的基础上——被放在视自由探索精神为至高无上的基础上。他们没有什么不敢去探究的题目，他们认为没有什么应排斥在理性领域之外的任何问题。思想凌驾于信仰之上，逻辑和科学凌驾于迷信之上，达到了一个前所未有的程度。"（伯恩斯、拉尔夫，1987，259—260）

## 城邦、辩证法与希腊哲学

是什么原因导致了希腊人的理性主义精神？这个问题应该到希腊特有的城邦制度和生活中去找答案。法国学者让-皮埃尔·韦尔南（Jean-Pierre Vernant）指出：

希腊理性首先是在政治方面表达、建立和形成的。在希腊人那里，社会体验成为实证思考的对象，因为这种体验适合城邦中展开的公开论辩。……这样，一种外在于宗教的真正的政治思想便出现并确定下来，它有自己的术语、概念、原则和理论观点。这种思想深刻地影响了古代人的精神面貌，它是一种文明的特征，这种文明只要还有生命，就把公共生活视为人类活动的最高境界。（韦尔南，1996，117—118）

如果说城邦政治是古希腊理性的大本营和发源地的话，那么，古希腊哲学则是希腊理性主义精神最集中的表达。哲学在希腊成为一种全新的人类学术事业并不是偶然的，"城邦的出现和哲学的诞生，这两种现象之间的联系如此密切，以至于理性思想的起源不可能不涉及希腊城邦特有的社会结构和精神结构"（韦尔南，1996，117）。黑格尔也曾把希腊哲学与城邦政治之间的关系比作自由的意识与现实的、政治的自由之间的关系。他说，"如果我们说，哲学的出现属于自由的意识"，"则现实的自由和政治的自由之发苞开花，必与自由的意识联系着"（黑格尔，1959，94）。这就是说，城邦政治以自由的意识为基础，自由意识的进一步发展则导致了哲学的兴起。

那么导致哲学诞生的自由意识在城邦中是如何体现的？答案体现在与城邦生活密切相关的"话语"——我们在前面把它称为辩证法——之上：

城邦制度意味着话语具有压倒其他一切权力手段的特殊优势。话语成为重要的政治工具，国家一切权力的关键，指挥和统治他人的方式。希腊人后来把话语的威力变为一个神：说服力之神"皮托"（Peitho）。这种话语的威力让人联想到某些宗教仪式中使用的警句格言的效能，或者联想到国王威严地宣读"法令"时所发出的"法言"的作用，但实际上这里的话语完全是另一回事，它不再是宗教仪式中的警句格言，而是针锋相对的讨论、争论、辩论。它要求说话者像面对法官一样面对听众，最后由听众以举手表决的方式在论辩双方提出的论点之间作出选择；这是一种真正由人作出的选择，它对双方话语的说服力作出评估，确认演说中一方对另一方的胜利。

所有那些原来由国王解决的属于最高领导权范围的涉及全体人利益的问题，现在都应提交给论辩的艺术，通过论战来解决。所以这些问题必须能用演说的形式表述，符合证明和证伪的模式。这样，政治和逻各斯就有了密切的相互联系。政治艺术主要就是操纵语言的艺术，而逻各斯最初也是通过它的政治功能认识了自己，认识了自己的规则和效用。

（韦尔南，1996，37—38）

必须认识到，正是修辞学和论辩术（所谓"论辩术"，就是辩证法），通过对演说形式这种在公民大会和法庭斗争中克敌制胜的武器的分析，为希腊哲学的诞生开辟了道路。无论是早期的伊奥利亚哲学、南意大利学派等，还是后来的爱利亚学派、原子论哲学等，都是在辩证法所包含的理性主义精神熏育下成长起来的；而智者派、苏格拉底、柏拉图以及亚里士多德的哲学，则不仅确立了说理的技巧，还确立了论证的规则，提出了一整套关于真的逻辑，即一种与或然性相对立的、具有高度必然性的认知的逻辑。[1]

黑格尔、韦尔南之所以强调哲学与政治的关系，正因为哲学这种自由的意识是在公共话语中表达出来的，换言之是在辩证法中表达出来的，如果我们把辩证法称作"语言论证的艺术"［波普尔（Karl Popper）语］的话。因此无疑，辩证法不仅对于塑造希腊学术的特征起到了巨大作用，而且它作为自由的意识或思想的自由，是体现希腊理性主义精神的一面镜子（尽管从哲学上专门研究辩证法这个词的含义直到柏拉图才开始）。

辩证法极为深刻地反映了希腊学术的精神价值基础，直到今天为止，它仍然为我们理解西方学术的精神价值基础提供了一个极为重要的角度。为什么？因为辩证法作为一种强大的思辨力量，代表的是思想的自由，它的最主要特征是追问与诘难，怀疑一切，刨根究底，永不满足现有的结论，把过程看得比结论更重要。

人类有各种各样的学术事业：有的学术，特别是那些属于宗教、信仰或人生观这一类型的学术，是以专门研究并实践人生的终极价值、终极关怀为宗旨的，这种类型的学术直接把追求人生的精神价值、精神境界当作学者的全部任务，中国古代学术中的大部分以及世界各大宗教（包括基督教）都属于这种类型的学术；但是人类的其他学术，特别是古希腊以来一开始以哲学为代表，后来发展成为同时包括人文科学、社会科学和自然科学的学术——这种学术可以笼统地称为科学——并不是以研究并实践人生的终极价值、终极关怀为首要任务的。那么这种并不以人生的精神价值为研究对象的学术是不是同时就不包含着自己深刻的精神价值呢？当然不是。从广义上说，人类的一切活动对于活动者来说都可能同时具有内在的精神价值（即使是骑马、射箭也是如此），但是其精神价值的内容完全可能有所不同。正是从这个意义上说，我们认为古希腊学术——以哲学为代表——也有它自己的精神价值，它的内容与我们在中国古代学术及一切宗教活动中所看到的人们所追求的精神价值完全不同。也正因如此，当我们说，古希腊学术的精神价值世界可以从辩证法、形而上学中反映出来时，人们不应当为这种精神世界与儒、释、道精神世界不同而感到差异，或因此之故而指责它不如后者的精神境界高。

## 辩证法概念的形成

没有什么比辩证法这个西方哲学术语更让中国人熟悉的了。然而中国人所理解的辩证法——所谓"对立的统一"之类——是现代意义上的辩证法，准确点说，是从黑格尔等人以来逐渐形成的辩证法概念，正如我们在下面将要看到的那样，它与古希腊人心目中的辩证法含义已有本质差异。为了搞清辩证法一词在古希腊时代的本义，让我们从词源学的分析入手。

讲到辩证法在古希腊的形成，中国读者也许会想到赫拉克利特，似乎他是古代辩证法的创始人。然而这只是近代人的说法，它来自黑格尔。西方学者一般不同意这一看法，原因之一是古希腊哲学家亚里士多德说过，辩证法的创立者是比赫拉克利特晚了40年的芝诺（Zeno）。[2]然而，这里需要指出的是，无论是黑格尔的说法，还是亚里士多德的说法，都仅仅是从后人对辩证法这一术语的理解出发作出的判断，而不是指赫拉克特或者芝诺本人从哲学上使用过辩证法一词。[3]正如许多西方学者已指出的那样，辩证法这一概念在双重意义上都是柏拉图的创造：一方面，是柏拉图第一个从哲学上正式使用辩证法这一概念，以表示发现真理的至上方法；另一方面，辩证法作为一个特定的术语——hē dialektikē——在形式上也是柏拉图的创造。[4]

我们知道，辩证法这个词从词源上说，来源于希腊词 dialegō，该词由两个部分构成，一个是 dia，原义为 through（通过，贯彻），另一部分是 alegō，原义为 have a care, mind, heed（关心，在意，留意）；而 dialegō 原义则为 to pick out one from another, to pick out, to select, to separate, to check（选取，分辨，辨别，鉴别等），后来引申为 hold converse with, have dealings with（谈话，讨论）（Crane, 2000）。[5]从色诺芬（Xenophon）的《回忆录》及柏拉图、亚里士多德的著作中我们了解到，在公元前5—前4世纪，希腊语中出现了下述一系列与 dialegō 这一词根有关的词汇：

dia ＋ alegō

→dialegō, dialegein

→dialegesthai, dialegontas, dialegomai, dialegomenoi, dielegeto…

→dialechtheis, dialechthēnai, dialexesthai, dialektikos, dialektikōteron, dialektikōtatoi, dialektikōteroi, dialektikē...[6]

从含义上来说这些词几乎都与"对话""讨论"有关，其中有些如 dialegein, dialegesthai, dialegontas 等同时又有"分辨、辨析、辨别"（sorting things according to kind, sorting things out）之义，而 dialektikōtatoi, dialektikōteroi 在色诺芬等人那儿则有"善于讨论"（skilled in discussion）之义（Kahn, 1996, 76—77）。根据卡恩等人的意见，这些词中不少都是柏拉图的独创，其中尤其是以"dialektik-"为词头的、在拼写方法上与后世辩证法（dialektik/dialectic）相近的一些希腊文写法是柏拉图所发明出来的。[7] 具体来说，柏拉图在《美诺篇》75D 中发明了 dialektikēteroi 这个副词，在《国家篇》第七卷发明了 dialektikē 这个形容词。[8][9] 正因为柏拉图的创造，经过亚里士多德的定型，后世的辩证法概念才得以形成并一直沿用至今。

柏拉图《对话录》中辩证法一词的各种用法可分为如下五类[10]：

（1）dialegesthai, 动词不定式, 英译：to converse（对话）, to talk（谈话）, dialectic（辩证法）等。见于：Apology 41c; Charmides 154e, 155a, 159b; Laches 187e; Lysis 206c, 210e, 211c; Meno 75d; Hippias Monor 373a; Hippias Major 301b, 304d; Cratylus 407d; Gorgias 448d, 461a, 471d; Protagoras 316c, 317d, 335a/b, 336b, 347c, 348b/c, 457c, 485b; Euthydemus 273b, 284e, 295e, 301c, 304a, 305b; Phaedo 63d, 84c, 98d; Republic 360a, 454a, 511b/c, 515b, 525d, 526a, 532a（2）, 532d, 533a, 537d/e, 539c; Parmenides 135c; Theaetetus 146a, 158c, 161e, 167e, 174c, 189e, 196e; Symposium 181a, 183c, 194e, 223c; Phaedrus 232b, 269b; Philebus 14a, 57e, 58a; Laws 648a 等。[11]

（2）Dialektikēteron, 副词, 英译：conversationally（对话性质地）, rationally（理性地）, dialectically（辩证法地）。见于：Meno 75d; Stateman 285d, 287a。

（3）dialektikos, 阳性形容词, 英译：skilled in conversation（善于对话）。因为该词常用来指代相应的人物，故又多译为：dialecticans（辩证法家）。见于：Cratylus 390c，398d；Euthydemus 290c；Phaedo 266c；Republic 531d，534b，537c；Sophist 253e；Philebus 17a；Phaedrus，266c。

（4）dialektos，名词，译作 dialectic（辩证法），见于：Republic 454a；Theaetetus 146b，183b；Symposiusm 203a。

（5）dialektikē，阴性形容词，英译：dialectical（辩证法的），见于：Republic 532e，534e，533c，536d，537c；Phaedrus，276e；Sophist 253d。

仔细分析柏拉图在不同时期对话中所使用的辩证法概念，可以得出：

（1）柏拉图在所有对话中使用最多的是 dialegesthai 这个动词，而含义最多样、最复杂的也是这个词。在多数情况下（特别是早期对话中），该词使用时仅指"对话"或"善于对话"而已，并无特殊的哲学含义。[12] 但在《国家篇》及其后的一些对话中，它又被用来表示一种至高无上的哲学方法。

（2）从柏拉图在早期的六篇对话《小希庇阿篇》《高尔吉亚篇》《普罗塔哥拉篇》《美诺篇》《克拉底鲁篇》《尤息底莫斯篇》中对 dialegesthai, dialektikēteron, dialektikos 等词的用法中，已可看出柏拉图后来在《国家篇》中所阐述的辩证法思想的先声，但总的来说，这些词的含义还摆脱不了"苏格拉底式诘难"（Socratic elenchus）的影子。[13]

（3）柏拉图在《国家篇》中第一次使用 dialektikē 这个阴性形容词（共出现5次），其中有两例是把它作名词使用（534E3, 536D6）。这个阴性形容词作独立名词的用法在亚里士多德及其后的所有哲学文献中一直沿用至今，但是奇怪的是在《国家篇》之后的其他对话中这个词总共只出现了2次，而较多使用其他的表达式（如 dialegesthai）（Kahn, 1996, 327）。

（4）柏拉图一生所使用的辩证法一词在形式上一直不能固定。例如在《国家篇》这部对辩证法阐述得最充分的对话中使用的辩证法一词就多达四种样式：dialegesthai, dialektos, dialektikos, dialektikē。在《国家篇》之后的对话中，辩证法一词形式亦不确定。

综上所述可知：首先，在内容上，柏拉图对辩证法一词的使用有一个从模糊到清楚，从不明确到明确的过程。直到《国家篇》第七卷明确、集中、突出地把辩证法当作一种至高无上的哲学方法或科学加以阐述之前，柏拉图所使用的辩证法概念不仅含义极不确定，而且在哲学意义方面一直没有脱离"苏格拉底式诘难"。的影子。其次，在形式上，柏拉图所使用的辩证法一词多种多样，一直不能固定下来；对有些词如dialegesthai的使用，含义则表现出相当大的含混性。相比之下，亚里士多德对辩证法概念的使用，无论从内容上还是从形式上都比柏拉图要明确和确定得多。亚里士多德将辩证法作为一个专门哲学术语的形式固定下来，基本上只采用dialektik-为词头的拼写形式，同时也对辩证法的含义作了总结。[14]造成这种情况的原因很可能是，由于在柏拉图之前还没有人从哲学上来阐释辩证法概念，柏拉图也不可能突然提出一个崭新的哲学范畴让人一下子接受；更重要的是，对柏拉图本人来说，从哲学上使用并发展这一概念也有一个思想演变历程，并不是一开始就已深思熟虑好了的。这一事实进一步证明了柏拉图是第一个从哲学上使用并发展了辩证法这一概念的人，而亚里士多德则对柏拉图的辩证法概念作了进一步的总结。

## 古代世界的辩证法大师：柏拉图

如果说黑格尔是近代以来把辩证法发展到一个高峰的人，那么柏拉图就当之无愧地是古代辩证法思想最集中的代表人物。柏拉图之所以要发展或缔造辩证法概念，一方面是为了把当时希腊人思想中的许多相关方面联系起来，这些思想包括爱利亚派和智者派的论证方式，苏格拉底的问答法等；另一方面，他在这一基础上形成了自己的较为成熟的辩证法思想，并使辩证法成为柏拉图哲学中最重要的范畴之一。理查德·罗宾逊写道：

柏拉图把他所讨论和主张的特殊方法称之为"辩证的方法"（Hē dialektikē mēthodos, Rp. 533C），"对话的力量"（Rp. 511B），"有关讨论的艺术"（Hē perētons lōgons pēxne, Phd. 90B）或"讨论的程序"（Hē mēthodos tōn lōgon, Sph. 227A）。这种辩证法，从其在《美诺篇》（75D）中第一次出现到柏拉图的生命结束为止，一直被他贯注了最大的热情，并总是用高度赞美的语言来形容它。它是一切可能方法中的最好、最可贵的方法。它是唯一的一种真正清醒的艺术或科学。（Rp. 533BC）（Robinson, 1953, 69）

鉴于辩证法在柏拉图学说中至高无上的地位，其历来成为西方柏拉图研究中的重要课题；在现代学者当中，对柏拉图的辩证法思想作过较深入研究的人就有查尔斯·H. 卡恩（Kahn, 1996），罗宾逊（Robinson, 1953），伽达默尔（Gadamer, 1980），朱利斯·斯登泽尔（Stanzel, 1973），陈康（1990），范明生（1984），谢文郁（1984），王晓朝（1987）等人。[15]卡恩指出，柏拉图对话中的辩证法思想，从狭义上讲，是指他在使用dialegesthai及其同源词（以及有时使用hypothesis这一术语）时，或明显或不明显地对辩证法一词作为一种哲学方法的界定；从广义上讲，是指柏拉图自己对辩证法的实际运用，这种实际运用贯穿于他的每一篇对话（Kahn, 1996, 301）。由于广义上的辩证法涉及面太广，本章以罗宾逊、卡恩、陈康三个人的研究成果为基础，从狭义上将柏拉图辩证法思想的内容概括为如下几个方面：[16]

（1）"诘问法"（elenchus）：苏格拉底所开创的问答法，又被称为Socratic elenchus（苏格拉底式诘难），是柏拉图的辩证法的重要内容之一，其主要特征是通过不断提问迫使对方对其原始命题的合理性作出能够自圆其说的说明。[17]根据亚里士多德在《形而上学》（1078b）[18]、《论题篇》（105a）中对辩证法的内容及苏格拉底在辩证法方面的贡献的总结，可以将辩证法作为诘问法的主要内容概括为如下三个方面（Robinson, 1953, Part I, II—V）：①逻辑推理（syllogism）。这里的syllogism

之所以不译为"三段论",因为它在柏拉图那儿是广义的,凡是从一个假定的命题出发推出另一个命题皆可称为 syllogism(Robinson,1953,21)。②归纳推理(epagoge)。其含义与后世的归纳法有所不同,类似于今人所谓"类推法"(依此类推)或"类比法"(by parity of reasoning),指从一个或一组命题出发推出一个比它更普遍或与之平行的命题。③寻求定义(definition)。寻求定义的主要特点就是力求从事物的大量殊相中超脱出来,达到对普遍本质的把握。

(2)"回忆法"(anamnesis):主要见于《斐多篇》《美诺篇》等中。"回忆法"是柏拉图辩证法的一个非常典型的表现形式,因为"回忆的过程"其外在形式在柏拉图的著作中表现为"问答""对话"的形式,其内在实质则是一个人正确运用自己的理智进行推理。[19]在《美诺篇》中,有一段苏格拉底与一个"数学童子"的对话,苏格拉底通过诱导使童子一步步得出一个面积为原正方形两倍的正方形边长是多少的正确答案。苏格拉底强调说,他自己并没有教给童子任何知识,而只是通过刺激引起了童子的回忆(《美诺篇》82B—85B)。"回忆"作为柏拉图辩证法的一个方面的重要意义在于:①只要人们正确运用自己的理性推理能力就可以获得科学的知识;②为了正确进行理性的推理,人们必须使自己的心灵从感官的直觉中摆脱出来,因为后者常常是不确定的、带有欺骗性的;③知识不是人类从"无"到"有"地创造出来的,而是人们凭借理性能力"发现"的。

(3)"假设法"(hypothesize):柏拉图对话中最常用的方法之一[20],主要见于《斐多篇》《美诺篇》《国家篇》《巴门尼德篇》等。希腊文"假设"(hypothcsizc)一词从动词 pīthemi(πίθμι)演变而来,原义为 posit, lay down(假定,放下),在柏拉图的著作中该词的含义就是:为了论证的需要,先假设一个命题(也可理解为先引入一个分命题),在此基础上进行一切推理、反驳,或由此出发建立一套能够自圆其说的命题(Robinson,1953,95)。根据罗宾逊对"假设法"所作的系统研究,柏拉图对话中的"假设法"(hypothetical method)至少有五个方面的含义（Robinson，1953，105—110）：①辩证法可以有意识地采纳某些"意见"（doxa/opinion）作为讨论的前提以便展开论证；②辩证法是一种与直觉相对立，但不与归纳相对立的演绎推理（deduction）；③辩证法竭力避免任何自相矛盾的论证，无论是直接还是间接的矛盾；④辩证法不把任何前提当成不变的教条，随时可以因为理据不足而放弃它；⑤辩证法是一个不断修正命题以便向真理无限逼近的过程。

（4）"分合法"（diairesis/synagoge）：①综合（synagoge）："就是将分散的、表现于不同的个别事物中的东西聚到一起"，找出它们所具有的相同的属的特征；在再高的一个层次，从不同的许多属中又可以看出种的特征来。例如，"在不同的个别的人张三、李四中看出他们共同的性质——人性。人性是分散于不同的人的，将它集合在一起，即是找出共同的因素来。再高一层，在人、牛、马中看出它们共同的'种'（动物）的特征。"（陈康，1990，176）这种方法见于之《斐德罗篇》等中。②分析（diairesis）。它与综合法相反，但本质上是完全一致的。为了找到一个事物（如钓鱼人）的定义，先从一个种或相出发，将它分为两类或若干类，将其中与所要定义的对象相一致的东西进一步按同样的方式划分下去，直到划分到所要定义的事物不能再划分下去为止。将划分过程所得的所有相关之相加起来，即可得到定义。这种方法较早见于《国家篇》（454A），主要展开于《斐德罗篇》《智者篇》《政治家篇》《斐利布篇》等之中（Kahn，1996，296—300；陈康，1990，177—178；涅尔，1985，13—14 等）。

（5）"转向法"（periagoge）："转向"就是心灵的转向（periagoge tes psyche，conversion of the soul），也是一种上升（upward）法，见于《国家篇》等。在《国家篇》中柏拉图将辩证法称为这样一门技艺或科学：①它要人们的心灵从可见的事物转向可知的事物，去找寻可见事物的本质，而达到可知世界就是进入一个完全不依赖于可见事物、纯粹运用理智（抽象的概念）来进行思考和探索的阶段；②辩证法寻找一切事物的最后根据，因而它虽然不可避免地要以假设为起点，但绝不会停留在任何假设上，而必定要继续上升，直到超越一切假设，达到不再是假设的绝对、永恒、不变的真实为止；③辩证法超越于所有具体学科之上，后者严格说来不是真正的知识，因为它们不得不以一系列假设为依据，而进行理论推导。即使在算术学、几何学等一类最接近科学的学问中，也不得不假定各种偶数、奇数、角以及其他诸如此类的东西为已知的绝对假设，但不能说明这些假设存在的真正依据。④以追求第一原理为旨归的辩证法既是本体论（形而上学），也是认识论和方法论，这三者之间并无严格的区分。因为辩证法寻求第一原理的过程从方法论上讲代表了心灵转向或上升的方法，从认识论上讲代表了对一切事物的本质（ousia, essences, what-a-thing-itself-is）的认识，是求真、求知的过程，从本体论上讲则发现了万事万物的存在皆以理念为原型，而后者代表真实存在（《国家篇》510C—539E。Kahn, 1996, 294—296）。

(6) 柏拉图的辩证法尽管在不同的"对话"中含义有所不同，但是由于这些不同的含义有时也在同一篇对话中交叉出现，因而很难说上述各种思想代表了柏拉图不同时期的辩证法（Kahn, 1996, 300）。我认为在如下几个方面，柏拉图的辩证法在不同时期的所有对话中是完全一致的：①辩证法意味着无止尽的追问、批评和诘难，意味着对任何现存结论最严厉的拷问，直到理性得到满意的结论为止；它反对预设任何结论，要求打破任何成见或权威的限制。因此辩证法代表一种严格的思维训练过程（这一点我们将在后面讨论）。②正如罗宾逊所指出的那样，辩证法"总是对'每一事物之所是'（what each thing is, Rp. 533B）的探索。也就是说，它寻求'每一事物的"本质"'（'essence' of each thing, ousia, Rp. 534B）"，"它关注'那些既不诞生也不消逝，而总是保持同一和不变的事物'（Phlb. 61E）。所以它假定事物拥有不变的本质，并且如果有任何人否定这一点，他就绝对毁坏了辩证法的力量（Parm. 135BC）"（Robinson, 1953, 70—71）。③辩证法总是从某种程度上表现为对反证法、诡辩法及修辞术的批评、扬弃或超越（但并没有全盘抛弃)。诡辩法(eristic)的特点是把战胜对手当作唯一的论辩目的,而不是追求真理。而反证法(antilogic)则"以一种逻辑反对另一种逻辑,或者说在论证中、在事物中或事情的状况中发现对立面或者引起注意","运用反证法的基本表现就是对有关问题提出相反的逻辑或论证"(柯费尔德,1996,72,75)。[21] 修辞学与辩证法的差别在于,它注重用修辞来论证而不注重用问答的方式与对手辩论;它是自我表白而不是相互讨论。[22]

## 如何理解辩证法?

在上述各家对辩证法一词理解的基础上,现在我们可以对辩证法之本义作如下总结:

首先,从词源上说,该词在希腊文中是由动词 dialegesthai 演变而来,后者来自 dialego,其原义是谈话、对话,dialegesthai 稍后一点的意思就是通过对话的方式进行讨论,并在这一基础上发展成为通过合乎逻辑的论证来寻求真理的科学。德国古希腊哲学专家策勒尔(E. Zeller)说得很清楚:

> 辩证法,顾名思义,起初指论辩的艺术,后来成为以问答方式发展科学知识的艺术,最后成了从概念上把握那存在者的艺术。因此,在柏拉图那里,辩证法成了一种科学理论,一种认识事物的真正实在的手段。(1992,139)

卡尔·波普尔在其有名的《辩证法是什么》(1937)一文中也说:

> 希腊字"Hē dialektikē(technē)"可译为"语言的论证用法(的艺术)"。该词的这一意义可追溯到柏拉图;但即使在柏拉图书

中也有各种不同意义。它在古代至少有一种意义十分接近于我所说的"科学方法"。因为它用以描述构成解释性理论的方法以及对这些理论进行批判讨论的方法。(1986,448)[23]

其次,柏拉图是古代辩证法思想最集中的代表。这不仅仅因为他是古希腊哲学家当中第一个明确、典型、集中地从哲学上使用并发展了辩证法一词的人,而且还因为在柏拉图以后,一直到黑格尔以前,辩证法再也没有像在柏拉图哲学中那样辉煌过。这主要是与自亚里士多德以来,就只把辩证法当作一种逻辑论证方式而不再是哲学研究的唯一方式有关。[24]从某种意义上说,如果不把形式逻辑也纳入辩证法之内的话,那么可以说,亚里士多德并未对辩证法作出任何实质性的发展,而最多只不过是对柏拉图辩证法思想作了一些总结而已。从亚里士多德一直到康德以前,辩证法的发展没有超出柏拉图所确立的框架;而且由于斯多葛学派的影响,它在中世纪常常只和逻辑相关,而不像柏拉图那样同时与形而上学或本体论联系在一起(Stump, 1989; Edwards, 1967a, 385—387; Bozman, 1958, 376; 北京大学哲学系西方哲学史教研室, 1961, 372)。[25]正因为这些事实,柏拉图的对话仍然是今天我们理解古代辩证法含义的最主要依据。

再次,在西方,人们之所以一般把爱利亚派的芝诺、智者派以及苏格拉底当作辩证法的先驱(Edwards, 1967a, 385—386; 柯费尔德, 67—76; Bozman, 1958, 376),直到黑格尔以前,西方哲学史上一般都不将赫拉克利特而是将芝诺当作辩证法思想的发明者,这主要是因为他们都是从柏拉图、亚里士多德、斯多葛派的立场出发,把辩证法理解为一种逻辑论证的方式的缘故。首先把芝诺当作辩证法的创立者的是亚里士多德,直到今天为止,西方绝大多数哲学史家也都沿用此说。从本义上说,辩证法在芝诺那儿主要指一种反证法(antilogike);在智者派那儿,是诡辩术(eristic);在苏格拉底那儿,它是一种特有的问答法,后人又称之为"苏格拉底式诘难";在柏拉图那儿它是对本质(ousia)进行哲学分析的学问；在亚里士多德那儿它是或然性推理；在斯多葛学派那儿它是逻辑学的一个主要部分。从柏拉图、亚里士多德直至中世纪，它一直是指逻辑论证的方法[26]；从亚里士多德到斯多葛派乃至康德以前，辩证法在含义上常与形式逻辑相混（Edwards，1967a，385—387；Bozman，376；北京大学哲学系西方哲学史教研室，1961，372）。

最后，从历史的、发展的角度来看，正因为辩证法这一概念在西方历史上经历了漫长的发展和变化过程，所以其含义也是多种多样，难以有统一的说法。导致这种多样性发生的主要原因之一应当追溯到黑格尔。我们知道，虽然自从亚里士多德以来，辩证法的含义已与柏拉图有所不同。但直到黑格尔以前，辩证法一词主要是指逻辑论证的方法而不曾以所谓"对立面的统一""否定之否定"等为其主要含义，后者只是在19世纪以后才发展起来的。直到康德将辩证法用之于人类思维所具有的"幻象的逻辑"，使辩证法一词与思维发展的先天法则联系起来；[27]黑格尔在康德和谢林之后将它用之于直接指"纯粹思维"按照正、反、合的逻辑发展的规律性，再加上恩格斯的《自然辩证法》《反杜林论》、列宁的《唯物主义与经验批判主义》、毛泽东的《矛盾论》《实践论》等书的出版，辩证法一词才获得了我们今天的含义，即专指事物发展过程中对立面的统一、量变质变规律以及否定之否定规律等规律性。然而这一理解与古希腊哲学对辩证法这一哲学术语的理解毕竟已有天壤之别。[28]

罗兰·霍尔（Roland Hall）在《哲学百科辞典》第二卷中对各种各样的辩证法含义作了全面的总结，他说：

> 辩证法（dialectic）这个术语是从希腊语对于会话的艺术（the art of conversation, dialektikē technē）的表述中来的。如果说在它所具有的大量的不同含义之间有何共同之处的话，那么也许可以说辩证法是一种通过推理来寻找乃至获得真理的方法。不过这个适用于多种情况的一般化描述含义太模糊，已经没有什么价值；但即便如

此，这个描述也还不适用于在黑格尔和马克思主义者那儿作为一种历史过程的辩证法概念。辩证法较为重要的含义有：(1) 通过验证逻辑结果来反驳［命题］的方法；(2) 诡辩式推理；(3) 分解法 (the method of division)，或者反复地从种 (genera) 到属 (species) 进行逻辑分析的方法；(4) 研究抽象概念的方法，即从具体的情形或假设出发通过推理来达到高度抽象的概念；(5) 使用那些可能正确或广为人们接受的前提进行逻辑推理；(6) 形式逻辑；(7) 对幻象的逻辑 (logic of illusion) 的批评，它揭示了理性在企图超越经验去探讨超验的对象的过程中所陷入的矛盾；(8) 思维或现实按照正、反、合的逻辑发展的过程。其中第 (2) 种含义仍然非常流行，人们经常在贬义上使用这个术语。(Edwards, 1967a, 385)

## 对辩证法的误解

对辩证法的误解来自黑格尔。我们知道，黑格尔的辩证法思想虽然是在继承古人的基础上发展起来的，但从根本上来说其主要思想都是出自他自己的独创。黑格尔虽然把辩证法思想大大向前推进了一步，但这种情况也导致他在分析古代的辩证法思想时，正是从自己对辩证法这一概念的新见解出发，而全然不顾这一概念在古人那儿的本义。由于黑格尔把辩证法理解为概念或思维矛盾运动的过程，因此凡是古代思想中有这方面的内容的，一律被他称为辩证法，至于相应的古代思想家本人有没有使用辩证法这一概念，以及使用辩证法这一概念时是如何理解辩证法的，他是根本不加考虑的。例如，在《哲学史讲演录》中，黑格尔把赫拉克利特的思想称为"客观的辩证法"，把巴门尼德、芝诺等人的思想称为"主观的辩证法"，并说柏拉图的辩证法思想表明了"两个互相否定的对立面的结合"。[29] 由于黑格尔认为"真正辩证法的概念在于揭示纯概念的必然运动"（1960，200），因此他把柏拉图专门考察概念或范畴之间分离与结合关系的《巴门尼德篇》当作"真正辩证法的详细发挥"，说"这是柏拉图辩证法最著名的杰作"（1960，216）。当他这样做的时候，他根本没有考虑另一事实：柏拉图本人一生从未在任何地方将辩证法归结为理念或范畴之间的矛盾关系；在柏拉图的所有对话中，柏拉图真正全面、集中、明确、突出地阐述其辩证法的对话是《国家篇》而不是《巴门尼德篇》；在《巴门尼德篇》中，辩证法（dialegesthai）这一名词只出现过一次（135C），从其上下文看，它的意思是指一种思维的训练，柏拉图并未赋予它以任何特别的新义（这一点我将在下面详论）。这就充分说明，黑格尔对古代辩证法的阐述，完全是"六经注我"的做法，而不考虑古人在使用辩证法一词的时候是怎样理解它的。

然而令人遗憾的是，目前国内最为流行的做法是从黑格尔以来对辩证法的重新理解出发来阐释古人的辩证法，而不顾古人自身在使用辩证法这个概念时是怎么理解它的；在阐释柏拉图、苏格拉底以及爱利亚派的辩证法思想时，常常将这些哲学家本人的辩证法思想和黑格尔意义上的辩证法在古代哲学中的表现混为一谈。我们认为，从黑格尔等人以来的新型辩证法概念出发来分析古人的思想固然无可指责，但若因此而将古人自身对辩证法的理解和今人对辩证法的理解混作一谈就大错特错了。我们在分析和阐释古代辩证法思想的时候，一定要区分这样两个不同的角度：一是以自黑格尔等人以来形成的新型辩证法概念来分析西方历史上的辩证法思想，这是一个角度；二是从古人特别是古希腊、罗马哲学家本人对辩证法概念的使用和理解出发，分析西方历史上的辩证法思想，这是另一个角度。长期以来，混淆这两个不同角度之间的重大差异，不仅导致人们不能正确理解辩证法一词在古代的含义，而且更重要的是导致人们对辩证法思想在西方思想史上的作用和价值的曲解。这正是本章花巨大精力来分析古代辩证法的原因所在。

例如，叶秀山先生在其著名的《苏格拉底及其哲学》一书中，批评了那种认为现代辩证法与古代含义完全不同的观点，他强调：即使在古代，辩证法与形而上学也代表了两种相互对立的思维方法，即"辩证的"方法和"分析的"方法。所谓"辩证的"方法在古代的含义就是"承认对立命题，使它们陷于无穷无尽的争论之中"，而所谓"分析的"思维方式就是"求思维的一贯性和必然性，不承认矛盾命题的合逻辑性"。由此出发，他说"'辩证法'充其量只是消极的"，因为"不能由此得到关于'存在'的确定、可靠的知识"，"苏格拉底、柏拉图的辩证法不能完成这个任务（指得到关于'存在'的确定、可靠的知识的任务——引者注），于是亚里士多德提出'三段论'逻辑，以'分析的'代替'辩证的'。"（1986，156，157；另参 1986，158—162）

然而叶秀山先生的观点似值得商榷。诚然，在古代希腊，辩证法有揭示矛盾（无论是概念、命题或事物中的矛盾）的含义（叶秀山，1986，163—172）；但是把揭示矛盾当作辩证法的主要含义显然是不符合事实的。具体来说，在苏格拉底、柏拉图那里辩证法作为一种方法有多种含义：有时指揭示对手命题中的矛盾，有时是指一种从具体事物上升到抽象事物的方法（《国家篇》），有时则指一种分析和综合的方法（《斐德罗篇》《智者篇》《政治家篇》等）。与叶秀山先生认为辩证法的主要功能是揭示矛盾的观点正好相反的是，在柏拉图看来，那些纯粹沉迷于揭示命题矛盾而不专心于发现真理的人，他们的论证方法是反证法或诡辩法，而与辩证法相对立。[30] 凡是研究过柏拉图的人都知道，辩证法在柏拉图的对话中常与诡辩法、反证法及修辞学相对立。后者之所以受到柏拉图的批判，因为它们时常不能有效地揭示真理。特别是反证法与诡辩法，常常是为了反驳而反驳，沉醉于揭示对于言论或命题中的矛盾。对于苏格拉底、柏拉图来说，辩证法的主要功能是为了发现真理，即使是揭示命题中的矛盾也是为发现真理服务的（我想这个观点对爱利亚派来说也大体适用，不管后人怎样评价他们）。从这个角度来说，把辩证法说成是一种与分析方法相对立的、"完全消极的"方法至少明显地不符合柏拉图本人对辩证法一词的使用。不仅如此，说辩证法代表了与形而上学相对立的方法就更不对了。正如我们在前面已看到的，在柏拉图那儿，辩证法与形而上学是不可分的。这一点很多学者都曾指出来：例如，策勒尔在《希腊哲学史纲》一书第三章第四节论述柏拉图思想的部分也是把辩证法与理念论等而同之（他使用了"辩证法，或理念论"这个表达式。策勒尔，1992，139）；中国学者陈康也明确指出："柏拉图的'辩证法'，从总的方面说，相当于后来哲学中所讲的形而上学和认识论。"(1990，176；又见柏拉图，1982，102)。从叶秀山先生对前苏格拉底哲学家如赫拉克利特、爱利亚派等的辩证法思想的分析中似可发现，他对辩证法的理解是从黑格尔以来的辩证法概念出发来理解古人思想的。[31]

又如，范明生先生对柏拉图的辩证法思想作过相当深入、全面的研究，但他在阐述古代辩证法的特征时也是从黑格尔的辩证法概念入手，他认为柏拉图的辩证法思想有一个发展过程，就是从"通过分析和综合以求得真理的方法"，"进而上升到研究理念——范畴的矛盾进展以至对立统一的辩证关系"(1986，267)；由此出发，他也像黑格尔一样特别强调《巴门尼德篇》中辩证法思想的重要性，并说"正是黑格尔在哲学史上第一次真正揭示了《巴门尼德篇》对辩证法的贡献"，"迄今为止，二千三百多年来，真正理解《巴门尼德篇》的正是黑格尔"(1986，294，295)。范明生先生说："以《巴门尼德篇》第二部分为标志的范畴论，从根本上取消了《斐多篇》——《国家篇》的理念论所集中探讨的可感世界和理念世界的对立、分离、分有问题，转而讨论纯理念、'最普遍的种'、对立的范畴体系的矛盾进展的辩证历程。"(1986，301)《巴门尼德篇》"所讲的辩证法训练的实质是指二律背反。"(1986，301)。

究竟什么是《巴门尼德篇》中的辩证法？我们前面说过，柏拉图在《巴门尼德篇》中总共只使用过一次辩证法这个词，该词出现于《巴门尼德篇》第一部分末尾，即从第一部分向第二部分过渡的一段话(135B3—137C3)中。在第一部分，巴门尼德从各个方面对苏格拉底的相论展开了批判；在过渡部分，巴门尼德向苏格拉底指出，如果因为上述批判而否认相（理念）的存在及其恒久同一的性质，那就等于毁灭了"辩证法的力量"（power of dialectic）。这里的一句话周厄提（Benjamin Jowett）译为"so he will utterly destroy the power of reasoning"，而陈康先生则译为"并且这样他完全毁灭了研究哲学"（柏拉图，1982，101）。也就是说，周厄提将这里的辩证法一词理解为 reasoning（推理），而陈康则理解为"研究哲学的能力"。从上下文来看，二人的理解都是正确的。因为在接下来的对话中，巴门尼德和苏格拉底讨论的是如何发挥"辩证法的力量"，即如何通过哲学研究来确立相（理念）的存在，为此需要研究者用"大家称之为闲谈的办法训练你自己"（135D），以使"你自己关于真理获得有权威的洞察"（136C）。在《巴门尼德》137A—B之中，巴门尼德说他自己"怎样以如此的年龄，必须游泳过这样性质的、这样广阔的论证的海"，又说自己在"做一件研究性质的游戏"。

现在可以对《巴门尼德篇》中的辩证法一词之义作如下总结：

（1）柏拉图在《巴门尼德篇》中将辩证法理解为一种哲学论证的方法，一种思维的训练，一种"研究性质的游戏"，其根本目的是培养研究者一种能力，以便他能够"从事于分辨某某美、公正、善以及每一个相"（135C）。

（2）柏拉图在《巴门尼德篇》中研究理念—范畴之间分离与结合的问题，其目的是为了要发现关于相（理念）存在的真理，而根本没有把揭示理念—范畴之间的矛盾关系当作目的。

（3）柏拉图在《巴门尼德篇》中从未将辩证法理解为理念—范畴之间的矛盾、对立或统一关系（在其他对话中也从未这样做），更没有把命题之间的所谓"二律背反"当作辩证法。要知道，研究范畴或命题之间的矛盾关系是一回事，把辩证法归结为范畴或命题之间的矛盾关系则是另一回事。

关于《巴门尼德篇》的理解还有另外一个学术界一直存在分歧的问题，即第一部分对话与第二部分对话之间的关系问题。关于这个问题我们这里无暇顾及，但是需要指出的是，把《巴门尼德篇》中的辩证法理解为一种思维的训练是许多现代柏拉图专家（甚至包括一些历史上的柏拉图专家）一致的看法。例如，理查德·罗宾逊说，该篇的"两个部分的对话是柏拉图为了让给他的学生进行辩证法实践（practice in dialectic）及检验论证错误而提供的"（Robinson，1953，223）。[32] 卡恩则强调，《巴门尼德篇》中所提出的"辩证法训练"正是柏拉图在《国家篇》（539E）中所说的、城邦护卫者所要接受的、为期五年的辩证法训练的一个最佳样本。该篇绝大部分都在进行着"复杂的辩证法练习"（the complex dialectical exercise），其实质在于：对相论的原始假设加以研究（这一研究的要求早在《斐多篇》即已提出）；这种练习有两个方面——一会儿是正面练习，一会儿是反面练习，这两个方面之间的平衡关系本身说明作者要取消一切假设。这与柏拉图在《国家篇》中的辩证法思想是一致的，即辩证法的最终目的是要取消一切假设，唯此才能达到那绝对的、不依赖于任何假设的相（理念）。他还强调，柏拉图的辩证法尽管在不同的时期表现内容不一样，但从根本上是统一的：辩证法通过理智的运作（operations of the intellect）来研究永恒的本质（Kahn，1996，297—298，319—321）。

## 柏拉图与孔子

为什么要花这么多笔墨来澄清辩证法在古希腊的本义呢？因为辨析或厘清辩证法一词在西方历史上的本义对于我们理解西方学术的根本特征有很大帮助。一方面，在铺天盖地式地将辩证法理解为"对立的统一"的过程中，人们已经忘记它在古希腊的本义是什么，从而也不可能知道它在古希腊时期被使用时所包含的意义；另一方面，古希腊哲学毕竟是在辩论中发展起来的，古希腊哲学家们最强调的哲学的特征之一就是论题的逻辑有效性，因此辩证法这一概念不仅与古希腊哲学的特征有着深刻的联系,而且鉴于近代以来逐步诞生的西方学术的各门学科(包括自然科学学科)最初都是从古希腊哲学中分化而来的,所以,厘清辩证法这一概念,对于我们理解两千年来西方学术传统的特征也有着极为重要的意义。

为了厘清辩证法在希腊哲学中的意义,让我们以孔子与柏拉图的学问方法论为例来探讨中学与西学的路径差异。我们认为,从这样一个历史比较的角度来探讨辩证法,会加深我们对西方学术科学特征与辩证法关系的认识。如果说孔子是中国古代学术思想史上开创新时代的最重要人物,那么也可以说柏拉图代表了在西方学术思想史上开创新时代的最重要人物。他们分别站在中西方文化的轴心期,其思想对后来中西方学术两千多年的发展分别产生了决定性的影响。[33]从这个角度来说,比较他们的学术方法论,对于我们认识中学与西学的根本特征有特别重要的意义。首先,我们发现,孔子与柏拉图在学术动机及学术思想内容方面都有着极大的共同之处。二者都有着极为强烈的以学术经世的倾向,而且都十分重视德性的提高,不仅视之为每一个人人生的宗旨,而且视之为国家兴衰、天下治乱的根本。孔子提倡"明德修身",教"仁、义、礼、智、信",讲"恭、宽、信、惠、敏",这对于每一个中国人来说都已是常识。柏拉图这方面也与孔子颇为相似。我们知道,早在柏拉图之前,他的老师苏格拉底就是以提倡德性而闻名。苏格拉底一生都反对当时的大多数哲学家把主要精力用于探讨宇宙的本原、事物的本性、天体的运动等一些与人生无干的事情上,要人们学会"认识你自己,认识你自己的无知"。色诺芬的《回忆录》几乎把苏格拉底描写成一个道德上的圣人,他一生的主要工作似乎就是在教导人们抑恶扬善。凡是读过《国家篇》这本书的人都知道,柏拉图提出理想国的公民应具有四大美德,即智慧、勇敢、节制和正义,这让人们想起孔子在《论语》中谈到的、被《中庸》称为"天下之达德"的"知、仁、勇"三种德性;在《国家篇》中,柏拉图不仅用大量的篇幅论证了如何通过合适的教育方式来培养公民的德性以及一个好公民德性的方方面面(《国家篇》

372D—376D，386A—412B，427D—434C，等等），而且把德性当成治国之本；他反对民主政制，主张根据德性高低来划分人的等级（《国家篇》415A—C），以哲学王即德性最高者为统治者（《国家篇》412C—421C），这很类似儒家的圣贤治国论；柏拉图还明确反对"法律万能"的治国理论（《国家篇》425B—427A），与孔子"道之以政，齐之以刑，民免而无耻；道之以德，齐之以礼，有耻且格"（《论语·为政》）的思想颇相类似。总之，柏拉图将国家的正义归结为个人的正义，将个人的正义归结为个人美德的铸就，以每一个公民的美德为国家长治久安的根本。此外，柏拉图还十分注重"礼、乐"等在教育中的作用，认为立法的主要作用之一在于使人们学会为人处世的礼节规矩，明确提到了要进行祭礼方面的立法，此外，他还将音乐、文艺、体操等诸多课程当作教育的重要科目。[34]这些似乎都与孔子的教育思想十分接近。

如果我们仅仅停留在这些方面来看孔子与柏拉图，就难以看出中西方学术后来何以会走上两条如此不同的道路，其历史的后果又是多么的不同。下述两个重要事实或许能给我们一些新的启发：（1）柏拉图虽然追求德性，但却明确主张"德性即知识"，这一观点首先由苏格拉底提出，而柏拉图更是在许多地方反复强调这一观点，在《美诺篇》中则专门论证了"美德即是知识"（《美诺篇》87C—89C），这就与儒家反对将德性知识化的倾向判然有别。（2）孔子和柏拉图都追求智慧，然而孔子所追求的智慧指的是人生的指导原则、人生的真谛，并不是任何普遍意义上的东西（这一点我们将在后面进一步论证）；相反，柏拉图哲学所追求的"智慧（sophia 或 phronesis）"是"知识（episteme）"，是一种与个人的身份、爱好、背景不相干的普遍意义上的东西。[35]

我们知道，儒家在讲到知的时候，一贯主张从行的角度来理解，主张身体力行，反对脱离个人的亲身经历去抽象地讨论知；而一个人达到了知，可称之为"大知"（《中庸》），意味着他领悟了人生的真谛，获得了人生的智慧。因此儒家学说中的知准确地说应该理解成智（即智慧），在古汉语中知与智相通。这和我们今天所说的知识完全不同：智慧是主观的、特殊的、依赖于人生的独特体验的,而知识则是普遍、客观、不依赖于个人的特殊体验的;前者是内在的精神或境界,后者是外在的事实或法则。孔子曰:"知之为知之,不知为不知,是知也。"(《论语·为政》),这个知指一种诚实的态度,而与我们今日所谓知识不是一码事。孔子曰:"管氏而知礼,孰不知礼?"(《论语·八佾》),这个知不是指知道"礼"的普遍规定,而指只有人的道德修养达到了一定程度才能有的内心境界;"唯天下至诚,为能经纶天下之大经,立天下之大本,知天地之化育。夫焉有所倚?肫肫其仁!渊渊其渊!浩浩其天!苟不固聪明圣知达天德者,其孰能知之?"(《中庸》第三十二章),这与《论语》中所谓"知人""知禘""知德""问知"等的说法一样,其中的知都是建立在人格修养的基础上,是非常特殊、非常人格化的,因而是与求学者的人生体验、人生实践不可分的具体的知。此外,宋代理学家提出的"德性之知与闻见之知"之别,以及王阳明提出的知行合一之说,也都体现了儒家反对把知知识化的倾向。

然而在柏拉图的对话中,我们根本看不到把行当作知的根本的观点;柏拉图也十分重视智慧,但是他把智慧理解为知识。在柏拉图的"对话"中,智慧和知识经常是互换着使用的。例如《美诺篇》中论证"美德是否可教"时,即是先证明美德是一种"智慧"(phronesis),然后随即声称,既然"美德是知识(episteme)",所以自然可以得出"美德(teachable)"可教的结论来(《美诺篇》87C—89C)。在《国家篇》中,柏拉图一方面说"哲学家是智慧(sophia)的爱好者,他不是仅爱智慧的一部分,而是爱它的全部"(《国家篇》475B。1986,217)。另一方面又说:"让我们一致认为这一点是哲学家天性方面的东西吧:即永远酷爱那种能让他们看到永恒的不受产生与灭亡过程影响的实体的知识。"(《国家篇》485A—B。1986,230)可见在他的心目中智慧与知识是同义词。《国家篇》在讲到理想城邦的四大德性(即智慧、勇敢、节制和正义)时具体分析了什么是"智慧(sophia)",指出"有智慧"就是有知识,他说:

一个按照自然建立起来的国家，其所以整个被说成是有智慧的，乃是由于它的人数最少的那个部分和这个部分中的最小一部分，这些领导着和统治着它的人们所具有的知识。并且，如所知道的，唯有这种知识才配称为智慧。(《国家篇》428E—429A。1986，147)

　　柏拉图哲学中的重知倾向，还体现在他将哲学家——知识的爱好者——放在比戏剧家、诗人、画家等更高得多的位置上，作为一切行业中的最高贵者：后者（戏剧、诗歌、绘画等）只知道模仿现实，而不知道其所模仿的东西"究竟是什么"（595A—608B）。哲学家正是凭借着其对世界的知识才真正认识到现实世界只是理念的影像，唯此才能实现灵魂的转向。在《斐多篇》中柏拉图提出只有那些研究过哲学的人才能进入神的行列，因为只有哲学家才能认识到停留在肉体及一切感官欲望之上就不能把握真实世界、真实存在（real existence, pure existence）(《斐多篇》82B—84B。Plato，1980，78—80）。总之，哲学家"最高贵"（《国家篇》489C—D）完全是因为他们是知识矢志不渝的热爱者和追求者。下面一段话可看作柏拉图对哲学家求知特征最经典的概括：

　　追求真实存在是真正爱知者的天性；他不会停留在意见所能达到的多样的个别事物上的，他会继续追求，爱的锋芒不会变钝，爱的热情不会降低，直至他心灵中的那个能把握真实的，即与真实相亲近的部分接触到了每一事物真正的实体，并且通过心灵的这个部分与事物真实的接近，交合，生出了理性和真理，他才有了真知，才真实地活着成长着；至那时，也只有到那时，他才停止自己艰苦的追求过程。(《国家篇》490A—B。1986，237—238)

　　那么柏拉图所说的知识是什么意思呢？
　　首先，知识建立在牢不可破的因果推理基础上。在《美诺篇》中柏拉图考察了知识与"正确意见"之间的区别与联系，提出前者建立在因果推理的基础之上，是牢固、稳定的，而后者则相反，它要依靠前者才能正确发挥作用（《美诺篇》97A—98A）。下面我们将看到，尽管辩证法这一术语在柏拉图的著作中已获得形而上学方面的含义，在柏拉图的多数"对话"中，对辩证法的运用表现了这样一种深刻的用心，即要从合乎逻辑的角度来建构人类在一切领域的可靠知识。后面我们将会看到，柏拉图的知识赖以建立的基础——理性推理——恰好是中国古代学术中所极其缺乏的。

其次是对永恒、普遍本质的认识。那些仅仅认识事物的具体状态的人只具有"意见"（doxa），只有认识事物背后的共相，认识事物背后那永恒不变的本质，如超越具体的"大的事物""美的事物""正义的事物"去认识所谓的大本身、美本身、正义本身等，才能拥有知识（《国家篇》476C—479E。1986，219—226）。柏拉图的著作中到处充满了通过对话来寻找事物定义的辩论，经常遇到的一个情况是：每当被问者从具体情形来回答时，他立即被提醒"我所问的是事物的普遍本质，而你所回答的只是这个普遍本质的各种特殊表现"。因此柏拉图所谓的知识，其重要特征之一就是它与认识者个人的身份、背景、职业、爱好等没有任何关系，是普遍的本质。

再次，柏拉图又把这种对于普遍本质（或称之为共相）的知识称为真理（aletheia），"真正的哲学家"是"那些眼睛盯着真理的人"（《国家篇》475E。参柏拉图，1986，218）。真理一词在柏拉图的著作中与"真实"相连，指对"真实存在"（real existence）的认识。什么是真实存在呢？柏拉图将世界划分为可知世界与可见世界，真理是灵魂中的理性部分"不靠使用任何感性事物，而只使用理念，从一个理念到另一个理念，并且最后归结到理念"（《国家篇》511B—C。1986，270）。因此真理就是对理念的认识，后者代表了真实世界。在《泰阿泰德篇》中柏拉图专门探讨"什么是知识"，批评了那种从感觉论的前提出发寻找知识基础的观点。

# 《美诺篇》与《论语》

下面我们以《美诺篇》和《论语》作一对比。《美诺篇》是柏拉图最重要的伦理学对话之一，同时在该篇对话中柏拉图的辩证法——作为一种问答法——也体现得最为典型。柏拉图在这篇对话中声称："一种更加合乎辩证法的方式，是不仅要回答什么是真理，而且要使用那些对方认可的论点。"(《美诺篇》75D。Plato，1914/1928，283；北京大学哲学系西方哲学史教研室，1961，157—158）在该篇对话的70A—80D部分，苏格拉底用辩证法来分析"什么是德性"。围绕着这个问题，苏格拉底与美诺共进行了三轮对话：

第一轮对话（71E—73C）：美诺告诉苏格拉底，"什么是美德"这个问题并不难回答，每一个人，无论在什么年纪、从事什么活动都有其美德。比如，一个男人的美德是管理好城邦，一个女人的美德是照管好家庭，对于儿童、老人、自由民、奴隶等也可找到其相应的美德。对于这个回答，苏格拉底指出，我所要求你回答的不是男人、女人、儿童、老人等诸多特殊的个体所具有的各不相同的美德，而是：我们把所有这些不同的品质都用同一个名称——美德——称呼之，其间必有共同之处，这个共同的东西就是我所要求你回答的那个美德。也就是说，我所求的是属于共性、普遍性的东西，而不是属于个性、特殊性的东西。为了让美诺明白自己的意思，他一连举了三个例子来说明：(1) 蜜蜂之例。比如说我问你什么是蜜蜂，你告诉我有各种不同的蜜蜂，它们彼此有不同的特征，而不告诉我它们之间的共同特性，但后者才能说明"什么是蜜蜂"。(2) 健康之例。比如当我问你什么是健康时，难道要你告诉我男人的健康是什么，女人的健康是什么，而不认为有一个为同时对男人和女人并无分别的健康吗？此外，对大小、强壮也可提出同样的问题。(3) 节制和正义之例。当你把美德分裂为男人的美德（管理城邦）、女人（照管家庭）的美德等时，这些不同的行为之间就没有某些共同的东西——比如节制、正义吗？难道不正是因为有这些共同的东西才使它们成为美德的吗？

第二轮对话（73C—77B）：美诺认识到刚才的定义错了，于是提出了一系列新的理解：

首先，美诺说："美德就是对人的支配力量。"（73C—D）对于这个问题：（1）苏格拉底指出，我们既已承认奴隶和儿童也有美德，那么，如何解释儿童、奴隶并不能支配人却有美德的事实呢？（2）单纯地支配人，若支配的方式不合乎正义，也能称为美德吗？

其次，美诺又说："正义就是美德。"（73D）因为正义就是无论大人、小孩、奴隶、男女都共同具有的美德。然而，问题是除了正义之外，我们还可举出像勇气、节制、智慧、崇高等一系列同时为大人、小孩、奴隶、男女所共同拥有的美德。于是我们不得不再次陷入这样的境地：我们所求的是所有美德的共同、普遍本质，结果得到的却是美德的许多不同表现形式；我们所求的是一，而所得的却是多。

再次，美诺对于是否存在这样一个属于共性的东西感到怀疑，他说，我不能找出你所要的那个唯一的美德来（74B）。于是苏格拉底再次举例反驳之：（1）假如我问你什么是图形，你不能说"图形就是圆"，因为还有其他的图形。难道在圆、直线及其他可称为图形的东西之间就不存在某种共同的特征吗？这个共同的特征就是我们所要找的图形的定义了。例如，我们可以说"图形就是总是有某种颜色相伴随的东西"（75B）；或者如果一个人不知道颜色的话，可以说"图形就是不超过立体界限的存在物"（76A）。（2）同样的道理，假如我问你什么是颜色，你不能说"颜色就是白"，因为还有其他的颜色。比如，我们可以借用恩培多克勒的语言说"颜色就是图形的一种流射，与视觉及感觉相应"（76D）。（3）作为一个总结，苏格拉底再次提醒美诺，应该从一般的意义上说出"什么是美德"，而不应停留在许多具体的事物上（77A—B）。

第三轮对话：美诺接受了苏格拉底的启发，说："美德是对高贵事物的向往以及获取这种事物的能力。"（77B。参北京大学哲学系西方哲学史教研室，1961，158；Plato，1914/1928，287）对于这个观点，苏格拉底从两个方面进行了反驳：

第一，不能把美德说成是对于高贵事物的向往。因为向往高贵的事物就是向往善，可是世界上没有任何人不是向往善的。人们既然知道恶就是不幸和伤害，那么没有一个坏人会向往恶，尽管也许坏人会误把恶当作善（77B—78B）。

第二，对于把美德说成是获取高贵事物的能力，苏格拉底反驳如下（78B—80B）：（1）你所说的高贵事物无非是指健康、财富之类的东西，可是如果一个人在获取这些高贵事物的过程中，采取的是不义的手段，我们还能称之为美德吗？因此，只有在采取正义、节制、高尚等方式获取这些高贵事物时才可称之为美德。（2）有些人因为获取金银之类的财富将使之陷于不义，他们宁可不获取它们，这种品质是否就不能称之为美德了呢？（3）由此可知，衡量美德的标准并不在于是否有能力获取所谓的"高贵事物"，而在于他的行为是否合乎正义、节制、智慧等一系列美德的标准。（4）由于我们刚才承认正义、节制、智慧等均只是美德的一个部分，并强调我们不能用美德的一个部分（多）来定义共同的美德本身（一）。现在我们发现我们不得不再次陷于这样的境地：我们把美德本身打碎为许多不同的具体的美德（正义、节制、智慧等），并以这些具体的美德来定义美德本身。

整个对话得出的结论是：对于美德本身是什么，我们一无所知。所知的只是它的一些具体部分而已。

为了真正深入地分析《美诺篇》中的辩证法与哲学研究的科学性，让我们先来读一段孔子关于仁的论述。仁是孔子学说中的核心范畴，在《论语》中出现了一百多次。通过对孔子论仁与柏拉图论美德的比较，我们或许可以对中学与西学的差异有更加深刻的认识。《论语·颜渊》中有几处孔子对仁的集中论述：

> 颜渊问仁。子曰："克己复礼为仁。一日克己复礼，天下归仁焉。为仁由己，而由人乎哉？"颜渊曰："请问其目。"子曰："非礼勿视，非礼勿听，非礼勿言，非礼勿动。"颜渊曰："回虽不敏，请事斯语矣。"
>
> 仲弓问仁。子曰："出门如见大宾，使民如承大祭。己所不欲，勿施于人。在邦无怨，在家无怨。"仲弓曰："雍虽不敏，请事斯语矣。"
>
> 司马牛问仁。子曰："仁者其言也讱。"曰"其言也讱，斯谓之仁已乎？"子曰："为之难，言之得无讱乎？"

首先，柏拉图论美德以求是为宗旨，而孔子论仁是以求应（当）为宗旨。这里是与应该是相对的。前者是事实判断，后者是价值判断。当我们说"某某是一个人，现在清华大学工作"时，是事实判断；当我们说"某某不是人，是个牲畜！"时，不是事实判断，而是价值判断。让我们根据柏拉图与孔子的论述分别说明。

柏拉图所寻求的美德是人们在心里所理解的美德事实上是什么？它与人们在理论上应当追求什么样的美德无关。也就是说，他把美德当作事实而非价值来对待。因此当美诺说"美德就是一种支配人的力量"时，苏格拉底就说：为什么有些人——如小孩、奴隶——不能支配人，我们事实上也承认他们有美德呢？当美诺说"美德是对高贵事物的获取"时，苏格拉底就说：为什么有些人不愿以不义的方式获取那些高贵的事物时，我们事实上也说这是一种美德呢？当美诺把美德肢解为男人、女人、老人、小孩等不同人的不同的美德时，苏格拉底就说：既然我们把不同人的这些不同的行为皆称为美德，必定是因为它们之间有某种共性。这个共同的东西——我所要求的美德的定义——显然是指一个在人们的理解中事实上存在着的美德概念，而与这些人各自应当追求什么样的美德无关。

相反，孔子所说的仁，则是指人们所应当追求的道德品质，是一种价值理想，绝非指人们在日常生活中事实上是怎样理解仁的。相反，对于孔子来说，人们在日常生活中事实上所理解的仁多半是错误的，是要加以清除的。尤其是那些道德境界还不够高的人，如果他们认识不到他们所理解的仁是错误的，就永远也不能真正提高自己的德性。正因如此，孔子对于不同的人劝之以不同的忠告，其目的在于使其明白自身的不足，达到仁的目标。其原因很简单：孔子追求的是尽可能深刻地达到仁的理想境界，实现仁的价值。相比之下，由于柏拉图追求的是尽可能准确、真实地对人们事实上所理解的美德作出判断，求得对于它的真理性认识，因此并不关心每一个人各自所应追求的美德是什么，相反，会把人们出于其自身的特殊需要而对仁的理解当作必须超越的前提。

柏拉图哲学所具有的求是特征长期以来被国内学术界忽视，相反，许多学者常常从类似孔子的思路出发来理解柏拉图，把柏拉图求是的过程错误地也理解为追求精神价值理想的过程。长期以来，求是作为自然科学中的思维方式，人们早已不以为奇；但是中国人不知道，西方自然科学求是的思维方式是从西方哲学中来的，而这种求是的思维方式一直到今天也仍然是西方人文、社会科学研究中的基本思维方式。作为哲学乃至其他人文、社会科学研究的基本思维方式，它到今天为止基本上还不为中国人所熟悉，也正是这个原因，中国人常常把儒家学说不假思索地当作哲学，从而掩盖和忽略了它与西方哲学在思维方式上的这一根本差异。实际情况是，中、西学术在思维方式上的这一根本差异本身已经表明，儒学与西方哲学根本不是一种类型的学问，奈何硬要称之为哲学？

现在有一种流行的观点，即认为现代西方哲学不再追求是，认为事实与价值的分裂是古典哲学的思维方式，现代哲学家无不认为是与应该、事实与价值本无二分。然而我认为这种观点根本不能说明问题，因为指出"是与应该、事实与价值本无二分"这一事实本身就是事实判断，是在求是。指出事实与价值不可分这个事实和儒家学说千百年来孜孜不倦追求价值仍然是完全不同的两回事。

其次，柏拉图论美德追求的是普遍、共同的本质，而孔子追求的是对仁的特殊个人体验。这一点在两个人的上述对话中表现得最为明显。前面我们已经指出,在《美诺篇》中,苏格拉底在讨论"什么是美德"时,不断提醒美诺的一件事就是:我所求的是属于共性、普遍性的东西,而不是属于个性、特殊性的东西。即不同的人——男人、女人、老人、小孩、自由民、奴隶等——有不同的美德,但我们既然都称之为美德,显然它们之间有某种共同属性,请告诉我这种共同属性是什么?不同的场合下我们有不同的美德——正义、节制、智慧、崇高、高尚、虔敬等——既然我们都称之为美德,显然它们之间有某种共同属性,请告诉我这种共同属性是什么?对于柏拉图来说,只有求得事物之共同、普遍的属性(共相),才能找到知识,这几乎是衡量知识的首要标准。

然而对于孔子来说情形恰好相反。同样是论仁,孔子对于不同的人说法完全不同。对颜渊说:"克己复礼为仁",对仲弓则说:"出门如见大宾,使民如承大祭。己所不欲,勿施于人。在邦无怨,在家无怨。"对司马牛又说:"仁者其言也讱。"这些对话如果用《美诺篇》中苏格拉底批驳美诺的严密方式来分析一下,可以说没有一个能经得住推敲的。可以说,孔子无论是对颜渊、对仲弓,还是对司马牛,所说的都只是仁的一个方面,而绝不能说成是仁的定义。如果是对仁的定义的话,那么显然不可能在不同的场合有不同的定义。毋宁说,孔子事实上根本不追求普遍适用的定义。他所追求的是如何让被问者意识到自身在德性方面的缺陷,从而改进之。由于不同人的个性不同,背景不同,思想境界不同,因此他不得不根据每个弟子自身的特殊性格或心理缺陷提出针对性建议。对于儒家学说在教学方法方面的这个特征,《王阳明全集》中收录的阳明弟子徐爱所写的"序"中有段话可以看作是一个极好的总结:

> 门人有私录阳明先生之言者。先生闻之,谓之曰:"圣贤教人如医用药,皆因病立方,酌其虚实温凉阴阳内外而时时加减之,要在去病,初无定说。若拘执一方,鲜不杀人矣。……若遂守为成

训,他日误己误人,某之罪过可复追赎乎?"(王阳明,2014,1737)

因此,批评孔子没有给仁下个普遍的定义、不去追求仁的普遍本质是错误的:因为孔子所倡导的儒家学说本质上与希腊哲学不属于同类性质的学问,追求知识、追求普遍本来就不是它的理想。儒家学说是一种信仰的学说。对于这种学说来说,一个人对于价值(如仁)能不能形成个人独特的、有深度的体验是他进德修行的起点。柏拉图所从事的哲学则是一种知识的学说。对于这种学说来说,恰恰是人们,特别是对话者本人对于美德的个人化、人格化、特殊化的体验是需要加以清除的,因为若是局限于一系列特殊的事物,就永远也不可能达到普遍,不可能形成关于美德的普遍知识。

最后,柏拉图把严密的逻辑论证看作确立一个命题的基本条件,相反地,孔子的学说并不追求严密的逻辑论证,他和他的弟子们所关心的也不是逻辑论证而是修身和践履。在柏拉图的"对话"中,我们看到,任何一个结论的得出都必须诉诸合乎逻辑的论证,因此哲学研究的过程也就是进行理论论证的过程。柏拉图所发明的一系列方法无不是为论证而设的,在他看来,只有经得起合乎逻辑的论证,才配称为知识。他之所以抬高辩证法的地位,认为辩证法提供了最好的逻辑论证方式是一重要原因。在《美诺篇》中,柏拉图所采取的最主要的论证方式可以概括为如下几个方面:(1)类比。如在第一轮对话中通过举蜜蜂之例、健康之例来说明美诺把美德肢解为若干具体的美德是错误的。(2)验证后果。假定一个命题是正确的,它必然会导致什么样的结论。如果这个结论荒谬,作为前提的命题必荒谬。第二轮对话中对于"美德就是对人的支配力量"的反驳采取的就是这种方法。(3)寻找例外。如果一个命题所提到的事实有遗漏,那么这个命题也就自然不能成立。第二轮对话中批评"正义就是美德"的定义,指出还有其他东西如勇气、节制、智慧等也可称为美德。如果一个命题可找到反例,也证明这个命题不成立。

第三轮对话中通过指出有些不获取那些不义的高贵事物（金银之类）的行为也可称之为美德，反驳了"美德就是对高贵事物的获取"。（4）引进分命题。通过引进一个论辩双方共同接受的分命题，找到这个分命题与所论证命题之间的矛盾，也是柏拉图对话中经常采用的论证手段。第三轮对话中对于"美德就是对高贵事物的向往"的批评就是通过引进一个分命题"没有一个人，包括那些事实上对善一无所知的人，会向往恶"来实现的。

我们看到，所有这些逻辑论证的方式，包括柏拉图在其他对话中所发明的逻辑论证方式，并不是只对柏拉图的论证来说有用，可以说，它们是人类生活在需要进行语言论证时永远需要的共同财富。在现实生活中，我们在需要论证某一个命题时也会时常使用它们，不管我们是否知道柏拉图。但是在孔子的对话中，这些论证方式并不存在。严格说来，我们在《论语》中所看到的与其说是"对话"，还不如说是"教导"，孔子并没有对于他所提出的观点作过任何论证。如果说柏拉图的语言是逻辑的语言，孔子的语言则是说教的语言。从另一方面来看，孔子这样做有其自身的道理，他自己已经说得很清楚，做学问的过程主要是一个做——修身、践履、做人——的过程，而不是一个完全脱离实际的、抽象的语言论证过程。换言之，孔子本人一定把那些成天鼓唇弄舌、沉迷于抽象的逻辑论证的人看成远离正道的门外汉。他所真正关心的是"怎么做"，而不是"怎么论证"：

> 子曰："弟子入则孝，出则弟，谨而信，凡爱众，而亲仁。行有余力，则以学文。"（《论语·学而》）
>
> 子夏曰："贤贤易色；事父母，能竭其力；事君，能致其身；与朋友交，言而有信。虽曰未学，吾必谓之学矣。"（《论语·学而》）
>
> 子曰："君子食无求饱，居无求安，敏于事而慎于言，就有道而正焉，可谓好学也已。"（《论语·学而》）

哀公问："弟子孰为好学？"孔子对曰："有颜回者好学，不迁怒，不贰过。不幸短命死矣，今也则亡，未闻好学者也。"（《论语·雍也》）

现在我们不妨总结一下柏拉图与孔子所遵循的两种完全不同的思维方式（见表5）。可以得出这样的结论，孔子与柏拉图在思维方式上的差异既不是柏拉图的过错，也不是孔子的过错。他们的差异可以看作是由于儒家学说本质上是一种信仰学说，因而不能算作一门科学；正因为它在思维方式上不具有科学性，所以我们不能说它是哲学，因为哲学在西方人心目中一直是被作为一门科学的。

表5　柏拉图与孔子思维方式之异

| 作为一门科学的哲学 | 作为一种信仰的儒学 |
| --- | --- |
| 是 | 应当 |
| 事实 | 价值 |
| 普遍的 | 特殊的 |
| 客观的 | 主观的 |
| 知 | 行 |
| 方法 | 境界 |
| 论证严格 | 体验深刻 |

今天的中国人，普遍认为由于中国古代学术不重知而导致中国科学没有发达起来（冯友兰，1984，23—42）。然而在这一说法背后包含着这样一个重要偏见：我们今天重视科学是因为它能征服自然，这是一个国家强大的根本。这样一来科学一词的主要意义就被局限在自然科学领域，如果说古希腊哲学有什么重要性的话，那也是从它促成了后来自然科学发展的角度来理解的。但是这一说法忽略了两个极为重要的事实：第一，古希腊人所说的科学的主要含义并不是征服自然，这一点我们从前面柏拉图关于知识含义的理解中即可见一斑；第二，古希腊人所谓的科学远不只指我们今天所说的自然科学，从范围上说它包括我们今天所

说的一切人文、社会科学及自然科学在内。对柏拉图、亚里士多德来说，科学的首要含义是方法的有效性、基础的牢固性，代表超越的、普遍的真理，尽管二人对科学的界定不尽相同。当亚里士多德把哲学、政治学、伦理学等视之为科学时，他的着眼点绝不是这些学科能被用于征服自然，恰恰相反，他一再强调这些东西被称为科学是因为它们超越于一切实用的关怀而去追求抽象的真理。

我们必须承认，我们今天从西方引进的大量学科，如哲学、伦理学、政治学等，从古希腊时代起就是在科学的标准下成长起来的，而哲学反过来又被当作科学制定标准的学问，因此科学和哲学以及今天所有的人文社会科学学科之间是一种共生共长的关系，脱离科学的内在标准来理解这些学科是极端错误的。科学这一范畴对于我们理解古希腊学术特征的关键在于：并不是任何一种研究人性或世界本原等问题的学问都配称为哲学，因为哲学是一门科学；并不是任何一门研究伦理问题的学问都配称为伦理学，因为伦理学（ethics）是一门科学（ethical science）；并不是任何一门研究政治问题的学问都配称为政治学（politics），因为政治学是一门科学（political science），如此等等。这就是说，无论是哲学，还是其他的人文社会科学学科，都共同具有科学的特征。在古希腊学术史上，所有这些学科都是人们在追求科学的过程中逐渐形成的。于是相应的，假若一个民族并不具有追求西方科学的传统（如中国），那么它又如何能形成一系列与西方一样的哲学、伦理学、政治学等科学呢？

然而在今天的中国学术界，我们看到了一个极为尴尬的局面：人们把西方两千多年来追求科学的过程中形成的一系列学科（作为科学的部门），如哲学、伦理学、政治学等人文社会科学学科，在极短的时间内一股脑儿地搬到了中国，他们一方面虽然也承西方习惯称之为科学，但另一方面对于这些学科的科学标准究竟体现在何处则完全缺乏认识。故而他们认为中国古代的学问，如先秦诸子之学，儒、道、释之学，凡不是神话或迷信的部分皆可称为哲学（科学）。与此同时，他们还模仿西方人编出一本又一本诸如《中国哲学史》《中国伦理学史》《中国政治学史》《中国经济学史》之类的著作来。这样一来就导致了这样一个问题，既然我们也承认中国古代学术并不具有古希腊学术所追求的科学特征，那么我们凭什么说中国古代也有哲学、伦理学、政治学、经济学、法学等一些科学呢？既然如此，我们凭什么编出一本又一本《中国哲学史》《中国伦理学史》《中国政治学史》《中国经济学史》之类的教材来呢？

## 哲学、科学与辩证法

由上可见，孔子和柏拉图对于智慧的态度是迥然不同的，前者所追求的是人生的真谛、人生的指导原则，而后者则追求超越于个人之上的普遍的知识。前者现在尚不存在，需要我们用修身的方式来成就之；后者则是现在已经作为事实存在于世界中，等待着我们去发现。其实这个不同之中蕴藏着整个古希腊学术、文化、思想与中国古代的不同，即希腊学术走向了今日所谓科学的途径，而中国学术则不然。

《国家篇》一书中译者对古希腊学术思想的根本特征有这样一段精辟的分析，他说：

> 希腊学术文化的根本目的在于追求知识，希腊语哲学一词（philosophia）原义爱知，科学一词（epistēmē）原义知识，在古希腊人看来，哲学科学一而二，二而一，初无区别。现代所用 science 一词，出自拉丁；knowledge 一词，出自古英语；原义均为知识。知识代表真理，亚里士多德有句名言"吾爱吾师，吾尤爱真理"（Amicus Plato, sed magis veritas）。古希腊人所谓知识，代表真理全部，不是局部。（柏拉图，1986，"译者引言"。引者注：希腊文字母转写成拉丁文，下同）

文德尔班在著名的《哲学史教程》中谈到古希腊哲学的原始含义时也写道：

> 现在我们仍可认出，philosophein 和 philosophia 两词在文献中初次出现时，它们简单而不确切的涵义是"追求智慧"，而在苏格拉底以后的文献中，特别是在柏拉图和亚里士多德学派中，哲学一词获得了明确的意义，根据这个意义，哲学指的恰恰是德文"Wissenschaft"[科学]。……同哲学一词的上述第一种理论意义很早就结合在一起的是第二种理论意义。希腊哲学发展到一定阶段……便获得了基于科学原则的生活艺术的实践意义。——智者派和苏格拉底早已为这种涵义开辟了道路。(1987，8—9)

在古希腊语中知识与科学两个单词写法一样，都作 epistēmē，与意见（doxa）相对立。前面我们提到柏拉图对于什么是真正的知识的若干理解，无疑地，他所理解的知识的标准也就是他所理解的科学的标准。

那么一门学问成为科学与辩证法有什么关系呢？

我们知道，辩证法作为一种会话的艺术早在爱利亚派及智者派那儿既已非常发达。至于它的产生背景，我们可以上溯到希腊城邦的政治社会生活，与这种政治社会生活相关的几门学问除了辩证法之外，还有反证法、诡辩法、修辞学等（柯费尔德，1996，67—93）。所有这些东西都体现了希腊城邦中话语力量的强大，话语力量的强大导致人们重视理性的思辨力量，重视逻辑论证的方式，这是辩证法产生的时代历史原因。[36] 然而，直到苏格拉底以前，辩证法——作为一种会话的艺术——无论是芝诺的论辩方式还是智者派作为赚钱手段的语言艺术，都无疑带有诡辩的性质。只是苏格拉底才有意识地把它用于论证真理，从此辩证法开始与知识/科学挂上了钩，与此相应的是，它也为苏格拉底、柏拉图心目中的知识/科学确立了标准。柏拉图意义上的辩证法不是为了确立我们今天所谓的自然科学意义上的知识，而首先是为了确立哲学意义上的科学知识,换言之,为了确立最高意义上的知识。这是我们在此要特别强调的。柏拉图把哲学研究当作最高层次上的知识追求。在柏拉图看来,一个人从事哲学研究的首要前提是要懂得如何来获取知识,也就是说方法的重要性超乎一切之上。由于只有辩证法才提供了一套最严密的、最合乎知识标准的获得知识的方法,所以它是一切学科中最重要的:"辩证法像墙头石一样,被放在我们教育体制的最上头,再不能有任何别的学习科目放在它的上面是正确的了,而我们的学习课程到辩证法也就完成了。"(《国家篇》534E—535A。1986,301—302)。

陈康先生曾说,柏拉图著作中的辩证法一词含义"相当于我们现在所谓'哲学',或更精确点,相当于现在哲学中的所谓万有论和认识论部分"(柏拉图,1982,102)。可见柏拉图的辩证法含义虽广,但不外指方法论(认识论)和存在论(万有论)两方面。波普尔也认为辩证法在古代有一种意义十分接近于今人所说的"科学方法"(波普尔,1986,448)。从方法论(认识论)的角度看,苏格拉底、柏拉图的辩证法至少在如下几个重要方面与希腊人所追求的科学密切相关:

(1) 刨根究底地追问。任何知识命题都必须向理性的批判开放,必须有勇气面对一切批评的挑战。辩证法代表一种刨根究底地追问的精神,也是希腊文化追求精神自由的重要象征。

(2) 经得起无穷诘难。任何真理要经得起无穷诘难和批评,就必须在理论上注意论证方法的有效性,必须有牢不可破的逻辑基础,其重要结果之一是方法的有效性被看得比结论重要得多。

(3) 前提的有效性。任何一个命题成为真理,都必定以其他的命题为基础。从一个错误的前提出发不可能得出正确的结论。哲学追求的知识/科学就被认为必须建立在可靠的前提之上。辩证法在柏拉图著作中的一个重要含义就是找到一切知识前提的根据,直到达到不再是假设的第一前提或终极原理(陈康,1990,176)。

(4) 把握普遍的本质(定义)。寻找定义是柏拉图对话录中最为常见的内容。寻找定义就是超出于研究者个人职业、身份、兴趣、爱好等一切人格化的特殊领域，找到事物共性的、普遍的含义。无论是苏格拉底、柏拉图，还是后来的亚里士多德，都视寻找定义为把握事物本质的重要途径。本质即本体（ousia），本体即理念，理念即共相。因此寻找共相成为辩证法的根本任务。

（5）主体与客体的二分。这里的"主客二分"不是指当代西方哲学所广泛批判的、二重实体的假定（这种本质主义的思维方式当然也可以追溯到柏拉图），而是指一切科学研究所不可避免地将研究者放在研究对象之外且以求是为旨归的思维方式。这种思维方式没有，而且也不可能被当代西方哲学所抛弃。下面我们将会看到，正是这种科学研究中最基本的思维方式在中国古代学术中根本不受重视。

学术界流行这样一种观点：中国古代没有西方意义上的科学，但是西方人从古希腊以来发明的哲学、伦理学等人文社会科学方面的学问，中国古代不仅有，而且非常发达。蔡元培（1927）先生在1911年出版的《中国伦理学史》中认为伦理学是中国古代最发达的学问。胡适先生1918年写出《中国哲学史大纲》的时候就把中国古代的各种思想，特别是先秦诸子的思想统统纳入中国哲学这个范畴。冯友兰先生1948年写《中国哲学简史》（英文版）的时候甚至认为，中国自古之所以宗教不发达，正是因为哲学发达的缘故。然而我们可能忘记了一个重要事实，那就是在希腊人看来，哲学是追求知识的，知识（episteme）即科学（episteme），所以哲学不仅属于科学的范畴，而且在苏格拉底、柏拉图、亚里士多德等人看来，哲学家还担负着为科学知识确立标准的神圣任务。直到笛卡尔和黑格尔，也仍然认为形而上学是一切科学中最高层次的科学，是一切科学的模范。因此，在西方历史上，人们曾认为若是一种学问没有科学特征，就不能称为哲学。现在既然我们认为中国古代没有科学，却又为何认为中国古代有哲学呢？既然我们承认哲学完全是一个从西方借来的学科之名，在理解它所代表的学问的同时却又不根据西方人自身的理解，这岂不自相矛盾吗？

胡塞尔（Edmund Husserl，1859—1938）可能是20世纪西方哲学家

中为数不多的几个强调重建作为一门"严格科学"的哲学的人,不管他的这一理想在 20 世纪是不是主流,他对西方哲学的根本精神的分析却是牢不可破的。[37]让我们来看他的下面这两段话:

> 自最初的开端起,哲学便要求成为严格的科学,而且是这样的一门科学,它可以满足最高的理论要求,并且在伦理—宗教方面可以使一种受纯粹理性规范支配的生活成为可能。(1999,1)

> 成为严格的科学,这样一个充分被意识到的意愿主宰着苏格拉底—柏拉图对哲学的变革,同样也在近代之初主宰着对经院哲学的科学反叛,尤其是主宰着笛卡尔的变革。它的推动力一直延续到 17 世纪和 18 世纪的伟大哲学之中,它以极端的力量在康德的理性批判中更新了自己,并且还主宰着费希特的哲学思考。研究的方向一再地指向真正的开端,指向关键性的问题表述与合理的方法。(1999,5)

什么是一门"严格科学"的哲学?毫无疑问,它首先要求用科学的方式来研究哲学问题。那么自古以来,用科学的方法来研究人生、社会、自然事务,在中国有乎?无乎?需要声明的是,本章所要重点探讨的绝不是自然领域的"科学的研究方式",而是什么是人文、社会领域,特别是哲学领域的"科学的研究方式"!在古希腊人看来,哲学作为一门科学——真正的知识——的基本特征之一就是它比任何其他学科更加重视知识基础的牢固性,以及与此相应的论证过程的逻辑有效性。对于真正的知识,与"意见"(doxa)相对立的知识(=科学)的逻辑标准的讨论,在苏格拉底/柏拉图那儿最明显地表现为对于辩证法的重视,在亚里士多德那儿则表现为对形式逻辑的重视。这就是我们从辩证法来看西方学术的科学特征的根本缘由。本章的基本观点是,古希腊人所发明的哲学作为一门科学的研究方式在人文、社会科学领域迄今为止从未真正为中国人接受,恰恰是这种研究方式构成西方一切人文、社会科学研究的基本特征。我们今天大谈所谓中国哲学、中国伦理学、中国政治学等一系列获得西方相应学科之名的中国科学,其实掩盖了一些极其重要的事实真相,不了解这些事实真相导致我们无法真正理解西方学术的本质特征,于是一系列莫名其妙的中、西学术比较发生了。

我们知道,柏拉图心目中的科学从范围上讲并不是针对我们今天狭义上的自然科学,而是首先指哲学,在他看来,只有哲学才能追求到真正的知识,因而只有哲学才配得上真正的科学之名。至于自然科学(柏拉图称为各种技艺),在柏拉图看来,由于它们还不能脱离对经验的、可变的感性世界的模仿,因而还算不上是真正的科学(《国家篇》533A—C。1986,299—300)。尽管柏拉图这种视哲学为唯一科学的做法到亚里士多德后就被西方人抛弃了,但是不能否认的一个重要事实就是:柏拉图确实为哲学研究奠定了"科学基础",这个"科学基础"并没有随着柏拉图的死亡而消失,相反,两千多年来它一直深刻地支配和影响着西方哲学的发展方向。我们在前面从若干方面概括了西方学术的科学特征,以此为基础,我认为柏拉图所奠定的、在他的哲学中由辩证法来支撑的哲学研究的科学性可以概括为如下三个方面:

首先,求是的精神。求是即求世界实际上是什么,亦是求得终极实在。这种思维方式要求研究者在进行研究时,必须将一切属于个人的人格化、情感化、特殊化的思想倾向抛弃于一旁,而追求世界的客观真理,它就是前面所说的与科学相关的主客二分式的思维方式。寻求概念的普遍定义的方法是典型的求是的思维方式。这种求是的思维方式在古希腊从第一批哲学家那儿就已成型,在柏拉图、亚里士多德及其后两千多年的西方哲学史上,它一直是哲学研究所采取的基本方式。现代西方哲学普遍批判传统哲学中"主客分裂"(dichotomy of subject and object)的思维方式,但是他们的批判矛头主要是指向传统哲学认为本质与现象、事实与价值、实体与自然二分的本质主义观念。实际情况是,即便这种批判也仍然是循着求是的方式进行——他们指出事物与价值、本质与现实、实体与自然"事实上是"不分的。也就是说,作为一种研究方式,以求是为旨归的"主(研究者本人)客(研究对象)分裂"是不可能被抛弃的。在西方哲学史上,求是的思维方式导致的最终结果就是形而上学的兴起,换言之,形而上学是最高层次上的求是。可以说,以求是为旨归、以主客二分为特征的思维方式乃是作为一门科学的哲学的必要条件。在柏拉图的哲学中,以求是为旨归的形而上学和辩证法等而同之(柏拉图,1982,102;策勒尔,1992,139—144;陈康,1990,193),柏拉图说:

> 只有辩证法有能力让人看到实在,也只让学习过我们所列举的那些学科的人看到它,别的途径是没有的。……而一切其它的技术科学则完全或是为了人的意见和欲望,或是为了事物的产生和制造,或是为了在这些事物产生出来或制造出来之后照料它们;至于我们提到过的其余科学,即几何学和与之相关的各学科,虽然对实在有某种认识,但是我们可以看到,它们也只是梦似地看见实在,只要它们还在原封不动地使用它们所用的假设而不能给予任何说明,它们就还不能清醒地看见实在。因为,如果前提是不知道的东西,结论和达到结论的中间步骤就也是由不知道的东西组成的,这种情况下结果的一致又怎能变成真正的知识呢?(《国家篇》533A—C。1986,299—300)

其次,哲学研究的科学性在于它追求普遍的本质,在所有的普遍本质中,层次最高的有时也称为"第一原理",它成为一切知识的终极基础。哲学以追求真实、可靠的知识为其矢志不渝的理想。什么是真正的知识呢?真正的知识就是那些超越于个别事物的一切特殊性进而达到对普遍本质的认识。从广义上来研究知识的终极基础后来演变成认识论这门学科。但是,即使不以认识论问题为核心的哲学家,也在寻求关于世界或人的某个方面的知识,因而也是在追寻某种普遍的本质(知识),

并尽可能使其所追求的这个领域的知识达到最高层次,即达到最大的普遍性,并具有不证自明的绝对有效性。黑格尔把这种最高层次上的哲学知识称为"绝对知识",这一思想与柏拉图有直接关系。柏拉图认为,如果一个哲学家在寻求知识的过程中达不到最高层次的普遍性,那么他的学说就仍然建立在某些并非不言自明的前提之上,因而也不再是真正的知识。柏拉图把这当作哲学区别于其他一系列学科或技艺的根本标志(《国家篇》533A—C)。在早期哲学中,柏拉图将所有的知识(指我们今天所说的广义上的知识)分为四个层次:"想象""信念""理智""知识"。只有最后一个阶段才有真正的知识(关于理念的知识)。它之所以是真正的知识,因为它具有最大的普遍性和真实性,它之所以具有最大的普遍性和真实性,是因为它真正脱离了感性事物。在此,普遍性与真实性是不可分离的,唯其普遍,故而真实。例如,与无数个别、特殊、具体的"大之物"相比,"大之相"(理念)是普遍的,这种普遍性使它能够不因具体事物的变化而变化,因而如果说具体事物是虚幻的,"大之相"就是真实的。是什么方法使人可以达到这种最高层次上的知识呢?柏拉图强调,是辩证法,因为辩证法会引导人超越一切假设和前提之上找到它们背后的根据,即真正普遍的原则(第一原则):

> 辩证法是唯一的这种研究方法,能够不用假设而一直上升到第一原理本身,以便在那里找到可靠根据的。当灵魂的眼睛真的陷入了无知的泥沼时,辩证法能轻轻地把它拉出来,引导它向上,同时用我们所列举的那些学习科目帮助完成这个转变过程。(《国家篇》533C D。1986,300)

最后,哲学研究的科学性还十分重要地体现在它必须进行合乎逻辑的论证。这同时给哲学家提出的主要要求就是他必须把主要精力用于进行逻辑论证。论证的逻辑性的研究后来演变成逻辑学这门独立的哲学分支学科。但是即使不从事逻辑研究的哲学家,也不得不把主要工作用于论证之上。这正是哲学区别于宗教的重要之处,因为宗教往往也提供一整套完整、系统、严密、深刻的学说,但宗教徒的主要工作不是逻辑论证而是修身、养心、祈祷和践履,或者说,不是知而是做。在苏格拉底、柏拉图看来,辩证法代表了一种科学的论证方法。具体来说,辩证法作为一种以发现真理为目标的逻辑论证方法有如下两个方面的含义:一是积极的方面,指如何通过合乎逻辑的方式获得真知识:柏拉图提出的获取知识的方法有综合、分析、回忆、归纳、转向、假设等一系列方法(陈康,1990,168—178)。二是消极的方面,指如何通过合乎逻辑的方式发现伪知识。其中包括通过检验一个命题所可能导出的结论来证明这个命题不可能成立(reductio ad impossible),或通过引进一个大家都接受的分命题来推论现有命题是否成立,或通过检验一个命题中所包含的前提性假设的荒谬之处来证明这个命题不能成立,等等。柏拉图说:

> 辩证法通过推理而不管感官的知觉,以求达到每一事物的本质时,并且一直坚持到靠思想本身理解到善者的本质,他就达到了可理知事物的顶峰了,正如我们比喻中的那个人达到可见世界的顶峰一样。(《国家篇》,532A—B。1986,298)

## 辩证法与西方学统

必须认识到,辩证法带给古希腊学术的精神价值世界,其主要特征是思想的自由境界,即思想无穷诘难、无限辩证、无尽探索的境界。正如一些西方学者所指出的,希腊人对于"世界是什么?"这一问题进行自由的思考,可以自由地否定传统的解释,抛弃教士的训诫和说教,他们自由地追求真理而不受任何束缚。正是他们的才智自由驰骋,才为我们今天的科学奠定了基础(汉密尔顿,1988,26)。无止境的否定和怀疑，无穷尽的诘难和追问，无拘无束的探索和发现，这本身就是一种可以不断满足自身的精神体验，一种痛快淋漓的生命享受，一种至高无上的人生境界。在思想自由驰骋的过程中，人的精神勃发起来，生命力变得无比充沛，灵魂进入一个崭新的境界。这样一种人生，在中国古代学术中是很少见的，对于绝大多数中国人来说，也是非常陌生和很难理解的，但它确曾是在古希腊哲学赖以兴起并曾经激荡无数人心灵的重要原因。

古希腊哲学所具有的这种思想的自由特征，千百年来受到了无数西方学者的赞扬和讴歌，以至于我们几乎可以在任何论述古希腊哲学特征的西方论著中轻而易举地找到这样的赞美和讴歌。例如，黑格尔在《哲学史讲演录》"导言"中有一部分专门讲到"思想的自由是哲学和哲学史起始的条件"，并指出："惟有在西方这种自我意识的自由才首先得到发展，因而自然的意识，以及潜在的精神就被贬斥于低级地位。"（黑格尔，1959，98）后面我们将看到，胡塞尔在《欧洲科学危机和超验现象学》中也对哲学思想的自由极尽赞美之能事，并将其价值抬到了无与伦比的地位。

辩证法作为思想的自由，在思维方式上的另一个重要特征，是它可以代表一种与实用的目的并不相关的求知欲，这种求知欲体现了人类本能的好奇之心。当人们对于自然事物感到诧异时，他们就有了相应的求知欲，这种求知欲与日常生活的需要无关，但却体现了人追求自由的本性。与此同时，为求知而求知，这也是精神自由的象征，正如柏拉图所曾经指出的那样，埃及与腓尼基人喜爱金钱，而希腊世界的最显著的特点是喜爱知识。雅典人同旅行到雅典附近的陌生人们在一起，把时间全部花在谈论新鲜事物、了解新鲜事物上面。甚至那些外邦人也被卷了进去，他们在日常生活的接触中，不能不被那种要求了解世界的强烈愿望以及对于世界上一切事物的好奇心所感染。对于古希腊人的这一思维方式，西方学者曾这样总结道：

希腊人都是知识分子,热衷于使用自己的头脑。这一点甚至在他们所使用的语言中也有明显的表现。我们现在所说的"学校"一词,出自希腊语,原意是"闲暇"。显然,希腊人是这样考虑的:一个人有了闲暇时间,他就利用它进行思考,寻求事物的来龙去脉。对于希腊人来说,闲暇与追求知识之间的联系是不可避免的。又如哲学一词听起来严峻、刻板、枯燥,它也出自希腊语,原文一点也不包含这样的意思。希腊人赋予它的含义是:竭尽全力,理解所有的事物。于是,他们把它叫做"热爱知识"。(汉密尔顿,1988,23)

按照亚里士多德的著名观点,哲学在思维方式上的这一特征具有极其重要的价值,因为它体现了人的自由本性,而且使得哲学成为唯一的一门"为学术自身而成立"的学术,其根本意义则在于它构成了哲学这门科学得以独立存在的基础,当然同时也构成了其他现代西方学术学科独立存在的基础。亚里士多德说:

> 古今来人们开始哲理探索,都应起于对自然万物的惊异;他们先是惊异于种种迷惑的现象,逐渐积累一点一滴的解释,对一些较重大的问题,例如日月与星的运行以及宇宙之创生,作成说明。一个有所迷惑与惊异的人,每自愧愚蠢(因此神话所编录的全是怪异,凡爱好神话的人也是爱好智慧的人);他们探索哲理只是为想脱出愚蠢,显然他们为求知而从事学术,并无任何实用的目的。……这样,显然,我们不为任何其他利益而找寻智慧;只因人本自由,为自己的生存而生存,不为别人的生存而生存,所以我们认取哲学为唯一的自由学术而深加探索,这正是为学术自身而成立的唯一学术。(《形而上学》982b27。1959a,5)

亚里士多德对哲学本质的上述概括,其精神实质在于强调哲学出于人的好奇本性，因而反映人性的自由追求，是一门与实用的生活需要无关而独立存在的学术事业。这种观点与他以前的苏格拉底、柏拉图都形成了鲜明对照。

正如我前面所已经讲到过的那样，在苏格拉底、柏拉图看来，哲学的主要功用在于改善人的心灵，培养人的德性；而柏拉图更是强调那些有资格成为"王"的人——哲学王——必定同时具有完美的德性。这大概也是苏格拉底、柏拉图从事哲学的动机最不同于前人的地方。为什么亚里士多德反对他老师的观点，要对哲学的本质特征作重新理解呢？原因或许在于他发现了苏格拉底、柏拉图哲学中所存在的一个内在矛盾，即一门以求知为旨归的学问与治国平天下的社会政治理想或成圣成贤的道德理想在逻辑上是相互冲突的。求知意味着求是，在思维方式上是事实判断；而治国平天下或成圣成贤的理想则意味着求应（该），在思维方式上是价值判断。我们在讲柏拉图的辩证法思想的时候曾经指出过，柏拉图（包括苏格拉底）一方面大肆提倡德性，另一方面却把德性归于知识。在柏拉图的对话中，我们鲜明地看到求是的兴趣有着压倒一切的地位，它使柏拉图把哲学引向了科学的皇后的方向。这种求知、求是的逻辑在诸如孔子的学说及一切宗教、信仰类型的学说中是绝对缺乏的，后者对德性的追求完全表现为实践的逻辑，以价值判断为主导。尽管柏拉图一再强调，一个有了真正的知识的人，必定也会使自己具备完善的德性；但是，他的这一善良愿望与他所崇尚的哲学思维方式是有矛盾的，也是后者所不能达到的。因为，柏拉图的工作完全循着求是的方向走，侧重于告诉我们那些德性（正义、节制、勇敢、智慧等）是什么，而不重点告诉人们在现实生活中应该怎么做。它既不像宗教那样对人们进行大量道德的劝诫和教诲，也不像儒家学说那样对人们提出一系列严格、复杂、漫长、艰苦而可以实行的修身及日常生活实践要求。我们在前面曾作过一个柏拉图论美德与孔子论仁的对比研究，这一研究充分显示，柏拉图的哲学研究在实用价值方面是苍白无力的；而这完全是由柏拉图哲学在思维方式上的特征所决定的。因此我们有理由认为，亚里士多德对哲学本质的重新定位，不仅是充分总结了泰勒斯以来所有古希腊哲学家哲学思维方式特征的结果，而且是对苏格拉底、柏拉图关于哲学本质的理解中所包含的内在矛盾进行了深刻反省的结果。[38]

亚里士多德对哲学本质的重新定位，其意义无与伦比。因为它提出了哲学这门学科之所以独立存在、不受任何外在其他需要干扰的内在根据，并让人们把哲学当作一种独立的事业来追求，学会从中找到人性的自由。这种自由精神，无疑是西方学术精神价值基础的一个重要方面。

## 本章注释

[1] 参韦尔南，1996，38。在这方面韦尔南只讲到了亚里士多德，而未涉及苏格拉底和柏拉图。其实最早确立论辩技巧及论证规则的是智者派，苏格拉底和柏拉图的辩证法则属于这方面更加重要的积极工作。至于亚里士多德的逻辑学和辩证法，则完全是承袭和发展苏格拉底、柏拉图的结果。

[2] 据第欧根尼·拉尔修（Diogenes Laertius），第九卷，第五章，§25—29，D1："这位芝诺作了巴门尼德的学生……亚里士多德说他是辩证法的创立者，就像恩培多克勒是修辞学的创立者一样。"（引自北京大学哲学系西方哲学史教研室，1961，56）据涅尔《逻辑学的发展》一书介绍，亚里士多德将芝诺说成辩证法的发明者，除了见于拉尔修的《名哲言行录》（Diogenes Laertius, *Lives of Eminent Philosophers*: vitae, viii. 57 and ix. 25. ed. with an English translation by R. D. Hicks, 2 vols. London, 1925）之外，还有塞克斯都·恩披里柯的记载（Sextus Empiricus. *Opera*: *Adversus Mathematicos*, vii. 7, 3 vols. ed. H. Mutschmann and J. Mau. Leipzig, 1912, 54）也证实了亚里士多德说过芝诺是辩证法的创立者（涅尔，1985，11）。亚里士多德的这句话存在于他失传的对话《智者们》一书中，柯费尔德专门对这个问题的真实性作过考察，他引用了一些相关的材料证明芝诺确曾在"谈话"中使用了反证法艺术，而这种反证法尽管柏拉图评价不高，但也是柏拉图辩证法的一个内容（柯费尔德，1996，67—71）。又据北京大学哲学系编译的《古希腊罗马哲学》一书，芝诺的鼎盛之年在公元前464—前461年，而赫拉克利特的鼎盛之年在公元前504—前501，前者比后者晚了约40年（见北京大学哲学系西方哲学史教研室，1961，14，55）。

# 辩证法与西方学术传统

[3] 理查德·罗宾逊指出，尽管第欧根尼·拉尔修（Diogenes, VIII, 57, cf. IX 25）指出亚里士多德曾将芝诺说成是辩证法的发明者，但是这一说法是不精确和带有误导性质的；他认为亚里士多德的话很可能仅仅是指芝诺首先明确、突出地采用了"归于不可能（reduction to impossiblity）"的论证方法（即通过导出一个无法接受的结论来反驳对手），而绝不可能是指芝诺使用过辩证法这个词（Robinson, 1953, 88—92）。

[4] 理查德·罗宾逊、查尔斯·H. 卡恩都证明我们在柏拉图著作中见到的"辩证法概念"（notion of dialectic）是柏拉图自己创立的，这不仅是指"辩证法概念"作为一种通过问答法来获取终极真理的最佳方法，而且还指辩证法这个词（the technical word "dialectic"）很可能也是柏拉图发明的，我们将在下面涉及这个问题（Robinson, 1953, 90—91；Kahn, 1996, 305）。黑格尔也曾多次提到柏拉图是辩证法的发明者，例如他说："在古代，柏拉图被称为辩证法的发明者。就其指在柏拉图哲学中，辩证法第一次以自由的科学的形式，亦即以客观的形式出现而言，这话的确是对的。"（1980, 178。另参 1976, 537—538）。

[5] 卡恩指出（Kahn, 1996, 299），dialegō 所具有的"选取"（select）、"分开"（separate）之义与后来柏拉图辩证法概念所有的"分解"（diaireisthai/division）之义相对应，亦与色诺芬《回忆录》（Mem. IV. 5. 11）中所用的 dialegontas（dialegonates kata genē, distinguishing things according to kinds）一词之义相近（另参 Kahn, 1996, 77）。在色诺芬的《回忆录》IV. 5, 12 中有这样一段话："他［指苏格拉底——引者注］注意到 dialegesthai［辩证］这个词导源于人们的一种活动，就是聚在一起讨论问题，按对象的种属加以辨析［dialegonthes］。因此，他认为每个人都应当下决心掌握这种艺术，下苦功去学习它，因为一个人凭着它的帮助，就成了最有才干的人，最能指导别人的人，讨论时见解最深刻的人。"（见北京大学哲学系西方哲学史教研室，1981, 59）

[6] 希腊文词汇查找主要根据 Crane, 2000。另参 Kahn, 1996, 75—79, 302—309 等处。

[7] 卡恩指出，亚里士多德把芝诺当成辩证法的创造者（D. L. VII. 57, IX. 25）可能是受到柏拉图在《斐德罗篇》（261D）及《巴门尼德篇》（127Dff.）中对芝诺的论述的影响，他并引用了 D. L. III. 24 及 Müri, W. （1944），"Das Wort Dialektik bei Plation", *Museum Helveticum I*, pp. 152—168 两种材料来证明"古人认为 dialektikē 这

个单词是柏拉图的创造，他们的观点无疑是正确的"（Kahn, 1996, 325）。罗宾逊在这个问题上与卡恩意见一致。

[8] 柏拉图在《国家篇》第七卷中连续五次使用了 dialekitikē 这个阴性形容词，用来指一种专门的哲学方法（hē dialektikē mothodos, 533D），与后来《斐德罗篇》中所谓"辩证法的技艺"（dialektikēi technēi, Phaedrus, 276D），《智者篇》253D 中的作为一门科学的辩证法（dialektikēs phēsomen epistemēs）相呼应。这个希腊词首次出现于柏拉图的《美诺篇》75D 之中（以词头 dialektik-的形式）。卡恩、罗宾逊都认为这个词是柏拉图的创造，参 Robinson, 1953, 90—91；Kahn, 1996, 305。

[9] 卡恩论证色诺芬《回忆录》中的许多用语，包括以 dialego 为词根的几个单词，都是借用了柏拉图的用法，都是借用了柏拉图的用法。参 Kahn, 1996, 75—79。

[10] 资料来源参 Crane, 2000。另参 Kahn, 1996, 75—79, 302—309 等处。

[11] 此处希腊文页码之前为书名。如 *Apology* 指《申辩篇》，*Charmdes* 指《查米迪斯篇》，余皆仿此。有关柏拉图对话的中文译称，参泰勒, 1991。

[12] Dialegesthai 一词在希腊语的本义正是"对话""会话"等，在早期的许多对话中，柏拉图一般也正是在这一意义上使用该词，而并无任何特殊的哲学含义。据格雷戈里·R. 克雷恩（Crane, 2000）提供的查询资料，柏拉图早期对话中 dialegesthai 一词出现甚多，而以 dialege-为词根的各种术语则多达 200 多例。但是该词多数情况下并无特殊的哲学意义，而只是保留其在日常用语中的含义，即仅指"对话""会话""谈话"。见之于 *Apology* 41C; *Euthydemus* 273B, 284E, 295E, 301C, 304A, 305B; *Hippias Major* 301B, 304D; *Charmides* 154E, 155A, 159B; *Laches* 187E; *Lysis* 206C, 210E, 211C; 等等。

[13] 根据卡恩的分析，在三篇早期对话《小希庇阿篇》《高尔吉亚篇》《普罗塔哥拉篇》中，dialegesthai 被用来指一种和修辞性的论说（oratory）相对立的论说方法，其特点是反对冗长的自我表白，强调以问答、对话的方式来探讨问题。在《美诺篇》中发明的 dialektikoteron 一词，指一种与不求真理的诡辩术相对立的讨论方式。在《克拉底鲁篇》中，他用 dialektikos 来指善于用问答的方式从事对话，并懂得名词术语的正确用法的人。在《尤息底莫斯篇》中他用 dialektikoi 来指有能力支配其他学科的一切知识的人（Kahn, 1996, 302—309）。

[14] 一方面，亚里士多德不再像柏拉图那样同时从哲学上和日常意义上使用

dialegesthai、dialektosg 两词，他似乎取消了这两个词的哲学含义，仅从日常意义上使用该词，前者见于《形而上学》1006b，1062b，1063b，《修辞学》1404a；后者见于《形而上学》1066b，《诗学》1449a，1458b，《修辞学》1404a/b。另一方面，亚里士多德将辩证法作为一个专门哲学术语的形式固定下来，基本上只采用 dialektik-为词头的拼写形式，并主要采用了 dialektikē（s）(i)(n)（阳性形容词）这一表达式，见于《形而上学》987b，1061b，1078b，《修辞学》1354a，1355a，1355b，1356a，1356b，1358a，1359b；同时亦使用 dialektik(i)(n)(s)(us) 的拼写形式（阴性形容词，一般指"辩证法家"），见于《形而上学》995b，1004b，《修辞学》1355b，1358a，1395b，1401a，1402a 等处（Crane，2000）。更详细的资料参《亚里士多德全集》中文版第十卷："全集索引：'辩证的'"（1997，270）。

[15] 关于柏拉图辩证法思想的原义及其在不同时期、不同对话中的变化，参 Robinson，1953；Kahn，1996，292—328；Edwards，1967a，386；陈康，1990，176—178，189—238；范明生，1984，258—329；策勒尔，1992，139—144。此外，黑格尔在《哲学史讲演录》第二卷中也对柏拉图的辩证法思想作过较为深入的分析，但他把对柏拉图辩证法的理解已完全"黑格尔化"了，把柏拉图的辩证法理解为"概念的必然运动"、"对纯粹思想本身的考察"，并因而重点从其晚期的对话（如《智者篇》《巴门尼德篇》）来理解柏拉图的辩证法思想，他将《巴门尼德篇》而不是《国家篇》当作柏拉图"真正辩证法的发挥……是柏拉图辩证法最著名的杰作"（参《哲学史讲演录》卷二，222—247。中译本参 1960，199—223）。我国较早介绍柏拉图的辩证法的学者有陈康和冯友兰等人（1986b，180—190），新中国成立后研究柏拉图辩证法较深入的有范明生、王晓朝、谢文郁等人，其中范对柏拉图辩证法的理解受黑格尔影响较重，王晓朝对柏拉图辩证法的分析较为全面，谢文郁重点分析了柏拉图晚期对话特别是《智者篇》中的辩证法。

[16] 王晓朝（1987）在"柏拉图辩证法的本来含义"中将柏拉图辩证法的本义归纳为三个方面，即认识论含义、方法论含义和本体论含义。并且他从"问答的技艺""认识理念的思想进程""纯洁心灵的一门艺术""思考、学习和教育的方式"等四个方面概括了柏拉图辩证法的认识论含义。

[17] 我们前面提到过，柏拉图在早期的几篇重要对话《小希庇阿篇》《高尔吉亚篇》《普罗塔哥拉篇》《美诺篇》《克拉底鲁篇》等之中，已经或有意或无意地从哲学上使用或发明了 dialegesthai、dialektikoteron、dialektikos 三个词，它们被用来或

指一种和修辞性的论说（oratory）相对立的以问答、对话来探讨问题的方法，或指一种与不求真理的诡辩术相对立的讨论方式，或指善于用问答的方式从事对话，并懂得名词术语的正确用法的人，等等。这一事实也能证明，柏拉图辩证法的早期含义带有极其深刻的苏格拉底的烙印，也充分证明柏拉图的辩证法概念是在总结"苏格拉底式诘难"的基础上提出来的。

[18] 亚里士多德在《形而上学》第十三卷1078b25以下一段讲到苏格拉底对后世科学的贡献的时候就曾指出"苏格拉底竭诚于辩证的推理"，发明了归纳思辨和普遍定义的方法，"两者均有关一切学术的基础"（1959a, 266—267）。

[19] 学术界一般不把"回忆法"当作柏拉图辩证法的一个方面来介绍，而主要当作柏拉图的认识论的主要内容（Robinson, 1953; Kahn, 1996; 范明生, 1986; 等等）。但是事实上，"回忆法"所代表的柏拉图的认识论，与"回忆"作为一种方法和过程所具有的辩证法特征这两点之间是不矛盾的。事实上，"回忆"所代表的问答过程和正确运用理性推理能力的过程乃是柏拉图辩证法的典型表现形式之一。

[20] 罗宾逊·卡恩、范明生等人均认为"假设法"是柏拉图辩证法中的重要组成部分，参Robinson, 1953, 93—113; Kahn, 1996, 296—300, 309—321; 范明生, 1986, 286—313。其中以罗宾逊对柏拉图的辩证法作为假设法的内容所作的研究最为系统、深入，他将"假设法"当成了早期柏拉图辩证法的最主要内容，在《柏拉图的早期辩证法》一书中用大量篇幅加以讨论。从"假设"一词在柏拉图对话中的大量出现及其含义可以证明它确实应当是柏拉图辩证法的重要内容。我国学者范明生对《巴门尼德篇》中的假设法的解释，我们将在后面讨论。

[21] 柯费尔德认为"柏拉图根本反对雄辩术（英文原文eristic，当译诡辩术——引者），完全赞同辩证法，反证法则介于两者之间。反证法完全可以为雄辩的目的服务"（柯费尔德, 1996, 74）。他"反对反证法的不确切性，而要求辩证的方法"（柯费尔德, 1996, 74）同时"担心其误用，特别是年轻人的误用"（柯费尔德, 1996, 73）。但"它本身纯粹是一种技艺，既谈不上好，也谈不上坏"（柯费尔德, 1996, 74）。根据罗宾逊、柯费尔德等人的考证，柏拉图对反证法、诡辩法的批评明显见之于《国家篇》454A，539B，《泰阿泰德篇》164C—D，《斐多篇》89D—90C，101D—E，《美诺篇》75C—D，《斐德罗篇》261，《智者篇》225等处。柯费尔德、罗宾逊对柏拉图著作中的反证法、诡辩法与辩证法三者的关系均作了较详尽的考察，参柯费尔德, 1996, 67—76; Robison, 1953, 84—88。

[22] 根据卡恩的分析,柏拉图对修辞学的批判最早表现于《小希庇阿篇》《普罗塔哥拉篇》《高尔吉亚篇》等早期对话中。例如,在《高尔吉亚篇》448D9,柏拉图指出,波卢斯(Polus)的错误表明"他所曾研究的是所谓的 rhetoric 而非辩证法(he has studied what is called rhetoric rather than dialegesthai)"(Kahn,1996,303)。柯费尔德也说:"柏拉图在《高尔吉亚篇》中把修辞学和哲学作了对比并谴责前者的实践,其后,他在《斐德罗篇》里又主张赞成一种根据辩证法和心理学的原则改良了的、可以充当哲学奴仆的修辞学。"(柯费尔德,1996,88)而雷蒙德·拉森(Raymond Larson)则指出,柏拉图在《会饮篇》中也对修辞学进行了批评,他说:"《会饮篇》把辩证法与修辞术相对立,后者以说服别人为目的。苏格拉底使用辩证法揭示关于爱的真理并从而击败了其他谈话者,这些谈话者的修辞术仅揭示相互冲突的意见。"(Plato,1980,"Introduction")

[23] 在波兹曼(E. F. Bozman)主编的《日用百科辞典》中辩证法词条这样写道:

> 辩证法(dialectic)这个术语通常在逻辑上用于没有实际价值的口头辩论或抽象论辩,并时常仅指把谬误说成真理的机智演说。在苏格拉底的哲学中该术语被用于揭示流行信念的不足之处,柏拉图把它用之于最高级的、与事物的真正本质或理念相关的思想。亚里士多德则把它限定为一种来自或然性推理(probable reasoning)的或然演绎法(probable deduction),与科学的或证明的推理(demonstrative reasoning)或论证相对立。斯多葛把逻辑划分为辩证法和"修辞学",从此辩证法有时也是逻辑学的同义词。(Bozman,1958,376)

[24] 亚里士多德不再像柏拉图那样抬高辩证法,他认为辩证法就是从所有人或多数人或哲学家们共同接受的前提出发进行逻辑推理,因而辩证法虽然应当成为一切科学研究的基本训练,但却未必符合科学的标准,因为科学的研究必须从真正自明的前提出发。亚里士多德在《论题篇》中对辩证法的含义进行了较为全面的分析和阐述。他说:"从普遍接受的意见出发进行的推理就是辩证法的推理。"但是他同时指出,一种推理若是建立在真实而自明的前提之上,就是科学的或必然性推理;而若只是建立在"全体或多数或其中最负盛名的贤哲们所公认的意见"的前提之上,那么"其中谬误的性质十分明显",因为公认的并不一定就是真的。而辩证法正是这种性质的推理,因而算不上科学的或必然性推理。但尽管如此,亚里士多

德并未因此而否定辩证法作为一种逻辑分析能力的巨大作用,认为它至少有三方面的作用:即智力训练、交往会谈、哲学知识。他说:"辩证法恰好特别适于这类任务,因为它的本性就是考察,内含有通向一切探索方法的本原之路。"他又说:"辩证法的命题存在于一切人或多数人或贤哲们,即所有或多数或其中最负盛名的贤哲们所提问题的意见中,而不是与这种意见相悖。因为如若贤哲们的意见与多数人的意见并不相悖,就会为人所接受。与普遍意见相似的看法,与那些同普遍意见相反的看法对立的命题,以及与得到认可的技艺性学科相一致的看法,都属于辩证的命题。""在推理方面有冲突的种种疑问也属于辩证的问题。""我们必须区分辩证法的论证有多少种,它有归纳和推理两类。""对于哲学而言,必须按照真实性的原则来处理这些命题,但是,如果仅仅为了辩证术,则只须着眼于意见。"(《论题篇》100a20—105b35。亚里士多德,1990,353—355,363,365,366,368)

[25] 埃利诺·斯丹普(Eleonor Stump)著的《辩证法及其在中世纪逻辑发展中的地位》(*Dialectic and Its Place in the Development of Medieval Logic*,1989)为自从亚里士多德以来辩证法与西方逻辑学之间的深刻联系提供了最强有力的证据。

[26] 斯多葛派在把辩证法当作一种逻辑论证的方法这一点上与柏拉图、亚里士多德并无差别。在第欧根尼·拉尔修的记载中,对于斯多葛派这样写道:"他们把哲学比作一个动物,把逻辑学比作骨骼与腱……有些人又说逻辑的部分正好可以再分成两门学科,即修辞学与辩证法……辩证法是以问答来正确地讨论课题的科学。于是就有了他们关于辩证法的另外一个不能并行的定义,即关于真、伪与既不真又不伪的论断的科学。"(北京大学哲学系西方哲学史教研室,1961,371—372)。

[27] 在《纯粹理性批判》中,康德称"古人将'辩证法'用作一门科学或艺术,其含义虽多种多样,我们却完全可以从他们对它的使用中得出结论说,他们对辩证法的使用从未超出幻象的逻辑之外。"(A61/B85。参 Kant,1934,64;康德,1960,76)。所谓"幻象的逻辑"(logic of illusion)是指"吾人完全越出范畴之经验的使用以外,而以纯粹悟性之纯然虚伪扩大,蒙蔽吾人。吾人今名'其应用全然限于可能的经验限界内'之原理为内在的,而名宣称超越此等限界者为超验的。所谓有超验的……乃判断能力未受批判之正当制抑因而未充分注意纯粹悟性所能唯一允许其自由活动之境遇限界所生之误谬。"(A295—296/B352。1960,243)据此,康德遂将先验逻辑——人类一切判断之规则——划分为"分析的"和"辩证的"两种,前者是"普泛逻辑(general logic)将悟性及理性的整个运作过程分解为各个要

素，使它们展示为一切对知识进行逻辑检讨的原理"（A60/B84。Kant, 1934, 64），而后者则为此种逻辑之不适当地误用，表现为"幻象的逻辑"。由此出发康德认为辩证法一词当有一新的含义，即指"幻象的逻辑"（A293/B349），而"先验辩证论乃暴露［纯粹悟性］无根据之虚伪妄诞"（A63—64/B88。1960, 77）。康德区分了两种德文词，即 transzendental（先验的）和 transzendent（超验的），前者是就人类经验之先验的条件而言，后者则就纯粹悟性超出其应有的经验范围以外之妄用而言。以往的形而上学家莫不是"超验地"使用了人类的逻辑思维能力，换言之，他们对逻辑的使用若称为辩证法的话，则无不陷于"辩证的幻象"（dialectic illusion）之中。

[28] 卡尔·波普尔在其著名的《辩证法是什么》一文中对辩证法一词的现代意义，即黑格尔以后所发展起来的辩证法概念及诸与其相关的辩证法思想（如所谓辩证逻辑，作为一种历史学说和世界观的辩证法，辩证法家的矛盾观，正、反、合的辩证三段式，辩证法与教条主义的关系，等等）进行了较为全面的批判性分析，参波普尔, 1986, 446—478。

[29] 参《哲学史讲演录》卷二；中译本见黑格尔, 1960, 263。黑格尔说："在巴门尼德那里，我们看到'有'和当作在主体中的运动的辩证法。""芝诺的辩证法抓住了存在于内容本身中的那些范畴。这种辩证法也还只能称为主观的辩证法，因为辩证法只限于静观的主体一边。""芝诺的主观辩证法更进一步的发展，就必然是主观辩证法变成客观辩证法，亦即把这种运动本身了解为客观的东西。""赫拉克利特的客观性，亦即认辩证法本身为原理。"（《哲学史讲演录》卷一；黑格尔, 1959, 291—292）"赫拉克利特的辩证法乃是客观辩证法，事物在它们自身内的变化和过渡，这就是理念的变化和过渡，这就是事物的范畴的变化和过渡，这不是外在变化，而乃是从自身出发、通过自身的内在的过渡。"（《哲学史讲演录》卷二。黑格尔, 1960, 204）

[30] 在柏拉图《国家篇》第五卷，454A 有这样一段话：

苏：亲爱的格劳孔，争论（antilogic）艺术的魔力真奇妙啊！
格：怎么回事？
苏：因为我认为，许多人都不知不觉地陷入其中，他们认为他们实践的是辩证法（dialectic），而实际上不过是诡辩（eristic）而已。因为他们不能通过区分对象的种类来研究问题,只知道在字面上寻找矛盾之处。他们在进行诡辩式的(eristically)相互争论,并不是在作辩证式的(dialectically)讨论。

(中译据几种不同版本的译本及英文注释作出。参 Plato, 1999, 165; Plato, 1954, 141; 柏拉图, 1986, 184; Kahn, 1996, 298)

又,在《国家篇》537E—539C,柏拉图论述为什么不能让年轻人过早地学习辩证法,因为他们很可能会因此而走上了反证法之路,因沉醉于反驳别人而动摇做人的信念:

苏:……年轻人一开始尝试辩论,由于觉得好玩,便喜欢到处跟人辩论,并且模仿别人的互驳,自己也来反驳别人。他们就像小狗喜欢咬所有走近的人一样,喜欢用言辞来咬人。

格:完全是这样。

苏:当他们许多次地驳倒别人,自己又许多次地被别人驳倒时,便很快陷入了对从前以为正确的一切的强烈怀疑。结果是损坏了自己和整个哲学事业在世人心目中的信誉。

格:再正确不过了。

苏:但是年长些的人则不愿加入这疯狂的行列。他们愿意摹仿辩证(dialegesthai)思考和追求真理的人,而不愿与论证时逢场作戏和诉诸反证法的人为伍。他们将受到自己方法的检验,他们将受到更多的尊敬而不是相反。(《国家篇》539B—C。中译结合了郭斌和、张竹明译本及柯费尔德《智者运动》一书中的节译作出。参柏拉图, 1986, 308; 柯费尔德, 1996, 73)

[31] 叶秀山说:"在辩证法方面,赫拉克利特是这个时期的最大代表,他对于客观感性世界矛盾现象的意识集中体现于他的名言'成物皆流逝'和'不能两次涉同一河'之中。""古代哲学宇宙论的辩证法……经过爱利亚学派的巴门尼德和芝诺,已由感性的现象的辩证法过渡为理智的、本质的辩证法,但同样仍是客观世界(宇宙)的辩证法,这是一种对宇宙世界的矛盾观,是一种客观的揭法和描述。但从我们上述的讨论看,'辩证法'还应是思想的、语言的矛盾,即两种对立命题的矛盾,而这一点正是辩证法的本意。""应该说,思想的矛盾、语言的矛

盾、命题的矛盾主要是智者学派揭示的。"（1986，164，166）与这种观点相似的是，黑格尔说赫拉克利特的辩证法是"客观的辩证法"，而爱利亚学派的辩证法是"主观的辩证法"，二者在柏拉图的那里相统一（参 1959，291—292；1960，204）。

[32] 类似的观点还可参 Proclus, 1987, 324; Meinwald, 1991, 28—30。

[33] 卡尔·雅斯贝尔斯在《伟大的哲人们》一书中对于苏格拉底、佛陀、孔子、耶稣"四大圣人"在轴心期人类思想文化等的发展中所发挥的无与伦比的作用进行了分析，比较多地强调了他们之间的共同之处。但是，雅斯贝尔斯对孔子与苏格拉底之间的许多具体而重大的差异显然未作深入分析，尤其是孔子所开创的学问与苏格拉底所开创的学术研究方式之间的本质差异。本章以柏拉图与孔子相比较，这一比较将使我们对中西方学术发展路径的差异有深刻认识。（1991，173—182）

[34] 《国家篇》许多地方都体现了柏拉图对于类似于中国人所谓的"礼"的作用的重视。在425A—B中，柏拉图提出法律的精神之一应是将人引导到懂得为人处世、待人接物的礼节规矩上来，"年轻人看到年长者来到应该肃静；要起立让座以示敬意；对父母要尽孝道；还注意发式、袍服、鞋履；总之体态举止，以及其他诸如此类，都要注意"。在427B—C中柏拉图分析了"祭神的庙宇和仪式，以及对神、半神和英雄崇拜的其他形式，还有对死者的殡葬以及安魂退鬼所必须举行的仪式"这方面的立法。

[35] 关于儒家学说的非知识化倾向，参本书"儒学是哲学学说吗？"部分的讨论。

[36] 让−皮埃尔·韦尔南《希腊思想的起源》一书第四章"城邦的精神世界"对这个问题作了透彻的分析。作者指出，"历史地讲，正是修辞学和论辩术，通过对演说形式这种在公民大会和法庭斗争中克敌制胜的武器的分析，为亚里士多德的研究开辟了道路。亚里士多德不仅确立了说理的技巧，还确立了论证的规则，提出了一种关于真的逻辑，它是理论认知所特有的，与指导实际活动中随机性争论的可能性逻辑和或然性逻辑相对立"（1996，38）。这里应该补充和修正的是，"修辞学和论辩术"是先为苏格拉底和柏拉图的研究开辟了道路，而后又为亚里士多德的研究开辟了道路，而且首先有意识地确立说理技巧的人不是亚里士多德，而是苏格拉底。

[37] 胡塞尔在《哲学作为严格的科学》(1911年德文初版) 中指出, 尽管"哲学在其发展的任何一个时期都没有能力满足这个成为严格科学的要求", 但是"哲学的历史目的在于成为所有科学中最高的和最严格的科学, 它代表了人类对纯粹而绝对的认识之不懈追求", 因此"哲学是严格的科学, 这个信念必须再一次得到鲜明而真诚的表述"。因为"人类文化的最高兴趣在于要求造就一门严格科学的哲学; 因此, 如果在我们这个时代的一种哲学变革是合理的, 那么它无论如何必须从这样一个意向中获得活力, 即对一门严格科学的意义上的哲学进行新论证"。(1999, 1, 2, 4, 7)

[38] 亚里士多德对哲学本质的重新定位, 与他发现了柏拉图关于哲学本质的思想中所存在的内在矛盾有关, 这一事实还体现在他对 phronesis 和 sophia 词汇的区别之上。(《尼各马科伦理学》1140a24—1142a30。1999, 126—132; 周辅成, 1964, 314—319)

# 形而上学与西方学术传统

## 【本章提要】

本篇以形而上学这个西方哲学范畴为例，探讨20世纪以来中国学术界在引进西学的过程中的一个普遍而独特的现象，即仅仅由于中、西学术中某些貌似共同的特征，或者由于翻译上的某种误导，将西方历史上的某些学术与中国古代学术的一些成分混为一谈，在用中学的传统观念来理解西学的过程中，完全忽视了或抹杀了西方学术的根本特征。作为西方哲学的一个分支的形而上学，在西方曾长期被作为最高层次上的科学来追求，因而在很长时期内它都是一门知识而非一门关于人生终极关怀的学问；它所追求的终极实在是事实意义上的存在，而不是价值的本体；它可以是形而上的，也可以是形而下的；作为一门科学，它要求自己的结论具有逻辑上牢不可破的特征。但是令人遗憾的是，20世纪以来，中国学者在引进西方形而上学这个范畴时，极为普遍地将它与中国古代的求道之学混为一谈，误以为形而上学是一门专门探寻形而上的价值本体的学问，进一步又以为形而上学是一门专门追求人生的最高价值或最高境界的学问，甚至于把宋明理学当成了真正的形而上学。这种倾向即使在当今学术界也比比皆是。最令人感到奇怪的是，在中国，人们一方面喜欢说中国古代没有科学，另一方面却把中国古代学术中最没有科学特征的宋明理学当成真正的形而上学，从而从未真正理解过"作为科学的皇后的形而上学"这一西方哲学中的历史事实及其所具有的深刻意义。

1897—1900年，我国著名翻译家严复在翻译英国学者亚当·斯密（Adam Smith）的《原富》（*The Wealth of Nation*）时首次遇到了metaphysics这个术语，严复把它译为"神理之学"（严复，1986，1055）；但是紧接着1900—1902年间在翻译《穆勒名学》（*A System of Logic*）时再次遇到这个词时，他却同时采取了多种其他的译法，即分别将metaphysics译为理学"美台斐辑"，将metaphysicians译为"爱智家"等（严复，1981，417，419）。可见严氏对于metaphysics一词该如何翻译当时还很矛盾。根据严复、樊炳清等人的介绍，该术语在20世纪初存在很多中文译法，其中有玄学、理学、神学、哲学、智学、爱智学、纯理学、纯理哲学、纯正哲学、神理之学、超物理学等（樊炳清，1926，243—245）。尽管有多种中文译法，20年代以后该词的中文译法主要统一于两种，即一译为玄学，一译为形上学（或称形而上学）。其中玄学这个译法在1949年以后逐渐被弃用，而专用形而上学这个译法（在海外多译为形上学）[1]。

严复曾被误认为是我国学者当中第一个将metaphysics译为形而上学的人（张腾霄，1990，12；黄楠森，1993，579—582；王伯恭，1999，6067）[2]，尽管这并不是事实[3]，但严复确曾在接近于此义上使用此词。笔者虽在严译著作中未发现形而上学这个译名[4]，但发现严复在《穆勒名学》一书"按语"中写道：

　　理学（即metaphysics——引者注），其西文本名谓之出形气学，与格物诸形气学为对，故亦翻神学、智学、爱智学，日本人谓之哲

学。顾晚近科学独有爱智以名其全，而一切性灵之学则归于心学，哲学之名似尚未安也。(1981，12)

又谓：

> 吾闻泰西理学（即 metaphysics——引者注），自法人特嘉尔之说出，而后有心物之辨，而名理乃益精。自特以前，二者之分皆未精审。故其学有形气，名裴辑，有神化，名美台斐辑。美台斐辑者，犹云超夫形气之学也。而柏拉图学派，至以心性之德同于有形，亚理斯大德亲受业其门，则无怪以物概之矣。(1981，45)[5]

从上面的引文可以看出，严复认为此术语之本义是指"出形气""超夫形气"之研究，与物理学等专门学科研究"有形气"之物相对，但他并未进一步交代所谓"出形气""超夫形气"之研究是什么意思，这似乎与井上哲次郎形而上学译名暗合。

从后来中国思想史的发展情况可以看出，玄学、形而上学这两个术语在中国传统典籍里的字面含义极大地影响了 20 世纪中国学者对 metaphysics 一词的理解。这里我们想以科玄之战、冯友兰、牟宗三等为例，简要地分析一下 20 世纪中国学者对 metaphysics 这个西方哲学术语的理解。

## "玄学吃饭的家伙"是"离心理而独立的本体"

1923 年，中国学术界爆发了一场规模空前的"科学与玄学"之战，论战的主要焦点是科学能不能回答人生观问题。以张君劢、梁启超等为代表的玄学派认为，大凡人世的事务都依赖于人的自由意志，而不可能有如自然事务那样，可通过科学建立一套统一的公理或规则，所以科学不能回答人生观问题；而以丁文江、胡适、吴稚晖等为代表的科学派则认为，世界上没有什么东西不应该成为科学研究的对象，也没有什么东西不受科学法则的支配，因此人生观的建立离不开通过科学对人的本质的研究，并主张建立一套科学的人生观（郭梦良，1923a/b/c；亚东，1923；钟离蒙，1981a/b）。关于这场论战所存在的理论问题，这里不作专门分析。鉴于论战双方都承认他们所使用的"玄学"一词是从 metaphysics 这个词翻译出来的，该词今天多译为形而上学（当时也有不少人采用这个译法），因此本节从重点介绍论战双方对于玄学一词的理解开始，然后再分析 20 世纪中国学术界对于该词普遍的理解。[6]

丁文江（1923a）先生在那篇发表于《努力周报》上的文章——《玄学与科学》——中批判张君劢先生被玄学这个"无赖鬼"缠身了，他说玄学"在欧洲鬼混了二千多年，到近来渐渐没有地方混饭吃"，所以又"跑到中国来招摇撞骗"。他还说"玄学与科学战争的历史"表明玄学一直就是"科学的对头"，并曾长期以神学的身份扮演着扼杀科学的角色（丁文江，1923b；参郭梦良，1923b，13—14，20—24）。丁文江不仅指责西方历史上的玄学反对科学，而且还把中国宋元明之际的理学与西方的玄学相混，认为张君劢提倡意志自由使得"欧洲玄学的余毒传染到中国来，宋元明言心性的余烬又有死灰复燃的样子了！"（1923b；参郭梦良，1923b，25）那么什么是丁文江所说的玄学呢？丁氏曰：

> 玄学（Metaphysics）这个名词，是纂辑亚列士多德遗书的安德龙聂克士（Andronicus）造出来的。亚列士多德本来当他为根本哲学（Firstphilosophy）或是神学（Theology），包括天帝，宇宙，人生种种观念在内，所以广义的玄学在中世纪始终没有同神学分家。到了十七世纪天文学的祖宗嘉列刘（Galileo）发明地球行动的时候，玄学的代表是罗马教的神学家。（丁文江，1923b；参郭梦良，1923b，13—14）

丁文江的观点明显受到马赫等实证主义观点的影响，他认为马赫等人"存疑的唯心论"（skepticalidealism）的主要观点就是：

> 感官感触的外界，自觉的后面，有没有物，物体本质是什么东西：他们都认为不知，应该存而不论，所以说是存疑。他们是玄学家最大的敌人，因为玄学家吃饭的家伙，就是存疑唯心论者所认为不可知的，存而不论的，离心理而独立的本体。这种不可思议的东西，柏克莱（Berkeley）叫他为上帝；康德，叔本华叫他为意向（按今天译法当指"物自体"——引者注）；布虚那（Buchner）叫他为物质，克列福（Clifford）叫他为心理质，张君叫他为我。他们始终没有大家公认的定义方法，各有各的神秘，而同是强不知以为知。（丁文江，1923a；参郭梦良，1923b，11）

在丁文江看来，玄学与科学最大的区别是，玄学研究形而上的、本来就神秘不可知的本体，而科学则只研究属于感官经验范围以内的现象；玄学在思维方式上"玄而又玄"，与科学讲究严格的、大家公认的方法的做法水火不容。所以玄学虽然是人间一切学术的最高主宰，但是19世纪下半叶以来，随着科学的发展，它的地盘不得不日益缩小，尽管它至今仍不肯向科学投降，但是这一天迟早会到来（丁文江，1923b；参郭梦良，1923b，14—15）。

综上所述，丁文江先生对玄学——metaphysics——的理解可概括如下：

（1）玄学研究超乎感官经验以外的、形而上的本体，与科学研究感官经验以内的、形而下的事物相对；

（2）玄学与神学不可分，中世纪时它的表现形式就是神学；

（3）玄学是科学的敌人，不仅压制科学进步，而且在思维方式上强不知以为知，"玄而又玄"；

（4）中国宋明之际的理学在思维方式上与西方玄学完全一致。

1931年，如松在《廿世纪》杂志上发表《科学与玄学》一文，支持丁文江关于玄学的观点。他在引用孔德、詹姆士（W. James）等人有关玄学（metaphysics）的话之后，再次以科学与玄学相对立，并认为metaphysics一词之义只能从形而上、神学方面来理解："玄学是从形而上方面去研究事物之内在的抽象本质的和抽象根源的知识。"（钟离蒙，1981b，409）"玄学是对事物之绝对论的、空想派的、拜物教的叙述和态度。或者说：玄学是事物之非运动性、非相对性、非必然性、非实践性之类神学而反科学的说明和考察，绝对论的、命定论的、目的论的、拜物论的说明和考察。"（钟离蒙，1981b，413）不仅如此，"科学反对玄学，是从神学开始。因为中古的神学，原本是一种粗野的玄学"，"科学反对玄学，是由物质论反对神智论、灵魂论、观念论、而表现的"（钟离蒙，1981b，420）。

## "凡属官觉以上者，概以归之玄学"

在什么是玄学这个问题上，张君劢和丁文江的最大区别是：丁文江认为玄学所研究的形而上的本体本来就不存在或没有研究的意义，而张君劢认为以为后者不但存在而且大有研究的必要；丁文江认为玄学与科学对立，而张君劢认为它不仅与科学并不对立，而且能超乎一切科学之上而成为诸科学的最高原理和最后裁判官（郭梦良，1923a，序）。但是另一方面，张、丁二人对玄学的理解又有极大的共同之处：比如，双方都认为玄学是专门研究形而上的本体的学问，是一门与人生的终极关怀有关的学问，都认为中国古代的宋明理学是一种典型的玄学。例如，张君劢说："玄学之名，本作为超物理界超官觉界解释是也。惟其有此解释，于是凡属官觉以上者，概以归之玄学。"（郭梦良，1923a，62）又说："官觉界以上，尚有精神界。学问之是非真伪即此精神之综合作用之表示"（郭梦良，1923a，69）；"科学上之因果律，限于物质，而不及精神","人类活动之根源之自由意志问题,非在形上学中,不能了解"(郭梦良,1923a,序)。不仅如此,他也承认宋明理学或心性之学为一种形上学,他说:"心性之发展为形上的真理之启示,故当提倡新宋学。"(郭梦良,1923a,95)[7]

在1936年出版的《民族复兴之学术基础》一书中,张君劢再次将形上学理解为与形而下之学相对、专门研究超越现象之本体的学问,并暗示把这种学问称为"玄之又玄之论"是不公正的,因为"自自然界之认识言之,不能不归结无论是自然知识还是道德学说,都最终不得不归之于本体(Being)或存在(Existence)问题,即不能不归结为形上学","自道德言之,所谓是非之分,不能求之于形而下,惟有求之于形而上,故亦不离乎形上学"(1935,97)。无论是自然问题还是道德问题,都要归结到形上学上来。

在1953年写成的《我之哲学思想》一文中,张君劢先生更是对形上学一词作了自己最全面的发挥,并说"形上学之义,如上所云云为本体或真实之研究,为超于各分科以上之普遍原则之研究"(1981,58)。[8] 由此出发,张君劢遂从《周易》"形而上者谓之道"一语出发,对metaphysics这个西方哲学术语之义大加阐发,把中国历史上的心性之学与西方人的metaphysics等而同之,以达于中西汇通之目的:

> 吾人由现象界之因果关系,推而上之,以至于最后之因内,为一切万物之所由之以出,且自足乎己而无待于外物之凭借者,是为本体,或曰最后真实(Ultimate Reality)……其然乎其不然乎?亦非知识之所能解答;而惟有别求其心理根据于形上学之中而已。(1981,55—56)

> 吾人今日回想《易经》所谓"形而上者谓之道,形而下者谓之器",或"事外无道,道外无事"之言。是道与器、道与事虽各在一界之中,然其间自相为贯通。质言之,形上形下,初非互相对立,而有一以贯之妙用存乎其间也。(1981,99)

## 来自《周易·系辞》的话语

视形而上学（或译玄学、形上学）为一门专门研究形而上的存在物（本体或实体）之学，进而又把这种形而上的存在物与《周易·系辞上》中"形而上者谓之道"的道混为一谈，并进一步认为中国古代学术特别是宋明理学是一种典型的形而上学，这不仅是科玄论战中科学派与玄学派所共同具有的思维方式，而且是整个中国现当代思想史上一些著名学者对 metaphysics 这个西方哲学范畴的共同看法，尽管他们对于这门学问与科学的关系、对于这门学问的评价有所不同。

例如，冯友兰在1946年《新知言》一书中一方面说"'形上学'，是一个西洋哲学中底名词。有时也译为玄学"，另一方面又说：

> 形上学是哲学中底最重要底一部分。因为它代表人对于人生底最后底觉解。这种觉解，是人有最高底境界所必需底。我们对于经验的内容，作逻辑底分析，总括及解释，其结果可以得到几个超越底观念。所谓超越就是超越于经验。用中国哲学史中底话说，就是超乎形象底。我们的理智，自经验出发而得到超越于经验者，对于超越于经验者底观念，我们称之为超越底观念。这几个超越底观念，就是形上学底观念，也就是形上学中底主要观念。（1986b，167）[9]

> 形上学的功用，本只在于提高人的境界。它不能使人有更多底积极底知识。它只可以使人有最高底境界。这就是《新原人》中所谓天地境界。（1986b，167）[10]

《新知言》是冯友兰先生专门研究形而上学方法的一部书。他不仅提出形而上学的两种方法，而且论述了形而上学与科学的关系。[11]冯友兰认为，真正的"形上学既不依靠科学，科学亦不依靠它，它是真不能增加人的积极底知识"，"所以形上学并不能增加人对于实际底积极底知识"（1986b，167）；这种形上学又被冯友兰称为"最哲学底形上学"，它与维也纳派的批判"是无干底"（1986b，173）。那么什么是冯友兰所提倡的真正的形上学呢？这种形上学正是他的新理学所代表"最哲学底"形上学。根据冯友兰在《新知言》中对形上学一词所作的各种解释，我们可从如下几个方面来归纳他所理解的形而上学：

（1）形上学就是形而上的学问，因为它是"超越于经验""超乎形象底"；

（2）形上学虽是一西洋名词，但是中国历史上也有形上学，中国历史上的儒家学说、禅学及道家学说等无不是形上学；

（3）"形上学的功用，本不在于增加人的对于实际底积极底知识。形上学的功用，本只在于提高人的境界"（1986b，167）；

（4）西方历史上的许多形而学都不是真正的形而上学，因为它们难以摆脱"先科学底""后科学底"或"太上科学底"特征；[12]

（5）中国古代学术中的相当大一部分，特别是宋明理学，才是真正的形上学，因为它们以提高人生的境界为宗旨。[13]

如果说冯友兰等人从《周易》中的"形而上者谓之道，形而下者谓之器"一语来理解形而上学——metaphysics——这个从西方名词之义的话，那么，可以说牟宗三先生对该词的理解就更加如此了。[14] 1968/1969年出版的《心体与性体》一书在第一部第三章论康德的"道德的形上学"，把康德所说的 moral metaphysics（道德形而上学）与儒家心性之学混为一谈。牟宗三在这部分提出，"宋明儒之大宗"所提出的道德修身的最高理想，即那"清澈、精诚、恻怛"的"圆而神之境"，至少有三层含义[15]，而康德只达到了其中的第一义，即对一个圣者的人格的正确辩解，而没有"直透至其形而上的宇宙论的意义，而为天地之性，而为宇宙万物底实体本体，为寂感真几、生化之理"，并"在具体生活上通过实践的体现工夫，所谓'尽性'，作具体而真实的表现"（2003a，

143)。[16]

牟宗三还认为，康德的道德形上学在方法上与宋明儒的最大区别在于，他所走的是一条分析、辩解的路数，这种思维方式导致他最终得出意志的自由是一个"假定"的结论来（2003a，137）。然而在牟宗三看来，自由的真实性是一"呈现"，不当只停留于一假定、一设准。康德的所做所为导致"他所讲的道德真理全部落了空"（2003a，153），他"判定'自由如何可能'等为不可说明，而置于假设、信仰之中，这是完全不恰当的思考方式"（2003a，158），"这也实足表示其对于道德真理、道德生命之不透，而陷于枯窘呆滞，只在外部批画的境地之中"（2003a，159）。牟宗三由此得出的结论是，康德只达到了"道德的神学"而没有真正达到"道德的形上学"：

> 康德之达不到第二义的境界（即"同时亦充其极，因宇宙的情怀，而达至道德之形而上的宇宙论的意义"这第二义），具体地说出来，即在他只有《道德底形上学之基本原理》（Fundamental principles of the metaphysic of morals）与《实践理性批判》所建立的"道德的神学"（Moral theology），而却无（至少未充分实现）根据其分解建立的道德理性所先验供给的客观的道德法则再进一步展现出一个具体而圆熟的"道德的形上学"（Moral metaphysics）。（2003a，144）

牟宗三强调，the metaphysics of morals 与 moral metaphysics——康德用的是第一种表达——这两个表达式是不一样的，前者表示"关于'道德'的一种形上学的研究，以形上地讨论道德本身之基本原理为主，其所研究的题材是道德，而不是'形上学'本身，形上学是借用"（2003a，145）。[17]

现在我们可以根据牟宗三的上述观点作如下推论：

（1）Metaphysics（中译为"形上学"）一词虽是西方人所发明，但

是在两千多年来的西方伦理学史上，除了康德及其后极个别人之外，极少有人真正懂得其真义；[18]

（2）即使康德也并不是真懂得什么是"道德的形上学"，他只是建立了"道德的神学"；

（3）"道德的形上学"的真正含义就是成就那"把那道德之当然渗透至充其极而达至具体清澈精诚恻怛之圆而神之境"；

（4）"道德的形上学"这一真正含义只有中国宋明儒之大宗达到了，并已远远超过了康德。

视形而上学为探寻形而上的本体之学，进一步又以为形而上学专门追求人生的最高价值或境界，甚至于把宋明理学当成了真正的形而上学。这种倾向不仅在中国近代史上普遍存在，即使在当今学术界也比比皆是。现仅举两例。

例如，台湾总主教罗光先生著有《儒家形上学》一书，他在该书中提出自己用西方形上学一名来称呼宋明理学的理由时说：

> 西洋哲学中的 Metaphysics 是哲学中研究实体（物体）之本性的一门学术，为哲学推理的最高深点。实体的本性虽为最高深，然并不是虚无缥缈，不宜称之为清谈的玄学。
>
> 儒家宋、明的理学，即在研究物之性理。在宇宙方面，理学家讨论太极和阴阳。在物体方面，理学家讨论理和气。在人方面讨论性和理，心和情。这一些问题，他们虽不是用系统的方法以解说，但是理学家们对这些问题，各人都发表自己的意见。这些意见可以说是他们对于物体本性的讨论。因此，也就可以认为是儒家的 Metaphysics——形上学。
>
> 理学家讨论太极、阴阳、理气、心理等问题时，常是注意"理"，不谈每个实体的形器，因此，这一部分研究讨论的对象，都是形而上的。我们把这部分研究讨论称之为形上学，是很名副其实

的。因此，我们便以儒家形上学代表儒家的 Metaphysics。

（罗光，1991，9—10）

又如，黄克剑先生在《价值形而上学引论》一文中称，"在中国古代有所谓'形而上者谓之道'之说，在当代西方亦有对人类'最高的和最终的问题'（胡塞尔）的顾念，这致'道'之学或以人类'最高的和最终的问题'为其中心命意之学即是形而上学"（1998，1—2）。黄先生更是在文章中将古希腊第一批哲学家以来的所有形而上学思想统统纳入"价值形而上学"范围之内，并得出"中国是价值形而上学的真正家园"的结论（1998，11）。

## 形而上学 ≠ 形而上之学

由上可知，自从严复以来，尽管中国人对 metaphysics 这门学问的功用进行过各种争论，但是对这门学问性质的理解却表现出惊人的一致之处。那么，这种一致的理解是不是合乎事实呢？对于这个问题，早在 20 世纪 20 年代的科玄之战中就已有人提出了疑问。

例如，林宰平在当时写的《读丁在君先生〈科学与玄学〉》一文中就明确提出，人生观与（西方人所谓）玄学不是一回事，后者"是专讲本体论的"（郭梦良，1923a，107）。而张东荪则作了更深入的分析，他说：

> 玄学本来是 Metaphysics 的译语……玄学在通常讲来，即是狭义的哲学。因为哲学包括三部分：一为认识论（Epistemology 的译语）二为本体论（Ontology 的译语）三为宇宙论（Cosmology 的译语）。通常名本体论与宇宙论为玄学。所以玄学是狭义的哲学，而以本体论为中心。但亦有把认识论包括在玄学中者。……我总觉得丁在君先生张君劢先生各有先入之见，所以来不及把界说弄清楚，而先就

扭做一团了，诚不免有些遗憾。（郭梦良，1923c：《玄学与科学论战杂话》文末"东荪按"）

林宰平、张东荪之文包含着这样的思想：西方哲学中的本体论与中国人求道这个形而上的本体的学问不是一码事（因为 ontology 可以是一般地研究实在的学问），而形而上学也并不都是研究形而上的存在的。[19]张东荪先生的"我觉得丁在君先生张君劢先生各有先入之见，所以来不及把界说弄清楚，而先就扭做一团了"，这句话可以说一针见血。

此外，1926年出版、樊炳清编的《哲学辞典》在形而上学词条中也称，形而上学"最包容之定谊，可云'就实在之究竟问题，而施以系统的研究者'"，并认为所谓形而上对象仅仅是形而上学所研究"实在"的三种含义中的一种（见1926，243—244）。在1934年付排、由顾志坚等人主编的《新知识辞典》中则说：

> ［形而上学］（Metaphysical Science）是关于一切实在底基源的，关于世界底本质的，关于绝对的，无条件的和超验的东西的学说。……当作研究理智所可领会的实质的学说的形而上学可分为：研究一般的实在的学说即本体论（Ontology）；研究宇宙的学说，即宇宙学（Cosmology）；研究精神的学说，即唯理的心理学（Rational Psychology）；和研究上帝的学说，即神学（Theology）。（1948，122—123）

这些定义和张君劢、丁文江等人的最大区别有二：

（1）没有把形而上学简单地归结为一门专门研究形而上的存在物（本体或最后实在等）的学问；

（2）没有把它与中国人追求形而上之道的学问，特别是宋明理学混淆在一起。

相比之下，对于 metaphysics 一词之义分析得最准确、最接近于事实的也许算是徐旭生先生载于 1926 年 10 月号《学衡》杂志五八期上的《科学与玄学》（丁长松记）一文。徐文云：

> 按 Metaphysics 一字，创用于亚里士多德，本为"在物理学后"的意思（Meta = after；physics = science）。……玄学的沿革，从哲学史上看来，已经数千年。它起始的目的就是于瞬息变迁的宇宙种种现象中找出不变的存在物。此所说不变的物，就指宇宙本体。是否有此一件东西；如果是有的，它是什么？是什么样子？有什么性质？按照什么规则进行？这都是在所要问的。于是经许多哲人研寻的结果，有说宇宙的本体是"水"的，有说是"火"的，有说是"气"的。种种主张，各有理由；莫衷一是。但是种种思想的发生，却就是玄学的起源。亚里士多德下玄学的定义说："从有的本身讲有"。并说凡物都是现象（phenomena）。现象是人自己主观臆造的，所以变幻不定，难以捉摸。但是物的本体未必就是这样。于是即承认外物有本体，而"本体存在的最高原理究竟是怎样？"这更是玄学的根本问题……
>
> 总括起来，二千年里大致玄学的意义，不外：
>
> （a）量的方面——为欲求全体的知识。
>
> （b）质的方面——为要问本体的真相究竟是怎样。
>
> （钟离蒙，1981b，391—392）

从后面的分析中我们将会看到，徐文对西方哲学史上 metaphysics 一词之义的分析非常合乎实际，尤其他从量、质两方面来定义该词的意义，但是他从本体方面所讲的玄学之义主要适用于近代以前（近代以后该含义的变化他也注意到了）。

# 西方人心目中的 Metaphysics

下面是一些西方学者对 metaphysics 一词的定义，我们采用了形而上学这个常见的译法：

(1) 来源

保罗·爱德华（Paul Edwards）主编的《哲学百科辞典》(第五卷) 称：

> 形而上学（metaphysics）一词来自希腊语 meta ta physika（字面意思是"在自然事物之后"），后者是古希腊及其后的评论家们用来对亚里士多德的那组没有命名的作品的一种表述。亚里士多德自己称这部分作品的主题是第一哲学，神学，或智慧。亚里士多德自己没有使用 ta meta ta physika biblia（"关于自然的书以后的书"）这个术语，很明显它是由编者对他的书进行分类和编目时引进的（传统上说是由 Andronicus of Rhodes 在公元前 1 世纪引进的）。由于《形而上学》一书中所讨论的"自然事物之后"的主题离开了感觉，并因此变得更难理解，因此在古典时期及中世纪，哲学家们就用 [metaphysics] 这个称呼来指称这个主题。……在中世纪及近代哲学中，形而上学也被用来指对超自然的事物——独立于自然并比自然事物有更本质的实在性和价值的事物——的研究，它给予 meta 一种在古典希腊文中所没有的哲学含义。特别是自从康德以来，形而上学时常意指对了那些通过科学观察和实验所无法回答的问题的先天思辨（a priori speculation）。(Edwards, 1967b, 289)

(2) 传统形而上学

在以安东尼·弗卢为编纂顾问的《哲学词典》（*A Dictionary of Philosophy*）中这样写道：

Metaphysics：希腊以来西方哲学中的一个核心成分，有多种不同含义。它可以是从整体上——而不是像在各门自然科学中那样，从特殊部分或方面——来描述存在或实在的特征的一种尝试。唯物主义、唯心主义，斯宾诺莎的一元论以及莱布尼兹的单子论就是这种意义上的形而上学的例证。它也可以是超越经验世界、对超感觉事物（the suprasensible）进行探索的一种尝试，一种为一切其他知识建立起基础性第一原理的尝试，一种批判地检验在那些有局限性的研究（the more limited studies）中被简单地当作前提的东西的尝试，一种编辑存在哪些终极意义或最终意义上的事物的清单的尝试。（Flew，1979，229）

保罗·爱德华主编的《哲学百科辞典》（第五卷）称：

我们注意到形而上学这门雄心勃勃的科学的三个特征：它宣称告诉我们什么是真正存在的事物或者事物的真正本质；它宣称自己比任何具体科学更加基本和全面；它宣称它所达到的结论是牢不可破的并因此具有独一无二的确定性。（Edwards，1967b，302）

帕金森（G. H. R. Parkinson）主编的《哲学百科辞典》（*An Encyclopaedia of Philosophy*）中这样写道：

如果存在真正的知识（或者用斯宾诺莎的话说，最高级的知识）的话，那么也必须存在高度的理解力（understanding），后者对事物所作的解释能充分地满足理智（intellect）的需要。这种类型的知识是哲学的一个分支的目标，在传统意义上被称为形而上学。说它是"传统意义上"的，是因为近年来形而上学一词的用法已经发生了某种变化。（Parkinson，1988，251）

(3) 现代形而上学

帕金森主编的《哲学百科辞典》中这样写道:

> 正如我在本导论中所已说过的那样,形而上学这个词现在已被赋予一种不同于以往的含义,这种新的意义上的形而上学毫无疑问目前仍然受到人们的关注。现代形而上学家们试图建立一种可从广义上称之为"实在的逻辑"(a logic of reality)的东西,而不是试图通过先天的论证(a priori argument)建立起关于存在的本质的必然真理。也就是说,它试图为我们思考世界时所使用的基本概念(诸如个人和"原因")提供一个系统。这种研究因被称为"描述性形而上学"(descriptive metaphysics)而与传统形而上学相区别。它之所以获得这样的称呼,原因如下:它被称为形而上学,是因为它是一种基础性研究,涉及我们关于世界的思想的一般结构;形容词"描述性的"表示这种研究从两个方面与其他哲学分支相区别:首先,描述性形而上学和传统形而上学的区别在于后者要求人们修正许多我们所熟悉的概念和假定,此种形而上学理论被描述性形而上学家称为"修正性的"。其次,形容词"描述性的"似乎与"解释性的"暗暗相对。我说过,传统形而上学在这样一种意义上寻求知识,即要对存在的事物获得充分的理解(understanding),即是说,它有能力为之提供充分的解释。描述性形而上学采取与此不同的观点,它用"描述"来代替"理解"。(Parkinson,1988,252)

关于"现代形而上学",以安东尼·弗卢为编纂顾问的《哲学词典》称它是自从康德以来(包括康德)形成的、以寻求思维的先天结构为特征的形而上学;柯林武德(R. G. Collingwood)在1940年写的《论形而上学》(Essay on Metaphysics)一书对之作过分析,斯特劳森(P. F. Strason)在1959年区别了"描述性形而上学"与"修正性形而上学"(Flew,1979,230)。沃尔升(W. H. Walsh)以摩尔(G. E. Moore)

的早期著作及维特根斯坦晚期的日常语言学说为例集中探讨了当代描述性形而上学的特征（Edwards, 1967b, 305—306）。

## 如何理解 Metaphysics

根据上面的定义，结合我们对西方哲学史的了解，至少可以得出：

（1） Metaphysics 并不一定是专门研究形而上的、"超感觉的""超经验的"本体的学问，因为它所讲的本体完全可以是形而下的，即有"形气"的。本体一词，源自柏拉图、亚里士多德哲学中的希腊文 ousia 一词，在拉丁文中译作 substance，其本义是指"一事物之本身""一事物之本质""一事物自在意义上的存在"。[20]柏拉图用它来指称自己所说的"理念"，因为理念是事物的本质、是事物自在意义上的"是"；亚里士多德则用它来指称早期唯物论和唯心论所说的宇宙本原，包括"水""气""火""原子""数""心灵"等。我们知道，形而上学作为一门研究终极实在的学问，必然同时也包括唯物论在内，《简明不列颠百科全书》将形而上学的种类归纳为柏拉图主义、亚里士多德主义、托马斯主义、笛卡尔主义、唯心主义、唯物主义等六种（1986, 675）。由于唯物论"断言物质是唯一的基本存在"（1986, 675），它所研究的世界的"本原"——用亚里士多德的话来讲就是本体（ousia）——显然不是形而上的、超感觉超经验的存在，而应该纳入形而下的、可感知的和经验的范围。刚才徐文中所提到的"水""气""火"作为本体就具有这些性质。

此外，我们今天所说的形而上学一词，首次出现于亚里士多德的著作，而亚里士多德的《形而上学》《解释篇》两书是西方哲学史上第一次专门研究形而上学这门学问的著作。但是最具讽刺意味的恰恰是：亚里士多德"形而上学体系"中的最高本体——所谓第一本体——恰恰是形而下的、可感觉的、不出经验范围的。根据他本人的意思，第一本体就是每一个具体的"这一个"，如这张桌子、张三或李四等；次于第一本体的是事物的属和种，它们被亚里士多德称为第二本体。亚里士多德强调，无论是属、种，还是世间一切其他类型的存在，无不是依附于第一本体而存在的（《解释篇》2a10—3a2。1959b，12—19）。可见第一本体是亚里士多德形而上学体系中最重要的存在、最高层次上的本体，而它恰恰是形而下的！这充分说明把形而上学理解为一门研究形而上的本体的学问是多么不合事实。

（2）Metaphysics 是一门知识的学问，而不是一门追求价值理想或人生归宿的学问。因此它所寻求的本体（或译为实体）——又称为终极实在（ultimate reality）——并不是一个价值上的目标，而只是事实意义上的存在。这和中国人"形而上者谓之道"的道是有本质不同的。后者明显是为价值追求而设的。"朝闻道，夕死可矣。"（《论语·里仁》）可见道是多么重要的价值。但是有谁能说"水""气""火""这一个"这些西方人形而上学中的本体是人生价值的理想吗？有谁能说闻水、闻气、闻火、闻这一个而找到人生的价值理想吗？由此可见，把 metaphysics——不管是译为形而上学、形上学或玄学等——与中国古代的宋明理学相等同，从《周易·系辞》中"形而上者谓之道，形而下者谓之器"一语出发来理解 metaphysics 一词之义，乃是混淆事实判断与价值判断，是与应该这两种思维方式，从而把两种本不相干的学问混为一谈的结果。从求知的角度来讲，metaphysics 作为一门科学与中国人以追求形而上之道为宗旨的学问之间的区别在于：前者求的是纯粹、客观、绝对、普遍的知，和人生的实用需要可能无任何关系；后者求的是主观、特殊、个人性且依赖于人生体验深度（即冯友兰所说的"人生的觉解"）的知。

在西方，确实有不少哲学家，他们的 metaphysics 是探讨超感觉的存在体的，这其中包括上帝、灵魂、理念等一系列超感觉的存在。但是即便如此，这种形而上学探讨问题的方式与中国人追求形而上之道的方式之间的本质差别，也说明两者不是一种类型的学问。因为 metaphysics 是一门知识的学问，因而也曾是一门科学，作为一门科学，它研究上帝灵魂或其他一切超感觉实体的方式，仅仅是为了发现或证明这些实体事实上存在，而不是把这些东西当作价值目标来追求，因而它与中国人自古以来以追求人生价值、人生真谛的本体之学从根本上就不是一码事。一个人从哲学上来证明"上帝存在"，这是一种单纯的思想活动；而一个基督徒以自己虔诚的生命来信仰上帝，就不单纯是一种思想活动，而同时包含着人生的具体实践。前者所求的是人人可以理解的客观知识，而后者所达的只有个别人生境界极高的人才能达到的主观知识；前者所作的是事实判断，而后者所作的是价值判断；前者注重的是逻辑的推理，而后者则注重心灵的虔诚。与此相同，中国古代学术，特别是被当作形而上学典型的宋明理学，在思维方式上显然与基督徒的思维方式相一致，而与哲学思维活动根本不同。只要我们同意宗教和哲学是两种根本不同性质的学问，我们就应该同意形而上学这个千百年来被西方人当作哲学女王的学问，是与中国宋明理学根本不同性质的两种学术。怎么能认为宋明理学是"真正的形而上学"呢？又怎么能认为西方历史上的形而上学可以与中国古代的宋明理学相结合呢？

正因为形而上学是一门知识的学问，不能与以追求人生境界为旨归的宋明理学相混同，因而像冯友兰先生那样把追求人生的境界，特别是他所谓的"天地境界"当作是形而上学的理想，并认为形而上学的目的就是提供一种"人生的觉解"；或者像张君劢先生那样从中国古代学术中形而上形而下事物的关系出发来理解形而上学，都是从中国传统学术的思维方式出发来理解西方学术的特征，这样一种理解方式永远不可能使我们对西方学术的科学特征有一个真正的认识。

（3）除了这些之外，还有一个极为重要但为前述徐旭生《科学与玄学》一文所未涉及的事实就是，在西方历史上，并不是所有的 metaphysics 都是研究本体的，尤其是休谟以后西方哲学中的 metaphysics 基本上都不再以研究本体为务，原因很简单，人们都认识到古典形而上学中所研究的本体——作为"物自身"——其实超出了人类思辨理性的研究能力。一个最典型的例子就是康德。康德十分清楚地意识到古典形而上学在休谟以后的破产，本体、物自身之不可言说，但是在《纯粹理性批判》《未来形而上学导论》中他却信誓旦旦地要建构"任何一种能够作为科学出现的未来形而上学"。那么为什么在本体不能研究的情况下，人们却仍认为 metaphysics 可以存在呢？这是因为 metaphysics 一词之本义就不是专门研究本体的学问，而是指从整体上来研究这个世界，并且是"知识的第一原理"。按照亚里士多德的界定，它是"从整体上""研究作为存在的存在（to on hei on）"的（《形而上学》1003a。1959a，56）。在康德哲学中，我们看到形而上学工作的基本任务之一是"论述纯粹理性能力的全部领域和范围"（《未来形而上学导论》。1978，11），而康德所说的"形而上学知识"事实上是关于"全部可能经验的绝对的整体"的知识（1978，104）。因此康德心目中的形而上学既是指人类知识的最高原理，也是指对世界（存在）是如何构成的最高说明。这与亚里士多德对形而上学的理解是完全一致的。康德以后，黑格尔的形而上学则表现为"绝对理念"自身按照绝对必然法则演化的逻辑过程。黑格尔强调："绝对理念"不是古典形而上学意义上的本体，而是一个按照正、反、合的逻辑无止境发展的过程。包括柏格森、胡塞尔等人在内的几乎所有现代西方哲学家也都不再把形而上学理解为专门研究形而上的、"超感觉的"本体的学问。

在作了上述三条区别之后，我们不禁要问：为什么中国学者都如此普遍地认为可以从"形而上者谓之道，形而下者谓之器"（《周易·系辞》）这句话来理解西方哲学范畴 metaphysics？难道中国历史上的道学、宋明理学乃至禅学等真的与西方历史上的 metaphysics 是一回事吗？这是不是因为他们太喜欢用中国观念来理解西方思想这样一种习惯呢？

## 形而上学是一门科学吗？

忽视西方形而上学（metaphysics）在思维方式上的根本特征，仅仅由于中、西学术中某些貌似共同的特征，或者由于翻译上的某种误导，将西方历史上的形而上学与中国古代的求道之学混为一谈，误以为形而上学是一门探寻形而上的本体的学问，进一步又以为形而上学是一门专门追求人生的最高价值或境界的学问，甚至把宋明理学当成了真正的形而上学，这种倾向在中国现当代学术界比比皆是。最令人感到奇怪的是，在西方哲学史上，几乎每一个形而上学家（metaphysician）都把"使形而上学成为一门科学"当成理想，而有些人反对形而上学也往往是由于他们认为形而上学不能成为一门科学；但是在中国则相反，人们一方面承认中国古代没有科学，另一方面却把中国古代学术中最没有科学特征的宋明理学当成真正的形而上学！因此我们现在重点探讨一下形而上学与科学的关系。

在西方历史上，形而上学与科学的关系有一个演变过程。一直到 19 世纪中叶以前，西方人还是把形而上学当作最高意义上的科学。我们知道，在柏拉图的哲学中，metaphysics 作为理念论追求最高层次上的知识，希腊文中知识（episteme）即科学（episteme），而辩证法则担负着为知识/科学制定标准的任务，因此 metaphysics 就是最高层次上的科学。形而上学一词用亚里士多德的话来说就是第一哲学，所谓第一哲学就是一切知识的最高原理，也就是一切科学的最高原理。17 世纪的哲学家笛卡尔写了本有名的《第一哲学沉思集》，他所用的第一哲学之名是从亚里士多德那里沿用过来的，其用意显然是强调形而上学乃是一切科学的基础，因此他把 metaphysics 当作知识这棵大树的"根"，将物理学当作知识这棵大树的"干"。（1986，v）

对于笛卡尔来说，重建形而上学的努力完全来自这样一种深刻的时代关怀，即当时人类的一切知识，无论是数学、神学、哲学乃至风俗习惯中的经验知识都充满了巨大的不确定性；笛卡尔认为人类的知识应该像几何学那样建立在一个牢固的基础上，为此它也应该像几何学一样有自己若干简单、自明、绝对不可怀疑的公理性前提。神学不能担此重任，因为它本身的前提（如上帝和灵魂的存在）就是有待哲学去证明的;[21]只有哲学有能力担此重任,因为"一切科学的原则都应当是从哲学里面取得的"(北京大学哲学系西方哲学史教研室,1958,110—111)。建构这样一个有资格成为一切知识之根本基础或最高原理的学问,就是笛卡尔心目中的形而上学,因此形而上学——如果它能被建立起来的话——无疑是最高层次上的科学。如何建构这样一门科学呢?笛卡尔认为唯一可行的途径是"普遍怀疑","普遍怀疑的好处"就是"它可以让我们排除各种各样的成见,给我们准备好一条非常容易遵循的道路"(笛卡尔,1986,10)。因此:

> 任何事物,如果看来不比几何学家已往的那些证明更加明白、更加清楚,我就不把它当作真的。(北京大学哲学系西方哲学史教研室,1958,118)[22]

对于笛卡尔来说,真正的形而上学——最高层次上的科学——必须能够像几何学那样把一切建立在牢不可破的逻辑证明之上;而一切超验的存在,如上帝、灵魂的存在,也都只有在经过理性的严格证明之后才是可以接受的。

首先对形而上学能够作为一门科学的可能性发起挑战的是休谟,休谟通过对经验事物因果关系的分析,无可辩驳地证明了古典形而上学关于实体、本质的观念是站不住脚的。但是康德认为,休谟的批判只能证明古典形而上学的破产,而不能证明形而上学本身已经破产。古典形而上学之所以站不住脚,是因为它未能成为一门科学;相应地,未来形而上学能否成立,关键也取决于它能否成为一门科学。[23]因此如何使形而上学能够像数学、自然科学一样成为一门真正的科学,就成了康德关心的首要哲学问题之一。在写《未来形而上学导论》一书时,他就在向人们提出这样一个问题:为什么数学、自然科学都能成为科学,而形而上学却不能呢?为此他认为先要搞清楚数学、自然科学是如何成为一门科学的?它们成为科学的根据和基础是什么?搞清了这些问题,才能追问什么是人类一切知识的基础？后者关系着形而上学能否成为一门科学。这就是他之所以在《未来形而上学导论》中提出"纯粹数学是如何可能的""纯粹自然科学是如何可能的""一般形而上学是如何可能的"和"作为科学的形而上学是如何可能的"（康德，1978，37）这四个问题的根本原因。

综上可知，形而上学在西方哲学史上本来就有如下几个特征：

（1）形而上学如果能够成立的话，它必须是一门科学；

（2）如果形而上学不能成为一门科学，就彻底失去了存在的合法性；[24]

（3）鉴于形而上学对一切存在及知识终极基础的说明，它还是最高层次上的科学，是科学的皇后。

实证主义思潮是继英国经验论之后再次对形而上学发起激烈攻击的哲学流派，但是实证主义哲学的创始人孔德虽批判形而上学，他的三阶段说（神话—形而上学—科学）却同时表明他也承认形而上学是现代科学赖以诞生所必不可少的一个阶段。实证主义、分析哲学等坚持形而上学已经过时，并主张取消形而上学，而主要原因却是形而上学不能成为一门科学。他们的观点自20世纪以来受到了以胡塞尔为代表的现象学哲学的猛烈攻击，胡塞尔一生的主要愿望之一就是把现象学作为一门科学建立起来。他在晚年把"超验现象学"称为"生活世界的本体论"，由此可见胡塞尔建构现象学这门科学的努力同时也是在重建作为一门科学的形而上学。因此，在他看来，西方古典形而上学虽有种种问题，但这丝毫也不能说明形而上学已经过时，恰恰相反，他认为，只有从文艺复兴以来的形而上学精神出发重建形而上学这门科学，人类的科学事业才能获得意义（胡塞尔，1988，10）。关于胡塞尔对形而上学的看法，我们将在后面专门讨论。

从这里我们可以发现，科玄之战中把科学与玄学对立起来，双方大打出手，是多么大的一个历史误会！而冯友兰将历史上对形而上学的理解归纳为所谓"先科学底""后科学底""太上科学底"三个方面，其实也是不妥的。因为西方历史上凡是提倡形而上学的人，没有哪一位不把形而上学当作"太上科学"来对待，而所谓"太上科学"也必同时是"先科学底"和"后科学底"。按照冯友兰的观点，"真正的形而上学"既不是"先科学底"和"后科学底"，也不是"太上科学"，"真正底形上学，必须是一片空灵"（1986b，179），它不会增加我们对于实际的任何知识，而只能用来提高人生的境界。由此出发，中国历史上的宋明理学、禅学、道家学说就成为真正意义上的形而上学！冯友兰、张君劢、牟宗三等人把中国历史上最不具科学特征的宋明理学当作是真正的形而上学。与这种情况相反的是，西方历史上提倡形而上学的哲学家（除了当代个别例外）都把"真正的"形而上学当作一门科学来追求，而实证主义等哲学宣称要取消形而上学也是因为它认为形而上学不可能成为一门科学！请问这样一种科学意义上的形而上学，和中国古代道学有何共同之处？当宋明理学家们谈论形而上之道时，他们可曾想到过把他们的道学建立在牢不可破的逻辑证明之上，使之成为一门科学？可曾有过这样的观念，即真正的形而上学必定是经得起"普遍怀疑"的最高层次上的科学？

## 英国经验论与形而上学

关于形而上学与科学的关系，中国学者常见的看法是认为"西方人重知识，所以形而上学与科学相关；中国人重心灵，所以形而上学与科学不相关"。这使他们可以堂而皇之地认为，中国虽然没有科学，但却有不比西方逊色的形而上学！为了进一步说明形而上学这门科学本身的科学性，我们想以近代英国经验论为例来说明这样一个观点：在西方哲学史上，人们之所以批判一个形而上学体系往往是由于发现它"不科学"的缘故，对科学性的追求乃是西方形而上学思想发展的主要动力。

尽管对科学性的追求是每一个近代形而上学家的共同理想，但是不同的哲学家对于形而上学科学性的追求往往表现出不同的侧重点。如果说大陆哲学家更加注重逻辑论证过程严密有效的话,那么英国经验论哲学家则更加注重求是过程的严密有效。如果说对于大陆哲学家来说,科学性的标准主要体现在把几何学的理想应用于形而上学体系中去的话;那么对于英国经验论哲学家来说,形而上学的科学性主要体现于它是不是真的揭示了关于世界的真理。在笛卡尔、斯宾诺莎乃至莱布尼兹的哲学中,对论证过程的有效性的追求使他们把若干或一个类似于几何学公理一样自明、自足、自圆其说的公理当成了建构形而上学的主要任务,因此不同的形而上学体系之间的相互批判主要集中于对对方在理论演绎过程所存在的漏洞的批判。例如,斯宾诺莎一方面认为笛卡尔的形而上学并不像笛卡尔自己声称的那样牢不可破,另一方面他也像笛卡尔一样竭力试图从几何学的方法出发来建立一门"科学的形而上学"。但是在英国的经验论中,我们看到人们更加注重的是形而上学作为最高层次上的求是,它所求之"是"是不是代表客观真理,是否可以用经验来验证,求是过程是否像形而上学家自己说的那样严谨、经得起理性的反驳。洛克是近代英国经验论形而上学的早期集大成者,经验论中后来的一切形而上学争论几乎都因他而起。让我们从洛克形而上学中的实体学说说起。

洛克论证"物质实体"和"心灵实体"的方式与笛卡尔等大陆形而上学家的最大区别在于:它们不是脱离日常经验而抽象地进行逻辑推理的结果,而是为了解释经验现象的需要不得不提出来的;也正因为如此,洛克指出"物质实体""心灵实体"有这样两个不可理喻的特征:

(1) 它们只能是一种假定而不是一种客观实在;
(2) 作为超出了人的感觉经验的存在,它们不能为人类所认识。

为什么洛克会有这样一种观点呢?这是因为洛克的形而上学在思维方式上以求是为宗旨,从求是——求得世界万事万物存在的本质或终极原因——的角度来思考问题,洛克作为一个经验论者发现人类的认识不能超出于感官经验的范围之外,换言之,不能超出感官所提供的大量简单观念（复杂观念是由简单观念构成的）。因此只有搞清了这些简单观念的存在是由什么因素决定的，即其产生或存在的根本原因，才能达到对世界的根本认识，这就必然导致实体观念的提出："我们由于不能想像这些简单观念如何能够独立存在，因而惯于假定一个基质，作为它们的寄托，作为它们产生的原因，我们也就因此称这个基质为实体。"（北京大学哲学系西方哲学史教研室，1958，257）

为了说明为什么要"假定"实体的存在，洛克举例说：如果问一个人颜色和重量这两个观念是依附于什么主体而存在的，他也许会说是一个有体积，有广袤的东西；那么体积和广袤又是依附于什么主体而存在的呢？他就很难回答了。一个印度人也许会说是一个大象，但是大象又是由什么支持的呢？他也许会说是一只大乌龟，可是大乌龟又是由什么来支持的呢？可以想象，这样一种性质的追问可以无止境地持续下去而永远不会有结果。（北京大学哲学系西方哲学史教研室，1958，257—258）对于一个中国人来说，正因为一开始就已预知不可能有终极答案，所以也就不会认为有进一步追问下去的必要，一切等待着自然科学研究的进步来回答，但是即使自然科学研究也不可能提供终极答案。科学探索会不断提供进一步的答案，"如此以至于无穷……"，可是这种典型中国人的、非常实用而不求终极答案的思考方式是不符合西方人心目中的形而上学的。我们前面说过，形而上学区别于具体科学的最大特点在于：它必须提供关于"终极"实在的答案，必须提供最充分的关于世界的解释，也正是因为它要回答具体科学所回答不了的问题，才配得上科学皇后的桂冠！因此洛克说："假定一个为思维、认识、怀疑、运动能力等所寄托的实体，那我们就是对精神实体有一个清楚的概念，和我们对于物体的概念同样清楚；前者被认为是（并不知道它究竟是什么）我们从外界获得的简单观念的基质；后者被认为是（同样不知道它是什么）我们在自己的心里经验到的那些活动的基质。"（北京大学哲学系外国哲学史教研室，1958，259）

对于洛克来说，严格地遵循求是的路径，对万有的存在提供一个终极的、圆满的解释，是形而上学这门科学所承担的而具体科学承担不起的神圣任务，也是形而上学作为一门科学的必然要求。另外，形而上学这门科学所要求的实事求是精神，还使洛克提出，无论是物质实体还是精神实体都只是一个超出了人类认识能力的假定。原因是什么呢？正因为我们承认人类的认识能力不可能超出感觉经验的范围，换言之，不能超出简单观念的范围；而同时我们也承认无论物质实体还是精神实体都是超出于感觉经验之外而独立存在的东西。事实上，我们关于物质实体和精神实体都没有任何直接的观念：

> 如果有人愿意考察一下自己关于一般的纯粹实体的概念，他就会发现他根本没有什么别的观念，只不过有一个假设，认为有一种他不知道是什么的东西在支撑那些能在我们心中产生简单观念的性质。（北京大学哲学系外国哲学史教研室，1958，257）

> 所以，很显然，物质实体或物质这个观念和精神实体或精神这个观念一样，都是远非我们所能了解和认识的。（北京大学哲学系外国哲学史教研室，1958，259）

如果说，正是求是的科学精神导致洛克提出了物质实体和精神实体这两个实体假定；那么还可以说，正是出于同样的求是的科学精神，才导致后来英国经验论的一系列新的重大发展，洛克形而上学中的"物质实体"和"心灵实体"后来由贝克莱和休谟所推翻。贝克莱之所以认为"物质实体"虚幻，是因为他发现与其用物质实体来解释观念的发生及其法则，不如用上帝这个至高无上的精神实体更有效；而休谟之所以认贝克莱所说的"心灵实体"也为虚幻，因为他发现贝克莱犯了一个与他的对手同样的错误，即如果"心灵实体"像贝克莱所说的那样是独立于人的知觉而存在的，而我们又永远不可能脱离知觉来认识，我们如何能证明自己能认识它呢？

自从笛卡尔以后，西方形而上学经历了一个漫长而曲折的过程。其中每一个后来的形而上学家都在指责他的前人没有把形而上学建设成为科学，因为他们的形而上学体系并不是像他们自己所说的那样"牢不可破"。看看近代英国经验论的发展过程，也许会更加有利于我们认识形而上学在思维方式上的科学性。由此我们可以发现，形而上学之所以被作为科学来追求，不是没有原因的。因为它在这些哲学家心目中本身就是：

（1）最高层次上的知识；

（2）这种知识应当是普遍、客观、人人可以理解和接受的客观真理，而不是神秘、主观、只能通过"顿悟"来"体验"的主观真理；

（3）这种知识以求是为特征，因此可以用经验来验证和反驳，而不是要诉诸人生境界的提升来证实；

（4）这种知识服从严格、客观、人人可以理解和接受的逻辑论证，而不是服从没有任何逻辑的客观有效性的主观的直觉。

现在我们可以说：在"科学与玄学"的论战中，中国人对于科学的理解是多么肤浅啊！具体说来：他们把科学片面地局限于自然科学上，不知道他们所说的玄学本身就是最高层次上的科学；他们不知道，玄学在西方绝不仅能够对其他科学有指导、仲裁的作用（像张君劢所理解的那样），而且更重要的是指玄学本身在研究方式上就是极其科学的，而这种极其科学的研究方式在中国古代学术中恰恰极其缺乏，在宋明理学中并不存在。

## 当代形而上学中的特例

尽管在当代西方哲学中，像胡塞尔那样把形而上学当作一门严格的科学来建构的毕竟只是少数，但是我认为，在我们前面所提到的现代形而上学家如摩尔、维特根斯坦的哲学中，形而上学虽然没有被明确地作为一门科学，但其思维方式与传统形而上学在如下两方面仍然是相通的：其一，提供关于世界的一种知识；其二，视方法重于结论。与中国古代所谓的形而上之学相比，它还有一个重要的特点，就是不曾以追求一个形而上的、人生的终极归宿为目的。这是因为现代西方哲学中的形而上学，作为对于世界整体的"描述"，严格说来虽不要求以严格科学的方式来证明自身，但是它在思维方式上仍然是在求知而不是求应（该），它所作的判断仍然接近于事实判断而不是价值判断，它的结论也并不是不可能用人类生活经验来验证的。然而当代形而上学中还有个别特例，我们前面所讲的"描述性形而上学"并不包括它们，这就是海德格尔、雅斯贝尔斯等人的形而上学，后者在思维方式上与西方历史上的所有形而上学（包括与现代"描述性形而上学"）都有巨大差异。海德格尔把形而上学理解为对"存在"的根基进行追问的学问，从而也理解为对"无"加以反省的学问。对他来说，无论是"存在"还是"无"都不能从认知的眼光来理解，而必须诉诸人生的体验。因而海德格尔的形而上学不复以追求成为科学为其理想。不仅如此，他对科学所代表的那种思维方式本身就是拒斥的。海德格尔早期虽曾对康德的形而上学思想表示青睐，但是事实上即便是《存在与时间》中所谈论的"基础本体论"，在思维方式上也已经与康德的形而上学有了本质区别（1996b，81—153，491—530）。对于雅斯贝尔斯来说，形而上学被理解为关于超验存在（transcendence）的学问。这个超验存在有点类似于西方古典形而上学中的上帝。但不同在于雅斯贝尔斯认为这个东西不可被当作一种知识对象，或者说不可认知；一旦我们运用我们的理智来分析它，它就从我们身边溜走了（在这个意义上它更接近于康德的"物自体"）。雅斯贝尔斯说，当我们体验到自由的时候，我们会感到自己被一种永恒、至上的存在所抓住，这个至上的存在就是超验存在。对于他来说，超验存在意味着 existenz（人的自由存在）的极限，也是后者的目标和理想。由此，雅斯贝尔斯又提出把寻求形而上学真理的过程归纳为"阅读超验存在的密码簿"（Jaspers，1994，302—350）。

按照海德格尔、雅斯贝尔斯等人所提供的全新的形而上学概念，如果硬说中国历史上没有metaphysics似乎很难，因为此二人所说的形而上学在思维方式上与中国古代的道学的确相接近，因此指责冯友兰、张君劢以及我们后面要谈的牟宗三等人把宋明理学当作形而上学似乎是不妥的。可是即便如此，我们不能不提醒大家注意的是：

第一，当冯友兰、张君劢、牟宗三等人把中国古代有关的学说当成是形而上学时，当他们从《周易·系辞上》中的"形而上者谓之道"一语来理解metaphysics之义时，完全是基于他们对西方历史上的形而上学思想的认识作出判断的，他们当时对于海德格尔、雅斯贝尔斯等人的形而上学知之甚少，甚至几乎不知。当他们把宋明理学当成真正的形而上学时，当他们自信地声称形而上学必须以追求人生的最高价值或境界为旨归时，他们这样做是出于他们天才般的"预见力"呢，还是因为他们已经习惯于从中学自身的传统来理解西方哲学范畴的含义呢？

第二，海德格尔等人是十分强调他的形而上学已与西方两千多年来的古典形而上学有了"质"的断裂这一事实的，并一再强调二者在思维方式上已有本质区别。如果真的以海德格尔等人为准的话，那么也必须接受他的形而上学已与西方历史上的metaphysics发生了"质"的断裂的论调，既然如此，我们在谈论中国古代的形而上学时，又如何能不交代自己是从什么意义上理解和接受西方人的形而上学概念的？好笑的是，在多数情况下，中国学者在谈论形而上学时，往往把他们站在宋明理学立场所理解的形而上学与西方古典而非当代的形而上学当作一回事，并认为西方古典形而上学中所谈论的本体就是宋明理学所谈论的形而上之道。

第三，现代中国学者吸收西方形而上学的根本目的之一是为了把西方文化中的科学精神吸收到中国来，这也是他们想从理论上找到把西方形而上学与中国古代的道学相结合的桥梁的重要动力。我们前面说过，形而上学在西方历史上乃是被作为"最科学的科学"、科学的皇后对待的。如果我们对这个科学的皇后——metaphysics——本身的理解就是错误的，那么我们如何能理解西方文化中的科学精神呢？当冯友兰等人把宋明理学当作真正的形而上学时，他们对西方历史上的形而上学，特别是其与科学的关系究竟了解了多少呢？

第四，形而上学不仅是自然科学中的科学皇后，也是人文科学和社会科学中的科学皇后。现代中国学者一方面乐意承认中国历史上没有西方意义上的科学，另一方面却认为像哲学、形而上学、伦理学等一些西方科学在中国历史上不仅有而且很发达。他们显然忽视了这些学科在西方自始就是作为科学追求的产物而存在的。换言之，按古希腊以来直到康德、黑格尔的一个传统，如果这些学科不想追求成为一门科学，也就不能称为哲学、形而上学、伦理学了。显然20世纪中国学者对于形而上学这个科学皇后的科学性的严重误解，也导致他们对人文、社会科学学科的科学性认识不足。

实际情况是，从中学自身的思维方式出发来理解西学，不仅导致盲目地制造所谓科学与玄学的对立、中学与西学的对立，还导致了另一个更重要的问题，就是即使那些大肆宣扬西方科学的人，也从来不能真的领会西方科学的真精神。比如，按照西方科学的精神，学术的追求应该是为了求知而求知，而不可能出于一种实用的目的，否则也就不可能有真正的科学发展。伽利略（Galileo Galilei）、牛顿不是为了发展经济、促进社会发展而进行科学发明的。对于他们来说，科学研究本身就是自在的目的，就像我们呼吸空气一样，科学的沉思对于他们来说乃是生命存在中的一部分。但是近代以来中国人讲科学，从来都是为了求用，而忽视了科学研究本身所具有的自在的目的性。例如，对于胡适（1923）来说，提倡科学不仅是为了振兴国力，更是为了建立一套科学的人生观。这种思路单就其本身而言当然是正确的，对于一个如此贫弱的国家来说，提倡发展科学当然是当务之急。但是另一方面，对于科学本质的不了解，也导致一个多世纪以来一方面研究者急功近利地想发展科学，而另一方面科学却始终未真正发展起来；只要科学还是被作为实现它自身之外其他目的的手段，它就不可能真正地发展起来。这正是我们今天所面临的一个重要现实问题。

# 形而上学与西方学统（一）

接下来我想通过胡塞尔对形而上学的辩护来说明形而上学与西方两千多年学术传统的关系，进一步说明这一传统在中国几千年来并不存在。

我们知道，19世纪以后，欧洲自然科学在经过数百年的发展后日益显示出自身无与伦比的力量，由于它的特殊的科学研究方法所获得的巨大成就，特别是给人类带来的巨大福利，使之日益成为人们心目中万能的神；由于它建立了一整套完备的方法论和理论体系，只需要依赖于自身就可进行卓有成效的研究，也使之从以前屈从于哲学、作为哲学的一个分支的地位彻底摆脱出来，笛卡尔、康德等人视哲学或第一哲学（形而上学）为一切科学的最高原理或最后基础的观点似乎已经变成了童话。正是在这样一种特殊的历史背景下，从19世纪中叶开始，在西方兴起了一股反对形而上学的浪潮，以孔德等人为代表的实证主义哲学家认为，形而上学作为从神学通向科学的中间阶段虽然曾经为科学的发展起过推动作用，但是从根本上说它是建立在一系列错误的假定之上，这些假定包括认为存在诸如本质、实体、终极原因之类的东西，视之为一切科学的目标。马赫（Ernst Mach，1838—1916）通过他的"要素组合论"把一切事物归结为一系列感觉要素的组合，认为知识不是对事物本质的发现，而只是按照"思维经济原则"对感觉的整理。这样，马赫认为他已经成功地证明形而上学的破产，而一切人文科学宣称自己为自然科学的最高原理或最后基础的观点已经一去不复返。实证主义思潮的另一个根本观点是把科学抬到了至高无上的地位，视之为一切人间学问的唯一准绳。这一思想一直影响到20世纪30年代的维也纳学派，影响到当代西方哲学的许多流派。并且这一思想也对中国学术界产生了一定的影响，这尤其体现在1923年开始的那场规模空前、影响深远的科学与玄学论战。在这场论战中，科学派常常是站在实证主义的立场来反对玄学。[25] 在这一部分，我们拟从胡塞尔对实证主义的批判出发来探讨形而上学与西方学术的精神价值基础的关系。

实证主义对于形而上学的批判引起了胡塞尔的深刻思考，在胡塞尔看来，这一批判在理论上存在着深刻的问题。这主要表现在：实证主义将世界上的一切归结为一系列感觉要素的组合，将知识归结为对感觉要素的人为整理，从而从根本上掏空了人类科学事业的精神价值基础。为什么会这样呢？因为胡塞尔发现，当人们沉浸于对科学成就的崇拜之中时，他们可能忘记了科学的一系列成就是怎样取得的，他们不知道"生活世界是自然科学的被遗忘了的意义基础"（1988，58）。胡塞尔指出，事实上人们对于现象事物的认识并不是像实证主义所宣称的那样，可以归结为一系列感觉的组合，而必定具有下述特征（Husserl，1970，103—189）：

（1）它必是以一系列先天的思维框架为前提做出来的。胡塞尔通过对"it"［它］的分析来说明这一点。例如，一块石头从空中下落，它在不同时刻所提供给人们的感觉是不同的，单纯的感觉经验并不能告诉我们不同时刻的感觉可以代表同一块石头，但是在日常生活中人们异口同声地把它们说成是同一块石头在下落，这一现象绝不能用感觉论的观点来解释，而只能解释为一种先天的思维框架在起作用。这就说明实证主义从经验论那里所继承来的感觉主义存在严重局限。

（2）人是在思维的"意向性"（intentionality）中认识和思考事物的。这话的意思是：人们不可能脱离具体的生活体验的"场"来理解事物。一朵花对于一个生物学家也许只是一堆基因密码的排列，但是它作为送给情人的礼物在当事人心目中的含义就完全不同。不仅如此，人们还总是通过一系列具体生活的体验来不断改变一个事物在其心目中的含义。因此任何事物都不存在固定不变的本质，实证主义在反对本质的过程中事实上把科学以数学公式的方式对事物的描述当作了事物的唯一本质。这显然是不对的。

(3)"理解"的优先性。人们最初理解事物并不是先给它下定义，然后才接受它的，而总是在具体的生活体验中理解并接受它的。即使对于一个科学家来说，也必是先在日常生活的理解中先知道了"它"是什么，然后才能去找出它的数学表达式的。如果没有日常生活中的理解在先，人们不可能知道那堆数字代表什么。理解必诉诸直觉，而不是逻辑的推理；理解必然是活生生的，而不是像数学公式那样缺乏生气。这样，理解必包含意义，并且因此对个人来说具有直接的价值。这就是说一切科学研究必定有它的意义基础，后者存在于每一个理解中。实证主义将一切事物归结为感觉要素的组合，这样它就掏空了科学行为的意义基础。

在《欧洲科学危机和超验现象学》这部胡塞尔生前最后一部巨著中，通过对科学行为之意义基础（即精神价值基础）的分析，胡塞尔以康德的先验唯心论为基础重新总结了人类一切行为的超验根据，并将后者称为"超验的自我"，而世界则成了"超验自我的客观化"，这样他就提出了"生活世界的本体论"（ontology of life-world）。毫无疑问，"生活世界的本体论"代表了一种新的形而上学，胡塞尔试图以它来表明形而上学应当摘回科学的皇后这顶桂冠，因为只有通过形而上学才能找到科学的精神价值基础，找到科学的最后根据。在这里我们可以鲜明地发现，胡塞尔认为，形而上学作为科学的基础，不是单纯从认识论上的意义上而言的，它首先是科学的精神价值基础。

需要指出的是，胡塞尔所建构的形而上学——作为"生活世界的本体论"——并不直接包含一套生活的指导原则，也绝不会给科学家提供方法论；他所说的"超验的自我"不是一个价值的目标或本体，而是一切科学行为和人类意识行为之事实的基础。当胡塞尔认为事实与价值不分的时候，他并不是在提倡事实与价值不分，而只是通过他的"意向性"理论证明了事实与价值实际上"是"不分的，也就是胡塞尔并没有脱离求是的思维方式。因此，他有足够的理由认为自己的新的形而上学仍然是一门科学。和中国古代的形而上之学不同的是，胡塞尔虽然把形而上学当作了科学的意义基础,但他做的工作绝不能理解为试图告诉科学研究应当追求什么样的精神价值,而只是告诉我们科学研究必定是在怎样的精神价值基础上进行的。不过,胡塞尔所做的工作虽然是在求是,但是我们绝不可以因此而认为他没有强烈的现实怀抱;相反,他一再强调实证主义对于科学和形而上学的错误理解在现实生活中造成的后果是灾难性的(1988,5—7)。

胡塞尔又把形而上学称为普遍哲学,认为有必要搞清在两千多年的哲学史中"什么是在哲学的目标和方法中的最根本的、原初的、本真的东西"(1988,20)。他指出:古代的哲学观念和今天的不同,但是在近代最初几个世纪,它的特征仍然得到了保留。这种哲学观念就是:哲学是一门无所不包的科学,它的使命是要认识"整个存有者"(the totality of what is),一切具体科学都只是它的分支。这样一种哲学的观念最鲜明地体现在西方形而上学传统中。这个传统所追求的是什么呢?它所追求的无非是:

> 在一种统一的理论体系中,用一种严格的科学方式,即用一种进行逐一证明的清楚明白的方法,在一个无限的但具有合理秩序的研究过程中,包容一切有意义的问题。人们世世代代无穷无尽地扩建最终在理论上联结一切真理的大厦,这样它可望解决一切可以设想到的问题——事实问题和理性问题,暂时的问题和永恒的问题。(1988,9)

胡塞尔进一步指出:

> 文艺复兴时期的重新活跃起来的哲学也接受这一观点;它甚至相信,它已经发现了一种真正的、普遍的方法,通过运用这种方法,一种在形而上学中达到顶点的系统的哲学能够被构造出来,从而真正建成哲学的千年王国。(1988,10)

胡塞尔认为，这样一种伟大的形而上学理想，自从古希腊哲学诞生那天起就激荡着无数人的心灵，在近代，"一种被规定的普遍哲学及其方法的理想，造成了哲学的新时代和它的一切发展序列的开端"（1988，12）。所谓"普遍的哲学及其方法"，指的正是形而上学及其方法。例如，笛卡尔在近代早期提出关于第一哲学的理想，关于要把严格的、类似于几何学的方法应用到形而上学中去的理想；又如，康德面对经验科学的成功，提出了数学和自然科学是如何可能的问题，提出为什么形而上学不能成为科学的问题；又如，黑格尔试图用他那绝对理念的辩证法来从整体上把握这个世界，找到关于一切存在的普遍绝对真理。所有这些，无不贯穿着近代人的形而上学理想，即一门普遍而绝对的科学、作为一切科学的皇后的科学理想。因而，在胡塞尔看来，"一种普遍的哲学的及其真正方法的真正理想的问题归根到底是一切历史上的哲学运动的最内在的动力"（1988，12—13）。按照胡塞尔的观点，只有理解了形而上学，才能理解西方科学的历史，只有理解了形而上学，才能理解西方学术的精神命脉；只有理解了形而上学，才能理解两千多年来西方学术发展的内在精神力量；只有理解了形而上学，才能理解西方学术文化内在活力的源泉。

实证主义所犯的最大错误可能就是，在彻底摧毁形而上学的欢呼声中，它也同时摧毁了科学的精神价值基础，因为"形而上学的可能性问题归根到底也涉及事实科学的可能性问题，因为在哲学的不可分割的统一体中事实科学有其关系意义，有其作为真理对于存有者的纯粹领域而言的意义"（胡塞尔，1988，12）。胡塞尔总结道：

> 因而，形而上学，即关于最高的和最终的问题的科学，应享有科学皇后的荣誉，它的精神决定了一切其他的科学所提供的知识的最终意义。(1988，10)

实证主义把实证科学当作人类一切科学和知识的最高理想大加崇

奉，然而它所崇拜的实证科学其实是个没有灵魂、没有精神基础的东西：

> 实证科学正是在原则上排斥了一个在我们的不幸的时代中，人面对命运攸关的根本变革所必须立即作出回答的问题：探问整个人生有无意义。这些对于整个人类来说是普遍和必然的问题难道不需要从理性的观点出发加以全面思考和回答吗？这些问题归根到底涉及人在与人和非人的周围世界的相处中能否自由地自我决定的问题，涉及人能否自由地在他的众多的可能性中理性地塑造自己和他的周围世界的问题。科学对于什么是理性，什么不是理性，对于我们作为自由的主体的人，能够说些什么呢？(1988, 6)

胡塞尔认为，实证主义的这种科学观的后果是极其可怕的。因为它导致"现代人让自己的整个世界观受实证科学支配，并迷惑于实证科学所造就的'繁荣'。这种独特现象意味着，现代人漫不经心地抹去了那些对于真正的人来说至关重要的问题。只见事实的科学造成了只见事实的人。……我们常听到有人说在人生的根本问题上，实证科学对我们什么也没有说"。(1988, 5—6)

## 形而上学与西方学统（二）

形而上学不仅包含着科学的精神价值基础，胡塞尔还强调，它同时还是欧洲人人性的精神价值基础。胡塞尔认为，实证主义可能忘记了一个重要事实，西方历史上的哲学——形而上学理想，不仅是对知识的追求，而且意味着一种伟大的人性诉求。他们不知道，对于沉浸于形而上学伟大理想中的人来说，哲学研究本身成了一种生活方式，成了使人精神获得解放、人格获得自主性和独立性的形式。胡塞尔说：

对于古代人来说，什么是根本性的呢？通过分析可以肯定，它无非是哲学的人生存在形式，即根据纯粹理性或哲学，自由地塑造自己，塑造自己的整个人生及其原则。理论哲学是第一位的。对世界的深刻观察必须不受神话和整个传统的束缚开展起来：应绝对毫无先入之见地认识普遍的世界和人，并最终在世界之中认识它的内在理性和目的，以及它的最高原则：上帝。哲学理论不仅使理论家获得解放，而且使一切受过哲学教育的人获得解放。理论的自主性伴随着实践的自主性。根据文艺复兴的主导思想，古人是在自由的理性中明智地塑造着自己的。对于这种新型的"柏拉图主义"来说，这意味着，不仅在人的伦理方面，而且整个人的周围世界、人的政治的和社会的存在，都需要从自由的理性，从一种普遍的哲学观点出发加以重新塑造。(Husserl, 1970, 8)[26]

这样一种哲学的人生存在形式，在中世纪以后从笛卡尔以来的西方哲学传统中得到了复活，"从休谟和康德一直延续到我们这一代的长时期内贯穿着一场充满激情的斗争"（胡塞尔，1988，11），这场斗争实质上是："它们为真是自己的、具有真理性的意义而拼搏，并因而为真正人性的意义而斗争。把潜在的理性带入对人的可能性的自我理解中，并因此明确地使形而上学的可能性成为一种真正的可能性。"（胡塞尔，1988，16—17）因而这场斗争"存在于那些已经崩溃的人与那些还保持着根基、并为了这一根基以及新的根基而拼搏的人之间的斗争"（胡塞尔，1988，16）。由此出发，胡塞尔得出这样的结论，如果人类的科学事业没有形而上学作为其精神价值基础，即意味着人的理性信仰的崩溃，更意味着欧洲人人性理想和价值的崩溃：

> 对形而上学可能性的怀疑，对作为一代新人的指导者的普遍哲学的信仰的崩溃，实际上意味着对理性信仰的崩溃……与这种对理性的信仰的崩溃相关联，对赋予世界以意义的"绝对"理性的信

仰，对历史意义的信仰，对人的意义的信仰，对自由的信仰，即对为个别的和一般的人生存在（menschliches Dasein）赋予理性意义的人的能力的信仰，都统统失去了。如果人失去了这些信仰，也就意味着失去了对自己的信仰，失去了对自己真正存有（Sein）的信仰。(1988，13—14)

实证主义出于若干理论的原因而将形而上学或近代人所倡导的普遍哲学全盘否定的同时，完全忽略了近代哲学或形而上学所包含的这一对于人性来说无比重要的意义斗争过程。它没有意识到，笛卡尔以来的西方哲学传统，特别是形而上学传统，并不单纯是若干知识原理的建立，而代表着"近代欧洲人人性的奠基"（胡塞尔，1988，13）。在"普遍的世界和普遍的人"这一近代哲学或形而上学的知识理想中，包含着近代哲学对于人的根基和人性的意义而进行的"真实的、生机勃勃的斗争"，包含着"自古希腊哲学诞生起欧洲人就具有的理想目标（Teleos）"，即"在无穷无尽的从隐到显的理性运动中，在通过理性为自己制定规范和寻求人的真理和真实性的无限努力中"去做人的目标；因此，"哲学和科学本来应该是揭示普遍的、人'生而固有的'理性的历史运动"（胡塞尔，1988，17）。

从前面的引文还可以看出，胡塞尔之所以强调古希腊罗马时期哲学作为一种学术活动对于人生的价值和意义，重要原因之一是哲学—形而上学作为人们自由运用自己理性的理论思维活动，让人在精神上自我确证，认识自己的自主性。关于这一点，我认为黑格尔对于哲学—形而上学价值的理解完全可以与胡塞尔的观点相参证。黑格尔的《哲学史讲演录》在比较哲学与宗教的差别，特别在分析为什么真正的哲学在西方而不在东方开始的过程中，曾极为深刻地分析过这一问题，尽管他的观点是通过其理念论这一形而上学的包装形式表述出来的。黑格尔把哲学当成了"对于对象的自由思维"，他说：

> 对于对象的自由思维就包含了对绝对的、普遍的、本质的对象的思维。所谓思维就是把一个对象提高到普遍性的形式。所谓自己思维或自由思维就是自己知道自己具有普遍性、自己给予自己以普遍的特性、自己与自己相关联。自由思维里即包含有实践的自由的成分。……在哲学思想里，我认识、规定、知道这个普遍者。只有当我保持或保存我自己的自为性或独立性时，我才会与普遍者有能知的认识的关系。一个对象尽管保持其为对象，并与我相反对，同时只要我在思维它，则它就成为我的了：虽说它是我的思维，但它对于我仍是一绝对的普遍者；我在它里面发现我自己，我保持我自身于这客观的无限的对象中，我对它有了意识，我仍然站在客观对象的立场。(1959, 94)

> 真正的哲学是自西方开始。……在东方的黎明里，个体性消失了，光明在西方才首先达到灿烂的思想，思想在自身内发光，从思想出发开创它自己的世界，西方的福祉有了这样的特性：即主体[在对象中仍]维持其为主体，并坚持其自身于实体中。个体的精神认识到它自己的存在是有普遍性的，这种普遍性就是自己与自己相关联。自我的自在性、人格性和无限性构成精神的存在。精神的本质就是这样，它不能是别的样子。一个民族之所以存在即在于它自己知道自己是自由的，是有普遍性的；自由和普遍性就是一个民族整个伦理生活和其余生活的原则。这一点我们很容易用一个例子来表明：只有当个人的自由是我们的根本条件时，我们才知道我们本质的存在。(1959, 98—99)

黑格尔指出，思想的自由之所以与普遍性相关联，还因为它不是任性和欲望，后者是没有普遍性可言的冲动(1959, 99)。正是在这种思想的自由中，人实现了他对于自己的自我确证。这种自我确证所达到的目标，康德在《道德形而上学原理》中把它称为具有绝对普遍性和必然性的"自在的善"，称为每一个人作为"自在目的"的实现，它同时标志着人的价值和尊严（1986，43，51，58，80等）。

上面我们分别从辩证法、形而上学这两个西方哲学范畴来论述两千多年来的西方学术——准确地说，就是一开始以西方哲学为代表，后来发展成为今天模样的人文、社会科学学科——的科学特征。读者也许会发现，辩证法、形而上学这两个西方哲学范畴所代表的学术似乎并不具有对称性，形而上学一直是西方哲学中的一个分支，而辩证法则似乎很难说一直是西方哲学的一个独立分支。但是如果我们认识到辩证法与西方学术追求逻辑有效性思维方式之间的深刻关联，以及形而上学作为最高层次上的科学在求是方面的思维方式，则可以发现，它们二者对于我们理解西方学术在思维方式上的科学特征正好构成了两个互补的方面。不仅如此，本章的讨论还向我们证明：辩证法和形而上学所代表的西方学术在思维方式上的独到特征，将会极大地有助于我们理解西方学术的精神价值基础，而这种精神价值追求在中国几千年学术史上是看不到的。

必须认识到：两千多年来以科学为重要特征的西方学术，是一个有着自身伟大传统的独立学术。它不仅由于思维方式的独特性而与中国古代学术的某些相似议题不具有可比性，而且更加重要的是：作为一种伟大的学术传统，它有着自身独立的精神价值基础，这个精神基础也不可以用中国古代学术包括儒、道、释学说中的精神价值标准来衡量。

从价值论的角度来看，世界上没有什么学术研究没有自己的精神价值基础或境界，而一种伟大的、千百年绵绵不绝的学术传统则必然有自己独立、伟大的精神价值基础，否则它就不可能吸引千千万万的人为之献身、为之忘我、为之前赴后继、为之奋斗终生。然而，一种直接以研究人生的终极价值为旨归的学术和一种不以研究人生终极价值为旨归的学术传统毕竟是不同的，我们不能因为它们都有自己的精神价值基础而将它们混为一谈。例如，物理学研究虽然不像基督教那样以人生的终极价值为课题，但这并不妨碍我们说从事物理学研究的人能从中获得一种独特的精神满足，后者完全是由物理学这门科学所提供的独特的精神价值世界，为其他学术所不能代替。但是，物理学研究的精神价值世界与基督教这门学问的精神价值世界绝对是两种不同类型的精神价值世界，它们之间根本没有可比性；我们绝不会因为物理学研究也有自己的精神价值世界而认为物理学与基督教这两种学术是同一种类型的学术，甚至于要比较一下这两种学术的精神境界谁高谁低。

任何一种学术，作为一项长久的人类事业，都有自身独特而内在的传统。用中国人的话来说，这个传统可以叫作学统。一种学统之所以能长久地传承并发展下去，是因为它有自己独立的内在逻辑，以及与这一逻辑相关的人性的境界。"指穷于为薪，火传也，不知其尽也。"（《庄子·养生主》）

如何来认识西方两千多年来薪尽火传、绵延不绝的学统呢？辩证法、形而上学这两个西方哲学范畴足以说明许多问题。从这两个西方学术范畴出发，深入探讨西方学术传统所具有的若干基本特征，可以发现，这一学术传统为每一个追求及参与其中的人提供了无限神奇的精神王国，即在对至高无上的"宇宙真理"的追求中所体验到的人性升华与欢乐。事实上，两千多年来的西方学术传统，之所以能呈现出自身强大的独立性，并不是由于它预知或追求给现代世界带来巨大的科技物质成果，而是由于它从一开始就是一个有着自己独立的精神价值、精神理想和精神命脉的传统。然而，20世纪中国学者们在强烈的救中国愿望的支配下，从来都没有真正理解过西方学术传统背后的精神境界，这样一个伟大的学术传统，一个多世纪以来并没有被中国人真正接受过……

## 本章注释

[1] 据陈启伟（2001）、郭欢（2019）等人的考证，我认为 metaphysics 最早的中文译名可能出自明末传教士艾儒略 1623 年的《西学凡》，当时译为"默达费西加"。郭欢（2019）详细考察了此词 1866 年至 20 世纪初日本对其的各种译法及其

思想背景。

［2］梁启超在 1902 年（光绪二十八年）写的《格致学沿革考略》中将一切学问分为"形而上学"和"形而下学"两种，他说："学问之种类极繁，要可分为二端：其一，形而上学，即政治学、生计学、群学等是也；其二，形而下学，即质学、化学、天文学、地质学、全体学、动物学、植物学等是也。吾因近人通行名义，举凡属于形而下学，皆谓之格致。"（2015，978）由此可见，他所说的"形而上学"指我们今天所说的人文、社会科学，"形而下学"则相当于我们今天所说的自然科学。但是由于梁启超未提他所使用的"形而上学"之称是否是对西文 metaphysics 的翻译，所以我们还不能说梁的说法与本章直接相关。

［3］以"形而上学"翻译 metaphysics，始于日本学者井上哲次郎（1856—1944）等所编《哲学字汇》，该书 1881 年初版，后有 1884 年、1912 年二版和三版。据郭欢（2019，52—53、58）介绍，在初版、二版和三版《哲学字汇》中，metaphysics 一词均被译成"形而上学"，且后附小字注曰："按：《易·系辞》形而上者，谓之道。形而下者，谓之器。"（此据东京大学三学部御原版，井上哲次郎、有贺长雄增补，《改订增补哲学字汇》，东京：东洋馆书店，明治十七年五月再版，页 75）。郭欢详细考察了日本学者翻译 metaphysics 的过程，认为"形而上学"译法可以追溯到中村正直 1866 年所写之《留学奉愿侯存寄书付》中的"形而上の学"，后者是井上在东京大学文学部哲学科的汉学老师（郭欢，2019，58），这样说也是考虑到《哲学字汇》并非井上一人完成，且"在《井上哲次郎自传》中提到的引以自豪的译名中并没有'形而上学'"（郭欢，2019，47）。但中村的用法并非作为对 metaphysics 之翻译，故郭说似不可据。

［4］参《严复集》（王栻主编）第四册附"翻译按语中西名表"（严复，1986，1055—1074）。

［5］上文中"特""特嘉尔"即笛卡尔，"斐辑"即 physics（物理学），"亚理斯大德"即亚里士多德。

［6］在科玄之战中论及玄学一词含义的文章中，较为重要的有如下几篇：

丁文江：《玄学与科学》，参 1923a/b，另参郭梦良，1923b，1—27；或刘福春，1999，503—521；

张君劢：《再论人生观与科学并答丁在君（下篇）》，参郭梦良，1923a，69—96；

张君劢：《〈人生观之论战〉序》，参郭梦良，1923a；或刘福春，1999，566—

576；

张东荪：《劳而无功》，参郭梦良，1923a，143—159；钟离蒙，1981a，176—181；

孙伏园：《玄学科学论战杂话》，参郭梦良，1923c；或钟离蒙，1981b，324—325；

颂皋：《玄学上之问题》，参郭梦良，1923c；或钟离蒙，1981b，340—341；

徐旭生：《科学与玄学》（丁长松记），参钟离蒙，1981b，391—394；

如松：《科学与玄学》，参钟离蒙，1981b，397—423。

[7] 张君劢之所以主张人生观问题不是科学所能解决的，是因为他认为人是有"自由意志"的：自由意志不服从因果律，而科学则只能研究服从因果律的事物；"自由意志"属于形而上的世界，而科学则只能研究形而下的事物。唯其如此，所以"形而上学"（即丁文江所说的玄学）能面对科学研究所不能面对的问题，它不仅与科学并不对立，而且能超乎一切科学之上成为诸科学的最高原理和最后裁判官。张君劢又说："分科之研究，不得已也，分科之学之是非，当衡诸超于诸学上之最高原理，而融会贯通之，是之为形上学。形上学者，诸学之最终裁判官也。"（郭梦良，1923a，序）

[8] 张君劢将人类知识之层次分为四层，即常识层、科学层、哲学层及玄学层，其中哲学层包括认识论、伦理学等，而玄学层则宗教亦属之(1981，37)。这充分表明他将"形而上学"（metaphysics）和宗教及神学相混。在论及"知识论"问题时，张氏引用康德、爱因斯坦等人观点来说明西方古典形而上学中所谓超感觉的实体（包括物质、心灵等离觉知主体而独立者）确实存在。在该文第三部分"我对于形上学之见解"中，张氏又引用康德、黑格尔、柏格森等人观点来证明其对"形上学"之理解。

[9] 冯友兰又说："我们对于经验，可以注意于其内容，亦可只注意于其程序。所谓经验的内容，说是经验者对经验的对象所有底知识。……前者就是哲学中底知识论，后者就是哲学中底形上学。"(1986b，166—167)"形上学是对于一切事物作形式底释义，只要有任何事物存在，它的命题都是真底。"(1986b，178)

[10] 冯友兰又说："在《新原人》中，我们说：人所可能有底最高底境界，是天地境界。在天地境界中底人，就是中国所谓圣人。学为圣人的工夫，就是所谓圣功。学形上学可以说是圣功的一部分。……不过人求天地境界，需要对于人生底高

底觉解。形上学所能予人底，就是这种觉解。"（1986b，168）

[11] 他提出形上学方法是一种"正底方法"，即"对于经验作逻辑底释义"，对于经验只作形式的肯定，因而与科学对经验作积极的肯定相别。西方哲学史上柏拉图、亚里士多德、斯宾诺莎、康德、黑格尔等所创的形上学方法都是这种方法；一种是"负底方法"，"用负底方法讲形上学者，可以说是讲其所不讲"。"犹之乎以'烘云托月'的方法画月者"。中国的理学、道家、禅宗等都代表负底形上学方法。（冯友兰，1986b，178）

[12] 冯友兰认为历史上对形上学有三种理解，一是把它理解为"先科学底"科学，视形上学为科学的先驱（如孔德）；二是把它理解为"后科学底"科学，视形上学为解决科学尚且不能解决之问题；三是把形上学理解为"太上科学"，即一切科学之"第一原理"。但是冯友兰认为这三种理解都不代表真正的形上学，所以才会被维也纳学派所批驳。（1986b，169—173）

[13] 这是本人根据冯友兰将"形上学"的主要功用理解为"提高人的境界"而作的一个推论。冯友兰在《新原道》中称："中国哲学有一个主要底传统，有一个思想的主流。这个传统就是求一种最高底境界。"（1986b，6）

[14] 牟宗三先生一生对康德哲学用力甚勤，不仅花大量精力翻译、评点了康德的《道德形而上学原理》（见其《康德的道德哲学》，台北：台湾学生书局，1982年9月）及《纯粹理性批判》（见其《康德〈纯粹理性批判〉译注》全二册，台北：台湾学生书局，1983年3月/7月）等书，而且试图将康德的形而上学思想与宋明儒的心性之学结合起来。

[15] 牟宗三在这部分提出宋明儒之大宗"宋明儒之大宗'把那道德之当然渗透至充其极而达至具体清澈精诚恻怛之圆而神之境'并不是无义理指谓的凭空赞叹之辞"，拆开来看，它至少有如下三层含义（2003a，120）：

（1）"在形而上（本体论、宇宙论）方面与在道德方面"，"都是对应一个圣者的生命或人格而一起顿时即接触到道德性当身之严整而纯粹的意义"，这是"关于道德理性底第一义"（2003a，121）；

（2）"这为定然地真实的性体心体不只为人的性，不只是成就严整而纯正的道德行为，而且直透至其形而上的宇宙论的意义，而为天地之性，而为宇宙万物底实体本体，为寂感真几、生化之理，这是'涵盖乾坤'句，是道德理性底第二义"（2003a，143）；

(3)"这道德性的性体心体不只是在截断众流上只显为定然命令之纯形式义,只显为道德法则之普遍与必然性,而且还要在具体生活上通过实践的体现工夫,所谓'尽性',作具体而真实的表现,这就是'随波逐流'句,是道德理性底第三义"(2003a,143)。

牟宗三强调:"此三义中,第一义即融摄康德《道德底形上学之基本原理》中所说之一切。"(2003a,121)

[16] 牟宗三认为这一是因为"他那步步分解建构的思考方式限制住了他",二是因为"他无一个具体清澈、精诚恻怛的浑沦表现之圆而神的圣人生命为其先在之矩矱"。(2003a,144)

[17] 牟宗三的这一观点显然是不符事实的。撇开 moral metaphysics 与 metaphysics of morals 这两个表达式在英文中有什么本质区别不谈(在德文中康德所使用的表达式是 Metaphyik der Sitten),康德在《道德形而上学原理》(*Grundlegung zur Metaphysik der Sitten*,1785)一书中已经明确提出它在这本书阐述的道德形而上学是与自然形而上学相对应的,前者是关于自然的知识的,见《纯粹理性批判》《未来形而上学导论》;后者是关于道德的知识的,见《道德形而上学原理》(1785)、《道德形而上学》(1797)等书。康德说:

> 人们可以把全部以经验为依据的哲学称为经验哲学,而把完全从先天原则来制订自己学说的哲学称为纯粹哲学。单纯是形式的纯粹哲学,称为逻辑学;当它限制在知性的一定对象上的时候,就称为形而上学。按照这种分类,产生了两种形而上学,一种是自然形而上学,一种是道德形而上学。(1986,36)

> 学问的本性似应要求随时把经验的部分和理性部分谨慎分开,在狭义的(经验的)物理学之前,再加一个自然形而上学;在实践人学之前,再加一个道德形而上学。这种形而上学必须谨慎地清除一切经验的东西,以便知道在两种情况下纯粹理性能做多少事情;它自己从什么地方先天地吸取这种学说,并且道德形而上学的事业是由队伍庞大的全体道德学家来完成呢,还是只由感到这种使命感的少数人来完成。(1986,37)

因此关于康德所理解的道德形而上学可作如下结论:
(1)形而上学是关于人类知识之先天原理的科学;

(2) 道德形而上学寻求道德知识的先天原理，与自然形而上学寻求自然知识的先天原理相对应；

(3) 正如我们说康德在《纯粹理性批判》等书中只想从形而上的角度来考察自然是不对的一样，说康德在《道德形而上学原理》一书中只想从形而上的角度来考察道德，没有关于道德的形而上学的完整概念，也是完全错误的。

[18] 牟宗三称："康德后德国理想主义底发展即向此'道德的形上学'之实现而趋。……在此趋势上，康德所开的'道德的神学'便与'道德的形上学'合而为一，而打通了那一层隔。"（2003a, 187）他并认为："德国理想主义底方向伦理、展现伦理""在基本义理与方向上与儒家的成德之教并无二致"（2003a, 192）。

[19] 此外，孙伏园的《科学与人生观论战杂话》也提出了与此类似的问题，而颂皋的译文《玄学上之问题》所译詹姆士之文也有利于张东荪的观点（郭梦良，1923c）。

[20] 帕金森总结了在传统形而上学中本体（substance）一词含义的五个共同方面：①它是谓词的终极主体,即谓语可被归结为它而它本身不是任何事物的谓语；②它必须有真正的统一性；③它不依赖于任何其他事物而存在；④它的性质虽可变化，但它却能保持自身的同一；⑤它有本质。(Parkinson, 1988, 253) 关于 ousia 一词词义，我在本书论述 ontology 的那一章中有过讨论。

[21] 笛卡尔说："我一向认为，上帝和灵魂这两个问题是应该用哲学的理由而不应该用神学的理由去论证的主要问题。"（1986, 1）。

[22] 笛卡尔又说："决不把任何我没有明确地认识其为真的东西当作真的加以接受，也就是说，小心避免仓卒的判断和偏见，只把那些十分清楚明白地呈现在我的心智之前，使我根本无法怀疑的东西放进我的判断之中。"（北京大学哲学系西方哲学史教研室，1958，110）

[23] 在《未来形而上学导论》中，康德提出，"像形而上学这种东西究竟是不是可能的？"并接着说："如果它是科学，为什么它不像其他科学一样得到普遍、持久的承认？如果它不是科学，为什么它竟能继续不断地以科学自封，并且使人类理智寄予以无限希望而始终没有能够得到满足？"（1978, 3—4）

[24] 康德指出，形而上学家的主张必须是："要么是科学，要么就什么也不是。"（1978, 36）

[25] 例如，丁文江（1923a）在他那篇有名的《玄学与科学》论文中就曾明确

提到了马赫等人的感觉论，并以之为据来批判玄学；类似的观点也见于如松1931年发表的那篇论文《科学与玄学》（钟离蒙，1981b，397—423）。冯友兰在1946年写成的《新知言》一书中专门用一章（第五章）篇幅分析"维也纳学派对于形而上学的看法"（1986b，215—222），他认为维也纳学派对"传统底形上学"命题的批判"是有理由底"，并提出"新理学的工作，是要经过维也纳学派的经验主义而重新建立形上学"（1986b，223）。这些均可体现实证主义对形而上学的看法在当时中国思想界的影响。

[26] 中译参考了张庆熊先生所译《欧洲科学危机和超验现象学》一书（胡塞尔，1988，8），同时根据英译本作了更正。

# 儒学是哲学学说吗？

## 【本章提要】

　　自古以来，人类学术有两条完全不同的进路，一条是知的路径，旨在求得对于事物本质的客观认知；一条是做的路径，即以行动为基础来建立知。前一条道路通向哲学和科学，后一条道路通向宗教、意识形态或信仰。例如，一个哲学家可以研究勇敢这一术语的客观含义，而一个宗教家则倾向于认为只有那些真正勇敢的人才会懂得勇敢的含义。哲学的研究可以告诉我们什么是勇敢，但是不能因此而使我们从胆小鬼变成勇敢者。由此可见，知的学问永远不能代替做的学问。这是在人类历史上科学和哲学永远不能代替宗教的主要原因之一。显然，这两种类型的学术目标和功能不同，但都是人类生活所需要的，不存在谁高谁低的问题，也不能把一个归结为另一个。我们发现儒学本质上属于上述后一种类型的学术，即它是以做为主要使命的，从而与以知为主要使命的哲学相区别。20世纪以来，由于混淆儒家学说与哲学的这一本质区别，用哲学这一西方范畴来分割和重新整理中国古代学术，这实际上是不自觉地导演了一场对儒家学术生命乃至中国文化生命的人为扼杀。笔者并不否认儒学中可能包含哲学思想，但反对将儒学等同于哲学学说；不否认中国哲学史这一学科存在的合理性，但认为将中国古代学术完全归结到一系列现代学科史的框架中去是不恰当的。

将儒家学说称为哲学，乃是20世纪中国学界的普遍做法。造成这一普遍做法的原因不外三个：一是将哲学理解为爱智慧之学，二是将哲学理解为人生观或世界观的学问，三是将哲学理解为抽象化、系统化的思维。因此人们并不是将儒家学说中所有部分不加分别或笼统地称为哲学，而是主要将其中抽象化程度较高或具有理论思维范畴（如道、气、心、理之类的理论范畴）的部分称为哲学。在这一思想支配下，人们常常把宋明理学当作了中国古代学术特别是儒家学说中最具有哲学特征的部分。换言之，他们认为宋明理学是中国古代哲学的典型形态。[1]

因此，笔者现在的目的是想以宋明理学（多称之为道学，亦称之为义理之学、心性之学等）为主来说明儒家哲学这一称呼是否成立，并进一步探讨中国哲学（史）这门学科成立的依据和条件。

## 问题的缘起

尽管在当代中国人的日常生活中哲学早已成为一个极为常用的术语，但是我们不得不承认这一名词首先是由日本人从西文单词——philosophia, philosophy 等翻译过来的（《辞海》，1980，326—327），而把中国哲学/中国哲学史作为一门独立的学科来研究也毫无疑问地是中国近代思想接受西学影响的一个产物，胡适、冯友兰更不例外；[2]中国哲学或中国哲学史无论是作为一个名词还是作为一个专门学科，在中国过去数千年的学术史上都是闻所未闻的。古人常将他们的学问称为经学、道学、理学、玄学、义理之学、心性之学等，但从未称之为哲学。尽管像"哲人""圣哲""明哲""前哲"等一类用法在中国古代学术经典中并不少见，但是从未因此有将他们的各种学说——特别是经学与子学、儒家、道家乃至佛家学说等等在古人看来不可混同的学说——合在一起当作同一门独立学科并称之为哲学的。

事实上，20世纪以来，中国学者在极为普遍地接受哲学这一西学范畴的同时，也曾对于这一行为的合理性提出过严重的质疑。例如，王国维先生早年写的《论哲学家与美术家之天职》一文中就认为，哲学本是一门研究万世真理的学问，故与美术并与天下当世之用无关；从这个角度上说，中国自古没有"纯粹之哲学"：

> 天下有最神圣、最尊贵而无与于当世之用者，哲学与美术是已。天下之人嚣然谓之曰无用，无损于哲学、美术之价值也。至为此学者自忘其神圣之位置，而求以合当世之用，于是二者之价值失。夫哲学与美术之所志者，真理也。真理者，天下万世之真理，而非一时之真理也。其有发明此真理（哲学家），或以记号表之（美术）者，天下万世之功绩，而非一时之功绩也。唯其为天下万世之真理，故不能尽与一时一国之利益合，且有时不能相容，此即其神圣之所存也。且夫世之所谓有用者，孰有过于政治家及实业家者乎？（2009，131）

> 披我中国之哲学史，凡哲学家无不欲兼政治家者，斯可异已！孔子大政治家也，墨子大政治家也，孟、荀二子皆抱政治上之大志者也。汉之贾、董，宋之张、程、朱、陆，明之罗、王无不然。……此亦我国哲学美术不发达之一原因也。夫然，故我国无纯粹之哲学，其最完备者，唯道德哲学与政治哲学耳。（2009，132）

梁启超先生在1927年出版的《儒家哲学》一书中则更敏锐地指出：

> 哲学二字，是日本人从欧文翻译出来的名词。我国人沿用之，没有更改。原文为Philosophy，由希腊语变出，即爱智之意。因为

语原为爱智,所以西方人解释哲学,为求知识的学问,求的是最高的知识,统一的知识。(1927,10809)

中国学问不然。与其说是知识的学问,毋宁说是行为的学问。中国先哲虽不看轻知识,但不以求知识为出发点,亦不以求知识为归宿点。直译的 Philosophy,其函义实不适于中国。若勉强借用,只能在上头加上个形容词,称为人生哲学。(1927,10810)

凡中国哲学中最主要的问题,欧西古今学者,皆未研究,或研究的路径不一样。而西方哲学中最主要的问题,有许多项,中国学者认为不必研究;有许多项,中国学者认为值得研究,但是没有研究透彻。(1927,10812)

因为这个原故,所以标题"儒家哲学"四字,很容易发生误会。单用西方治哲学的方法,研究儒家,研究不到儒家的博大精深处。最好的名义,仍以"道学"二字为宜。(1927,10813)

1931年,在为冯友兰先生新写成的《中国哲学史》(上册)所写的"审查报告"中,尽管金岳霖先生有不少称道之处,但是我们还是认为他关于"写中国哲学史的先决问题"的讨论是对冯书提出的一个严重质疑。金先生显然抓住了一个关键的事实,即把哲学当作一个专门学科引进中国古代学术史当中这一行为,事实上是从西方学来的。这就导致了一个重大的疑问:我们根据什么标准而认为自己可以把中国古代的各种学说,如先秦诸子的学说,用西洋所谓的哲学称呼之?是因为二者本质上完全一致吗?金先生说,如果一个人写了一本《英国物理学史》,他所写的应该是"发生于英国"的物理学的历史(这里物理学是一普遍事物),而不应该是"英国物理学"的历史,"因为严格地说起来,没有英国物理学"。(冯友兰,1931)即物理学是一普遍事物,无论哪一国家的人谈论的物理学与之从实质到形式均必须一致;但就哲学而言就不一样了,因为这涉及一个中国哲学与事实上被我们当作了普遍的哲学的西洋哲学是否在"思想的架格上"完全一致的问题。显然,无论是胡适还是冯友兰，他们在中国哲学史著作中所谈到的中国哲学与西洋哲学相比，尽管探讨对象有相似之处，但内在理路（金先生称之为"论理""思想的架格"等）却迥然不同，这不能不是一个深刻的矛盾。既然胡适、冯友兰事实上均将西洋哲学视作唯一的普遍哲学，那么所谓中国哲学——如果它存在的话——与西洋哲学的差别，是否应当像"英国物理学"与物理学的差别一样，前者虽有自身的特殊性，但从实质到形式必须与后者完全一致呢（比如在思维方式上）？答案显然是否定的。金先生说：

> 欧洲各国的哲学问题，因为有同一来源，所以很一致。现在的趋势，是把欧洲的哲学问题当做普通的哲学问题。……以欧洲的哲学问题为普遍的哲学问题当然有武断的地方，但是这种趋势不容易中止。既然如此，先秦诸子所讨论的问题，或者整个的是，或者整个的不是哲学问题，或者部分的是，或者部分的不是哲学问题；这是写中国哲学史的先决问题。这个问题是否是一个重要问题，要看写哲学史的人的意见如何。如果他注重思想的实质，这个问题比较的要紧；如果他注重思想的架格，这个问题比较的不甚要紧。若是一个人完全注重思想的架格，则所有的问题都可以是哲学问题；先秦诸子所讨论的问题也都可以是哲学问题。
>
> 哲学有实质也有形式，有问题也有方法。如果一种思想的实质与形式均与普遍哲学的实质与形式相同，那种思想当然是哲学。如果一种思想的实质与形式都异于普遍哲学，那种思想是否是一种哲学颇是一个问题。有哲学的实质而无哲学的形式，或有哲学的形式而无哲学的实质的思想，都给哲学史家一种困难。"中国哲学"，这名称就有这个困难问题。
>
> （冯友兰，1931）

除了梁、金二人之外，还有一些其他的例子。如陈寅恪先生早年亦认为："中国之哲学美术，远不如希腊，不特科学为逊泰西也。但中国古人，素擅长政治及实践伦理学，与罗马人最相似。其言道德，惟重实用，不究虚理。"（吴学昭，1992，9）观点与王国维颇同。张东荪先生一生对中西方语言、文化、思想之差异做过深入研究，认为西方哲学中之许多思想诸如实体、是、存在等一系列范畴皆中国所无，"中国哲学无论在先秦或在宋明，却都是很显明把人生意义与政治问题列在前面"，"在中国人看来，形而上学而若与人生无干，便无存在的必要"；（1947b，75）"西方哲学的最高目的是求得'最后的实在'。而中国哲学不然，乃只是想解决下列的问题：即人类为什么要有文化？与文化以那一个样子为最好？"，所以"严格说来，中国只有实践哲学，没有纯粹哲学"。（1947b，101）此外，在中国近代思想史上，梁漱溟虽然使用哲学名词，但同时却也注意到中国古代学问与西洋学问本质上是两种路径完全不同的学问（442—446）。[4]

# 知与做：人类学术的两条路径

## 从哲学与宗教的区别说起

前面已经提到，将儒家学说称为哲学，除了将哲学理解为一种人生智慧或世界观的学问外，还有一个重要理由，就是认为哲学是较为成熟的理论思维，或成体系的反思性思想或意识形态。前两种说法我们其实在本书"'哲学'范畴的中国化及其内在问题"那一章已经证明，其实不能作为儒学是哲学学说的理由。所以现在的主要任务就是看一看最后一种理由能否成立。

冯友兰说："我所说的哲学，就是对于人生的有系统的反思的思想。每一个人，只要他没有死，他都在人生中。但是对于人生有反思的思想的人并不多，其反思的思想有系统的人就更少。哲学家必须进行哲学化；这就是说，他必须对于人生反思地思想，然后有系统地表达他的思想。"（1985，2）

张岱年说:"哲学属于认识的范围,属于理性认识"(1996c,369);"整个人类的理论思维有一个变化发展的过程。哲学的发展过程也就是理论思维的发展过程。"(1996C,373)

任继愈、赵纪彬等也有与此相似的观点。[5]

从上述观点角度说,哲学不是哪个民族的专利,而是人类一切民族共同的现象。可是如果哲学就是有系统的反思或较为成熟的思想体系,衡量一种学说是否成熟、是否有系统(即是否可称为哲学)的主要标准是什么呢?哪一个宗教,特别是人类历史上那些伟大的宗教,如基督教、佛教、道教等,不是对现实世界有系统的、极为成熟的反思呢?对此有若干种不同的回答:

一是说哲学是理性思维,讲究严格的逻辑论证;而宗教在思维方式上则是以直觉为主,并不注重逻辑性。可是按照这种观点,中国古代有没有哲学就很成问题了。因为在全世界各民族的思想中,也许只有希腊哲学及其历史发展真正注重逻辑性、注重知识基础的牢固性。而中国古代学说(特别是儒家学说)在思维方法上最大的特点之一即是注重直觉,注重体悟,注重践履,而不注重逻辑性,不注重思想在认识论方面的基础。正因如此,很多人认为这是中国古代逻辑学和认识论没有发展起来的重要原因。[6]

二是说宗教以信仰为特征,是愚昧的象征,而哲学是进步的理性思维,哲学是从宗教中发展起来的。然而,虽然信仰确实是宗教的根本特征,但这并不意味着宗教就是愚昧的象征,更不意味着宗教不包含着深刻的理性思维。而且中国古代思想中的绝大部分也都是以信仰为根本特征的,佛教、道教且不说,儒家学说难道本质上不是一种信仰吗?如果以信仰为衡量宗教之标准,中国古代学术史中能够称得上哲学的成分就很少了。[7]

三是干脆承认哲学与宗教没有本质的区别,用冯友兰的话说,就是:"宗教也和人生有关系。每种大宗教的核心都有一种哲学。事实上,每种大宗教就是一种哲学加上一定的上层建筑,包括迷信、教条、仪式和组织。"（1985，3）然而这样一来，哲学与宗教从思维方式上讲并无本质区别，有的仅仅是仪式和表面上的区别了。这种观点我们将在后面看到，是一个巨大的错误。

本章认为，上述一系列观点忽视了哲学和宗教之间的一个根本区别，即知与做的区别，我们将在下面论述这样一种观点：知与做代表人类学术的两条路径，前者以认知为主要任务，后者以践履为主要任务。具体来说，前者的任务是认识世界的真理，掌握世界的必然法则；后者的任务则是通过实践来掌握某种技能，比如自我控制能力、一门专业技巧等等。这两门学问都是人类所必需的。

## 从勇敢的两种含义看两种类型的学术

以勇敢这个概念为例，在伦理学（特别是元伦理学）这门科学中，人们关心的是勇敢这个概念的普遍本质。下面这段话可以帮助我们认识元伦理学中研究这一问题的方式：

甲：什么是勇敢？

乙：勇敢就是在战争中敢于冲锋陷阵、冒死杀敌的精神。（定义1）

甲：那么一个人在大街上冒死擒拿歹徒算不算勇敢呢？

乙：当然算。

甲：可见不能把勇敢定义为敢于冲锋陷阵、冒死杀敌的精神，因为有些不符合这一标准的行为也可算作勇敢。

乙：勇敢就是一个人面对敌对的邪恶势力，敢于与之作斗争的精神。（定义2）

甲：奥林匹克比赛中一个人以巨大的勇气向上届冠军挑战算不算勇敢呢？

乙：当然算。

甲：可见不能把勇敢定义为向敌对的邪恶势力作斗争的精神，

因为有些不符合这一标准的行为也可称为勇敢。

乙：那么勇敢或许可以定义为"一个人面对巨大困难敢于与之作斗争的精神"。（定义3）

甲：一个小偷偷东西的时候，遇到了巨大的困难，比如说主人的抵抗，他敢于与之作斗争，并把主人杀了，这算不算勇敢呢？

乙：当然不算。

上面的这段话是一个典型的元伦理学式的提问方式，或者说是典型的"苏格拉底式的"。其根本目的在于通过严密的逻辑论证来找到勇敢这一德性的本质。其寻求本质的方式有一个最大特点，就是试图通过摆脱个别人的特殊性——比如对话者的身份、职业、个性等——来达到对勇敢这一概念的普遍本质的把握。这种学问我们可以称为求知的学问，并通常把它称为科学。尽管这里的论证方式不是伦理学的唯一研究方式，但我相信能代表这一学科分析问题的重要特征。

但是人类还有另外一种类型的学问，即做的学问，这种学问主张生活中每一个人因为其职业、性格、环境、教育等一系列因素的不同影响，对同一个事物的看法和理解也必然不同，要求人们对同一个事物达成同样的认识本身就是不合人性的和错误的；不仅如此，要使一个人真正改变对一个事物的看法或认识，其根本的途径在于塑造和改变这个人的性格，在道德上最好的办法就是改变或提升这个人的人生境界。例如，同样是作为一种德性的勇敢，一个道德家或宗教家可能会说：追问勇敢的普遍定义是一种没有意义的做法，一个胆小鬼绝不会因为知道了什么是勇敢的普遍定义而变成一个勇敢者；对于胆小鬼来说，哪怕是最完美无缺的定义，也不能使他对于勇敢获得与勇敢者同样的理解。要想使胆小鬼真正认识到什么是勇敢，最好的办法绝不是抽象地讨论它的定义、研究它的本质，而是使之参加一系列足以改变他性格的训练甚至军事训练等。也就是说，问题的关键不在于知，而在于做。这种类型的学问与历史上的科学研究是两码事，它常常在宗教、风俗、礼仪、意识形态、实践训练等各种活动中表现出来。就道德问题而言，宗教之所以将各种祈祷、仪式等一类活动看得十分重要，显然是因为它是十分注重做的；或者说，宗教家深刻地认识到只有通过一系列严厉的身体、心理、性格、情操等方面的训练（修炼），才能达到人性的自觉和道德境界的提升。显然宗教在道德进步方面的这一功能是哲学所无法代替的。这就是宗教之所以不可用科学来代替的根本理由所在。

亚里士多德在《尼各马科伦理学》中曾将善称为合乎德性的心灵活动（1098b10—1099a25），他得出这样的结论：德性只能通过习惯、训练或学习才能养成，这与那些出于自身本性的事物不同，后者不会因为习惯、训练或学习而改变自身。例如，一个人可以通过学习而成为建筑师、演奏家，但是一块石头，不论你把它向天上扔多少次，也不能使它学会自己往天上飞（1103a12—1103b25）。亚里士多德的观点告诉我们人类生活中两个截然不同的世界：一个是自然的世界，一个是人为世界。对于前者，我们只能通过科学的方式研究之，通过找出其内在规则，从而征服之、利用之，但是我们永远也别想去改变它的本性；对于后者，我们则要通过人为的训练来改变之，通过具体有效的人生实践来提升之。对这两个世界的研究形成了两种截然不同的学问：前者属于科学，在西方学术史上，它一开始由哲学这门学科所代表。由于在多数情况下它以求知、求是为旨归，往往以事实判断为前提，因而把求取事实的原因当作其研究的根本任务。这不仅导致逻辑学十分发达，导致认识论与本体论不可分割，而且也导致哲学逐渐分化为一系列我们今天所见的人文社会科学领域。也正因如此，我们有时说哲学这门学科不同于宗教的一个重要特征就是注重逻辑论证。后者属于宗教、意识形态或其他类型以信仰为特征的学说。这门学问的特征是：不以求是、求知为旨归，而是以求用、求善为旨归；在思维方式上它不以事实判断为前提，而是以价值判断为前提。不仅如此，这种类型的学问的根本任务不是求取原因，而是做，即自我约束、自我控制、自我调整方面的身心训练，试图通过这种训练来提高人生在某些方面的素质或达到道德方面的某种精神境界的效果。一切宗教的仪式、清规戒律以及各种信仰活动所发挥的都是这种类型的作用。在人类学术史上,对这两个世界的研究代表了两种不同类型的思维方式:如果说前者以知为特征,后者则以做为特征。

## 从伦理学与宗教学说的区别看两种类型的学术

那么这种知与做的区别是否与我们平常所说的理论科学与应用科学或实践科学之间的区别相一致呢?答案是否定的。应用科学或实践科学,虽然从出发点或研究对象上来说与上面所讲的做的学问一致,甚至在思维方式上有时也是以价值判断为前提,即不是在求是而是在求用;但是从另一方面来说,应用科学或实践科学之所以还被我们称为科学,就表明它还不是一门做的学问。它或者是理论科学的应用,或者仅仅根据实践需要或实用对象进行科学的"研究",它的主要工作是"研究",而与我们所说的一系列人生的实践或自我控制训练大不相同。

回答这一问题的最好例证就是作为一门科学的伦理学与宗教学说之间的区别。毫无疑问,伦理学从亚里士多德开始就被界定为一门实践的科学,并被认为它的目的不在于建立理论知识,而在于使我们的人生"变好"(Melden,1950,102),根据包尔生(Friedrich Paulsen)的说法这门科学的职能就是"展示人生必须以何种方式度过,以实现它的目标和目的"(1988,7)。这样看来,伦理学似乎是一门典型的实用的学问,与中国古代儒家人伦学说并不存在思维方式上的差别。但是,这样一种理解其实并没有真正把握伦理学作为一门科学的内在特征,也并非包尔生的本意。因为作为一门科学,伦理学不仅是以理论研究为任务,而且它在研究进路上有一整套自己的研究方式。包尔生的《伦理学体系》一书在分析伦理学作为一门科学的研究方法时曾指出,"道德哲学作为一门科学的特征"要求它的任务不在于列出种种道德律令的"清单","而在于发现和证明真理","道德哲学必须详尽地展开那只是蕴含在通俗道德中的不同行为类型的不同价值的理由";"常识把道德哲学的职能看作是制定规范。但人类学和历史学对此却有不同的看法。道德哲学的首要目的不是规定人们应当做什么和人们应当根据什么原则来判断，而是描述和理解人们实际上的行为和生活方式"。（1988，14，20）他以"美学"与现实生活中具体的"美"相比来说明这个问题：

> 没有一个人会期望用美学去表示具体的美，也就是说，从一个美的观念演绎出所有的真实和可能的美的图画、雕像、诗歌和音乐作品。创造具体的美是天才的事情，而美学则思考天才们的作品，目的是一般地表示天才作品所依赖的条件，或至少没有它们作品不可能产生的那些条件。它不可能向将来的艺术家提出具体的问题，但它能帮助他得到对其作品的一种洞察力和避免错误。伦理学也是这样，它并不描述每一种可能的善的生活的形式（这将由道德的天才们从其完满的本性中展开），而是从事描述和证明那些没有它们一个善和美的生活就不可能实现的行为规范。（1988，22）

正像美学并不承担着在现实生活中创造具体的美一样，伦理学也并不承担着在现实生活中创造具体的道德；正像具体的"美"要由艺术家们来创造一样，而具体的善要由道德家们创造。因此，美国学者麦尔登（A. I. Melden）指出，把道德哲学家和道德家等同起来是一个错误（Melden, 1950, 2）。为什么这样呢？因为"道德家不同于医生，后者的诊断被认为建立在医疗科学知识的基础上，而道德家则不必掌握相应的理论。"那么，通过建立一种好的道德理论是否可以保证好的道德行为的发生呢？麦尔登对此做了否定的回答：

> 什么是道德哲学，即关于道德或伦理的理论（或者按照通行的用法就是伦理学）？首先，它是一个研究领域，是理论学科的科目（the subject of a theoretical discipline），对它的兴趣可以是并且在正

常情况下都是从实用关怀中来的，包括对善的行为的关怀和谋求健全、合理的生活的欲望。然而，对伦理课题的理论兴趣决不能和对道德存在的实用兴趣相混，无论这种兴趣产生的条件是什么。理论的兴趣和知（knowing）相连，而实用的兴趣则与做（doing）相连。让我们记住习惯的养成在道德品格和道德行为发展中的重要性，并由此避免犯下述错误，即认为关于道德理论的知识足以促进我们的道德行为。不仅如此，在系统地研究这一课题之先就认为道德哲学将促使我们建立完满的道德判断是很危险的。(Melden，1950，3)

为什么麦尔登先生会作出上述否定的回答呢？原因是很简单的：人们对道德的理解不能用知的标准来衡量，一个高明的道德哲学家对于勇敢含义的清楚揭示丝毫也不意味着可以使一个胆小鬼变成一个勇敢者，后者不能单纯通过知——它是伦理学的任务——来解决，相反，只有通过做——它常常是道德家特别是宗教家的任务——来解决。人们常会说，宗教之所以不可替代主要是因为人们在现实生活中需要精神的慰藉，其实宗教之所以能带给人以精神慰藉，主要依靠的正是它对人的心理进行的某种训练或调节。由此也可发现，伦理学（即道德哲学）与宗教学说之间在思维方式、主要任务及追求目标上都是有本质差别的，它们谁也不能代替谁，它们各自发挥的功能都是我们人类生活所必需的。冯友兰等人把哲学和宗教之间的差别归结为一些表面上的差异，而忽略了哲学和宗教在思维方式上所存在的知与做的本质差异。

## 从知的两种含义到学术的两种类型

需要指出的是，以知和做区别两种不同的学问，有可能使我们忽略一个重要的问题，即知也可以有两种迥然不同的含义。正像我们将在后面看到的那样，知同样是儒家学说中最重要的范畴之一。不仅如此，一切以做为根本特征的学问也都可能十分重视知。但是我们发现，在上面我们所说的两种不同类型的学问中，对知的理解也是迥然不同的。在一种学问中，知的具体含义严格说来应该是知识，是客观的知；在另一种学问中，知却获得了主观的含义，是依赖于我的体验的知。因此我们把前者称为知的学问，把后者称为做的学问。仍然以我们前面所说的勇敢为例：从前一种学问中，哲学家追问人们什么是勇敢，目的在求一客观上可理解、可定义、可普遍接受的关于勇敢的知识；但是在社会生活中，我们也许会说一个人知道了勇敢的精确定义并不意味着真的知道了什么是勇敢。因为人们常会这样说：如果他真的知道了什么是勇敢，为什么仍然是个胆小鬼呢？只有那些在实际行为中表现出勇敢来的人，才有资格说他知道什么是勇敢。只要他仍然是个胆小鬼，我们就不能说他知道了什么是勇敢。因此关于什么是勇敢的"苏格拉底式的"哲学追问和现实生活中人们是否真的知道什么是勇敢是两回事。从做的内在理路出发，我们必然会得出：对于包括勇敢在内的诸多德性，不可能有一个普遍可以接受的知，一切对于它的知只能建立于个人内在的行动之上，即建立在做之上。这就是做的学问所承担的任务不能为哲学和科学等知的学问所替代的根本原因。

因此道德哲学家和道德家对于知的理解可能是完全相反的。道德哲学家可能倾向于通过科学的研究来求得关于善的普遍、客观、可精确定义或可普遍接受的知识；但是道德家则可能认为道德哲学家对于善所形成的客观知识，不能使人们在现实生活中对于善获得真正的知。在现实生活中，根本不存在对于善的普遍、客观、可精确定义或普遍接受的知识，而只存在不同的人由于不同的性格、气质、职业、教育等一系列背景差异所导致的对于善的不同的理解；不仅如此，要求人们关于善形成一个普遍、客观、可精确定义或可普遍接受的知识既不现实，也无意义。对于一个内心世界没有达到勇敢境界的人，任何关于"什么是勇敢"的客观知识都是无济于事的。关于善的真正的知只能通过一整套严格的，对于一个人性格、气质、修养等一系列内在品质的自我训练、自我控制、自我调节来实现。也就是说，真正的知建立在行（做）的基础上。这一事实提醒我们，我们不能因为儒家学说或任何一种其他学说中有关于知的种种理论就将其视为一种认识论，从而将其与西方自古希腊以来所形成的认识论混为一谈。两千多年来的西方哲学所谈的知，当然从出发点上说属于上面前一种知，而基督教及人类一切其他宗教所谈的知则显然属于后一种知。儒家学说所谈的知是哪一种呢？后面我们将会看到，属于后一种知，这也是我们不能因为儒家学说中有知的理论而将其称为哲学的原因。

现将上面所讲到的两种不同类型的学问作如下概括：[8]

**表6 知的学问与做的学问**

| 类型 | 思维方式 | 手段 | 目标 | 知的类型 | 存在形式 |
| --- | --- | --- | --- | --- | --- |
| 知的学问 | 以事实判断为前提 | 论证 | 逻辑上牢不可破 | 普遍、客观、可精确定义或可普遍接受的知 | 哲学、伦理学、科学等 |
| 做的学问 | 以价值判断为前提 | 体验 | 境界上至高无上 | 特殊、主观、诉诸人生实践和个人体验的知 | 宗教、人生观、信仰、实践技能等 |

从上面所讲的一系列内容可以看出，在宗教、人生观或其他以信仰为特征的活动中，不仅学问的目标不同，而且实现的手段也不同，前者主要靠逻辑的论证、靠理性的演绎，而后者主要靠精神上的体验、靠感性的直觉；衡量前一种学问的主要标准是逻辑上是否牢不可破，衡量后一种学问的主要标准则是精神境界的高低之分。说前一种学问以事实判断为前提，是因为它的主要工作正像包尔生所说的，不是制定规范，而是以既定的事实为前提，去发现并证明真理；说后一种学问以价值判断为前提，是因为它通常要确立一些重要的价值，学者的工作通常不是在逻辑上去论证或推翻它们，而是用自己的亲身实践来体会它们。这导致前一种学问带有深刻的求是特征，因而它的发展和逻辑学密不可分，不仅如此，它从不把任何既有的理论体系当作是永恒、绝对、不可怀疑

的，相反，新旧理论的更新轻而易举，敢于怀疑、敢于批判、敢于向权威挑战乃是这种学问在思维方式上的基本要求；后一种则不然，由于它以价值判断为前提，一些重要的价值一旦设立，就基本上不再变化，后人的主要工作不是去怀疑、批判它们，而是去用自己无穷尽的人生实践来成就之、体验之。因此，存在的只能是学者个人的努力不够，而不是前人设立的价值体系本身有问题。例如，在西方哲学史上，可以说没有一种哲学体系是永恒不变的，从来没有一个哲学家不是通过对前人思想体系的怀疑和批判而建立起自己的学术地位的；但是在宗教或其他信仰性质的学问中，情形就有所不同了：无为对于道家的重要性，上帝对于基督徒的重要性，仁、义、忠、信对于儒家的重要性，几千年来从未发生过变化。原因是什么呢？因为这两种学问的性质不同。前一种学问以理论研究为主要特征，而后一种学问以人生实践为主要特征，故而前者可称为知的学问，后者可称为做的学问。尽管在做的学问之中也有知的内容，但知的含义与前一种学问相比大不相同。在人类生活中，这两种学问都是必不可少的。尽管在科学发达的时候，也曾有不少人企图以科学来解决人生一切问题，这种情况无论在西方还是在中国都曾出现过，但最终都经不起历史的考验，事实证明：科学并不能解决人生所有的问题，而以践履为主要特征的宗教或其他以信仰为主要特征的学问都是人生所必不可少的。在西方哲学史上，康德的哲学已经非常深刻地告诉我们，虽然终极实在不是理性所能证明的，但这并不意味着终极实在在信仰上就是一个无意义的东西。因为理性毕竟有它的局限，而信仰永远有科学所不可剥夺的存在地盘。

## 且看"四书"是怎样论"学"的

现在，为了说明儒家学说是属于上述前一种学问还是后一种学问，即是属于知的学问还是属于做的学问，让我们从"四书"中选出若干片段来，看一下儒家学者自己对于儒学的本质是怎么说的。

## 《大学》

儒家学者对学问本质的论述最典型或影响最大的莫过于《大学》了。它对儒家学者所追求的学问的根本任务、目标宗旨及基本步骤都作了最为经典的概括:

> 大学之道,在明明德,在亲民,在止于至善。知止而后有定,定而后能静,静而后能安,安而后能虑,虑而后能得。
>
> 古之欲明明德于天下者,先治其国;欲治其国者,先齐其家;欲齐其家者,先修其身;欲修其身者,先正其心;欲正其心者,先诚其意;欲诚其意者,先致其知;致知在格物。物格而后知至,知至而后意诚,意诚而后心正,心正而后身修,身修而后家齐,家齐而后国治,国治而后天下平。自天子以至于庶人,壹是皆以修身为本。

"明明德""亲民""止于至善"这"三纲"和"格物""致知""正心""诚意""修身""齐家""治国""平天下"这"八条目",说的都是做的过程。其中一个是内在的做,可以概称为修身,也可称为内圣过程。至于"止""定""静""安""虑""得"说的其实正是修身这样一个内在心理训练过程。另一个则是外在的做,亦称为外王,"三纲"说的主要是外王,而"八条目"中的"齐家""治国""平天下"说的也是外王。

## 《中庸》

《中庸》中对学问的要求、任务、步骤、目标的阐述无不体现了儒家学说做的特征。从外的方面讲,《中庸》所提出的学问的使命大到如何为政("凡为天下国家有九经"),小到如何处理人际关系("五伦"):

"故君子不可以不修身。思修身,不可以不事亲。……天下之达道五,所以行之者三,曰:君臣也、父子也、夫妇也、昆弟也、朋友之交也。五者,天下之达道也。知、仁、勇三者,天下之达德也。所以行之者一也。"(第20章)

从内的方面讲,《中庸》至少从三个方面提出了学问的使命:
一是"致诚":

> 诚者,天之道也。诚之者,人之道也。诚者,不勉而中,不思而得,从容中道,圣人也。诚之者,择善而固执之者也。(第20章)

二是"尽性",尽性可视为至诚之结果:

> 惟天下至诚为能尽其性。能尽其性,则能尽人之性。能尽人之性,则能尽物之性。能尽物之性,则可以赞天地之化育。可以赞天地之化育,则可以与天地参矣。(第22章)

三是塑造成熟、完善、理想的人格:

> 惟天下至圣,为能聪明睿知,足以有临也;宽裕温柔,足以有容也;发强刚毅,足以有执也;齐庄中正,足以有敬也;文理密察,足以有别也。(第31章)

将上述内外两方面作一总结,则可以说:"故君子尊德性而道问学,致广大而尽精微,极高明而道中庸。温故而知新,敦厚以崇礼。"(第27章)"是故君子动而世为天下道,行而世为天下法,言而世为天下则。远之,则有望;近之,则不厌。"(第29章)

## 《孟子》

做学问的过程就是一种严格的自我心理训练和心理调节过程,孟子将它称为"求放心":

> 仁,人心也;义,人路也;舍其路而弗由,放其心而不知求。哀哉!人有鸡犬,则知求之。有放心而不知求。学问之道无他,求其放心而已矣。(《孟子·告子上》)
>
> 万物皆备于我矣。反身而诚,乐莫大焉,求仁莫近焉。(《孟子·尽心上》)

通过上述一系列持久努力和坚定不移的训练,学者可能达到如下人生境界:

> 居天下之广居,立天下之正位,行天下之大道。得志,与民由之;不得志,独行其道。富贵不能淫,贫贱不能移,威武不能屈。此之谓大丈夫。(《孟子·滕文公下》)

在更高的层次上,这个人生境界还可进一步升华为:

> 尽其心者,知其性也。知其性,则知天矣。存其心,养其性,所以事天也。夭寿不贰,修身以俟之,所以立命也。(《孟子·尽心上》)

"尽心""养性""知天""立命"就是孟子为每一个儒家学者所树立的最高人生典范,这个典范绝不可以一个人待在家里来完成,而只能诉诸做来实现。

## 《论语》

试看孔子及其弟子论"学",哪一条不是在谈论做:

子曰:"弟子入则孝,出则弟,谨而信,泛爱众,而亲仁。行有余力,则以学文。"(《论语·学而》)

子夏曰:"贤贤易色;事父母,能竭其力;事君,能致其身;与朋友交,言而有信。虽曰未学,吾必谓之学矣。"(《论语·学而》)

子曰:"君子不重则不威;学则不固。主忠信。无友不如己者。过则勿惮改。"(《论语·学而》)

子曰:"君子食无求饱,居无求安,敏于事而慎于言,就有道而正焉,可谓好学也已。"(《论语·学而》)

哀公问:"弟子孰为好学?"孔子对曰:"有颜回者好学,不迁怒,不贰过。不幸短命死矣,今也则亡,未闻好学者也。"(《论语·雍也》)

子曰:"德之不修,学之不讲,闻义不能徙,不善不能改,是吾忧也。"(《论语·述而》)

子曰:"笃信好学,守死善道。危邦不入,乱邦不居,天下有道则见,无道则隐。邦有道,贫且贱焉,耻也,邦无道,富且贵焉,耻也。"(《论语·泰伯》)

子曰:"由也,女闻六言六蔽矣乎?"对曰:"未也。""居!吾语女:好仁不好学,其蔽也愚;好知不好学,其蔽也荡;好信不好学,其蔽也贼;好直不好学,其蔽也绞;好勇不好学,其蔽也乱;好刚不好学,其蔽也狂。"(《论语·阳货》)

卫公孙朝问于子贡曰:"仲尼焉学?"子贡曰:"文武之道,未坠于地,在人。贤者识其大者,不贤者识其小者,莫不有文武之道焉。夫子焉不学,而亦何常师之有!"(《论语·子张》)

## 义理之学：对"学"的进一步发挥

前面说过，儒家学说中的做可分为两个方面，即内圣和外王。在宋明理学中，内圣更加受注意。宋明理学家们对于这一内圣过程作了大量的发挥和分析，但他们的所作所为也都还是以原始儒家经典为依据，特别是"四书"。让我们将宋明理学所强调的"内在的做"略加归纳：

### 玩味

儒家强调，读书的过程不是一个摄取客观知识的过程，而是一个"玩味和切己"的过程。故而儒家从不认为读书是一个可以脱离生活实践的纯理智游戏，读书的目的在于做人。因此读书的关键在于熟读、玩味、切己。

程子曰：

> 凡看《语》、《孟》，且须熟读玩味。须将圣人言语切己，不可只作一场话说。人只看得二书切己，终身尽多也。（朱熹，1983，44）

朱子曰：

> 看文字，须是如猛将用兵，直是鏖战一阵；如酷吏治狱，直是推勘到底，决是不恕他，方得。（《朱子语类卷第十·学四》。1994a，164）

> 须是一棒一条痕，一掴一掌血！看人文字，要当如此，岂可忽略！（《朱子语类卷第十·学四》。1994a，164）

儒家强调，读书本身从来不是目的，读书是进德阶梯，故而又主张"读书不可贪多"，"那读书底已是第二义"。(《朱子语类卷第十·学四》。1994a，166，161)

## 自省

儒家认为，求学的过程不是与自己个人的内心世界、精神面貌、独特个性无关的客观研究过程，恰恰相反，它本身就是对学者自身性格、德性、气质、才能、缺点等一系列特殊个人品质的深刻反省过程：

> 曾子曰："吾日三省吾身。"(《论语·学而》)
>
> 问曾子三省。曰："此是他自见得身分上有欠阙处，故将三者省之。若今人欠阙处多，却不曾自知得。"(《朱子语类卷第二十一·论语三》。1994a，483)
>
> 曾子三省，看来是当下便省得，才有不是处，便改。不是事过后方始去改，省了却又休也。只是合下省得，便与它改。(《朱子语类卷第二十一·论语三》。1994a，483)

## 慎独

不仅要"自省"，还要"慎独"："是故君子戒慎乎其所不睹，恐惧乎其所不闻。莫见乎隐，莫显乎微。故君子慎其独也。"(《中庸》第1章)朱子释之曰：

> 独者，人所不知而己所独知之地也。言幽暗之中，细微之事，迹虽未形而几则已动，人虽不知而己独知之，则是天下之事无有著见明显而过于此者。是以君子既常戒惧，而于此尤加谨焉，所以遏人欲于将萌，而不使其滋滋暗长于隐微之中，以至离道之远也。

(《大学章句》。1983，7)

所谓"战战兢兢，如临深渊，如履薄冰"(《诗·小旻》) 说的也是与"慎独"类似的自我省察的过程。

# 修

"修"和"养"是儒家学说中另一类基本的实践任务。《大学》中称："自天子以至于庶人，壹是皆以修身为本。"下面一段话是《大学》对人生自我修炼过程极为典型的描绘：

> 诗云："瞻彼淇澳，绿竹猗猗。有斐君子，如切如磋，如琢如磨。瑟兮僩兮，赫兮喧兮。有斐君子，终不可諠兮！""如切如磋"者，道学也。"如琢如磨"者，自修也。"瑟兮僩兮"者，恂慄也……

朱子曰：

> "如切如磋者，道学也；如琢如磨者，自修也。"既学而犹虑其未至，则复讲习讨论以求之，犹治骨角者，既切而复磋之。切得一个朴在这里，似亦可矣，又磋之使至于滑泽，这是治骨角者之至善也。既修而犹虑其未至，则又省察克治以终之，犹治玉石者，既琢而复磨之。琢，是琢得一个朴在这里，似亦得矣，又磨之使至于精细，这是治玉石之于善也。取此而喻君子之于至善，既格物以求知所止矣，又且用力以求得其所止焉。正心、诚意，便是道学、自修。"瑟兮僩兮，赫兮喧兮"，到这里，睟面盎背，发见于外，便是道学、自修之验也。(《朱子语类卷第十七·大学四》。1994a，388—389)

## 养

"修"的过程还和另外一个名词,即"养"所代表的过程紧密相连。在《孟子》中有一段孟子与公孙丑谈如何"养勇"的对话,其中孟子对"北宫黝之养勇""孟施舍之养勇"进行了分析和批判,提出了如何"养吾浩然之气":

> 其为气也,至大至刚,以直养而无害,则塞于天地之间。其为气也,配义与道;无是,馁也。是集义所生者,非义袭而取之也。行有不慊于心,则馁矣。(《孟子·公孙丑上》)

在儒家学说里有大量由"养"组合起来的词组:"修养""养心""养性""涵养""存养"……

程颐论存养:

> 动静节宣,以养生也。饮食衣服,以养形也。威仪行义,以养德也。推己及物,以养人也。慎言语以养其德,节饮食以养其体。事之至近而所系至大者,莫过于言语饮食也。(朱熹,1994b,60)

程颢论涵养:

> 古之人,耳之于乐,目之于礼,左右起居,盘盂几杖,有铭有戒,动息皆有所养。今皆废此,独有理义之养心耳。但存此涵养意,久则自熟矣。"敬以直内",是涵养意。(朱熹,1994b,61)

## 再看"四书"是怎样论知的

我们在前面曾论述了在人类两种不同类型的学问中,知的含义也是大不一样的。在一种学问中，知是客观的、普遍的、合乎逻辑的和可以精确定义的知；在另一种学问中，知是主观的、特殊的、合乎直觉的、不可精确定义的且只有诉诸体验才能理解的知。我们把前一种学问称为知的学问，后一种学问称为做的学问。并对这两种学问之间的区别作了详细分析。但是令人遗憾的是，20世纪以来中国学者普遍将知的这两种迥然不同的含义混为一谈，这是他们认为中国古代也有西方哲学中所谓的认识论以及儒家学说可称为哲学的原因之一。现在就让我们通过"四书"论知来说明儒家学说中的知是属于上述第二种类型，从而为儒家学说本质上是一种做的学问提供进一步证明。

知是儒家早期学说中的核心范畴之一，孔子常将知与另外两个范畴"仁""勇"相并列，视之为同样重要。我根据电子版统计，"知（智）"在《论语》中出现的次数达118次（与"仁"在《论语》中出现的次数相当，后者110次），在《孟子》中出现114次，在《中庸》中出现42次，在《大学》中出现15次。[9]这些统计数字已能充分说明知在儒家学说中的重要性。稍加统计可以发现，儒家学说中的知可以概括为三个方面：

## 并无特殊意义的知

"四书"中的知常指日常生活中经常用到的、客观意义上的知，但知在作这种使用时未必一定有特殊的意义，或者说作这种使用时与儒家思想的精神实质关系不明显：

> 人不知而不愠，不亦君子乎？（《论语·学而》）
> 人而无信，不知其可也。（《论语·为政》）
> 父母之年，不可不知也。（《论语·里仁》）
> 晋国，天下莫强焉，叟之所知也。（《孟子·梁惠王上》）
> 不识舜不知象之将杀己与？（《孟子·万章上》）
> 遁世不见知而不悔。（《中庸》第十一章）

## 知 = 知道该怎么做

知在"四书"中与儒家思想的精神实质相关的重要方面，首先就是指一种以做的功夫为基础的知。从这个意义上说，它是一种纯粹主观、特殊、诉诸直觉和体验、依赖于当事人人格境界的知。例如：

"知禘"：

> 或问禘之说。子曰："不知也。知其说者之于天下也，其如示诸斯乎？"指其掌。(《论语·八佾》)

郑玄曰："鲁礼三年丧毕而祫于太祖，明年春，禘于群庙，自尔之后五年而再殷祭。"（何晏，1980，2466）《汉语大字典》释"禘"甚清楚，[禘]："殷祭，宗庙三年一次的大祭，与'祫'并称为殷祭。殷祭，盛大之祭。合高祖以上的神主祭于太祖庙，高祖以下分祭于本庙。三年丧毕之次年一禘，以后三年祫，五年禘。"（1995，1006）由上可知，所谓"禘"的本来含义是十分明确的，一个现代人不知道"禘"是什么意思可以理解，但是孔子不可能不知道什么是"禘"。为什么孔子说他"不知"呢？且看朱熹之注："先王报本追远之意，莫深于禘。非仁孝诚敬之至，不足以与此，非或人之所及也。而不王不禘之法，又鲁之所当讳者，故以不知答之。"（1983，64）朱熹的话极其明确地告诉我们，孔子所说知与"不知"不是客观普遍意义上的知，而是纯粹由学者个人的人生修养和道德境界决定的主观、特殊的知。一个人达到了这种知，表明他的人格境界已经如此之高，以至于治国平天下对他来说也易如反掌了。

"知礼"：

> 子曰："管仲之器小哉！"或曰："管仲俭乎？"曰："管氏有三归，官事不摄，焉得俭？""然则管仲知礼乎？"曰："邦君树塞门，

管氏亦树塞门。邦君为两君之好，有反坫，管氏亦有反坫。管氏而知礼，孰不知礼？"（《论语·八佾》）

如果这里的"礼"是指王朝颁布、通行于列国的一整套礼制，那么可以说对于所有的卿大夫来说这些都是常识，无人不知。当孔子说管仲不知礼时，显然不是说管仲连这样一些对于当时卿大夫来说是常识的东西也"不知"，而是指管氏的思想还没有达到使他自觉地按照礼的规范来行动的境界。换言之，他还不是圣人，他的精神层次还不足以使他真正"认识到"礼的实质是什么。打个比方说，一个人说他知道抽烟不好，但就是戒不掉。对于这样的人，我们会说他并不是真的知道抽烟不好，如果真的知道的话，为什么继续抽呢？因此这里的知显然不是那种客观普遍意义上的、合乎逻辑规范和可以精确定义的知。相反，同样一个"礼"，对于不同的人来说，由于他们人生的境界不同，个人的道德修养不同，所能达到的知也必然不同。所以是那种主观意义上的、特殊的、不可精确定义的知，是以做为基础的知，因为只有诉诸个人的生活践履和人生体验来才能达到它。

"知言"：

"告子曰：'不得于言，勿求于心。不得于心，勿求于气。'不得于心，勿求于气，可。不得于言，勿求于心，不可。夫志，气之帅也；气，体之充也。夫志，至焉；气，次焉。故曰：'持其志，无暴其气。'""既曰'志，至焉；气，次焉'，又曰'持其志，无暴其气'者，何也？"曰："志壹则动气，气壹则动志也。今夫蹶者趋者，是气也，而反动其心。""敢问夫子恶乎长？"曰："我知言，我善养吾浩然之气。"（《孟子·公孙丑上》）

在这段话中，孟子提出了一个极为经典的"养吾浩然之气"的思想，并认为只有通过这样一个"养"的过程，才能"知言"。故朱熹曰：

"知言者，尽心知性，于凡天下之言，无不有以究极其理，而识其是非得失之所以然也。"（1983，231）用我们的话来说，知是以做为基础的。

此外，在"四书"中知作这种理解还表现在下述术语中："知德""知乐""知道""知义""知本""知天""知性""知政""知人""知化育""知修身""知圣人""知之至""知天命"等。兹不一一列举。

## 知＝知道该怎么做的智慧

知在"四书"中与儒家思想精神实质相连的另一个重要含义就是与智相通，故有智慧之义。我们发现，当知作智慧理解时，其含义完全以上述第二种含义为基础，或者说可以理解为"知道怎么做的智慧"，这种知又被称为"大知"或"圣知"。

> 子曰："由，诲女知之乎！知之为知之，不知为不知，是知也。"（《论语·为政》）
>
> 樊迟问知。子曰："务民之义，敬鬼神而远之，可谓知矣。"（《论语·雍也》）
>
> 樊迟问仁。子曰："爱人。"问知。子曰"知人。"樊迟未达。子曰："举直错诸枉，能使枉者直。"樊迟退，见子夏，曰："乡也吾见于夫子而问'知'，子曰：'举直错诸枉，能使枉者直'，何谓也？"子夏曰："富哉言乎！舜有天下，选于众，举皋陶，不仁者远矣。汤有天下，选取于众，举伊尹，不仁者远矣。"（《论语·颜渊》）
>
> 唯天下至诚，为能经纶天下之大经，立天下之大本，知天地之化育。夫焉有所倚？肫肫其仁！渊渊其渊！浩浩其天！苟不固聪明圣知达天德者，其孰能知之？（《中庸》第32章）

在这里，知或代表了一种敢于自我批评的诚实态度，或指懂得治国安民之道的政治智慧，或表示通过至诚达到的至高无上的德性，等等。

总之，它与西方哲学中客观意义上的知完全是两码事。

# 义理之学：对知的进一步发展

宋明理学对于儒家早期学说中的知作了进一步的发挥和阐释，这主要体现为宋代学者提出的著名的德性之知与闻见之知、真知与常知的二分，以及明代王阳明提出的著名的知行合一的思想。下面将说明，这两种思想是对于儒家学说中知的进一步发挥，它们对于本章的重要性在于深刻地体现了儒家学说中的知代表了一种主观的、特殊的，只有诉诸当事人的人格境界、人生实践和生活体验才能理解的知，从而也进一步证明了儒家学说本质上是一种做的学问。

## 德性之知与闻见之知

张载首先提出德性之知与闻见之知的差别，张载说：

> 大其心则能体天下之物，物有未体，则心为有外。世人之心，止于闻见之狭。圣人尽性，不以见闻梏其心，其视天下无一物非我，孟子谓尽心则知性知天以此。天大无外，故有外之心，不足以合天心。见闻之知，乃物交而知，非德性所知；德性所知，不萌于见闻。(1978，24)

程子继承了这一区分，程子说：

> 闻见之知，非德性之知。物交物则知之，非内也，今之所谓博物多能者是也。德性之知，不假闻见。（《河南程氏遗书卷第二十五》。程颢、程颐，2004，317）

为什么张载、程子都强调应当区分这两种不同的知呢？杜维明先生说："闻见之知是通过感官而获得的有关外界自然、人物、事件的资料、消息或知识；德性之知则是从事道德实践必备的自我意识。闻见之知是经验知识而德性是一种体验，一种体知，不能离开经验知识但也不等同于经验知识。"（1992，504—505）"德性之知和闻见之知最大的不同是闻见之知不必体之于身而德性之知必须有所受用，也就是说，德性之知必须有体之于身的实践意义。"（1992，504）杜维明的话再一次清楚表明张、程之所以要作出德性之知与闻见之知的区分，其原因正在于儒家所谓的知其实是本章所说的主观、特殊、诉诸体验和直觉的知，是以做（实践）为基础的知。

## 真知与常知

宋儒又提出有真知与常知之异，其间差别也与上述德性之知和闻见之知的差别一样。儒家强调，只有以做（行/力行/实践/践履/身体力行等）为基础的知才能称为真正的知，即所谓"真知"。

> 真知与常知异。常见一田夫，曾被虎伤，有人说虎伤人，众莫不惊，独田夫色动异于众。若虎能伤人，虽三尺童子莫不知之，然未尝真知。真知须如田夫乃是。故人不知不善而犹为不善，是亦未尝真知。若真知，决不为矣。（《河南程氏遗书卷第二上》。程颢、程颐，2004，16）

由此出发，程、朱提出知与行不可分的思想：

> 知至则当至之，知终则当遂终之，须以知为本。知之深，则行之必至，无有知之而不能行者。知而不能行，只是知得浅。饥而不食喙，人不蹈水火，只是知。人为不善，只为不知。（《河南程氏遗书卷第十五》。程颢、程颐，2004，164）

> 知、行常相须，如目无足不行，足无目不见。论先后，知为先；论轻重，行为重。(《朱子语类卷第九·学三》)。朱熹，1994a，148)

> 圣贤说知，便说行。《大学》说"如切如磋，道学也"；便说"如琢如磨，自修也"。《中庸》说"学、问、思、辨"，便说"笃行"。颜子说"博我以文"，谓致知、格物；"约我以礼"，谓"克己复礼"。(《朱子语类卷第九·学三》)。朱熹，1994a，148)

## 知行合一

正如很多人都已指出的那样，王阳明的知行合一之说，在理论上并不是什么特别新鲜的独家发明，而只不过是儒家思想史上长期关注的知行关系思想的延伸而已。差别在于：在王阳明以前，儒家学者将知区分为不同的层次，强调了只有那种以行（做/力行/践履/身体力行等）为基础的知才能称为真正的知，这种真正的知又被他们分别称为"大知""圣知""真知""德性之知"等。王阳明的知行合一之说与他的前辈们的唯一区别在于：他干脆取消了所有那些在宋儒们看来属于较低层次的知，而直接将知规定为从最高层次上获得理解的知，即完全以行为基础的知。这种知被他称为知的本体，同时也是行的本体。由此可见，王阳明的知行合一之说进一步强化了儒家从做的角度来理解知的倾向，从而也说明了儒家知的学说的全部精神实质在于从做的角度来理解知。

> 未有知而不行者。知而不行，只是未知。圣贤教人知行，正是要复那本体，不是着你只恁的便罢。故《大学》指个真知行与人看。说"如好好色"，"如恶恶臭"。见好色属知，好好色属行。只见那好色时已自好了，不是见了后又立个心去好。闻恶臭属知，恶恶臭属行。只闻那恶臭时已自恶了，不是闻了后别立个心去恶。……又如知痛，必已自痛了方知痛；知寒，必已自寒了；知饥，必已自饥

了:知、行如何分得开?此便是知行的本体,不曾有私意隔断的。圣人教人,必要是如此,方可谓之知。不然,只是不曾知。此却是何等紧切着实的工夫!如今苦苦定要说知行做两个,是甚么意?(《传习录上》。王阳明,2014,4)

## 儒学真的可称为哲学吗?

行文至此,我们或许可以将本章的基本思路作一总结:我们人类有这样两种截然不同的学术,一种不妨称为知的学问,它在思维方式上是以事实判断为前提,追求逻辑上牢不可破的结论和普遍、客观、可精确定义或可普遍接受的知,其主要工作之一是论证,其主要代表者有哲学、伦理学、自然科学等等;另一种学问不妨称为做的学问,它在思维方式上是以价值判断为前提,追求的是至高无上的精神境界和特殊、主观、不可精确定义而必须诉诸个人体验和人生实践的知,其主要工作之一即是践履(或称之为力行、修炼、实践等),其代表者有各种宗教、意识形态、风俗礼仪、人生信仰、实践技能等等。前面我们分别从儒家学者论做和论知两个方面重点论述了儒学本质上属于做的学问而不是知的学问。

如果西方哲学属于上述第一种学问,那么儒家学说毫无疑问属于上述第二种学问:它与西方曾作为一门科学的哲学不是一回事[10],它本质上是一种做的学问,在思维方式上与宗教相通。本来,做与知确实可以代表人类学术的两个迥然不同的路径,二者之间不仅不能相互代替,而且更重要的是它们各自有自己存在的合法性,因为它们代表了人类生活中两种不同类型的要求。如果我们把这二者不加分别地混淆在一起,把一些本来属于做的类型的学问称为哲学,这就等于用知的逻辑来代替做的逻辑,否定了做的学问自身的独立性和它在人类生活中的不可替代的重要性。这就是说,把儒家学术称为哲学,所带来的后果是导致人们用知的逻辑来代替其中做的逻辑,把其中属于做的内容知识化,而这恰恰是儒学几千年来一直坚决反对的;也就是说,把儒家学说称之为哲学,很可能不是对儒学的真正尊重,而是对它的阉割、肢解和毁坏。这一事实无疑正是20世纪以来儒学在中国的可悲命运。

然而在冯友兰等人看来,中国古代学说做的本质特征与它称为哲学二者是可以并行不悖的。我们可以堂而皇之地谈论中国哲学有行(做)的特点,西方哲学具有知的特点,而不必担心中国哲学因为有此特点而不能称为哲学。例如,冯友兰先生曾这样写道:

> 盖中国哲学家多未有以知识之自身为自有其好,故不为知识而求知识。不但不为知识而求知识也,即直接能为人增进幸福之知识,中国哲学家亦只愿实行之以增进人之幸福,而不原空言讨论之,所谓"吾欲托之空言,不如见之行事之深切著明也"。(1931,6—7;或1961,8—9)

> 此外,中国哲学家还把哲学看作极其严肃的东西。它不是为了形成理性的知识(for intellectual information),而是为了做(doing)的。新儒家哲学家朱熹说,圣人并不告诉你德性是什么样子,他们只是要你去践履它;就像他不告诉你糖是如何的甜,而只是要你去品尝它。从这个意义上说,我们说中国哲学家喜欢的是感觉的确定性,而不是概念的确定性。因此,他们不想,也没有将他们的具体见解转化成科学的形式。总而言之,中国之所以没有科学,是因为中国哲学是一切哲学中最关心人的(the most human)和最实践性的(the most practical)。(Fung, 1921, 593)[11]

张岱年先生也曾表达过类似的观点,他在1957年的一篇文章中说:

一种意见认为:"西方哲学着重在传授人们一套求知的方法,一套逻辑上完整的知识系统;中国哲学家乃在企图提供一种行动的指南"。在中国哲学史上,唯物主义与唯心主义的斗争,主要表现在合乎客观实际的正确的行动指南,与不合客观实际的谬误的行动指南的斗争。如果说,应当着重中国哲学的特殊性,反对硬把西洋哲学的模式套在中国哲学思想上,那是很好的。但是过分夸大中国哲学的特殊性,就不正确了。(1996d,675)

按照这样一种思路,冯友兰、张岱年等许多人都认为,中国古代的大量学说,包括先秦诸子之学、儒家义理之学等等,虽极重视行(做),但这并不妨碍我们将中国古代学术中相当大一部分称为哲学。在1947年用英文写的《中国哲学史》一书中,冯友兰先生说:"哲学在中国文化中所占的地位,历来可以与宗教在其他文化中的地位相比。"原因是什么呢?因为旧时中国人从小接受教育用的课本如《论语》《孟子》《大学》《中庸》等就是哲学著作(1985,1)。张岱年先生则说得更为明显:

中国先秦的诸子之学,魏晋的玄学,宋明清的道学或义理之学,合起来是不是可以现在所谓哲学称之呢?换言之,中国以前的那些关于宇宙人生的思想理论,是不是可以叫作哲学?关于此点要看我们对于哲学一词的看法如何。如所谓哲学专指西洋哲学,或认西方洋哲学是哲学的唯一范型,与西洋哲学的态度方法有所不同者,即是另一种学问而非哲学;中国思想在根本态度上实与西方哲学的不同,则中国的学问当然不得叫作哲学了。不过我们也可以将哲学看作一个类称,而非专指西洋哲学。可以说,有一类学问,其一特例是西洋哲学,这一类学问之总名是哲学。如此,凡与西洋哲学有相似点,而可归入此类者,都可叫作哲学。以此意义看哲学,则中国旧日关于宇宙人生的那些思想理论,便非不可名为哲学。中国哲学与西洋哲学在根本态度上未必同；然而在问题及对象上及其在诸学术中的位置上，则与西洋哲学颇为相当。（宇同，1958，2；或张岱年，1996b，2—3）

古代中国有"哲人"之称（《史记·孔子世家》），而无哲学之名。但是我们可以说，古代所谓"诸子之言"（《汉书·艺文志》）基本上就是哲学（儒家也属于诸子）。《庄子·天下篇》说："古之所谓道术者，果恶乎在？"所谓道术即是哲学的主要内容。……应该承认，"天人之道"就是中国古代哲学的研究范围。宋代以来有了义理之学的名称。义理之学正是与今日所谓哲学意义相同的名称。（张岱年，1957，64—65）

这里我认为冯、张等人普遍忽视了这样一个极其重要的事实，即"用西方的哲学范畴整理中国古代学术"与"将中国古代学术（如先秦诸子之学等）直接称之为'哲学'"这两者是有本质差别的。我们今天读冯友兰先生20世纪30年代初开始出版的《中国哲学史》一书时，颇感新鲜；而张岱年先生的《中国哲学大纲》也似乎有不少新意。可是，仔细一想就容易发现，他们所做的工作的实质并不仅仅是在"用西方哲学范畴来重新整理中国古代学术"，而是认为中国古代学术中的绝大多数，特别是儒家学说，本身即已经是哲学了。如果一个写中国哲学史的人明确承认他只是在用西方的哲学范畴整理中国古代学术，而不承认中国古代学术中大部分本身即已经是哲学了，那其实是无可厚非的；但是如果他在写中国哲学史的同时，主张中国古代学术中的大部本身即已经是哲学了，就可能发生这样的问题：将儒、道、佛三家之学乃至先秦诸子的学说统统称之为哲学，不仅混淆了哲学与宗教在思维方式上知与做的本质差别，而且事实上正是用知的逻辑来抹杀、掩盖或代替做的逻辑。事实上，胡适、冯友兰、张岱年等绝大多数学者都是这样做的。

这一思想在理论上的另外一个问题就是严重混淆了两种不同意义上

的知，将儒家学说中的知与西方认识论中的知混为一谈，认为中国古代哲学中有大量的认识论。例如，张岱年先生的《中国哲学大纲》一书以宇宙论、人生论、致知论三个范畴为主干来整理中国古代学说，该书可能是国内较早系统地用西方认识论范畴来整理国学的尝试（宇同，1958，3）。在1957年写的一篇文章里，他还针对某些过分强调中国哲学特殊性的人说："中西哲学的不同，决不在于西洋哲学重'求知'，而中国重'行动'。孔子曾说：'朝闻道，夕死可矣！'（《论语·里仁》）何尝不重求知？……所以不应以重知与重行为中西哲学的之根本差异。"（1996d，68—69）在新中国成立后，中国大陆出版的大部分中国古代哲学专著中，都认为中国古代有认识论，并认为中国古代哲学中探讨了诸如认识的来源、感性认识与理性认识、认识与真理的关系等一系列西方认识论问题。例如，张岱年认为，中国古代哲学中探讨了"知之性质与来源""知之可能与限度""真知表准与谬误"等认识论问题（宇同，1958，495—521；或张岱年，1996b，541—573）。王淼祥等认为中国古代哲学探讨了下列一些带普遍性的认识论问题：（1）关于感性：感性能否给予客观实在？（2）关于知性：理论思维能否达到科学真理？（3）关于理性：逻辑思维能否把握具体真理？（4）关于人能否获得自由？（王淼祥，1994，218）夏甄陶《中国认识论思想史稿》则认为，认识论"以人类的认识本身为研究对象，研究认识的本质、认识的可能性和可靠性及其根据与基础、认识的形式和认识的发生发展过程等"，并以此为标准来研究中国古代的认识论（1992，1）。类似这样的观点在国内学术界比比皆是。

所有这些研究的一个共同点就是混淆两种不同性质的知。例如，王淼祥、范明生主编的《东西方哲学比较研究》一书将孔子、孟子、荀子、张载、王廷相、程朱、陆王、魏源、曾国藩等一大批儒家学者论知的学说统统纳入西方哲学中的"认识论"范畴中。比如书中说："孔子的伦理学是带有理性色彩的，认为'知'是'仁'的前提，'未知，焉得仁'。（《论语·公冶长》）要是对伦理关系没有正确的认识，就不可能有正确的仁德行为,所以'仁'和'知',伦理和认识是统一的。从认识的内容来看,'知'主要是'知人'(《论语·颜渊》);……这样,认识过程其实也就是德性的培育过程。这点同苏格拉底主张的'美德即知识'是一致的。孔子还讨论了认识的来源。他根据认识的来源把人分为四等:'生而知之者上也;学而知之者,次也;困而学之,又其次也;困而不学,民斯为下矣。'(《论语·季氏》)"(王淼祥,1994,219—220)类似的例子比比皆是。

## 我们如何面对这些历史后果

现在让我们来看看将儒家学说称为哲学的历史后果。

### 儒学传统的人为中断

现在我们打算来论述一个问题:儒家学说(特别是宋明以来的义理之学)被当作哲学以后,新一代年轻人在误读儒家经典的过程中将儒家所提出来的做的使命彻底抛弃掉了。我们前面曾说过,将儒家学说当作哲学和从哲学的角度来研究儒家学说是两码事。不承认儒家学说本身就是哲学,并不妨碍我们可以用哲学的方法来研究儒家学说。但是如果我们把儒家学说本身当作就是哲学,那情况就不一样了;因为这样就会认为我们从儒家学说中读到的东西也就代表了古人所思考的全部。这正是今天的中国人所普遍采取的阅读中国古代文化典籍特别是儒家经典的方式。然而实际情况是:儒家学说本身不是一种知的学问,而是一种做的学问。它自己一再强调,人们只有亲身实践才能理解到儒家思想的实质,这是一个漫长而切实的人生践履过程,也是对每一个学者人格最严厉的考验。一个人最终学到什么地步,并不取决于他在求知的道路上知到什么地步,而取决于他在"做人"方面做到什么地步。在儒家看来,没有做就不可能有知。像仁、义、忠、信,像正心、诚意、修身,这些儒家学说中的重要范畴都只有通过一个人的亲身实践才能真正理解到其内在含义，才能知之。

　　大体来说，20世纪以来，中国学者对于儒家学说所进行的研究大致可分为两种类型。一种是基本上按照古人的做的路径来研究儒家学说，研究者多半把自己当成了儒家的现代"传人"。他们是儒家的现代信徒，他们是所谓的"新儒家"，因而他们也是儒家学术传统在现代的继承者。这种类型的研究虽然也常将儒家学说称为哲学，但和古人相比，并没有为之增加任何新的东西。比如他们没有把西方人的知的逻辑真正地引进到儒家学术传统中来，尽管他们一直都想那样做；又如，这种类型的研究一般不习惯于把中国古代学术中其他一些分支比如佛教传统、道教传统、诸子学说等等与儒家传统混合到一起，共同称之为哲学。因此，这种类型的儒学研究只是套用了一下西方人的哲学之名，而未真正按照西方哲学的范畴来改造或重新理解儒家学说。这种类型的研究，现代新儒家像马一浮、熊十力等可谓典型代表。他们的共同特征是虽然接受了西方哲学之名，但未放弃儒家学术之做的传统，他们从未真正按照西方哲学的内在理路改造或理解过儒家传统。

　　另一种则是力图真正按照西方哲学的标准来改造或重新理解儒家学术传统。其结果是在用西方哲学的范畴来改造或重新整理儒家学术传统的过程中，把儒家学说之做的传统几乎彻底抛弃，真正将儒家学说当成了知的学问，也真正使之获得了西方人所谓哲学的特征。这种做法主要发生在1949年以后，但其趋势则在1949年以前即已存在。蔡元培、胡适是这种趋势的始作俑者，张岱年写于1937年的《中国哲学大纲》将这一趋势发挥到极致，成为半个多世纪以来中国大陆几乎所有的《中国哲学史》这一类教材或研究的范型。对于冯友兰先生来说，1931年出版的《中国哲学史》虽然号称要用西方哲学范畴来重写中国古代学术史，但在实际写作的时候还是尽可能按照中国古代学术自身的理路来写，因而虽然号称中国哲学史，但是把它称为中国古代学术史或中国古代思想史也并非有很大问题。也就是说，所谓哲学的特征在这部哲学史著作中体现得并不明显。但是相比之下，新中国成立后几次重写、多次修订的《中国哲学史新编》（共六册）中，冯先生千方百计地要用"唯物论""唯心论"、辩证法、形而上学等一系列西方哲学范畴来解剖中国古代学术。这样的著作在中国大陆几十年来已经比比皆是，它已经完全抛弃中国古代学术自身做的传统，而试图重建一种新的学术传统。因而我们完全可以说，这一类著作所代表的学术活动是中国古代学术传统的人为中断。

举个简单的例子来说明：新中国成立后出版的几乎所有的中国哲学史著作在写到孔子时几乎都专门讨论孔子关于仁的思想。比如，冯友兰的《中国哲学史新编》（第一册）在分析孔子的仁的思想时说，孔子的论仁的话大概可分为四类，一是仁的基础，二是"为仁"的方法，三是仁的内容，四是"为仁"的成就。他重点论证了"'仁'的基础是人的真性情，真情实感"这一观点（1980，131—135）。冯契则说："'仁'是孔子的人道观（伦理思想）的核心。"而孔子所提倡的"仁之方""实际上是以两个原则为前提：一是人道（仁爱）原则，即肯定人的尊严，主张人和人之间要互相尊重，建立爱和信任的关系；二是理性原则，即肯定人同此心，每个人的理性都能判断是非、善恶，所以'能近取譬'"（1983，87）杨宪邦主编的《中国哲学通史》在讨论孔子的仁学时则说："孔丘的仁学是一种主观唯心主义人性论"，"孔丘提倡的是超阶级的抽象的'仁爱'"，"实际上只不过是宗法等级制的统治阶级的阶级性的表现形式"。（1987，155，156，157）

然而孔子所提倡的仁，作为一种人生的道德境界，只有通过严格的自律、严厉的自省以及无止境的人生践履才能达到。因此仁的问题主要是一个如何做的问题，而不是一个抽象的理论问题。对于儒家学者来说，它是一个无条件的使命，一种永恒的人生任务。从儒家学说的内在理路上说，一个人不通过严格的个人化的人生践履是不可能知仁的；也就是，对仁的知只能建立于做的基础上。所谓做既是指"如切如磋，如琢如磨"的修身过程，也是指"齐家、治国、平天下"的社会和政治实践。因此在历代的儒家学说中，我们看到古人对仁的探讨集中在讨论该如何做之上而不是抽象地讨论什么是仁，仁的思想产生的时代背景，等等。这就充分表明：

（1）儒家学说对于仁的探讨有它自身的内在理路，即做的内在使命，儒家学说两千多年来正是靠这个内在理路保存了自身独立的学术传统；

（2）20世纪以来在中国哲学史的名下对于仁的探讨已经完全背离了儒家学说做的内在理路，而将它转化为一种知识。

如果说，从哲学的角度研究儒家思想就像一个艺术评论家对于艺术活动进行批评的过程一样，那么直接加入儒家所倡导的修身活动就像一个艺术家直接参与艺术活动一样。二者是不一样的：前者是评论家虽对艺术活动进行各种各样的评论，但他们本人并不直接从事艺术创作，他们对艺术活动本质和规律的探讨并不意味着他们有能力创造一流的艺术作品；后者是艺术家本人直接从事的艺术创作活动，这个过程是那些懂得艺术创作规律的评论家们所无法代替的。如果一个社会只有艺术评论家而没有艺术家，那是不可能创造出像样的艺术作品来的。前者属于知的活动，后者属于做的活动。如果我们把艺术创作活动和艺术家的批评活动二者等同起来，认为可用后者来代替前者，那就等于扼杀了艺术事业。与此同样的道理，今人将儒家等同于哲学，这与从事儒学是两码事，它有点类似于艺术批评代替艺术活动本身，其直接后果也就是将儒家学术传统人为地抛弃了。

## 知识分子的难以定位

我们今天读《中国哲学史》这一类著作时一个最深刻的感受是，它既不能代表一种伟大的文化价值传统，也不能代表一种独特的知识传统，而简直就是一个不伦不类的"四不像"。为什么这样说呢？因为首先，它已经把几千年来为中国士大夫阶层所执着的文化价值传统一笔抹杀了，或者说完全用知的逻辑代替了；由于这个新的"变种"本身没有创造出什么新的可歌可泣的价值传统来,因而确实也不能带来一种有着深厚根基的精神价值体验。其次,它也不能代表一种古希腊以来在西方文化的土壤中生根开花并最终大放异彩的知识传统,这个传统一开始是以哲学的形式出现的。这是因为中国古代学术本来不是知的学问,不以求知为根本任务,现在强行将中国古代学术纳入知识谱系中去,将一些莫须有的头衔安到它头上,用一些与它的内在理路上格格不入的范畴来阉割它,当然不可能形成一种类似于古希腊以来逐渐蔚为大观的"认知主义"传统。

当然,若是将20世纪以来中国知识分子角色的难以定位全然归因于中国哲学史这门学科的发明与建立,那毫无疑问是名不符实的。然而,不能不承认的是,在诸多构成20世纪以来中国知识分子角色难以定位的原因当中,有一个极其重要的原因,那就是知识分子在用西方学科范畴阉割或整理国学的过程中,可能是无意中掏空了自己的精神世界,使之失去了牢固的根基,失去了真正可以依靠的精神家园。从上面所讲的事实我们不难看出,用知的逻辑代替做的逻辑,一方面是对我们自身原有的精神价值传统的毁灭,另一方面也不可能由此创造出任何类似于西方知识传统的新的学术传统来。因此我们可以下这样一个判断:从"把儒家学说称为哲学"这个现象出发,有可能找到20世纪以来中国知识分子难以定位的部分重要原因。

今天钻研儒家思想的人,很少人同时严厉地对自己进行"自省",或把"慎独"当作自己必须要做的切要工夫;这不仅表明他们在用哲学的眼光来研究儒家思想,而且表明他们把儒家思想本身也当成了哲学,所以才会将儒家的思想归结为一系列知识、"观点"的总和:儒家怎么认为,怎么认为……用哲学的眼光来研究儒家思想不能说是错的,但是因此而把儒家学说本身说成就是哲学却不能不是一种巨大的错误。因为儒家学说本身反对把学问等同于知识追求过程,对于每一个儒家学者来说,求学的过程本身就是一个极其严厉的"自省"和"慎独"的过程。不管今天的人怎样为"儒家学说是哲学"辩护,都不得不承认这样一个重要事实：哲学是一种思辨的学问，是以逻辑分析和论证为根本特征的；而儒家学说恰恰相反，它的主要任务是做而不是知。换言之，它的目的在于把人纳入一种实实在在的行为方式——而不是思维方式——的"训练"中去。所谓"如切如磋，如琢如磨"（《诗·淇澳》）所说的正是这种训练过程所具有的特征。此外，儒家还给这种"训练"起了很多其他的说法："修养""养心""涵养""存养"……显然，一系列做的要求绝不是哲学这门学科所内含的，而它们恰恰构成了儒家学说的根本宗旨。将儒家学说这一最为重要的做的传统抛弃，还谈什么继承和发扬传统？

对于儒家学者来说，一说到读书，立即要求你要"玩味""切己"，这表面上虽好理解，其实最难做到。人不带着一颗苦痛的心灵去做人，就不可能知道什么是"玩味"；人生对自我没有深切的自省、自新意识，是不可能领会到何谓"切己"的；因此需要痛下决心，把圣贤之书当作人生的座右铭，反复阅读，切己修身，才能真正读懂儒家经典。试问今天的人有谁以这种方式读书？今天，儒家学说被纳入《中国哲学史》之类的教科书中之后变成了另一幅景象：儒家的经典不再是对我们日常生活的严厉要求，不再是人生的箴言而是客观的知识，是"孔子怎么认为"，"孟子怎么认为"。一句话，是一堆客观知识的堆积；因此读儒家经典只要像读小说、读自然科学教科书这类客观知识一样去读就可以了。没有人认为古人所谓的"读书法"是他们读儒家经典的必由之路。这种情况的发生意味着：中国哲学史这一西方学科范畴的引进导致人们已经习惯于用所谓哲学的眼光来看儒家学说，而不再是用儒学自身的眼光来阅读儒家典籍。在中国哲学这个幌子之下，人们的所作所为恰恰是儒家学者历来所最为强烈地反对的：儒家历来最反对把伦理道德问题变成客观知识问题，所以才提出了各种不同的"知行关系说"。20世纪以来中国知识分子就是这样用西方哲学的范畴人为地割断了中国文化自身的传统，其必然后果之一就是他们从此再也找不到自身的精神家园，自身的角色始终难以定位。

## 民族文化传统的空前毁灭

迄今为止，人们对于20世纪以来中国学术史上的"西化"运动所带来的历史后果似乎还没有作出全面而恰当的评价。这场运动的主要任务就是用西方现代学术学科范畴来改造国学，并在此基础上建立起所谓中国哲学史、中国伦理学史、中国认识论史等一系列合乎现代西方学科之名的新型学科。从前面的分析中可以发现，这场运动的一个最主要的特点就是将中国文化自身的传统强行纳入一些与之本来可能是"风马牛不相及"的西方学术和学科范畴中去，使得人们在理解、接受、阅读、继承和发展儒家学说（特别是其中的义理之学）的时候用知的逻辑来代替做的逻辑；结果导致民族文化传统的沦丧，民族文化精神的失落，民族文化价值的不能定位。

20世纪以来，中国人在引进西方哲学这个范畴时，忽视中学与西学内在理路上的根本差异所导致的另一个更加可怕的后果就是，今天，在几千年来绵延不绝的中国学术传统（特别是儒家道统）遭到了全面的、毁灭性的打击以后，再要恢复它，难度之大势比登天。这种情况的发生，完全是由于到今天为止的几代人都在用西方认知的逻辑来阅读、理解和接受中国古代学术的产物，这场对中国传统学术思想的普遍的误读，同时无疑也构成了我们民族现代学术史、思想史及文化史上的一场空前绝后的灾难。这一历史后果的发生当然不能说成是冯友兰那批用西方哲学范畴整理国学的人们的初衷，而是一个长期持续的误读过程的产物。

现在我想引起读者这样一种思考，即：将两个不同的东西以同一个名称称呼之，必定不仅是因为两者之间有共同之处，因为如果我们无原则地追求事物之间的共同之处，那么可以说任何两个不同的事物之间总可以找到某种共同之处；因此这样的前提必定是因为二者之间的共同之处大于其不同之处，或者从历史背景或现实处境上说其共同之处对人类的思想有更大的意义。这里我们进一步要问的问题是：将儒家学说乃至先秦诸子之学皆称为哲学，其现实意义是什么呢？就儒家学说而言，本章所关心的问题则是：儒家学说两千年来所努力去追寻的是什么东西？这个东西在 20 世纪以来西方化的潮流中有没有丢掉？本章所得出的结论是：在用西方学科之名来整理国学的过程中，儒家学说由一个本来活生生的、独立于西学的伟大传统变成了一堆知识的聚集，儒家学说在当代中国不再代表一个活着的传统，而只是一个僵死的客观对象，通过研究这个对象或许可以产生出某种对我们有用的东西。今天的人们还可以谈论儒学所代表的传统文化对于现代化的意义，但这也只是从它作为知识的对象所可能有的意义上而言的，而不是恢复一种过去的伟大的学术传统。

## 本章注释

[1] 章太炎："自宋始言道学（理学、心学皆分别之名），今又通言哲学矣。道学者，局于一家。哲学者，名不雅故，缙绅先生难言之。"（2015，183；2018a，618—619）蔡元培："哲学在我国古书本名为道学。今日哲学者，希腊语斐罗梭斐之译文。其原义为爱智。"（1988，56）冯友兰："吾人观上所述哲学之内容，可见西洋所谓哲学，与中国魏晋人所谓玄学，宋明人所谓道学，及清人所谓义理之学，其所研究之对象，颇可谓约略相当。"（1934，7；1961，7）张岱年："宋代以来有了'义理之学'的名称。义理之学正是与今日所谓哲学意义相同的名称。"（1996d，3）

[2] 1918 年，蔡元培先生在为《中国哲学史大纲》写的"序"中说：

> 中国古代学术从没有编成系统的纪载。……我们要编成系统，古人的著作没有可依傍的，不能不依傍西洋人的哲学史。所以非研究过西洋哲学史的人，不能构成适当的形式。（胡适，1928，蔡序）

而冯友兰先生亦在《中国哲学史》第一章一开头就明确地说：

哲学本一西洋名词。今欲讲中国哲学史，其主要工作之一，即就中国历史上各种学问中，将其可以西洋所谓哲学名之者，选出而叙述之。(1934，1；此段未见于1931年版神州国光社版，当为1934年商务版新加)

[3] 载1905年（光绪三十一年）初版之《静安文集》。据王氏自序，当作于此前二三年间。此文载于台湾大通书局《王国维全集 初编》（1976年）第五册《静庵文集》，页1836—1841；《王国维遗书》第五册《静安文集》（此书据商务印书馆1940年版影印，上海古籍书店1983年初版，2011年新版）。

[4] 张岱年先生一生最强调中国古代有哲学，其最典型说法见于1937年写成的《中国哲学大纲》（宇同，1958，2）。在1957年的《关于中国哲学史的范围》一文中，他说："一种意见认为，'西方哲学着重在传授人们一套求知的方法，一套逻辑上完整的知识系统；中国哲学乃在企图提供一种行动的指南'。""如果说，应当着重中国哲学的特殊性，反对硬把西洋哲学的模式套在中国哲学思想上，那是很好的。但是过分夸大中国哲学的特殊性，就不正确了。""中西哲学的不同，决不在于西洋哲学重'求知'，而中国哲学重'行动'。"(1996d，5—6) 本章将讨论这一看法所造成的严重历史后果。

[5] 任继愈："哲学这门学科不同于自然科学、社会学、历史学等具体学科，它是一门世界观的学问，所涉及的领域是人类对自然、社会和思维的一般规律的认识。因此，哲学史讲的是各个历史时期人们对自然界发生、发展的认识，即自然观；对社会历史发生、发展的认识，即社会历史观；对思维规律的认识，即逻辑学和认识论。把这些概括起来，哲学史的研究对象就是整个人类认识的历史。"(1983，10) 赵纪彬："所谓哲学，并不是纯粹思维的科学，而是对于客观存在全体——自然、社会及思维——的综合的科学的理论的认识，也就是关于客观存在全体的普遍法则的科学。""哲学并不是某特定民族或国家的独得秘义，而是人类社会进化过程中必然产生的共同范围。""只要承认中国人有认识客观存在法则的方法与成果，便不能不承认中国有哲学存在；只要承认中国社会的发展并未停滞在奴隶社会以前的阶段，也不得不承认中国有自己的哲学发展史。"(1939，16) 朱立言："哲学是关于自然、社会和思维知识的概括和总结。"(1990，9)

[6] 冯友兰："中国哲学家之哲学，在其论证及说明方面，比西洋及印度哲学家之哲学，大有逊色。……盖中国哲学家多未有以知识之自身为自有其好，故不为

知识而求知识。"（1931，6—7；或 1961，8—9）在《中国哲学简史》一书第二章论及"中国哲学的方法论"时，冯先生又说概念的主要类型有两种，"一种是用直觉得到的，一种是用假设得到的"，并援引诺思罗普教授的观点说中国哲学中的概念是用直觉得到的，而中国哲学与西方哲学的本质区别亦在于此，这也是中国哲学里知识论没有发展起来的重要原因（1985，30—33）。在 1927 年写的《泛论中国哲学》一文，冯先生也曾从类似的角度分析了"知识论及逻辑所以在中国哲学中不发达之原因"（1984，107）。张岱年在《中国哲学大纲》中从六个方面讲到中国哲学的特色，其中包括："合知行""一天人""同真善""重人生而不重知论""重了悟而不重论证""既非依附科学亦不依附宗教"（宇同，1958，4—8；参张岱年，1996b，5—9）。此外，张君劢先生 1935 年在"东西学术之异同"一文中亦曾说道："东方治学方法，除考虑先圣之典籍，验诸一心之是非外，无他法。""西方治学方法，其理论之是非，以论理（即逻辑——引者）为标准，其事实之是非，以实验与调查所得为标准。"（1935，145）牟宗三先生亦曾将中国文化之精神与西方文化之精神区别为"综合的尽理之精神"与"分解的尽理之精神"，所谓"分解"又被称为"智的观解"，是"遵守逻辑数学以前进"；中国文化是"智之直觉形态"，而西方则是"智之知性形态"，中学中"概念的心灵未彰著出，而智之知性形态亦始终未转出"，此乃"中国所以不出现逻辑数学科学之故"（2003a，200—207；1993，35—51）。类似的观点亦为不少其他学者所坚持，此处不一一转述。

［7］例如，任继愈说："宗教是人类对现实世界的歪曲的反映。它立足于信仰和虔诚，而不是立足于理性的思辨和逻辑的论证。""哲学与宗教不同，它是人类通过实践而产生的理性思维。""哲学的基础是科学，哲学本身就包含着与宗教分离的因素。""哲学发展史的任务就是把人类认识挣脱宗教的过程的规律性揭示出来。"（1983，7—9）

［8］根据本书在其他地方的观点，"知"的学问与"做"的学问又可分别称之为科学与人生观。参本书"科学可以解决人生观问题吗？"那一部分的讨论。

［9］这个数字是根据洪业等人编纂的《论语引得 孟子引得》查得的，另外参考了台湾中央研究院主页中的"十三经"查询，以及北京书同文数字化技术有公司提供的《四部丛刊 09 增补版》全文检测系统检索（检索日期：2020 年 11 月 20 日）。

［10］我们知道，在西方哲学史上，哲学曾经在很长时期内被当作科学的皇后，

在笛卡尔、黑格尔等近代哲学家的著作中这一信念得到了最为鲜明的表达。20 世纪西方哲学家胡塞尔亦对作为哲学的一分支的"形而上学"与欧洲科学的关系作过深刻的论述。为什么会是这样呢？因为哲学在思维方式上与科学上是共同的，即以求知、求是为其根本旨归。只有理解了这一点，我们才能理解为什么希腊哲学会导致欧洲科学的发展这一重要事实。但是令人遗憾的是，20 世纪以来的中国人普遍把哲学的求知本质当作仅仅是西方哲学的特征，而中国哲学可以有另外一些特征，于是他们在引进西方人的哲学概念的同时实际上是为哲学这一名词赋予了新的含义。

[11] 据《三松堂学术文集》中作者本人介绍可知，该文 1921 年写成英文，1983 年涂又光译成中文（冯友兰，1984，40）。这里之所以没有采取涂又光先生的译文，是因为觉得译文有个别不妥之处。

# 儒学是宗教学说吗？

## 【本章提要】

儒家是不是宗教，多年来一直是学术界的一个热点话题。从历史渊源上说，这个问题要追溯到公元17世纪意大利天主教传教士利玛窦（Matteo Ricci, 1552—1610）以及欧洲17—18世纪哲学家莱布尼茨（G. W. Leibniz, 1646—1716）、伏尔泰（Voltaire, 1694—1778）等人那儿。然而，长期以来，几乎所有的讨论都是在承认儒学是哲学的前提下进行的；即使是那些主张儒家是宗教的学者，也往往同时把儒学当作哲学。

本章对这种倾向提出了严厉挑战，认为尽管哲学与宗教这两个概念的含义都具有不确定性，但它们所代表的思维方式还是存在根本区别的。在广泛研究国内外大量研究成果的基础上，本章对宗教在思想方式上的基本特征提出了自己的见解，并得出儒学是一种典型的宗教性质的学说，而绝不是什么哲学学说。这一结论对于正确定位中学与西学的关系，对于中学与西学的比较与结合，对于如何引进西方现代学术范畴等一系列重大学术问题都有着极为重要的理论意义。

例如，长期以来，人们把儒学当成了一门哲学，认为在西方哲学之外还有一个中国形态的哲学，并大谈所谓中国哲学的特色问题。如果儒学本质上是一种宗教性质的学说，那么所谓中国哲学特色的无尽话语又有什么意义呢？如果儒学本质上是一种宗教性质的学说，那么尽管人们仍可以从哲学、伦理学、政治学等角度来分析研究它，但是这丝毫也不意味着儒学应该被这些学科五马分尸……

儒家学说代表的是宗教思维方式还是哲学思维方式？易言之，儒学是宗教或宗教性质的学说，还是哲学或哲学性质的学说？这个问题虽与学术界长期以来关于"儒家是不是宗教"的争论相关，但又有重要区别。区别在于，我们的目的并不是要论证儒家是不是宗教，而只是对儒学——作为一种学说而不是一个实体——的性质加以定位。须知，儒学与儒家是有重要区别的，儒学只是一种理论形态，而儒家则同时包括社会化、制度化乃至政治化的实体成分。因此，即使我们证明了儒学是宗教性质的学说，也不足以证明儒家就是宗教；而那些认为儒家是宗教的学者却也多半把儒学当作哲学。正因如此，本篇虽也花不少笔墨介绍了"儒教争论"的各种观点，但是目的绝不是为了证明儒家是或不是宗教，而只是为了解决儒学性质的定位问题。

　　本篇将从思维方式上来讨论儒学的性质。[1]这一研究的基本前提是认为宗教思维与哲学思维有基本的区分，而不是像有些人所理解的那样，认为宗教思维与哲学思维的区分只适合于西方，在东方学术思想中不存在这一区分。关于这一区分的合理性，以及这一区分应当包括哪些具体内容，我们会在下文中深入细致地讨论。但需要强调的是：我们讲儒学是宗教或哲学学说，是针对其思维方式的核心内容而言的，但这绝不意味着我们否认儒学之中同时包含其他方面的思想。例如，《圣经》虽然是一部宗教经典，但同时我们也可以认为《圣经》中有哲学思想。我们在论述儒学思维方式的时候，也是这样认为的。即如果我们说儒学代表的是宗教思维，那不是说儒学之中不存在哲学思想，而只是说儒学从根本上是一种宗教性质的学说。

## 关于儒教的各种争论

关于儒家是不是宗教的争论最初是由西方传教士引发的，直至今日，这场争论似乎仍方兴未艾。大体来说，我认为关于儒家是否为宗教的争论可分为五大块。找不到更好的术语，姑且称之为五大时区：

第一时区：公元16—19世纪，由西方传教士引发的争论。公元16世纪时，利玛窦来华传教，就曾提出儒家不是宗教的观点（林金水，1983）。此后这一问题的讨论并未中断（任继愈，2000，169，451；陈村富，1995；等等）。根据张君劢1957年的分析，西方天主教传教士与基督教传教士在这个问题上的看法有侧重点的不同，前者"只涉及崇拜祖先的问题。基督教传教士则集中注意力于儒家宗教的一面"（1986，16）。

第二时区：19世纪末—20世纪上半叶，由康有为等人引发的争论。首先是康有为在1886年提出孔教与佛教是世界上两大真正的宗教，康氏后来与其弟子陈焕章等醉心于创立孔教会，欲以孔教与西方基督教相抗衡。他们关于儒教是宗教的观点遭到了梁启超、蔡元培、章太炎、陈独秀等人的批判。不仅如此，直至1949年以前，中国学界名流当中还有诸如梁漱溟、冯友兰、张君劢等儒家学者也多反对儒家是宗教。[2]

第三时区：20世纪后半叶以来，由台、港及海外华裔学者所倡导的有关儒家学说具有宗教性的讨论。其中最明显的例子是1958年由唐君毅、张君劢、牟宗三、徐复观四人联名发表的《中国文化与当今世界》宣言，批评一些西方传教士及学者认为"中国民族先天的缺乏宗教性的超越感情或宗教精神，而只知重现实的伦理道德"（唐君毅，1958，7）的意见。此四人当中，尤以唐君毅（1986a，33—36；1986b，496—502）、牟宗三（2003d，99—107）最强调儒家思想的宗教性。此后像杜维明（2013）、刘述先（1985，2012）、傅伟勋（1986a，243—247）也都强调儒家学说中的宗教意蕴。[3]

第四时区：1978年底，任继愈先生在中国无神论学会成立大会上公开提出了"儒家是宗教"的说法，从此在中国大陆学术界掀起了一场旷日持久的大争论。任继愈（2000）、何光沪（1988；1991）、李申（1995；1999）、郭齐勇（1998）、张立文（1998）等一批学者分别从神灵崇拜、社会功能、思维方式、组织仪式、政教合一等重要方面系统地论述了儒家的宗教特征，遭到了包括冯友兰（1982）、张岱年（1981）、牟钟鉴（1990）、李国权和何克让（1981）、崔大华（1982）、姜广辉、成中英在内的一大批学者的反对。（任继愈，2000；季美林，1998；邢东田，2003；姜广辉，1996）其中冯友兰（1982）曾针对任继愈的观点专门撰文作过激烈批判，而张岱年先生的观点则前后发生过变化[4]。直至今日，这场争论仍无收场之势。[5]

第五时区：很长时间以来西方及日本等国学者关于儒家是否为宗教的观点，也是我们不能忽视的一个重要方面。我们知道，很多西方汉学家或宗教学者都不假思索地认为儒家是中国几大宗教中的一种。例如，西方著名汉学家、倾其毕生精力将儒家的"四书五经"译成英文的里雅各（James Legge，1815—1897）先生也曾在其所著《中国的宗教》（1881）一书中视儒家为一门宗教；德国学者马克斯·韦伯（Max Weber，1864—1920）曾著《儒教与道教》，也以儒家为一门宗教；英国著名宗教学家苏西尔（W. E. Soothill，1861—1935）曾著《中国三大宗教》（1913）一书，将儒家列为中国三大宗教中的首位；[6]美国学者爱德华·J. 贾吉（Edward J. Jurji）在其所编的《世界十大宗教》（1947年英文版）中甚至将儒教列为第一项世界宗教；斯特伦（Frederick J. Streng，1992）在《宗教生活论》中也将儒教与其他宗教相提并论。

在学术研究方面，西方值得一提的成果至少有三类：一是从社会学立场理解宗教，重视社会生活实践特别是大众社会中的儒家，其宗教概念较重视仪式、神灵祭拜、组织方式等因素。其中杨庆堃（C. K. Yang）

在《中国社会中的宗教》(1961) 对中国传统社会发散型宗教的研究影响深远，其后武雅士 (Arthur Wolf) 所编论文集《中国社会中的宗教和仪式》(1974) 堪称对杨庆堃研究的展开例证（刘超）。加拿大学者秦家懿 (Julia Ching) 著《中国的宗教》(1993)，从民间宗教、儒教、道教、外来宗教（佛教、伊斯兰教和基督教）这一范围来概括中国宗教，代表西方汉学家对中国宗教相当全面的认识。二是 20 世纪 70 年代以来从思维方式研究儒学的宗教性，美国学者罗尼·泰勒 (Rodney Taylor, 1974；1990)、李耶理 (Lee H. Yearley, 1975)、杜维明 (2013；Tu, 1989)、白诗朗 (John Berthrong, 2002) 以及日本学者加地伸行等，均有重要论述。三是比较研究。秦家懿 (Ching, 1977)、孔汉思 (Küng & Ching, 1989[7])、李耶理 (1990)、南乐山 (Robert C. Neville, 2000) 等人皆从比较宗教、特别是与基督教比较的角度研究了儒学的宗教性。波士顿大学神学院南乐山 (2000) 明确强调了多元宗教观对理解儒家的意义。

秦家懿女士曾在多部著作中探讨儒家的宗教性问题。她曾专门分析儒家究竟是宗教还是哲学的问题 (Ching, 1977, 8—12)，后也关注到中国大陆儒家是宗教还是哲学的争论 (Ching, 1993, 51—52)。在其 20 世纪 70 年代早期著作中，她就认为不能把儒家简单地理解为道德说教或世俗劝诫，从儒家对于"天"（上帝）和祖先的祭拜以及儒家以成圣为目标、以自我超越 (self-transcendence) 为特点的修身实践（宋明时期尤其明显），均可明显看出儒家有"强烈的宗教性" (strong religiosity)；考虑到儒家的入世性，比如注重家族生活和社会责任，她把儒家称为一门"世俗宗教"。(Ching, 1977, 9—10) 同时她也认为，如果考虑到儒家思想本身的丰富性和复杂性，并注意到宗教、哲学词汇的外来性，应当认识到儒家既有哲学维度，也有宗教维度。(Ching, 1977, 11—12) 在其后期一部著作中，她批评了以人格神——上帝为衡量宗教的唯一标志，并在孔汉思的基础上，将世界宗教分为三大类型：阿拉伯或闪族的先知宗教、印度的神秘宗教以及中国的"和谐宗教" (religion of harmony)（Ching，1993，4）。同时，她称孔子为"种子思想家"（seminal thinker），并把儒家描述为"向宗教价值开放的人文主义"（Ching，1993，52）。这一观点实际上主张不能把儒家局限于人文主义来理解。

与秦家懿相比，罗尼·泰勒（Rodney L. Taylor）对儒家宗教性的理解更进了一步。早在1974年哥伦比亚大学以高攀龙为研究主题的博士论文中就批评了唐君毅、成中英、考普曼（Joel J. Kupperman）等人将儒家理解为没有宗教性的人文主义，他同时也指出杨庆堃对儒学宗教性的理解仍然局限于超自然崇拜等所谓宗教成分，而没有认识到"儒家在内容和目的上就是宗教的"，对新儒家来说"首先和首要的是宗教关切"。(1974，166) 后来他在一系列论著中继续阐发了这一思想。按照这一思路，儒家不仅是有宗教维度或宗教性的问题，而是以宗教性为根本特征。这与西方学者从思维方式对宗教性的重新界定有关。

泰勒超越杨庆堃、秦家懿提升宗教性对儒家的意义，与西方宗教学家20世纪60年代以来对宗教的重新理解有关。正是在蒂利希（Paul J. Tillich，1886—1965。又译田立克）、弗雷德里克·斯特伦（Frederick Streng）等人启发下，一些汉学者重新探讨了宗教的标准对儒家的适用性问题。南乐山教授指出，不能用一神论作为衡量宗教的标准，并根据西方宗教学及社会学的新成果，提出宗教有三个本质因素：一是有一套宇宙论体系，二是确定人在宇宙中恰当位置的一整套行为规范（礼），三是让人实现根本转变的践履途径及思想，它们与前述宇宙论相一致，并使人的精神趋向完善。（Taylor，1990，ix—x）泰勒则从儒家的"天"作为绝对者（an absolute）的意义，人与绝对者（天）的关系，以及人朝向绝对者（天）的自我转化过程这三个方面来说明儒学的宗教性，并引用了斯特伦的观点来支持自己。（Taylor，1990，2—3）泰勒由此得出，

> 儒家传统具有异常深刻的宗教性。因此，那些把儒家界定为"没有宗教特征的人文主义"的解释，不可能认识这一传统中始终一贯的根本特征。（Taylor，1990，1）

泰勒之所以将宗教性上升为儒家"始终一贯的根本特征",是因为他摆脱了从神灵崇拜、仪式行为、生活方式等角度来理解宗教(这在杨庆堃、秦家懿那里还很明显),而是主要从思维方式出发来理解宗教。

此外,李耶理曾论证孟子思想的宗教性。他在1975年的一篇论文中借用瓦赫(Joachim Wach)的宗教思想,提出《孟子》中存在着从神话、理论和信条三个方面的宗教经验表达(Yearley, 1975, 195),此外孟子"对于人性善的经验可认为具有宗教性",因为他论证的善性具有"超于人的""终极含义"(ultimate referent)。(Yearley, 1975, 193)在1990年的《孟子与阿奎那》一书中,他提出孟子的儒学是区位型宗教(a locative religion),阿奎那的宗教是开放型宗教(open religion)。(1990, 170)所谓开放型宗教,指[人的自我]实现表现为超越任何特定文化、生前或死后而上升到更高领域;所谓区位型宗教,指[人的自我]实现表现为人们将自己定位于某种复杂而神圣的社会关系序列中。对于区位型宗教来说,宗教团体和修行群体都不发达,人的自我实现体现在通过宗教—文化系统来沟通人们的生活意义、态度、行为及特定社会活动方式。孟子的区位型视角导致他重视和强调"礼"的作用。(Yearley, 1990, 42—44)可见他所谓区位型宗教,与秦家懿所谓"世俗宗教"含义非常相近。故他用于孟子的宗教分类,似乎也适用于整个儒学。

由上可知,"儒家是不是宗教"的问题早已成为一个世界性的学术话题,远不限于中国学者所论。

## 宗教乎?哲学乎?

儒家究竟是不是一门宗教,这涉及对宗教这个概念的理解问题。正如张君劢先生所指出的,儒家是不是宗教的问题,严格说来是一个中学与西学接触以后才产生的问题(1986, 15—16)。在此之前,宗教一词虽也见之于中国古代[8]，但并未因此而引起人们追问"儒家是不是宗教"的问题，这是因为我们今天多半是把宗教作为一个外来词——religion——的翻译来理解的。由于西方语境中的 religion 一词与东方语境中的宗教一词本义有很大区别，这就导致了理解上的一系列困难[9]。因此严格说来，"儒家是否宗教"的问题与"儒学是否哲学"的问题一样，都是由文化差异所导致的；只因人们想把东方文化中的思想纳入西方范畴中去，才发生了这样一个问题。也正因如此，我认为只有冲破西方语境的框子，从一个更加开阔的视野出发来探讨什么是宗教及宗教思维；否则，似乎无法在这个问题上前进一步。[10]

怎样"从更加开阔的视野出发"来理解宗教呢？最通行的做法当然是在承认佛教、道教，特别是已经中国化了的佛教流派禅宗都是宗教的前提下，来探讨什么是宗教，这应当是讨论的第一个前提。此外，我认为还有另一个前提，即需要承认宗教是一种社会历史现象，对宗教特征的概括应当同时涉及至少思维方式、功能、组织和仪式等若干方面。因为我们在阅读各种宗教定义时，发现人们定义宗教的角度各有不同——有的从宗教的功能出发，有的从宗教的思维方式出发，有的从宗教的组织和仪式出发，等等；往往每个定义都似乎正确，却又彼此不同。事实上，"宗教是什么"是不能仅靠一个简单的定义来理解的。[11] 最后，由于宗教有发展阶段之分，某些原始宗教共有的特征在高级宗教里可能并不存在，或者只具有从属的性质。因此某些适合于原始宗教的特征，未必就适合于高级宗教。同时即使在高级宗教里，其思想内容也有层次之分。凡是其民间化的内容总是倾向于以神话和迷信为主，而其核心思想的内容则往往是极其思辨和理性的。所谓原始宗教，我指处于低级阶段的宗教，它们在思维方式上以神话和迷信为主要特征。[12]

下面是否定儒家是宗教的几种有代表性的观点：[13]

梁漱溟："宗教者，出世之谓也。""中国文化在这一面的情形很与印度不同，就是于宗教太微淡……因此中国的宗教没有什么好说的。""我曾以孔家是否宗教问屠孝实先生——他是讲宗教哲学的；他说似乎不算宗教。我的意见也是如此,并且还须知道孔子实在是很反对宗教的。宗教多少必带出世意味,由此倾向总要有许多古怪神秘;而孔子由他的道理非反对这出世意味、古怪地方不可。"(1989,439,443,469)

张君劢:"中国人从来没有把孔子看作是先知或教主。孔子也从来没有自称为主或光。……孔子根本不想谈超现实世界或创立宗教。苏赫尔和理雅各两李格尔氏认为儒家思想中含有中国宗教的原始观念,这种看法是不对的……这就是为什么我把儒家思想看作一套伦理或哲学体系而不看作宗教的缘故。"(1986,16—17)

张岱年:"理学不信仰有意志的上帝,不信灵魂不死,不信三世报应,没有宗教仪式,更不作祈祷,所以不是宗教。……儒家根本不重视生死问题。这是儒、佛的一个根本区别,也是宗教与非宗教的一个根本区别。如果把不重视生死问题、不讲来世彼岸的理学也看做宗教,那就混淆了宗教与非宗教的界线了。"(1981,26—27)

冯友兰:"宗教必须承认有一个神,作为崇拜的对象;有一个教主,作为全教的首领,这是前提"(1982,43);"道学不承认孔子是一个具有半人半神地位的教主,也不承认有一个存在于人的这个世界以外的、或是将要存在于未来的极乐世界。道学,反对这些宗教的特点,也就是不要这些特点,怎么倒反而成了宗教了呢?"(1982,42)

成中英:"宗教作为对人的巨大的吸引力,是因其具有相当大的超越性。……超越性涉及出世问题,出世的超越是宗教的重要方面。……儒家的超越并没有延伸到出世的程度……中国原始的生活经验是人消融在非人格化的自然中间,不需要考虑超越的问题。……儒家没有把传道(教)工作组织起来,不是一宗教。……我个人认为要把儒家转化为宗教是困难的。以王阳明为例,他的'良知'、'灵明',固然有一些'启示'的味道,但却非真正的超越的实体。"(姜广辉,1996,61—62)

牟钟鉴:"宗教的基本特性是出世性,构造出一个虚幻的世界,认为它能拯救人间的苦难,使人得到解脱。儒家的天命鬼神思想确实包含着某种宗教性,但其基本倾向是入世的,以修身为出发点,以平治天下

为最后归宿，所以它不是宗教。"（1990，1）

张践："孔子对鬼神、来世'存而不论'的方式，把人们的注意力引向了现实的人生问题。宗教的重要特征之一便是否定现实世界，引导人们向往彼岸天国。儒学在这一点上与宗教根本区别。"（1991，32）

李国权和何克让："宗教教徒都有比较严格的入教方式，宗教都有准确的教徒数字，宗教都有一定的神职人员管理教务。而'儒教'则根本没有什么'入教手续'或'仪式'，上下几千年读儒家著作的人无法统计，儒家学派更无什么组织形式，那就谈不上豢养着一批什么'神职人员'。一句话，因为儒家不是'儒教'（宗教）。"（1981，29）

## 争论的若干焦点

在下面的讨论中，我们将会发现，迄今为止，许多证明儒家不是宗教的观点，都不能在逻辑上自圆其说。当然，儒家是不是宗教这个问题，我们不打算在本章中作出肯定或否定的回答，只是重点介绍一下几种有代表性的观点。

争论之一：儒家没有对于神或神灵的信仰。这个问题其实涉及儒学的思维方式问题。后面将会看到，以信不信神作为衡量宗教的标准其实是成问题的。而这个标准的建立最初来自西方。在海外地区，对儒家是不是宗教的讨论多半不是集中在信不信神这个问题上。但是，在大陆学术界，由于多年来的历史原因，导致20多年来对儒家是否为宗教的讨论将主要焦点之一放在了信不信神的问题上了。包括冯友兰（1982）在内的一大批学者以孔子的"敬鬼神而远之""未能事人，焉能事鬼""子不语怪力乱神"等言论为由来证明儒家不信鬼神，反对儒家是宗教；而李申（1995，1999）在一系列论文及著作中系统地论述了儒家有系统完整的神灵体系，具体体现在儒家在理论上和实践上所支持的对于天地、日月、山川、祖宗的祭祀之上，认为祭礼事实上是儒家思想的核心成分之一。牟钟鉴（1990）先生对这个问题的回应是：中国历史上确实存在一个为社会上下接受并绵延数千年而不绝的正统宗教，并称之为"宗法性传统宗教"，其特征是：

> 以天神崇拜和祖先崇拜为核心，以社稷、日月、山川等自然崇拜为翼羽，以其他多种鬼神崇拜为补充，形成相对稳固的郊社制度、宗庙制度和其他祭祀制度，成为中国宗法等级社会礼俗的重要组成部分，是维系社会秩序和家族体系的精神力量，是慰藉中国人心灵的精神源泉。不了解这种宗教和它的思想传统，就难以正确把握中华民族的性格特征和文化特征，也难以认识很多外来宗教在顺化以后所具有的中国精神。（1990，2）[14]

但是令人感到奇怪的是，牟钟鉴先生认为这样一种宗法性传统宗教与儒学必须区别对待，换言之，它不能证明儒家是宗教。他说："宗法性传统宗教同儒家的礼学关系密切，或者说儒家的天命鬼神思想和关于吉礼凶礼的论述正是传统宗教的神学理论，因此两者有所交叉。但是儒学毕竟是理论形态的学术文化，而传统宗教是以祭祀活动为中心的实体化和实践化了的社会事物；儒学以理性为基础，追求圣贤、安民济世，传统宗教以信仰基础，期望神鬼的护佑，两者不可混为一谈。"（1990，13—14）这一观点显然是先预设了儒学是哲学的前提，然后把儒学中的实践因素、宗教因素排除出儒学之外。事实上，儒学之所以把"礼"当作最重要的行为规范，而祭祀又成为诸礼中最重要的成分之一，其原因正在于儒家认为人们一定要在"礼教"中才能懂得成圣成贤的道理，而安民济世不能脱离对于祭祀本质的正确理解。《论语·八佾》中就说："或问禘之说。子曰：'不知也。知其说者之于天下也，其如示诸斯乎！'指其掌。"难怪就连支持牟说的张践也说："宗法宗教为儒学稳定价值，儒家为宗法宗教厘定礼仪。两者价值取向一致，典籍文献合一。"（任继愈，2000，263）

争论之二：儒家没有彼岸与来世。这其实仍然是一个思维方式问题。以儒家不重生死、没有彼岸与来世问题为由反对儒家是一门宗教，是大陆学术界讨论儒家是不是宗教的又一大特色。张岱年（1981）、崔大华（1982）、牟钟鉴（1990）、梁漱溟、成中英、王恩宇等不少学者均持这种观点（姜广辉；任继愈，2000；等）。任继愈、李申等人对这种观点多次作了反驳。他们认为，信不信来世或彼岸不是本质，因为来世、彼岸思想反映的是宗教追求超越的理想，有的宗教把这个超越的理想世界描绘为一个来世或彼岸世界，有的则直接描绘为在现实生活中可以直接达到的精神王国。他们更指出，在佛教、道教、基督教等之中都有把彼岸直接建立在世俗生活之中的门派。任继愈说：

> 宗教的世俗化是宗教发展的一般趋势。马丁·路德的宗教改革就是把僧侣变成了俗人，但又把俗人变成了僧侣。中国的禅宗也是如此，它把西方极乐世界转化为人们所体验的一种精神境界。《坛经》说："东方人造罪，念佛求生西方；西方人造罪，念佛求生何国？"所谓彼岸世界并不在这个现实世界之外，而就在人们的心中。"运水搬柴，无非妙道"，解脱的道路就体现于日常的生活之中。宗教的世俗化是宗教适应现实生活的一种表现，是否具有这种适应性，是判定宗教生命力强弱的主要标准。儒教和其他的宗教不同，它不是先虚构出一个彼岸世界，然后逐渐挪到现实世界中来，而是把现实世界中的"三纲五常"进行宗教的加工，使之转化成为一个彼岸世界。宋明儒教反复讨论所谓"下学上达"、"极高明而道中庸"和禅宗从"运水搬柴"中体验妙道一样，这是主张从下学人事去上达天理，在人伦日用之常中去追求所谓高明的精神境界。这种精神境界实质上就是一种彼岸世界。（2000，69）[15]

任继愈（2000）还指出，我国隋唐以后的佛教、道教都存在着把彼岸世界说成可以在此岸达到的主观精神境界的倾向。笔者觉得，来世这一说法本身体现了多少带有迷信色彩的神不灭论，而事实上这种带有迷信色彩的思想在佛教、道教等高级宗教里多半只是在民间传播过程中发生作用，并不代表这些宗教中核心的思维方式，不是高级宗教"宗教性"的主要标志。中国人把"来世"看作宗教的主要特征之一似乎与他们受佛教影响有关。与大陆学者不同的是，多数西方及海外学者，包括涂尔干（Emile Durkheim）、保罗·蒂利希、F. J. 斯特伦、L. B. 布朗（L. B. Brown）、杜维明（2013）、牟宗三（2003d，99—107）、唐君毅（1958，6—9；1986a，33—36；1986b，496—502）、刘述先（1985；2012）、傅伟勋（1986a，243—247）等人在内，都以宗教思维方式的核心为超越性和终极关怀问题，而不是是否相信有来世或彼岸世界的问题，关于这一点我们将会在下面的讨论中涉及。显然，以是否相信彼岸或来世作为是否为宗教的一个标准，这种做法并未抓住宗教思维的主要特征。

　　争论之三：儒家没有宗教的组织和仪式。这是反对儒家是宗教的另外一个强有力的理由。任继愈认为应当区分儒学与儒教，先秦儒学不等于宗教，儒家是从汉武帝独尊儒术时起初具宗教雏形的，中经隋唐时期佛、道、儒三教的交融，直到宋明理学的建立才标志中国儒教的正式形成（任继愈，2000，29）。他还主张，宗教在不同的国家和地区有不同的表现形式，中国人有自己的独特的宗教，就儒家而言，"它的宗教势力表面上比欧洲分散，而它的宗教势力影响的深度和广度、控制群众的牢固性更甚于欧洲中世纪的教会"（任继愈，2000，15）。那么什么是中国宗教——儒教——的独特之处呢？任先生说："儒教的教主是孔子，其教义和崇拜的对象为'天地君亲师'，其宗教组织即中央的国学及地方的州学、府学、县学，学官即儒教的专职神职人员。"（任继愈，2000，30—31）对于任继愈的这一说法，何光沪（1988）等人作了发展。他认为，对于宗教的组织形式，我们不用完全按照一些现有宗教如基督教、佛教的组织形式来理解，它们均属"政教分离"形式的宗教，但是同时还有"政教合一"形式的宗教。根据宗教与世俗政权之间相互结合程度的不同，历史上"政教合一"的形式有三种：一是"神权政治"，即世俗政权与宗教组织紧密结合，宗教组织与政府机关、政治制度合而为一，存在于古代的埃及、巴比伦、波斯、犹太、印度及中国的"三代"时期等。二是"国教统治"，统治阶级将一种全民性信仰当作官方意识形态，成为维持统治秩序的最重要精神支柱。在国教体制下，国教的祭司或僧侣往往享有很高的地位和特权。殷商以来的祖先崇拜和上帝崇拜，汉代以后的儒教，是实质意义上的国教。三是介于上述二者之间的"温和的政教合一"，其政、教的合一体现在政治指导思想、统治集团构成、教育制度、法律制度和基层统治五个方面。儒教与中国封建国家的结合即中国式的政教合一，在上述五个方面都有独特然而鲜明的表现。（何光沪，1988，250—278）因此似乎可以说，儒家作为一种入世的宗教，它的"政教合一"性质决定了其组织体系就是以"天子"为核心的、从中央到地方的宠大官僚体系，以及中国古代各种规模的宗族组织。

最后，我想补充的是，就清规戒律和宗教仪式而言，儒家的宗教仪式和清规戒律不比世上任何一个宗教少。这一点只要读一读《周礼》《仪礼》《礼记》就能看得一清二楚：吉礼、凶礼、军礼、宾礼、嘉礼，素称"五礼"；婚礼、燕礼、射礼、冠礼、乡饮酒礼……则是"五礼"的细分。孔颖达在《礼记正义》"序"中从天地未分、三皇五帝直到周公制礼的历史过程出发，对于"礼"的形成和发展进行了条分缕析，提出儒家的"礼"有两个方面，一是"周礼"，二是"仪礼"。前者为本，是国之大体，其数三百；后者为末，是"履行《周官》五礼之别，其事委曲，条数繁广，故有三千也"（《礼记正义》序）。这就是《中庸》"礼仪三百，威仪三千"一语的来由。几千年来，儒家一直把人们在宗庙、家族及朝廷生活中对各种礼节规矩的积极参与和完善当作他们生活中最神圣的部分，当作衡量"君子"德性好坏的重要标准。由此可见，儒家也有自己的庙堂生活，它们分散在各个宗族的祠堂生活中，体现在朝廷上的各种礼节规矩上。古时各个家族的宗庙以及朝廷修建的各种庙宇、殿堂不胜其多，它们是儒家礼教实施的正规场所，也代表了儒家式的庙堂生活。怎么能说儒家没有庙堂生活呢？

## 飘荡在哲学与宗教之间的儒学

关于儒家是不是宗教的讨论，对于我们理解儒学的性质有什么帮助吗？令人遗憾的是，20世纪以来各种关于"儒家是不是宗教"的争论，在这个问题上几乎不能给我们什么有益的启示。这是因为，所有的争论者几乎都是在承认儒学是一门哲学的前提下来讨论儒家是不是宗教的问题。很多坚持或认可儒家是宗教的学者，也都同时认为儒学是哲学。例如，任继愈先生是1978年以来中国大陆第一个提出"儒家是宗教"观点的著名学者，但是与此同时他也编写了多卷本的《中国哲学史》，其中儒家哲学占有很大的分量。按照他本人的观点，"哲学与宗教的界限今天也还有人没有完全划清，何况在古代？"（任继愈，2000，97）易言之，他似乎主张，儒学中既有哲学的成分，也有宗教的成分。根据Th. H. 康（1990）在《西方儒学研究文献的回顾与展望》这篇文章中提供的事实，在西方，似乎从儒学刚刚传入西方那天起（17世纪以来），就一直同时存在着把儒学定义为哲学和定义为宗教这两种倾向，其中一种很有影响的观点是认为儒学是一种介于宗教与哲学之间的学问。

让我们先来区分一下儒学的宗教性与儒家的宗教性。前面已经说过，儒家与儒学不是一个概念，前者是实体化的，后者只是理论形态。只有儒学的宗教性才是我们现在关心的问题，它与儒学的性质问题紧密相连。我们知道，很多学者在儒教问题上的有关观点只是涉及儒家的宗教性，而未涉及儒学的宗教性。这是因为，他们其实只是从制度、功能、仪式等角度考察了儒家的宗教性，而这些考察并未涉及儒学作为一种理论形态在思维方式上是哲学性质的还是宗教性质的这个问题。例如，在梁漱溟[16]、蔡尚思（1998）[17]等人看来，儒家虽不是宗教但却发挥了与宗教同样的功能,至于儒学,在他们看来,毫无疑问是哲学。可以发现,只要争论没有涉及儒学在思维方式上的特征,就完全可以说儒家的宗教性与儒学是哲学这一观点之间并无矛盾。

因而,真正值得我们注意的是,什么是儒学的宗教性?为什么几乎所有从思维方式上来探讨儒学的宗教性的学者,都同时把儒学视作一门哲学?有的人把儒学的宗教性提到很高的程度,几乎当作了其中最核心的思想了,然而与此同时他们从不认为把儒学视为一门哲学存在任何问题。与梁、蔡等人不同的是,包括牟宗三(2003d,97—109)、唐君毅(1958,6—9;1986a,33—36;1986b,464—466)、徐复观(1984)、杜维明(2013)、刘述先(1985;2012,5—20)、蔡仁厚(1987/1995)、郭齐勇(1998)、张立文(1998)等一大批学者在内,都是从思维方式上来探讨儒学的宗教性的,当然这一探讨是在承认儒学是一门哲学的前提下进行的。下面让我们以牟宗三、唐君毅、徐复观等新儒家学者为例来说明现代中国学者对儒学宗教性的理解,以及为何他们认为儒学的宗教性与哲学性可以并行不悖、毫无矛盾。

牟宗三在其有名的《中国哲学的特质》"第一讲"中,一开始就讨论"中国有没有哲学"的问题,并认为一切以西方为标准,从而说中国没有哲学乃是"霸道与无知"。那么,"什么是哲学?凡是对人性的活动所及,以理智及观念加以反省说明的,便是哲学。中国有数千年的文化史,当然有悠长的人性活动与创造,亦有理智及观念的反省说明,岂可说没有哲学?"(牟宗三,2003d,3)在牟宗三看来,如果我们抛弃西方的标准,即可发现哲学不仅有西方的形态,还有中国的形态。什么是中国形态的哲学呢?就是以儒、道、释为中心,"特重主体性与道德性"的中国哲学。然而奇怪的是,就在同一本书的最后一讲,牟宗三却把"作为宗教的儒教"当作主题,刚才还信誓旦旦地被辩护为哲学的儒学,如今一下子上升为作为宗教的儒教:

> 文化生命之基本动力当在宗教。了解西方文化不能只通过科学

与民主政治来了解，还要通过西方文化之基本动力——基督教来了解。了解中国文化也是同样，即要通过作为中国文化之动力之儒教来了解。(2003d，97)

牟宗三论证了宗教的责任或作用，指出："第一，它须尽日常生活轨道的责任"，"第二，宗教能启发人的精神向上之机，指导精神生活的途径"（2003d，97，99）。同时详细地考察了儒学如何在这些方面发挥了典型的宗教作用。因此，尽管牟先生把儒教当作与儒学不同的事物来讨论，但事实上他所谓的儒教就是以儒学为思想内容的宗教，这与他在该书中将儒、道、释"三教"学说当作中国哲学的主体，当作了中国文化生命精髓的思路是一致的。在牟宗三那里，哲学与宗教在思维方式上没有区别是一件很自然的事情，因为中国哲学的根本目标不过就是发挥上述宗教功能。换言之，所谓宗教，无非就是哲学的社会化、实体化或组织化，以使之发挥一定的社会功能（至少在中国哲学中是这样的）。

又如，唐君毅先生一生写了大量以中国哲学为主题的著作和文章，包括《中国哲学原论》《中国哲学概念》等等。在《生命存在与心灵境界》（1977年初版）这本书中，唐君毅先生提出"哲学之目标在成教"（1986a，33）的观点。所谓"教"，他引用佛家经典及法师之言来说明，"不特世间是生死海，一切言教亦在生死海中，而有生有死。言说死而与闻言者同时归于涅槃寂静，斯为至极。惟深悟此义以为哲学者，为能彻底去除其心中之大杀机者。"（1986a，35—36）显然，这个超脱生死、归于涅槃寂静的最高境界是典型的宗教（佛教）境界。也就是说，哲学的最高目标竟在否定哲学而成为宗教。不仅如此，唐先生全书的思路是通过对"哲学义理之次序"的分析，得出生命境界的三个层次、九大境界，其中以基督教（一神教）、佛教、儒教代表最高层次的三个境界，而西方一切知识论、形而上学及社会政治思潮归于前两个层次。这些思想充分表明唐君毅事实上认为一切哲学活动的最终理想不过是在追求宗教境界。易言之，哲学与宗教在思维方式上本无任何区别，哲学的精神实质就是为宗教的境界而奋斗，而儒家由于在这点上（追求宗教境界上）做得比较好，所以既是真正的哲学又是真正的宗教，故而能高居于九境之巅。

　　为什么牟宗三、唐君毅等人会把哲学与宗教如此这般地混为一谈？其中最主要的原因就是：他们普遍地从中国古代学术传统出发来理解什么是哲学，把哲学理解为人生的智慧，以人生的终极归宿为目标；与此同时他们又发现，追求人生的大智慧、寻找生命的终极归宿乃是一切宗教特别是儒、道、释共同的目标，于是哲学与宗教实在难以区分了。当他们发现西方哲学的重要性时，就说中国古代也有大量的哲学思想，这样做似乎可以与西学话语的霸权相抗衡；但是另一方面，当他们发现有些西方学者指责中国不存在"真正的宗教"，并因此而否认中国人思想的层次时，他们意识到：西方人之所以以无宗教来蔑视中国思想，是因为他们认为中国人没有真正的信仰，一个没有真正信仰的民族是劣等民族。于是，他们转而拼命强调中国古代学术特别是儒学也有宗教性，并发觉儒学恰恰包含着真正的宗教思想啊！在牟宗三、徐复观、张君劢、唐君毅四人1958年联名发表的那篇著名的《中国文化与当今世界》宣言中，这种思想表现得尤其明显。

　　另外一种导致既把儒学当作宗教又把它当作哲学的重要原因是视哲学为理性思维的代表，当他们发现儒学之中包含着大量的理性思维时，就说儒学是哲学，此时他们心目中的宗教实指以神话、迷信为特征的非理性的思维。但是当他们发现宗教也可以是极其理性的，宗教思想可以经过理性思维的改造而达到高级的形态、变成真正的信仰时，他们就不得不说儒学既是真正的哲学也是真正的宗教。徐复观的分析有助于我们理解这一事实。在《中国人性论史》（1963年初版）这部重要著作中，徐复观（1984）系统而全面地论述了中国古代的宗教思想在从殷商经周初直到孔子的发展过程中，是如何日益理性化的。他认为，殷商时期的天命鬼神等原始宗教观念到了周初就有了重要转向，即从原来的对于超自然的神的恐惧心理转变为高度理性化、人文化的道德信念，体现为

"敬""敬德""明德"等一系列责任意识的诞生,"在此人文精神之跃动中,周人遂能在制度上作出飞跃性的革新。并把他所继承的殷人的宗教,给与以本质的转化"(1984,24)。到了春秋时期,这种把宗教观念人文化、理性化的倾向就更加明显了。徐复观认为春秋时期宗教的人文化表现为原有宗教性的天,演变成道德法则性的天,无复有人格神的性质;神的道德性与人民性合而为一,对神的祭礼获得了人文的内涵;永生、不朽、命等一系列传统宗教的观念也获得了道德性,而不再是高度神秘的;等等(1984,51—56)。徐复观进一步考察了孔子是如何改造传统意义上的宗教,"敬鬼神而远之""未能事人,焉能事鬼"等意味着他对鬼神"采取非常合理的态度",以"义"来代替恐惧与盲从,具体体现在祭祀与对待"天命"的态度上。徐认为,孔子赋予了祭祀以"报本反始、崇德报功"的意义,这与普通宗教性祭祀有本质不同(1984,80—82)。不仅如此,他还指出:

> 孔子对于天、天命的敬畏,乃是由"极道德之量"所引发的道德感情;而最高地道德感情,常是与最高地宗教感情,成为同质的精神状态。(1984,88)
>
> 实际是他到了五十岁,而仁体始完全呈露;使他证验到了仁的先天性、无限地超越性。……他说"天生德于予"(《述而》),"天何言哉"(《阳货》),"畏天命"(《季氏》);在这种地方,可以看出最高地道德感情,与最高地宗教感情,有其会归之点。(1984,98—99)

最高的道德感情与最高的宗教感情的合一,当然也应当是哲学思维与宗教思维的合一。换言之,孔子用哲学的方式改造了传统宗教,使之成为真正的宗教;而哲学的思维方式在这里就是指儒家这种高度理性化、人文化的思维方式,它被徐复观说成是真正的道德思想,同时又代表真正的宗教精神。尽管徐氏未明言儒学是一种哲学,但他对儒学宗观念中的理性化、人文化成分的分析，实际上揭示了20世纪以来大批中国学者视儒学为哲学的根本原因。

## 什么是宗教思维？

从前面的介绍可以看出，为什么学者关于儒学宗教性的讨论几乎普遍地把儒学定位为一种哲学，原因在于他们认为哲学与宗教在极致处并无思维方式之别。那么哲学与宗教在思维方式上真的没有区别吗？理性思维是衡量哲学的主要标志吗？哲学的最高目标就是成就宗教的精神境界吗？宗教思维方式究竟有什么特征？为了回答这些问题，下面我打算将先探讨宗教思维方式上的特征，然后涉及哲学思维与宗教思维的区别。只有我们弄明白了这些问题，儒学属于什么性质的学说——是更加接近于宗教学说还是更加接近于哲学学说——才能一目了然。而且，一旦我们证明了儒学代表的是宗教思维方式，那么我们就不可以直接视之为哲学。

一讲到宗教的思维方式，最容易让人想到的就是对于神或神灵的迷信或崇拜。在几乎所有的宗教辞典或百科辞典中，我们都能很容易地读到这样的说法。然而，这一对于宗教思维方式的理解明显地来自西方[18]，它如今遭到了许多西方及东方宗教学者的批评。涂尔干在其著名的《宗教生活的基本形式》一书中指出："有些伟大的宗教并没有神和精灵的观念，或者至少可以说，在这些宗教里，这种观念仅仅能够扮演一种次要的、不起眼的角色。"（涂尔干，1999，35）他引用大量的西方资料来说明佛教以及印度另一个影响很大的宗教——耆那教——的全部精髓均与神性无关（据说中国近代唯识宗大师欧阳竟无先生也曾说唯识宗是无神论的）。[19]不过，有些中国学者可能会说佛教所说的涅槃境界就是一个不死的神性境界，但是这一说法显然忽视了"对于神灵的崇拜"与"由于冥想而达到的神性境界"之间的区别。前者是对于神或神灵的迷信或崇拜，后者则是通过非常理性的思维派生出来的产物。[20]也有人说，佛教相信生死轮回，承认灵魂不死，这不能算是无神论。且不说并不是所有的佛教派别都相信生死轮回；即便如此，生死轮回的观念也绝不是佛教教义中核心的成分。[21]任何一个读过《金刚经》《法华经》《心经》或《坛经》的人都不会不同意，在这些佛教的经典里我们所看到的绝不是教人如何去崇拜神灵或佛陀；相反，其中充斥着大量极为深刻、生动、丰富的人生智慧，是对人生真谛极为深刻的反省和思考，正是这些构成了上述经典的核心内容。对于每一个熟悉禅宗思想的中国人，这一点也是无可争议的。是的，佛教中有一系列神话或神谱，但是这些神谱或神话多半与佛教的民间化、世俗化有关；我们完全有充分的理由相信，对于神或神灵的崇拜绝不是佛教思想的核心内容。

我的观点是，对于神或神灵的崇拜或迷信，是低级或原始宗教在思维方式上的一个普遍特征，但在高级或发达的宗教里，它们未必占据核心或统治的地位。相反，我们在其中所看到的往往都是极其理性的思维，是人类智慧的最高级的表现形式。我们应当认识到，许多高级宗教对于神谱的构建以及对于神灵的崇拜，往往是在民间传教的过程中，为了适应民众的口味或心理，为了扩大宗教在世俗社会的影响，由一部分教会中人创造出来的。而这些神话或神谱本身并不代表该宗教核心的思维方式。因此以神或神灵崇拜作为一切宗教在思维方式上的主要特征是极其错误的。它主要适用于那些停留于迷信或神话阶段、理性思维尚不发达的原始宗教（以及个别高级宗教），但是用它来理解东方的宗教，就可能导致将宗教思维等同于神话或迷信的结论，从而将宗教看作比哲学更低级的存在。这种理解是极其错误的，也是用西方的宗教观来理解东方宗教的产物。

我认为，宗教在思维方式上的主要特征体现在如下几个方面（不过，这些特征主要是针对高级宗教中的核心思想，而不是针对那些处于神话和迷信阶段的原始或低级宗教）：

## 宗教思维（一）：超越性（终极关怀）

很多学者在分析宗教思维的时候都涉及超越性。例如，涂尔干认为，虽然我们不能说所有的宗教都信神，但是我们却可以说所有的宗教都承认"神圣事物"的存在（比如佛教中的"四圣谛"），都存在"凡俗的"与"神圣的"的区别。这一区别的意义在于要求人们超越凡俗生活，进入理想而神圣的精神世界（涂尔干，1999，41—49）。但是，正如任继愈、李申等人所指出的那样，宗教的超越性并不一定意味着要建立一个彼岸世界，乃至过出世的生活（李申，1995；任继愈，2000，69，302，343—345）。与那种局限于从彼岸世界的角度来理解宗教的超越性不同的是，多数学者都是从终极关怀的角度来理解宗教的超越性。其中最有名的说法可能是保罗·蒂利希所说的："宗教指向人类精神生活中终极的、无限的、无条件的一面。宗教，就这个词的最广泛和最根本的意义而言，是指一种终极的眷注。"（1988，7）类似的观点我们在斯特伦的《宗教生活论》[22]、L. B. 布朗（1992）的《宗教心理学》、杜维明的《中庸：论儒学的宗教性》[23]等一系列宗教学著作中均可见到。这可能是迄今我们所能见到的对于宗教思维特征最没有争议的理解了。

那么宗教是通过什么方式来实现它的超越性的呢？是通过神秘的直觉体验吗？下面我们将会看到，真正的宗教（我指那些高级宗教），从来主要都是通过极其理性的思维和极其理性的人生实践来完成其超越过程的；至于人们通常所说宗教思维方式中的"直觉"，在宗教生活中主要是作为理性过程的产物而存在的，它们是一种宗教体验而不是作为实现宗教超越的手段而被设计的。

## 宗教思维（二）：信仰性

没有人否认宗教是一种信仰，但是必须指出的是，在那些低级的原始宗教中，并不存在真正的信仰。原因有二：其一，神话和迷信在其中占统治地位，而它们又是诉诸非理性的、武断的权威崇拜和神秘主义建立的；另一方面，在原始宗教中，人们对于神灵的信奉主要是出于惧怕心理和功利需要，而不是全身心地投入于个体终极价值的追求。因此，真正的信仰仅属于那些高级的宗教。而在那些高级宗教里，信仰是诉诸极其理性化的思维建立起来的。它通常表现为宗教家通过极其理性的思辨而确立起若干永恒的价值，作为一切宗教活动的指针和每一个个体生命终极解脱的必由之路。所谓极其理性的思辨，我指的是宗教中的核心价值是宗教家们通过对人生极为深刻的反省才确立起来的，它们在人类生活中有着极其浓厚和牢固的基础，因而有着永恒的意义。正因如此，宗教的信仰不能等同于迷信，它要求自己的每一个信徒必须同样诉诸极其理性的思考，唯此方能真正找到人生的解脱之路。例如，"四圣谛""涅槃""解脱"等对于佛教徒的价值，无为对于道教徒的价值，上帝以及耶稣受难事件对于基督徒的价值，是被作为永恒的、不随时间改变而变化的宗教价值提出来的。但是我们不能说宗教徒认为这些宗教价值万古不变这一事实，意味着宗教价值之中不包含对于生命意义的理性思考和对于生活真谛的深刻反省。在宗教的经典和各种教义中，我们看到大量对这些永恒价值极其理性的阐释、论证和说明。真正的信仰必然反对盲从和迷信，在佛教、道教、基督教这些人类高级宗教里我们能清楚地看到这一点。

除此之外，宗教信仰的另一个重要特征是要求个体全身心地投入于其终极价值的追求。[24] 这就使得宗教信仰与人生的其他信仰区分开来。在哲学研究或其他研究中，我们也能建立起对于某事物的信仰，但是这种信仰不同于宗教的地方在于它们不是对于个体终极价值的信仰，因而不需要全人格、全身心地投入和追求。由此可见，那种把信仰和理性分开，并从信仰与理性二分的角度来区分宗教和哲学的做法是成问题的。

## 宗教思维（三）：修炼和践履

长期以来，人们很少认识到在宗教生活中信仰与理性合二为一这一重要事实，这导致他们普遍接受哲学家的一般看法，即认为信仰与理性是对立的，至少不可能同时发生。这一错误认识所导致的可悲后果就是，人们无法真正认识到宗教思维与哲学思维的本质区别究竟在什么地方，以及究竟应该怎样来定位宗教思维与哲学思维的功能和意义。因此，关键是必须搞清：为什么宗教生活中的信仰与理性二者可以统一在同一个过程中？为什么这种统一是有意义的？我认为，这其中至关重要的是必须认识到，人类生活中的价值作为一种活生生的人生体验的含义，与作为一种知识研究对象的含义是迥然不同的，这两个不同的维度都可以以高度理性的方式发生，且二者之间谁也无法代替另一个。

让我们再以勇敢为例来说明这一点。勇敢可以作为知识研究的对象，被定义为"面对邪恶势力而不贪生怕死的精神"；但是宗教家并不认为这种对于勇敢看似正确的苏格拉底式定义可以代表对于勇敢的正确理解。他可以说，对于勇敢的正确理解建立在勇敢者活生生的个人体验之上，据此，一个胆小鬼永远也不可能真正理解什么是勇敢。那么胆小鬼怎样才能建立起对于勇敢的真正理解呢？他会说，唯一的办法就是让他参加各种实践和训练，甚至军事训练。这就标示出一个重要事实：凡是涉及人类生活中的价值、实践以及建立在实践之上的体验具有超乎寻常的重要性；因为从生活的角度说，价值的真理建立在人生实践和体验之上，而不是建立在逻辑分析和客观认知之上。前者是宗教思维的基本特征，后者是哲学思维的常见特征。哲学思维虽然重要，但永远也不能代替宗教思维；相反，宗教比起哲学来更加接近生活及人生的日常需要。斯特伦在《宗教生活论》一书中对宗教生活中的人生实践——精神修炼——的作用和意义做了较为深入的分析，他举了大量有关禅宗、道教、瑜伽教的例子来说明这一点（1992，123—151）。其实宗教生活中的实践性不仅仅体现为斯特伦所说的"坐禅与冥思"[25]，由于宗教要求人们进行全身心、全人格式的投入，它还包括宗教信徒日常生活中的一切方面——包括与家人、师长、受难者的相处等一切可能的人生修炼和践履。因此，宗教对于仪式的注重主要源于宗教思维方式的特殊性。

现在我们应该认识到，宗教思维之所以是信仰过程与理性过程的合一，是因为宗教信仰本身就意味着冥思苦想，意味着对于自己内在的情感和心理的深刻反省，还意味着对于先知（圣贤）经验的体认。不仅如此，宗教中若干永恒价值的提出之所以也是理性的，是因为它们在日常生活中有极为深厚的根基。很多人因为宗教把某些价值当作永恒的真理而加以崇拜这一事实，认为宗教的信仰是迷信，这一观点是错误的。道理很简单：知识需要不断地更新，而价值则不然。没有人认为"诚实"这样的价值应当随着生产力、生产关系的发展而被淘汰；一种善的价值，可以永恒不变，需要变化的只是不同时代的人们实现它的方式而已。我认为，理解不到宗教思维方式上的实践性（修炼、践履等），就无法真正理解宗教思维方式为什么可以是高度理性的，理解不到宗教思维方式为何永远不能为哲学所代替。

## 宗教与哲学思维方式之别

一种观点认为：宗教与哲学在思维方式上，一个注重直觉，一个注重推理；一个注重信仰，一个注重理性。现在我们发现这一观点并不成立。因为刚才我们说过，宗教特别是高级的宗教中占统治地位的思维方式绝对是理性的、极其思辨的。宗教的信仰性在高级宗教里完全可以不是指对神灵的非理性的崇拜或迷信，而是极其理性的思维或"冥思苦想"。相反，在以神灵崇拜为主的原始或低级宗教里，并没有真正的信仰，有的只是盲从、迷信和祈福消灾的愿望等。只有在高级宗教里才有真正的信仰，而真正的信仰作为迷信的对立面，意味着信仰过程与理性的思维、修炼和践履过程合而为一；同时，高级宗教中的直觉、顿悟、体验等非理性现象也是作为极其理性的冥思苦想和极其理性的人生实践的产物出现的。

不仅如此,那种把哲学思维的基本特征说成是理性推理的观点也是很矛盾的。比如说,如果我们把理性推理当作哲学的内容的话,我们将会发现几何学最讲理性推理,那么几何学是不是最典型的哲学呢?既然我们承认几何学是一切学科中最注重理性推理的,我们也就不得不承认哲学并不比其他学科更加注重理性推理。一句话,我们不能说哲学是理性推理的最高典范。事实上,哲学当中真正注重理性推理的严格说来只有逻辑学这门学科,哲学的其他分支却不见得比其他学科(如政治学、经济学、社会学等)更加注重理性推理。现代社会科学学科包括社会学、政治学、经济学无一不注重推理。

其实,理性推理是人类一切活动中的共同成分,从来不是哲学的专利;而且在历史上,强调哲学的理性推理特征的哲学家只有笛卡尔、斯宾诺莎等部分近代唯理主义哲学家,而他们这样做都是受到了几何学这一哲学之外的学科的影响。柏拉图从辩证法的角度论证了哲学在思维方式上的特征,亚里士多德从非实用性、为了求知而求知的角度说明了哲学思维的特征,黑格尔则认为哲学在思维方式上的主要特征是思想的自由,其含义远非理性推理一词所能包容。关于哲学在思维方式上的特征,我在本书"'哲学'范畴的中国化及其内在问题"部分以及讨论辩证法、形而上学等的部分中都作了较为深入的阐述,这里就不赘述了。

人们通常倾向于把宗教中的理性推理成分当作是宗教中的哲学内容,而对于现代社会科学学科包括数学、社会学、经济学无一不注重推理这一事实,很少人认为它们之中的推理成分是哲学内容。例如,在数学哲学这门学科里,人们讨论最多的并不是数学推理的方式,也没有人认为,由于数学非常注重逻辑推理,所以它比其他学科更具哲学特征。人们可能会说,这些学科虽然也与哲学一样很重视理性推理,但是区别在于理性推理的表现方式和内容。那么,既然宗教与社会学、政治学乃至自然科学学科一样重视理性推理,为什么我们不去讨论一下宗教与哲学中理性推理的方式和内容有何不同，而非要从注重还是不注重理性推理的角度来区分哲学与宗教呢？

而且，我们一方面说哲学与宗教的区别在于注重推理与注重直觉的区别，另一方面又常常说："中国哲学重直觉，西方哲学重推理"，这一说法本身不是意味着我们在理解东方哲学的时候，事实上已经放弃了"哲学的内容在于推理"这一前提了吗？中国哲学中的"直觉内容"究竟是中学中的宗教成分还是中学中的哲学成分？更加有趣的是，几乎所有的中国学者都认为中国古代学术特别是宋明理学中的形而上学是中国古代哲学中的最主要成分，然而同时，他们不是不知道，中国古代学术特别是宋明理学可是最重直觉的呀！

当然还有一种观点，我们前面提到过，就是认为哲学与宗教在思维方式上并无本质区别。当然这里的宗教是指那些走出了神话和迷信阶段、理性思维在其中占统治地位的高级宗教。例如，冯友兰先生（1985，3）就曾说："每种大宗教的核心都有一种哲学。事实上，每种大宗教就是一种哲学加上一定的上层建筑，包括迷信、教条、仪式和组织。"因此，哲学和宗教在思维方式上的基本区别究竟是什么，实在有必要重新加以探讨。事实上，对这个问题的混淆给20世纪中国学术史带来的后果是灾难性的。经过前面对于宗教思维方式的考察，我们现在已经有条件对哲学思维与宗教思维的基本区别作出初步总结了。[26]我认为，哲学与宗教在思维方式上的基本区别可以概括为如下几点：

区别之一：实践性。我们前面说过，宗教之所以十分重视人生实践，对一切人生价值的追求无不要求落实到具体、严格的人生实践要求上来，是因为宗教家认为，缺乏活生生的人生体验，一切对于价值的客观知识都是无意义的。这一点，我们关于勇敢的例子是能说明一些问题的。从这一点说，宗教对于实践性的追求有着哲学所不可替代的合理性，而一切宗教在价值实践上都是知行合一的。因此，一方面，我们认识到，宗教与哲学思维过程都是理性的，宗教信仰过程中所全力追求的人生实践过程尤其是理性的，而直觉、顿悟等非理性的宗教体验只不过是理性的冥想、理性的自我省察、理性的自我约束过程的产物而已；另一方面，宗教思维的理性过程指向实践，一切脱离实践的纯粹理论理性的演绎都被宗教家视为无用的空谈。而在哲学家看来，正如亚里士多德所说的那样，哲学思维的重要特征恰恰是超乎实用的生活需要，出于纯粹的好奇之心，且以满足人们思想的自由为主要特征。如果说哲学家的主要工作是从事理论研究，那么可以说宗教徒的主要工作都是从事严格的人生修炼或践履。这是宗教思维与哲学思维的第一个重要区别。

区别之二：永恒价值的设立。尽管宗教与哲学同样包含着极其理性的思维，但是它们把理性思维用于不同的目标。在多数情况下，宗教是价值的追求，而哲学是知识的追求。哲学家也关心价值，但是这种关怀与宗教关怀的最大差别在于，哲学反对把一种价值当作永恒不变的前提预设下来，认为一切价值都必须作为理性思辨的对象加以研究。伦理学作为哲学的一个分支就是专门研究价值的，它甚至被当作一门实践科学。但是伦理学对于道德价值的研究与宗教家截然不同：伦理学从来反对把任何一个价值当作永恒不变的前提，因为作为知识的对象，任何价值都是可以怀疑、拷问甚至否定的。重要的不是前提或结论，而是方法，方法高于一切。而在宗教中，我们看到的恰好相反，几乎每一种宗教都把若干种价值当作永恒不变的前提，历来变化的只是人们修炼的方法而不是前提。例如，无为对于道家的重要性，涅槃对于佛教的重要性，上帝对于基督教的重要性，几千年来从未发生过变化。在这里，重要的不是方法而是前提或结论（作为永恒价值的前提或结论），前提性价值高于一切。历史上的伦理学体系，几千年来一直在不断变更，从柏拉图到亚里士多德，从穆勒、边沁到康德、黑格尔，从尼采到现象学，无不在不断地发生着变化。但是在宗教中，这种情况却不存在。没有哪一个基督教流派认为基督教要发展就必须打倒上帝，没有哪一个道教信徒认为道家要发展就必须取消无为这个核心价值，更没有哪一个佛教徒认为，佛教必须取消涅槃这个理想价值才能体现它的变革精神。

区别之三：终极关怀与全身心投入。宗教与哲学的理性思维在运用方式上还有一个重要差别，就是宗教的信仰代表的是"终极的"人生关怀，因而要求信徒们必须全身心地投入，将自己全部生活纳入宗教要求的轨道。这就是牟宗三先生所指出的作为"日常生活轨道"的特征。与此不同的是，哲学家也有信仰，甚至可以说，有的哲学家一生所做的所有工作就是用他的哲学体系来论证某个信仰。但是哲学家所论证的信仰很可能只代表人们日常生活中的某一个方面，而不代表其生活价值的全部或根本。比如笛卡尔相信物质的实在性，而贝克莱不相信物质的实在性，这种信仰并不涉及每一个普通人日常生活的全部内容，至多只是其中的一个侧面而已，因而它们并不代表人生的终极价值。正因如此，哲学体系多数情况下并不提供一种对于人们日常生活全方位的、无所不包的指导，也不要求人们把哲学的结论当作需要他们全身心地投入和追求的价值目标。当然，这里所说的哲学是西方意义上的。正如我在本书"'哲学'范畴的中国化及其内在问题"那一章所论证的那样，像中国学者目前这样把哲学普遍地理解为世界观（或人生观）的学问，是不符合哲学这门学科所固有的特征的。恰恰相反，一般情况下只有宗教才提供一种世界观或人生观。

## 儒学代表典型的宗教思维

过去，相当大一批中国学者坚持认为儒家是哲学而不是宗教，因为它的思维方式是理性思维而非盲从或迷信。包括冯友兰、张君劢、张岱年等一大批学者都是这样认为的。现在我们可以看到，这种观点是站不住脚的。因为我们认识到，理性思维并非哲学的专利，而宗教，只要是那些高级的、摆脱了神话和迷信的宗教，在思维方式上都是极其理性的。因此衡量儒家在思维方式上是不是宗教性质的，不能看它是否具有理性的思维。与此同时，我们还认识到，宗教在思维方式上并不一定信神，对于神灵的膜拜和信奉并不是所有人类宗教的共同特征。我们提出了宗教思维的三个基本特征，即超越性、信仰性和实践性，并比较了哲学思维与宗教思维的基本区别。下面的研究将向我们充分证明，儒学的思维方式是典型的宗教性的而绝不是哲学性的，而不是像很多人所认为的那样，儒学既是哲学又有宗教性，或者处于二者之间。不过，我们讲儒学代表的是典型的宗教思维（或者说儒学是一种宗教或宗教性质的学说），并不意味着我们认为儒学之中不包含哲学思想，就像我们虽然认为《圣经》代表典型的宗教思维，并不意味着我们可以否认《圣经》中包含哲学思想一样。

首先，毫无疑问，儒家具有强烈的实践性。在先秦儒家的经典里我们可以发现实践性（修炼、践履等）乃是儒家思想的主流特征。儒家的实践性大体上有如下几方面：一是修身。《大学》引用"如切如磋、如琢如磨"来比喻修身的道理。在其他先秦儒家经典里也有大量关于修身的讨论。诸如"慎独""自省""养吾浩然之气""求放心"莫不指修身性质的人生实践。到了宋明时期，由于受到佛教的影响，儒家引入了大量佛教中静坐冥想方法，把儒家的修身方法发展到新的地步。二是儒家以做人乃至治国平天下为治学的根本。《论语》中有许多孔子及弟子关于"学"的本质的讨论。诸如："贤贤易色；事父母，能竭其力；事君，能致其身；与朋友交，言而有信。虽曰未学，吾必谓之学矣。"（《论语·学而》）"君子食无求饱，居无求安，敏于事而慎于言，就有道而正焉，可谓好学也已。"（《论语·学而》）。类似的思想在《大学》《中庸》《孟子》《礼记》《左传》等一系列其他儒家经典里也得到了鲜明的表达。三是儒家对于"知—行关系"的讨论。在先秦儒家经典中，知已经是各种重要的儒学范畴之一。《中庸》视"知、仁、勇"三者为"天下之达德"，而在《论语》中"知"出现了一百多次，与"仁"的出现次数相当。但是正如我在本书"儒学是哲学学说吗？"一章所论述的那样，先秦儒家所说的知乃是智慧的意思，这个智慧主要指人的实践智慧。儒家宣称：一个人只有在有了相应的生活体验和人生实践的基础上才能谈得上对于某种德性的知。正因如此，到了宋明之际，人们谈论所谓"德性之学与闻见之知"的区别，强调儒家所说的知不是客观的、与主观实践体验无关的知识。而朱熹则明确提出"论先后，知为先；论轻重，行为重"（《朱子语类》卷九《学而》。1994a，148）。至于后来王阳明的知行合一之说，正是为了反对人们误以知识为知、从而忽略了行以及建立在修行基础上的道德体验而提出的。

其次，儒家不仅是一种典型的价值学说，而且通过设立若干永恒价值作为一切生活的指针。和人类其他许多高级的宗教一样，儒家通过设立仁、义、忠、信、礼、孝等一些永恒的道德价值，几千年来为所有的儒家信徒提供了行为的基本准则。儒家虽然包含着大量理性的思维，但是数千年来人们并不把主要精力花在论证或质疑这些基本价值上，而是花在如何通过自己的人生践履和修炼来实现这些价值上。儒家虽然也花了巨大精力来探讨这些概念的含义，但是他们认为这些概念的含义主要不能通过客观认知的方式而是通过主观体验的方式被理解的。在这里我们发现，为什么说宗教将若干价值设置为永恒不变的价值这一事实，并不意味着宗教思维是非理性的。因为在人类生活中，确实有些价值可以永恒不变，永远也不改变其价值。没有人认为仁、爱、善这样一些价值必须遭到批判才能体现人类思维的理性精神。在其他高级宗教（如佛教、道教、基督教等）之中，一些基本价值（如空、无、上帝等）的设立同样可以说是人类理性精神的伟大发现，而决不可以说是非理性思维的产物。

记得几年前，我曾收到一位美国学者的意见，他跟我说，他很纳闷，为什么在西方哲学史上，不同的哲学家总是创立不同的哲学体系，哲学的发展常常采取对前人彻底否定的方式进行。例如，苏格拉底对前苏格拉底哲学的否定，亚里士多德对柏拉图的否定，黑格尔对康德的否定，尼采对整个西方哲学传统的否定，等等。而在中国，哲学的发展却似乎采取了完全不同的发展方式。为什么中国哲学家几千年都不敢宣称自己有能力彻底推翻孔子的思想呢？为什么几千年来几乎所有的儒学大师总是宣称自己只不过是在给圣人作注，即使他们事实上已经把古代圣人的思想大大发展了？我对这种观点的回答是：问题出在我们不假思索地把中国古代的那些思想当作任何哲学了。其实中国古代学术的主体——儒、道、释——严格说来都不是哲学，而只是代表宗教的思维方式。作为宗教的思维方式，它们把主要工作放在人生的道德实践上，正因为如此它们几千年所做的事情都只不过是在追求对若干永恒价值的体验而已。在道德追求中，本来就不需要通过不断否定的方式来体现其革新精神。你以儒家为例来说明中国人缺乏创新精神，我也可以问你：为什么基督教不以打倒上帝来体现西方人的创新精神呢？为什么几千年来所有的基督徒都宣称自己只是用自己的人生实践在为《圣经》作注，而不敢彻底否定《圣经》呢？

最后，儒家是一种有着深刻的终极关怀的学说，这种关怀主要体现为儒家对超越现实的形而上的价值世界——性、天、道等——的追求之上。不仅如此，儒家还为人们以全身心、全人格的方式追求人生的终极价值提供了切实的道路。杜维明先生提到，不少人以《论语·先进》中孔子"未能事人，焉能事鬼？""未知生，焉知死？"两句来证明儒家的创始人突出人事生命而忽视死亡，其基本取向是入世的人生哲学而绝非宗教。而在他看来，这一观点"严重地减杀了儒家传统的价值"（杜维明，2013）。在《中庸：论儒学的宗教性》一书中，杜维明以《中庸》这部有名的儒家经典为例，认为儒家的宗教性体现在其"终极的自我转化"思想上，并认为这一转化过程包含个人、社群和超越者三个层面。他说：

> 在儒家的心目中，成为宗教的人意味着一个人投身于充分地成为一个人（做人）的学习过程。我们可以把成为宗教的人的儒家取向界定为一种终极的自我转化。这种转化既是一种群体行为，又是对超越者的一种诚敬的对话性的回应。……儒家的宗教性是经由每个人进行自我超越时具有的无限潜在和无可穷尽的力量而展现出来的。(2013, 113)

"终极的自我转化"意味着学习做人的过程是永无止境的。……而"终极"所指的则是人性的最大限度的实现。"自我转化"意味着尽管我们现在还不是我们之应是,但是,我们经过修身是能够达到人性的这种最高境界的。(2013,115)

从超越性和终极关怀上来理解儒家思想的宗教性,这一观点在牟宗三[27]、唐君毅、徐复观[28]、刘述先[29]等新儒家的著作中也多有所见。1958年唐君毅等人联名发表的《中国文化与世界》宣言,猛烈批评了西方传教士及一般人以为中国文化中只知重世俗的伦理道德,而没有宗教性的超越感情的流行观点,指出中国人无论在祭天地祖宗之礼中,还是在人生道德伦理的实践方面,都有宗教性的超越信仰和超越情感存在(1958,6—8)。

## 重新定位中学与西学

前面我们重点论述了儒学在思维方式上的基本特征,结论是儒学代表的是典型的宗教思维而绝不是哲学思维,由此我们有足够理由认为:仅仅因为儒学包含着大量理性的思维,就认为它是哲学,这种观点是极其错误的。事实上,只要我们承认哲学是一门从西洋引进的学科,并从宏观的、历史的高度对哲学这门学科的基本特点稍加考察,即可发现在中国古代历史上,作为一门独立学科的哲学从来没有出现过。我们至多可以说儒学中有哲学思想,就像我们可以说基督教教义甚至《圣经》中有哲学思想一样。但是把儒学这样一门根本不代表哲学思维方式的学术直接称为哲学,在逻辑上是行不通的。与此相应地,我们也不能因为儒学中包含着大量的理性思维而认为它不是宗教,这种观点实际上建立在对宗教的偏见之上。

有两种观点会对我的结论构成挑战:一种认为,哲学与宗教皆西方舶来品，中国既无哲学，亦无宗教。[30]对于这种观点，我认为，关键不在于名词之争，而在于思想的实质。通过比较中国有无与西方相应或相似的学术传统，我们就可以确定中国古代的某种学问可否用西方某个学科之名来称呼。比如，哲学这种东西在西方由来已久，其历史发展脉络清晰可寻，而中国古代的学术传统特别是儒、道、释与之相距甚远，本属于不同性质的学术传统，故而我们既然已经把西方那个传统称为哲学，就不能再将中国古代学术也称为哲学。但是对于宗教则不然。我们说儒学是一种典型的宗教学说，是基于这样一个大家（既包括中国人也包括多数西方学者）普遍接受的共识，即承认佛教、道教等东方教派与基督教、伊斯兰教一样是宗教。有了这一共识，我们就可以通过分析儒学与佛教、基督教等宗教学说的共通性来理解什么是宗教思维，从而得出儒学是一种宗教性质的学说。如果认为宗教只能以基督教为准来理解，那么我们确实不可以说中国有宗教，甚至佛教也不能说是宗教。

另一种观点认为，哲学、宗教之义多变，本无确定含义。若从海德格尔等人的哲学看，哲学与宗教在思维方式上已日益模糊，奈何一定要区分哲学思维与宗教思维？对于这种观点，我的回答是，尽管宗教与哲学的含义一直在变化，但是在多数情况下二者之间思维方式之别仍清晰可见，体现为前面所说的若干条；尽管现在在哲学研究中有个别西方"哲学家"（比如海德格尔等人）已经大大改变了哲学的原初含义，使之与中国古代学术相近，但这最多只意味着有个别哲学家正在把宗教思维引进哲学，而不意味着我们不应当区别哲学思维与宗教思维了。事实上，哲学和宗教作为人类文明长河中两条不同的精神文化传统，一直在沿着两条不同的路径发展着；在这一发展过程中，二者之间偶尔出现一些交叉是正常的。我们在比较中、西方学术传统之间的关系时，不应当采取断章取义的态度，而应当从宏观的、历史的目光看问题。

下面让我分别从四方面来总结一下本章内容：

（1）通过上述研究可知，中国历史上的儒家学说，与西方历史上盛行两千多年的基督教学说从本质上更加接近，而与哲学、伦理学等一系列西方学术代表了两种本质上完全不同的学术传统，二者之间没有可比性。因此，以儒学与西方哲学相比较，然后得出"中学重人生，西学重自然；中学重道德，西学重知识；中学重直觉，西学重逻辑"的结论是极其荒唐的。因为这种差别其实应该算作宗教与哲学之间的基本差别。

只要我们稍微想一想立即可以发现，重人生，重道德，重直觉乃是一切人类宗教共有的属性，即使西方的基督教也不例外，这一差别与所谓的中、西之别扯不上任何关系。我们平时不总是在说，哲学与宗教在思维方式上的一个重要差别就是哲学更重逻辑推理，而宗教更重直觉吗？为何现在又把重直觉当作中国哲学的一大特征了？也就是说，倘若儒家学说，或者更广泛一点，以儒、道、释为主的中国古代学说，本质上代表的是宗教思维（这不是说其中不包含着哲学思想）的话，那么我们若要比较中学与西学的关系，就应该拿它们与西方的基督教相比，而不是与西方哲学相比。因为基督教之中虽然也同样包含着大量丰富的哲学思想，但是我们不会因此而把基督教学说（教义）当作哲学体系，来与西方哲学相比较。把两种本来不属于同类性质的学说拿到一起进行比较，缺乏共同的参照系，是没有意义的。以这种方式来比较中学与西学之间的异同，结果导致把本来属于哲学与宗教之间的差异，误当成了中学与西学之间的差异，这岂不是荒唐至极？

（2）在所谓的中学与西学比较研究中，一种最流行的观点是认为在西方哲学之外还有一种中国形态的哲学，最通行的做法是以儒学为哲学，以儒、道、释为中国古代哲学的主体，它们在思维方式上的最大特色是重视和与合，具体体现为追求天人合一、物我合一、知行合一等一系列伟大境界。这是中国哲学不同于西方哲学的地方，也是中国哲学对西方哲学乃至世界哲学、人类文化作出贡献的地方。据此，许多中国学者那颗狭隘的民族自尊心得到了极大的满足，以为终于找到了自己那失落已久的自信。

然而，仔细一想可知，这种思想包含着极大的误区。

首先，就拿天人合一来说，当今人把它当作一种有价值的思维方式来提倡时，他们事实上已经把它当成了一种知识或行为指导原则来对待了，而这种做法本身就已经背叛了中国古代学术原来的传统。在中国古代学术中，正因为天人合一是一种宗教修炼的产物，人们从不认为可以把它当作一种知识或一种可以随时套用的行为法则来对待。对儒生来说，天人合一的直接要求是修炼，是克己复礼，是存心养性，等等。不仅如此，天人合一作为一种理想的精神境界，仅属于主体内在的世界本身，且只有圣贤才能达到，因而它绝不是一个可以客观化、世俗化、法则化的行为指南或行为原则。相反，今人将它当作一种知识或行为指导原则来对待，其意义何在呢？难道要人们做任何事情时都把和放在第一位或者做任何事时心中都要把和当作最终目标吗？如果这样的话，那后果是不堪设想的。因为，在现实生活中，且不说并不是做任何事情都必须把和放在第一位，而且更重要的是，当人的修养和境界没有达到相应的地步时，他事实上是不可能以和作为行为的原则的。如果一个人非常小气的话，他怎么可能在自己的利益受到伤害时心平气和呢？如果一个人是小偷的话，他怎么能为了和而放弃做贼这个饭碗呢？对于那些因为自己受到过不公平对待而对社会或他人进行报复的人来说，你能要他以和作为行为原则吗？只有那些有极高人生修养和道德境界的人，才能够这样做。因此，首要的任务永远是提高人生的修养，而把和、合、天人合一等作为行为的指导原则，就像费尔马哈的爱的原则一样，是一个极其空洞的乌托邦理想。然而，古人在讲天人合一时却没有犯这样一个错误，原因很简单：他们把修炼当作了人生的首要任务，而没有停留在知识化的行动法则的探讨上。那么，为什么今人在讲中国古代学术的现代价值时却会犯下这样一个低级的错误呢？原因也很简单：他们把本来不能称为哲学的东西，硬要用一个西方的哲学范畴套，结果反而放弃了古人所提出的由天人合一这个理想所要求的践履任务，这个任务是由儒学的宗教性所决定的。

再来看看知行合一问题。我们前面说过，实践性是宗教思维区别于哲学思维的最基本特征，据此，知行合一这一儒家思想的提出应当是儒学宗教性的必然产物。以我们前面举过的勇敢为例：在宗教家看来，勇敢不可能单纯通过理论认知来达到，只有知而没有行，人们就不可能真正勇敢起来；而对于哲学家来说，从理论上对勇敢这一概念作纯粹认知性的探讨，可以是一项有着无穷乐趣的无止境的工作。因此，事实上人类历史上的一切宗教无不重视知行合一，只不过表述的术语有所不同罢了。比如，基督徒认为一个人要想灵魂得救需要有博爱精神，博爱精神的一个最生动的表现形式就是"别人打了你的左脸，将你的右脸也送给他打"。路德、加尔文所领导的宗教改革，向基督徒们提出了新的实践要求，即走出修道院，通过敬业、创业、促进功利性事业的发展来获得灵魂的赎救。佛教也不例外。所谓"放下屠刀、立地成佛"就是着眼于行动的；所谓"担水砍柴，无非妙道"，"饥来吃饭困来眠"，说的正是如何通过日常生活行为来达到自我精神的超凡脱俗。由此可见，无论是西方的基督教还是中国的佛教、道教也都有把行看得比知更重要的特点；因此，儒学重知行合一乃是其宗教思维方式的必然产物。以儒学为中国形态的哲学，然后以知行合一为中国哲学的一大特色，实际上是混淆宗教与哲学，将本来属于宗教与哲学的区别误当成中国哲学与西方哲学的区别，这种中西比较、中西结合是一种毫无意义的思路。

（3）不仅如此，如果儒学代表的是宗教思维的话，那么我们把哲学、伦理学等一系列西方人文和社会科学范畴拿来对中国儒学任加切割，把切割后所剩下的东西分别纳入中国哲学、中国伦理学、中国政治学、中国法学等一系列现代学科之中去就很成问题了。这当然不是说，中国古代哲学等一系列学科不能成立，而是说：即使中国古代有哲学，也不能说现存的儒家学说就是哲学，而应当是指儒家学说中包含着哲学思想，这种思想可能暗含在儒家学说之中，有待我们去发掘。例如，我们可以堂而皇之地谈论一门名叫基督教哲学的学问，但是这绝不意味着基督教学说（教义）本身就是哲学学说，提出这些学说的基督教教皇或牧师就是哲学家。我们只是说：经过专业哲学家的研究，在现存的基督教教义中发现了可以称之为哲学的思想，这种思想本来不是宗教家们所重点研究的。然而，如果我们因为可以从基督教教义中发现哲学思想、伦理思想、政治思想、法律思想等，而把基督教教义五马分尸，强行将其纳入哲学、伦理学、政治学、法学等一系列现代学科中去，并因此干脆否定基督教教义自身作为一个独立的整体存在的合法性，那就完全毁灭了宗教学说自身的完整性。这样做，任何一个宗教门派都绝对不会接受，西方的宗教家们亦不例外。但是在中国却恰好相反，多年来我们不正是乐此不疲地把以儒学为主流的中国古代学术，按照西方现代学科范畴五马分尸，并分别纳入哲学、伦理学、政治学、法学等一系列来自西方的学科范畴中去了吗？

（4）如果儒学代表的是宗教思维的话，那么，多年来我们大肆进行的所谓中学与西学的比较研究很可能要彻底地重新反思。一方面，因为比较只有在同类性质的学术之间进行才有意义，否则将儒学与西方哲学分别当作一个整体进行比较，等于在驴头与马嘴之间进行比较，不会结出任何有意义的果实。另一方面，那种认为中学只有与西学相结合才有出路的提法也是有问题的。因为当前中国人所习惯理解的西学主要是指希腊以来一开始以哲学为代表，后来发展成同时包括在人文学科、社会科学和自然科学学科在内的学术。这就是说，他们认为中国古代的宗教学说只有与西方的科学或哲学相结合才是它的出路。这种观点其实是极为可怪的。为什么宗教思想只有与科学或哲学相结合才有出路呢？宗教可以改革，但是改革并不意味着与哲学或科学在理论上相结合；在历史上西方人也确实倡导过宗教与科学的结合，不过这种结合主要是指实践中的结合，而不是指理论上发明一种把宗教与哲学或科学相结合的学说体系。从来没有见过有人说基督教只有与西方哲学或科学相结合才有出路，为什么中国古代的宗教思想只有与科学或哲学相结合才有出路？

如果儒学代表的是宗教思维的话……

# 本章注释

[1] 从功能出发也有助于理解儒学的性质。但是由于很多学者都有"儒学是哲学但是发挥了宗教的功能"的观点或倾向，因此我们不打算把功能当作一个重点来研究。

[2] 苗润田、陈燕（1999）《儒学：宗教与非宗教之争》对于20世纪上半叶以后有关这个问题的争论作了较为详细的考察。

[3] 郭齐勇（1998）在这方面所作的分析值得参考。

[4] 张岱年一开始反对视儒家为宗教，曾称"理学只是哲学，不是宗教"（1981，26），但后来又说："近年我又思考这个问题，认为假如对于宗教作广义的理解，虽不信鬼神、不讲来世，而对于人性有一定理解，提供了对于人生的一定信念，能起指导生活的作用，也可称为宗教。则以儒学为宗教，也是可以的"（1998，32）。

[5] 梁溪（2009）全面、系统地回顾了1970年末至2009年这30年左右时间里的大陆儒教研究，认为大体上可分为三个阶段，第一、二阶段到20世纪末为止，主要是围绕任继愈先生提出的观点而发生、并不断推进的过程，似以任继愈、何光沪、李申等人的论著为主要标志；第三阶段是21世纪以来，"这个时期的儒教研究，已经不局限于儒教是宗教还是非宗教的问题上，而是试图说明在现代化建设中儒教所应具有的意义与价值"（2009，114），其中我认为蒋庆、康晓光倡儒教建国构想，陈明倡公民宗教说，彭永捷主恢复儒家宗教身份，黄玉顺提生活儒学与儒教说，还是韩星的反思和评论，都是有新义的。中国社会科学院世界宗教研究所2005年成立儒教研究中心（卢国龙、陈明等负责），并于2005年12月编印《儒教研究通讯》第1期，其后卢国龙编《儒教研究》2009年出第一辑，从其中所刊论文可以看到新世纪的儒教研究动向，有不少是积极建构性努力。当然也有批判性反思，比如蓝法典《当代儒教的争论、理解与反思》（《现代外国哲学》2018年秋季号，总第15辑）就是一例。总的来说，确如梁文所说，21世纪以来的儒教研究重心并不在是不是宗教这个问题上，而是在分析新时代儒家之宗教意义，或者说站在中国未来的角度思考儒家、儒教发展的方向问题等建设性问题。

[6] 参 William E. Soothill, *The Three Religions of China*: Lectures, London and New York: Hodder and Stoughton, 1913。张君劢先生（1986, 16）曾提及此书，中国国家图书馆有此书1923年、1929年牛津大学版。

[7] Hans Küng（孔汉思）与 Julia Ching（秦家懿）合著 *Christianity and Chinese Religions* 一书法文初版于1988年，英文初版于1989年。此书为秦家懿和孔汉思之间分别围绕中国古代宗教、儒家、道家、佛教几个专题，分别站在中国宗教与基督教立场进行了一系列书面对话。

[8]《辞源》（修订本）[宗教]条："佛教以佛所说为教，佛弟子所说为宗，为教的分派，合称宗教，指佛教的教理。《景德传灯录十三．圭峰宗密禅师答史山人十问》之九：'（佛）灭度后，委付迦叶，展转相承一人者，此亦盖论当代为宗教主，如土无二王，非得度者唯尔数也。'"（《辞源》，1988，441）

[9] 任继愈、卓新平、何光沪在为《宗教大辞典》（1998）所写的"绪论"中考察了西文 religion 及中文宗教一词的来源及词义。

[10] 日本学者加地伸行对于一些西方学者从基督教出发来定义宗教的做法进行批评（1993，18—21）。此外，包括涂尔干在内的许多杰出的西方学者也都认识到了这个问题（涂尔干，1999，41—49）。此外，刘述先（1985）、郭齐勇（1998）等人也提到来自西方语境的宗教概念在被用来理解东方宗教时所遇到的困难。

[11] 威廉·P. 阿尔斯顿（William P. Alston）在《哲学百科辞典》（第七卷）宗教条目下考察了西方历史上10余位著名的宗教思想家（其中包括 James Martineau, Herbert Spencer, J. G. Fraze, F. H. Bradley, Friedrich Schleiermacher, Julian Huxley 等）所下的多种不同的宗教定义，指出所有这些宗教定义都几乎是一方面毫无疑问是片面的，另一方面又同时包含着对于宗教本质某个方面的正确理解。他由此采取了给出构成宗教的一系列特征（而不是下一个定义）的方法来描述宗教（Edwards, 1967d, 140—143）。

[12] 许多学者都从宗教的功能上来理解什么是宗教。尽管这样一种给宗教下定义的方式存在片面性，但是他们对宗教功能的理解不仅有正确的一面，而且可以帮助我们理解儒家是不是宗教这样一个问题。例如，亨利·柏格森在其著名的《道德与宗教的两个来源》中主张，宗教是针对人类理智不可克服的弱点——包括在群体生活中只顾个人的离心倾向、在行为与后果之间选择时的彷徨与忧虑以及对于死

亡的恐惧和沮丧——而创造的,宗教的功能也就在于它克服上述理智弱点方面的作用(2000,"中译者序")。

日本学者加地伸行也认为,宗教的定义虽有上百个,但是宗教产生于人的需要,因此要理解什么是宗教,必须认识到宗教是由于人们存在着对于死亡的恐惧。他说:"所谓宗教,就是关于死和死后的解释。"(1993,22)他将佛教、道教和儒教在处理死亡问题上的方式进行了详细的对比,结论是儒教是一种典型的宗教,因为它通过"孝道"等一系列方式确立了儒家对于死亡的独特理解,即个人把自己的生命与他的祖先及无穷的后代联系到一起,认为自己是祖先生命的继续,而后代又是自己生命的继续,由此来克服人们对于死亡的恐惧。

如果说柏格森与加地伸行的观点有一定的接近之处,那么牟宗三则强调了宗教功能的另一个重要维度,这就是他所说的宗教的一个重要功能:"它须尽日常生活轨道的责任","在中国,儒教之为日常生活轨道,即礼乐(尤其是祭礼)与五伦等是"(2003d,97,98)。佛教与基督教也与此类似。由于这方面的原因,牟宗三坚信儒教是宗教。

[13] 当然还有不少其他著名学者如胡适、殷海光等人的观点未收集在此。

[14] 《论语》曰:"祭如在,祭神如神在"(《论语·八佾》)。这个祭礼,不仅包括天子、诸侯等所举行的各种祭天地、山川、季节及五谷之神的祭礼,还包括逢年过节时上至天子、下至平常百姓都要举行的对于列祖列宗的祭礼。"天子诸侯宗庙之祭,春曰礿,夏曰禘,秋曰尝,冬曰烝。"(《礼记·王制》)"天子祭天地,祭四方,祭山川,祭五祀,岁徧。诸侯方祀,祭五祀,祭山川,祭五祀,岁徧。大夫祭五祀,岁徧。士祭其先。"(《礼记·曲礼》)"天子社稷皆大牢,诸侯皆少牢。大夫、士宗之祭,有田则祭,无田则荐。庶人春荐韭,夏荐麦,秋荐黍,冬荐稻。韭以卵,麦以鱼,黍以豚,稻以雁。祭天地之牛角茧栗,宗庙之牛角握,宾客之牛角尺。"(《礼记·王制》)关于祭礼的具体细节,在儒家典籍特别是"三礼"中有大量明确、细密的规定。

[15] 任继愈在多处阐述了类似的思想(2000,11,29,99,106,302)。

[16] 在《东西文化及其哲学》(1921年初版)中梁漱溟说:"我们看他怎样作法可以使社会上人都得一个仁的生活呢?在这个地方孔子差不多有他的一副宗教。……不过一般宗教所有的一二条件,在孔子又不具有,本不宜唤作宗教;因为我们见他与其他宗教对于人生有同样伟大作用,所以姑且这样说。我们可以把他分

作两条：一是孝弟的提倡，一是礼乐的实施；二者合起来就是他的宗教。"（1989，466—467）

[17] 蔡尚思说："宗教最大特点是有他界与未来世等等，孔学却根本没有。据我数十年来的研究，敢断定儒学不是宗教，却起了比某些宗教还要大的作用。"（34）

[18] 中文中宗教一词出自北宋时期的佛教用语，本无信神之义（《辞源》，1988，441）。而西方的 religion 一词源自拉丁语，表示人们在敬神时的态度，或人神关系（《宗教大辞典》，1998，"绪论"；Simpson, 1989, 568—569）。

[19] 参涂尔干（1999，34—41）。刘述先亦曾论及以信神与否来判定是否宗教为不得要领（1985，55—58）。

[20] 涂尔干并写道："所以说，无神的仪式是存在的，甚至神反而有可能会从仪式中派生出来。并非所有的宗教力量都是从神性人格中产生的，很多膜拜关系的目的也不是将人与神祇联系起来。宗教均无超出了神或者精灵的观念，我们不能仅凭这些因素就断然定义宗教。"（1999，41）

[21] 季羡林（1998）、郭齐勇（1998）、刘述先（1985，56）均提到原始佛教以及后来佛教中的某些派别不信神的事实。（任继愈，2000，413，415）

[22] 斯特伦说："宗教是一种实现终极转变的手段。'终极转变'意味着什么？终极转变就是一种根本的转变，即从陷入一般存在的烦恼（罪恶、无知）到最大限度克服这些烦恼而生活的转变。这种生活能力容许一个人去体验最可靠或最深刻的实在——终极。虽然形形色色的宗教传统对这种终极实在所下的定义不同，但这些传统的追随者都以这种终极境界来限定他们的生活，并试图以这种把缺憾变成完美的方式去生活。"（1992，3）

[23] 杜维明从"终极的自我转化"的角度来理解宗教的超越性在儒学中的表现，认为它是指"一种对超越者的诚敬的对话性的回应"（2013，113）。我们将在后面看到他的这种观点。

[24] 许多学者，包括布拉德雷（F. H. Bradley），爱德华·开尔德（Edward Caird），威廉·阿斯顿（William P. Alston）等，都曾提到了这一重要事实（Edwards, 1967a, 140—142）。需要指出的是，"全身心地投入"这一事实是由宗教所追求的价值是"终极"价值这一事实所决定的，参保罗·蒂利希的分析（蒂利希，1988，6—9）。

[25] 斯特伦正确地指出，在宗教教义中，"通过精神修炼获得自由的论述，都期冀探究一个人摆脱日常的自欺感情、自我形象（我执）和社会期待的体验的深度。挖掘这种体验的深度，包括坐禅或冥思，对古代大师的教诲的认识和思索，以及日常生活中洞察力的应用。这种产生彻悟和完美生活艺术的过程和神秘体验本身一样重要。要获得精神彻悟，就要学会开掘内在的本质……从理想方面讲，这种深刻体验能使体验者摆脱世界和物质价值的束缚，获得自由"（1992，125）。

[26] 但是在总结的过程中，我们面临的一个主要问题是哲学这一概念在含义上的模糊性。为了避开这一问题，我们采取的办法是以两千多年来西方哲学史上占主流地位的思维方式为代表，对于现代西方个别具有某种所谓与东方的或宗教的思维相接近的哲学流派进行区别对待。这样做的合理性是，我们试图从总体上了解什么是哲学。我们认为，哲学与宗教，作为两样各自有着漫长悠久历史的人类精神文化传统，在其几千年的漫长岁月发展中，内涵不可能不在变化，从而不可能没有内容交叉重叠的地方；但是如果我们仅仅因为其间存在交叉、重叠的地方，而认为哲学与宗教在思维方式上没有基本区别，显然是错误的。事实上，正因为它们都是各自都有着漫长的历史传统，在比较的过程中我们只能取宏观的、历史的眼光，而不能从局部出发来进行比较。

[27] 牟宗三说，"从事方面看，儒教不是普通所谓宗教，因它不具备普通宗教的仪式，它将宗教仪式转化而为日常生活轨道中之礼乐；但自理方面看，它有高度的宗教性，而且是极圆成的宗教精神，它是全部以道德意识道德实践贯注于其中的宗教意识宗教精神，因为它的重点是落在如何体现天道上。"（2003d，107）

[28] 徐复观也论证了儒家的性与天道思想所代表的宗教感情。他说："仁之先天性、无限地超越性，即是天道；因而使他〔孔子——引者〕感到性与天道，是上下通贯的。性与天道上下相贯通，这是天进入于他的生命之中，从他生命之中，给他的生命以道德的要求、规定，这便使他对于天，发生一种使命感、不信任感、敬畏感。……在这种地方，可以看出最高地道德感情，与最高地宗教感情。"（1984，99）

[29] 刘述先指出，不能以信神与否作为宗教的判准。过去人们从儒化家庭祭祖，历代帝王祭天来说明儒家的宗教层面，其实这仍然只看到了表层。从蒂利希所说的终极关怀角度来看，他认为儒家的内在义理结构中如果肯定"超越"之存在，"则儒家的祭祀不止只有实用或教化的意义，而自有其深刻的宗教理趣"（1985，56）。

［30］例如，钱穆先生就曾说"中国自身文化传统之大体系中无宗教，佛教东来始有之，然不占重要地位。又久而中国化，其宗教之意味遂亦变"（1998，13）；又谓："哲学一名词，自西方传译而来，中国无之。故余尝谓中国无哲学，但不得谓中国无思想"（1998，25）。

# 中国古代有伦理学吗?
## ——兼论儒学与知识的关系问题

## 【本章提要】

20世纪以来中国人对伦理学这个西方学科的接受主要是从研究对象出发的,未能从思维方式角度思考伦理学作为一门科学成立的前提条件,因而普遍忽视了中国伦理学是否能成立这一对于研究中国伦理学来说根本性的问题。其结果是人们不假思索地将中国古代的伦理道德学说一律称为中国伦理学的内容,不仅导致对西方伦理学的误解,而且无益于国学传统的发扬光大。从亚里士多德对phronesis 与 sophia 在希腊文中的含义区分出发,可以发现伦理学作为一门科学成立的前提问题非常重要,只有区分"儒家学说中有伦理学"和"儒家道德学说是伦理学"这两个判断,才能正确使用儒家伦理学或中国古代伦理学这类术语。此外,儒家伦理学、中国古代伦理学其实是用伦理学这一西方学科范畴对中国古代学术传统进行人为加工和重构的产物,绝不能代替本来意义上的中国古代学术传统(特别是儒家学术);把儒家学术纳入伦理学等西方学科范畴中去,并以之为中国古代学术传统的最佳现代解读方式,可能在一定程度上导致对中国古代学术传统、特别是儒家传统自身独立性的抹杀和独特价值的忽视。

中国古代有无伦理学？这个问题乍听起来似乎是很可笑。众所周知，中国历代学者特别是儒家学者所讨论的问题，几乎都与伦理学有关。而儒家则把几乎所有领域的问题，包括政治问题、经济问题、法律问题、哲学问题、文学问题等统统当成了伦理道德问题来讨论。因此，蔡元培先生早在20世纪初叶就曾指出"吾国夙重伦理学"（1927，序例）。在1910年出版的第一本由中国学者撰写的《中国伦理学史》中，蔡元培更是指出："我国以儒家为伦理学之大宗。而儒家则一切精神界科学，悉以伦理为范围……我国伦理学之范围，其广如此，则伦理学宜若为我国惟一发达之学术矣。"（1927，2—3）自蔡元培先生之后，中国学者已经撰写了无数本以中国古代伦理学为专题的著作，中国伦理学史成为大学哲学系伦理学教研室最主要的课目之一。怎么能说中国古代没有伦理学呢？

然而，如果我们进一步追问什么是伦理学，并以中国古代道德学说与之对照，就可能产生一定的疑问。因为，按照我国教科书上目前最通行的定义，"伦理学是一门道德的科学，或者说，伦理学是以道德作为自己的研究对象的科学"（罗国杰，1989，2），它的主要任务是"论证和阐述道德的起源、本质、发展与规律"（罗国杰，1989，21）。考察一下西方伦理学史可知，早在柏拉图、亚里士多德时，就已开始有意识地试图把道德作为一门科学来研究；在其后的各个不同时期里，人们对于伦理学（或道德哲学）的使命或任务的理解虽不尽相同，但也多半把伦理学称为一门科学。故而伦理学又常被称为 ethical science（伦理科学）。（罗国杰，1993，2；梯利，1987，1—16；包尔生，1988，7—30）据此，似乎可以说，中国古代根本没有伦理学，因为中国古代虽然有丰富发达的关于伦理道德的学说，但是这些学说在中国古代其实并没有成为一门科学，也没有被当成一门科学来追求。科学的理想是建立合理的知识，然而正如人所共知的，中国古代的道德家们常常反对把道德作为知识来追求，他们主张行重于知，区分德性之知与闻见之知，或提倡知行合一，等等。因此把道德当成一门系统的知识学科来建构在中国古代确实不存在。怎么能把中国古代的伦理道德学说（特别是其中占主导地位的儒家道德学说）直接称为伦理学呢？

那么，中国古代究竟有没有伦理学？

## 道德与知识的基本分野

为了说明中国古代有无伦理学，我认为需要先搞清知识与道德的区别。本章将从这一区别出发，讨论中国古代伦理学的问题。

先讲何谓道德。我们知道，汉语中道、德二字出现甚早，道有道路、道理、法则之义，德有品德、德行之义等。道德一词连用始于战国。在先秦文献中它的含义与今天有一定差别，但就其在儒学中被用来指仁义礼智等而言，其含义又与现代汉语中道德一词相近。在西方，希腊语 arete（virtue，译为德行，美德）"可泛指一切事物的优越性"，行为的 arete 指"受称赞的品质"（苗力田，1999），含义与古汉语德相近。今天西方语言中"伦理的"（ethical）与"道德的"（moral）分别来自希腊文 ethike（ethic，译为伦理）和拉丁文 moral（道德），原义皆有"遵从习惯及规范"之义。现代汉语中的道德一词与现代英语中的moral/morality 含义相近，不出"人们在与他人关系中所表现出来的善恶状况"这一范围（梯利，1987，3—4；彼彻姆，1990，8—26；罗国杰，1993，36—37）。

道德一开始就是针对人而言的，任何道德追求也都假定了人有自由意志这个前提。（康德，1960，18）从这个角度说，知识与道德不同，知识既可以是针对人的，也可以是针对物（自然）而言的；知识进步的标志是对客观规律的揭示，而道德进步的标志则是人对自身主观世界的改造和提升；知识需要人们去发现，而道德则需要人们去创造；知识的发现是揭示已有的规律或法则，而道德的建立在人身上往往是从无到有。无论今人发现了多少道德与知识的相关性，也不等于说知识与道德的基本分野可以被抹杀。

知识与道德的关系早在古希腊哲学家那儿就是最重要的话题之一。苏格拉底曾提出"美德即知识"的命题，这一思想在他的学生柏拉图那儿得到了发展，在著名的《国家篇》(*Republic*)中，我们看到柏拉图所描绘的理想城邦的哲学王既是知识之"王"，又是德性之"王"。在柏拉图的心目中，一个人只要真正认识到了一种美德的本质，自然也就会成为一个拥有美德的人。(《国家篇》412B—416C，484B—487A)然而，柏拉图对苏格拉底"美德即知识"思想的继承从根本上讲还是把美德的发展引向了认知主义方向，即把美德归结成了知识。这也是后来克尔恺郭尔一类存在主义者批评柏拉图事实上背叛了苏格拉底所开创的传统的主要原因之一。

亚里士多德是西方学者中认识到柏拉图把德性归结为知识之错误的第一人。亚里士多德把德性分为两类，伦理德性和理智德性。伦理德性指由风俗习惯培养出来的德性，理智德性"主要由教导而生成、由培养而增长"，是后天自觉、主动修炼和理智反省的结果。(《尼各马科伦理学》1103a1—24。1999，27—28)他反复强调，德性与知识不一样，知识的内容是自然界先天固有的，而德性是后天积累或培养的产物。德性的这一后天积累或自觉培养的过程，被他称为"实现活动"(energeia)：

> 正如其他技术一样，我们必须先进行实现活动，才能获得这些德性。我们必须制作才能学会。例如，建造房屋，才能成为营造师，弹奏竖琴，才能成为操琴手。同样，我们做公正的事情才能成为公正的，进行节制才能成为节制的，表现勇敢才能成为勇敢的。在各城邦所发生的事情，就是例证。立法者们通过习惯造成善良的公民，所有的立法者的意图都是如此……总的来说，品质追随着相

同的实现活动。所以一定要十分重视实现活动的性质，品质正是以实现活动而不同。从小就养成这样或那样的习惯不是件小事情，相反，非常重要，比一切都重要。(《尼各马科伦理学》1103a30—1103b26。1999，28—29)

亚里士多德举例说，一块石头即使你把它向天上扔一万次，也不能使它因为这一"习惯过程"（habituation）而学会自己往天上飞。因此，对于自然事物，我们唯一所能做的，不是去改变它们的本性，而是去发现它们拥有什么样的本性。这一过程也就是科学知识建立的过程。但是对于道德来说则不然。一个人不具备某种德性，却可以通过反复学习和训练这一习惯过程来培养它。这就充分说明，把道德问题完全归结为知识是多么片面，而苏格拉底、柏拉图观点的局限性也因此昭然若揭。亚里士多德同时指出，希腊文中道德一词本身就有习惯（habit）之义。

然而亚里士多德的这种认识并不意味着不可以对道德作知识的研究，相反，他的伦理学著作可以说是西方历史上首次确立了伦理学这门科学，即对道德作知识的研究的学科，这是不是自相矛盾呢？在亚里士多德看来不然，其原因是，道德现象也有其发生的规律，就像自然现象一样。对道德的本质及其发生规律的揭示构成的知识，即是伦理学。亚里士多德提示我们，尽管对道德的知识化、科学化研究，构成了伦理学这门科学，可是同时也必须清楚，对道德作知识的研究，并不等于道德问题可以完全通过知识途径来解决。也就是说，对"道德的知识化研究"并不等于"将道德归结为知识"。这是因为正如上面所说的，道德的进步主要取决于习惯的培养、生活的实践和身心的训练（亚里士多德所谓的"实现活动"）。当然，这一关于道德规律的揭示本身，也已经构成他的伦理学研究所发现的一个知识。

在西方伦理学史上，休谟和康德是另外两位对于知识与道德关系的认识作出了巨大贡献的人。休谟关于是与应该、事实与价值之间的裂隙的论述，康德从人类理性无限度地运用自身的能力探索终极实在时必然陷入二律背反这一事实的揭示，显然有助于说明知识与道德之间存在着某种难以跨越的鸿沟。尽管休谟、康德的观点在哲学史上引起了许多争论，他们的后来者们也确实发现了许多休谟和康德未曾发现的知识与价值之间的联系，但是我们仍然不能说这些发现足以否认知识与价值（包括道德）代表人类生活中两种基本不同的事物这一事实。现代科学的发展，知识的进步及信息的膨胀并未给人类带来更多的道德进步，相反却导致了更多的人间丑恶、精神的衰败以及道德的沦丧，这一事实也更进一步证明了休谟及康德观点的正确性，即：既然道德判断不可以用事实判断来论证，知识（包括道德知识）的发展也就并不必然地意味着道德的进步。人的思辨理性对于终极实在的无能为力，使得哲学和科学的局限性昭然若揭，知识不能代替价值，科学不能取代信仰；人们对道德价值的把握可能主要不是靠知识的途径来获得，而要靠信仰的途径。在《纯粹理性批判》第二版"序言"中，康德指出，"故我发见其为信仰留余地，则必须否定知识。……且其中尚有一不可衡量之利益，即今后一切对于道德及宗教之反对论，将永远沉寂"（1960，19。参 Caygill，192—195）。

当然，我们说知识与道德之间存在基本分野，并不意味着二者可以截然分开，被当作彼此毫不关联的事物。事实上，19 世纪末以来，包括现象学、存在主义、实用主义、阐释学等等在内的许多西方哲学流派都研究了知识与价值（其中包括道德）之间种种深刻的联系。在伦理学领域，这方面的研究也一直没有中断，我们前面提到的事实与价值的休谟式话题就是典型一例。我只是要提醒人们，在今天人们追逐当代西方哲学潮流或者陶醉于中国传统文化的特色而大谈所谓"知识与价值不可分"的时候，不要忘了所谓的不可分乃是在二者之间事实上有一基本分野存在的前提下进行的；而不是说，不可分到了二者可以完全相互替代的地步。盲目地强调不可分和相互结合的必要性，而否定基本的事实，那可是某种价值偏好，而不代表学术真理。

## 道德关怀的两种方式：
## 认知的与实践的

　　另外一个与知识/道德问题相关的问题就是，对道德的关怀方式也有两种，一种关怀方式如前所述，把道德作为知识问题来研究。这种研究西方早在古希腊即已开始，并从亚里士多德开始成为一门科学，故伦理学即伦理科学（ethical science），这也符合我国现行教科书上通用的定义。（罗国杰，1989，2，21）在《尼各马科伦理学》这本公认代表亚里士多德本人思想、对整个西方伦理学的形成和发展产生了巨大影响的不朽著作中，亚里士多德用大量篇幅试图证明，科学是"对普遍和出于必然事物的判断"，可证明性是科学认知的主要特点。（1140b30—1141a5）希腊文中的科学（episteme）一词，也常被现代学者翻译为知识，在柏拉图对该词的大量使用中，已经赋予它与亚里士多德类似的含义。因此亚里士多德以来正式形成、奠基于西方认知主义传统的伦理学，以求知为主要使命，并试图建立起一门道德的科学。为了避免伦理学这一概念含义的复杂性所可能带来的问题，本章将仅限于在这一意义上使用伦理学一词。

　　与伦理学等学科从知识的立场来研究道德不同的是，还有另外一种关注道德的方式，即从信仰或实践需要的立场关怀道德的方式。在人类各大宗教中，在中国历史上的儒、道、释学说中，我们看到道德并没有被当成一门科学来研究，而是被当成了一个人生的价值信仰、个人的人格修养或待人接物的处世之道问题。与此相对应的是，对道德的关怀与追求道德的人生实践紧密相连，关怀者往往既是理论家，又是实践家，其道德实践可以是个人的身心修炼和自我约束，也可以是关怀他人、拯救他人的献身活动。正因如此，道德训诫、人格培养、心灵拯救、思想改造、身心修炼、行为规范等是这种道德关怀方式的主要特点。这种道德关怀方式也可以形成一整套关于道德的理论或学说，但是人们——在通常情况下——不把它们称为科学，而称之为宗教学说、人生修养理论、人生观学说、意识形态等。

我们可以把上述两种不同的道德关怀方式分别称为认知的（cognitive）方式和实践的（practical）方式。所谓认知的道德关怀方式，是指力图超越个人当下具体的道德处境或现实社会面貌，运用思辨理性和逻辑论证的方式，建立关于道德的抽象、普遍、永恒的知识，其中涉及道德的本质、规律、基础等一系列问题。这种关怀方式在西方伦理学（或西方哲学）中得到了鲜明的体现。所谓实践的道德关怀方式，是指把道德当作现实生活中每个人所遇到的具体问题来对待，致力于解决现实生活中每个人所遇到的道德问题、心灵困境或人格修养问题，同时还可能帮助个人确立道德信仰、促进社会道德风尚转变等，宗教学说就是由此建立的道德学说中的一个典型。我们可以以伦理学和宗教学说为例，把道德关怀的两种方式——知识的和实践的——在思维方式上的基本差别归纳如下：

表7 道德关怀的两种方式

| 关怀方式 | 认知的 | 实践的 |
| --- | --- | --- |
| 思维方式 | 重逻辑 | 重直觉 |
| | 重知识 | 重智慧 |
| | 重理论重逻辑 | 重实践重直觉 |

当然，我们说道德关怀的方式有两种，并体现为两种不同性质的道德学说，并不是说这两种关怀方式总是截然二分的，或者一定以相互孤立、相互隔离的方式存在。严格说来，在多数道德学说中，认知的关怀方式和实践的关怀方式都是同时并存、彼此交叉的，很难截然区分。本章从道德关怀方式出发来区分两种不同性质的道德学说，只是从总的趋向或主导特征出发所做的划分。但这绝不是说，在伦理学学说中就一定没有对道德的实践关怀，而在宗教学说中就一定没有对道德的认知

关怀。

长期以来，有这样一种错误观点，认为伦理学与一般的道德学说、特别是宗教学说之间的区别在于逻辑推理的严密程度不同，或者理性思维的发达程度不同。一句话，伦理学就是比一般的道德学说（包括宗教学说）逻辑推理程度更高，或理性思维发展层次更深的道德学说。这种观点有一定的片面性，因为它暗含着以伦理科学为标准来衡量宗教、并把伦理学看成比宗教学说更高级的倾向。这种倾向显然忽视或抹杀了许多逻辑推理程度不高或理性思维发展不深的道德或宗教学说，也有着自己独立的、为伦理学（或哲学）不能代替的思维方式，其内在合理性与伦理学（或哲学）相比不是谁高级、谁低级的问题，而是不同性质、不同类型的思维方式之别的问题。从伦理学的角度看，固然可以说很多道德学说（特别是宗教学说）不注重逻辑推理或理性思维；但是从很多道德或宗教学说的角度看，也可以说伦理学不注重直觉体验、自我修炼和实践智慧。也就是说，伦理学与一般的道德学说，特别是宗教学说之间思维方式之别，不是人类思维发达层次的差别，而是在道德问题上所存在的两种不同的关怀方式之别。

这里我想着重强调的是，道德关怀的这两种方式——认知的方式和实践的方式——的差异，导致由此形成的两种道德学说在内容、性质、功能、目的等等一系列方面都体现出鲜明的差异和不可替代性。[1] 所谓不可替代性，其首要含义之一就是，对道德的实践关怀（如宗教）虽然不像伦理学那样具有科学性（指逻辑论证、思辨分析等），但是这绝不等于说它的信仰价值可以由一门关于道德的科学（如伦理学）来代替。尽管道德科学对道德真理的揭示能对道德的进步发挥重要作用，但是在西方，我们看到，在改造社会的道德面貌、促进道德进步方面，很长时期以来发挥主要实际作用的是宗教（特别是基督教）而不是伦理学或哲学。

那么，为什么在西方，伦理学作为一门关于道德的科学在克服社会道德问题上的实际作用，反而不如宗教大呢？这是因为，正如我们在本章第一部分论述的那样，道德与知识代表人类生活中两种不同性质的事物，道德诚然可以从知识的立场来研究，但是道德的进步与知识的发现遵循不同的逻辑。道德进步诉诸的主要手段是实践而不是认知，包括习惯养成、身心修炼、人格培养、待人接物、社会实践等等，用亚里士多德的话来说即所谓的"实现活动"。相比之下，我们很容易发现，所有这些实践性质的道德活动恰恰是一般的道德学说，特别是宗教学说所着力说明和倡导的主要工作，因为宗教学说把指导每一个个人具体、实际的生活方式和行为规范当作自己义不容辞的使命，并试图通过确立和阐明一系列清规戒律、宗教仪式、心灵忏悔、献身他人等道德实践方式来达到自己的目的。相反，以知识探索为主要工作的伦理学，往往不把阐明或倡导具体的道德实践活动方式当作主要使命，或者说不以劝诫人们如何进行身心修炼和开展道德实践为主要内容。这是因为，作为一门科学，伦理学需要从具体的道德处境中超越出来，通过严密的逻辑推理和理论分析建立起抽象、普遍的知识真理，或者建立起道德价值的最高原理或终极基础。这就说是，伦理学不一定要面对具体个人或群体的道德处境发布命令，不需要把解决每一个人的具体道德困境当作它的首要使命。正因如此，伦理学家都是理论家而不一定是实践家，他们研究道德但不一定创造道德；不像道德家或宗教家那样需要创造并向人们展示自身的人格，并通过这种人格风范来达到教化人心的作用。这些正是宗教在引导社会道德发展方面的作用永远不能为知识和科学的进步所替代的理由所在。

许多西方伦理学家都认识到了伦理学与一般的道德学说，特别是宗教学说在思维方式上的本质差别。例如，美国学者 A. I. 麦登（Melden，1950）指出，把道德哲学家和道德家等同起来"是一个错误"，因为，"对伦理课题的理论兴趣（theoretical interest）"绝不能"和对道德存在的实用兴趣（practical interest）相混"（Meldon, 1950, 21）；我们必须充分认识到"习惯的养成（formation of habits）在道德品格和道德行为的发展中的重要性"（Melden, 1950, 2—3）。又如，弗里德里希·包尔生在他那本著名的《伦理学体系》中指出，由于道德哲学（伦理学）的主要任务是发现和证明关于道德的真理，因而不可能像一般的道德学说那样为人们提供道德律令的"清单"；由于道德哲学需要详尽地分析那些蕴含在通俗道德中的"不同价值的理由"，因而它的首要目的不像一般的道德学说那样，"规定人们应当做什么和人们应当根据什么原则来判断"；道德哲学"描述和理解人们实际上的行为和生活方式"，但也因此，它不能为人们如何面对每一个具体的道德困境提供直接解决方案，不承担着为人们制定具体的行为规范的任务。（包尔生，1988，11—20）

## Sophia 与 Phronesis

有了上述认识，下面我们就具备了讨论中国古代究竟有没有伦理学这一问题的条件。让我们先从词源出发，厘清它的最初含义。因为汉语伦理学一词，严格说来是一个外来词，译自西方语言中的 ethics。据说是日本学者首先借用汉语中的"伦理"一词进行这种翻译的。清末民初时，严复在翻译赫胥黎的《进化论与道德哲学》时借用了日本的意译，将其译为《进化论与伦理学》。从此，伦理学一词成为在中国通用的学科名词。（唐凯麟，2001，2）蔡元培在1910年撰写《中国伦理学史》时指出，我国过去没有"纯粹之伦理学史"，日本学者木村鹰太郎撰写《东西洋伦理学史》一书，"始以西洋学术史之规则，整理吾国伦理学说"（1927，4）；因此，在蔡元培先生看来，撰写中国伦理学史，实质上就是用西方的哲学伦理学范畴来重新整理国学，而这样做的根本目的则是为了与西学相抗衡。[2]他还引用另外一位日本学者久保得二氏的话指出，"若博读东洋学说而未谙西洋哲学科学之律贯"，则"不足以胜创始之任"（蔡元培，1927，4）。

伦理学（ethics）一词出自希腊文 ethos（风俗，习惯）及其派生词 ethikos（伦理的，德行的），古希腊人使用 ta ethika, ethike episteme 来表示伦理学、"伦理科学"。它与拉丁文中的 philosophia moralis、英语中的 moral philosophy（道德哲学）或 moral science（道德科学）是同义词。此外，它有时也被称为"实践哲学"（practical philosophy）或"实践科学"。（梯利，1987，3；包尔生，1988，7—8；罗国杰，1993，1）由此可知，下面六个词汇在西方语言中的含义相通：

表8 "伦理学"六个词汇

| ①Ethics | ②Ethical Science |
| --- | --- |
| ③Moral Philosophy | ④Moral Science |
| ⑤Practical Philosophy | ⑥Practical Science |

在这六个词汇中，①②③④四个词汇基本上通用，⑤⑥（特别是⑥）的含义相对宽泛一些，它们常被用来形容伦理学这门学科的性质是"实践的"。因此这些词汇提示如下信息：

(1) 伦理学是哲学的一个分支（③⑤）；

(2) 伦理学是一门科学（②④⑥）；

(3) 伦理学是"实践性质的"（⑤⑥）。

在伦理学的这一系列含义中，最容易引起中国人误解的是实践哲学（practical philosophy）这一表达方式，因为中国人一看到这个名词，往往立即把它理解为一门专门用于指导人们的社会实践或个人人生实践的学问，于是伦理学似乎代表一种实践的智慧（practical wisdom），人们以为这就是伦理学的基本特征。如果联系一下哲学（philosophia）在希腊文中的词源含义爱智慧（philo = love，sophia = wisdom），这种理解似乎是顺理成章的。然而这里面有很大的误解。

从理论上讲，实践哲学这个说法应当来源于第一个从严格意义上来使用伦理学这个词并首次把它建设成一门科学的亚里士多德，尽管亚里士多德本人可能并未使用实践哲学这个表达式（具体原因下文分析）。然而，就在《尼各马科伦理学》这本公认代表亚里士多德本人思想、对整个西方伦理学的形成和发展产生巨大影响的不朽著作中，亚里士多德用大量篇幅试图证明，伦理学（作为实践哲学）所追求的智慧（sophia）却不能被称为实践的智慧（phronesis）。

在《尼各马科伦理学》中，亚里士多德仔细分析了希腊文中的两个智慧概念：sophia 和 phronesis。他指出，phronesis 指人类在追求善恶的过程所体现出来的才能或习性，包括人们在治家理财、治理城邦等方面的聪明才智（1140b1—10）。因此，该词在英文中常被译为 practical wisdom（Melden，1950，118—128；Aristotle，1941，1022—1036），中国学者多译为"实践的智慧"（周辅成，1964，314—319），苗力田先生则译为"明智"，并指出："明智（phroneesis）这个词……是依理性（或原理）而实践的品质。在尚未找一个现成术语相应的现代拼音文字里，往往解释为实践智慧。所谓明智也就是策划，而且是齐家、治国、平天下的那种大策划，伯里克利是明智的典范……能而示之不能，用而示之不用乃是兵家的实践智慧"（亚里士多德，1999，126 以下）。由此可知，phronesis 这个词所代表的是一种与古典儒家所追求的人生的大智慧含义非常相近的实践的智慧。

但是亚里士多德却强调，这种实践的智慧却不是哲学—伦理学追求的目标。因为哲学——philo-sophia——所追求的智慧不是 phronesis，而是 sophia。对于 sophia（智慧）之义，亚里士多德说，sophia 指最精确的科学，或知识的最完善形式。他说：

> 显然在各种科学中，只有那最精确的科学才可称为智慧（sophia）。然而，一个智慧的人绝不可只知道由始点引出的事情，而要探求善于始点的真理。所以，智慧既是理智也是科学，在诸荣耀科学中它居于首位。（《尼各马科伦理学》1141a16—19。1999，129）

亚里士多德将 sophia 之义直接与科学（episteme）相连，并说科学是"对普遍和出于必然事物的判断"，可证明性是科学认知的主要特点（《尼各马科伦理学》1140b30—1141a5）。希腊文科学（episteme）一词，也常被现代学者翻译为知识,在柏拉图对该词的大量使用中已经赋予它与亚里士多德类似的含义。[3]

由上可知,phronesis 与 sophia 在希腊文中虽然都表示智慧,但二者的含义在亚里士多德看来却有本质区别。正因如此,西方学者常常把 phronesis 翻译为 practical wisdom, sophia 译为 philosophic wisdom(Melden, 1950, 118—128; Aristotle, 1941, 1022—1036; 周辅成, 1964, 314—319), 对比如下:

表9 两种"智慧"

| 希腊文 | sophia | phronesis |
|---|---|---|
| 英文译法 | philosophic wisdom | practical wisdom |
| 中文译法 | 思辨的智慧 | 实践的智慧 |

亚里士多德强调,思辨的智慧显然比实践的智慧要高级得多,因为思辨的智慧追求的是普遍、永恒、必然的科学知识,这种知识具有不因人而异的绝对价值;而实践的智慧则只代表人所具有、从而也完全依赖于人的聪明才智。毕竟人不是世间最高贵的存在,因此在亚里士多德看来,把人所具有的"实践智慧"当作最高智慧,纯属无稽之谈(《尼各马科伦理学》1141a20)。

如果说,哲学所追求的智慧是思辨的智慧而不是实践的智慧,那么作为哲学的一个分支的伦理学为何又被称为实践科学、实践哲学,它的实践性质从何而来呢?关于这个问题,我们从亚里士多德的伦理学著作中已可得出结论。在《尼各马科伦理学》中,伦理学研究的对象是以自身为最高目的的善,而善与自然事物相比的最大不同就是,它是在人的"实践活动"中展现出来的。易言之,伦理学与其他科学相比的最大特点就在于它的研究对象来自人的实践。亚里士多德一再强调"善就是合乎德性的灵魂的实现活动(energeia)"。所谓"实现活动",指一种功能性的活动,也可以说是事物展现其品性的实践活动(《尼各马科伦理学》1097b20—1098a20)。由于善或德性的问题只有在城邦的"政治生活实践"中才能充分展现出来，亚里士多德又将伦理学称为"政治科学"。因此，美国学者弗兰克·梯利在总结为什么伦理学是一种实践科学时说，"它之所以被称为实践的，因为它研究实践和行为"（1987，4）。

当然，亚里士多德对伦理学这门学科含义及其实践性质的理解，在西方学术界也不是唯一的；亚里士多德之后，西方伦理学一直在不断分化和发展，出现了许多新的伦理学学派，但是这些似乎并不妨碍我们从西方占主导地位的伦理学思想出发得出如下结论：

（1）伦理学所追求的并不一定是对日常生活实践有直接指导意义的"实践智慧"，作为一门科学，它的目标是建立对于道德的合理知识。如果说它能对人们的实践产生影响，那也与这种"道德知识"的功能有关。

（2）中国历代学者所追求的智慧，特别是儒家伦理道德学说所讨论的人生智慧，从性质上说更接近于亚里士多德所说的实践的智慧，而不是思辨的智慧（即哲学智慧），易言之，是 phronesis 而不是 sophia。

（3）中国历史上的道德学说，特别是其中占据核心地位的儒家道德学说，并不具有伦理学这门学科的科学精神，因此如果按照亚里士多德所开创的西方伦理学传统来判断，似乎不能被直接称为伦理学。

## 伦理学 ≠ 道德学说

然而对于上述反对将儒家道德（或称伦理学说，含义无别，英文可写作 doctrine of morals）直接称为伦理学的观点，人们可以反驳说，尽管我们把伦理学称为一门科学，但是这里的科学只是在不严格的意义上使用的；事实上，凡是人类历史上对道德问题的系统思考和深入研究，尤其是其中包含的对道德的理性分析和推理的学说，均可称为伦理学。这种倾向不仅在中国存在，在西方同样存在（确实有不少西方学者从这种不严格的意义上使用伦理学一词）。由此出发，不仅儒家的伦理道德学说可以称为伦理学,人类历史上许多不同类型的道德学说均可称为伦理学。这种观点是否正确呢?

这种观点导致的一个最大的问题是把伦理学与一般的道德学说,特别是有关道德的宗教学说的思维方式之别抹杀了。因为按照这一观点,有关道德的宗教学说(比如基督教、伊斯兰教甚至佛教学说等)都是伦理学的一部分。这部分是因为长期以来,有这样一种错误观点,即认为伦理学与一般的道德学说,特别是有关道德的宗教学说之间的区别在于逻辑推理的严密程度不同,或者理性思维的发达程度不同。这种观点其实是极其片面的。为什么这样说呢?让我们以宗教学说作为一个典型,来比较一下伦理学与一般的道德学说的思维方式之别。

我们知道,尽管伦理学与许多宗教学说都以道德为关怀,但正如我们前面所曾提到的那样,伦理学是一门求知的科学,它从事实判断出发,对道德现象、道德价值的认知是它的主要任务,而有关道德的宗教学说则从价值判断出发,以解答人生的终极关怀问题为主要任务;宗教学说的主要内容是对人生的各种劝诫和对日常行为的规范,而伦理学的主要内容则是对各种道德真理的客观认知,道德劝诫以及对日常行为加以规范从来不是它的主要内容;宗教学说向人们提出的直接要求是投身于人格的践履、灵魂的拷问和心理的训练,而伦理学向从事它的人们提出的直接要求则是以更加合乎逻辑的方式进行思考和论证;宗教学说必定预设若干价值作为其信徒们千古不变的永恒追求,而伦理学作为一门科学则反对把任何一种价值当作毋庸置疑的前提不假思索地接受,主张任何价值都要经过理性思维的分析和批判,以便找到其存在的终极基础;伦理学也可以基于对现实的批判来思考问题,但即便如此,它所提供的也只是对现实的深刻知识,而与宗教直接以解答人生的终极归宿问题为旨归不同。伦理学家都是理论家,他们的主要价值体现在其所从事的理论工作上;宗教家也有理论,但他们主要是实践家,他们往往把一生的主要任务投身到艰苦卓绝的自我修炼和道德实践中去,并且要以自身的人格力量为人们树立道德榜样,直接为拯救他人的灵魂或改变社会风尚而献身。

我们可以借用下文中将提到的麦登的术语,把伦理学与一般的道德学说,特别是有关道德的宗教学说在思维方式上的差别称为知(knowing)与做(doing)的差别。我们的意思是,伦理学是为了建立关于道德的本质、规律、功能等方面的普遍知识而建立起来的,而一般的道德学说,特别是有关道德的宗教学说则是为了"解决"现实生活中人们遇到的具体道德问题而建立起来的。正是这一出发点上的差别,导致了伦理学与一般的道德学说,特别是有关道德的宗教学说之间的思维方式之别,不是人类思维发达层次的差别,而是在道德问题上所存在的人类两种不同的思维理路之别。现将这两种道德学说思维方式之别归纳如下:

表10 两类道德学说

| 类别 | 伦理学 | 一般的道德学说 |
| --- | --- | --- |
| 思维方式 | 重逻辑 | 重直觉 |
| | 重知识 | 重智慧 |
| | 重理论 | 重实践 |
| | 重分析 | 重综合[4] |

许多西方伦理学家都认识到伦理学与一般的道德学说,特别是有关道德的宗教学说之间谁也代替不了谁这一重要事实。弗里德里希·包尔生就是一例。他在《伦理学体系》中明确否定道德哲学(伦理学)以提供道德律令的"清单"为务,或规定人们该做什么、不该做什么;他强调道德哲学的任务是分析通俗道德中的"理由",以"描述和理解"人们实际上的行为和生活方式为务。(1988,11—20)一句话,伦理学的"实践性质",并不是指它直接为指导人们的道德实践服务,后者应当是一般的道德学说,特别是宗教学说的任务。

基于同样的理由,美国学者麦登(1950)指出,把道德哲学家和道德家等同起来是一个错误(Melden,1950,2)。因为,

> 对伦理课题的理论兴趣(theoretical interest)不论是怎样产生

的，都不能和对道德存在的实用兴趣（practical interest）相混。理论的兴趣和知（knowing）相连，而实用的兴趣则与做（doing）相连。让我们记住习惯的养成在道德品格和道德行为的发展中的重要性，并由此避免犯下述的错误，即认为关于道德理论的知识足以促进我们的道德行为。（Melden，1950，3）

一个高明的道德哲学家对于勇敢的含义的清楚揭示，丝毫也不意味着它可以使一个人从胆小鬼变成勇敢者，后者不能通过知识而只能通过实践来解决。由于伦理学的任务是建立普遍的道德知识，因而直接指导人们如何面对现实生活中的具体道德问题并制定相应的行为规范往往不是它的首要任务；相反，很多道德学说，特别是有关道德的宗教学说则完全是在思考如何解决现实生活中的大量道德问题而建立起来的，因而直接面对或解决现实生活中的具体的道德问题则是衡量它的生命力的首要标准。由此也可发现，伦理学（即道德哲学）与一般的道德学说，特别是有关道德的宗教学说都是对道德问题的思考和研究，但是无论从思维方式还是从社会功能上看二者之间都有本质差别；这种差别也决定了，在人类生活中它们谁也不能代替谁，它们各自发挥的功能都是我们人类生活所必需的。

必须认识到，尽管伦理学对道德真理的揭示能对道德的进步发挥重要作用，但是它的局限性也是显而易见的，人们并不期望用伦理学这门科学作为解决现实生活中的道德问题的主要手段；相反，在西方，我们看到，在改造社会的道德面貌，促进人们的道德进步方面，很长时期以来发挥主要实际作用的是宗教（特别是基督教）而不是伦理学。宗教学说之所以一直能发挥巨大的促进社会道德进步的作用，是因为它注重指导每一个个人具体、实际的生活方式，包括通过确立和论证清规戒律、修炼、教堂生活、献身活动等的方式来达到这一目的，这也正是它在引导社会道德发展方面的作用永远不能为知识和科学的进步所替代的理由了。

如果我们上面所阐述的观点正确的话，那么可以说，中国历史上历来占主导地位的道德学说即儒家道德学说，从性质、功能、思维方式上说更加接近于我们所说的有关道德的宗教学说，而不是伦理学。这也是学术界越来越多地认识到儒学具有强烈的宗教性的原因之一，或者说儒学的核心内容具有典型的宗教性。如此，我们还能说中国古代有伦理学或儒家道德学说是伦理学吗？

## 中国型态的伦理学？

有人也许认为，伦理学可以不局限于亚里士多德以来的西方型态，中国古代有一个"中国型态的伦理学"，在思维方式上与西方伦理学相别。具体说来，在思维方式上，中国伦理学重直觉，西方伦理学重逻辑；中国伦理学重（实践的）智慧，西方重（理论的）知识；中国伦理学重综合，西方重分析；中国伦理学重实践，西方重理论，等等。这种观点可能遇到如下挑战：反对者可以说，如前所述，重直觉、重智慧、重综合、重实践可能是很多道德学说，特别是有关道德的宗教学说的共同特点，与中国型态没有关系。同样，有关道德的基督教教义或学说（乃至其他许多人类宗教的教义或学说），当然也具有重直觉、重体验、重实践、重综合的思维方式，我们为什么不把它称为伦理学而称之为宗教学说呢？假如我们前面所说的伦理学与宗教学说的思维方式之别能够成立的话，所谓中国型态的伦理学的上述说法似乎面临严重困境。

然而针对这里对中国型态的伦理学的质疑，人们可能作如下辩护：

第一，中国伦理学或儒家伦理学的提法不但已经为中国学者所广泛接受和使用，而且在西方汉学界也已成为一个广泛共识。正像目前西方不少汉学家都在使用中国哲学与儒家哲学的概念一样，也有不少西方学者使用中国伦理学或儒家伦理学的概念，并强调了后者的中国特色。难道他们这样做没有理论根据吗？

第二，虽然我们可以承认有关道德的宗教学说与哲学—伦理学存在着思维方式之别，但同时也不能否定在宗教学说中可能存在哲学或伦理学内容。例如，即使在西方，长期以来就有人使用并研究基督教哲学、基督教伦理学这类概念。为什么我们不能使用中国伦理学、儒家伦理学这类概念呢？

对于这两个问题，我认为我们需要区分如下这两个判断：

判断一，儒家学说中有伦理学；
判断二，儒家道德学说是伦理学学说。

现在我们要强调，这两个判断之间存在根本差别。这一点可以从下面这两个判断之间的差别得到证实：

判断三，基督教学说中有伦理学；
判断四，基督教道德学说是伦理学学说。

人们通常不会说基督教学说中相应的部分可直接称为伦理学，但是也不否认基督教学说中有伦理学的成分。也就是说，判断三与判断四在性质上存在根本差别。判断三能够比较广泛地被人接受，而判断四则不然。当人们说基督教哲学、基督教伦理学时，不是说基督教学说的相应成分就是哲学、伦理学学说，而是说他们从哲学、伦理学的视野出发，在基督教学说中找到了哲学、伦理学的成分。判断一与判断二的差别与判断三与判断四的差别一样，我们可以承认儒家学说中有伦理学的成分，但并不必然地意味着儒家学说中有关道德的成分可直接称为伦理学学说。所谓的儒家伦理学只是说：人们从伦理学这样一个西方学科的视野出发，在儒家学说中找到了伦理学方面的思想。据此，我们可以不承认中国古代的道德学说——特别是其中占主导地位的儒家道德学说——是伦理学，但是与此同时却可以说在中国古代道德学说中存在伦理学思想。

本章认为，这两个说法之间的差别异常重要。

为什么这样说呢？这是因为，所谓中国古代伦理学特别是儒家伦理学，事实上是一个用伦理学这一西方学科概念解读中国传统思想的产物，一个现代人从古人思想中人为地挖掘出来的"新玩意"；正因为它的出现已经经过了现代人的"特殊加工过程"，其含义、性质、意义均已与那些原本意义上的道德学说有了本质区别。就拿儒家伦理学（Confucian ethics）这个概念来说吧，我们知道儒家伦理学这个概念无论在中国还是在西方，目前都有不少人在使用它。[5]柯雄文（A. S. Cua）可以说是这些学者当中有代表性的一位，尤其在倡导儒家伦理学方面，他的观点在西方有一定影响。现在就让我们以他为例来看看所谓的儒家伦理学是什么意思。柯雄文把儒家伦理学称为"从《论语》中推导出来的道德概念、道德劝诫及道德模范构成的总体"（Cua, 1988, 1）。这一说法表面看来似乎把《论语》中的道德思想直接称为伦理学了，其实不然，因为作者明确提到，是自己从经典中"推导出来"的。我们必须注意到柯雄文所提出的一整套儒家伦理学学说，已经包含着他个人的一系列人为建构工作，也即他所谓的"推导过程"（derive from）。用他自己的话来说，他从很多年前就开始进行着"从理论上重构儒家伦理学"（a conceptual reconstruction of Confucian ethics）的工作（Cua, 1998, 1）。他似乎认为，在孔子的思想中"隐藏"着一整套独特的伦理学思想，需要现代学者把它"揭示"或"重构"出来。柯雄文的"重构工作"，我认为体现在如下几方面：

（1）借助西方伦理学的一系列概念或范畴来分析一系列儒家道德思想，这些概念或范畴包括诸如 moral rules and principles（道德原则和原理），a priori cognitive assessment（先天认知评价），objectivity of judgment（判断的客观性），justification of moral conduct（道德行为判断），reasonableness and rationality（合理性与理性）等。[6]

（2）尽管他总是强调儒家伦理学与西方人所熟悉的伦理学的不同之处，但是儒家伦理学与西方伦理学的"可比性"是他自己"建构的成果"，他的整个著作到处渗透着这种"建构"的特点，而柯雄文所提出的儒家伦理学能否成立，完全取决于他的建构工作成功与否。

（3）当柯雄文把儒家伦理学当作一种具有独特意义的伦理学提出来的时候，他所说的 Confucian ethics 事实上已经不是原来意义上的儒家道德学说了。因为不管他本人是否接受，我们都发现柯雄文所说的儒家伦理学并不是儒家道德概念和道德思想按照其自身逻辑的展现，而是已经被纳入到了新的话语体系。

柯雄文建构儒家伦理学的这种特点，可以说也基本上适用于其他许多西方学者或中国学者，这些学者也曾在各种论著中论证了一门中国伦理学或儒家伦理学学科的存在。不管他们如何强调和重视儒家伦理学或中国伦理学之不同于西方伦理学的特色，他们所说的儒家伦理学或中国伦理学，都是他们自己运用现代学科概念及范畴，以中国古代道德学说为资源建构出来的。比如有些中国学者认为"伦理学是一门专门研究道德的起源、本质、规律、功能等等的科学"，然后说中国古代的道德家们也研究了这些问题，于是他们得出中国古代也有伦理学。这里我想指出，他们说"中国古代有伦理学"，或者"在儒家学说中有伦理学内容"，也许是对的；但是他们却绝对不能说，中国古代学说中涉及道德的部分可以直接称为伦理学。因为"专门研究道德的起源、本质、规律、功能等等"，本来就不是儒家道德学说的根本宗旨所在，儒家更不曾把道德作为一门科学来研究；他们所采纳的那些概念和范畴，都孕育自一个与中国古代学术传统完全不同的、以认知主义为主要特点的思想历史传统；因此他们所说的中国伦理学（或儒家伦理学），事实上经过了一番人为加工和主观构建的过程。

为了进一步说明我们的观点，让我们再来思考这样一个问题：现代人常常习惯于用现代西方学科范畴来解读人类历史上的宗教学说或其他信仰体系，这种行为是不是意味着，那些宗教或信仰学说可以完全纳入这些现代学科范畴中去呢？伦理学、哲学、政治学、经济学等等一系列现代西方学科范畴，是否代表解读一切古代学说体系的唯一途径？例如，就拿基督教学说来说，人们不仅可以用伦理学范畴来解读，还可以用哲学、政治学、经济学、法学等学科范畴来解读（这种解读确实已经发生在现代大学的各个相应的系科里），因此人们不仅谈论所谓的基督教伦理学，而且也谈论着基督教政治学、基督教经济学、基督教法学、基督教哲学……如果我们坚持认为，基督教学说中讨论道德的部分就是伦理学学说，讨论政治的部分就是政治学学说，讨论经济的部分就是经济学学说，讨论法律的部分就是法学学说，等等，那么，我们就必须接受下面这个等式：

基督教学说＝基督教哲学＋基督教伦理学＋基督教政治学＋基督教经济学＋基督教法学＋……[7]

但是，谁都知道，上面这个等式是不成立的！原因很简单，它把基督教学说完全归结为哲学、伦理学、政治学、经济学、法学等一系列现代学科了，从而完全否认了基督教学说——作为一种宗教学说——具有超越于现代学科范畴的自身逻辑，和独立于现代学科体系的独特价值。不仅如此，这个等式还潜含着这样一种异常深刻的危险，即欧洲现行的基督教宗教传统可以被现代学科体系所取代，宗教信仰没有超越或独立于现代学科体系的独立价值。我们看到，在今天的西方，大学各个系科里谈论基督教哲学、基督教伦理学、基督教政治学……的话语，这种话语与基督教作为一种活生生的宗教传统同时并存而没有相互排斥，其原因不正是人们认识到了宗教信仰不能被学科体系所取代吗？

同样的道理也适用于思考儒家传统。这是因为，尽管儒家是否是一门宗教至今争论不清，但是我们在前面已经证明，它在思维方式上更加接近于一般的道德学说，特别是宗教学说。因此现在我们也可以追问，儒家传统是否也像基督教传统一样，有着超越于西方学科范畴的自身逻辑，和独立于西方现代学科体系的独特价值呢？答案应当是肯定的。现在的问题是，在今天的学术界特别是大学的各个系科里，人们不仅在谈论着所谓的儒家伦理学，还在谈论着儒家哲学，儒家政治学，儒家经济学、儒家法学……这种做法在 20 世纪以后的中国一直是一个时髦。然而，如果我们坚持认为，儒家学说中涉及道德的部分就是伦理学学说，涉及政治的就是政治学学说，涉及经济的部分就是经济学学说，涉及法律的部分就是法学学说，等等，那么，我们就必须接受下面这个等式：

儒家学说＝儒家哲学＋儒家伦理学＋儒家政治学＋儒家经济学＋儒家法学＋……

显然，这个等式完全忽视了儒家传统可能有着超越于现代学科范畴的自身逻辑，和独立于西方现代学科体系的独特价值。它的危险性，与前面基督教学说等式的危险性其实是一样的，即它意味着对儒家传统独立性的抹杀。那么导致这种抹杀的原因究竟是什么呢？原因恰恰是，严重混淆我们在前面所说的判断一和判断二之间的根本差别，将儒家学说中的相应成分等同于哲学、伦理学、政治学、经济学、法学等一系列现代学科思想。我们非常不幸地发现，这种通过现代学科范畴体系对儒家传统内在独立性的人为抹杀，已经确确实实地发生在今天的中国。20 世纪以来，随着西学的蜂拥而至，特别是随着西方科学在全球文明中强势地位的建立，也使得国人倾向于把现代西方学科范畴当作是解读传统思想的唯一有效工具。于是，儒家作为一种独立于西方现代学科范畴的独特传统，已经无法保持自身的独立性了（这一点与基督教完全不同），它不得不被五马分尸，分门别类地纳入哲学、伦理学、政治学、经济学、法学等一系列西方现代学科体系中去，而原来意义上的儒家传统作为一个完整的整体的自身逻辑及其独特价值，被人们在西方现代学科的洪流中轻而易举地遗忘和抛弃了。

这一严峻的历史现实使我们更加认识到，把伦理学这个西方学科范畴引入国学传统中来，绝不是一件可以随随便便地去做的事情，否则必将带来消极的历史后果。我们的结论是，谈论儒家伦理学——或者更广义地说，中国伦理学——的前提是，小心谨慎地区分"儒家学说中有伦理学"与"儒家道德学说是伦理学学说"这两个判断；只有"儒家学说中有伦理学"这个说法才有可能成立，而这一判断的含义只能理解为：（1）人们可以用伦理学这一西方学科范畴来"重新解读"儒家道德学说，（2）重新解读的过程同时也是一个人为加工、重构甚至创造的过程，因此（3）儒家伦理学或"中国古代伦理学"绝不能等同于儒家道德学说或中国古代道德学说本身。同时还必须注意，虽然我们可以使用伦理学乃至哲学、政治学、经济学、法学等一系列西方学科范畴来解读儒家传统或中国古代其他学术，但是这种做法未必就是现代中国人解读古代学术传统的唯一有效方式；相反，如果这一工作的局限性得不到应有的认识，那么它也完全可能导致对中国古代学术传统的内在逻辑的严重忽视，导致对中国古代学术传统独立性的遗弃和内在生命力的扼杀。

问题的症结在于，现代中国学者对于西方认知主义传统，即通常所说的 intellectualism 的含义缺乏真正理解，也没有真正接受。特别是这一传统所代表的为知识而知识，和求知传统所蕴含的思想自由、精神境界和人生旨趣，以及这些东西所具有的对于人性的普遍价值（即不分文化、种族、时代所有同样的价值），均相当生疏，也未真正接受。所以他们把伦理学这一概念的外延拓宽为"关于伦理、道德或善恶的系统化理论"之后，就完全忽略了伦理学作为一门科学所代表的认知主义传统的应有之义，误以为伦理学的根本目的在于为人们现实生活中的伦理道德问题提供指导之学。他们也会想当然地以为任何宗教或道德学说的核心都应该是某种伦理学。

## 传统儒学家犯了重道德、轻知识的错误吗？

通过前面的分析，我们可以进一步来讨论近代以来较为流行的一种对儒家的批评，即认为儒家犯了重道德、轻知识的错误，有一种泛道德主义倾向。这种批评对不对呢？

如果我们承认，道德关怀的两种方式——认知的和实践的——代表人类在过去漫长岁月里所积累起来的两种基本的方式，它们在人类生活中所发挥的作用各有侧重点的不同，但是从根本上说这两种方式之间是互补的而不是相互排斥的，是并行不悖的而不是相互替代的。也正因为如此，我们不能站在其中一种方式上来攻击和批评另一种方式。例如，我们不能站在科学知识的立场来攻击基督教学说重道德、轻知识；也不能站在基督教的立场上批评西方伦理学犯了泛知识主义错误。

现代中国学者（特别是新儒家学者）似乎有一种普遍倾向，认为传统儒家儒学犯了重道德、轻知识的错误，并试图建立某种理论体系把儒学与西方知识传统结合起来，为纠正这一错误而做了大量的理论工作。例如，牟宗三认为中国文化中发展了"综合的尽理之精神"，但缺少"分解的尽理之精神"，这不仅妨碍了逻辑、数学和科学在中国的发展，而且导致了中国"只有道统而无学统"（2003f，189—207）。所以他才提出"内圣开出新外王"和"自我坎陷"说，并试图从"两层存有论"的高度将西方的知识传统与儒家道德传统相结合。唐君毅在其代表作《生命存在与心灵境界》（1977/1986）一书中，以生命的九层境界为轴心，建立了一个同时包容各种西方哲学思想、各种人类知识形式以及人类几大宗教（基督教、佛教等）和儒家在内的层级体系，其中以儒家人格境界为最高，而各种人类知识、哲学及人类其他宗教之精神境界都低于儒家，并以儒家境界为鸿的或归宿。这种理论工作，可以说也是一种从形而上学或存在论的高度来结合儒学与西方知识传统的尝试。此外，还有不少其他学者从形而上学的高度，进行了把西方知识传统与儒家或中国学术传统相结合的理论尝试。[8] 所有这些理论工作，都共同假定了中国古代学术传统特别是儒家传统犯了轻知识的错误，并试图通过建构一种形而上学或存在论学说把西方知识传统吸纳到儒家传统中来。那么儒家传统是不是真的犯有重道德、轻知识的错误呢？如果它需要与西方的或现代的知识传统相结合，其结合方式是不是像上述学者所描述的那样呢?

为了回答这类问题,让我们先来讨论一个问题,即儒家传统关怀道德的方式究竟属于上面所说的哪一种呢?是认知性质的还是实践性质的,还是兼而有之?下面的讨论中我们将得出,如果儒学关怀道德的方式是实践的而不是认知的,那么,我们就不能指责它犯了重道德、轻知识的错误。这是因为,对一个社会而言,知识的发展与道德的进步好比社会分工一样可以按各自的方式自发进行;尽管不排除有些人会从理论上来探讨知识与道德结合的问题,但在理论层面二者可以独立发展,并不是非要交融不可;尽管对道德的认知关怀与对道德的实践关怀有着不可分割的联系,但是必须认识到,作为学术研究过程,二者可以独立发展,并行不悖,非不可。这就好比物理学研究和道德研究二者可以同时在某些人身上相结合,但是这两种不同性质的研究遵循不同的逻辑,从理论上把二者结合起来并非它们各自发展的前提。正像我们不能因为物理学从认知的立场研究世界,而指责物理学犯了重知识、轻道德的错误一样,我们也不能指责传统儒学从道德的立场来关注世界是犯了重道德、轻知识的错误。我们既然不能指责基督教从实践的需要出发、针对个人和社会进行道德建设,就是犯了泛道德主义的错误,也就不能因为儒学从实践的需要出发,针对个人和社会进行道德建设,就指责它犯了泛道德主义的错误。正像西方一些伦理学以认知的方式来研究道德的本质有其内在合理性和实际价值一样,儒学以实践的方式关怀道德问题,也有其内在合理性。下面我们进一步分析为什么传统儒学关怀道德的方式主要是实践的而不是认知的(现在我们可以一起来思考的一个问题是,中国古代儒学关注道德的方式是哪一种呢?是认知的还是实践的?是更加接近伦理学还是更加接近宗教?下面我们将论证得出,传统儒学关注道德的方式符合我们前面所说的实践的方式的基本特征,尽管其中也有不少知识的成分);由此出发我们进一步认为,所谓儒学犯了重道德、轻知识或"泛道德主义的错误"的说法不能成立。

下面我们简单地论证一下儒学的道德关怀方式是实践的而不是认

知的：

（1）儒学从来都是从生活的实际需要出发，把道德当作实践问题来研究，道德训诫、人格培养、心灵拯救、思想改造、行为规范、安身立命等一直是儒学在道德关怀上的基本特征。把道德当作一门科学来研究，这种思维方式中儒学没有正式建立起来。"太上有立德，其次有立功，其次有立言"（《左传·襄公二十四年》），儒学的道德追求，不是为了建立一种抽象、普遍、绝对的道德知识。"大学之道，在明明德，在亲民，在止于至善"（《大学》），儒家道德传统的精神实质是要人们在自己的生活实践中建立起实实在在的道德。为此，道德的追求主要是一种实践活动，即修炼和践履的过程，而不是一种理论思辨。"自天子以至于庶人，一是皆以修身为本"（《大学》）。

（2）儒学虽然十分重视知，但是儒家所说的知，主要是指一种实用的人生智慧，而不是我们在前文中所说的不直接针对实用需要、在思辨理性和逻辑论证思维方式支配下的道德认知。儒学往往仅限于从如何来理解和把握道德的意义上使用知这个概念，而没有真正探讨本章前面所说的知识的问题。正如古人在注解中一再强调的，儒家典籍中的知，往往只能理解为智，是智慧而不是知识。让我们略举几例：例如孔子说"知之为知之，不知为不知，是知也"（《论语·为政》），这里最后一个知显然指一种做人的诚实态度，不是指客观知识；《论语·八佾》中所谓"知禘""知礼"，显然不是说一个人不知道"禘"或某些礼仪规范的知识含义，而是强调要理解禘、礼所必备的道德修养、道德境界，其中包含的是对道德的实践关怀。

（3）儒学虽然也重视对于道德的知，但是它所强调的道德知识乃是以行动为基础的，而不是脱离实践需要的抽象的知识。我们知道，知、行关系是传统儒学中经久不衰的话题之一，早在王阳明提倡知行合一之前，我们就可以在宋儒那里找到许多这方面的论述，其中基本精神都是强调知离不了行。为什么儒学会如此重视知行关系呢？现在我们可以从儒学关怀道德的方式中找到答案。正是传统儒学从实践的角度关怀道德的方式,决定了它关心的是人们在现实生活中建立对于道德的真正理解。就像一个人只有通过勇敢的行为才能真正理解什么是勇敢一样,人们也只有通过相应的道德行为才能真正理解道德的含义。程颐曾经举出一个非常浅显的例子来说明行比知更重要。他说人人都知道虎能伤人,但是只有那位确曾被虎伤过的田夫,对虎能伤人才有真正的知。程颐曾经举出一个非常浅显的例子来说明行比知更重要,他说:

> 真知与常知异。尝见一田夫,曾被虎伤,有人说虎伤人,众莫不惊,独田夫色动异于众。若虎能伤人,虽三尺童子莫不知之,然未尝真知。真知须如田夫乃是。故人知不善而犹为不善,是亦未尝真知。若真知,决不为矣。(程颢、程颐,2004,16)

(4)德性之知与闻见之知的区分本身也说明儒学虽然不排斥对于道德的认知关怀,但它自身所侧重的是道德的实践关怀,因为这一区分所强调的是从修身养性的人生实践中获得的德性之知。我们知道,德性之知与闻见之知的提法来源于宋儒张载及程颐,如果说其中闻见之知更加接近于我们今天所说的知识的话,那么德性之知中的知则是智慧而非知识。虽然这一思想本身并不必然地包含着排斥知识的倾向性,但是其精神实质则是强调知识并不必然带来智慧,真正的智慧建立在身心上的自我训练以及与之相应的道德实践基础上。按照张载的说法,闻见之知"乃物交所知",而"德性所知"则是通过"大其心""体天下之物",达到了"尽性"和"视天下无一物非我"的境地之后才有的:

> 大其心则能体天下之物,物有未体,则心为有外。世人之心,止于闻见之狭。圣人尽性,不以见闻梏其心,其视天下无一物非我,孟子谓尽心则知性知天以此。天大无外,故有外之心不足合天心。见闻之知,乃物交而知,非德性所知;德性所知,不萌于见闻。(张载,1978,24)

现在似乎可以得出，正因为儒学关怀道德的方式是实践的而不是认知的，因此它不把建立关于世界或人的科学知识当作自己的主要任务，就是自然的、合情合理的，我们不能说儒学轻知识是一个错误；儒学的性质决定了，它在多数场合下关心的只是如何进德修业的问题，即如何成全个人的道德。正因为儒学关怀道德的方式是实践的而不是认知的，因而行重于知乃至知行合一思想的产生也就是正常的和合乎情理的，不能说是泛道德主义。

正像西方一些伦理学以认知的方式来研究道德的本质有其内在合理性和实际价值一样，儒学以实践的方式关怀道德问题，也有其内在合理性。儒学之所以区分知（智慧）与识（知识），以及德性之知与闻见之知，强调行比知重要，乃是因为它所致力的是现实生活中道德价值的确立，这种价值本来就不可能指望通过揭示客观知识的方式来达到。易言之，传统儒学在处理道德与知识的关系上，没有犯什么错误，是由它从实践需要的角度来思考和探索道德问题的方式决定的。历史上所有的宗教或其他重视现实道德问题的道德理论都有与此类似的特征。

现在我们可以思考一下，20世纪以来，为什么有很多学者指责儒学犯了重道德、轻知识或者泛道德主义的错误等等呢？这其中有多少是纯粹学理思考的产物？还是与近代中国的特殊命运有关，慑于西方现代科学技术的强大威力，追问中国文化中没有发展出科学的原因，进而归咎于在中国历史上曾长期占主导地位的儒学的缘故呢？其实认知主义传统在西方是特定社会历史文化背景的独特产物，这种外部背景在春秋战国时期的中国文化中本不具备。批评儒学犯了重道德、轻知识或者德性一元论的错误，乃是把一种外在的民族、国家发展使命当成了衡量和要求儒学的标准。事实上，对于现代中国社会而言，发展认知主义传统最简单的方式就是直接引进西方的先进成果和学术学科等，包括引进西方哲学传统（而不是搞出一个把儒学与知识传统相结合的理论体系），而事实上一百多年来中国也确实这样做了，尽管其成败优劣还有待评价。

从另一个角度说，认知主义传统与道德传统虽然可以相互结合，但是由于它们代表着两种不同性质的学术传统，因而在历史上往往以各自独立的方式存在和发展。指望一种重视道德建设的儒学传统来开出另外一种可以独立于道德发展起来的知识传统来，本身就是不切实际的。我们必须认识到，以实践的方式关怀道德乃是人类过去历史长河中常见的一种道德关怀方式，如果儒学的道德关怀方式犯了所谓重道德、轻知识的错误的话，那么所有其他以实践方式关怀道德的学说，比如基督教学说、佛教学说、伊斯兰教学说等是否也都犯了重道德、轻知识的错误呢？这等于否定了这种关怀道德方式本身的合理性。

## 余论：儒学需要与知识传统相结合吗？

我们在前面反复论证了儒家道德传统不是伦理学，它与西方伦理学等知识传统代表了两种不同性质的学术传统，二者可以独立发展，并行不悖，而不一定非要在理论层面结合不可。但这绝不是说儒家传统与知识传统之间不能结合，或者不可以结合。关键是，现代中国的学术精英们多认为，只有儒家道德传统与来自西方的知识传统之间的相互结合，才是传统儒学的现代方向。真是这样的吗？现在我要问的是，儒家传统学与知识的结合，作为道德传统与知识传统之间的一种结合，究竟怎样可以发生呢？如何看待现在一些现代学者特别是新儒家学者在知识与道德的结合上所做的工作？

知识与道德的结合是怎样发生的？

通过对人类道德关怀方式的两种主要方式的分析，以及本章第一部分对知识与道德之间基本分野的考察，可以发现，既然知识与道德代表人类生活中两种不同的现象，那么自然可以设想，这两种事物之间的结合并不总是必然的。有些学问主要关心道德建设而不是知识进步，照样可以对社会生活非常有用。比如历史上的许多宗教学说以及传统儒学都是如此。有些学问只关心知识进步而不关心道德建设，这种学说当然也必不可少，一系列现代自然科学学科（物理学、化学、数学……）就是最典型的例子。那么在什么情况下会发生知识与道德的结合呢？

显然只有当知识与道德在现实生活中发生碰撞的时候，才有可能发生知识与道德的结合问题。这是因为道德作为发生在人们生活中和精神上的活生生的现象，与知识这个可以带有理论性质的事物，本来发生在两个不同的领域或空间中。但是这两种事物所代表的活动主体都是人，因而可以通过人使这两种事物在人类生活中发生碰撞，有了相互碰撞自然就有了相互结合的问题。正因如此，知识与道德的碰撞与结合，也只能发生在人的身上并且必须通过人来实现。显然，它们的碰撞不可能发生在纯粹理论的领域，因为道德存在于人们大量生动、具体的现实生活中，至于人们从理论上研究它们的碰撞与结合则是另外一回事。当一个科学家关心道德修养的时候，或者当具有道德品质的人与知识世界打交道的时候，知识与道德的碰撞就发生了。所以只有在现实生活中、在人既要面对知识又要面临道德问题的时候，或者说，当人作为道德活动的主体面对知识的时候，知识与道德的碰撞、结合才有可能发生。

道德与知识碰撞、结合的这一特点，决定了另一个极其重要的事实，即道德与知识的结合构成了人的道德实践的一部分，属于对道德的实践关怀方式中的一种。我们前面说过，对道德的实践关怀，由于注重习惯养成、身心修炼、人格培养、待人接物、社会实践等过程在道德建设中的作用，因而具有对道德的认知关怀所不可替代的价值。现在我们必须强调，知识与道德的结合问题，说穿了就是在求知过程中，人们如何通过习惯养成、身心修炼、人格培养、待人接物等实践过程来进行道德建设的问题。易言之，知识与道德的结合，就是人在面对知识世界的时候如何确保或重建自身道德价值的问题。正是从这个意义上，我们说知识与道德的结合主要是一个实践问题而不是一个理论问题。

## 现代新儒家在认识上的偏颇

现在我们来检讨一下现代新儒家在道德与知识的结合上所做的工作。我们无暇对现代新儒家主要代表人物的思想一一分析，前面我们说过，一些现代新儒家学者试图从形上学、存有论（即存在论）的高度来结合道德与知识，即以在儒学与知识的结合方面建树最多的冯友兰、牟宗三、唐君毅等人为例，研究他们的学说体系，包括特别是冯友兰的"新理学"、牟宗三的"自我坎陷说"和"两层存在论"学说以及唐君毅（1986）的"生命存在与心灵九境说"，可以发现：(1) 他们普遍主要是因为错误地认为中国历史上的儒家犯了重道德、轻知识的错误，(2) 为了纠正这一错误，他们试图从形上学、存有论的高度来建立起道德与知识的结合，而没有认识到知识与道德的真正碰撞与结合只有在实践中才能发生，儒家作为一种道德传统与知识的结合主要是一个实践问题而不是一个理论问题。当然，这不是说不能从存有论或形上学的角度来探讨知识与道德的结合，但是与传统儒学的理论体系相比，他们提出的形上学或存有论的最大特点乃是：不是把知识与道德的结合当作个体生命的道德实践任务，以及在这一实践过程中对生命意义和终极实在的把握，而是把形上学或存有论作为一种脱离上述实践的抽象思辨过程，当作了一种知识论。

虽然现代新儒家仍然像传统儒家一样注重个体生命的道德实践，但是问题在于"知识与道德在现代社会中的相互结合"并没有成为他们个体生命的道德实践，或者说他们并没有把这种结合性质的实践当作其毕生的主要任务，并向我们展示一个以此实践为基础的形上学或存有论。至少在前述几位新儒家学者的著述中，我们看不到这些内容。于是知识/道德在理论上的相互结合，与知识/道德在现实生活中相互结合的实践过程相分离，仿佛知识与道德的结合可以脱离生活实践而实现；这不仅背离了传统儒学的方向，而且也使他们的理论工作在现实问题面前显得空洞无用。我们知道，传统儒学中如果真的有形上学或存有论的话，其核心内容应当是圣贤们对生命存在和形上境界的深刻体会，而这种体会则完全是在艰苦卓绝的身心修炼和坚持不懈的人格践履中获得的。因此，儒家的形上学或存有论事实上只能建立在个体生命的道德实践基础上；脱离生活实践和道德修养过程，单凭思辨理性和逻辑论证建立形而上学体系，对传统儒学来说是不可思议的。既然一些现代新儒家声称，他们不同于西方认知主义哲学家，他们要继承道统、建立一种与时代需求相适应的"形上生命智慧"，那么这种将知识与道德相结合的"形上智慧"如何能够脱离生活实践、单纯通过理论建构的方式来获得呢？

前面说过，知识与道德的结合是人们道德实践的一部分，因此对于知识与道德结合问题的探讨，只有从现实生活出发，从生活实际中发生的问题出发来探讨，而不是只停留在脱离生活实际的空洞、抽象的理论探讨之上，才真正有意义。一些现代新儒家学者在知识与道德结合问题上的根本错误是，不是建立在对于道德与知识在现实生活中互动关系的正确认识的基础上来谈论形上学或存有论，没有认识到知识与道德的结合方式主要是实践的，它们的结合是人们道德实践的一部分。

## 儒家道德传统与知识结合的可能方式

既然知识与道德之间的结合是人的道德实践中的一种，而儒学道德关怀的主要方式本来就是实践的而不是认知的，那么我们自然可以设想，儒家道德传统与知识之间的结合——作为儒学的现代方向之一——如果真的发生的话，也应当主要以实践活动为基础。这主要是指，把儒家道德传统与知识的结合问题，当作一个现代人在面对知识世界的时候如何确保或重建自身道德价值的问题。一方面，现代儒家应像传统儒家一样，针对现实生活中所发生的各种各样、形形色色的问题，特别是与知识相关的道德问题进行深入思考；另一方面，现代儒家学者也要像古代儒家一样，投身到艰苦卓绝的道德修身和践履之中去，用自己的亲身实践来展示他们自己是如何处理知识与道德的矛盾冲突问题并实现二者的结合，进而用他们自己的人格风范来达到影响他人之效。

只要我们看看现代人家庭生活中的矛盾冲突，人际交往中的急功近利，精神上的萎靡不振，道德上的颓废沦丧，内心世界的空虚，精神信仰的摇摆，以及终极关怀的缺乏等，我们就无法否认，传统儒学家所提出的修身同样也是现代人所不可以轻易抛弃的。如何解决这些问题，本身就包含着知识与道德的结合问题，这难道不正是现代新儒家所应当有所作为的地方吗？如果现代儒家学者能在上述这些问题上，充分动用中国传统文化的资源，结合中国文化的习性和中国社会的状况，从事大量相关的实践工作和理论总结，在积极推动现代公民的道德重建、精神回归和心灵皈依方面发挥巨大作用，那么可以设想，儒家传统的现代价值将会进一步得到体现。

当然我的意思绝不是指，知识与道德的结合不可以作为一个理论课题来研究，或者不可以建立一种将知识与道德结合起来的形而上学或存有论。把知识与道德的结合作为一个理论课题，包括作为一个形而上学或存有论问题来研究，在任何时候都可能是有意义的和必不可少的，但这种理论活动必须以对现实生活中二者之间的互动关系的正确认识为前提；不仅如此，更加重要的是必须认识到，鉴于知识与道德代表人类生活中两种不同性质的事物，它们之间的结合主要是一个实践问题而不是一个理论问题。

综上所述，儒家道德传统与知识之间的结合如果是代表儒学的现代方向之一的话，那么这种结合不仅存在着理论建设方面的需求，而且更重要的是，应当诉诸相应的道德实践来实现。20世纪以来，中国学者们普遍认为中国文化之所以迟迟不能走向现代性，原因之一是中国传统学术特别是儒学之中存在着重道德，轻知识的倾向。围绕着这个思路，现代新儒家学者等探讨了儒家传统与知识传统相结合的可能途径问题。本章通过厘清知识与道德的基本分野，得出知识与道德作为人类生活中两种不同性质的传统可以各自独立发展、并行不悖，它们的结合主要是一个实践问题而不是一个理论问题。正如我们不能指责一个人研究物理学就犯了重知识、轻道德的错误，也不能指责儒家研究道德问题犯了重道德、轻知识的错误；既然没有人认为基督教作为一种道德传统不重视知识是一个错误，也不应认为儒家作为一种道德传统不重视知识就是一个错误。今天我们看到的知识传统是西方社会一系列特定历史条件的产物，也只能在脱离一切宗教传统或道德传统的基础上以一种独立的自身逻辑存在和发展；指望以道德关怀为中心的儒学开出知识传统，就像我们要求基督教开出现代科技传统来一样没有理论意义。因此，指责儒学犯了重道德、轻知识的错误，乃是现代中国学者不自觉地把非学术的民族、国家理想强加于学术关怀之上的思维错觉，并由此人为地为自己塑造了一个并无学术价值的假问题而虚耗精力，即把儒学与知识的结合主要地当作了一种思辨哲学问题来解决。现代儒学的方向之一如果在于与知识传统相结合的话，那么这种结合也应当主要是一个实践问题而不是一个理论问题。把儒学与知识传统的结合主要地当作一种理论思辨问题来解决，不仅背离了儒学原有的实践品格，而且这样做也实际上剥夺了儒学作为一种道德传统自身的独立逻辑，使其成为非驴非马之物。当然，我也反复指出，这绝不是指我们不能从思辨哲学的角度来研究儒学与知识传统的结合点，关键在于我们的研究应当建立在对知识与道德这两种人类生活中不同性质的传统之间关系的正确定位之上，而不是出于民族、国家需要的使命感而盲目地、人为地追求所谓的结合。

## 本章注释

［1］必须强调指出的是，尽管伦理学在西方也一直被称为实践科学、甚至有不少学者强调伦理学的实践意义，但是伦理学被称为"实践科学"，主要是因为以实践问题为研究对象，这一点绝不能与宗教学说直接以解决实践问题和投身于个人实践为主题相混。关于这个问题，我们从亚里士多德的伦理学著作中已可得出结论。美国学者弗兰克·梯利在总结为什么伦理学是一种实践科学时说，"它之所以被称为实践的，因为它研究实践和行为"（梯利，1987，4）。

［2］蔡元培（1927）强调，"吾国夙重伦理学，而至今顾尚无伦理学史。迩际

伦理界怀疑时代之权舆,异方学说之分道而输入者,如蘖如烛,几有互相冲突之势。苟不得吾族固有之思想系统以为衡准,则益将彷徨于歧路。盖此事之亟如此。而当世宏达,似皆未遑暇及。"

[3] 亚里士多德的 sophia 概念及其多重含义,参 Chen,1976。

[4] 所谓"重分析"与"重综合"的不同,我指的是"道德哲学家"(moral philosopher) 善于分析每一道德概念的含义,并进行演绎推理寻找其终极基础;而"道德家"(moralist) 往往是在不假思索地承认一个道德价值正确的前提下,调动一切可能的理智力量、找到各种不同的理由来"综合地"论证它的合理性。关于这一点,麦登曾举了一个不得不对自己的病人撒谎的医生为例来说明。他说,一个道德家可能从"良心的命令""上帝的意志""人性的福祉""社会的进步"等一系列理由为这种撒谎行为辩护,但是对于这些不同的辩护理由之间的内在逻辑关系,在它们背后有没有一个独一无二的终极理由,道德家往往给不出答案来(Melden,1950,4—6)。

[5] 以下是笔者查到的西方汉学界以 Confucian ethics (儒家伦理学) 为主题的主要研究著作:(1) Heiner Roetz, *Confucian Ethics of the Axial Age*: *A Reconstruction under the Aspect of the Breakthrough Toward Postconventional Thinking*, Albany, NY: State University of New York Press, 1993;(2) Philip J. Ivanhoe, *Ethics in the Confucian Tradition*: *The Thought of Mencius and Wang Yang-ming*, Atlanta, Ga.: Scholars Press, 1990;(3) Philip J. Ivanhoe, *Confucian Moral Self Cultivation*, Indianapolis: Hackett Pub., 2000;(4) Silke Krieger and Rolf Trauzettel (ed.), *Confucianism and the Modernization of China*, Mainz: V. Hase & Koehler Verlag, 1991;(5) Ok-sun An, *Compassion and Benevolence: A Comparative Study of Early Buddhist and Classical Confucian Ethics*, New York: Peter Lang, 1998;(6) Kai-wing Chow, *The Rise of Confucian Ritualism in Late China: Ethics, Classics, and Lineage Discourse*, Stanford, Calif.: Stanford University Press, 1994;(7) Tu Wei-ming, *Confucian Ethics Today: the Singapore Challenge*, Singapore: Curriculum Development Institute of Singapore, Federal Publications, 1984;(8) Tu Wei-ming (ed.), *The Triadic Chord: Confucian Ethics, Industrial East Asia, and Max Weber: Proceedings of the 1987 Singapore Conference on Confucian Ethics and the Modernization of Industrial East Asia*, Singapore: Institute of East Asia Philosophies, 1991;(9) A. S. Cua, *Moral Vision and Tradition, Essays in Chinese Ethics*, Washington, D. C.: The Catholic U-

niversity of America Press, 1998.

[6] 他提出两种不同的伦理学概念，一种是西方人熟悉的"法则与原理的伦理学"，一种是从儒家道德学说中体现出来的"人伦关系伦理学"（Cua, 1998, 1—18）。

[7] 在这里，我们把哲学当作一个不包括伦理学在内的狭义学科概念（通常指所谓宇宙论、本体论等旧称第一哲学内容），这样做纯粹是为了行文方便。下同。

[8] 比如近年来大陆有些学者从"转识成智"和"价值形而上学"的角度来探讨中西方形而上学的汇通与结合问题（胡伟希，2001；黄克剑，1998）。

# 新儒家与现代中国学术

## 【本章提要】

本章以唐君毅、牟宗三等人为例来说明：20世纪新儒家由于习惯于用中学中固有的观念来比附和理解西学，再加上极为强烈的救中国愿望，使得一些可见的功利效果成为衡量学术的首要准绳，这些不仅导致新儒家严重曲解西方学术的本质与意义，而且导致他们试图用中国古代学术特别是宋明理学的精神价值世界和学理逻辑来统摄和包容西学；由于现代新儒家不能正确定位自身作为道德修身学说在现代社会的地位，并试图从形上学的高度全面总结中国之所以落后的原因，结果反而背叛了儒学自身的传统方向，将进德修业之学发展成儒家一向反对的知识之学，导致人们对传统儒学现代意义更加失望。

现代新儒家完全不知道，中国文化没有发展出科学与民主，就像西方没有发展出昆曲和京剧一样，是一系列历史因缘的产物，而不是儒学在主体建构上的先天缺陷所致；中学与西学的结合主要是一个实践需要而不是一个理论需要。本章进一步对现代儒学应该如何正确定位自身和改造自身，做自己分内的事，以及未来中国学术的基本方向，进行了较深入的分析。对全书的主题算是一个总结。

谁都知道，20世纪中国学术是西学冲击下的产物，是在中学与西学之间激烈的相互碰撞、相互交融的过程中产生的。一个多世纪以来，多少学人致力于中学与西学的相互结合，致力于用西方学术学科范畴来改造和拯救中国传统学术。然而一个多世纪过去了，中国人对于西方学术传统究竟理解了多少，中国人在这条道路上有多少失败的经验教训，迄今为止仍然很少有人作过真正有意义的总结。今天，当我们回过头来回顾和总结这段历史的时候，发现前辈们所作的许多把中学与西学相互结合起来的努力，常常会得出一些令人啼笑皆非的结论。两千多年来的西方学术传统所具有的一系列根本特征，迄今为止从来没有真正为国人所理解或接受过，至少没有在中国这块土壤里真正生根、开花、结果。在这方面，20世纪中国新儒家是最典型的例子。

新儒家是20世纪中国思想史上一道异常独特的风景。和那些处处试图用西方范畴来衡量中国古代学术的做法不同的是，新儒家却能在一片西化的喧闹声中力求保持自己信仰领地的完整性和独立性；尽管他们也主动接受了诸如哲学、伦理学、本体论、形而上学等一系列西方学术范畴，但是并没有让西方的认知传统改变儒学自身的纯洁性，特别是儒家的践履品格。从另一方面说，在探索中学与西学相互结合的途径方面，新儒家从理论上也作出了最难能可贵的探索。从20年代梁漱溟的《东西文化及其哲学》，到40年代冯友兰的"贞元六书"，从牟宗三试图通过道德理性的"自我坎陷"实现老内圣开出新外王，到唐君毅洋洋七十余万言的《生命存在与心灵境界》（1977）的发表等等，无不是新儒家在中学与西学的关系上所作的积极探索。他们也许是20世纪中国学者中最具创造力的一群。

本书的任务之一是对新儒家进行反思和总结。令人遗憾的是，本章的研究证明，20世纪中国新儒家在中学与西学结合上所作的努力基本上是失败的。事实证明，新儒家对于西方学术，特别是希腊以来一开始以哲学为代表，后来发展为同时包括人文科学、社会科学以及自然科学的西方学术与儒家学说的异质性显然缺乏足够的认识。因此，新儒家学者在接受西学过程中所犯的是另一种类型的错误，即他们总是试图用中学，特别是宋明理学的观念来衡量西方学术。

我们曾经指出：两千多年来的西方人文社会科学，有它自己独立而伟大的精神价值传统，这个传统与中国古代学术的精神价值传统之间根本不具有可比性，二者之间的差异是两种不同类型的学术传统之间的差异。但是令人遗憾的是，20世纪中国新儒家为了找出中学与西学之间相互结合的桥梁，完全忽视了西方人文社会科学所代表的精神价值传统的独立性，硬是要将它纳入中国古代学术所代表的精神价值传统的框架中去，结果往往得出西方学术的精神价值境界不如中学高的荒唐结论来。这样一种完全不考虑不同类型的学术有不同类型的精神价值基础的事实，强行地进行所谓中学与西学的结合，本身就是在抹杀西方学术传统的独立性，又怎么可能真正学到西学的精髓呢？这一现象无疑进一步证明本书的这样一个观点：一个世纪以来中国人一方面无比急切地想学习西学，但是另一方面他们又总是习惯于从中国古代学术自身的传统出发来理解之，因而事实上根本也没有学到西方学术；他们已经模仿西方拥有了大量与西方一样的学科，如哲学、伦理学、形而上学、政治学、社会学等等，但是与此同时，他们既没有学到西方学术的思维方式，也没有学到西方学术的精神价值传统。

新儒家显然未能对中学与西学的关系以及中国学术未来的方向得出令人满意的结论。但是通过对新儒家的批判，我们却能对中学与西学的关系究竟应该如何定位以及与此相应的问题，即中学未来的方向，提出若干具有建设性的观点。这些观点是本书在结束之际想要告诉读者的。

# 唐君毅的心灵九境说

唐君毅是20世纪中国学者当中最典型的以中国古代学术的精神境界为准,试图实现中学与西学结合的新儒家学者。他的这一工作最集中地体现在1977年由台湾学生书局出版的长达七十余万字的《生命存在与心灵境界——生命存在之三向与心灵九境》一书中。根据唐先生在"自序"中的自述,从起念到竟稿历时三十余年,初稿成于1968年,在此后的七八年间又经多番修改、增补方得正式出版。这部凝聚着唐君毅先生毕生全部心血的著作,将人的生命存在与心灵在各个方向上所"感通"的全部境界分为九个层次,对其"感通方式"细加探究,"以使吾人之生命存在,成真实之存在,以立人极之哲学"(唐君毅,1986a,9)。现将唐君毅所划分的九个层次的生命境界归纳如表所示。

表11 唐君毅划分的生命境界的九个层次

| 三层 | 九境 | 对象域 | 特征 | |
|---|---|---|---|---|
| 后三境 | 天德流行境(儒) | 性命界 | 超主客 | 超自觉 |
| | 我法二空境(佛) | 一真法界 | | |
| | 归向一神境(耶) | 神界 | | |
| 中三境 | 道德实践境 | 德行界 | 主观境 | 自觉 |
| | 观照凌虚境 | 意义界 | | |
| | 感觉互摄境 | 心身关系与时空界 | | |
| 前三境 | 功能序运境 | 因果界、目的手段界 | 客观境 | 觉他 |
| | 依类成化境 | 类界 | | |
| | 万物散殊境 | 个体界 | | |

其中:

前三境之第一境"万物散殊境",指观察万殊之诸多事物,"凡世间之一切个体事物之史地知识,个人之自求生存、保其个体之欲望,皆根

在此境，而一切个体主义之知识论、形上学与人生哲学，皆判归此境之哲学"；(唐君毅，1986a，47)

前三境之第二境"依类成化境"，指由万殊而观事物之种类及其实体，一切与种类相关的知识，追求种类繁衍、保存之生活"皆根在此境"，一切以种类为本之学说"皆当判归此境之哲学"；(1986a，47—48)

前三境之第三境"功能序运境"，指由一切事物之种类再进而观其彼此之间的因果关系，并加以运用。"一切世间以事物之因果关系为中心，而不以种类为中心之自然科学、社会科学之知识"，以及依因果观念建立之形上学或人生哲学，"皆当判归此境"。(1986a，48)

此三境皆为觉他境，其对象为客体之世界。

中三境之第一境"感觉互摄境"，由客体而上升到主体，观人之感觉经验。一切缘其主观感觉而有之知识或对事物纯感性的兴趣欲望，皆根在此境；"一切关于心身关系、感觉、记忆、想像、与时空关系之知识论"，"与一切重人与其感觉境相适应，以求生存之人生哲学，皆当判归此境"(1986a，49)。

中三境之第二境"观照凌虚境"，感觉当不脱离于具体事物，由感觉而上升到超感觉的"纯相、纯意义之世界"，文学、逻辑、数学、音乐、绘画等皆以各种符号来表示"种种纯相、纯意义"，人之纯欣赏观照之生活态度，皆为基于观照事物而凌虚境；哲学中重视这种纯相、纯意义的知识论或形而上学，如柏拉图哲学之核心义，与审美主义之人生哲学，"皆当判归此境"。(1986a，50)

中三境之第三境"道德实践境"，是人自觉其目的理想之境，体现在人们的一切道德观念及相应的道德生活中。一切有关道德良心的知识论或形上学，一切重道德的人生哲学，皆判归此境。(1986a，50—51)

中三境为自觉境，或称为主客互摄境。

后三境则超主客之分，以由自觉而至超自觉之绝对主体境。"在此三境中，知识皆须化为智慧，或属于智慧，以运于人之生活，而成就人之有真实价值之生命存在；不同于世间之学之分别知与行、存在与价值者。其中之哲学，亦皆不只是学，而是生活生命之教。"（1986a，51）后三境中第一境名"归向一神境"，为神教境（基督教境）；第二境为"我法二空境"，亦称"众生普度境"，为佛教境；第三境为"天德流行境"，亦称"尽性立命境"，即儒教境。

唐君毅自称，以上九境是依"吾人心灵活动与其所感通之境"之"种类、层位之高低、远近、浅深"而开之九境。其中"前三境之由论形体之事物，归于功能之序运，如炼精化气；中三境归于道德人格之殁而为鬼神，如炼气化神；后三境之由神灵而论我法之二空，则炼神还虚；尽性立命则为九转而丹成也"（1986a，52）。

## 中学的境界比西学高吗？

唐君毅先生的生命九境说，最大的特点如下：

（1）以宗教的标准来评价哲学和科学。唐君毅明确地把儒家也定为宗教，并强调了后三境中的基督教、佛教和儒教代表生命境界的最高层；而西方历史上一开始以哲学为代表，后来发展成同时包括人文科学、社会科学和自然科学在内的学术流派，则视其特征分属于前三境及中三境中的"感觉互摄境"和"观照凌虚境"等。也就是说，西方历史上的哲学和科学不仅在创造生命境界方面低于宗教，而且它们最终也必须以宗教为其精神价值归宿。

（2）以儒家的标准来评判一切其他宗教。后三境分别代表三种宗教，其中境界又有上下高低之分，基督教最低，佛教次之，儒教最高。人世间一切宗教境界皆以儒家为依归。但是遗憾的是，他在谈到西方神教的时候，仅仅谈到了康德、莱布尼兹、费希特等哲学家的思想，而对于基督教历史上无数卓越的宗教家则几乎一概不提，可见其对于西方基督教是何等的不了解。关于唐君毅以儒家标准来评价其他人类宗教是否合理，与本书主题无关，故不作讨论。

（3）以儒家的精神价值标准来评价一切人间活动，同时也以儒家的学术标准来评价一切人类学术活动，试图将它们统统纳入儒学的价值坐标系之中。由于儒家高居于九境之巅，被称为"天德之流行"，"通主客、天人、物我，以超主客之分者"，"亦可称为至极之道德实践境、或立人极之境也"（1986a，51，52）。因此实际上唐君毅先生不仅把儒家的精神价值系统当成了衡量人世间一切活动及一切学术的最高准绳，而且事实上也当成了人世间一切活动及一切学术的最后归宿。

唐君毅先生的这一生命境界说，在理论上是有疑问的，在实践上也是危险的。这一点，我们从前面有关中、西学术类型之不同及其精神价值基础之不可比性的论述中已可见一斑。现略述与本章有关的要点如下：

（1）以宗教的立场来评判哲学和科学，事实上是用一种学术的标准来评判与之不同性质的另一种学术，这对哲学和科学来说是极不公平的。由这种评价方式得出西方历史上之哲学（不是唐君毅所理解的与宗教无别之哲学）和科学境界不如宗教，是理所当然的。如果一个京剧演员用京剧的标准来评价流行歌曲，他得出京剧的艺术境界远高于流行歌曲是十分自然的，但这样做对于流行歌曲来说是极不公平的。同样的道理，唐君毅从宗教的境界来评判哲学和科学，得出哲学和科学的境界低于宗教，以至于得出西学的境界不如中学，对其中一方来说也绝对是不公平的。在西方历史上，有不少哲学家曾试图用哲学和科学的标准来衡量宗教，结果得出宗教是愚昧的象征，是低级的人类生命境界的结论。他们所犯的错误是用哲学和科学的标准来评价宗教，这与唐君毅用宗教的标准来评价历史上的哲学和科学是同样类型的错误，因为他们不知道，两千多年来的西方哲学和科学，是一个有着自身独立的精神价值境界的学术系统，与其他不同类型的学术活动在精神境界方面没有可比性。

（2）以宗教的标准来涵摄人类一切活动及学术，从理论层面上说是对其他学术的独立性——独立的内在逻辑和独立的精神价值世界——不了解的结果。从唐君毅先生的论述中可以鲜明地发现，他对西方哲学和科学研究中独立的精神价值世界是十分陌生的。他在书中大量谈到诸如斯宾诺莎、莱布尼兹、经验论哲学等，对其境界进行定位，但是与此同时对于我们在前面所仔细分析的西方学术的精神价值世界却基本上没有涉及。尽管唐君毅一再强调他的境界说并不意味着较低层次的学术不重要，但是事实上这些其他的学术的重要性，也仅仅是作为通向最高宗教境界特别是儒教境界的必要阶梯。因此唐君毅先生对于西方学术、西方哲学和科学的独立性是十分不了解的，这正是他将之强行纳入另一种类型的学术中去的根本原因。

（3）以宗教的标准来涵摄人类一切活动和一切其他学术，从实践层面上说是十分危险的。因为它会导致对其他学术独立性的抹杀，从而导致对其他学术生命的扼杀，尽管这不是唐君毅的本意。对每一个当代中国人来说，一个记忆犹新的历史悲剧也许就是当一种学说成为意识形态的时候，立即变成一种压倒一切、主宰一切的力量，让其他所有的人间学术和活动围绕着它的轴心旋转，甚至于用暴力手段来摧毁其他学术和职业的独立性。这或许是中国人在思想上至今迟迟不能真正进入现代化的最重要标志。现代世界区别于古代世界最大的地方也许就是社会空间的拓展和职业分化的高度发达，因此，一切学术和社会职业如何保持自己的独立性，从而获得其职业的神圣感和尊严都变成了首要的任务，是现代社会理性化发展的根本条件，也是每一个现代人获得人性的自由与价值的首要条件。本来，以道德实践为特征、以自觉地把握人生价值为目的的宗教，对于人类其他一切学术及职业来说是"基础"而不是"归宿"。但是唐君毅却颠倒了这个关系。他的境界理论是不合乎现代社会需要的，因为在如何让现代人捍卫自己的职业的神圣感和尊严方面，唐君毅的生命境界说并不能为我们提供任何有效的道德或精神资源。

# 牟宗三的"自我坎陷"说

唐君毅先生的"心灵九境"说，很容易使人想起另一位儒学大师牟宗三先生著名的"道德理性之自我坎陷"说（又称"良知坎陷"说[1]），其实质都是企图用儒家的道德理想来统摄和融合古今中外一切学术，从而将中学与西学结合起来。

在20世纪60年代出版的《政道与治道》一书中，牟宗三先生提出"理性之架构表现"与"理性之运用表现"之分，指出西方的科学与民主政治是理性之架构表现之成果，而中国文化中较为发达的是理性之运用表现。所谓理性之运用表现，就是"德性之感召，或德性之智慧妙用"，如宋明儒者之"即用见体"，《易经》中之"于变易中见不易"。牟宗三说，所谓理性之运用表现与理性之架构表现，就是他在《历史哲学》中所说的"综合的尽理之精神"（中国）与"分解的尽理之精神"（西方）之别称。牟宗三宣称："论境界，作用表现高于架构表现。但若缺了架构表现，则不能有建筑物。是以中国文化一方面有很高的境界，智慧与气象，而一方面又是空荡荡的，令近人列举的头脑发生太惨的感觉"（2003g，56），"所以中国不出现科学与民主，不能近代化，乃是超过的不能，不是不及的不能"（2003g，57）。为了解决这一问题，牟宗三提出通过"理性的自我坎陷"，即让理性的运用表现否定自身，逆转为自己的对立面，变成理性之架构表现，追求科学与民主。这表面看来是矛盾，但"若内在贯通地观之"，则只有通过这一过程道德理性始能真正获得"客观的实现"。简言之，"如果我们的德性只停在作用表现（即运用表现——引者注）中，则只有主观的实现或绝对的实现。如要达成客观的实现，则必须在此曲通形态下完成"（2003g，63）。

理性的"自我坎陷"在理论上的最大问题是如何论证理性之运用表现向架构表现转化的内在必然性，即运用表现与架构表现之间有没有内在的联系。牟宗三自己也意识到了这个问题,并指出理性之架构表现有其独立性,其中的科学在道德上是"中立"的,且从理性之运用表现不能直接推出架构表现来,于是他提出从前者到后者不是"直转"而是"曲转",也就是说,道德理性虽然不含有架构表现中的科学与民主,但是它"依其本性而言之,却不能不要求代表知识的科学与表现正义与公道的民主政治"(2003g,63),虽然道德理性的"直接作用在成圣贤人格,然诚心求知是一种行为,故亦当为道德理性所要求,所决定"(2003g,63—64)。从这里我们可以看出,牟宗三没有为道德理性从运用表现向架构表现的转化提供任何真正有说服力的理论根据。但是牟氏并不满足于此,他还从"两层存有论"的角度为"自我坎陷"说作进一步说明,提出从传统意义上"无执的存有论"转向"执的存有论"的观点。所谓"执的存有论"指执着于科学与民主等现象之物,其中"识心之执"的逻辑意义在于"说明逻辑、数学与几何,并说明在知性底统思中只有'超越的运用'而无'超越的决定'的那些逻辑概念"(2003c,39—40)。这样,牟宗三事实上从本体论(或存有论)的高度为"内圣开出新外王"即所谓道德理性的自我坎陷提供了论证。

牟宗三的"自我坎陷"说,在学术界引起了极为热烈的响应,多次成为相关学术研讨会上的焦点。其中批评意见来自余英时(1994)、李泽厚(1987)、韦政通(1990)、林毓生(1998)、傅伟勋(1989,445—448)、成中英(1991/1997)、蒋庆(1996)、启良(1995)、李翔海(1993a/1993b)、李锦全(1991)、郑家栋(1990/1992/1993a/1993b/1997)、张立文(1993)、韩强(1992)、朱学勤(1991)等大批海内外学者,而辩护意见来自刘述先(1995)、李明辉(1991)、林安梧(2001)、蔡仁厚(1982)、罗义俊(1995)、颜炳罡(1998a/1998b)等人。对于牟氏"坎陷说"的批判大体上集中在如下三个方面:

(1)从儒学的内圣开出今天的外王(科学、民主),其现实过程是如何完成的?批评者意谓这一过程缺乏现实的可操作性。关于这一点,林安梧称"民主科学开出论"的"开出"是"超越的统摄",即其本义并不是指良知是"科学之实践的、现实的发生学上的动力,它只是一个理论上的超越基础"(2001,5)。其他的回护者也多指出,牟氏所做当为纯哲学研究,其意义只在指明中国或中国人精神发展的方向;因此,不能把哲学的立场与历史学、政治学乃至社会学的立场相混淆,以至于从"生成论"的角度向牟宗三提出质疑,甚至指望牟宗三的理论可成为包医百病的灵丹妙药(李明辉,1991,236—237;颜炳罡,1998a,95;颜炳罡,1998b,440—441;罗义俊,1995)。

(2)从儒学的内圣到今天的外王(科学、民主),二者之间缺乏逻辑上的必然关联。很多人(包括牟宗三本人)都指出,儒家的内圣本身并不必然地包含着科学、民主的外王,否则就无法解释曾经十分发达的儒家内圣为什么过去没有在中国开出科学、民主的外王。既然如此,又如何能指望它在今天开出科学、民主的"新外王"?李明辉重点指明批评了林毓生等人从逻辑关联上理解内圣外王关系的思想,并指出,牟氏的"开出说"不是指逻辑上的必然关联,而是指一种"辩证的历程",即指道德主体通过转化为"政治主体与知性主体之挺立",曲折、间接地开出民主与科学(1991,211—228)。

(3)牟氏没有走出泛道德主义的框框。成中英、林毓生、韦政通、傅伟勋等人都认为,科学与道德本来就是人类两种不同性质的事业,二者之间不是谁决定谁的关系;而韦政通、傅伟勋(1989,447—448)等人更认为,主张由道德理性开出科学、民主,实际上是将道德凌驾于其他人类活动之上,或以之为一切人类事业之主宰,本质上是一种泛道德主义(余英时称之为"良知的傲慢")。对此,李明辉(1991)撰长文进行了系统、全面的回应。他认为,牟(宗三)、唐(君毅)、徐(复观)、张(君劢)等现代新儒家学者非但不抹杀认知活动及政治活动的独立意义,而且强调只有转出知性主体和政治主体才能确立科学、民主的事业,算不上是什么泛道德主义。他们只是主张,"道德主体必为最高的(或者不如说,真正的)主体,因为只有它能决定实践活动之方向与意义,而认知活动之意义亦须由它来决定"(1991,216)。

## 是国家需要还是人性的理想？

按照颜炳罡、李明辉、罗义俊、林安梧等人的辩护意见，牟宗三先生无意抹杀人类认知活动及其他活动的独立性，而所谓"辩证的历程"只是要指明中国文化生命未来发展的方向。然而，从道义的立场指明一个民族文化发展的方向是一回事，从理论上把民族或国家的需要作为一种存有论来建构则是另一回事。牟宗三先生从两层存有论的高度来论证其"自我坎陷学说"，这一事实说明牟宗三并没有从西学中学习真正有价值的东西，从而也不可能达到指明方向的作用。为什么这样说呢？因为牟宗三既然自己也承认他并没有发现在内圣与"新外王"之间的逻辑联系，那么所谓"自我坎陷"的"辩证过程"就只能是一个社会生活需要；也就是说，牟先生所做的工作与康德等西方哲学家所做的工作存在性质上的区别，即在他那里，哲学的性质不是像康德等人那样从事认知的发现，而是完全从价值判断出发，当他发现某个东西是社会生活所需要的时候，就提出一套说法来加以论证。既然不是知性的发现，那么对"自我坎陷"过程的论证，能用于指导人们的行动方向吗？这里的问题在于，既然你不能告诉人们这二者之间存在任何必然的联系，那么又如何能指导人们行动呢？事实上，这样一种从实践需要的角度出发来论证某个观点的做法，已经完全违背了希腊以来西方哲学传统的基本精神，更会被康德等人斥为"独断论"。因为这种性质的理论建构过程，已经把哲学建立在哲学之外的社会需要之上，从而使哲学丧失了自身的严肃性和完整性，是对哲学自身内在逻辑和独立性的蔑视，是一种违反人性并最终会毁灭哲学的研究方式。

关于这一点，多数中国学者可能不会同意我的看法，但是我们不妨追问一下：两千多年来西方哲学发展的真正生命力在什么地方？在于它能不断地给各种社会实践需要提供论证吗？非也！我们从本书关于辩证法形而上学等若干范畴的论述,特别是从亚里士多德、黑格尔等大批西方学者关于哲学这门学问特征的论述,可以得出,哲学的生命力不是在于能给哲学之外非哲学的社会需要提供论证,而恰恰在于它对于人的自由本性的展示,在于它把思想的自由发挥到淋漓尽致的地步。正因为牟宗三事实上把哲学当作了论证社会需要的工具,所以他的所有论证不仅不可能起到指导社会发展方向的作用,而且也必然会摧毁哲学的生命力。从这里可以看出,牟宗三先生对两千多年来西方哲学及西方学术传统的内在特征是相当缺乏了解的。对西方哲学精神有如此严重的误解,现代新儒家何以向西学学习以建立所谓的学统呢?

也许有人会说,牟宗三没有遵循西方哲学的理路来从事理论建构,未必意味着不能使他的"开出说"具有现实指导意义。为了回答这个问题,我们不妨追问一下:牟宗三的"开出说"如何能对社会现实发挥指导意义?是不是指每一个看了牟氏学说的人都会从中受到启发,从而投身到科学、民主事业中去?显然不是。不仅牟氏自己未曾真正投身到科学或民主事业中去,就连他的学生当中真正投身到科学或民主事业中去的人亦寥寥无几。事实上,牟氏学说从来不能使人产生一种想要从事科学或民主事业的冲动。它给人的感觉毋宁说是他要做"帝王师",专门指导现代社会发展的方向;而那些受他思想感染的人,也产生一种把自己凌驾于整个社会之上的感觉,仿佛自己具有了对于社会发展方向的高明之见,与此同时他们自己却不准备为实现这个方向而努力。请问这样一种理论指明社会方向的功效主要体现在何处?难道就体现在让受其影响者产生一种把自己凌驾于整个社会之上的感觉吗?他们认为道德理性只有"坎陷"成认知理性,开出科学和民主的外王才能实现自身;但是与此同时他们自己却不打算率先进行这一"坎陷",从未打算投身到科学与民主的大业中去。

问题在于:正因为儒学的内圣与科学、民主的外王之间本无必然的联系,因此"坎陷"也好,"曲通"也罢,或者"辩证的历程"也好,只有在作为一种社会动员口号时才可能有意义;但是由于它没有找到科学、民主的人性论基础（或其他基础），因而"新外王"最后只能演变成强人所难的外部命令，从而完全违背人性发展的基本规律。说牟宗三没有找到"新外王"的人性论基础，牟门弟子也许会表示反对。因为牟氏所提供的恰恰是从一种抽象的人性论基础出发来论证"开出过程"即"良知自我坎陷"的必然性的，他关于"分解的尽理之精神与综和的尽理之精神"、关于"理性之架构表现与理性之运用表现"、关于"从无执的存有论向执的存有论过渡"的一系列理论，无不是从抽象的人性出发立论的。然而问题在于，牟氏从抽象的人性出发立论的方式却是自相矛盾的。因为他的整个立论是以一个整体性的国家或民族需要为前提进行的，即在牟宗三的学说体系中，他事实上把一个整体性的国家或民族需要当作了比抽象的人性需要更高的价值预设，而所有人性论的立论严格说来都只是虚设，因为它们只不过是为了论证国家或民族的需要而采取的"工具"罢了。为什么这样说呢？原因很简单，"理性之架构表现"也好，"分解的尽理之精神"也好，"知性主体"也好，它们的建构只能被理解为一个国家或民族的整体性需要，而绝不能理解为每一个现代公民的个人需要。因为我们绝不能说，现代社会每一个人都必须从事科学和民主政治的事业，否则就不能实现他的道德理想或找到人生归宿。如果一个现代公民选择了艺术或体育或其他任何职业，而没有献身科学与民主，他是不是这辈子就注定了不可能真正使其道德理性获得"客观的实现"了？他一定是个在德性或人生的价值实现方面不如那些从事科学与民主政治事业的人吗？显然，我们不能否认的一个事实是：作为一个现代公民，无论是西方人，还是中国人，我们绝不能说，他一生只有选择科学或民主政治的事业，才能真正实现崇高的道德理想，找到人生的终极归宿。

因此，牟宗三所谓的"新外王"只能理解为现代中国作为一个国家的特殊需要，而不能理解为每一个现代中国人的个体需要。但是，正因为牟宗三所说的"新外王"只能理解为一个国家的特殊需要，所以它的"开出"就不应当从抽象的"人性"出发来为之寻找理论基础。然而我们在牟氏的学说体系所看到的恰恰相反，牟氏所提供的恰恰是从一种抽象的人性论基础出发来论证"开出过程"的必然性，这不能不是一个严重的理论矛盾。也正因为如此，牟宗三根本没有，也不可能真正找到"新外王"的人性论基础。

## 科学的人性论基础

那么，科学和民主有没有抽象的人性论基础呢？让我们先来看看科学。我认为科学是有抽象的人性论基础的，因为科学追求的是普遍的宇宙真理，它的真理具有超越国界、历史、文化、种族等一切差异的有效性。具体说来，我认为科学的人性论基础只能理解为对于那些从事科学的人带来的价值体验，或者说科学对于他们的人性所具有的魅力或意义。两千多年来，科学之所以激荡着无数人的心灵，使无数人为之前赴后继、舍生忘死，正因为它所追求的普遍真理对人性来说有着超验和永恒的价值。这就是科学的人性论基础。

那么，既然科学具有普遍的人性论基础，为何却没有在中国得到长足的发展呢？这是因为我们说科学有普遍的人性论基础，不是从发生学上立论，而是从功能上立论，指的是科学探索对于人性所具有的普遍、永恒的价值或意义。与此相应地，科学之所以没有在中国得到长足的发展，是由于人们认为有比这一价值更加重要得多的其他价值需要追求，换言之，科学探索对于人性所具有的普遍价值在中国文化中没有引起人们的足够注意。由此出发我们也可以自然地得出，要想在中国文化中开出科学，最重要的工作莫过于将科学探索对于人性所具有的普遍、永恒价值展示给人们看，因此科学作为一种"外王事业"的开出，主要是一个实践问题而不是一个理论问题。比方说，如果某个西方国家要发展中国京剧，首要工作无疑应当是直接开展京剧实践，感受和体验京剧艺术的魅力，而不应当是建构适合京剧的人性论体系。而牟宗三所谓"知性主体的建构""分解的尽理之精神""理性之架构表现"等一系列说法，看似正确，其实无用。因为它们只不过是"发展科学"的某种新的表述，由于这些表述不能在我们的人性深处唤起探索宇宙真理的欲望，因而不可能像他自己所期望的那样，对包括自己在内的任何人发挥指导行为方向的意义。在西方历史上我们看到，科学的发展从来不是由于某些人先在理论上"发出建构认知主体的号召"的结果，而是由于一代代人用他们史无前例、艰苦卓绝的努力，将科学探索所具有的永恒魅力展示给人们看，从而激荡了无数人为探索科学真理而前赴后继、死而后已的缘故。因此，在科学的"开出"方面，我们读一读亚里士多德的《形而上学》，读一读笛卡尔的《方法谈》，其在我们心灵上所发生的震撼远胜于读一本牟宗三的理论著作万倍。牟氏试图以他的"自我坎陷"说来指导人们的行为方向，其实际效果无异于缘木求鱼，南辕北辙。

"自我坎陷"说的另外一个重要理论失误是，认为中国文化中由于缺少知性主体而没有发展出科学，是中国文化的一大"过错"。这种观点是极其盲目的。我们知道，从国家或民族的角度出发，我们可以说，中国人由于没有对于知性价值的认同而导致科学在中国没有发展起来；但是从抽象的人性需要的角度出发，我们却不能说这样做就一定是个错误。因为人性的价值是无限丰富而多样的，而每个人只能选择一些对自身有特别意义的价值来追求。一个现代公民由于喜爱骑马，结果他没有选择科学而选择了赛马为职业，我们不能说这是一个错误；既然如此，那么同样的道理，我们也不能说古代中国人没有选择科学而选择了其他价值是一个错误。显然，今天人们谴责中国古代没有发展科学，完全是从实用的国家或民族需要的角度出发；如果我们完全站在抽象的人性需要的角度立论，这种谴责，就像我们谴责一位朋友选择了赛马而不是科学为业一样荒唐。因此，中国人没有发展起现代科学来，和西方人没有发展出昆曲和京剧来一样，都不是什么错误，更不能理解为中国人人性的一个什么缺失。因为一个国家或民族文化生命的最终成就，无非是无数个个体成员成就的集合。也许牟门弟子会说，科学没有在中国发展，是一个知性主体缺乏的问题,与昆曲和京剧的问题不一样;而牟氏强调的是,当"理性之架构表现"没有转出之时,"理性之运用表现"也就是"空荡荡的"。然而,难道一个现代中国公民若没有从事科学,他的道德理性就注定一辈子"空荡荡的"了吗?难道牟氏认为每一个现代中国公民都必须发展出知性主体(从事科学的事业)吗?在牟氏学说体系中,知性主体的建立难道不是指一个国家需要吗?

## 民主的社会文化基础

前面我们讨论了科学的人性论基础。那么,民主有没有抽象普遍的人性论基础呢?我认为,如果抽象地从民主的价值来考量,民主没有抽象的人性论基础。道理很简单,其一,民主并不是在任何社会历史条件下都可行的政体,民主是否可行,完全取决于特定的社会历史条件;其二,即使在今天的历史条件下,民主虽然是人们公认为唯一可行的政治形式,它也并不一定是最理想的政治形式。人们选择它不是因为它"理想",而是因为人们"无奈"。

首先,现代民主政治的产生有一系列横向的现实条件和纵向的历史条件;在此条件尚未到来的情况下,即使是再高明的思想家也不可能把民主当作政治制度的理想。

所谓横向的现实条件包括:(1)血缘纽带的冲破;(2)公共领域的形成;(3)市民社会的诞生。我们看到,在以农业经济为主、血缘纽带及家族本位成为社会经济乃至政治生活中最主要的整合方式的情况下,人类没有哪一个文明曾经获得过真正的民主政治制度。"公共领域"(public sphere)严格说来是一个现代概念,但在古希腊的雅典等城邦也并非不存在,它是在血缘纽带被商业贸易和新型的社会交往冲破后产生的社会舆论领域,其核心是人从过去的"家族中人"演变成独立的个人。民主是在公共舆论领域以制度化的方式形成之后产生的。但是在血缘纽带是最主要的社会整合力量的情况下，那种超出于家族之上的公共舆论领域不可能以常规的形式出现于政治舞台。那么公共领域如何以常规形式出现呢？那就是：人与人之间以超出家族的形式联合成为一个个经济实体或其他实体，在经济、政治、文化、教育等各种形式的公共生活中扮演着最重要的角色，成为国家生活中最强有力的力量。这种家族之上、国家之下的实体，16 世纪以来常被称为"市民社会"（civil society/bürgerliche Gesellschaft）。市民社会的诞生以"自由人"的出现为前提，自由人（公民）的首要含义就是指冲破了血缘纽带的人。在古代欧洲，特别是希腊的雅典和共和时期的罗马，我们看到了现代民主政治的雏形，但是当时的民主只是奴隶社会一小部分人的权力，这与当时落后的生产力条件下血缘纽带及家族关系还不能被完全冲破有关。至于现代西方市民社会如何经历极其漫长的岁月和曲折道路而形成，这里就不多谈了。

此外，民主的产生需要有纵向的历史条件：（1）从农业经济向商业经济的过渡。我们知道，血缘纽带的冲破不可能是少数人主观愿望的产物，而是客观历史趋势，特别是生产力、生产关系发展的必然产物。当这种历史趋势没有形成时，人们自然不可能把打破血缘纽带和家族制度当作社会变革的理想。今天看来，这种历史趋势的形成应当归因于从农业经济向商业经济的过渡，而后者又不是某些人空想的产物，而是与一系列极其复杂的历史因素相关联。（2）交通工具或者信息传播工具的发达。民主政治需要奔走游说，当交通工具和舆论传播工具不发达时，选举的程序不可能有效进行下去。在一个庞大的古代中央帝国里，一个候选人也许需要花十年以上的时间才能跑遍所有选区。因此在这种情况下，不可能指望能通过真正体现民意的选举程序来决定国家的政治。（3）新型公共权威的形成。民主需要文化基础，具体说来就是人们在心理上对新型公共权威的普遍认同，而这种认同往往是一个漫长的历史过程。当认同不好的时候，民主可以演变成不同族群之间血腥的相互残杀，这样的例子在历史上及今天的后发现代化国家屡见不鲜。因此，当认同民主权威所需付出的代价远远大于认同其他权威（比如"女王""天皇""皇帝""法老"等）时，认同后者未必不是明智的选择。因此，即使在血缘纽带已经冲破，但是人们普遍存在着对于新型公共权威的认同危机的情况下，民主制度也难以真正形成。

## 儒家没有民主观念说明了什么？

现在我们不妨以古代的中国为例来讨论一下，在上述条件没有具备的历史背景下，如果推行民主政治，为什么后果将是灾难性的。可以设想，当血缘纽带没有被完全冲破时，人与人之间的相互整合主要采取家族的形式，与此相应的是人们在文化心理上对于公共权威的认同形式仍然是传统式的。在这种情况下，一切可能的公共舆论领域，都只是服务于家族需要的工具，而不可能具有自己的独立性。在这种情况下，民主必将成为少数大家族之间你死我活较量的战场，而不可能体现公意。不仅如此，由于交通工具和信息传播工具的不发达，一个君主就是花几十年时间也难以走遍中国所有地区，他如何能够到处奔走游说，而民意又如何能得到有效的集中和反馈？选举的程序如何能有效地进行？从另一个角度考虑，我们也可以得出，君主制是古代士大夫唯一可以设想的政治制度安排。因为当时的主要矛盾是落后的生产力不能满足人们生活的基本需要，只有统一的中央集权制度才是解决这一矛盾的最有效途径。历史的事实已经证明了这一点：中国古代社会在制度整合方面的成就举世无双，西方中世纪根本与之无可比拟。因此，在血缘纽带是社会整合的主要基础的条件下，根本没有民主政治的社会基础。思想家不可能超越历史去思考问题，指责儒家没有民主思想是因为儒家人性论的缺陷，是不合适的。

现在，我们再来讨论另外一个问题，即为什么说即使在今天的历史条件下，民主也不一定是最理想的政治形式；人们选择它不是因为它

"理想",而是出于"无奈"。余英时(1994)先生在《民主与文化重建》一文中就曾指出,"民主"含义甚多,就其希腊原始含义而言,"民主"不过是多种政治形式之一,且不是品质较高的一种政体。余英时的观点可从柏拉图《国家篇》为证。在该书第8、9卷中,主人翁之一苏格拉底举出了五种典型的政体,即贵族政体、荣誉政体、寡头政体、民主政体和僭主政体,在对这些政体各自的好坏优劣进行详尽分析之后,他得出最好的政体仍然是贵族政体的结论来,并认为以"哲学家为王"的贵族政体是政治的唯一希望。柏拉图《国家篇》中的政治理想多被后世认为是乌托邦,尽管如此,柏拉图对民主政体的批判却并非没有道理。我们知道,无论是民主政体也好,还是其他任何形式的政体也好,其最终目标只有一个,就是保证让那些德才兼备的人掌权,保证政治制度的有效运作。那么民主是不是达到这一理想的最佳形式呢?答曰:否。民主者,民意之谓也。正因为民主政治试图借助民意来实现上述目标,而民意本身具有高度的不确定性、非理性、情绪性、盲动性、愚昧性,所以民主政体绝不是人类最佳形式的政体。因此在西方,除柏拉图之外,19世纪以来批评民主政治的人不胜枚举。

柏拉图哲学王式的贵族政治,实际上是一个典型的贤人当政的政体,他所说的哲学王主要是指通过哲学学习而具备了完美德行的人;他提出的培养及发现哲学王的方式,与中国三代以前尧舜考察和选拔继位天子,以及隋、唐之际通过辟举方式选拔地方官的方式,极为相近。我们甚至可以认为,按照柏拉图的观点,中国三代以前的"公天下"的政体也许是柏拉图心目中最理想的政体。那么为什么人们却认为柏拉图的"理想国"是乌托邦呢?这是因为圣贤没有客观标准,该理想在现实中难以操作。在中国古代,情形也是如此。尽管人们世世代代一直称颂三代以前"天下为公"的政治制度,认为它最理想,但是在现实中他们还是不得不选择了"家天下"的政治模式。也就是说,儒家选择"家天下"而不是"公天下",不是出于"情愿",而是出于"无奈"。因为"公天下"的选拔方式必然会导致"争","争"则"乱"。这就是说,

"公天下"的政体缺乏操作性。与此同样的道理,我们今天虽然认识到民主政体不是最好的政体,但是还要选择它,也是出于"无奈",是不得已而为之。这完全是出于操作性方面的考虑。

现在我们发现,古代儒家之所以没有提出民主政治理想,丝毫也不能理解为"中国文化生命"的缺陷或先天不足,更不能理解为儒家没有认识到"理性之架构表现"的重要性所致,而是与特定的历史、社会状况,特别是经济状况相关;在当时的生产力和社会经济基础之下,选择君主制之合乎"天经地义",就像今天选择民主政治合乎"天经地义"一样。既然如此,将中国没有发展出民主归结为中国人理性主体的某种先天缺憾或不足,岂不荒唐?在牟宗三的学说中,我们看到,他将中国没有发展出民主上升到抽象的人性论高度,并视之为中华民族文化精神所先天具有的一大缺憾。在《历史哲学》(1955年初版)中,他将民主的没有"开出"归因于中国文化中缺少了"分解的尽理之精神";[2]而在《政道与治道》(1961年初版)中又提出"政道之转出,事功之开济,科学知识之成立,皆源于理性之架构表现与外延表现也"(2003g,序)。可见,他认为民主赖以产生的基础是一种特殊的主体而不是特定的社会、政治、经济及历史条件,这种主体的精神或面貌被他称为"理性之架构表现"或"分解的尽理之精神"。不仅如此,将民主上升到存有论高度来论证其合理性,事实上已经把民主政治错误地当成任何社会历史条件下都普遍可行的理想政治制度了!

## 儒学:亟待重新定位自身

牟宗三先生的"自我坎陷"说常常被指责为泛道德主义,或者"良知的傲慢"(余英时),理由据说是它把道德理性看作一切科学和民主之决定者、开出者,甚至看作凌驾于人间一切活动之上的最高主宰,从而抹杀了人类其他活动的独立性。按照一些牟门弟子的看法,这种观点不完全符合牟先生的本意。例如李明辉认为，牟宗三的目的是指明道德理性如何通过"坎陷""曲通"达到理论理性，转出知性主体；虽然"认知主体并非与道德主体并列的主体，而是道德主体在其自求实现的过程中辩证地展现者"，但是，"当认知主体在进行认知活动时，道德主体乃暂时退隐，而不直接干预之；认知主体由此确立其独立性"。据此，牟宗三不但承认知性主体的独立性，而且强调知性主体在进行活动时道德主体还要"暂忘"自身的使命，不能对之干预。然而，这种辩护其实并没有击中要害，因为泛道德主义的批评主要来自这一事实，即牟宗三认为知性主体是由道德主体"开出"的，焦点在于：为什么知性主体是由"道德主体"开出的？这样设想的真正基础是什么？难道仅仅是因为要捍卫"德性之知优先于闻见之知"的原则吗？李明辉的辩护词在这一点上是不能令人满意的。前面对于科学的人性论基础以及民主的社会文化基础的分析，事实上已经表明，牟宗三试图从道德理性出发来寻找科学、民主的基础，在理论上是死路一条。

蒋庆（1996）先生在《良知只可呈现而不可坎陷》一文中，从五个方面比较了牟宗三良知学说与王阳明良知学说之间的本质差别，并一针见血地指出：

（1）王阳明所说传统意义上的良知，作为道体或心之本体，是只可呈现而不可坎陷的；良知的任务是把人心从物欲中拉出来，一旦坎陷，就将不是"暂忘自身"，而是永远陷于物欲之中不能回头了；

（2）良知之学的关键是功夫，而不是"只在语言上转说转糊涂"。但牟宗三的"良知坎陷说"，"从根本上改变了阳明良知学说性质，使阳明的良知学说变成了一种思辨的形上学和概念的知识论"。之所以对牟宗三的"良知坎陷"说有如此见解，是因为蒋庆发现，阳明的良知教的根本宗旨是解决德行问题而不是知识问题，如果硬要它来解决知识问题，实际上违背了良知本身的功能法则。良知有自己特定的功能，盲目地夸大它的功能就等于取消了它的功能。这不是抬举了良知，而是毁灭了良知教的意义。

蒋庆的批评是非常有见地的。我们看到，在现代新儒家那里，儒学作为道德修养学说在现代社会里的功能一直没有得到恰当的定位；由于它过分夸大了自身的功能，把科学、民主的开出当作了现代儒学义不容辞的责任，结果反而不能从一个恰当的角度出发来考察和研究另外一个极其重要的时代课题，即儒学在现代社会里究竟能做些什么。既然科学的产生有其自己独立的人性论基础，既然民主的出现与否不是一个抽象的人性论与形而上学问题，而只是特殊的历史时代条件问题，那么中国没有出现民主、科学就像西方没有出现昆曲和京剧一样，实在没有必要从抽象的人性论和"道德形上学"的角度来总结其根源。儒学不可能包容一切，也没有必要包容一切，它应当做自己本分以内的事情，它也只能做自己本分以内的事情。

　　那么什么是它自己本分以内的事情呢？那就是为现代人人生价值的实现提供必要的精神资源，找出现代人特别是现代中国人在精神生活和道德追求上应追求什么样的主流价值，并投入巨大主要精力研究下述问题：比如，当科学、民主等成为现代中国不得不接受的新事物时，现代中国人在道德追求方面遇到了哪些新的挑战；在工业化与法治的时代潮流之下，作为一个普通的现代人，应当如何修炼自己才能找到人生的终极价值；传统儒学在修身养性、安身立命方面的丰富资源，对于现代人的恋爱与婚姻、工作与事业、从政与经商等等能提供哪些有意义的启示；等等。所有这些，恰恰是现代儒学作为一种道德学说所应该研究的。人们之所以需要道德，不是因为道德境界无比辉煌、无比美好，而是因为生活中出了问题。但是，令人遗憾的是，我们看到，现代新儒家对现代人的精神道德问题并未作出任何深入而有意义的探索。在这方面，许多卓有成效的心理学、精神病理学、教育学研究早已取代了儒学，这一事实更使许多现代人宁愿把儒学当作现代社会里的"游魂"（余英时）。

　　是什么造成了儒学在现代社会里的贫困？难道儒学在现代社会里只能如此吗？难道儒学的贫困与现代新儒家对它的不适当的、错误的定位无关吗？更加令人感到可悲的是，我们看到，在一片盲目西化的声浪中，现代新儒家也已严重背离了古典儒家的传统和正确方向。我们知道，儒学作为一种有着极深超越情怀的道德学说，它的宗教精神早已决定了它应当将主要精力放在行而不是知之上，而传统儒家也正是这样做的。在《礼记》中，在二程、朱熹、王阳明等儒学大师的生平事迹中，我们可以看到古人是如何把主要精力放在探讨普通人日常生活中所遭遇的各种生动、具体的伦理道德问题上的，我们也能理解古代儒家为什么一直把主要精力放在自我修炼而不是著书立说之上。但是，由于现代新儒家过多地从民族国家的立场出发考虑问题，试图从形而上学和抽象的人性论的立场来总结中国没有出现科学、民主的根本原因，结果反而认识不到儒家应有的时代使命；由于它不能在帮助现代人克服精神价值困境方面有所作为，致使许多人因此而对儒学的现代意义更加失望。从这里我们可以看出，牟宗三关于重建学统的学说，事实上是把一个本不属于儒家职能范围内的事情，硬行当作自己的使命，结果自己该做的事情反而没有做。

## 不是"坎陷""暂忘"，而是相辅相成

另外一个有趣的事实是，牟宗三不仅在一些地方过分夸大了儒学作为一种道德学说的功能，而且由于他们把道德修养本应发挥作用的地方定位为道德主体"暂忘"自身功能的地方，从而又在有些地方不适当地缩小了儒学的现代功能。为什么这样说呢？因为人在日常生活中是一时一刻也不能忘记道德修养的。这不仅是因为有些基本的做人道德规范应该时刻牢记在心，而且更加重要的是，人生的修养是需要永恒不断地进行、时刻也不能松懈的。在这方面，古人有许多极为深刻的教诲，至今也没有过时。[3]现在要问的是，在科学、民主这些"新外王"活动中，

在牟宗三所谓逻辑、数学、几何活动以及事功之"开济"的地方，难道这类修身活动可以停止吗？正如蒋庆（1996）先生在其文章中所论证的，在现代科技文明主宰一切、市场规则把人的物欲极大地调动起来的情形下，良知（或道德理性）如何积极发挥自己的功能变得比以前更加刻不容缓了！

为什么牟宗三先生会提出"暂忘"的说法呢？我认为这与他受西方古典形而上学的影响有关。由于牟宗三把一切人类活动归结为若干种西方古典形而上学家所提出的"主体"之上，致使他把本来活生生的道德行为与人类其他活动之间的关系理解错了。具体来说，牟宗三所习惯使用的"主体"（道德主体、知性主体、艺术化主体等）概念，其实是一些西方古典形而上学概念，这个概念在西方古典形而上学中是以实体面目出现的，在笛卡尔、洛克等人哲学中表现得尤为明显，但是经过休谟、康德等人的批判，它的意义和价值已经引起人们的普遍怀疑。为什么这样说呢？原来，"主体"是相对于"客体"而言的，这个概念把事物或状态"实体化"，从而造成本来相互联系的事物或状态之间的人为分隔；"主体"是一个静态概念，而实际上所发生的总是动态的过程。就拿牟宗三最爱用的"道德主体"概念来说，在现实生活中我们所看到的从来就是一系列不断流变着的内心状态（而不是一个"主体"），而这些状态本身就意味着与其他事物之间的网状关联。一个孤立、静止的道德主体只存在于某些人的主观想象中，而不存在于现实中。在现实中，人的任何一个道德成就，几乎无不体现为观念与外部事物的网状关联。不仅如此，如果真有所谓道德主体的话，那么可以肯定，它的确立本身就是一个有赖于人们漫长而艰苦的修炼和奋斗才有可能最终实现的理想，而这个漫长艰苦的修炼过程又必须在人生的各种外在活动中进行，这些活动代表人生的各种事业，包括科学、民主方面的个人事业，也可以包括个人与他人的所有关系。既然如此，一个本身还有待成全、有待实现的理想，怎么能够被作为一个能动的实体来决定和支配其他人类活动呢？正因为道德存在本来就不是一个孤立的"主体"，而只能作为一个有待实现的理想,像牟宗三这样把它当作一个独立的实体来描述它与其他人类活动之间的关系,把"内圣外王"关系解释成"道德主体"的"自我坎陷",解释成不同主体之间的相互转变,可以说是一种毫无现实意义的纯概念游戏,导致原本生动活泼的道德与其他人类活动之间的关系,反而被视而不见。

其实,人的道德追求,或者说人生所可能实现的道德价值,是有层次之分的。道德修养过程本身所追求的价值至少有两个基本层面,即终极价值与非终极价值。前者作为超越于日常人伦关系之上的终极价值,代表常人很难达到的最高人生境界(如"天人一体""入道"之类),而后者则是每个人在日常生活中都时时会面对的基本生活价值(如仁、义、忠、信之类)。根据保罗·蒂利希(1988)的观点以及杜维明(2013)先生对于儒学的宗教性的专门研究,前者可以看作儒学宗教性的体现。除了终极价值之外,日常生活中普通道德价值存在的独立性也是不容置疑的。在儒家经典中,我们可以看到这两个不同层面的价值同时被追求;二者之间虽无绝对的鸿沟,但是后者毕竟只是通向前者的阶梯,彼此层次、高下之分判然而别。一旦我们对道德价值作出了层次区分,就会立即对于道德活动与其他人类活动之间的关系有一个新的认识。我们将很容易发现,道德追求与其他人类活动的价值之间不是决定者与被决定者的关系,而只是人类其他活动所必要的资源之一。

举例来说,骑马对于很多人来说就是一种直接的价值体验,我们绝不能说这种价值是由道德理性所决定的,一个道德修养再高的人也不能说他可以凭空创造出骑马的体验来;我们更不能说,人们追求骑马之乐,其意义在于为了实现"某种道德"。然而,这并不意味着道德修养过程对于骑马就没有意义。恰恰相反,骑马作为人生活动中的一种,与上述两个层次的道德诉求均有极深刻的关联。一方面,人们在何时何地、以什么方式骑马以及骑马时如何处理自己与他人的关系等,都需要有道德约束;另一方面,骑马与所有其他的人生活动一样,都是我们通向人生终极价值之路上的一步,我们能否以恰当的心灵来从事,是与我们人生的修养有极大关系的,儒学在这个问题上恰恰有许多重要的资源。但是由于牟宗三先生没有把道德活动及其价值的层次区分清楚,结果"自我坎陷"的过程很容易被人误解为一切其他人类活动的价值都是道德主体的产物,是由道德理性决定的;当新儒家说"新外王"最终又是服务于道德价值的实现时,人们就更加不能接受了。

现在我们再来看看李明辉先生的辩护观点。按照他的说法,当知性主体活动时,道德主体暂时忘记其为道德主体,而知性主体由此获得自己的独立性。也就是说,道德活动应当在知性主体执行自己的功能时停止。可是,如果在上述外王活动中,它可以停止活动,"暂时"忘却自身的功能,那么道德理性又是一个有什么意义的东西呢?道德永远只能通过一系列外在的活动来实现自身,道德修养活动如果真的应该在其他人类活动时停止的话,那么,道德活动就将永远失去其应有的意义。事实上,正如我们在前面说的那样,道德活动及其价值的两个层面,是人生在世一切活动中时刻都少不了的。不仅人的每个具体的活动(比如骑马)有相应的道德规范,而且个人的每一个具体活动都对应于人生终极价值的寻求,因此都存在着一个如何以恰当的心灵来从事的问题。这个如何以恰当的心灵来从事的问题,用古人的话来说就是如何"去执"的问题。比如说,古人说人生的"执著"之一就是贪于财、色、名、位四者,如果我们从事政治或者研究科学就是出于这方面的贪念,那么民主和科学的个人事业就将无益于我们人生的安逸、灵魂的解脱和精神的升华。因此,即使从事科学或民主政治的事业,我们也时刻不能忘却"去执",否则从事科学、民主就成了"作孽"!由此也可见,牟宗三所谓"从无执的存有论到执的存有论"的过渡之说,实在是极其危险的学说,因为一旦承认人们在从事活动时可以有"执著",那么,一切良知的功夫,一切修身的努力,一切"求放心"的工作,就都立即化为泡影了,还谈什么"道德的形上学"?

## 重建内圣外王之道的基本思路

我一向认为，现代新儒家在理论上的失败，一个极其重要的原因是，在接触西学时间不长的历史条件下，十分自然地从中国文化自身的习惯来理解西方学术，用中学来盲目比附西学，导致了对西方学术的深刻误解以及对中、西方学术关系的错误定位；再加上极为强烈的救中国愿望，使得一些可见的功利效果成为衡量学术的首要准绳，这也是新儒家严重曲解西方学术的本质与意义的另一重要原因；由于现代新儒家不能正确地定位自身作为道德修身学说在现代社会的地位，企图从形上学的高度全面总结中国落后的原因，结果反而背叛了儒学自身的传统方向，将一种"进德修业之学"发展成儒家一向反对的"知识之学"，导致人们对传统儒学的现代意义更加失望。

然而，现代新儒家在理论上的致命失败，并不意味着传统儒学真的失去了现代意义。恰恰相反，如果我们从新的角度来重新定位儒学作为一种道德修身之学的现代功能，完全可以使之在今天的现实条件下大放光彩；而"内圣开出新外王"的使命，如果作为现代儒家的行动纲领，而不是一种抽象的"理论"建构，也是完全适合于中国现代化的文化使命的。具体来说，现代儒家不应该把主要精力用于以认知的方式来总结中国文化中为什么没有开出西方现代性来，而应该探讨在科学、民主、法治、工业化、市场经济等已经成为世界潮流的历史条件下，儒学作为一种道德学说应当如何发挥自己的功能。从这个角度说，儒学不仅应当投身于具体的生活实践来总结内圣外王之道，而且担负着为整个社会建构主流价值这个重要职能。现在我想重点谈一下现代儒家在主流价值的建构上应当做的工作。

一种对儒学现代意义的普遍误解，是从儒学在家庭关系、人际伦理及天人和谐等方面所提供的价值来理解它的现代意义。这种理解根本没有把握儒学的真精神。这是因为，传统儒家虽然提出了一系列有关"五伦关系""天人关系"的伦理规范，但是儒家道德思想的真精神从来不在于此。所有这些"规范"，都是古典儒家从当时特定的社会历史现实出发，对当时社会主流价值的建构；在这些主流价值背后有一个更加基本的灵魂，即人性的自我实现、自我拯救和人生终极归宿的追寻。用传统儒家自己的话来讲就是对性与"天道"的探索。[4] 千百年来，中国儒家一直强调"道"与"势"的关系，主张道德修养要因势利导，而不主张把道德价值法则化、客观化、知识化、普遍化。正是出于这种原因，我们看到像二程、朱熹、王阳明等古代大儒一生都不曾主张把自己对弟子们有关道德教育的言论编辑成书。这就充分说明，在今天的时代条件下，儒家应该从其关于人性自我实现、自我拯救和人生终极归宿的传统思想出发，重新寻找当代中国社会的主流价值；他们必须认识到，古典儒家关于五伦关系的一系列思想在今天虽仍然有用，但是不可以再成为当代社会的主流价值了。只要儒家不能在现代社会主流价值的建设方面作出突出贡献，他们就不可能真正让传统儒学重放光芒，而只会给人留下一群抱残守缺的老古董的形象。

那么，什么是儒家应当确认的主流价值呢？首先，儒家必须认识到，人的潜能和创造力的发挥，人性自由、幸福与价值的实现早已成为现代社会为每一个人所提供的基础性价值，它是一切现代职业或其他社会空间所能带给人的价值，也是一切世俗的社会努力共同追求的目标。换言之，新儒家必须把它们当作当代社会主流价值的个人层面。但是仅此还不够，新儒家必须认识到，"职业的神圣感与尊严"是现代儒家所必须坚持的当代社会主流价值的社会层面：

主流 { 个人层面：个性与潜能的发挥，自由与价值的实现
　　　 { 社会层面：职业的神圣感与尊严

为什么会把"职业的神圣感与尊严"当作主流的社会价值呢？这可以从社会学、文化学及中国文化的习性等不同的角度来论证。但是我想强调的是，它是儒家"内圣外王之道"的自然延伸。通过反省传统儒家

的外王概念可以发现，其中最主要的变化是外王的内容已经大大改变：

（1）现代人生活在市民社会中，家庭的细胞化、政治成为一门特定的职业、政治对社会的主宰作用不再像古代那么大等一系列现实表明，现代人在价值追求中不可能再把"齐家、治国、平天下"当作自己的主要事业，因为现代人多半是生活在特定行业和职业中的，他们读书、做学问不应当也不可能以治理国家乃至于管理天下事务为首务。

（2）随着社会空间的迅速分化、劳动分工的高度专门化，随着物质财富的大大丰富，人们选择一项职业、追求一门事业从过去出于压倒一切的求生需要以及与此相应的责任感和使命感，转向以满足人的兴趣爱好、促进人的潜能和创造力的发挥、体现人的自由本性、实现人性的全面发展这一方向上来。因此这个时代最大的道德无疑是为人们自由进行这样一种事业追求提供必要条件，其中最基本的条件就是让每一个社会空间和职业按照自己的内在逻辑来运作，而不受来自任何一种政治或其他势力的干预，唯此方能确保每一个社会空间和职业真正为人性的自由和价值服务。也就是说，现代公民在外王方面应从过去的"齐家、治国、平天下"转变到社会空间的理性化以及行业的独立和自治上来。

（3）与此相应的是，"君君臣臣父父子子""大一统"乃至于"三纲"这些古代士大夫外在行为方面的道德规范之所以也已不可能成为当代人生活的主流价值，是因为随着社会结构的巨大转变，现代社会的主要矛盾已不再是"五伦关系"问题而是社会空间的理性化与自治问题。现代人生活在市民社会中，生活在职业化的追求之中，他们在道德方面的主要困境必定来自如何处理职业行为与人性价值的关系，来自如何在具体的、职业化的追求中赢得人性的自由和永恒。在这样一种情况下，人们在外在行为方面最大的道德规范应当是把握"职业的神圣感与尊严"，而不是君臣父子之道等一类问题。

传统儒家为士大夫们在外王即事业追求方面提供的、在当时条件下无疑极端重要的一系列道德规范在今天已不可能成为社会的主流价值这一事实，给现代儒家提出了这样一个尖锐的道德理论问题，即现代人在外王方面应该受什么样的道德规范约束？牟宗三的观点没有为一个普通的现代人在外王方面的追求提供任何具有方向性的道德规范，而后者恰恰是现代人所最关心的。民主和科学，这些东西对于中国是时代发展的趋势和需要，而不是直接的个人行为规范。在文化价值心理方面，它们对于中国人来说是外在的和陌生的。对于生活在中国文化传统中的人来说，把追求人权、民主乃至于科学当作他们应该追求的主要人生价值强加给他们也是不适当的。对于现代中国人来说，他们的人生价值的实现只能在职业的神圣感和尊严中体现出来；对于一个国家或民族来说，职业的神圣感和尊严既是确保社会空间理性化的内在精神资源，也是一个人通过职业/事业追求而获得自身潜能发挥和人生价值实现必不可少的途径，而社会空间的理性化则是每一个人人性自由得以实现的基本外在条件。

毫无疑问，这样一个新的当代人的外在行为规范，仍然可以看作是儒家式内圣的产物。因为它完全可以看作是一个人"致良知""求其放心""仁义忠信""正心诚意"等内圣功夫的必然要求，是每一个"有良知""致良知"的现代人理应遵循的。因为只要他追求虚荣、追逐名位、哗众取宠，他就不可能真正体验到职业的神圣感和尊严，而这也就意味着他不能从职业的追求中真正体验到人性的自由和永恒。因此，古代儒家在五伦关系方面所提出的道德规范虽已不再是今天的主流价值，但是它在内圣方面的道德实践——格物致知、正心诚意、切磋琢磨、求其放心、知行合一、致良知等等——非但没有因为时代不同而过时，相反，在今天它无疑仍然是现代人在外王方面的一切人生实践的内在根据，具有永恒的意义。所以我认为，儒家学说并未因为时代不同而丧失其存在意义，而且只有重新继承它所开创的伟大而独立的文化价值传统，未来中国文化的发展才会找到取之不尽、用之不竭的精神资源。这一点无疑也是现代新儒家所正确地强调的。

所谓"职业的神圣感与尊严"作为现代人在外在行为方面的基本规范，我指的不是对于任何一个现代人无条件的道德命令，而是现代人在职业追求中所应努力把握的东西。如果说在古代,"齐家、治国、平天下"对于几乎每一个有知识、有文化且有良知的人来说是一种使命的话,那么对于现代人来说,他们在外王方面的主要困境便是如何选择真正适合于发挥自己的潜能的职业(亦可称之为事业);我们应该认识到,现代社会空间的高度发达,职业门类的空前分化,为人们选择适合于发挥自己潜能和创造力的行业提供了无比广阔的空间,因此一个现代公民的事业追求(或称职业追求)不应当单纯是为了谋生,而应当同时出于人性自由的需要。也就是说,在外王方面,现代人基本上是通过特定的职业来成就自己的人生的。除了极少部分例外之外,一个现代人不管如何聪明、如何天才,都往往要通过特定的职业来实现自己的人生价值。因此,现代人在人生价值方面的主要道德困境是如何通过职业的选择和追求来实现其人生价值。只有严格按照各行各业自身的内在逻辑来运作,才能确保职业行为朝着合乎人性自由和价值的方向前进;只有社会空间的理性化,职业的高度独立和自治,才能确保现代人的人性价值和自由。这样一种外在的行为(外王),需要人们用内在的道德意识来支持,这个道德意识就是"职业的神圣感与尊严"。因此我认为职业的神圣感与尊严无疑是现代人在外王方面的基本道德规范。

人们也许会问,上面所提供的主流价值建构,在思想上与传统儒家的伦理学说之间有何共同之处呢?如果它与传统儒学的共同之处还不如它与西方某些思潮之间的共同之处多,那么怎么能谈得上是在继承和发扬儒学的真精神呢?对于这个问题的回答是:(1)儒学不是为了保持自己的什么传统特色而存在和发展,相反,几千年来它从来是为了人性的自由与价值、为了人生的拯救与解放而奋斗的一门学问;(2)也正因为如此,它不应该追求与西方思潮相区别,相反,它应当认为凡是合乎人性自由与价值的思潮都必定与它同道,而且正是通过这一点,才能体现儒学与世界上一切进步思想潮流都是共通的;(3)儒学确实可以从它的真精神出发建构上述主流价值,这一事实本身又说明了儒学仍然具有强烈的现代意义;(4)作为一种强烈的以行动而不是说教为宗旨的信仰学派，儒家主张用自己的实际行动而不是空洞的理论建树来证明自己的信仰，因此它不会认为上述理论建构本身最重要。正是在活生生的实践中，儒家才将能再次体现出自己的特色和中国性来。

## 论中国学术未来的三个方向

然而，令人遗憾的是，"职业的神圣感与尊严"，以及人性的自由与价值的实现——这些现代人在外王方面理应追求的主流价值——在新儒家以及绝大多数当代中国知识分子心目恰恰不是最重要的，他们感兴趣的是"自己"有没有在中、西结合方面创造出一个庞大的理论体系来；他们人人都俨然以"帝王师"的身份自居，其心目中最高尚的事业是在救中国这个国家理想方面拿出一套一揽子的方案。对于绝大多数中国知识分子来说，对于西学的吸收和结合，与其说是出于学理上的原因，不如说是"国家理想主导"的结果。这就引出 20 世纪中国知识分子心态方面的最大特色，即以国家理想代替文化理想。然而恰恰是对这样一种心态的盲目和不自觉，构成了 20 世纪中国知识分子最大的悲剧。这是因为，知识分子怀抱救国救民的愿望从事学术事业诚然可歌可泣，但是作为一个民族中最有文化的群体，他们的精神世界里如果只有国家理想而没有文化理想，那就意味着他们的精神王国里缺乏永恒，意味着他们的精神价值追求没有坚不可摧的根基，意味着他们没有能够开创一个仅仅属于自己的、标志着自身的内在独立性的伟大的文化价值传统。他们最终在精神上流离失所、无家可归也就是理所当然的了。

我们似乎应该记住，儒家学说虽然重功利、重外王，与西方科学——人文科学、社会科学以及自然科学——为了求知而求知的学术传统迥然不同，但是这绝不意味着它没有自己永恒的价值王国。传统儒家学说也关心国家的发展，所谓王霸之辨、蛮夷之辨等一系列学说无不包含国家发展理想，然而儒家的国家理想是以超越于一切国界、族群界限的文化理想为基础的。"治国"还要"平天下",也就是说"国"的理想是在"天下"的理想中获得定位的。这个"天下",主要不是一个地理概念,而是一个文化概念,包含着与蛮夷生活方式相对立的文化价值理想在其中。几千年来,儒家学术历尽沧桑、薪火相传而不绝,无数中华儿女在它的精神感召下抛头颅、洒热血、舍生忘死、前赴后继,如果它没有自己永恒、独立的精神价值王国,如果它不代表一个伟大的文化价值传统,又如何能如此长盛不衰呢?陈亮(1987,1)曰:

> 臣窃惟:中国,天地之正气也,天命之所钟也,人心之所会也,衣冠礼乐之所萃也,百代帝王之所以相承也,岂天地之外夷狄邪气之所可奸哉!

这是何等豪迈的气概!这是多么坚定的文化自信!但是可笑的是,现代人多半对这种儒家的文化理想嗤之以鼻,理由是:它导致了中国落后挨打。也就是说,衡量标准仍然是国家理想,用国家理想作为标准来衡量文化理想!

然而事实还不止如此,这一区别也同样适用于中国知识分子与西方知识分子之间的区别。在西方,科学类型的学术,从开始就是作为一种文化理想提出来的,当希腊第一批哲学家诞生的时候,他们就给人类提出了一种既不是为了救某个国家(城邦),也不是为了任何实用的人生需要的学术,这个学术被亚里士多德称为"出于人的自由本性"、产生于惊异和好奇并且为了求知而求知的学术。我们看到,两千多年来,西方科学类型的学术之所以能长盛不衰、激荡着无数人的心灵,使无数杰出的人物为之奋斗终生,不是因为它能导致现代自然科学的发展、让人来主宰大自然,而是因为它代表着一种伟大而独立的文化价值传统,一个与基督教不同的另一种类型的文化价值王国,一个有着自身不可剥夺的内在逻辑的学术理想。对于这种独立的文化价值传统,像新儒家那样出于"振兴中华"的目的而从理论上把它纳入宋明理学的道德谱系中去，本身就意味着对这种学术所包含的内在逻辑的独立性的抹杀。

我们在本书前面几个部分曾经花费了大量笔墨来分析和揭示西方学术的精神价值基础。为什么这样做呢？因为我们发现，希腊以来一开始以哲学为代表、后来发展成为同时包括人文科学、社会科学以及自然科学的西方学术（可以概称为科学），是一种有着自身独立而伟大的传统的学术，是个对于每个从事者来说意味着某种独特的内在价值和尊严的学术，是个体现了人性的自由和人的自我确证的学术，是个可以给每一个从事者带来无比崇高的精神境界的学术。人们完全可以合情合理地提出这样的问题：为什么两千多年来有那么多人一代又一代为了科学的理想而前赴后继、死而后已？如果两千多年来的西方学术不是一个有着自身伟大而独立的传统的学术，它怎么可能发展到今天并形成如此蔚为大观、百花争艳的局面？这充分表明，从"重知识而不重价值、重自然而不重心灵、重逻辑而不重直觉"这一角度来理解西方学术的精神价值基础是过于简单的，也是对西方学术传统的独立性认识不足。

与这一重要事实相关联的另一重要事实是：希腊以来的西方学术在精神价值世界上与中国古代学术，乃至于与世界上一切宗教或信仰类型的学术缺乏可比性。如果要我们评判艺术实践中的精神价值世界与物理学研究中的精神价值世界孰优孰劣，恐怕没有人不怀疑这一要求的合理性。同理，我们也不能说科学家的精神境界与宗教家的人生境界相比，就一定有高低优劣之分。这充分表明，对于不同类型的人类事业，特别是学术事业，如果不考虑到它们之间在性质上质的不同，而是采用同一个标准来比较其精神价值世界的高低、优劣，是极端错误的。强调这一事实的重要意义在于：鉴于中学与西学是两种不同性质的学术，采用同一种标准来比较它们的精神价值境界孰高孰低，或者通过这种方式从理论上实现中西结合，是没有意义的。这一事实还表明，两千多年来通过一代又一代人前赴后继建立起来的西方学术传统，它的精神价值境界与中国古代学术无高低优劣之分，也不可以被纳入中学的价值体系中去。

20世纪中国学者，特别是新儒家学者，几乎都有一个共同的癖好，就是喜欢从精神境界的角度出发找到将中学与西学结合起来的途径。由于他们笃信儒家思想，追随中国古代学术的精神价值世界，于是他们错误地把精神境界，特别是宋明理学家所追求的精神境界，当成了衡量一切学术境界高低好坏的准绳。当这些学者带着这样的心态去阅读西方哲学著作的时候，却往往很难从中找到对于精神境界同样的关怀，于是他们往往得出中学的精神境界比西学高的结论来，或者试图用中学的人生境界理想来包容西学。以为这样就可找到中学与西学相互结合的桥梁。

由于上述一系列原因，现代中国知识分子吸收、引进西学，进行所谓的中西比较和结合，所造成的最大历史悲剧之一就是文化理想的丧失。不管他们是出于什么原因而失去了文化理想，他们在今天的首要任务仍然是先找回自己的文化理想，唯此方能找到自己恰当的定位，唯此方能创造一种独立的文化价值传统，唯此方能应付现代社会结构空前分化的需要。这个新的、要由未来中国知识分子来开创的文化价值传统的具体内容是什么，我们今天虽然还不能完全确定，但是我想大体不外乎朝如下三个方向发展：

（1）主流价值的重建。主流价值是一种文化价值而不是国家主义或民族主义价值。它虽不代表国家理想，但可以成为一切国家理想的终极基础。这个主流价值需要由一部分知识分子及社会精英共同用实际行动来创造，它代表中华文明在未来可以预见的世纪里的发展方向。我们需要建立一个文化的中国，而不是一个单纯政治的中国、经济的中国或民族主义的中国。我们在刚才提出的"职业的神圣感与尊严"是一种文化价值而不是一个国家理想，但是它理应成为国家理想和国家行为的终极基础。中国的今天和未来不需要以洛克、卢梭、孟德斯鸠、密尔等人所发明的学说作为自己的意识形态，但是毫无疑问的是，中国未来应当出现一些类似西方洛克、卢梭、孟德斯鸠、密尔、托克维尔那样一些为文明奠定基本框架、为文化确立基本价值、为中国指明基本方向的意识形态思想家。我愿在这里狂妄自大地提出，这个主流价值在内容上应当与"职业的神圣感与尊严"有关，在形式上应当体现为社会空间的理性化，在目标上应当是每一个人的潜能和创造力的充分发挥,以及为每一个人人性的自由、价值和尊严提供保障。

(2) 经学传统的延续与开新。以儒学为中心的中国古代学术,是一个以人生的践履为主要特征的学术传统,是一个只有靠严厉的人格训练和修身养性才能传承的精神价值传统。这个传统今天已经人为地中断了,迫切需要一大批人起来继承它,把这个传统发展下去。这个传统中至少有一个部分,即内圣的部分并没有失去其应有的意义。但是鉴于这一传统的践履品格,它不可能用人为的方式、有计划地发展起来,而只能靠一部分自觉的文化人用亲身的实践来建立和发展它,只能靠这些人以"先知觉后知、先觉觉后觉"的方式来传递它的血脉。它一方面代表中国文化的精神命脉,另一方面却又包含着超越国界和文化差异的永恒价值。鉴于中国文化的特有习性,它在今后相当长时间里仍将是中国人文化生命里最宝贵的精神资源,因为唯有它将能医治由中国文化的习性所带来的中国人人性的弱点,使之走向自我超越,走向永恒。

(3) 未来中国人文—社会科学的发展。科学(广义的)类型的学术是一种有着自身独立的逻辑和文化理想的学术传统,是具有求是的特征、视方法重于结论的学术传统。本书用大量生动的事实来证明,这种类型的学术所倡导的严密方法,尽管在西方已经发展了几千年,但是迄今为止还没有真正为中国人所接受,中国人之所以对之感兴趣多半是出于功利的国家利益需要。我们今天是徒有西方一系列学科之名,但是在进行研究的时候真正感兴趣的多半是想在相对应的领域拿出一套救中国的一揽子方案来。也就是说,是用国家理想来代替文化价值。其实深入地、科学地研究中国社会独立的文化习性,研究中国社会独特的自我整合规律,研究为什么儒家学说仍将是中华民族在未来漫长岁月里的立国之本,本来是中国社会科学中最有活力的一个领域。但是令人遗憾的是,目前中国知识分子在这个领域的建树实在太少。

我认为,希腊以来形成的西方现代学术体系,作为一个有着自身独立的内在逻辑依据和精神价值基础的伟大学术传统,与中国古代学术之间是并存不悖的关系而不是此消彼长的关系。因为，它们对于人类生活发挥的功能不同，将它们融合为一，反而使它们各自的独立性都无法保存，从而对于人类生活反而可能发挥不了有益的作用。很少有人认为基督教一定要与西方哲学相结合才能存在下去，为什么我们一定认为非要在理论上发明一个把儒家学说与西方哲学结合起来的理论体系，儒学传统才能存在下去呢？儒家学说，乃至整个中国古代学术传统与西方现代学术之间的结合，首先是一个实践上的相互结合问题，而不是理论上的相互结合问题。也就是说，西方学术与中国传统意义上的学术之间不存在一定要殊途同归的问题，就像我们不一定非要京剧与物理学殊途同归一样。

## 本章注释

[1]"自我坎陷"一词在牟宗三的著作中有多种不同的表述方式，有时说成"良知坎陷"或"良知自我坎陷"，有时则又说成"道德理性之自我坎陷"。根据蒋庆（1996）的考察，该说最早出现在牟先生所著《王阳明致良知教》一书中，后来得到全面、系统的发挥，成为牟宗三最重要的学说之一。

[2]牟宗三称："就纯哲学言，儒家学术发展至宋明理学，只完成'道德形上学'，而理解之先验原则未触及。就历史发展言，逻辑、数学与科学未出现，而国家、政治、法律亦未达其完成之形态。在学术方面，逻辑、数学、科学；在集团生命之组织方面，国家、政治、法律。此两系为同一层次者，而其背后之精神俱为'分解的尽理之精神'。而此精神之表现必依于'知性主体'之彰著、精神之'理解形态'之成立。此恰为中国之所缺，西方文化生命之所具。故在中国历史发展中，其精神之表现，国家政治法律一面之'主体自由'（此可简称曰'政治的主体自由'），亦终隐而不彰。"（2003f，自序）

[3]《论语·学而》有曾子"吾日三省吾身"之说，《中庸》有"戒慎、恐惧"之说；又如，古人常常引用《诗经》的"战战兢兢，如临深渊，如履薄冰"（《诗·小旻》），以及"敬之敬之，天惟显思，命不易哉！"（《诗·周颂》）来表明修身养

性的过程需要时刻对自己提撕省察,不可暂忘(《左传·僖公二十二年》《论语·泰伯》及《孝经·诸侯章》)。

[4]《中庸》的"天命之谓性,率性之谓道,修道之谓教"这三句话以及《孟子·尽心上》的"尽其心者,知其性也;知其性,则知天矣。存其心,养其性,所以事天也。夭寿不贰,修身以俟之,所以立命也",可以说是对儒家这种思想最经典的概括。

# 跋

在《中学与西学——重新解读现代中国学术史（修订增补版）》一书即将出版之际，我想利用作"跋"的机会将本书中有关思想作一澄清或进一步交代。

## 当代中国学人的意义危机

现代中国人虽曾一窝蜂地去学习西学，但是对于西方学术传统根本精神的理解却往往停留在隔靴搔痒的地步。比如我们都知道，西方学术的精神源头是认知主义（intellectualism），以满足好奇心为主。以西方哲学为例，两千多年来，有那么多人在这片神奇的海里前赴后继、死而后已，是与哲学这门学科对一种超出实用关怀之外的宇宙真理的追求有关的，也与哲学这门学科内在地具有的、"把论证进行到底"的思辨精神和彻底的理性主义有关。从这个角度出发，我们就能理解一些现当代西方大家的精神世界，包括：他们心目中哲学的神圣感，他们对于自身生命意义的理解，特别是他们如何在哲学思辨中找到庄严和崇高、永恒和不朽。这种哲学的思辨精神，其实从一开始就注定了要超越一切实用功利的关怀，绝不是为了任何一个国家、民族或群体的利益服务。

然而，一个多世纪以来中国人阅读和研究西方哲学，往往不能从其根本精神上来接受它，而总是自觉或不自觉地想要从中找到救国救民的途径，或借以满足其人生或社会需要。这样一来他们从一开始就偏离了西方哲学这门学科的基本路径，使得哲学工作者不能像它在西方那样，给研究者带来无穷无尽的人生意义，成为实现其精神升华和灵魂不朽的途径，更不能以浩气如虹的自信来与西方哲学家对话，当然也不能在中国真正建立起哲学学统。

记得20多年前，我曾经写过一篇文章，内容大致是讲现代中国学术研究中的一种思维定式，我称之为"国家范型"。所谓国家范型，我指从国家整体需要出发进行指导思想的设计。学者们在思想深处认为，人文社会科学研究的主旨在于为国家发展设计方案；不同的人、不同的文章、不同的课题，设计方式有所不同；在最高层面上是设计意识形态，次则设计大政方针，再次是设计某一领域、某一问题上的指导思想。有时一篇论文虽然只研究一个小问题，其侧重点也在于，挖掘出某种思想、某种观点，对现实有重要指导意义。

这种研究方式背后的预设是，自己提出某一思想、观点，或者在最高层次上——某一理论体系，期望能成为官方指导思想，被国家采纳并实施。实施的途径不外如下：首先，希望成为官方指导思想或意识形态的一部分。其次，希望被纳入国家大政方针。再次，表现为：（1）希望国家制定相应的政策措施来落实它；（2）希望国家通过宣传机器如各级媒体来宣传它；（3）希望国家通过学校教育等方式来传播它，进入全民心中。比如有不少学者喜欢创造"理论体系"，他们在这样做时，心里想的可能正是设计一套为官方接受的指导思想或意识形态，再通过政策措施、媒体宣传、学校教育等方式全面展现其在"治国安邦、经世济民"方面的价值，从而让自己"永垂不朽"。还有不少学术论文，话题未必如此宏大，观点尚未形成体系，但其整个立论方式，也正是为了说明：其所揭示的某个思想，可为官方所用，成为指导思想。

这些学者这样做，并不意味着他们是当下官方指导思想或意识形态的拥趸；恰恰相反，他们往往自认为早已发现了后者的致命问题或严重不足，试图取而代之，至少是补其不足。他们自认因此找到了学术研究的价值及自我存在的价值，其一生生命的最高追求似乎正体现在这一过程中。他们的这种心态也常常被称为"帝师情结"。

这种研究方式由于把现实指导思想当作首要关怀，强烈的实用动机导致思维逻辑完全被方案、对策所主导，而不可能真正深入地从纯学理出发来分析问题，不太讲究学术研究的规范性、理论的完备性、探索的深入性；由于要反复论证为什么"对现实有指导意义"，所以无法进入纯粹的知识或思想境域，严格说来可能几乎没有什么学术价值，尽管研究者自认无比重要。这导致很多外国学者、包括中国港台学者在与大陆学者相遇时，往往对后者的论文质量感到怀疑；或者被大陆学者搞得一头雾水，他们究竟在说什么？

这套研究范式，可以说主宰着当下中国人文、社会科学的几乎所有学科，在当下中国学界极为流行，我曾称之为法家无意识。这是因为，这套研究范式寄希望于借助国家力量、通过顶层灌输来实现学者的"个人抱负"；尽管对于现实中看到的现象，学者们往往深恶痛绝，但他们所能找到的替代方式只能是：让国家来灌输和实施自己提出的指导思想或政策方针。他们不能从根本上超越这种借助国家力量来实施学术观点的法家无意识。今天看来，被法家无意识主宰的当代中国学术，落入实用功利陷阱而不自知，导致学人无法真正进入西方学统内部，也导致学人普遍失去自身生命意义。

另一个与当代中国人文社会科学危机根源有关的现实是，近代以来以文、史、哲等现代学科及其范畴重新整理中国古代学术，少有人问过这样做对国学自身是不是公平；更少有人思考，国学在这一过程中丧失了什么；而更致命的问题还在于，这样做是不是传承和发展国学最好的方式。诚然，国学在历史上本来并非一个独立完整的学科，但这并不妨碍我们认识到，以儒学或儒、道、释为主体的国学传统，每一门学问都是非常成熟、发达的独立系统，其内容理路、意义世界、研究范式自成一体。

我曾在有关地方概括了古人治学方式与今人的最大不同：

（1）熟读、玩味：古人从小将经典反复背诵，背得滚瓜烂熟，经典在不知不觉中渗透到古人的生活中，融解在他们的血液里，构成他们生命的一部分；

（2）自化、自得：古人主张研读经典一定要结合自己的生活实际，绝不可脱离人生经验追求所谓纯客观的意义，人格的完善和境界的提升才是理解经典的根本保证；

（3）修身、笃行：深造自得的境界来自炉火纯青的功夫，古人主张治学与做人不分。历代儒者在修身和践履方面的功夫源远流长，代代创新。

然而，古人在治学方面的这些方法在今天的学科体系中几乎已被完全抛弃。今日治国学则出于学术研究的功利需要，撰写出具有"知识创新"意义的作品，对经典的理解必须具有高度的"客观性"，符合严格的逻辑论证标准；没有人要求他们以上述方式来读经，更不把修身、践履和做人当作治学的首要目标；于是相应地，经典没有办法融入他们的实际生活，经典与他们的人生实践及生命意义相分离。由此就可以理解，今天之所以出不了国学大师，固然有多方面原因，但抽空了国学的意义基础，恐怕也是原因之一吧。因此，今天谈论国学的复兴，建设国学、中国哲学、中国思想史等学科，如果脱离了这些传统，应当在何处寻找其合法性基础呢？

以中国哲学这门学科为例，今天，怀疑这门学科的合法性已有中西方文化霸权主义之毒太深的嫌疑。然而，关键从来都不是中国哲学这门学科"是否可以成立"，而是"是否已经成立"的问题。实际情况是，我们一方面抛弃了古代功夫传统，忘记了古人塑造生命意义的方式；另一方面也没有真正进入西方哲学学统，不能在精神层次上与西方思想大家齐平。那么，中国哲学这一学科的合法性基础究竟是什么，就不能不是一个值得深思的问题。它标志着，我们虽然通过引进、移植建立了中国哲学，但是这门学科迄今为止并未真正找到自己的恰当定位，这实质上是哲学这门学科的学统问题。类似的问题,在其他很多学科领域同样存在。我们可以同样的方式追问中国伦理学、中国政治学、中国历史学、中国法学、中国经济学、中国社会学等一系列其他学科,追问它们存在的合法性基础究竟是什么。因为,我们进入一门学科,并不仅仅是为了学某种知识,也不仅因为它有用,对于打算在这门学科中无限深入地探索下去的人来说,还会遇到这样的问题:这门学科存在的终极基础是什么?它的话语世界对于进入其中的人意味着什么样的人生意义?它在什么样的意义上给研究者带来灵魂的升华、生命的永恒和精神的不朽?

学统的迷失,不仅导致学术研究的范式摇摆不定、难以成型,而且导致一个民族的学术失去了尊严和光辉,如此下去将不可能对人类学术的进步有实质性贡献。今天的中国学人该清醒了,不能再迷失在学科的泥潭里不能自拔,也不能指望将中国学术的基础奠定在实用功利或民族主义的沙堆上。提醒人们走出误区,正视学统迷失的严重性,正是我多年来深刻关心的问题之一。

学统迷失的后果包括:

一是知识分子找不到自己人生的真正定位。他们对于自身的社会价值和学术价值没有确定的认识,所以很容易为各种社会潮流所吸引,可以不时变换职业,包括弃学从政、下海经商、盲目出国等。

二是急功近利、情绪浮躁、贪图虚名、人格低下等。无论是前些年学界讨论的人文精神失落问题,还是近些年学界炒作的一些学术丑闻,与其说是当今学界堕落的象征,不如说反映了当代中国学人因不能安身立命而焦躁不安的普遍现状。

三是民族主义盛行。尤其在从事中国传统学术研究有关的行业,近年来民族主义极其盛行,轻易否定西方同一领域的研究成果,对于西方人的正常学术批评过于敏感。另外,在与西方学者的交流中急于得到认可,等等。

四是对自身学术研究的范式缺乏自我反省和批判的能力。民族主义导致人们苦心孤诣地试图从学术上寻找能救中国、国家富强、实现现代化的道路，这样做诚然情有可原，但很少有人认识到：如果学术丧失了普世价值和永恒基础，将永远无法与西方学术真正对话。

衡量学统最重要的标准之一，是追问学者们：你们安身立命的终极归宿究竟在哪里？这个归宿是指一种学问给学人所能提供的意义基础问题，这个意义基础不可能是纯粹民族主义诉求，也不应是任何满足当下现实需要的功效，而只能是普世、永恒的价值理想，能让学者从中体验到人性自由、升华的乐趣。因为如果没有普世永恒的价值，只有当下功利的效果，只能让人获得一时的满足而不能长久，此其一；其二，功利的效果，不能让人性由超越走向永恒，借升华走向不朽。一个多世纪以来，我们所犯的历史性的错误包括：迫于亡国灭种的威胁从事学术，所以深陷于实用功利的泥潭；出于中西结合的动机改造国学，以至掏空了生命意义的根基。

以牟宗三等人为代表的现代新儒家学者，由于没有认识到西方学术传统与中国古代学术传统的差异，是两种不同类型的学术所应有的，不能混淆，竟错误地认为中国古代学术有"道统、政统"而无"学统"，认为只有逻辑、数学和科学才代表学统。这种观点导致一方面抬高了宋明理学的地位，另一方面却又把儒学变成了一种知识之学，费尽心机地研究儒学与西学之间的所谓存有论意义上的结合。这体现了有良知的现代中国学者在接触西学时间不长的条件下，对西学的本质即西方学统了解不够，盲目套用西学范式研究国学，反使儒学在新时代失去了生机与活力。一种以弘扬国学传统为宗旨的现代儒学运动，却导致了摧残和毁坏国学的不幸后果，走到了与初衷背道而驰的道路上去，这一历史的教训难道不值得汲取吗？

有鉴于此，重建现代中国学统，绝不仅仅是重建学术研究规范的问题，真正根本的问题在于，如何理解重建中国学人的意义世界。我相信在学术研究的基本规范方面，中、西学术之间并无重要的差异。但是以认知主义（intellectualism）为主的知识化研究，与以修、齐、治、平为宗旨的学问探索，尽管可以相互碰撞、彼此交融，但毕竟是两种不同类型的研究范式。中国古代宋学和汉学的研究范式差别巨大，特别是汉学的研究范式，按照有些人的看法，代表一种认知主义。然而，若与西方盛行的现代学科研究范式相比，则可发现，中国古代学者，无论是汉学家还是宋学家，真正关心的问题还是个人立身与文明再造的问题。汉学家们表面上对于知识客观性的严厉追求，实质上也是服务于重新厘定华夏文明的真正含义这一根本目标，正因为如此，他们的精神世界才能找到落脚处。现代中国学术最大的问题之一就是，在一种不中不西、非驴非马的状态中，始终未能真正建立自身良好的研究范式。

意义世界的有无，是衡量一种学术是否建立了良好传统的根本标志；意义世界的建立，则是良好研究范式的自然产物。这就好比踢足球，没有好的游戏规则，就不可能有好的意义体验。我相信，未来中国学术研究会在研究范式上采取中、西方范式并轨的方式，但它会以什么样的方式出现，从而让中国学人重建自身的意义世界，乃是未来几十年，甚至上百年内中国学术始终要面对的大问题。

## 对中国哲学史的反思

本书的中心思想不是要否定中国哲学或中国哲学史这一学科的合法性，也不是认为哲学、伦理学、本体论、形而上学等一系列西方学术范畴所代表的学术思想中国一定不存在，而只是试图对 20 世纪以来中国哲学史这一学科的引入所代表的思想史问题作一反省。事实上，迄今为止人们多半是在盲目地、不假思索地接受这一学科，本书想要表达的重要观点之一是：在这种"不假思索"背后隐藏着多少鲜为人知的重要史实，一个多世纪以来中国人为这种"不假思索"所付出的代价是多么的惨重。

第一个重要史实是：不管中国古代的一系列学术是否可以算作哲

学，今天我们都已经用中国哲学史等现代学科概念代替了曾绵延两千多年的经学。一个多世纪以来，对于生活在中国大陆的人来说与对于西方的学者而言，中国哲学史等学科的引入，其含义是迥然不同的。对于西方人而言，这一学科的引入对于他们理解中国思想提供了一把可以接受的钥匙，这对于中国古代学术价值在西方世界被人们理解和接受无疑有着不可估量的意义。然而对于中国人来说情形就大不一样了：问题出在人们试图用它们来代替中国古代学术的传统。与哲学、伦理学、政治学、经济学、社会学等一系列现代西方学科范畴的引进相对应的一个重要事实是：人们把过去自身完整、独立的经学五马分尸，把《诗经》纳入文学中，把《尚书》《春秋》《左传》等纳入史学中，把《周易》、"四书"等纳入哲学中，把"三礼"纳入政治学等学科中，把考证经籍义理的小学纳入文字学或历史文献学之中。你能说这些新型学科的设立是错误的吗？当然不能。然而事实上，中国古代学术原有的传统在经过这样一番手术之后已经不复存在了！我们知道，中国古代的经学，不管是小学还是大学，是训诂之学还是义理之学，也不管在不同时代、不同人物身上侧重点有何不同，它都是一个有着自身的独立性并世代传承不息的传统；它之所以可以世世代代地传承下去，不是某些人"别有用心"的需要，更不是一个历史的错误，而是因为它可以为无数人带来生命的意义与人生的归宿，更是因为它在过去几千年的历史风雨中对中华民族的命运有着生死存亡的意义。当这样一种学术传统被葬送之后，中华民族赖以维系自身的精神价值之本也就难以找到了。

第二个重要史实是：一个多世纪以来，由于一系列可以谅解的原因，中国人从来都是在用他们自身的传统观念来理解西学，引用西学范畴的时髦并不曾意味着中国人真正地理解了西方学术传统，更不意味着中国人真正地吸收了西学的精神实质。比如就拿哲学这一学科范畴来说，由于这一范畴含义的复杂性和历史变化的事实，人们似乎可以找到不少证据来证明中国古代学术中的一系列成分确实可以称为哲学。然而问题在于：在这样做的背后却隐藏着另一个鲜为人知的重要史实，即这样做的一个极其重要的结果就是极大地妨碍了人们去正确认识西方历史上一直盛行不衰的 intellectualism（可译为"认知主义"）传统的本质意义。所有人都承认认知主义是西方学术的主要传统，也乐意认为这是西方哲学不同于中国哲学的主要倾向之一。然而认知主义的本质究竟是什么？认知主义对于西方文化乃至对于人类文明来说的意义又是什么？对于这些问题，多数中国人都倾向于从征服和改造自然、促进科学的发展等功利的角度来理解认知主义的意义，从主客分裂或主体性的建构等角度来理解认知主义的本质等。无论是现代新儒家学者还是那些反对国粹派的其他学者几乎都是从这些角度来理解西方文化的认知主义。多年来可以说很少有人严肃地思考过这类理解中存在的致命问题。我在本书论辩证法、形而上学与西方学统关系的两章中曾对这个问题作过较深入的讨论，并试图从辩证法、形而上学这两个学术的本义出发来挖掘与中国古代学术传统迥然不同的西方学术传统——认知主义——所代表的精神价值世界。现将其中的几段话摘录如下：

> 辩证法带给希腊学术的精神价值世界的主要特征是思想的自由境界，即思想无穷诘难、无限辩证、无尽探索的境界。……无止尽的否定和怀疑，无穷的诘难和追问，无拘无束的探索和发现，这本身就是一种可以不断满足自身的精神体验，一种痛快淋漓的生命享受，一种至高无上的人生境界；在思想自由驰骋的过程中，人的精神勃发起来，生命力变得无比充沛，灵魂进行到一个崭新的境界。这样一种人生，在中国古代学术中是很少见的，对于绝大多数中国人来说，是非常陌生的，也是很难理解的。但它确实曾是在希腊哲学赖以兴起并曾经激荡着无数人的心灵的重要原因。

在现代哲学家胡塞尔看来，

> 一种伟大的形而上学理想，自从古希腊哲学诞生那天起就激荡

着无数人的心灵……形而上学不仅包含着科学的精神价值基础，胡塞尔还强调，它还同时是欧洲人人性的精神价值基础。胡塞尔认为，实证主义可能忘记了一个重要的事实，这样一种哲学——形而上学的理想，不仅是对知识的追求，而且意味着一种伟大的人性诉求。他们不知道，对于沉浸于形而上学的伟大理想中的人来说，哲学研究本身成了一种生活方式，成了使人精神获得解放、人格获得自主性和独立性的形式。

现在我想说的是：一个多世纪以来，与引进哲学、伦理学、本体论、形而上学等一系列西方学术范畴的时髦相对应的一个重要事实是，中国人从来没有真正理解过这些西方学术范畴背后所包含的意义空间，没有理解过西方认知主义传统的精神实质。所以他们只是引进了这些学科或学术范畴之名，却从未真正引进它们所代表的西方学术；他们所做的最大"贡献"也许就是用这些时髦的西方学术或学科范畴搞乱了中国古代学术的命脉……

## 中国哲学的范式危机

值得注意的是，中国哲学究竟是什么，其存在的合法性基础何在等问题的发生，也与现代中国学术在西学范式下全面重建的历史事实有关。

首先我们必须清楚，现代中国学术的建立和开展，是在这样一个特殊的背景下发生的，即西学东渐和西方文明的强势地位，从根本上摧毁了中国人几千年固有的"文化信念"。所谓"文化信念"，我指一个国家或民族的文化传统中所包含的某种具有超越时空意义的永恒价值，以及人们对这种价值的信念。这种信念往往是一个民族知识分子或文化人的精神支柱。文化信念虽然往往只为这个民族的文化人（贵族、士绅、读书人、知识分子等）所传承，但是它却能代表一个民族的精神价值之源，往往象征着一个文明的内在活力。这是因为，文明的发达与成熟，总是离不开把文明塑造成这个样子的某些价值。一个伟大的文明之所以伟大，往往是因为这个文明代表或象征着某些伟大的价值；而这些伟大价值之所以伟大，又往往是因为它在人性的揭示上所达到的前所未有的深度，并由此决定了这些价值对于人性所具有的永恒的意义。古希腊哲学家对于逻各斯、终极实在的认知主义追求，中国古人对于人性道德及王道理想的揭示，现代西方人对于自由价值的分析等，都一方面在对人性的探索上达到某种前所未有的深度，另一方面与某个伟大文明兴起的事实紧密相连。这充分说明，文明的兴起与衰落往往是与文化价值以及对文化价值的信念联系在一起的。我们发现，由儒家倡导和确立的一系列道德价值及其王道理想等，为中国古代文明确立了基本框架，它们之所以曾经成为无数中国古代士大夫舍生忘死追求或捍卫的价值，正是因为它们代表了一种伟大的文化信念。

20世纪以来，西学东渐对于中国人的最大打击就是，旧的、由儒学所论证或确立的中华文明理想的崩溃，以及由这种崩溃所导致的无数学人精神信仰或文化信念的失落。在中学与西学、传统与现代、救亡与启蒙等一系列矛盾的夹击之下，多数近代中国学人的精神长期处在四顾彷徨、居无定所的状态之中，或者在激烈的内在紧张中不能自拔。无论是追逐西学，还是复归传统，都不能真正安顿自己的灵魂。比如追逐西学，也只是为了国家富强，为了民族振兴，为了功利需要，而不能真正学到西方文化的精髓，不能像西方知识分子那样，在一种为知识而知识、为自由而自由的精神世界中安顿自己。又比如复归传统，特别是复归儒学传统，同时又不得不承认传统中存在着致命的缺陷，不得不花大量精力来寻求传统与现代、儒学与民主科学等之间的结合点。由于民族自救的使命感与个体生命意义体悟之间的张力始终十分剧烈，纵然那些自视甚高的现代新儒家也难免内在深处异常强烈的嘈杂和不安，更何况一般热爱传统的知识分子。[1]

每一种文化信念，都有与之相对应的学术理论体系作为这种信念的载体，比如中国古代的"六艺"之学，西方历史上的哲学与科学，现代西方一系列自由主义学说，等等。文化信念崩溃的一个直接后果，必然是旧的学术体系解体，代之以新的学术。现代中国学人文化信念的崩溃所导致的一个最主要后果就是，大规模地、几乎是机械模仿式地引进西方学科范畴和学术概念来解读和整理中国古代学术；另一方面，正因为对西学的引进带有"机械模仿"的性质，反过来又进一步加深了中国学人文化信念的危机。今天，我们回过头来审视当初引进西方学科体系（包括引进哲学）的历史，可以发现当时对西方一系列学科和概念的引入几乎是以囫囵吞枣的方式进行的。救中国的善良用心不仅导致他们不能真正学到西学的精髓，更重要的是，他们在这一过程中自觉或不自觉地把西方的学科范畴和学术概念当成了衡量中国古代学术的唯一准绳，而中国古代学术作为一个统一的、有着内在的生命与活力的整体，被人们不假思索地五马分尸，而后强行纳入一系列西方概念或学科体系中去了。把《周易》和"四书"纳入哲学中，把《尚书》《左传》纳入史学中，把《诗经》纳入文学中，把《周礼》《春秋公羊传》纳入政治学中，等等。这些做法从西方学科的角度看固然合理，但是这些学问在中国古代是作为一个整体存在的，对它们人为肢解实际上也导致了中国古代学术的真精神被肢解了。在这方面，中国哲学这个学科的引进与确立，可以说是一个绝好的例子。

我们非常惊讶地发现，中国哲学这一学科的建立和发展状况几乎可以"非常理想"地成为现代中国学术乱象的一个注脚，也是促成现代中国知识分子精神信仰或文化信念失落的一份添加剂。问题不单是，中国古代本来根本没有哲学这一学科，更重要的是，对"中国古代哲学"这一学科合法性的一再论证，也间接地起到了为用西学肢解中学辩解的功效。我们知道，以"六艺"为群学之本、万学之源的儒家学术，它的文、史、哲不分的特征，它的视德性高于知识的倾向等，本来是由这种学术标榜修、齐、治、平的精神所决定的，并无什么不合理。西方学术没有这种精神,当然会有与我们不同的分类体系。用西方哲学等范畴解读中国古代学术的一个最重要后果,是建立了中国哲学这一新型学科的"独特话语";在这个学科的话语世界里,古人对经典"熟读""玩味""当下切己"的读书方式,被代之以"孔子怎么认为""孟子怎么认为"的阅读方式;古人以活生生的生活体验和日常修身的方式来治学的传统,被代之以搜集、整理一系列与己无干的"观点""意见"。在中国哲学史等学科的影响下,用知识的眼光去看待曾长期反对把自身归结为知识的德性思想,成为现代中国人特别是年轻一代学习中国古代文化的最主要方式了。这种阐释中国古代学术的方式,必然会掏空中国人的精神世界。为什么这样说呢?这是因为古人治学过程中与人生意义关系最密切的部分(修身、践履、自省、涵养、养心、内圣、做人……)在这些新型学科里不再占据核心地位,于是一个必然的结果就是,这些模仿西方建立的新学科,既不能像中国古代学术那样给人提供至高无上的文化信念和安身立命的终极归宿,同时又不能使人像西方哲学家那样,在一种远离现实的"纯粹思辨王国"中安顿自己,那么中国哲学等学科究竟能给中国哲学工作者或爱好者带来什么样的精神价值归宿呢?这个问题,显然也是人们迄今为止还在追问中国哲学这一学科的合法性基础的原因之一。

  谁也不敢否定中国哲学作为一门学科在20世纪中国被建立起来的积极意义,但是似乎也无法否认,迄今为止这门学科还没有获得它应有的样式。其中首要原因就是,中国哲学至今并未成为一门能够给人带来无穷无尽的价值体验的独特意义空间。**对西方哲学方法的崇尚和追捧,与对中国哲学特点的大肆吹捧,在这两个"极端"背后共同蕴含着中国现代哲学工作者的心灵空虚和意义失落。**就拿"中国哲学特点"这样一种话语来说吧,一段时间以来,这一话语的形成与很多因素有关,比如与西方汉学家特别是某些华裔学者的宣传有关,与东亚经济起飞的奇迹有关,与西方当代哲学的最新发展路向有关,与对现代西方文明弊端的认识有关,等等。从这些角度来理解中国哲学的特点及其在当今世界的特殊意义当然没有错,然而,这些毕竟都是从"外部"、而不是从我们自身内部理解到的中国哲学特点与意义。所谓"从我们自身内部理解",我是指哲学家们要能从哲学研究中,从哲学这门学科的独特逻辑和内在运作中感受自身生命的意义,体验到某些永恒的价值,升华到某种崇高的境界。如果我们对中国哲学特点与意义的认识仅仅停留在外部,那么也证明了中国哲学对我们而言仍然是"为人之学"而不是"为己之学"。"中国哲学对现代人类文明的外在意义"与"中国哲学家自身生命的内在意义"这两个问题毕竟有所不同,如果二者不能统一,那么中国哲学工作者内心世界的矛盾和精神价值的失落就必然无可避免了。"哲学是时代精神的精华",但是迄今为止,中国哲学还没有成为我们这个时代的精神精华。

现代中国知识分子精神家园的缺失和生命意义的漂荡,其表现形式是多种多样的。知识分子们好大喜功,长期沉浸在个人的成就感之中,他们十分注重自己在学术界的地位与形象,在利害得失面前斤斤计较,放不开手脚,等等。他们可以成为一些非常聪明、世故、对个人利害算计得一清二楚的知名学者,但是他们很难有古人那种博大的胸襟,恢宏的气度,超凡脱俗的人品,壁立千仞的气节,特立独行的人格……所谓"人文精神的失落",所谓"知识分子的痞子化",实际上是文化信念失落、精神世界被掏空之后的必然产物。近年来学术界屡屡出现的学术丑闻,学术研究的失范,说穿了乃是现代中国知识分子精神世界扭曲的一种表现形式。也正因如此,这种失范现象也不可能单纯靠道义谴责或外在约束的方式从根本上消除。问题的关键在于:当文化人心中失去了对中国文化最高理想和未来方向的崇高信念之后,他们的心灵如何能真正得到安顿?当文化人心中缺乏超验、永恒的文化价值之后,如何能保证他们的精神世界不走向堕落?当文化人不能借重文化符号找到生命的终极意义和安身立命的精神归宿时,他们的精神分裂和人格扭曲又如何能避免?

因此,中国哲学今天所面临的主要不是"方法的危机",而是"意义的危机"。为了克服这一危机，中国哲学工作者首先必须学会面对自身，面对自身的心灵。也就是说，他们必须创造出这样一种独特的中国哲学话语，使自己能够在其中找到无穷无尽的生命意义、经久不息的价值体验和安身立命的终极归宿，把"为人之学"变成"为己之学"。其次，他们必须认识到，现代中国哲学的主要任务绝不可能仅仅局限于哲学工作者自身的意义重建，而必须把个人生命意义的重建与民族文化信念的重建结合起来，把学者自身价值信仰的找回与未来中华文明最高理想的重铸结合起来，把哲学作为"为己之学"的独特话语与对未来中华文明根本走向的把握结合起来。只有这样，中国哲学才有出路。

## 现代儒学的出路问题

无论是胡适等老一代所谓"资产阶级"学者，还是当代的马克思主义学者，都主张要用"科学的"方法来研究经典。其主要特征是强调要以"客观的"态度，甚至以辩证的、一分为二的方法（马克思主义者强调）研究，"吸其精华、除其糟粕"；主张不能盲目迷信经典，不能有"主观的"感情色彩。这种治学方法在过去一直被视为最科学、最先进。而在今日的中国大陆，从事中国哲学史、"中国思想史"、历史文献学等一些学科的人们，虽不再完全遵守这些方法，很多人对经典充满了同情的理解和情感的认同，但是他们置身于其中的学科体制，却也决定了他们不需要用古人那种方式来治学，而主要沉浸于知识化的研究、分析和阐述。类似的情况也发生在日本等儒学曾较为发达的地区。总之，今天学术界的主流意见认为，经学传统的中断理所当然，是一种"时代的进步"，合乎现代化潮流。

如今看来，20世纪以来废除经学的直接后果之一就是，一代又一代国学研究者人生意义之源被堵塞，安身立命基础被掏空。在这种情况下，自然出不了大儒或国学大师。为什么这样说呢？这是因为今天学科体系下盛行的治学方式决定了经典赖以塑造人心灵的方式不再存在，人们对经典的研习与其人生意义的塑造过程相隔离。今天我们看到，原有的儒学或经学话语系统被完全抛弃之后，国学研究者们也未能创造出任何一种新的、代表一个无穷无尽意义的空间，或使人性向永恒升华的话语系统，尽管他们确实仍然可以从经典中学到很多东西，并启迪自己的人生。毕竟一种具有无尽意义的空间，或可使人性向永恒升华的学问传统并不多，在中国有儒、道、释传统；在西方有希腊以来的人文社会科学传统、基督教传统。现代的中国人既然抛弃了过去的国学传统，在用西方学科范畴研究国学的过程中又扭曲了西方学术的认知主义精神，其不能创立新的、有无穷意义的思想空间是很正常的。其结果就是：今天我们只能看到一些明星式学者，而看不到"大儒""大师"。相比之下，冯友兰、牟宗三等人虽然治学方式上已经有意识地"西化"，但他们毕竟从小饱读"四书"和儒家经典，他们接受经学或国学训练的方式仍然是传统的，所以在安身立命方式上仍然不脱传统的意义系统。这是他们能成为"大师"的重要原因，但是他们的弟子们就不一样了，读书的方法不同了，培养人生意义的源头也发生了改变，这导致他们没有前人那样博大的胸襟、宏阔的气象和巨大的规模。

　　然而，我在这里丝毫不是想诋毁从哲学、历史等现代学科的视野出发来研究儒学，也不是说这种类型的研究一定不能取得巨大成就，事实上应用这类研究方法研究儒学而取得较大成就的人无论在中国还是在国外都不少，但是从整体上看这类研究方式本身注定了儒学传统中断的命运。我们必须认识到，现代西方学科体系本来不是为培养儒家式的精神传统而存在的，它的内在旨趣、逻辑范畴、研究方式均与儒家传统存在本质上的不同。尽管这些学科进入中国后也在不知不觉中被严重地中国化了，带上了"中国特色"，但是这些在中国已经"变形"的学科，仍与儒家传统代表两套不同的话语系统。这决定了传统儒学或国学的意义基础在现代大学里无立足之地，现当代中国哲学工作者不可能成为国学大师乃势所必然。也许从哲学、历史等现代学科的角度来研究儒学或国学将在中国或国外永远持续下去，也许这些学科存在的合法性不成问题，但是问题在于：无论是在西方还是中国，无论是在中国还是在儒学曾经盛行的东亚其他国家或地区，今天人们纷纷认为：只有从这类学科的角度来研究儒学才"合乎时代潮流"，才是"科学的"，于是用这些现代学科的方式来研究儒学或国学者成为时髦。

有人问我："儒学的现代意义何在？"

我反问他：设想在今天的世界上不允许存在佛教寺庙，佛教经典只能在大学文、史、哲等学科体系中被作为知识的对象加以研究和讲解，那么佛教还能作为一种活生生的传统存在下去吗？如果其作为一个活的传统都不能存活，还谈什么佛教的现代意义？难道佛教的现代意义主要靠文史哲研究来发掘吗？显然，人们并不认为佛教教义只有按照科学的方式来研究才合乎时代潮流，而在大学宗教学系或神学院之外，还必须存在寺庙，必须有出家修行，有方丈、住持和丛林系统，才能确保该宗教作为一种活的传统存在下去，其原因正在于：这个世界上并不是任何精神价值传统都必须纳入现代学科体系中去、作为"科学研究"对象的；尤其是那些宗教性质的精神传统，尽管文史哲工作者可以作有价值的研究，但是它的存在本身是不能被完全纳入以知识生产为主要目的的文史哲等学科中去。因为二者代表两套完全不同的话语体系。如果一切唯科学是从，或者用现代学科的知识生产逻辑来代替人类的精神价值传统，后果只能是人类许多古代伟大传统的人为中断。这一结论不仅对佛教、道教、基督教等适用，对于儒学传统来说也完全适用。因为虽然儒家算不算宗教仍有争议，但是目前西方学术界多认同儒学带有典型的宗教性，我认为儒学带有典型的宗教性是毋庸置疑的。事实上，我们仔细比较中国古代儒家的话语系统，可以发现其精神旨趣、逻辑构造以及上述三个方面的治学方式均与西方人文社会科学迥然不同，而与佛教甚至基督教等宗教传统更加接近。由此我们可以发现将儒学纳入现代学科体系中去的悲剧是什么了。事实上，古人治学的体制空间如书院、塾堂、书堂等被正规的、高度知识化的学校体系代替，就相当于用大学来代替寺庙或教堂。

一个多世纪以来，正是在援用一系列西方学科范畴来解读儒家经典的过程中，儒学走上一条知识化、哲学化的道路，这不仅不符合儒学自身的一贯传统，也使得它割断了与自己的真正传统之间的有机联系，使原来的活的传统变成了死的传统。只有回归经学传统，通过读经、习经、研经将一系列儒学价值内化到现代人的生活中去，形成一整套符合现代人习惯的修身、践履传统，使之成为每一个普通的当代人可以在其当下生活中感受到的生命力之源，才能培养出一批现代儒者、儒生或儒家（Confucian），而不是儒家学者（Confucian scholar）。

当活的智慧化为"指导原理"之后，就容易变成知识化的原则，而原来居于首位的修身、践履的传统则在不知不觉中退居到背后，反而成为次要的东西了。本来中国古代学术传统是一个活的"以心传心"（借禅宗语）的历史传统，古人讲"太上有立德，其次有立功，其次有立言"（《左传·襄公二十四年》），一般不把著书立说当作主要任务。包括孔子、朱熹和王阳明在内的许多大儒，生前都不曾把著书立说、特别是创立理论体系当作自己的首要任务，他们给后人留下的作品也多是对前人经籍的再阐释，甚至反对学生将自己的言论刊印出版。我并不是反对今天的儒家学者著书立说，但是问题的实质在于，古代儒学大师的学问主要建立在自己对生命的本质、宇宙的真谛、文化的命脉以及文明的终极理想等一系列根本性问题的深刻体认之上，建立在反复读经和日常生活的践履中，因而他们传道授业所做的也不过是把自己平时做人、做事以及读经的体会传授给学生而已。一言以蔽之，他们传授的更多是读书法、修身法和做人方法，而不是什么知识化的指导原理；他们的学生传承的主要是一个活的、实践的传统，而不是什么知识传统，不是一系列指导原理或核心价值观念的汇编。今天，当青年学生们学习中国哲学史这门课时，老师固然也可以告诉他们古人的一系列言论是什么意思，包含什么样的做人道理，但是这是以把那个活的修身践履传统中断为前提的。我们最多只不过是在课堂上说古人怎么认为，古人怎么做；而不是、也不可能是以亲身的行动来传授他们。古时做老师的"人在道中",而今天做老师的"人在道外";古人做老师的是儒家,是信仰的担当者和实践者;而今天做老师的是学者,是课堂上一晃而过的身影,是在家里著书立说的职业知识分子,是手中掌控着学生"生杀大权"的硕士生和博士生导师。也就是说,尽管他们口口声声地说什么西方哲学重知识、重逻辑、重论证、重理论,中国哲学重人生、重道德、重直觉、重实践,但是实际上,在讲中国哲学史这门课或从事这方面的著述时,也已经把儒学当作了知识性的话语来对待,并长期在他们的知识分子职业中陷入重知识、重论证、重理论的逻辑中不能自拔。不仅如此,更加致命的是,他们已经人为地抛弃了中国古代学术那个数千年不绝的修身、践履的活的儒学传统却不自知,也就是说,号称要继承传统、发扬传统的人,如今在某种程度上成了扼杀传统的罪人。我知道今天仍有不少从事中国哲学史研究的人在搞理论体系,他们自认为自己未来最大的成就在于像黑格尔等人那样给后人留下一套体系,而不知道本来不是西方人,也没有办法像西方哲学家那样思想搞体系,又不能像古人那样来思考,到头来会不会是邯郸学步、一事无成呢?

20世纪中国学人在吸收西方先进文明的时候,犯的一个重要错误就是:对希腊以来一开始以哲学为代表,后来发展成为同时包含自然科学、人文科学和社会科学的西方学术传统的内在精髓缺乏深切的体认,认识不到这一学术传统由于与以儒、道、释等为主体的中国古代学术传统本质上属于两种不同性质的学术,并因此并不一定要将它们从理论上结合起来,它们二者之间的结合主要是一个实践问题而不是一个理论问题。结果,在把西方一系列学术范畴和学科体系引进到中国来的同时,一方面是没有学到西方学术的精神,用中国人的实用眼光来曲解西方学术,导致对西方学术传统的理解时常停留在一知半解和隔靴搔痒的境地;另一方面则是用西方范畴和学科来阉割和肢解中学,人为地造成了中国古代学术体系的分崩离析,在一定程度上也造成了中国古代学术传统的不幸中断,造成了今天一代又一代青年学生和学人们自身信仰失落的危机和内心世界的深刻焦虑。

我曾以基督教与物理学之间的关系来比喻儒学与西方哲学—社会科学之间的关系。一个物理学家可以信奉基督教，但是物理学与基督教在他身上的结合并不需要以创造一套把物理学与基督教结合起来的理论体系为前提，这种结合主要是一种实践问题而不是一个理论问题。由于基督教可以为从事任何职业的人所信奉，因此，它与任何其他人类事业或学术都可以结合。如果一定认为这种结合要以理论上搞一套体系为前提的话，岂不荒唐？另一方面，基督教为了体现自己的生命力，希望自己能够为任何人所接受，无论他从事什么职业。这一基督教理想的基础在于认为它能够解决各行各业的、各种不同的人们的人生终极归宿问题。为此，基督教不得不一直在改革自身，因为从中世纪到现当代，从西方到东方，从美国到中国，人们面对的问题和处境有了很大的不同，针对不同时代的不同问题来改革自身是它永葆青春的必要条件。

与此同样的道理，我认为儒学与西方哲学—社会科学的关系也主要是一个实践问题而非理论问题，不是如唐君毅、牟宗三等现代新儒家所理解的那样。因为二者代表的是人类精神世界中两种不同性质的追求，所以让儒学为了适应西方哲学—社会科学的要求来改造自身，等于让儒学失去赖以支撑自身的存在的本质逻辑，等于是对儒家传统的毁灭和破坏。但是这不等于说儒学与后者不能结合，关键是如何结合。儒学与现代哲学—社会科学的结合主要体现在，现代儒家要用他们的亲身实践来向世人证明，无论你从事什么样的学术研究，或从事什么样的职业，都能通过儒学而更好地找到自己做人的方向，更好地实现自己人生的目标和价值。现代儒学为了能做到这一点，必须进行自我改革，就像宗教需要不断改革一样；而儒学的改革，主要不是一个理论改革，而是实践性质的改革，或者更准确地说，是围绕修身、践履的方法这个中心，重建一套自身的话语体系。但这样做的前提条件是要有一批现代儒家，有一批人真正能够在深入掌握儒学的精髓的同时，又能活学活用，把儒家精神应用于解决自己当下的人生问题，从而用自己活生生的人格向世人昭示,儒学传统仍然可以成为每一个当代人读书、为学和做人取之不尽用之不竭的精神价值源泉。我认为,只有认识到这一点,才能找到儒学转型的正确方向和途径。

## 现代中国知识分子的命运

知识分子的使命与自我定位,一直是20世纪中国学人争论不休的一个问题。这个问题之所以发生,我认为与另外一个长期为人们所忽视的重要问题有关,即知识分子作为知识、文化的生产者和代表者,在他们的背后必须有一个基本的学术传统来支撑。这个传统不可能由某个人或一部分人凭空想象出来,而是必须代表一种有着无穷无尽的意义的空间,值得一代又一代人为之奋斗、为之献身、为之前赴后继、舍生忘死。这里所说的"意义空间"(不一定是知识分子创造的)丝毫不是什么神秘的东西。例如,儒家、道家和佛家就曾创造了这样类型的意义空间;又如,科学——特别是希腊哲学家所理想的那种广义的科学(episteme)——在过去几千年的漫长岁月中也曾经在西方世界代表着这样一种类型的意义空间;除此之外,各种艺术事业比如昆曲、京剧、绘画、音乐等等,也莫不代表这样类型的意义空间。人类文明在过去的漫长岁月中,曾经创造过多种不同类型的意义空间,它们曾给无数人的人生带来意义,为无数人的生活赋予价值;然而,这些空间之所以能长存和发展下去,不仅是由于它们能为人性增添价值,还由于它们自身包含着独特的内在逻辑。因为任何一种社会空间,都必须有自己存在的独立性,而它们的独立性又是由这些空间的内在逻辑决定的。失去它们独立的内在逻辑,这些空间就很难存在下去。例如,昆曲所遵循的艺术逻辑,与物理学所遵循的科学方法的逻辑就毫无共同之处;如果用科学研究的逻辑来要求艺术,艺术就不能存在,反之亦然。现在,知识分子,特别是现代意义上的中国知识分子,他们所代表的可能是一种什么样的传统或意义空间呢？

现代中国知识分子从刚诞生时起，就仿佛已经注定了是个不伦不类的"东西"。一方面，他们获得了"知识分子"之名，另一方面他们的心态又完全是古代的士大夫式的。这个极其特殊的角色特征，使得现代中国知识分子一直到今天为止从未找到真正属于自己的意义空间。本来，对于西方人来说，希腊以来一开始以哲学为代表后来发展成同时包括自然科学、人文科学和社会科学在内的知识传统，一直是知识分子赖以安身立命的基本的和主要的空间。然而，正如我们在前面所已经提到过的，这个意义空间一个多世纪以来从来也没有真正被中国人所真正地理解和接受过，因而成为多数中国知识分子的意义空间。这是因为中国人在多数场合下都是从完全实用的功利需要出发来理解和接受这个西方知识传统的，说白了就是从救中国、"振兴中华""实现现代化"等一系列需要出发来理解这一传统的，因而他们所接受的毋宁是一些知识而不是这些知识背后所包含的意义和价值；对于那些从事科学研究事业的人来说，他们确实常常能够体验那种纯粹的、为了求知而求知的认知主义精神所带来的欢乐，但是他们需要面对强大的社会压力，要以满足绝大多数社会公众向他们提出的种种要求为目标，而不可能真正按照自己的兴趣、按照学术事业自身的内在逻辑来发挥自己人性的潜力。更何况，在日益强大的西方世界的压力下，任何一个有一点民族自尊心的中国文化人都不可能不把救中国当作自己人生最主要的关怀。这就是说，中国知识分子不可能把西方的认知主义传统当作自己独一无二的安身之所，他们除此之外还需要其他方面的安身之所。

然而，中国知识分子事实上也不可能靠回到中国古代的"士大夫角色"上来定位自己。因为我们必须明确一点，知识分子完全是一个现代概念，与古代意义上的"士大夫""贵族"或"教士"之类完全不同。古代的士大夫或贵族、教士之流，他们的主要身份是政府官员而不是一群留在封闭的校园或其他场所里从事专门的学术研究、解决专门的技术问题的教授、学者、工程师或专家。对于古人来说，即使他们现在还不得不寄居于某个以传授学问为主要任务的场所,这也绝不是他们终身的或理想的目标所在。古代的士大夫或贵族,不仅是知识或文化的垄断者,更是政治、经济、法律等几乎所有重要社会资源的垄断者,这种垄断身份同时也决定了他们的社会职责以及他们所关心的主要问题与今天的知识分子大不相同。这一系列古代士大夫或贵族与现代知识分子之间的重大区别,充分表明了完全从古代士大夫或贵族的目光来理解现代知识分子的使命与角色特征是很荒唐的。比如,有人说,知识分子的主要使命是从事社会批判。这一理解适用于"知识分子"这一概念的发源地即19世纪的俄国,也适用于一部分现代关心社会文化建设的文化人,但是并不适用于多数现代知识分子。这是因为,尽管知识分子概念的外延是个争论不清的问题,但是人们也许不会否认现代的理论科学家,受过高等教育的专家或工程师以及专业技术人员等是知识分子。不仅如此,对于具有科学技术决定论倾向的当代中国人来说,甚至可能会把这一部分人当作知识分子中的主体成分,因为他们倾向于认为这一部分人是现代社会生产力的主要代表。然而恰恰是这一部分人不可能把主要精力放在从事社会批判之上,或者至少人们衡量他们一生成就的主要标准不是看他们在批判社会阴暗面方面作出了多大贡献,而是看他们的科学研究或工程事业中有多少创造发明。那么人文社会科学领域的主要成员是不是以从事社会批判为主要使命呢?我认为答案也是否定的。试看大学各个系科的划分即可一目了然。哲学系里有科学技术哲学、西方哲学史、中国哲学史、伦理学、美学、马哲史等若干专业,其中绝大多数人都不可能把主要精力用之于从事社会批判,这是由他们专业的性质所决定的。再看中文系、历史系、法律系、社会学系、教育学系等各个系科的专业设置,也将会得出同样的结论:从事社会批判绝不是人文知识分子的主要使命。比方说,总不能因为那些研究世界古代史、历史文献学、考古学、魏晋玄学的学者们,没有把主要精力放在从事社会批判,就说他们不是知识分子或不是标准的知识分子吧?历史上有不少被誉为"优秀知识分子"的学术大师,从未将主要精力用之于从事社会批判。

比如陈景润、钱学森之类，又比如有些专门写言情小说或爱情诗的作家等等。总之，在现代知识分子群体中，真正把主要精力用之于从事社会批判的人只占其中的极少数，而这些极少数也绝不能被作为其他知识分子效仿的对象，正如我们不能要科学家在科学研究中效仿京剧艺术家的唱腔一样。如果我们放眼看看西方世界，就可发现，在西方人心目中 intellectuals（知识分子）这一概念所代表的是一种独立于政治，出于人的自由本性，有着自在的、超乎实用关怀之上的人生乐趣的群体，尽管在西方知识分子中也不乏热衷于参政议政或投身于社会运动的人物，但是他们在整个知识分子群体中所占的比重是非常小的。由此也再次显示，把从事社会批判当作知识分子的主要使命乃是中国人根深蒂固的文化观念的产物。

那么现代中国知识分子如何才能走出"知识分子角色"与士大夫心态之间的矛盾构成的困境呢？我认为出路在于他们必须从现代化、"政治国家""民族富强"等一系列国家理想中走出来，在国家、民族、意识形态或者社会需要之外，建立起自身独立的价值系统。下面让我们围绕这个问题略加展开。

## 现代化：中国知识分子的巨大困境

人们也许会说，中国知识分子为什么不可以以救中国或"实现中国现代化"为旨归，人为地创造出适合于他们自身的学术传统和意义空间吗？必须指出的是：救中国可以成为知识分子内在世界里的一种精神，但是它本身是不可能成为一种独立的学术传统的。仔细想想就会发现这种观点很容易理解。

试想一下，所谓的中国学术，在今天无非是由各种各样的学科构成的，每个学科都可能有好多细小的专业，而专业之下又有许多领域（research field）。例如，就拿文学这个学科来说，大学中文系中有的人研究李白，有的人研究《离骚》，有的人研究海明威，有的研究希腊神话乃至《荷马史诗》。难道这些人研究唐诗、《离骚》也是为了国家的某种需要吗？难道让这些人为了围绕着如何使中国早日富强、早日现代化而研究古代神话以及《荷马史诗》吗？在其他各个学科领域，情况其实也完全一样，这一点只要我们稍微开动一下脑筋就能想通。比如在哲学系有的人研究亚里士多德，可是亚里士多德与中国现代化有什么联系？即使有联系，也太间接了！为着中国现代化这个宏伟目标，他是不是应该放弃研究亚里士多德，转而研究某个与中国现代化联系更直接的课题呢？如果这样的话，那么中国将来岂不是无人研究古希腊哲学了吗？不同专业的人们在研究不同的问题，他们这样做一方面是出于个人的爱好和兴趣，而满足人们的兴趣并以此为基础创造人性的境界本来正是学术的根本价值；另一方面，各个专业、各个研究领域都遵循各自不同的学术逻辑，如果在学术的逻辑之外再预设一种新的逻辑，这无异于摧毁了学术本身，而这正是 20 世纪中国学术史上的最大悲剧。

那种认为今天中国学术的方向就是使中国更加富强，或者说寻找一条使中国早日实现现代化道路的人，常常会处在这样一种自相矛盾的境地，即一方面他们大谈如何使中国实现现代化，另一方面他们又把使中国学术达到"世界一流水平"当作自己追求的目标。

也许有人会说，尽管外国学者做学问的目的不是本国的现代化，但是他们的学术思想可能对于中国的现代化有启发意义。可是这样想问题本身也是很可怪的。在西方，自从文艺复兴以来，这其实是现代化过程中关于学术的主流思想。尽管在西方近代以来也出现了一大批关怀现实问题的思想家，但是即使这种关怀也是从普遍的学术真理的角度出发，而不是从哪个国家的富强或现代化目标出发的。就连卢梭、洛克这样的政治思想家，我们也不能说他们做学问的目的是使法国、英国更加强大，更加现代化。原因很简单，如果学术不是从人性的普遍需要出发，追求人类共同普遍的真理的话，那么它的价值就必然会因局限于国家需要而大打折扣。

## 现代化：目的、手段与意义危机

既然大家都把现代化与学术的关系看得如此密切，我们不妨再思考一下：假如这一观点成立的话，什么才是我们能够追求的现代化。现在中国人普遍地把现代化当作一个国家目标来追求，这其中有两重心结，一是出于民族主义情怀，二是主要局限于物质的进步与发达上来理解现代化。这两个心结的产生都是可以理解的，老实说一个国家追求这些东西也是无可非议的。然而同时我们似乎应该认识到，现代化可以出于民族主义的情结来追求，但是现代化的落实，或者说其具体含义，却不能从国家需要或任何民族主义思想来理解。比如说我们不妨承认，对于我们做学问的人来说，存在一个学术现代化的问题。但是什么是学术的现代化呢？难道不应当指我们的学术制度让更多的人们可以自由选择自己的兴趣和爱好，让他们能够更加自由地思考和交流，创造更加辉煌的人性境界，从而使得学术的研究能够为更多的人的自由、全面发展服务吗？除此之外，预设某种高于这一目标的国家现代化理想，真的有意义吗？因此，所谓学术的现代化（如果存在的话）应当是针对个人而不是针对国家而言。从这个意义上说，学术的现代化包含着学术的独立和自治，而学术的独立和自治本身就意味着坚决反对在学术之外人为地预设国家需要等一系列高于学术的目标。我们不是成天口口声声地说中国传统文化之所以无比伟大，是因为有像汉唐文化、唐诗宋词等一系列创造了无比辉煌的人性境界的成就吗？难道我们说汉唐文化、唐诗宋词伟大，是因为它们把汉代、唐代或者宋代的中国搞得非常强大了吗？

由此可见，所谓中国的现代化，不能理解为一个人为地预设出来的、高于各个行业之上的国家目标，以之作为指导各行各业的标准。我们上面所讲的学术现代化的道理对于其他各个行业同样适用。例如，商业的现代化应当理解为商业活动的理性化；商业活动需要国家的调节，但是我们不能说人们从商的目的是实现某种国家目标。尽管商业的发展对国家富强肯定有利，但是商业活动的根本目的只能理解为千百万从商的人们潜能的发挥和全面发展，理解为它最终为人性的自由与价值的实现服务，而商业活动的理性化为实现这一目标提供了条件。对于其他各行各业莫不如此。因此，如果我们不先从各行各业自身的内在逻辑出发，而是在行业之外先人为地预设一种国家理想作为各行各业追求的共同目标，结果很可能导致对各行各业自身内在逻辑的抹杀，从而从根本上摧毁了行业发展的独立性及其意义。

因此，我认为，在我们追求现代化之前，不妨对现代化这一概念本身进行如下解构，即必须认识到，所谓国家现代化乃是各个行业的现代化的集合，而各个行业的现代化无非就是各行各业的理性化与自治，就是行业制度的完善和发展为人的潜能的发挥和全面发展，为人的自由与价值的实现提供了更好的条件而已：

现代化＝学术的独立＋商业的理性化＋法律的自治＋政治过程的理性化＋……

事实上，长期以来，正是因为我们主要局限于国家需要或民族主义情结来理解现代化，并以此为基础把所谓的国家现代化当作了高于一切的目标来追求，才把一个本来很简单的问题搞得无比复杂。可以发现，经过这样一番对现代化概念的解构，现代化仍然可以作为我们追求的理想，但是其含义变得简单易明多了。它使我们认识到，中国现代化的道路问题固然可以成为一个重要的学术研究课题，但是像中国现在这样举国上下把寻找现代化当作学术研究的目的，并长期成为中国学术界的主流话语，举世罕见。因为现代化无非就是指各行各业的人们按照正义的方式把自己行业的事情做好，表现为各行各业的独立、自治与理性化。在行业的理性化与自治之外架设一个抽象的国家现代化目标，反而会导致行业的现代化不能实现。这就好比一个足球队，如果队员们都不把主要精力放在提高各自的素质和水平上，而是花在抽象地、纯理论式地探讨整个球队如何提高整体水平上，整个球队的水平永远也不会得到提高。

就学术研究而言，对现代化概念的解构意味着：首先，人们不必把一种整体意义（国家意义）上的现代化理想当作其学术事业的理想，每个人只要从自己的个人兴趣出发选择自己的研究领域，并尽可能把本专业、本领域的问题研究得最深刻、最清楚就可以了。换言之，学术的最高境界是人性的自由和全面发展，而不是任何高于人性的东西；其次，对于任何一个热爱和从事学术的人，他在从事学术的过程中都必须无条件地把自身当作目的而不是手段来对待。如果我们先预设一个学术之外的目标，很容易导致把它当作衡量学术的主要尺度，结果个人作为研究者在研究过程不是目的而成了完成其他目标的手段；其三，可以有一部分人把中国现代化当作自己终身的学术课题（既可以是纯学理式的研究，也可以是完全实用的方案研究），但是这一现象并不意味着衡量学术价值的主要尺度是对于中国现代化能起多大作用。最后，一个国家的学术发展面貌，体现为这个国家各个学科中出现的世界一流水平的大师有多少，这个国家各个学科领域的研究水平处于多高层次。也就是说，一个国家的整体水平是这个国家各个学科领域研究水平集合的产物。总之，中国学术必须在国家需要之外、从普遍的人性状况出发来确立自己的独立基础，中国学者必须重建学术自身的逻辑，建立独立的学术价值王国。

现在的问题是，大家也许都会同意"学术对于人来说是目的而不是手段"这个说法，但是与此同时你要他们放弃追求国家现代化这个目标来从事学术，又是多数中国学者所极不情愿的。在他们看来，这样做似乎贬低了他们所从事的学术研究的价值。其实，这种"不情愿"本身恰恰反映了当代中国学者在学术研究过程中的深刻的意义危机；即在一系列历史与现代历史背景的共同作用下，现代中国知识分子心目中除了国家需要这个世俗功利价值之外，难以找到层次更高的价值。他们的这种心态说明他们根本没有体验到那种纯粹的学理研究所带来的巨大乐趣，感受不到学术本身所具有的至高无上的人性境界。他们不得不从国家理想或其他学术之外的功利价值的角度来寻找自己的学术价值,这一现象本身恰恰说明他们对于自己所从事的学术研究的价值是非常缺乏自信的。他们没有认识到,恰恰是由于长期以来我们不自觉地把国家需要、把民族现代化理想当作了中学的最高理想,结果事实上导致中国学术长期不能与世界一流水平对话,长期不能实现现代化。

## 本章注释

[1] 有关现代中国新儒家内心的紧张与矛盾,参郑家栋,1997,6,8—10。

# 附录：卡恩、王太庆、王路论"是"/Ontology/形而上学

下面整理卡恩（Charles H. Kahn）论希腊文中 einai（to be）及其与希腊哲学关系的主要观点，王太庆、王路教授论"是"及其与 ontology 或形而上学关系的主要观点。以为本书正文之补充。其中王太庆、王路的观点只摘录原文。

## 卡恩论 Being 与希腊哲学

中国学界从20世纪80年代开始对西方语言中的 Being（to be）之义产生了浓厚兴趣，并形成了一股讨论热潮。[1]这部分可能是由于海德格尔《存在与时间》、萨特《存在与虚无》两部以存在（Sein/Being）为题的专著中译本当时在国内的出版和流行，同时也由于学者们认识到 Being 不仅是从巴门尼德、柏拉图到亚里士多德哲学的基本问题，也是康德、黑格尔直到当代西方哲学的基本问题之一。不仅大陆哲学家，而且英美哲学家如弗雷格（Friedrich Frege）、罗素、维特根斯坦（1962,34）、蒯因（1987，1—18）均对此问题有所论述。当然，国内学者对此问题的重视背后还有一深层原因，即认识到古汉语中系动词（to be）不发达这一事实。他们感觉到，中西语言的这一差异会不会是导致中西

学术差异的重要原因,这是自张东荪早在20世纪40年代就认识到的问题。[2] 总的来看,80年代国内学者对西方语言中to be 含义的阐述中,一个重要特点是强调此词的多义性,即一般皆以为此词同时包含中文是、有、在或存在(甚至本质)等含义。(俞宣孟,1989,12;赵敦华,1993,331—417;谢遐龄,271;等等)也有人或基于个人研究心得,或受到海德格尔影响,强调希腊文"是"(eimi, einai, estin)有靠自身能动、生长等特殊含义。(海德格尔,1996a,71—72;陈村富,1988,610;汪子嵩、王太庆,2000,23)在翻译方面,值得一提的是,陈康先生早在20世纪40年代就指出希腊文此词在中文中不可译,尤其指出译为"存在"之不当(1946,79)[3]。20世纪90年代以来,他的两位弟子王太庆(1993)、汪子嵩(2000)更是继承了陈康的思路,主张与其将此词译为"存在",不如译为"是"。他们的观点得到王路(2013)等人的发扬。

《世界哲学》杂志2002年第1期发表了美国杰出的希腊哲学专家查尔斯·H.卡恩论希腊文to be 的论文,向国人开启了一扇窗户,让中国学者认识到西方学界在同一问题上所取得的成就,且成果丰富。[4] (2002;回应参王晓朝,2004;王路,2013)接下来我们看到,总的来说,迄今为止国内学界对to be/being 的认识,基本上没有摆脱西方古典学者系词—存在二分的思路;[5] 或者说,他们对于其存在用法的重视远超过对系词用法的重视。这一思路的形成,部分地也是因为学者们预设了to be 作为系词实在没有什么哲学意义。这一思维定式正是后来G. E. L. 欧文(Owen, 1960),迈克尔·弗雷德,丹西(Dancy, 1986),维克·欣提卡(Hintikka, 1986),特别是卡恩(Kahn, 1986;2006)等一批西方学者上世纪50年代以来所着力批判的。(参 Knuuttila & Hinikka, 1986, ix—xi)根据他们的观点,以存在用法为中心,忽略希腊文 einai(to be)的系词功能,就将无法真正理解古希腊哲学家特别是巴门尼德、柏拉图、亚里士多德等人的本体论(ontology)。在这方面,欧文对于开创20世纪60年代以来西方对于希腊文 einai 研究的新方向功勋卓著,他率先揭示了 einai 的系词功能(而不是存在用法)在古希腊哲学家如亚里士多德等人那里的根本重要性。(Owen,1960;cf. Knuuttila & Hintikka,1986,x—xi,22,49,etc.;Kahn,2009,2)接下来我们看到,to be 在古希腊以来之所以占据西方哲学的中心位置,与此词的系词功能有着至关重要的关系,而这一点却长期受到了中国学界的忽略。下面我重点介绍与本文主题密切相关的查尔斯·H. 卡恩的观点。

卡恩是美国重要的希腊哲学研究专家之一。他在 1963/1964 年以后的长达四十多年时间里,深入了研究了两个问题:一是从语言学角度考证了 einai(to be)在古希腊神话、历史、哲学等各种文献中的含义,二是试图搞清"Being 概念如何成为从巴门尼德至亚里士多德的希腊哲学的中心课题"(Kahn,2009,1)。[6]

## 从语言/语义角度研究

首先,卡恩揭示,在古希腊文中 einai(to be)的存在含义不具有基础性和核心的重要性。卡恩(1986,10—12)具体分析了 einai(to be)作存在用法的三种情况(为了中文更易于理解,我对卡恩原文转述时略作压缩,希腊文表述有时略去):

(1)"There is a city(*esti polis*)in…"(有 X 在某地);
(2)"There is someone(no one)who does such-and-such…"(*ouk*)*esti* hos tis + relative clause(有 X 在做某事);
(3)"There are(no)gods"(*ouk*)eisi theoi 或 "Zeus does not even exist" *oud' esti Zeus*(有或没有 X,或:X 存在或不存在)。

显然在上面三个句型中,只有句型(3)最体现 to be 的存在含义,前两个句型尤其是句型(1)并非典型的存在句型,因为其中"有 X…"句式严格说来并不是指 X 存在,而只是为了引入一主词(重心在后头的从句)。然而有趣的是,卡恩发现,三种存在用法中,句型(1)常见,句型(2)在《荷马》中甚少,而句型(3)在《荷马》中不见。句型(3)在日常语言和公元前5世纪前的哲学论著中并不存在,它是从巴门尼德和智者派开始发展出来的。卡恩说,"在希腊人的语言直感中,'there is no Zeus'(ouk esti Zeus)意味宙斯不是任何谓语的主语,关于他什么说不出任何真实的东西"!(Kahn,1986,12)

不仅如此,后面将谈到,将上述句型(1)(2)中后面从句省略掉、单独关注后世所谓存在(existence)问题,这种用法在希腊哲学家著作中虽然有,但并不是主要的。

其二,卡恩区分了希腊语中 einai 的两种典型用法(句型),即系词用法和非系词用法。所谓非系词用法,指 einai 不作系词,即后面不带名词或形容词(或介词)等表语(或表语句)。其间关系我归纳为下表:

表12　einai(to be)的两种用法/句型

| 分类 | | 句型 | 例句(以英语表示) |
|---|---|---|---|
| 系词 | | N is A, or N[7] | Socrates is wise/a man. |
| 非系词 | 断真句 | N is so/true/the case (e.g. *esti tauta*). | These things are true. |
| | 存在句 | There is N, or N exists (*esti ti*). | Socrates exists. |
| | 拥有句 | N have N (*esti moi*). | I have a box. |
| | 潜能句 | It is possible to (*esti* + infinitive) | It's possible to finish it. |

【说明】N 指名词,A 指形容词。

在上表中,存在句型我只选取了最典型的用法(另外两种见前)。所谓断真句(veridical use),指用 einai 来表示某事或话"是那样的"(is so)、"确实如此"(is the case)、"是真的"(is true)。其中拥有句型和潜能句型,作者未专门讨论(与主题无关),我也不再说明。

通过大量的文本统计和语义分析,卡恩发现在希腊文中,einai(to be)作为系词的用法在出现次数上处于压倒性优势、在句型上则更加基础、在含义上也处于核心和优先地位。(Kahn,1986,3)而 einai(to be)的非系词用法,包括断真用法(veridical use)、存在用法(existential use）等只能看作次级用法（second order），因为它们均可从系词用法来解释，而反过来则不行。（Kahn, 1986, 2—3, 6）他后来指出，非系词用法或可看作系词用法的省略式或特例。在作者2004年为其旧著《古希腊语中的动词"Be"》（1973）新版所作的导言中，卡恩进一步从系词句型的结构特征说明了einai的非系词用法，包括断真用法和存在用法均可从系词用法来说明。（Kahn, 2009, 10—11）例如，存在句型there is an X（=X exists），可看作来源于半存在句型there is an X that is Y，后者又可看作源自系词句型（an）X is Y。（Kahn, 2009, 10—11）

卡恩进一步分析认为，希腊语系词句型包含三种典型含义。以下述两种典型的系词句型为例：

（1）Socrates is wise（苏格拉底很聪明）.

（2）Socrates is in the *agora*（苏格拉底在市场上）.

在这两种系词句中，系词均内含三重语义功能：（1）表存在：苏格拉底这个人必须存在；（2）表情况（instantiation）：有某特性或状态（很聪明或在市场）；（3）表真（truth claim）：它断定有某件事为真，即苏格拉底是有那么回事（事实判断）。（Kahn, 2009, 138）正因为系词句型中已经包含这三种含义，故可说断真句型、存在句型乃是系词句型所本已包含的某种含义的凸显形式。（Kahn, 2009, 125—126, etc.）

其三，einai作为系词的表真功能是系词句的基本含义。他分析了为何系词句型在语义上有表真功能。他认为，系动词之所以有表真功能，"答案就在于系词einai作为谓语符号的角色"（Kahn, 2009, 125）。他说："在任何常规陈述句式中，谓语句都可以表真；所以，当系词作为谓语符号时，就变成了表真符号。"所谓"任何常规的陈述句式"，指比如he runs（他跑）、you sit（你坐）等一类陈述句。这类以陈述事实为特点的句子本来就是表真的（指出某个真事）。但是系动词的特殊之处就在于：所有这些包含谓语动词的陈述句，均可改写成系动词形式：he is running, you are sitting。这一早为亚里士多德道破的事实，说明系动词是比所有动词更基本的动词，因而其表真功能也就更加突出。（Kahn,

2009，125）

另一个可说明系词表真功能重要性的例证，我认为是上述系词的三重语义功能。根据上面卡恩的总结，系词有表存在、表情况和表真三重意义，其中表存在针对主语，表情况针对谓语，只有表真针对整个句子。这就说明，表真才是整个系词句型最根本的特点，或者说，"表真在三种语义形式中发挥最突出的作用"（Kahn，2009，7）。卡恩指出：

> 如果我们把自己限制在陈述句中使用的指称形式上，可以说：is 作为系词或谓语符号的语义功能就是发挥句子表真（truth claim）的标志性作用，作为整个句子断言的焦点。（一个句子的表真作用大体对应于如下事实，即因为具备真条件，所以有真价值）系词的断言功能——更准确地说，系词与句子的断言功能之间的亲密联系在我们发音时强调动词就凸显出来："Margaret is clever, I tell you!"（玛格丽特是聪明的，我告诉你!）"The cat is on the mat after all"（猫就在垫子上）。（Kahn，1986，6）

卡恩多次指出，在从同一印欧语中分化出来的今日印地语和斯堪的纳维亚语这两个差异极大的语言中，可以发现作为希腊语系词之词根的 *es 具有表真的功能。

他还进一步发现，在古希腊语中，系词的存在含义与其表真功能是不可分割的，"on 和 onta 在希腊语用法中在如下两方面并不区分，即一方面是事物或对象存在，另一方面是事实或事情确实如此（being-so）"（Kahn，2009，5）。我想这也是由于前面所说的系词句本身同时兼具三重含义。一方面，"在希腊语日常用法中，一个谓语判断句表明与主语相关的某事为真，（正常情况下）谓语判断某事为真也就表明主语存在（引者注：主语即主体，英文中为同一词）"（Kahn，2009，113）；另一方面，"作为一个规则，［主语/主体］存在就预设了表达主语［主体］的谓语句为真"（Kahn，2009，7），因为"希腊语动词很难不通过谓语表述来完成。希腊语断言存在最明显的表达式——*einai ti*［某物存在］事实上也是谓语化的，即它指'它是某物'"（Kahn，2009，115）。

事实上，人类所有语言都应该有表真功能，我们也可以用古汉语来说明这一点。古汉语虽系词不发达，但不可能不具有表真功能。在"者，也""为""乃"等一类句型中，同样也可以看到表真。"陈胜者，阳城人也"（《史记·陈涉世家》）这一句子当然也具备卡恩所说的表情况、表真实和表存在三重含义，而表真则是其最基本的含义（即此句传达了"陈胜是阳城人"这一真消息。换言之，如果句子为真，陈胜就确实是阳城人）。然而，正如我们下面将要看到的，不仅由于汉语中没有独立的系词，更由于表真作为事实判断所代表的思维方式在中国传统文化中不受重视，所以导致了中西学术路径的不同。

其四，卡恩认识到，einai（to be）的表真功能与希腊哲学追求实在（reality）、真/真理（truth）的知识潮流有着异常深刻的关系。从表真功能出发，就能理解为什么自巴门尼德以后，einai 一直是包括柏拉图、亚里士多德等许多哲学家学说的中心问题。他指出，

> 系词作为表真符号的语义作用，让我们理解了希腊语中 einai 最重要的特殊用法之一，即所谓断真用法。在这里，动词自身（在第三人称指称和在分词中）表达着真（truth）和实在（reality）。如果我们看不到系词与表真的联系是一切陈述中最根本的，那么希腊语中"being"（to on）意味着，实在（reality）就变成了脱离动词陈述功能的神秘怪物。（Kahn，1986，6）

这里提示我们，正是系词的表真作用，使得它包含着对真（真理）和实在的追求。从系词的表真功能容易理解它与真的关系，也容易理解它与希腊人所谓"实在"（reality）的关系，因为所谓真，就是指 what is really（实际上是什么）。

此外，卡恩发现，动词 einai 在以系词或其他方式使用时，总是以持

续体形式出现，反映在语义上就是用系词来描述某种静止状态，这与描述变化的系词 becomes（希腊文中 gignesthai）形成对照。他认为，这一从印欧语言词根 * es 继承过来的用法，寓含着 Being 与 Becoming 的对立，后来巴门尼德和柏拉图均利用了系词的这一语义特征。（Kahn，1986，7）

英国学者葛瑞汉虽没有深入希腊文系动词的多重用法，但他基于西方语言特点的分析，或可参照。他说："汉语与绝大多数非印欧语言一样，并不具有印欧语言在哲学上最重要、也最值得疑问的一个特征，即存在动词'to be'也可用于系词关系。因此在西方哲学中，某物的 being 同时包括存在和本质，即 what it is *per se*（它本身是什么）。"（Graham，1989，222）

## 从希腊哲学角度研究

正如前述，卡恩发现希腊哲学家从巴门尼德到亚里士多德对于 Being 的使用，其所寻求的并不是一个什么神秘、高悬的"存在"，而是（一切）事物究竟是什么。卡恩专门考证发现，在巴门尼德、柏拉图、亚里士多德、麦里梭、普罗塔哥拉、普罗提诺等许多哲学家的著作中，einai 虽有存在含义，但并不是主要的，而且其存在含义不能脱离此词作系词时的谓语功能。虽然柏拉图、亚里士多德都曾用 X exists 句型来断定（或否定）某物存在，但是他们"谁也没有指出存在为 einai 的基本含义之一"（Kahn，2009，14）。因为在希腊语中 on，onta 的两方面，即表存在与表真相互交织在一起，所以，"希腊哲学家们没有（或无意于）我们这种存在概念"（Kahn，2009，5）。这不是说希腊人或希腊哲学家没有事物存在的概念，他们当然能轻而易举地表达神、怪物或虚空是否存在，只不过不是用这几个词汇。这一观点对于把古希腊哲学中的存在概念神秘化、绝对化，理解为某种独一无二的宇宙本原（本体）的国内流行观点来说，是一个沉重打击。

从卡恩的论述可以看出，希腊哲学家们在使用 einai 时，正因为主要是从系词的角度使用，所以他们事实上注重的是此词的表真（truth claim）、断真（veridical）含义。在 2009 年新版《Being 论集》（*Essays on Being*）中，他总结说，自己 40 多年来的研究有两个主要方面，一是 to be 作为一个语言学问题的意义，二是"理解 Being 概念为何成为从巴门尼德到亚里士多德的希腊哲学的中心概念"；但是，"这两个问题在我所谓 einai 的断真意义上汇合到一起来"，并因此使他在早期文章中"将动词与真概念的联系作为 Being 在希腊哲学中扮演中心角色的关键"。（Kahn，2009，1）在对 1976 年所写的一篇题为《为何存在在希腊哲学中未成为突出概念》一文进行总结时，卡恩指出，

> 存在（existence）概念在希腊哲学中并非主题。从巴门尼德到亚里士多德，真（truth）概念及谓语用法在其 Being 概念中占主导地位。哲学家们从事对知识的寻求，这也意味着求真（truth）。因此，Being 成为哲学的根本概念，是因为在哲学家那儿，它提供了实在（reality）的概念，后者是知识对象和真理标准所需要的。因此，断真含义揭示了该动词在哲学上的中心作用。（Kahn，2009，6—7）

首先，巴门尼德著作中 Being 的用法是卡恩研究的重心之一（2009 年版《Being 论集》中收录了三篇以巴门尼德为专题的论文）。在对 1969 年发表的《巴门尼德的论题》一文进行总结时，卡恩指出，"巴门尼德的首要论题是有关真（理）和事实的断真概念"，而不是存在概念。（Kahn，2009，12）只有从这一语义学而非语言学角度来分析，才能真正读懂巴门尼德著作残篇的含义。比如，对于人们熟悉的残篇 4 中"你不可能知道'不是者'（you can not know what-is-not）"这句话，"相关的 estin 就有命题或断真的性质"，指的是："你不可能知道不是那回事的事（what is not the case）"；尽管当他说"从不存在者不可能产生存在（it cannot come into being from what-is-not）"（残篇 8）时，其中 is not 是

指不存在者。但即便如此，这一存在含义也不影响全句的断真性质。(Kahn, 2009, 12[8])。在巴门尼德这儿，"to be 的存在用法和谓词用法"都可以理解为"作为知识对象的ἔστι［esti］或ἐόν［eon］之断真用法的不同侧面"（Kahn, 2009, 154）。一句话，断真用法才是最基本的。所以，卡恩指出：

> 巴门尼德的 what is 断言，提示世界上任何与真言（true speech）和真知（true cognition）相对应的事物。……对巴门尼德来说，与柏拉图和亚里士多德一样，to be 指：是这事，或是那事。……因此，对巴门尼德论题的"存在式"解读，无法解释一个事实：在"所是"（that it is）这一真途（旧译真理的道路——引者按）上，"有（are）许多标志，它是（is）既不产生、也不消亡，完整、独特、完美"（残篇8.2—3）。[9]（Kahn, 2009, 12）

这里，卡恩得出：只有从系词的表真功能才能理解巴门尼德那句名言。据此可知，巴门尼德所谓"真途"（the true road），过去译为"真理的道路"（包括英文中 the way of truth［Kolak, 2002, 51—52］）是极容易误导人的，因为后者让人误以为他要寻找某个脱离了具体事物的超验实体。在卡恩看来，巴门尼德所谓真言和真途，只是表示要找到确实是什么、确实是那样或确实是那么回事。这里的关键之一是从语言学上升到语义学，即巴门尼德并不仅仅是在玩概念游戏，他所谓"真言""真思"对应于世上的对象之"是"（Kahn, 2009, 13）。在1988年的《巴门尼德和柏拉图的 Being》一文中，他曾称"巴门尼德是从断真性的 esti 开始的"；而到了2009年为此文写导言时，他强调包含 is 的谓语句针对的是世上实际发生的"对象、事情或事实"，因而这不单纯是个语法问题。(Kahn, 2009, 14) 他似乎担心"表真"这一说法被误解为单纯的语言学概念。

其次，卡恩对柏拉图对话中的 to be/Being 也作了深入分析。他在研究柏拉图的《会饮篇》《费德罗篇》和《国家篇》时发现：

> 动词常规性地出现在系词句型中，反映了要解答一个背后的定义要求，即 what is X（X 是什么）？真的概念就包含在这一要求之中，即：what is really X（X 究竟是什么）？或者，What is X essentially（X 本质上是什么）？(Kahn, 2009, 7)

"X 实际上是什么"（What is really X），意味着对实在（reality）的追求，也是对真（真理）的追求。"X 本质上是什么"（What is X essentially），意味着对本质（essence）的追求，也即对本体（ousia）的追求。

他发现，在柏拉图的《巴门尼德篇》和《泰阿泰德篇》中，"einai 与真的联系是根本性的"（Kahn, 2009, 8）。在《巴门尼德篇》中，柏拉图进行一场悖论式推理，即从一个关于"一"的前提——"that the One is not"（一不是/不存在）——出发，得出一些矛盾的结论。一方面，前提中的否定式 is not 意味着 One 不存在或不实际地是（not real）；但另一方面，系词 is 的判断性质又在提示"那个前提是不是真的（to be true）"。如果前提为真，则有某物不存在（be a thing-that-is-not），分有 Not-being；在这种情况下系词 einai 就是分有的意思。所以，einai 的存在表达与它的断真含义——to be X truly（确实是 X）——之间不可分割。"在这里，柏拉图坚持 einai 的断真关系（desmos），需要与拥有属性的主语（the One）之间关联——即便这一属性不存在（is not-being）"，这样就"开启了系词的后来用法"。(Kahn, 2009, 8)

另外，他进一步分析《泰阿泰德篇》，发现其中 Being 既指存在，又是断真。该篇以普罗塔哥拉为主人翁。由于普罗塔哥拉以真（真理）为书名，他所谓"saying of what-is that it is, and of what-is not that it is not"（说是者是，不是者不是）的名言中，断真的含义是毋庸置疑的。柏拉图对这句话的解读中，可以发现，一方面 Being 出现于存在用法，但紧接着又是多个由系词引导的谓语形容词用法，并在后来用系词的名词形式 ousia 来表现 "what is X?" 这样的问题（Kahn，2009，9）。因而在《泰阿泰德篇》中，"einai 的这些表达式最自然的读法，就是读为'是如此'（what is so）或'是这么回事'（what is the case）"。（Kahn，2009，8）

柏拉图在后期著作反对了早期《巴门尼德篇》中的形而上学思想，但却"同时更强烈地暗示他对知识判断更加严格的需要：即用 ousia 来说'what a thing is'（一物是什么），这可理解为对 whatness（什么）问题的回答"。（Kahn，2009，9）

卡恩似乎没有关于亚里士多德 einai 用法的专门论文，但也有许多关于亚里士多德的讨论。比如他发现，在亚里士多德的《后分析篇》（2.I—2）中，ti esti 与 ei estin 的用法构成对比，其中 ei estin 有时似乎指 "X 存在吗？"，但有时又指 "XY 发生了吗？"（Kahn，2009，5—6）后一句就是断真性质的。同一个词，亚里士多德对这两种含义互换使用，不作区分。

另外，亚里士多德的范畴表从不同角度来述说 Being（it is），人们也许以为他在论述"存在"（existence）的不同种类或者"存在"（exists）的多种含义，其实不然，"亚里士多德并不是以这种术语来说话的，他有规律地使用 to be 的系词用法来阐明他的范畴特点：'苏格拉底是男人'，'是聪明的'，'是六尺高'，'是在市场上'"。（Kahn，1986，14）因此，

> 对亚里士多德来说，与柏拉图一样，存在总是指 εἶγαί τι，是某物或其他什么，是某个限定事物。并不存在一个针对并无确定性的主语的一般的存在概念。（1986，14）

虽然有 einai（to be）的存在用法，但并无抽象的、一般意义上的存在概念。这一观点欧文早在 1957 的一篇论文中即已指出（Owen，1960，165）。

最后，不仅如此，卡恩考证发现，还有很多希腊哲学论著，只有从表真而不是存在角度来理解，才能讲得通。比如普罗塔哥拉著作残篇1中最著名的那段话中，estin 就不是存在用法而是表真用法，全句当读为"人是万物的尺度，既是'是者'是［那样］的尺度，也是'不是者'不是［那样］的尺度"（Kahn, 2009, 13）。又如普罗提诺作为最高原理的"太一"（the One）。因为他反对用谓语结构来表述，所以 Being 不属于太一，或者说太一没有 Being。如果把 Being 理解为存在的话，那就变成了太一不存在。可是对他来说，如果太一不存在，则一切皆不能存在。这显然不是他的意思。只有把 Being 理解为是谓语动词而不是存在表述，才可以说得通。普罗提诺当然认为太一存在，但说它不属于 Being，是指太一的特殊之处在于人们无法用带系词的谓语来描述它。这与亚里士多德讨论范畴表的时候一样，都是从谓语动词的角度来使用此词。

卡恩这样总结 Being 在古希腊哲学中的作用，他说：

> 一方面，柏拉图的相永恒存在学说以及他与"非是"（Not-Being）的斗争，都明显是从巴门尼德对 to on 的解释中引申而来；另一方面，不仅亚里士多德的范畴学说"以多种方式来说是 to be"，而且他定义形而上学为对 being qua being（是之为是）的研究，都是对巴门尼德所谓 What is（是什么）的一元论概念的精心替换。不止如此，还有希腊自然哲学到阿拉克萨哥拉、恩培多克勒及原子论者的著名发展路线，只能被看作对巴门尼德挑战的回应。（Kahn, 2009, 109）

所以他宣称：

> 我主张，从巴门尼德到亚里士多德，希腊哲学家们的 Being 概念就是 what is or can be truly known and truly said（是什么或究竟能

知道或说什么)。(Kahn,2009,5)

总之,对巴门尼德和亚里士多德来说,Being(to on)指示真(理)(truth),也指示实在(reality),后者是理解的目标和知识的对象。(Kahn,2009,123)

## 王太庆对"是"与 ontologia 的研究

王太庆(1922—1999)早年跟随陈康学习希腊哲学,通晓希腊文、德文、英文、法文等多国语言,对我们西方哲学翻译作了杰出贡献。他早年曾翻译过《古希腊罗马哲学》(1961 年),晚年翻译了《柏拉图对话集》(2004 年)。以下摘录其两篇文章,一篇是 1993 年发表的《我们怎样认识西方人的"是"?》,另一篇是 1997 年发表的《柏拉图关于"是"的学说》。

王太庆晚年检讨自己早年翻译巴门尼德、柏拉图哲学的得失,认为自己早年不懂希腊文,受英译误导,将巴门尼德的 to on 译为"存在",这是不对的,现代汉语中既作系词又作判断用的"是"是更妥当的译法。他认为,希腊文 einai 或 estin 集汉语中"是""有""在""能"等多种含义于一身,又在西方哲学史极其重要,故不能不深加研究。他主张把希腊文 to on 译为"是者",ousia 译为"所是"(此词旧译本作体、实体,英文中作 substance)。他提出,汉语"存在"是具体时间、空间中的存在,对应于英文中的 there is (其中 there 对应场所),而希腊文 einai 并不是对应于具体时空的存在,因而在巴门尼德、柏拉图哲学中关注的"是者"都与感官对象相反,是理智对象,而且是不动、不灭的。他还指出,希腊文"是"还有真的、完满无亏的含义,从而提醒我们注意到为什么希腊哲学家对"是者"的探讨与真理道路有关,与求真的知识论有关。王太庆的观点与卡恩是有交集的。

## 《我们怎样认识西方人的"是"》(1993)

以下摘自1993年发表的同名文章。

西方哲学史上"是"的问题,是一个重要的关键,关系到我们对全部西方哲学的理解正确与否。(1993,436)

巴门尼德注意的中心是 eimi (to be),不管哪一个在 estin (is) 都行,只要它 estin。为了强调这一点,他还在 estin 后面加了一个附加词(enclitic)te,表示"那个在 estin 的"。他要求人们研究"那个在 estin 的",不研究"那个不 estin 的"。(1993,427)

译 to eon 为存在者,混淆了"起作用"与"在某时某地起作用"的区别,应当改为"是者",即 ho estin。译为"×者"不错,因为 to eon 是"本体"(ousia, substance) 不是"属性",正如"老者"不是"老"一样。这一点很重要,必须把"to be"和"being"分开,不能了解成一样。此处说的 to mē eon 就是上面(2)的 ouk estin te (即 it is not)中藏着的"it"(那个它)。巴门尼德提出的哲学范畴是 to eon,并不是一般的"存在"。Burnet 说得正确,to eon 不是英文的 being、德文的 das Sein、法文的 l'être,应当译成英文的 that which is、德文的 das Seiende、法文的 ce qui est。(1993,428)(作者注:te eon 即 to on,后者为柏拉图以来省写。)

estin (it is) 说明了"它"在"是","是"就是"起作用"或"有能力"。……说"某某 estin 什么",就是一个判断。……用德国话说很容易明白:巴门尼德提出 Sein,说 es ist,这个 es 就是 to on;柏拉图提出 Sosein,说 es ist so,这个 es 就是 idea (eidos)。(1993,429)

柏拉图提出了各式各样的 idea,如"大的 idea""美的 idea""像的 idea""好的 idea"等等,其中的每一个都是 to on。亚里士多德强调这一点,认为哲学所研究的是 to on hēj on,即"on 之为

on",或 on 本身,这也就是回到了巴门尼德。这门研究 on 的哲学名叫 ontologia,是 onta(beings)这个字命名的,我们译为"本体论"是利用了中国传统的哲学范畴"本体",不能表现 onta……照我的想法应该译为"是者论"。(1993,429—430)

亚里士多德多认为 to on 是 ousia(本体,substance),ousia 有许多标志,其中的一个是他所谓 to ti ēn einai(它是什么),即英译的 essence。这个字出于拉丁文的 essentia(所是者),还保留着"是"的意思,中文译成"本质",看不出词的来源了。to ti ēn einai 就是判断中的谓项,即上面所说的 Sosein。(1993,430)

西方人的"是"和时间、空间放在一起,就成了我们中国人说的那个"在"。例如英语中的"there is",德语中的"ist da",又如上文举的例子"Est mihi liber"(书在我这里是),都是这样。西方人没有我们中国人的"在"这个动词,说在何时何地的时候用的还是那个"是",如"我在北大"就说成"I am in Peking University"。他们觉得这个 am 跟说"I am a man"的 am 意思完全一样。至于笛卡尔说的"I think therefore I am",也是同样的 am,只是我们中国人认为单单一个"是"不能懂,(汉语普通话的"是"只是系词,有主语缺宾语就系不成了),才给它凑一个 there,译成"我思故我在",其实原来并没有"在"的意思。加上 there 的"是"才是在或存在,德国人把它叫 Dasein。Dasein 这个字和 Sosein 一样,里头都有一个 Sein("是");Sein 加上 so(样子)就成了 Sosein(是什么样子),sein 加上 da(那里)就成了 Dasein(是在那里)。(1993,430)

这个加上时空的"是",即"在"或"存在",后来在拉丁文里又出现了一个"existentia"来表示它,其动词形式 existere 出于 ex(外面)+ sistere(安放),也是出现在外面时空中的意思。这个字后来的发展偏向生命方面,几乎等于"生活"或"人生"。存在主义者所讲的主要是这个意思,不过他们并不是劈头就讲人生或只讲人生，却是从那个 to on（是者）讲起的，如海德格尔就大讲其 Sein，萨特也大讲其 être。我们的翻译把它与 existence 同译为存在，就看不出区别了。(1993, 430—431)

"to on"在法语中被译为 l'être，晚近也有改译为 l'étant 的；德语译为 das Sein，也改称 das Seinde。(1993, 433)

"存在"也没有"是"的含义，而"是"的意义是西方哲学中十分注意的，也是它异于中国哲学的一大特征。"存在"这一译名的缺点，"X 在"之类的译名也都同样具有。(1993, 434)

汉语"是"的原意"正当"、"正确"，在今天还继续保持着，即是非之是。这个意义在希腊语中也有，即 estin 是真的，圆满无亏。这两个词本来不是一回事，却在这个意义上交叉了，所以用前者译后者不会发生大问题，不过我们不能把 estin 和 to on 当成一样，只能把 estin 译为"它是"。因为 to on 意为"那个是的"，"是的"是本体，必须在译文中表现出来。巴门尼德说的 estin 所包含的"它"就是本体，柏拉图所说用的 ho estin（"that it is"= that which is）这个说法指的也是本体"是的"。由于"是的"的"的"容易被忽视，我建议把"的"换成"者"字，译为"是者"。(1993, 435—436)

## 《柏拉图关于"是"的学说》(1997)

以下摘自1997年发表、收于王太庆译《柏拉图对话集》(2004) 中的同名文章。摘录时将希腊文原文全部转写成拉丁文。

关于"是"的思考是西方哲学的关键所在，柏拉图的"是论"起着继往开来的作用。巴门尼德提出"它是"，认为这是唯一认识真理途径，他强调理性，否定感觉，肯定"是者"是一个。柏拉图在巴门尼德"是者"说的基础上发展出他的"相论"。他提出"是者"是什么（即"所是"），认为这就是"相"。他把"相"与

"事物"分开,认为事物分沾着"相"。(2004,675)

因此从中国人的观点看,西方说的"是"有三个意义:(1)广义的"起作用",相当于我们传统哲学中的范畴"有";(2)判断中的系词,相当于我们东汉以后的系词"是";(3)用于时间、空间的动词,相当于汉语中的动词"在"。这三个意义在西方人看来是同一个意义的三个方面,在我们中国人看来却是三个互不相同的独立意义。(2004,677—678)

关于"是"的思想是西方哲学的关键所在,从希腊哲学一开始就讨论"是"的问题,到今天仍然在讨论。(2004,678)

……estin 和 ouk estin [巴门尼德所说的两条道路——引者],我们现在译为"它是"、"它不是",理解为"起作用的"、"不起作用的",即 to on(是者)和 me on(不是者)。但是我们曾经百思不得其解,我个人就接受流行的看法将希腊人的"是"(eimi)了解为时间、空间中"存在",并采用 H. Diels 的看法把 estin 所包含的第三人称单数主语规定为 to on,因而译成"存在者存在"、"存在者不存在"。这样就造成一个同义反复、一个自相矛盾,与巴门尼德的思想不合。意识到自己的理解错误之后,我发现这里说的 estin 是原来意义的"是",不是加上时、空意义的"存在",而且 estin 所包含的主语是泛指的"它",并非专指的 to on(是者),所以这里的 estin 就意味着 o estin(那个是的),ouk estin 就意味着 o ouk estin(那个不是的)。这样,就可以理解到:作者不是从可以感觉到的事物说的,而是从纯粹理智的观点立论的。他要求研究理性对象,这就是干干净净的、不折不扣的起作用者。(2004,679)

所以作者[巴门尼德——引者]以理性主义观点指出,"是者"是不生不灭的、不动的、完整的、不可分的、没有缺陷的。这种理想的"是者"是绝对的。(2004,679)

巴门尼德的出发点是肯定"它是"(estin),即"那个是的"(o estin)或"是者"(to on),而否定"它不是"(ouk estin),即

"那个不是的"（o ouk estin）或"不是者"（me on）。再进一步就要问这个是者是什么，或是什么样的。这个"是什么"在巴门尼德那和泽农那里还没有称呼它的术语，后来在柏拉图那里，尤其在亚里士多德那里，才有 ousia 来称呼。我们把 to on 译成"是者"，是根据它的原义"那个是的东西"（由"是"的分词中性形式 on 加之定冠词 to 形成的名词），也是根据原意（"是"的分词阴性形式 oua 转为名词）把 ousia 译为"所是"。（2004，681）

柏拉图在巴门尼德"是者"学说的基础上发展出他的"相"的理论，但是他又看出这种理论的不足之处，对它进行批判，然后建立新的是论——通种论。（2004，681）

柏拉图也和巴门尼德一样，是为求得真的知识而研究哲学的。他的主要目的是求真，别的都在其次。虽然他也有关于人生的伦理学说和关于社会的政治学说，以及于美的学说等等，这一切都以他关于知识的学说即是者理论为依据。希腊人的 episteme，指的就是纯粹的知识。只有不夹杂任何私心杂念的知识才能普遍有效。（2004，683—684）

他一贯运用论证的方法去研究理性的对象，这对象不是看得见、摸得着的个别事物，恰恰就是巴门尼德提出的"是者"。（2004，682）

柏拉图并不限于研究"是者"，指出它在起作用，就算完成了研究。他进一步注意它在起什么作用，它是什么样的。……所以"所是"很重要，是什么样子是判定"是者"的标志，也就是"是者"的内容。柏拉图提出"所是"是巴门尼德的"是者"理论的进一步发展。他把"所是"理解为模样，但不是眼睛看到的模样，而是心灵掌握到样子。希腊语动词 eido（看）的对象就叫 eidos 和 i-dea（所见，前者为阳性词，后者为阴性词，同出一根，意义相同），他就用这两个词来表达"所是"的意思。我们现在照原意把 eidos 译为"型"、把 idea 译为"相"。（2004，682）

柏拉图还保存着巴门尼德"是论"的基本结构，即肯定"是者"，否定"不是者"。但是巴门尼德的"不是者"与"是者"毫无联系，柏拉图的事物却可以"分沾""相"。(2004, 683)

由于"相"是"是者"的"所是"，所以巴门尼德对"是者"的描述都适用于"相"，如不生不灭、不动的、完整的、不可分的、没有缺陷的等等，总之是绝对的。……巴门尼德和泽农认为"是者"只有一个，这种初步的"是论"只说明了"实在"的统一性，并不能说明世界万物繁多性中的统一性。柏拉图的"相论"说明了这"多中之一"，是进一步发展了原来的"是论"。(2004, 683)

这宝贵的东西就是爱智和求真的精神，也就是柏拉图从巴门尼德的"是论"中继承来的理智态度。(2004, 687。引者注：这是在讲亚里士多德的学术精神)

他［亚里士多德——引者注］并没有因此把"型"（即"相"）一举而歼灭之，却把它吸收到自己的学说中成为最基本的范畴，即与质料（ule）合成事物的 eidos。只是我们把它翻译成"形式"，好像与"相"不同的新东西而已。亚里士多德的"形式"是从"是者"出发经过"相"进一步发展出来的。此外，他也从柏拉图的"相"（即"是者"的"所是"）再返回到"是者"本身，来研究"是者之为是者（to on hei on）"，建立他的基本学说，即后人称为 ontologia（是者论）的哲学。(2004, 687)

本文论述的中心 to on，即巴门尼德原来提出的 esti，原是动词的 eimi（是）的变形，其原义为"起作用"，esti 即"它是"，强调"它"，指"是的东西"，与 to on（分词作名词用）同义。古汉语中本来没有"是"这个词……过去翻译 to on 无法借用现成的词，就从老子哲学中借了一个在某些方面近似的"有、无"来译 to on 和 me on，但是汉语"有"绝无判断中系词的意义"是"，所以无法表达兼具"有"、"是"、"在"、"能"诸义于一体的原意。后来有鉴于 esti 与时间、空间联系时有汉语动词"在"、"存"的意思，就把它译为"存在"或"在",但是还是不能表达"是"、"能"的意义。……在我们这里把 esti 改译为"它是",把 to on 改译为"是者",把 ousia 改译为"所是",把与时间空间相联系的 esti 译为"在",认为"存在"只是"是"的特殊状态,不能用"存在"代替"是"。(2004,698)

## 王路对是、真与形而上学的研究

王路教授在《是与真——形而上学的基石》(2003 年初版,2013 年修订版)及多篇论文中对古希腊语 einai 作为系词的求是与求真之义等,其在巴门尼德、亚里士多德、波埃修(Boethius)、托马斯·阿奎那(Thomas Aquinas)、笛卡尔、洛克、康德、黑格尔、海德格尔哲学中的含义理解,以及它与整个西方形而上学的内在联系,作了系统的探讨。因其论点与本书 ontology 章、形而上学章关系较大,这里摘录作者部分论述,分成三部分:(1)语义问题;(2)亚里士多德等人;(3)形而上学。引文全来自上书 2013 年版。

### 是与真

"是什么"这一基本问题和断定方式反映了人类对周围世界以及人类自身情况的不懈探索和陈述,从根本上体现了一种知识论的性质,因而它本身就具有身科学性。(2013,273)

"是什么"是一种普遍的句式……"是什么"反映了人们一种普遍的追求知识、阐述对知识的思索、理解和表达的方式。(2013,256)

"是什么"是一种思考问题和回答问题的方式,它可以施用于任何对象,乃是爱智慧的实质所在。因此我认为它具有知识论的特

征。(2013, 257)

无论提问还是回答,"是什么"乃是一种求知的体现。而且,在古希腊,这种求知是具体的、宽泛的、充满科学精神的。它表现为人类探索自然的奥秘、探索社会活动规律的精神活动,也体现出人类对认识限度的挑战。(2013, 246)

由于理解的深入和认识的深化,人们又总是不断地问"是什么?"并不断地回答"是什么"。因此,"是什么"不仅是人们提问和回答的方式,而且也反映着人们的理解和认识。归根结底,它是人类认识活动、认识能力、认识精神的集中体现。(2013, 246)

"从早期哲学家问世界的本原是什么?"世界的构成是什么?世界的基本元素是什么?到后来哲学家探讨什么是正义?什么是勇敢?什么是节制?什么是国家?,他们都在问:"……是什么?"他们都回答说:"……是如此这般的",简单地说,即"是什么"。进一步分析,还可以看出,这种提问和回答实际上具有一种共同的形式,这就是:"……是……"。为了表述的方便,我们也可以说,它们的共同形式乃是"是什么",或者更简单,乃是"是"。(2013, 245)

在古希腊,"是"与"真"乃是一起提出的。(2013, 284)

哲学不仅求知,而且最主要是求真。也就是说,在哲学研究中,"是什么"与"是真的"总是联系在一起的。(2013, 273)

"真"这一概念并不是哲学家专有的、神秘的概念。它就是日常所说的最平凡不过的"是真的"。只是由于它与"是什么"这种最普通也最根本的认识相联系,因而成为哲学家思考的核心问题。(2013, 254)

他并认为,中世纪"存在"这一概念融入本体论的讨论确实促进了形而上学的发展,然而代价却是削弱了知识论意义上的探讨。(2013, 272)

哲学求是、求真,不同于宗教,也不同于科学。(2013, 274)

但是，在求真这一点上，哲学与科学更为接近，因为它的求真乃是以询问"是什么？"和"为什么？"为基础的，它总是在探索本质和原因。(2013, 273—274)

在哲学史上，是始终与真关系密切。无论是巴门尼德的《论自然》中，还是在亚里士多德的《形而上学》里，谈是与谈真几乎总是联系在一起的。即便在海德格尔那里也是如此，他关心真与此是的关系、他那些所谓不隐蔽性和展示性的解释等，都说明了是与真的联系。相比之下，存在与真却似乎没有什么关系。(2013, 259)

## 亚里士多德等人

亚里士多德的讨论中虽然有时候也涉及个体词，偶尔也会有"a 是"这样的句子出现，但是他的最终结果总是"S 是 P"。尽管他的讨论也涉及"纯粹的是"和"是如此这样的"的区别，但是他的讨论最终还是要落到"是如此这样的"上。(2013, 258)

"本质"的字面意思乃是"是什么"，因而这种范畴分类乃是对谓词或谓述方式的进一步分类，也可以说，它们是对"是什么"或"是如何"的思考和研究。"实体"虽然字面上没有"是什么"的意思，但词根也是 einai，因而也与"是"相关。(2013, 247)

为什么亚里士多德会提出"是本身"作为形而上学研究的对象？在他那里，"是"既是逻辑的核心，也是语言中的东西，因而是具体而实在的。(2013, 285)

亚里士多德提出哲学研究是本身，同时还认为哲学是关系真的知识。(2013, 276)

亚里士多德所说的"是本身"首先是一种知识论意义上的东西。因为，它乃是诸种"是什么"、诸学科领域中的"是什么"的集中体现。它的本意是在那些"是什么"的基础上进一步研究，对它们的共同的东西进行探索，目的则是寻求最普遍的本原和原因。

(2013，247)

　　亚里士多德形而上学的核心也是"是"，但是他又认为"可以把哲学称为关于真的知识"。如果说是与真的这种联系仅仅使我们可以相信逻辑与形而上学之间存在着联系，那么前面引用的亚里士多德的名言——否定是的东西或肯定不是的东西就是假的，而肯定是的东西和否定不是的东西就是真的——则具体说明逻辑与形而上学的联系。(2013，267)

　　从亚里士多德的论述我们可以看出，"真"不是孤立的，总是与句子结合在一起的，因此与"是"密不可分。亚里士多德不仅总是把"是"与"真"联系起来进行论述，而且把它们作为形而上学的基本总是提出来。他不仅认为哲学是"研究作为是本身的科学"，而且明确地说："称哲学为与真相关的知识是正确的。"他认为，"只要每个事物与是有关系，它也就与真有关系"。因此，"真"与"是"乃是联系在一起的。(2013，251)

　　亚里士多德逻辑的核心乃是"是"，但是这个"是"乃是与真密切相关的。他说的"只有本身含真假的句子才是命题"最清楚地表达了他的这一思想，而他的三段论则提供了一种从真的前提达到真的结论的具体方法。(2013，267)

　　我认为，康德、黑格尔和海德格尔使用 Dasein 这一概念主要还是从传统意义上的形而上学出发，他们所探讨的主要还是传统的形而上学问题，即是本身。(2013，258)

　　康德对真的标准进行了深入而广泛的探讨……他的讨论是以亚里士多德的有关思想为基础的。(2013，253)

　　[黑格尔——引者加] 所探讨的"Wahrheit"与亚里士多德所考虑的"真"是一样的。(2013，254) 他所说的"真"本身与亚里士多德说的"真"本身是同一种意义上的东西。(2013，253) (作者注：此词旧译真理，造成许多误会，作者在书中多有辨析。)

## 形而上学

形而上学内容广博，源远流长。但是，求是、求真，这一条主线却清晰无误。(2013，284)

"是"与"真"这两个概念则不同，它们是形而上学的核心概念。(2013，279)

形而上学的根本特征具有一种知识论意义上的性质，而这种性质的具体体现就是求是、求真。在这种求是、求真的过程中，逻辑应运而生，而且一直起着非常重要的作用。(2013，19)

"是本身"乃是基于"是什么"的思考而提出来的，因而它的基础具有知识论的特征。不仅如此，"是本身"乃是对"是什么"这种普遍认识更深一层的思索，因而它本身也具有知识论的特征。所以我认为它是知识论意义上的东西。(2013，257)（引者注：是本身指亚里士多德作为形而上学研究课题的 being qua being，多译为"作为是的是"，吴寿彭译为"实是之所以为实是"，我以为可译为"是之为是"，作者意译为"是本身"我认为也可以。）

形而上学的根本概念仍然乃是是，而不是存在。……人们可以从存在的意义上谈论是，甚至用存在直接翻译是的情况并不少见，但是在真正的形而上学讨论中，存在与是的区别毕竟是巨大的，而且字面上没有联系。(2013，258。作者注：原文"仍然乃是是"不通，当删"乃"。)

哲学家的工作是求真。从最初的探讨是，或者说从探讨是和探讨真出发来达到真，到后来的直接探讨真，并且把真作为主要的核心概念凸显出来，乃是哲学的发展和进步。正是在这种意义上，我认为，本体论、认识论和语言学乃是一样的。它们都属于形而上学的研究，只不过方式不同。……那么形而上学研究的核心就是真。"是"的研究体现了一种研究"真"的方式，它与古希腊语有关，来得直接而自然，由此形成了逻辑与哲学理论，因此成为本体论研

究的核心。(2013,271)

　　从学以致用的角度也许可以说,形而上学没有什么用。……但是,在我看来,正是由于这样一种性质和特征,西方形而上学的研究才更加体现了一种为知识而知识、为科学而科学的精神。这种精神与我国传统的"修身、齐家、治国、平天下"的理念大相径庭,也与"学而优则仕"的信条泾渭分明,更与"改造世界"的信念没有什么关系。(2013,286)

　　这个词[Metaphysics——引者加]表示:研究物理学背后的东西,用今天的话来讲就是研究科学背后的东西,这种涵义与亚里士多德所说的最高的智慧或第一哲学是比较一致的。这些意思,"形而上学"一词本身大概无法表达,因为从它的来源、从它的本意,即从所谓"形而上者谓之道",是看不到这些涵义的。(2013,278)

## 本章注释

　　[1] 国内学者围绕希腊文"是"的争论参宋继杰主编《BEING 与西方哲学传统》(2002),此书上下册共百万字;个人专著有王路《"是"与"真"——形而上学的基石》(修订版,2013)、萧诗美《是的哲学研究》(2003),等等。

　　[2] 张东荪先生(1947b)曾将英文中的"is/to be"与汉语中的"……者……也""为""是""此乃""系""即""存在"等相比较,并得出前者很难在古汉语中找到完全对应的单词的结论。

　　[3] 在1946年版的《柏拉图巴曼尼得斯篇》中,陈康说:"这ἐστιν在中文里严格地讲起来不能翻译。……在这种情形下我们以为,如若翻译,只有采取生硬的直译。(这样也许不但为中国哲学界创造一个新的术语,而且还给读者一个机会,练习一种新的思想方式。)"(1946,79)他干脆将此词翻译为"是",并称"它是"代表最大的共相,不同于它是甲、它是乙等。

　　[4] 西方学界相关研究成果参本书"Ontology 与中西学术不可比性"章注释

[6]。

[5] 除了极个别学者，如王路（2013）。

[6] 卡恩最早在1966年的一篇论文中提出了自己挑战传统系词—存在二分的思想定式（Kahn, 1966）；1973年出版了专著 The Verb "Be" in Ancient Greek（Reidel, 1973；2003年再版）；2009年他将自己在1966—2008年间发表的8篇有关Being的论文合成论文集出版，书名 Essays on Being）。在 Essays on Being 导言中，他不仅介绍了各篇论文的主要思想，也对自己的思想历程进行了说明。

[7] 作者在其他地方将表方位用法也称为系词用法，认为系词有两种用法，一是带形容词或名词，二是带方位词或拟方位词。后者句型有 Socrates is in the marketplace（表方位）及 Socrates is in trouble（拟方位）。（Kahn, 2009, 122）

[8] 北京大学哲学系外国哲学史教研室编的《古希腊罗马哲学》（1961年）将残篇4此句译为"你既不能认识非存在"（1961, 51）；《西方哲学原著选读》则译为"不存在者你是既不能认识"（1981, 22），残篇8那句译为"从非存在物中产生了任何异于非存在物的东西来"（1961, 52），《西方哲学原著选读》则译为"从不存在者中产生出任何异于不存在者的东西来"（1981, 23—24）。残篇8英译之一为："anything should come into being, beside Being itself, out of Not-Being"（Kolak, 2002, 52）王太庆先生后来对自己早年的这一译法进行了检讨。按照他晚年的看法，巴门尼德残篇中的"存在""非存在"当更正为"是者""不是者"。（王太庆，1993, 426—429；2004, 697—698）他生前曾向笔者当面指出，这个翻译当更正。

[9] 此句作者的英文作：there *are* many sign-posts, that it *is* ungenerated and *is* impersishable, whole, unique, and perfect. 注意其中are, is指示希腊文系词用法。北大本中译为："有许多标志表明：因为它不是产生出来的，所以也不会消灭，完整、唯一、不动、无限"（北京大学哲学系外国哲学史教研室，1961, 52）。

# 参考文献

（参考文献主要包括1. 西文文献；2. 中译西方文献；3. 中国古代文献；4. 中国现当代文献；5. 各种工具书五大类，排序时除西文文献单独放在最前面外，中文文献按拼音顺序排列。张元济主编《四部丛刊初编》属于古籍类，未列入参考文献。外文文献排序依国际惯例依姓氏（last name）排列，故将名字挪到姓后。如 E. F. Bozman 写成"Bozman, E. F."，卡尔·波普尔写成"波普尔，卡尔"。）

## 【西文文献】

[1] Aristotle, 1941: *The Basic Works of Aristotle*, Richard Mckeon ed., New York: Random House, Inc.;

[2] Bozman, E. F. (ed.), 1958: *Everyman's Encyclopaedia*, volume four (in twelve volumes), fourth edition, London: J. M. Dent & Sons;

[3] Burnet, John, 1920: *Early Greek Philosophy*, third edition, London: A. & C. Black, Ltd.;

[4] Burns, Edward M. (etc.), 1980: *Western Civilizations, Their History and Their Culture*, volume one, ninth edition, New York and London: W. W. Norton & Company, Inc.;

[5] Caygill, Howard, 1995: *A Kant Dictionary*, Oxford: Blackwell Publishers Ltd.;

[6] Chambers, M. (etc.), 1979: *A Study Guide and Readings for "The*

Western Experience, to 1715", second edition, New York: Alfred A. Knopf, Inc.;

[7] Chen, Chung-Hwan, 1976: *Sophia: The Science Aristotle Sought*, Hildesheim: Geog Olms Verlag;

[8] Ching, Julia, 1977: *Confucianism and Christianity: A Comparative Study*, Tokyo: Kodansha International;

[9] Ching, Julia, 1993: *Chinese Religions*, New York: Maryknoll;

[10] Cohen, S. Marc, 2016: "Aristotle's Metaphysics," in *Stanford Encyclopedia of Philosophy* (https://plato.stanford.edu), 2016;

[11] Crane, Gregory R. (ed.), 2000: *The Perseus Project* (http://www.perseus.tufts.edu), October, 2000;

[12] Cua, A. S., 1998: *Moral Vision and Tradition, Essays in Chinese Ethics*, Washington, D. C.: The Catholic University of America Press;

[13] Dancy, Russell M., 1986: "Aristotle and Existence," in Simo Knuuttila & Jaakko Hintikka, *The Logic of Being: Historical Studies*, Dordrecht: D. Reidel Publishing Company, pp. 49 – 80;

[14] Day, Jane M. (ed.), 1994: *Plato's Meno in Focus*, London and New York: Routledge;

[15] Edwards, Paul (ed. in chief), 1967a: *The Encyclopedia of Philosophy*, volume two, New York: Macmillan Publishing Co., Inc. & the Free Press, London: Collier Macmillan Publishers;

[16] Edwards, Paul (ed. in chief), 1967b: *The Encyclopedia of Philosophy*, volume five, New York: Macmillan Publishing Co., Inc. & the Free Press, London: Collier Macmillan Publishers;

[17] Edwards, Paul, (ed. in chief), 1967c: *The Encyclopedia of Philosophy*, volume six, New York: Macmillan Publishing Co., Inc. & the Free Press, London: Collier Macmillan Publishers;

[18] Edwards, Paul, (ed. in chief), 1967d: *The Encyclopedia of*

*Philosophy*, volume 7, New York: Macmillan Publishing Co., Inc. & the Free Press, London: Collier Macmillan Publishers;

[19] Fantl, Jeremy, 2012: "Knowledge How," in *Stanford Encyclopedia of Philosophy* (https://plato.stanford.edu), First published Tue Dec 4;

[20] Flew, Antony (editorial consultant), 1979: *A Dictionary of Philosophy*, Aylesbury: Laurence Urdang Associates Ltd.;

[21] Fu, Charles Wei-hsun, 1973: "Lao Tzu's Conception of Tao," in *Inquiry: An Interdisciplinary Journal of Philosophy and the Social Sciences*, volume sixteen, Oslo, Norway: Islo University Press, pp. 367 – 394;

[22] Fung Yu-lan, 1952: *A History of Chinese Philosophy, the Period of the Philosophers*, trans. Derk Bodde, Princeton: Princeton University Press;

[23] Fung, Yu-lan, 1921, "Why China Has No Science—An Interpretation of the History and Consequences of Chinese Philosophy", in Fun Yulan, *Selected Philosophical Writings of Fung Yu-lan*, Beijing: Foreign Language Press, 1991, pp. 571 – 595;

[24] Fung, Yu-Lan, 1937: *A History of Chinese Philosophy, the Period of the Philosophers*, trans. Derk Bodde, Peiping: Henri Vetch;

[25] Gadamer, Hans-Georg, 1980: *Dialogue and Dialectic, Eight Hermeneutical Studies on Plato*, trans. P. Christopher Simth, New Haven and London: Yale University Press;

[26] Graham, A. C., 1986: *Studies in Chinese Philosophy & Philosophical Literature*, Singapore: The Institute of East Asian philosophies, 1986;

[27] Graham, A. C., 1989: *Disputers of the Tao: Philosophical Argument in Ancient China*, La Salle, Illinois: Open Court Publishing Company, 1989;

[28] Hall, David L. & Roger T. Ames, 1998: *Thinking from the Han: Self, Truth, and Transcendence in Chinese and Western Culture*, Albany: State University of New York Press, 1998;

[29] Hansen, Chad, 1992: *A Daoist Theory of Chinese Thought: A Philosophical Interpretation*, New York: Oxford University Press, 1992;

[30] Heidegger, Martin, 1949: *Existence and Being*, with An Introduction by Werner Brock Dr. Phil, London: Vision Press Ltd.;

[31] Heidegger, Martin, 1962: *Being and Time*, trans. John Macquarrie & Edward Bobinson, Oxford: Basil Blackwell;

[32] Hintikka, Jaakko, 1986: "The Varieties of Being in Aristotle," in Simo Knuuttila & Jaakko Hintikka, *The Logic of Being: Historical Studies*, Dordrecht: D. Reidel Publishing Company, pp. 81 – 114;

[33] Husserl, Edmund, 1970: *The Crisis of European Sciences and Transcendental Phenomenology, An Introduction to Phenomenological Philosophy*, trans. David Carr, Evanston: Northwestern University Press;

[34] James, William, 2002: *Varieties of Religious Experience: A Study in Human Nature*, London and New York: Routlege;

[35] Jaspers, Karl, 1994: *Karl Jaspers: Basic Philosophical Writings*, ed. and trans. Edith Ehrlich, Leonard H. Ehrlich and George B. Pepper, New Jersey: Humanities Press International, Inc.;

[36] Kahn, Charles H., 1996: *Plato and the Socratic Dialogue, the Philosophical Use of A Literary Form*, Cambridge: Cambridge University Press;

[37] Kahn, Charles H., 1986: "Retrospect on the Verb 'To Be' and the Concept of Being," in Simo Knuuttila & Jaakko Hintikka, *The Logic of Being: Historical Studies*, Dordrecht: D. Reidel Publishing Company, pp. 1 – 28（中译见卡恩，2002）；

[38] Kahn, Charles H., 2009: *Essays on Being*, Oxford: Oxford University Press;

[39] Kant, 1934: *Immanuel Kant's Critique of Pure Reason*, trans. Noman Kemp Smith, abridged editon, London: Macmillan and Co., Limited;

[40] Knuuttila, Simo & Jaakko Hintikka, 1986: *The Logic of Being:*

*Historical Studies*, Dordrecht: D. Reidel Publishing Company;

［41］Kolak, Daniel, 2002: *Lovers of Wisdom: Introduction to Philosophy with Integrated Readings*, second edition, Beijing: Peking University Press;

［42］Küng, Hans & Julia Ching, 1989: *Christianity and Chinese Religions*①, New York: Doubleday;

［43］Laurence, Stephen, 1998: *Contemporary Readings in the Foundations of Metaphysics*, ed. Stephen Laurence and Cynthia Macdonald, Oxford: Blackwell Publishers Ltd. ;

［44］Legge, James, 1881: *The Religions of China: Confucianism and Tâoism Described and Compared with Christianisty*, New York: Charles Scribner's Sons;

［45］Melden, I. ( ed. ), 1950: *Ethical Theories, A Book of Readings*, second edition, Englewood Cliffs, N. J. : Prentice-Hall, Inc. ;

［46］Meinwald, Constance C. , 1991: *Plato's Parmenides*, New York, Oxford: Oxford University Press;

［47］Melden, A. I. ( ed. ), 1950: *Ethical Theories, A Book of Readings*, second edition, Englewood Cliffs, N. J. : Prentice-Hall, Inc. ;

［48］Neville, Robert Cummings, 2000: *Boston Confucianism: Portable Tradition in the Late-Modern World*, Albany, N. Y. : State University of New York Press;

［49］Owen, C. E. I. , 1960: "Logic and Metaphysics in Some Earlier Works of Aristotle, " in I. Düring and G. E. L. Owen, eds. , *Aristotle and Plato in the Mid-Fourth Century*, Papers of the Sysposium Aristotelicum Held at Oxford in August, 1957, Göteborg: Elanders boktryckeri Aktlebolag;

［50］Parkinson, G. H. R. ( ed. ), 1988: *An Encyclopeadia of Philosophy*,

---

① 版权页同时注明"this reissue published 1993 by SCM Press Ltd...London"。

London: Routledge;

[51] Plato, 1871/1892: *The Dialogues of Plato*, translated into English with analyses and introductions by B. Jowett, M. A., five volumes, third edition, Humphrey Milford: Oxford University Press;

[52] Plato, 1914/1928: *Plato*, with an English translation, Vol. 4, by W. R. M. Lamb, M. A., London: William Heinemann, New York: G. P. Putnam's Sons;

[53] Plato, 1928: *The Works of Plato*, ed. Irwin Edman (trans. Benjamin Jowett), New York: Simon and Schuster, Inc.;

[54] Plato, 1954: *Plato's Republic*, introduced by A. D. Lindsay, London: J. M. Dent & Sons Ltd. and New York: E. P. Dutton & Co Inc.;

[55] Plato, 1961/1963: *The Collected Dialogues of Plato*, ed. E. Hamilton and H. Cairns, Princeton, NJ: Princeton University Press;

[56] Plato, 1980: *Plato: The Symposium and the Phaedo*, trans. and ed. Raymond Larson, Illinois: Harlan Davidson, Inc.;

[57] Plato, 1999: *Republic*, trans. Robin Waterfield, Beijing: China Social Sciences Publishing House;

[58] Proclus, 1987: *Proclus' Commentary on Plato's Parmenides*, trans. Glenn R. Morrow and John M. Dillon, introduction and notes by John M. Dillon, New Jersey: Princeton Univestiy Press;

[59] Robinson, Richard, 1953: *Plato's Earlier Dialectic*, second edition, Oxford: Oxford University Press;

[60] Russell, Bertrand, 1972: *A History of Western Philosophy*, *A Touchstone Book*, New York: Simon and Schuster, Inc.

[61] Schwartz, Benjamin I., 1975: "Transcendence in Ancient China", *Daedalus*, vol. 104, no. 2, "Wisdom, Revelation, and Doubt: Perspectives on the Millennium B. C., Spring, 1975, pp. 57 – 68;

[62] Schwartz, Benjamin I., 1985: *The World of Thought in Ancient*

*China*, Cambridge, Mass.: the Belknap Press of Harvard University Press, 1985;

[63] Simpson, J. A., 1989: *The Oxford English Dictionary*, volume XIII, second edition, prepared by J. A. Simpson and E. S. C. Weiner, Oxford: Oxford University Press;

[64] Stace, W. T., 1960: *Mysticism and Philosophy*, London: Macmillan & Co. Ltd., 1960;

[65] Stenzel, Julius, 1973: *Plato's Method of Dialectic*, repr. ed., trans. and ed. D. J. Alan, New York: Arno Press Inc. (A New York Times Company);

[66] Streng, Frederick, *Understanding Religious Life*, third edition, Belmont, Calif.: Wadsworth, 1985, pp. 1 – 8;

[67] Stump, Eleonore, 1989: *Dialectic and its Place in the Development of Medieval Logic*, Ithaca and Lo Eleonorendon: Cornell Universtiy Press;

[68] Taylor, Rodney L., 1974: *The Cultivation of Sagehood as a Religious Goal in Neo-Confucianism: A Study of Selected Writings of Kao P'an-Lung* (1562 – 1626), Columbia University, Ph. D., 1974;[①]

[69] Taylor, Rodney L., 1990: *The Religious Dimensions of Confucianism*, Albany: State University of New York Press;

[70] *The New Lexicon Webster's Dictionary of the Enghlish Language*, volume 2, 1987: New York: Lexicon Publications, Inc.;

[71] Tu, Wei-Ming, 1989: *Centrality and commonality: An Essay on Confucian Religiousness*. A revised and enlarged edition of Centrality and Commonality: An Essay on Chung-yung, Albany, N. Y.: State University of New York Press;

---

① 此为作者博士论文,在高攀龙为主题,正文297页,加附录共367页,对儒学宗教性的讨论主要在第四章(第146—172页)。

[72] Windelband, Wilhelm, 1928: *Lehrbuch der Geschichte der Philosophie, zwölfte, durchgesehene Auflage* (23. -25. Tausend), besorgt von Erich Rothacker, TÜbingen: Verlage von J. C. B. Mohr (Paul Siebeck);

[73] Wolf, Artur P., ed., 1974: *Religion and Ritual in Chinese Society*, California, Stanford, Stanford University Press;

[74] Yang, C. K., 1961: *Religion in Chinese Society: A Study of Contemporary Social Functions of Religion and Some of Their Historical Factors*, Berkeley: University of California Press;

[75] Yearley, Lee H., 1990: *Mencius and Aquinas: Theories of Virtue and Conceptions of Courage*, Albany: Suny Press;

[76] Yearley, Lee H., 1975: "Mencius on Human Nature: the Forms of his Religious Thought," *Journal of the American Academy of Religion*, Vol. 43, No. 2, 1975, pp. 185 -198;

[77] Zarrabizadeh, Saeed, 2008: "Defining mysticism, a survery of main definitions," in *Transcendent Philosophy Journal*, no. 9, pp. 77 -92;

## 【中文文献】

[78]《不列颠百科全书》（国际中文版），第14册，1999，北京：中国大百科全书出版社；

[79]《辞海》（全三册），1989，上海：上海辞书出版社；

[80]《辞海》（哲学分册），1980，上海：上海辞书出版社；

[81]《辞源》（修订本），1988：1—4合订本，北京：商务印书馆；

[82]《大美百科全书》（第二十三卷），1994，北京：外文出版社/光复书局；

[83]《汉语大字典》（缩印本），1995，武汉：湖北辞书出版社；

[84]《简明不列颠百科全书》，第8册，1986，北京：中国大百科全书出版社；

[85]《宗教大辞典》，1998，上海：上海辞书出版社；

# 参考文献

[86] 白诗朗（John H. Berthrong），2002："儒家宗教性研究的趋向"（彭国翔译），《求是学刊》，2002年第6期（总第29卷），页27—36；

[87] 柏格森，亨利，2000：《道德与宗教的两个来源》，王作虹、成穷译，贵州：贵州人民出版社；

[88] 柏拉图，1982：《巴曼尼得斯篇》，陈康译注，北京：商务印书馆；

[89] 柏拉图，1986：《理想国》，郭斌和、张竹明译，北京：商务印书馆；

[90] 包尔生，弗里德里希，1988：《伦理学体系》，何怀宏、廖申白译，北京：中国社会科学出版社；

[91] 北京大学哲学系外国哲学教研室（编译），1958：《十六—十八世纪西欧各国哲学》，北京：生活·读书·新知三联书店；

[92] 北京大学哲学系外国哲学教研室（编译），1961：《古希腊罗马哲学》，北京：商务印书馆；

[93] 北京大学哲学系外国哲学教研室（编译），1981：《西方哲学原著选读》上卷，北京：商务印书馆；

[94] 彼彻姆，汤姆·L.，1990：《哲学的伦理学》，雷克勤等译，中国社会科学出版社；

[95] 波普尔，卡尔，1986：《猜想与反驳——科学知识的增长》，傅季重等译，上海：上海译文出版社；

[96] 伯恩斯，爱德华·麦克诺尔 & 菲利普·李·拉尔夫，1987：《世界文明史》（第一卷），罗经国等译，北京：商务印书馆；

[97] 伯特，E. A.，1994：《近代物理科学的形而上学基础》，徐向东译，成都：四川教育出版社；

[98] 布朗，L. B.，1992：《宗教心理学》，金定元、王锡嘏译，北京：今日中国出版社；

[99] 蔡仁厚，1982：《新儒家的精神方向》，中国台北：台湾学生

书局；

[100] 蔡仁厚，1987：《儒家思想的现代意义》，中国台北：文津出版社；

[101] 蔡仁厚，1995：《中国哲学史大纲》，中国台北：台湾学生书局；

[102] 蔡尚思，1998："儒学非宗教而起了宗教的作用"，《文史哲》1998年第3期，页34；

[103] 蔡元培，1924：《简易哲学纲要》，上海：商务印书馆；

[104] 蔡元培，1925："北大民国十四年哲学系级友会纪念刊题词"。见：《蔡元培全集》第五卷（1925—1930），高平叔编，北京：中华书局，1988年，页56；

[105] 蔡元培，1927：《中国伦理学史》，上海：商务印书馆，第11版；

[106] 策勒尔，E.，1992：《古希腊哲学史纲》，翁绍军译，济南：山东人民出版社；

[107] 陈村富，1995：《宗教文化》（第1辑），北京：东方出版社；

[108] 陈康，1946：《柏拉图巴曼尼得斯篇》，上海：商务印书馆；

[109] 陈康，1982：《"少年苏格拉底"的"相论"考》，见：柏拉图，《巴门尼得斯篇》，陈康译注，北京：商务印书馆，页372—378；

[110] 陈康，1985：《陈康哲学论文集》，江日新、关子尹编，中国台北：联经出版事业公司；

[111] 陈康，1990：《陈康：论希腊哲学》，汪子嵩、王太庆编，北京：商务印书馆；

[112] 陈来，2013："心学传统中的神秘主义"（1987）。载陈来，《有无之境：王阳明哲学的精神》，北京：北京大学出版社，第2版，页359—384；

[113] 陈亮，1987：《陈亮集》（增订本，全二册），邓广铭点校，北京：中华书局；

[114] 陈启伟，2001："'哲学'译名考"，《哲学译丛》，2001年第3期，页60—68；

[115] 陈荣捷，1983：《王阳明传习录详注集评》，中国台北：台湾学生书局；

[116] 陈晓隽，2018：《"Philosophy"在近代日本的接受与转化——以西周、井上哲次郎、西田几多郎为中心》，厦门大学博士论文，2018年6月；

[117] 成中英，1986：《知识与价值——和谐、真理与正义之探索》，中国台北：联经出版事业公司；

[118] 成中英，1991："现代新儒学建立的基础：'仁学'与'人学'合一之道"，《当代新儒学论文集·内圣篇》，鹅湖学术丛刊，中国台北：文津出版社，页113—145；

[119] 成中英，1997："本体与实践：牟宗三先生与康德哲学"，《中国哲学史》，第2期，页89—99；

[120] 程颢、程颐，2004：《二程集》（全二册），王孝鱼点校，北京：中华书局，第2版；

[121] 崔大华，1982："'儒教'辨"，《哲学研究》1982年第6期，页44—50；

[122] 笛卡尔，1986：《第一哲学沉思集，反驳和答辩》，庞景仁译，北京：商务印书馆；

[123] 蒂利希，保罗，1988：《文化神学》，陈新权、王平译，北京：工人出版社；

[124] 丁文江，1923a："玄学与科学：评张君劢的'人生观'"，《努力周报》第48期，1923年4月15日；

[125] 丁文江，1923b："玄学与科学：评张君劢的'人生观'（续）"，《努力周报》第49期，1923年4月20日；

[126] 杜维明，1992：《儒家传统的现代转化——杜维明新儒学论著辑要》，北京：中国广播电视出版社；

[127] 杜维明, 2013：《中庸：论儒学的宗教性》, 段德智译, 北京：生活·读书·新知三联书店；

[128] 樊炳清, 1926：《哲学辞典》, 中华民国十五年五月初版, 上海：商务印书馆；

[129] 范明生, 1984：《柏拉图哲学述评》, 上海：上海人民出版社；

[130] 方朝晖, 1998："从'学问'与'学科'之别看中学与西学之关系", 载：《中国社会科学季刊》（中国香港）, 1998 年春季卷, 总第 22 期, 63—78。

[131] 方朝晖, 2010：《学统的迷失与再造：儒学与当代中国学统研究》, 西安：陕西师范大学出版社；

[132] 方东美, 1979：《生生之德》, 方东美先生全集编纂委员会编, 中国台北：黎明文化事业股份有限公司；

[133] 方东美, 1983：《原始儒家道家哲学》, 方东美先生全集编纂委员会编, 中国台北：黎明文化事业股份有限公司；

[134] 方克立, 1984："论中国哲学中的体用范畴",《中国社会科学》, 页 185—202；

[135] 方克立, 1997：《现代新儒学与中国现代化》, 天津：天津人民出版社；

[136] 方立天, 1990：《中国古代哲学问题发展史》（全二册）, 北京：中华书局；

[137] 冯契, 1983：《中国古代哲学的逻辑发展》（上册）, 上海：上海人民出版社；

[138] 冯友兰, 1927："中国哲学中的神秘主义",《燕京学报》, 第 1 期, 页 53—64；

[139] 冯友兰, 1931：《中国哲学史》, 上海：神州国光社；

[140] 冯友兰, 1934：《中国哲学史》, 上海：商务印书馆；

[141] 冯友兰, 1961：《中国哲学史》（全二上册）, 据 1947 年商

务版重印，北京：中华书局；

［142］冯友兰，1980：《中国哲学史新编》（第一册），北京：人民出版社；

［143］冯友兰，1982："略论道学的特点、名称和性质"，《社会科学战线》，1982年第3期，页35—45；

［144］冯友兰，1984：《三松堂学术文集》，北京：北京大学出版社；

［145］冯友兰，1985：《中国哲学简史》，涂又光译，北京：北京大学出版社；

［146］冯友兰，1986a：《三松堂全集》（第四卷），涂又光纂，郑州：河南人民出版社；

［147］冯友兰，1986b：《三松堂全集》（第五卷），涂又光纂，郑州：河南人民出版社；

［148］冯友兰，1988：《中国哲学史新编》（第五册），北京：人民出版社；

［149］冯友兰，1999：《中国现代哲学史》，广州：广东人民出版社；

［150］冯友兰，2001：《三松堂全集》（第十一卷），郑州：河南人民出版社；

［151］冯友兰，2014：《三松堂全集》第一卷，第3版，北京：中华书局；

［152］傅伟勋，1986a："儒家心性论的现代化课题（上）"，原载《鹅湖月刊》第113期，1984年11月，页1—10。见：《从西方哲学与禅佛教——"哲学与宗教"一集》，中国台北：东大图书有限公司，页225—247；

［153］傅伟勋，1986b："老庄、郭象与禅宗——禅道哲理联贯性的诠释学试探"，原载《哲学与文化》月刊第12卷第12期，见：傅伟勋，《从西方哲学到禅佛教——"哲学与宗教"一集》，中国台北：东大图书

股份有限公司，1986年，页399—433；

［154］傅伟勋，1989："儒家思想的时代课题及其解决线索"，原载《哲学与文化》第十三卷第二期，见：《从西方哲学到禅佛教》，北京：生活·读书·新知三联书店，页437—470；

［155］高清海，1997：《高清海文存（1）》，长春：吉林人民出版社；

［156］顾志坚、简明（编），1948：《新知识辞典》，上海：北新书局；

［157］郭欢，2019："形而上学译名考"，《世界哲学》2019年第2期，页46—60；

［158］郭梦良（编），1923a：《人生观之论战》（甲编），张君劢序，上海：泰东图书局；

［159］郭梦良（编），1923b：《人生观之论战》（乙编），张君劢序，上海：泰东图书局；

［160］郭梦良（编），1923c：《人生观之论战》（附录），张君劢序，上海：泰东图书局；

［161］郭沫若，2012：《十批判书〈稷下黄老学派的批判〉》，北京：人民出版社，第3版，页119—144；

［162］郭齐勇，1998："儒学：入世的人文的又具有宗教性品格的精神形态"，《文史哲》，1998年第3期，页35—37；

［163］海德格尔，1996a：《形而上学导论》，熊伟、王庆节译，北京：商务印书馆；

［164］海德格尔，1996b：《海德格尔选集》（全二册），孙周兴选编，上海：生活·读书·新知上海三联书店；

［165］韩强，1992：《现代新儒学心性理论评述》，沈阳：辽宁大学出版社；

［166］汉密尔顿，伊迪丝，1988：《希腊方式—通向西方文明的源流》，徐齐平译，杭州：浙江人民出版社；

参考文献

[167] 何光沪，1988："论中国历史上的政教合一"（署名范艾），《文化：中国与世界》（在三联书店1988年版），页250—278；

[168] 何光沪，1991：《多元化的上帝观——20世纪西方宗教哲学概览》，贵阳：贵州人民出版社；

[169] 何晏，1980：《论语注疏》，何晏集解、邢昺注疏，见：阮元，1980，2453—2536；

[170] 黑格尔，1959：《哲学史讲演录》（第一卷），贺麟、王太庆译，北京：商务印书馆；

[171] 黑格尔，1960：《哲学史讲演录》（第二卷），贺麟、王太庆译，北京：商务印书馆；

[172] 黑格尔，1976：《逻辑学》（下卷），杨之一译，北京：商务印书馆；

[173] 黑格尔，1978：《哲学史讲演录》（第四卷），贺麟、王太庆译，北京：商务印书馆；

[174] 黑格尔，1980：《小逻辑》，贺麟译，北京：商务印书馆；

[175] 洪谦，1993：《现代西方哲学论著选辑》（上册），北京：商务印书馆；

[176] 洪业，1986：《论语引得 孟子引得》，洪业、聂崇岐、李书春、赵丰田、马锡用编纂，上海：上海古籍出版社；

[177] 胡塞尔，1988：《欧洲科学的危机与超验现象学》，张庆熊译，上海：上海译文出版社；

[178] 胡塞尔，1999：《哲学作为严格的科学》，倪梁康译，北京：商务印书馆；

[179] 胡适，1923："《科学与人生观》序"，见：亚东图书馆编，《科学与人生观》（全二册），1924年再版，上海：亚东图书馆；

[180] 胡适，1928：《中国哲学史大纲》（全二册），北京大学丛书之一，上海：商务印书馆，第14版（1919年初版）；

[181] 胡伟希，2001："从中西哲学看'转识成智与由智化境作为

哲学形而上学何以可能'"，载万俊人主编，《清华哲学年鉴》（河北大学出版社，2001年），页298—310；

［182］黄见德，1998："道德形而上学的重建与对康德哲学的融摄—评牟宗三先生会通中西哲学的导向"，《华中理工大学学报·社会科学版》，1998年第2期，页22—30；

［183］黄克剑，1998："价值形而上学引论"，原《论衡》（第一辑），黄克剑主编，福州：福建教育出版社，页1—30；

［184］黄克剑，2000：《百年新儒林——当代新儒学八大家论略》，北京：中国青年出版社；

［185］黄楠森、杨寿堪（主编），1993：《新编哲学大辞典》，太原：山西教育出版社；

［186］黄颂杰，2016："实体、本质与神"，原载《哲学研究》2008年第8期，见：《西方哲学论集》，上海：上海人民出版社，页452—467；

［187］黄宗羲，1985：《明儒学案》（上、下），沈芝盈点校，北京：中华书局；

［188］季羡林，1998："'儒学是否宗教'笔谈"（张岱年、季羡林、蔡尚思、郭齐勇、张立文、李申），《文史哲》1998年第3期，页32—41；

［189］加地伸行，1993：《论儒教》，于时化译，济南：齐鲁书社；

［190］贾吉，爱德华·J，1991：《世界十大宗教》，刘鹏译，长春：吉林文史出版社；

［191］姜广辉，1996："儒学与宗教性问题——成中英教授与中国社科院专家对谈纪要"（姜广辉、成中英、李申、王恩宇、卢钟锋），《现代传播——北京广播学院学报》，1996年第6期，页61—64；

［192］蒋庆，1996："良知只可呈现而不可坎陷——王阳明与牟宗三良知学说之比较及'新外王'评议"，原载《中国文化》第十四期，1996年2月，页168—181；

［193］靳希平，1995：《海德格尔早期思想研究》，上海：上海人民出版社；

［194］卡恩，C. H.，2002："动词'to be'与Being概念研究之回顾"，韩东晖译，《世界哲学》，第1期，页60—74；

［195］康，Th. H.，1990："西方儒学研究文献的回顾与展望"，衣俊卿译，原载《国外社会科学》第10期；

［196］康德，1960：《纯粹理性批判》，蓝公武译，北京：商务印书馆；

［197］康德，1978：《任何一种能够作为科学出现的未来形而上学导论》，庞景仁译，北京：商务印书馆；

［198］康德，1986：《道德形而上学原理》，苗力田译，上海：上海人民出版社；

［199］康德，1991：《法的形而上学原理——权利的科学》，沈叔平译，北京：商务印书馆；

［200］康德，1997：《康德文集》，郑保华主编，北京：改革出版社；

［201］康德，2004：《纯粹理性批判》，邓晓芒译、杨祖陶校，北京：人民出版社；

［202］柯费尔德，G. B.，1996：《智者运动》，刘开会、徐名驹译，兰州：兰州大学出版社；

［203］孔颖达，1980a：《周易正义》，载阮元校刻，《十三经注疏》（附校勘记），北京：中华书局（影印），页1—108；

［204］孔颖达，1980b：《礼记正义》，载阮元校刻，《十三经注疏》（附校勘记），北京：中华书局（影印），页1221—1696；

［205］蒯因，1987：《从逻辑的观点看》，江天骥、宋文淦、张家龙、陈启伟译，上海：上海译文出版社；

［206］李国权、何克让，1981："儒教质疑"，《哲学研究》，第1期，页22—29；

[207] 李锦全，1991："现代新儒学思潮的历史评价"，原载《齐齐哈尔师范学报》1991年第1期，见：《复印报刊资料·中国哲学史》1991年第2期，页83—93；

[208] 李明辉，1991："论所谓'儒家的泛道德主义'"，《当代新儒学论文集·总论篇》，鹅湖学术丛刊，中国台北：文津出版社，页179—245；

[209] 李申，1995："关于儒教的几个问题"，《世界宗教研究》1995年第2期，页1—10；

[210] 李申，1999：《中国儒教史》（上卷），上海：上海人民出版社；

[211] 李维武，2018："严复与中国哲学本体论的古今之变"，《天津社会科学》，第5期，页10—22；

[212] 李翔海，1993a："'内圣'开出了'新外王'吗？"，《天津师大学报》，1993年第1期，页29—35；

[213] 李翔海，1993b："评牟宗三'良知自我坎陷'说"，原载《人文杂志》，1993年第2期，页63—71；

[214] 李泽厚，1987：《中国现代思想史论》，北京：东方出版社；

[215] 梁启超，1920：《老子哲学》，载《饮冰室合集》〈专集〉第十册（典藏版，全四十册），北京：中华书局，2015年，页6847—6869；

[216] 梁启超，1923："人生观与科学——对于张丁二人论战的批评（其一）"，《晨报副刊》，1923年5月29日；

[217] 梁启超，1927：《儒家哲学》（周传儒笔记）。见：梁启超，《饮冰室合集》〈专集〉第二十四册（典藏版，全四十册），北京：中华书局，2015年，页10809—10910；

[218] 梁启超，1928：《格致学沿革考略》，见：梁启超，《饮冰室合集》〈文集〉第四册（典藏版，全四十册），北京：中华书局，2015年，页977—988；

［219］梁漱溟，1989：《东西文化及其哲学》，见：梁漱溟，《梁漱溟全集》（第一卷），中国文化书院学术委员会编，济南：山东人民出版社，页319—547；

［220］梁溪，2009："当代儒教研究简述"，《儒教研究》（卢国龙主编），北京：社会科学文献出版社，页113—140；

［221］林安梧，2001："后新儒学的思考：'存有三态论'与廿一世纪的中国哲学之可能发展——环绕当代新儒学所做的一个思考——"，第12届国际中国哲学大会论文（北京，2001年7月21—24日）；

［222］林金水，1983："儒教不是宗教——试论利玛窦对儒教的看法"，《福建师大学报》1983年第3期，页135—138；

［223］林毓生，1998：《热烈与冷静》，上海：上海文艺出版社；

［224］刘冰，1998："传统与现代的契合—当代新儒学的现代观"，《辽宁师范大学学报（社科版）》，第1期，页68—71；

［225］刘超，2016："宗教、秩序与隐喻：读《中国社会中的宗教和仪式》"，《民族学刊》，第4期（总第36期），页39—46，110—112；

［226］刘福春、李广良（编著），1999：《回读百年：20世纪中国社会人文论争》（第2卷），郑州：大象出版社；

［227］刘立群，1992："'本体论'译名辨正"，《哲学研究》，第12期，页72—74；

［228］刘述先，1985："儒家宗教哲学的现代意义"，载刘述先，《生命情调的抉择》，中国台北：台湾学生书局，1992年第2期，页55—72；

［229］刘述先，1995："对于当代新儒家的超越内省"，《中国文哲研究通讯》（中国台湾）第5卷第3期，页1—46；

［230］刘述先，2012："先秦儒家的宗教性"，《哲学与文化》（中国台湾），第39卷第5期，页5—20；

［231］陆九渊，1980：《陆九渊集》，北京：中华书局；

［232］罗光，1991：《儒家形上学》，中国台北：台湾学生书局；

［233］罗国杰（主编），1989：《伦理学》，北京：人民出版社；

［234］罗国杰（主编），1993：《中国伦理学百科全书·伦理学原理卷》，长春：吉林人民出版社；

［235］罗素，1963：《西方哲学史》（上卷），何兆武、李约瑟译，北京：商务印书馆；

［236］罗义俊，1995："在批评与内省中拓展新天地——第三届当代新儒学国际学术会议评介"，《学术月刊》，1995年第9期，页106—108；

［237］马一浮，2015：《泰和宜山会语》，见：吴光主编，《马一浮全集》第一册（上），全六册，邵鸿烈编校，杭州：浙江古籍出版社，2015年，页1—83；

［238］苗力田，1999："思辨是最大的幸福（译序）"，载亚里士多德，《尼各马科伦理学》（修订本），苗力田译，中国社会科学出版社；

［239］苗润田，1999："儒学：宗教与非宗教之争——一个学术史的检讨"（苗润田、陈燕撰），《中国哲学史》，1999年第1期，页23—31；

［240］牟钟鉴，1990："中国宗法性传统宗教试探"，《世界宗教研究》，1990年第1期，页1—14；

［241］牟宗三，2003a：《心体与性体》（全三册）。载《牟宗三先生全集》第5卷，蔡仁厚编校，中国台北：联经出版事业股份有限公司，第5—7卷；

［242］牟宗三，2003b：《智的直觉与中国哲学》。载《牟宗三先生全集》，中国台北：联经事业股份有限公司，第20卷；

［243］牟宗三，2003c：《现象与物自身》。载《牟宗三先生全集》第21卷，金贞姬编校，中国台北：联经出版事业股份有限公司；

［244］牟宗三，2003d：《中国哲学的特质》。载《牟宗三先生全集》第28卷，高玮谦编校，中国台北：联经出版事业股份有限公司；

［245］牟宗三，2003e：《中西哲学之会通十四讲》（牟宗三主讲、

林清臣记录）。载《牟宗三先生全集》第 30 卷，范良光编校，中国台北：联经出版事业股份有限公司；

[246] 牟宗三，2003f：《历史哲学》。载《牟宗三先生全集》第 9 卷，黄汉光编校，中国台北：联经出版事业股份有限公司；

[247] 牟宗三，2003g：《政道与治道》。载《牟宗三先生全集》第 10 卷，方颖娴等编校，中国台北：联经出版事业股份有限公司；

[248] 涅尔，威廉 & 玛莎·涅尔，1985：《逻辑学的发展》，张家龙、洪汉鼎译，北京：商务印书馆；

[249] 启良，1995：《新儒学批判》，上海：生活·读书·新知上海三联书店；

[250] 钱穆，1998：《现代中国学术论衡》（《钱宾四先生全集》25），邵世光整理，中国台北：联经出版事业公司；

[251] 强昱，2004：《本体考原》，载王博主编，《中国哲学与易学——朱伯崑先生八十寿庆纪念文集》，北京：北京大学出版社，页 282—293；

[252] 乔清举，2014："中国哲学研究反思：超越'以西释中'"，《中国社会科学》，第 11 期，页 43—62；

[253] 任继愈（主编），1983：《中国哲学发展史 先秦》，北京：人民出版社；

[254] 任继愈，2000：《"儒教问题"争论集》，北京：宗教文化出版社；

[255] 阮元（校刻），1980：《十三经注疏（附校勘记）》（全二册），北京：中华书局；

[256] 色诺芬，1984：《回忆苏格拉底》，吴永泉译，北京：商务印书馆；

[257] 史华兹，本杰明，2004：《古代中国的思想世界》，程钢译，江苏人民出版社；

[258] 舒新城、沈颐、徐元诰、张相主编，1936：《辞海·丑集》，

上海：中华书局有限公司；

［259］斯宾诺莎，1997：《伦理学》，贺麟译，北京：商务印书馆；

［260］斯特伦，弗雷德里克·J，1992：《宗教生活论》，徐钧尧等译，北京：今日中国出版社；

［261］宋继杰，2002：《Being与西方哲学传统》（上下册），保定：河北大学出版社；

［262］泰勒，爱·伊，1991：《柏拉图——生平及其著作》，谢随知、苗力田、徐鹏译，济南：山东人民出版社；

［263］汤用彤，2015：《魏晋玄学论稿》，上海：上海人民出版社；

［264］唐君毅（等），1958：《为中国文化敬告世界人士宣言——我们对于中国学术研究及中国文化与世界文化前途之共同认识》，牟宗三、徐复观、张君劢、唐君毅撰，《民主评论》（中国香港）第9卷第1期，1958年，页2—21；

［265］唐君毅，1943：《论中西哲学问题之不同》（1935），初载《新民月刊》。见：《中西哲学思想之比较研究集》，正中书局1943年初版，页41—79；

［266］唐君毅，1947："中西文化精神之比较"，《东方与西方》杂志，1947年第1卷第1期，页4—12；

［267］唐君毅，1978：《中国哲学原论 原道篇》（卷一），中国香港：新亚研究所（台湾学生书局印行），第3版；

［268］唐君毅，1986a：《生命存在与心灵境界——生命存在之三向与心灵九境》（上册），唐君毅全集卷二十三，唐君毅全集编委会编，中国台北：台湾学生书局；

［269］唐君毅，1986b：《生命存在与心灵境界——生命存在之三向与心灵九境》（下册），唐君毅全集卷二十四，唐君毅全集编委会编，中国台北：台湾学生书局；

［270］唐君毅，1988：《中西哲学思想比较论文集》，唐君毅全集卷十一，唐君毅全集编委会编，中国台北：台湾学生书局；

[271] 唐凯麟，2001：《伦理学》，北京：高等教育出版社；

[272] 梯利，弗兰克，1987：《伦理学概论》，何意译，北京：中国人民大学出版社；

[273] 涂尔干，爱弥尔，1999：《宗教生活的基本形式》，渠东汲喆译，上海：上海人民出版社；

[274] 汪子嵩（等），2000：《关于存在和"是"》（汪子嵩、王太庆撰），《复旦学报（哲社版）》，第1期，页21—36；

[275] 汪子嵩，1981：《亚里士多德关于本体的学说》，《中国社会科学》，第3期，页41—53；

[276] 汪子嵩，1983：《亚里士多德关于本体的学说》，北京：人民出版社；

[277] 汪子嵩，1988：《希腊哲学史》（第一卷），汪子嵩、姚介厚、陈村富、范明生编，北京：人民出版社；

[278] 汪子嵩，1997：《亚里士多德关于本体的学说》，北京：人民出版社；

[279] 王伯恭（主编），1999：《中国百科大辞典》（8），北京：中国大百科全书出版社；

[280] 王夫之，2011a，《周易内传》。载船山全书编委会编，《船山全书》（全十六册）第一册，长沙：岳麓书社，页1—648；

[281] 王夫之，2011b，《读四书大全说》。载船山全书编委会编，《船山全书》（全十六册）第六册，长沙：岳麓书社，页393—1151；

[282] 王国维，2009：《王国维全集》第一卷，傅杰、邬国义分卷主编，杭州：浙江教育出版社；

[283] 王路，2013：《"是"与"真"——形而上学的基石》（修订版），北京：人民出版社；

[284] 王淼祥、范明生（主编），1994：《东西方哲学比较研究》，上海：上海教育出版社；

[285] 王太庆，1993：《我们怎样认识西方人的"是"》，原载：

《学人》(第四辑),陈平原、王守常、汪晖主编,南京:江苏文艺出版社,419—437;

[286] 王太庆,2004:《柏拉图关于"是"的学说》,原载台湾《哲学杂志》季刊第21期,1997年8月。见:柏拉图,《柏拉图对话集》,王太庆译,北京:商务印书馆,页675—698。

[287] 王晓朝,1987:《简论柏拉图辩证法的本来含义》,原载《外国哲学》第9辑,北京:商务印书馆,页33—52;

[288] 王晓朝,2000:《读〈关于"存在"与"是"〉一文的几点意见》,《复旦大学学报(社会科学版)》,第5期,页77—80;

[289] 王晓朝,2004:《绕不过去的柏拉图——希腊语动词eimi与柏拉图的型相论》,《江西社会科学》,第2期,页65—71;

[290] 王阳明,2014:《王阳明全集》(全四册),王守仁著,吴光等编校,上海:上海古籍出版社;

[291] 王岳川,1996:"牟宗三的生命与学术之思",原载:《中华文化论坛》,1996年,第3期,页56—58;

[292] 韦伯,马克斯,1995:《儒教与道教》,王容芬译,北京:商务印书馆;

[293] 韦尔南,让—皮埃尔,1996:《希腊思想的起源》,秦海鹰译,北京:生活·读书·新知三联书店;

[294] 韦政通,1990:《儒家与现代中国》,上海:上海人民出版社;

[295] 维特根斯坦,1962:《逻辑哲学论》,郭英译,北京:商务印书馆;

[296] 文德尔班,1987:《哲学史教程》(上卷),罗达仁译,北京:商务印书馆;

[297] 吴学昭,1992:《吴宓与陈寅恪》,北京:清华大学出版社;

[298] 武雅士,2014:《中国社会中的宗教和仪式》,武雅士(Wolf, Arthur P.)编,彭泽安、邵铁峰译,郭潇威校,南京:江苏人民

出版社；

[299] 夏甄陶, 1992：《中国认识论思想史稿》（上卷），北京：中国人民大学出版社；

[300] 向世陵, 2010："中国哲学的'本体'概念与'本体论'"，《哲学研究》，第 9 期；

[301] 萧诗美, 2003：《是的哲学研究》，武汉：武汉大学出版社；

[302] 谢龙（编）, 1995：《中西哲学与文化比较新论——北京大学名教授演讲录》，北京：人民出版社；

[303] 谢荣华, 2005："中国古代哲学中的'本体'概念考辨"，《中国哲学史》，第 1 期，页 13—18；

[304] 谢文郁, 1984："柏拉图《智者》篇研究初步"，原载：《外国哲学》（第 5 辑），北京：商务印书馆，页 36—54；

[305] 谢遐龄, 1987：《康德对本体论的扬弃》，长沙：湖南教育出版社；

[306] 邢东田, 2003："1978—2000 中国的儒教研究：学术回顾与思考"，《学术界》（双月刊），2003 年第 2 期（总第 99 期），页 248—266；

[307] 熊十力, 1953：《新唯识论（删定本）》，见：《熊十力全集》（第六卷），页 1—305；

[308] 熊十力, 1956：《原儒》。见《熊十力全集》（第六卷），页 307—797；

[309] 熊十力, 1958：《体用论》。见《熊十力全集》（第七卷），页 1—143；

[310] 熊十力, 2001：《熊十力全集》（全八卷），萧萐父主编，武汉：湖北教育出版社。

[311] 休谟, 1957：《人类理解研究》，北京：商务印书馆，1957 年；

[312] 徐复观, 1984：《中国人性论史·先秦篇》，中国台北：台湾

商务印书馆；

[313] 雅斯贝尔斯, 卡尔, 1991：《苏格拉底 佛陀 孔子和耶稣》, 李瑜青、胡学东译, 合肥：安徽文艺出版社；

[314] 亚东图书馆（编）, 1923：《科学与人生观》（全二册）, 上海：亚东图书馆；

[315] 亚里士多德, 1959a：《形而上学》, 吴寿彭译, 北京：商务印书馆；

[316] 亚里士多德, 1959b：《范畴篇 解释篇》, 方书春译, 北京：商务印书馆；

[317] 亚里士多德, 1990：《亚里士多德全集》（第一卷）, 苗力田主编, 北京：中国人民大学出版社；

[318] 亚里士多德, 1993：《亚里士多德全集》（第七卷）, 苗力田主编, 北京：中国人民大学出版社；

[319] 亚里士多德, 1997：《亚里士多德全集》（第十卷）, 苗力田主编, 北京：中国人民大学出版社；

[320] 亚里士多德, 1999：《尼各马科伦理学》（修订本）, 苗力田译, 北京：中国社会出版社；

[321] 闫斌, 2012：《"本体"一词哲学含义起源考》, 山东大学硕士论文（共64页）, 5月8日；

[322] 严复（译）, 1981：《穆勒名学》, [英] 约翰·穆勒原著, 北京：商务印书馆；

[323] 严复, 1986：《严复集》（共五册）, 王栻主编, 北京：中华书局；

[324] 严遵, 1985：《道德指归论》[丛书集成初编《老子道德经（及其他）》], [明] 沈士龙、胡震亨同校本, 北京：中华书局；

[325] 颜炳罡, 1998a：《当代新儒学引论》, 北京：北京图书馆出版社；

[326] 颜炳罡, 1998b：《牟宗三学术思想评传》, 北京：北京图书

馆出版社；

[327] 杨海文，1996："略论牟宗三的道统观"，《学术研究》1996年第6期，页39—42；

[328] 杨庆堃，2007：《中国社会中的宗教》，范丽珠等译，上海：上海人民出版社；

[329] 杨宪邦，1987：《中国哲学通史》（第一卷），北京：中国人民大学出版社；

[330] 叶秀山，1986：《苏格拉底及其哲学》，北京：人民出版社；

[331] 永瑢（等），1965：《四库全书总目》（全二册），北京：中华书局；

[332] 余纪元，1995：《亚里士多德论 ON》，《哲学研究》，1995年第4期，页63—73；

[333] 余英时，1994：《钱穆与中国文化》，上海：上海远东出版社；

[334] 俞宣孟，1989：《现代西方的超越思考——海德格尔的哲学》，上海：上海人民出版社；

[335] 俞宣孟，1999：《本体论研究》，上海：上海人民出版社；

[336] 宇同，1958：《中国哲学大纲（中国哲学问题史）》（上下册），北京：商务印书馆；

[337] 詹姆斯，威廉，2005：《宗教经验种种》，尚新建译，北京：华夏出版社，页271—311；

[338] 张岱年，1981：《论宋明理学的基本性质》，《哲学研究》1981年第9期，页24—30；

[339] 张岱年，1983：《中国哲学中的本体概念》，《安徽大学学报》，第3期，页1—4；

[340] 张岱年，1985：《中国古代本体论的发展规律》，《社会科学战线》，第3期，页52—60；

[341] 张岱年，1995："中西哲学比较的几个问题"，见：谢龙，页

3—18；

[342] 张岱年，1996a：《张岱年全集》（全八卷）第一卷，石家庄：河北人民出版社；

[343] 张岱年，1996b：《张岱年全集》（全八卷）第二卷，石家庄：河北人民出版社；

[344] 张岱年，1996c：《张岱年全集》（全八卷）第四卷，石家庄：河北人民出版社；

[345] 张岱年，1996d：《张岱年全集》（全八卷）第五卷，石家庄：河北人民出版社；

[346] 张岱年，1998："儒学与儒教"，《文史哲》，1998 年第 3 期，页 32—33；

[347] 张东荪，1947a：《思想与社会》（再版），上海：商务印书馆；

[348] 张东荪，1947b：《知识与文化》（三版），上海：商务印书馆；

[349] 张践，1991："儒学与宗法性传统宗教"，《世界宗教研究》，1991 年第 1 期，页 28—36；

[350] 张君劢，1923："人生观"，《清华周刊》，第 272 期，页 3—10；

[351] 张君劢，1935：《民族复兴之学术基础》，北平：再生社；

[352] 张君劢，1981：《中西印哲学文集》（全二册），程文熙编，中国台北：台湾学生书局；

[353] 张君劢，1986：《新儒家思想史》，中国台北：弘文馆出版社；

[354] 张立文，1993：《内圣心性之学与科学民主新外王所面临的困境》，原载《孔子研究》，1993 年第 3 期，页 38—40；

[355] 张立文，1998："关于儒学是'学'还是'教'的思考"，《文史哲》，1998 年第 3 期，页 37—39；

[356] 张汝伦，1995：《中国现代哲学史上的张东荪（代编选者序）》，见：张东荪，《理性与良知—张东荪文选》，张汝伦编选，上海：上海远东出版社 1995 年，页 1—29；

[357] 张汝伦，2007："邯郸学步，失其故步——也谈中国哲学研究中的'反向格义'问题"，《南京大学学报》（哲学人文社科版），第 4 期，页 60—76；

[358] 张世英（等），1987：《康德的〈纯粹理性批判〉》，北京：北京大学出版社；

[359] 张世英，1995a：《中国传统哲学与西方后现代主义哲学》，见：谢龙，页 56—68；

[360] 张世英，1995b：《天人之际—中西哲学的困惑与选择》，北京：人民出版社；

[361] 张腾霄、杨友吾、卫景福（主编），1990：《新编简明哲学百科辞典》，北京：中国卓越出版公司；

[362] 张载，1978：《张载集》，章锡琛点校，北京：中华书局；

[363] 章太炎，2015：《国故论衡》（1910 年日本秀光舍初版章氏初校本之影印本），北京：商务印书馆；

[364] 章太炎，2018a：《国故论衡疏证》（第二版），多本合校本，庞俊、郭诚永疏证，董婧宸校订，北京：中华书局；

[365] 章太炎，2018b：《章太炎全集》（十五）《演讲集》（下），上海：上海人民出版社；

[366] 赵敦华，1993："'是'、'在'、'有'的形而上学之辨"，原载《学人》（第四辑），陈平原、王守常、汪晖主编，南京：江苏文艺出版社，页 391—417；

[367] 赵纪彬，1939：《中国哲学史纲要》，见：《赵纪彬文集》（一），1985 年，开封：河南人民出版社，页 13—449；

[368] 郑家栋，1990：《现代新儒学概论》，南宁：广西人民出版社；

[369] 郑家栋，1992：《本体与方法——从熊十力到牟宗三》，沈阳：辽宁大学出版社；

[370] 郑家栋，1993a："牟宗三对儒家形而上学的重建及其限制"，《中国社会科学》，1993年第1期，页155—174；

[371] 郑家栋，1993b："新儒学研究三题"，原载《求是学刊》，1993年第5期，页19—24，39；

[372] 郑家栋，1997：《当代新儒学史论》，南宁：广西教育出版社；

[373] 郑开，2018："中国哲学语境中的本体论与形而上学"，《哲学研究》第1期，页77—85；

[374] 钟离蒙，1981a：《中国现代哲学史资料汇编》（第一集，第六册）：《科学与玄学论战（上）》，钟离蒙、杨凤麟主编，沈阳：辽宁大学哲学系中国哲学史研究室；

[375] 钟离蒙，1981b：《中国现代哲学史资料汇编》（第一集，第七册）：《科学与玄学论战（下）》，钟离蒙、杨凤麟主编，沈阳：辽宁大学哲学系中国哲学史研究室；

[376] 周辅成（编），1964：《西方伦理学名著选辑》（上卷），北京：商务印书馆；

[377] 周群振（等），1991：《当代新儒学论文集·内圣篇》，中国台北：文津出版社；

[378] 朱建民，1984：《增修辞源》（全二册）（发行人朱建民），中国台北：台湾商务印书馆；

[379] 朱立言（等编著），1990：《哲学通论》，北京：中国人民大学出版社；

[380] 朱熹，1983：《四书章句集注》，北京：中华书局，1983年；

[381] 朱熹，1994a：《朱子语类》（全八册），黎靖德编，王星贤点校，北京：中华书局；

[382] 朱熹，1994b：《近思录》（与吕祖谦合撰），江永集解，上

海：上海古籍出版社；

［383］朱熹，2010a：《晦庵先生朱文公文集》（全六册），刘永翔、朱幼文校点（简称《晦庵集》）。载朱熹，《朱子全书》（修订本），朱杰人等主编，上海：上海古籍出版社 & 合肥：安徽教育出版社，2010 年，第 20—25 册；

［384］朱熹，2010b：《四书或问》，黄珅校点。见：朱熹，《朱子全书》（修订本），第 6 册，页 491—1015；

［385］朱学勤，1991："老内圣开不出新外王：从《政道与治道》评析新儒家之政治哲学"，《探索与争鸣》，1991 年第 6 期，页 40—50。

# 人名索引

Berthrong, John, 324
Burnet, John, 104, 484
Burns, Edward M., 38, 157
Cicero, 35
Ching, Julia, 324, 325, 359
Dancy, Russell M., 46, 56, 107, 471
Frede, Michael, 107, 323, 325
Fung Yu-Lan, 28, 58, 143, 305
Gadamer, Hans-Georg, 6, 170
Heidegger, Martin, 150
Hintikka, Jaakko, 107, 150, 151, 471, 472
Husserl, Edmund, 6, 44, 201, 254, 259
Jaspers, Karl, 5, 56, 250
Kahn, Charles H., 106, 107, 108, 109, 114, 151, 167, 168, 170, 172, 173, 182, 211, 212, 213, 214, 215, 218, 470, 471, 472, 473, 474, 475, 476, 477, 478, 479, 480, 481, 482, 483, 496
Kant, Immanuel, 51, 216, 217
Küng, Hans, 324, 359
Meinwald, Constance C., 219
Melden, I., 283, 284, 285, 373, 376, 380, 381, 400
Moore, G. E., 155, 237
Neville, Robert C., 324
Owen, G. E. L., 106, 150, 471, 472, 481
Parkinson, G. H. R., 35, 39, 41, 57, 236, 237, 268
Passmore, John, 35
Plato, 2, 114, 186, 188, 190, 198, 215, 218
Polus, 215
Robinson, Richard, 114, 170, 172, 173, 182, 211, 212, 213, 214
Russell, Bertrand, 46, 56, 107, 471
Simpson, J. A., 361

# 人名索引

Soothill, W. E., 323, 359
Strason, P. F., 237
Streng, Frederick, 323, 325
Stump, Eleonore, 175, 216
Taylor, Rodney L., 324, 325
Walsh, W. H., 237
Windelband, Wihlelm, 56
Wittgenstein, Ludwig, 46
Yang, C. K., 323, 400
Yearley, Lee H., 324, 326
Zeno, 166
阿奎那, 151, 326, 490
艾耶尔, 155
巴门尼德, 38, 61, 101, 108, 109, 111, 112, 121, 150, 153, 171, 177, 178, 180, 181, 182, 210, 211, 213, 214, 217, 218, 470, 471, 472, 473, 476, 477, 478, 479, 480, 481, 482, 483, 484, 485, 486, 487, 488, 489, 490, 492, 496
白诗朗, 324
柏格森, 8, 131, 241, 265, 359, 360
柏拉图, 2, 3, 5, 9, 23, 35, 36, 38, 39, 40, 41, 44, 46, 51, 61, 62, 81, 85, 101, 105, 107, 108, 109, 110, 111, 112, 113, 114, 115, 116, 118, 120, 121, 122, 126, 127, 129, 133, 144, 151, 152, 159, 164, 166, 167, 168, 169, 170, 171, 172, 173, 174, 175, 176, 177, 178, 179, 180, 181, 182, 183, 184, 185, 186, 187, 188, 190, 191, 192, 193, 194, 195, 196, 197, 198, 199, 200, 201, 202, 203, 204, 205, 206, 207, 209, 210, 211, 212, 213, 214, 215, 216, 217, 218, 219, 220, 223, 238, 242, 259, 266, 345, 347, 350, 365, 367, 368, 370, 377, 406, 421, 470, 471, 476, 477, 479, 480, 481, 482, 483, 484, 486, 488, 489, 495
包尔生, 283, 287, 365, 374, 375, 380
贝克莱, 36, 40, 50, 65, 94, 126, 248, 348
彼彻姆, 155, 366
毕达哥拉斯, 36, 38, 81, 122, 157
边沁, 155, 347
波卢斯, 215
波普尔, 164, 174, 200, 217
伯恩斯, 38, 157, 160, 161, 162
卜德, 28, 58
布朗, 332, 341
蔡仁厚, 335, 411
蔡尚思, 334, 361
蔡元培, 24, 28, 29, 201, 310, 316, 322, 365, 374, 399
策勒尔, 113, 114, 174, 180, 204,

213

陈村富, 105, 110, 322, 471

陈康, 55, 61, 105, 110, 113, 114, 170, 172, 180, 181, 200, 204, 206, 213, 471, 483, 495

陈亮, 435

陈寅恪, 28, 277

成中英, 147, 155, 323, 325, 328, 331, 411, 412

程颐, 72, 76, 82, 98, 296, 301, 302, 392

崔大华, 323, 331

狄尔泰, 36, 155

笛卡尔, 36, 40, 44, 46, 50, 51, 65, 85, 94, 101, 105, 118, 120, 126, 151, 153, 201, 202, 238, 242, 243, 246, 248, 253, 257, 259, 260, 264, 268, 319, 345, 348, 417, 426, 485, 490

蒂利希, 325, 332, 341, 361, 362, 427

丁文江, 90, 91, 137, 224, 225, 226, 233, 264, 265, 268

杜维明, 302, 324, 332, 335, 341, 351, 361, 427

恩培多克勒, 189, 210, 482

樊炳清, 222, 233

范明生, 170, 180, 213, 214, 308

方东美, 29, 31, 79, 97

方克立, 60, 77, 95, 96

方立天, 54

冯契, 311

冯友兰, 11, 12, 24, 28, 30, 31, 45, 46, 47, 54, 57, 58, 79, 88, 91, 141, 143, 144, 153, 157, 196, 201, 213, 223, 228, 229, 239, 240, 244, 245, 251, 265, 266, 269, 274, 276, 277, 278, 279, 285, 305, 306, 307, 310, 311, 315, 316, 317, 319, 322, 323, 328, 329, 346, 348, 396, 403, 456

傅伟勋, 79, 323, 332, 411, 412

高攀龙, 66, 325

高清海, 32, 54

郭斌和, 218

郭梦良, 137, 156, 224, 225, 226, 227, 232, 233, 264, 265, 268

郭齐勇, 323, 335, 358, 359, 361

哈贝马斯, 87, 101, 129

海德格尔, 3, 5, 6, 36, 40, 46, 47, 51, 52, 56, 58, 87, 101, 104, 110, 130, 150, 153, 250, 251, 353, 470, 471, 486, 490, 492, 493

汉密尔顿, 160, 161, 162, 206, 208

何光沪, 323, 332, 333, 358, 359

何晏, 298

赫拉克利特, 159, 166, 175, 177, 180, 210, 217, 218, 219

黑格尔, 43, 44, 46, 87, 101, 120, 147, 149, 153, 157, 159, 163,

# 人名索引

164，166，169，175，176，177，
178，180，201，205，207，211，
213，217，219，241，252，257，
260，261，265，266，319，345，
347，350，414，459，470，490，493

洪业，318

胡塞尔，6，12，40，44，46，87，101，
129，147，153，201，207，220，
232，241，244，249，253，254，
255，256，257，258，259，260，
269，319，449，450

胡适，24，28，30，53，133，137，
201，224，252，274，276，277，
307，310，316，360，455

黄克剑，232，401

黄楠森，222

黄宗羲，96，98，135

加地伸行，324，359，360

贾吉，323

金岳霖，28，57，58，276

康德，51，80，85，86，87，91，92，
93，99，101，119，120，126，128，
138，143，147，149，150，151，
152，153，156，175，176，202，
216，217，225，229，230，231，
235，237，240，241，243，244，
250，252，253，255，257，259，
261，265，266，267，268，288，
347，350，366，368，369，407，
413，426，470，490，493

柯费尔德，174，175，199，210，214，
215，218

克尔恺郭尔，36，155，367

孔德，226，244，253，266

孔汉思，324，359

孔颖达，63，82，333

孔子，2，6，15，17，18，19，20，28，
29，33，53，66，67，82，131，133，
141，182，183，184，185，190，
191，192，193，194，195，196，
198，209，219，275，292，297，
298，299，307，308，309，311，
314，325，328，329，332，337，
338，349，350，351，360，362，
384，391，453，458

蒯因，101，104，470

拉尔夫，160，161，162

拉尔修，210，211，216

莱布尼兹，51，236，246，407，409

老子，28，33，64，77，82，125，489

李锦全，411

李耶理，324，326

李泽厚，411

梁启超，52，90，156，223，264，275，
322

梁漱溟，278，322，327，331，334，
360，403

林毓生，411，412

刘殿爵，55

刘述先，323，332，335，352，359，361，

362, 411

卢梭, 437, 465

罗宾逊, 114, 170, 171, 173, 182, 211, 212, 214

罗素, 46, 56, 107, 151, 470

洛克, 50, 64, 85, 246, 247, 248, 426, 437, 465, 490

马赫, 86, 225, 253, 269

马克思, 6, 46, 81, 129, 177, 455

马一浮, 9, 15, 17, 18, 310

美诺, 39, 167, 168, 170, 171, 184, 185, 186, 187, 188, 189, 190, 191, 193, 194, 212, 213, 214

孟德斯鸠, 437

孟子, 17, 18, 19, 20, 22, 28, 127, 291, 296, 297, 299, 301, 306, 308, 314, 318, 326, 349, 392, 440, 453

密尔, 160, 161, 162, 206, 208, 437

苗力田, 39, 61, 115, 117, 366, 376

摩尔, 155, 237, 249

牟钟鉴, 323, 328, 330, 331

牟宗三, 71, 76, 84, 90, 91, 92, 93, 99, 140, 141, 142, 143, 145, 146, 147, 149, 153, 223, 229, 230, 245, 251, 266, 267, 268, 318, 322, 332, 335, 336, 337, 348, 352, 360, 362, 389, 396, 402, 403, 410, 411, 412, 413, 414, 415, 416, 417, 422, 423, 425, 426, 427, 428, 432, 439, 446, 456, 460

穆勒, 222, 347

尼采, 36, 131, 155, 347, 350

涅尔, 172, 210

帕斯卡, 155

钱穆, 363

秦家懿, 324, 325, 326, 359

任继愈, 53, 54, 279, 317, 318, 322, 323, 330, 331, 332, 334, 341, 358, 359, 360, 361

如松, 226, 265, 269

色诺芬, 166, 167, 183, 211, 212

史蒂文森, 155

叔本华, 8, 87, 131, 155, 225

司马牛, 191, 193

司马迁, 15, 17, 31

斯宾诺莎, 51, 63, 85, 94, 236, 246, 266, 345, 409

斯多葛, 36, 175, 176, 215, 216

斯特伦, 323, 325, 332, 341, 343, 361, 362

苏格拉底, 2, 5, 9, 23, 29, 35, 36, 38, 61, 62, 81, 111, 112, 120, 121, 126, 127, 129, 159, 164, 168, 169, 170, 171, 175, 178, 179, 180, 181, 183, 184, 188, 189, 190, 191, 193, 199, 200, 201, 202, 206, 209, 210, 211, 214, 215, 219, 281, 286, 309,

人名索引

343, 350, 367, 368, 421, 474, 481
孙伏园, 156, 265, 268
梭伦, 35
泰伯, 17, 19, 292, 440
泰勒斯, 101, 210
唐君毅, 11, 31, 54, 75, 87, 141, 146, 322, 325, 332, 335, 336, 337, 352, 389, 396, 402, 403, 405, 406, 407, 408, 409, 410, 460
涂尔干, 332, 339, 341, 359, 361
托克维尔, 437
汪子嵩, 62, 104, 105, 110, 111, 112, 115, 116, 117, 120, 150, 471
王国维, 53, 275, 278, 317
王路, 150, 470, 471, 490, 496
王太庆, 61, 62, 104, 105, 106, 112, 113, 115, 116, 117, 118, 120, 150, 151, 470, 471, 486, 496
王阳明, 22, 63, 66, 68, 70, 71, 74, 76, 82, 84, 91, 95, 96, 131, 135, 185, 193, 194, 301, 303, 304, 328, 350, 391, 423, 425, 430, 439, 458
韦伯, 6, 129, 323
韦尔南, 162, 163, 164, 210, 219
韦政通, 411, 412
维特根斯坦, 46, 57, 101, 104, 238, 249, 470
魏源, 308
文德尔班, 56, 57, 114, 199

武雅士, 324
谢林, 155, 176
休谟, 51, 86, 87, 93, 101, 118, 119, 128, 155, 240, 241, 243, 248, 259, 368, 369, 426
徐复观, 322, 335, 337, 338, 352, 362
荀勖, 3, 16
荀子, 28, 28, 127, 308
雅斯贝斯, 56
亚当·斯密, 222
亚里士多德, 2, 4, 8, 9, 23, 27, 29, 35, 39, 40, 41, 42, 46, 47, 51, 55, 57, 58, 61, 62, 63, 64, 80, 85, 94, 95, 99, 101, 107, 108, 109, 111, 112, 114, 115, 116, 117, 118, 120, 121, 122, 123, 126, 127, 133, 148, 150, 151, 152, 153, 155, 160, 164, 166, 167, 168, 169, 170, 175, 176, 179, 197, 198, 199, 201, 202, 203, 208, 209, 210, 211, 212, 213, 214, 215, 216, 219, 220, 234, 235, 238, 239, 241, 242, 264, 266, 282, 283, 345, 347, 350, 364, 365, 367, 368, 370, 373, 375, 376, 377, 378, 382, 399, 400, 414, 417, 435, 465, 470, 471, 472, 474, 476, 477, 478, 479, 481, 482, 483, 484, 485, 488, 489, 490, 492, 493,

494，495

严复，90，222，223，232，264，374

颜渊，62，190，191，193，300，309

杨庆堃，323，324，325，326

耶稣，133，141，142，219，342

叶秀山，178，179，180，218

伊壁鸠鲁，36，65，129

余英时，411，412，421，422，424

俞宣孟，104，150，471

詹姆士，226，268

张岱年，11，29，30，32，53，54，73，75，78，87，96，143，157，279，305，306，307，308，310，316，317，318，323，328，331，348，358

张东荪，87，91，99，150，151，156，232，233，265，268，278，471，495

张君劢，11，78，90，91，136，137，145，153，156，223，224，226，227，232，233，240，245，249，251，264，265，318，322，326，328，337，348，359

张载，19，83，301，302，308，392

章太炎，15，16，316，322

赵纪彬，279，317

郑玄，298

芝诺，159，166，175，177，199，210，211，217，218

周辅成，39，40，42，220，376，377

朱熹，20，22，62，63，71，74，77，82，96，98，127，293，296，298，299，303，305，350，425，430，458

庄子，15，17，20，24，28，29，33，77，143，144，263，307

# 术语索引

being, 61, 63, 64, 87, 97, 99, 103, 104, 108, 109, 111, 114, 115, 128, 150, 151, 227, 470, 471, 472, 475, 476, 477, 478, 479, 480, 481, 482, 483, 484, 485, 494, 495, 496

cosmology, 47, 112, 232, 233

eimi, 104, 105, 110, 111, 114, 471, 484, 487, 489

einai, 61, 104, 105, 107, 108, 109, 116, 117, 150, 470, 471, 472, 473, 474, 476, 477, 478, 480, 481, 483, 485, 490, 492, 534

episteme (epistēmē), 2, 55, 184, 185, 198, 199, 201, 242, 370, 374, 376, 488

esti (n), 61, 62, 79, 104, 105, 106, 113, 116, 117, 471, 472, 473, 478, 479, 481, 482, 483, 484, 486, 487, 488, 489, 490

existence, 106, 109, 113, 151, 186, 187, 227, 473, 478, 481, 486

Existenz, 56, 250

intellectualism, 61, 86, 92, 388, 441, 446, 449

metaphysics, 48, 137, 147, 222, 223, 224, 225, 226, 227, 228, 229, 230, 231, 232, 234, 235, 236, 237, 238, 239, 240, 241, 242, 251, 263, 264, 265, 267, 495

moral, 229, 230, 267, 366, 375, 378, 384, 400

morality, 366

on, 103, 104, 105, 108, 109, 112, 113, 114, 115, 116, 118, 128, 151, 152, 237, 241, 475, 476, 477, 478, 482, 483, 484, 485, 486, 487, 488, 489, 490, 496

ontology, 38, 55, 77, 100, 232, 233, 255, 268, 470, 534, 554, 555,

556

ousia, 61, 85, 111, 112, 114, 115, 116, 151, 173, 175, 201, 238, 268, 480, 481, 483, 484, 485, 488, 490

philosophy, 27, 29, 34, 35, 36, 41, 52, 53, 56, 57, 58, 150, 224, 236, 274, 275, 276, 375

phronesis, 39, 40, 57, 184, 185, 220, 374, 376, 377, 378

Sein, 46, 61, 87, 106, 112, 150, 153, 260, 470, 484, 485, 486, 493

sophia, 2, 29, 34, 39, 40, 41, 42, 53, 55, 184, 185, 198, 199, 220, 274, 364, 374, 375, 376, 377, 378, 400

substance, 61, 63, 64, 75, 85, 91, 112, 151, 238, 268, 483, 484, 485

to on, 61, 62, 103, 104, 105, 108, 112, 113, 115, 116, 118, 241, 476, 482, 483, 484, 485, 486, 487, 488, 489, 490

transcendence, 87, 97, 250, 324

truth, 64, 107, 108, 109, 474, 475, 476, 478, 479, 483

巴曼尼得斯篇, 105, 495

巴门尼德篇, 171, 178, 180, 181, 182, 211, 213, 214, 480, 481

本体, 51, 59, 60, 100, 101, 102, 103, 110, 111, 112, 114, 116, 117, 118, 119, 120, 121, 122, 123, 126, 128, 130, 150, 151, 157, 173, 175, 201, 213, 221, 223, 225, 226, 227, 228, 229, 231, 232, 233, 234, 238, 239, 240, 241, 242, 244, 250, 251, 255, 266, 268, 282, 303, 304, 401, 403, 411, 423, 447, 450, 471, 477, 480, 484, 485, 486, 491, 494

心之本体, 65, 67, 68, 70, 71, 74, 76, 84, 95, 96, 423

本质, 3, 5, 7, 22, 32, 35, 36, 37, 38, 39, 43, 44, 46, 47, 49, 50, 51, 54, 58, 59, 60, 61, 62, 63, 64, 65, 76, 77, 78, 79, 85, 86, 87, 89, 90, 91, 95, 96, 101, 102, 104, 111, 112, 114, 115, 116, 117, 118, 119, 120, 121, 122, 124, 126, 127, 130, 132, 139, 140, 142, 143, 148, 150, 151, 152, 153, 154, 157, 160, 166, 171, 172, 173, 175, 182, 187, 189, 192, 194, 196, 200, 201, 203, 204, 206, 208, 209, 210, 215, 218, 219, 220, 224, 225, 226, 233, 235, 236, 237, 238, 239, 243, 246, 250, 251, 252, 253, 254, 261, 267, 268,

# 术语索引

273, 276, 278, 279, 280, 281, 285, 288, 289, 297, 301, 304, 305, 307, 308, 312, 318, 319, 321, 325, 330, 331, 338, 343, 346, 349, 353, 354, 359, 362, 365, 367, 368, 371, 373, 377, 380, 381, 384, 385, 390, 393, 402, 412, 423, 429, 446, 449, 456, 458, 459, 460, 471, 477, 480, 485, 492

辩证法, 6, 13, 23, 44, 119, 120, 159, 160, 206, 216, 218, 242, 257, 262, 263, 311, 345, 449

超验, 44, 63, 73, 87, 177, 207, 216, 217, 233, 243, 244, 250, 255, 269, 416, 454, 479

  超验存在, 63, 73, 87, 250

  超验的, 177, 216, 217, 233, 243, 255

超越, 23, 38, 42, 55, 56, 64, 76, 86, 88, 160, 173, 177, 187, 192, 197, 198, 204, 205, 216, 227, 228, 229, 236, 322, 324, 325, 326, 328, 331, 332, 338, 341, 349, 351, 352, 361, 362, 371, 373, 386, 387, 411, 412, 416, 420, 425, 427, 434, 438, 441, 443, 446, 450

  超越性, 328, 332, 338, 341, 349, 352, 361, 362

传习录, 63, 66, 68, 70, 71, 74, 76, 84, 91, 95, 96, 304

春秋, 2, 15, 16, 17, 18, 20, 24, 338, 393, 448, 452

春秋经, 17, 18

纯粹理性批判, 119, 120, 138, 147, 216, 241, 266, 267, 268, 369

此岸取向, 75, 90

存有, 76, 97, 256, 257, 260, 389, 396, 397, 398, 411, 413, 415, 422, 428, 446

存在, 3, 4, 7, 8, 9, 10, 11, 12, 13, 16, 24, 27, 28, 31, 33, 35, 36, 37, 38, 39, 40, 43, 44, 46, 49, 51, 52, 53, 54, 57, 59, 60, 61, 63, 64, 65, 67, 70, 71, 73, 74, 75, 76, 77, 78, 79, 80, 81, 82, 83, 85, 86, 87, 88, 89, 90, 91, 92, 93, 94, 95, 96, 97, 99, 100, 101, 102, 103, 104, 105, 106, 107, 108, 109, 110, 111, 113, 114, 115, 116, 118, 119, 120, 122, 123, 124, 125, 126, 127, 128, 130, 131, 134, 135, 138, 139, 140, 141, 146, 147, 148, 149, 150, 153, 154, 155, 156, 157, 173, 174, 179, 181, 186, 187, 189, 191, 195, 198, 200, 208, 209, 210, 216, 217, 220, 221, 222, 224, 226, 227,

228，231，233，234，236，237，
238，239，240，241，242，243，
244，246，247，248，249，250，
252，253，254，255，257，259，
260，261，265，268，273，274，
277，278，283，285，286，287，
288，304，310，317，320，321，
326，327，328，330，331，333，
334，335，336，337，340，341，
342，347，352，357，359，360，
361，362，366，367，369，371，
372，373，377，378，379，380，
381，383，385，389，394，395，
396，397，398，399，403，405，
406，413，418，420，426，427，
428，432，433，439，443，445，
447，448，449，450，451，452，
456，457，460，461，466，470，
471，472，473，474，475，476，
477，478，479，480，481，482，
483，484，485，486，487，490，
491，492，493，494，495，496

存在与时间，52，250，470

大学，19，20，22，24，28，35，52，
53，55，57，64，82，83，86，95，
96，111，136，175，176，188，
190，191，210，211，216，243，
247，248，264，268，289，295，
297，303，306，320，324，325，
349，359，365，386，391，438，

448，456，457，463，464，496

道，1，2，3，4，5，7，10，11，12，
14，15，17，19，20，22，23，29，
30，31，32，33，34，35，37，38，
39，41，42，43，45，47，48，49，
50，51，52，53，54，55，57，59，
61，62，63，64，66，70，71，72，
73，74，75，77，78，80，81，82，
83，84，85，86，88，89，90，91，
92，93，94，96，97，98，99，100，
101，102，107，110，111，112，
118，119，120，121，122，123，
124，125，127，128，132，133，
134，135，137，138，139，140，
141，144，145，146，147，148，
149，153，154，155，156，157，
158，160，161，162，164，165，
166，169，176，177，179，181，
182，183，184，185，186，188，
189，190，191，192，195，197，
199，203，204，207，209，215，
216，218，219，221，222，227，
228，229，230，231，232，233，
235，236，237，238，239，241，
242，243，245，247，248，249，
251，253，254，255，257，258，
261，262，264，266，267，268，
273，274，275，276，277，279，
281，282，283，284，285，286，
288，289，290，291，292，294，

术语索引

295, 296, 298, 299, 300, 302, 303, 305, 306, 307, 308, 309, 310, 311, 312, 314, 315, 316, 318, 322, 323, 324, 327, 328, 330, 331, 332, 334, 335, 336, 337, 338, 342, 343, 344, 346, 347, 348, 349, 350, 351, 352, 353, 354, 355, 356, 359, 360, 361, 362, 364, 365, 366, 367, 368, 369, 370, 371, 372, 373, 374, 375, 376, 378, 379, 380, 381, 382, 383, 384, 385, 386, 387, 388, 389, 390, 391, 392, 393, 394, 395, 396, 397, 398, 399, 400, 401, 402, 403, 405, 406, 407, 408, 409, 410, 411, 412, 413, 414, 415, 417, 418, 419, 421, 422, 423, 424, 425, 426, 427, 428, 429, 430, 431, 432, 433, 435, 439, 440, 441, 443, 446, 448, 450, 451, 452, 454, 456, 457, 458, 459, 460, 461, 465, 466, 467, 474, 478, 479, 483, 487, 495

 道体, 63, 74, 75, 82, 83, 84, 90, 96, 98, 99, 100, 423

 道学, 1, 29, 33, 34, 48, 88, 137, 241, 245, 251, 274, 276, 295, 303, 306, 316, 328

 求道, 91, 221, 233, 242, 268, 370

道德, 3, 4, 11, 14, 17, 22, 31, 33, 43, 50, 63, 82, 92, 99, 124, 125, 132, 135, 138, 144, 145, 147, 149, 154, 155, 156, 157, 158, 161, 183, 185, 191, 192, 209, 227, 229, 230, 231, 261, 266, 267, 268, 275, 277, 281, 282, 283, 284, 285, 286, 298, 299, 302, 311, 314, 322, 324, 335, 337, 338, 347, 350, 351, 352, 354, 355, 359, 362, 364, 365, 366, 367, 368, 369, 370, 371, 372, 373, 374, 375, 378, 379, 380, 381, 382, 383, 384, 385, 386, 387, 388, 389, 390, 391, 392, 393, 394, 395, 396, 397, 398, 399, 400, 401, 402, 403, 405, 406, 407, 408, 409, 410, 411, 412, 414, 415, 418, 422, 423, 424, 425, 426, 427, 428, 429, 430, 431, 432, 433, 435, 439, 451, 459

 道德家, 50, 154, 281, 284, 285, 286, 366, 373, 380, 385, 400

 道德学说, 227, 364, 365, 366, 371, 372, 373, 374, 378, 379, 380, 381, 382, 383, 384, 385, 386, 388, 401, 424, 425, 429

道德哲学, 92, 147, 158, 266, 275, 283, 284, 285, 286, 365, 373, 374, 375, 380, 381, 400

泛道德主义, 390, 393, 412, 422, 423

道德经, 33, 63, 82, 92, 125

道德形而上学原理, 138, 261, 266, 267, 268

道家, 5, 33, 34, 43, 82, 88, 89, 93, 94, 97, 133, 148, 229, 245, 266, 275, 288, 347, 359, 461

道统, 315, 389, 397, 446

德性, 2, 19, 22, 36, 38, 39, 47, 120, 144, 183, 184, 185, 188, 192, 193, 209, 266, 267, 281, 282, 286, 290, 294, 300, 301, 302, 303, 305, 309, 333, 335, 338, 349, 366, 367, 368, 377, 392, 393, 410, 415, 423, 452, 453

尔雅, 17, 33

法家, 168, 213, 217, 443

范畴篇, 116

范式, 14, 94, 101, 443, 445, 446, 447, 450

佛学, 89, 148

功夫, 22, 52, 68, 69, 70, 71, 72, 76, 77, 80, 81, 82, 84, 89, 92, 93, 135, 298, 423, 428, 432, 444

共相, 116, 187, 193, 201, 495

国家篇, 38, 41, 113, 114, 120, 121, 122, 151, 152, 167, 168, 169, 171, 172, 173, 178, 179, 180, 182, 183, 184, 185, 186, 187, 198, 200, 203, 204, 205, 206, 212, 213, 214, 217, 218, 219, 367, 421, 480

国学, 1, 2, 3, 4, 5, 6, 7, 8, 9, 10, 11, 12, 13, 14, 15, 16, 17, 18, 19, 20, 21, 22, 23, 24, 27, 28, 29, 30, 32, 34, 36, 38, 40, 42, 44, 46, 48, 49, 50, 52, 54, 56, 57, 58, 59, 60, 62, 64, 66, 68, 70, 72, 74, 76, 78, 79, 80, 82, 84, 86, 88, 90, 92, 94, 96, 98, 100, 101, 102, 103, 104, 106, 108, 110, 112, 114, 116, 118, 119, 120, 122, 124, 126, 128, 130, 132, 133, 134, 135, 136, 138, 140, 142, 143, 144, 145, 146, 147, 148, 149, 150, 151, 152, 154, 156, 158, 160, 161, 162, 164, 166, 168, 170, 172, 174, 176, 178, 180, 182, 184, 186, 188, 190, 192, 194, 196, 197, 198, 200, 202, 204, 206, 208, 210, 212, 214, 216, 218, 220, 221, 222, 223, 224, 226, 228, 230, 232, 234, 236, 238, 240, 241, 242, 244, 245,

246, 248, 250, 251, 252, 253,
254, 256, 258, 260, 262, 263,
264, 266, 268, 274, 275, 276,
278, 280, 282, 284, 286, 288,
290, 292, 294, 296, 297, 298,
300, 302, 304, 306, 308, 310,
312, 313, 314, 315, 316, 318,
322, 323, 324, 326, 328, 330,
332, 334, 335, 336, 338, 339,
340, 342, 344, 346, 348, 350,
352, 354, 356, 358, 360, 362,
364, 365, 366, 368, 370, 372,
373, 374, 376, 378, 380, 382,
384, 385, 386, 387, 388, 389,
390, 392, 394, 396, 398, 399,
400, 402, 403, 404, 405, 406,
407, 408, 409, 410, 411, 412,
413, 414, 415, 416, 417, 418,
419, 420, 421, 422, 423, 424,
425, 426, 427, 428, 429, 430,
431, 432, 433, 434, 435, 436,
437, 438, 439, 440, 441, 442,
443, 444, 445, 446, 447, 448,
450, 451, 452, 454, 455, 456,
457, 458, 459, 460, 461, 462,
464, 465, 466, 467, 468, 469,
470, 471, 472, 474, 476, 477,
478, 480, 482, 484, 486, 488,
490, 492, 494, 496

淮南子, 82

回忆录, 166, 183, 211, 212

价值判断, 4, 9, 37, 38, 40, 41, 42,
43, 48, 49, 50, 51, 52, 101,
102, 103, 110, 112, 124, 125,
126, 127, 128, 129, 130, 131,
132, 133, 139, 145, 146, 149,
154, 155, 156, 191, 209, 239,
240, 250, 282, 283, 287, 288,
304, 379, 413

解释篇, 238, 239

金刚经, 33, 340

经学, 1, 17, 24, 33, 34, 274, 275,
438, 448, 455, 456, 458

经验论, 155, 244, 245, 246, 248,
249, 254, 409

精神, 3, 7, 13, 14, 15, 17, 18, 19,
20, 22, 23, 30, 31, 50, 53, 58,
64, 80, 81, 86, 87, 94, 96, 97,
101, 103, 120, 123, 124, 126,
127, 128, 131, 133, 135, 136,
137, 138, 141, 143, 145, 146,
147, 148, 149, 157, 160, 161,
162, 163, 164, 165, 185, 192,
200, 202, 203, 206, 207, 208,
210, 219, 226, 227, 233, 244,
247, 248, 251, 252, 254, 255,
256, 257, 258, 259, 260, 261,
262, 263, 280, 281, 283, 285,
287, 294, 297, 298, 299, 300,
303, 304, 313, 314, 315, 318,

322, 325, 330, 331, 333, 336, 338, 339, 341, 343, 347, 350, 351, 353, 355, 356, 362, 365, 369, 378, 388, 389, 391, 392, 395, 398, 402, 404, 405, 407, 408, 409, 410, 412, 413, 414, 415, 417, 422, 424, 425, 428, 430, 432, 433, 434, 435, 436, 437, 438, 439, 441, 442, 444, 445, 447, 448, 449, 450, 451, 452, 453, 454, 456, 457, 459, 460, 461, 462, 464, 489, 491, 495

精神价值, 13, 14, 15, 22, 23, 161, 164, 165, 192, 206, 210, 254, 255, 256, 257, 258, 259, 262, 263, 313, 402, 404, 407, 408, 409, 425, 434, 435, 436, 437, 438, 448, 449, 450, 451, 453, 454, 457, 461

境界, 13, 18, 19, 31, 58, 97, 124, 135, 138, 141, 143, 145, 147, 148, 157, 163, 165, 185, 192, 193, 196, 206, 207, 221, 228, 229, 230, 231, 240, 242, 245, 249, 251, 262, 263, 265, 266, 281, 282, 283, 286, 287, 291, 298, 299, 301, 304, 311, 331, 336, 337, 339, 352, 354, 355, 361, 388, 389, 391, 397, 403,

404, 405, 407, 408, 409, 410, 424, 427, 436, 437, 444, 449, 454, 465, 466, 468

坎陷, 147, 389, 396, 403, 410, 411, 413, 414, 415, 417, 422, 423, 425, 427, 428, 439

科学, 2, 4, 5, 6, 7, 8, 9, 10, 11, 12, 13, 14, 16, 19, 20, 21, 23, 32, 38, 39, 40, 41, 42, 43, 44, 46, 47, 49, 51, 52, 53, 54, 55, 56, 58, 80, 81, 82, 87, 91, 98, 100, 101, 102, 103, 121, 122, 123, 124, 128, 129, 132, 133, 134, 135, 136, 137, 138, 139, 140, 141, 142, 143, 144, 145, 146, 148, 149, 153, 154, 155, 156, 157, 158, 159, 162, 165, 169, 170, 171, 172, 173, 174, 175, 183, 190, 192, 196, 197, 198, 199, 200, 201, 202, 203, 204, 205, 206, 207, 208, 209, 211, 212, 214, 215, 216, 220, 221, 222, 223, 224, 225, 226, 228, 229, 232, 233, 234, 235, 236, 239, 240, 241, 242, 243, 244, 245, 246, 247, 248, 249, 250, 251, 252, 253, 254, 255, 256, 257, 258, 259, 260, 262, 264, 265, 266, 267, 268, 269, 273, 277, 280, 281, 282, 283,

# 术语索引

284, 286, 287, 288, 304, 305, 308, 314, 317, 318, 319, 335, 345, 347, 356, 357, 358, 364, 365, 368, 369, 370, 371, 372, 373, 374, 375, 376, 377, 378, 379, 381, 385, 387, 388, 389, 391, 393, 395, 399, 402, 404, 406, 407, 408, 409, 410, 411, 412, 414, 415, 416, 417, 418, 422, 423, 424, 425, 426, 428, 429, 432, 434, 435, 436, 438, 439, 442, 443, 446, 449, 450, 451, 452, 455, 456, 457, 459, 460, 461, 462, 463, 464, 490, 491, 492, 493, 495

客体, 54, 75, 92, 99, 152, 153, 158, 201, 406, 426

孔子家语, 66, 67

乐, 2, 14, 15, 17, 18, 19, 20, 24, 42, 49, 60, 66, 68, 69, 70, 79, 81, 87, 97, 129, 141, 161, 184, 252, 263, 284, 291, 296, 300, 324, 325, 328, 331, 356, 357, 360, 361, 362, 406, 427, 435, 446, 449, 461, 462, 464, 468

礼记, 17, 20, 28, 33, 55, 333, 349, 360, 425

理念, 14, 14, 14, 39, 51, 62, 62, 62, 85, 86, 86, 111, 112, 112, 113, 113, 113, 113, 114, 114,

114, 114, 114, 115, 118, 149, 151, 173, 178, 180, 180, 180, 180, 180, 180, 181, 181, 181, 181, 181, 181, 182, 186, 187, 187, 187, 187, 187, 201, 201, 205, 205, 213, 215, 217, 238, 238, 239, 241, 241, 242, 257, 260, 495

相, 3, 4, 5, 6, 7, 8, 9, 10, 11, 12, 13, 15, 16, 17, 18, 19, 20, 21, 22, 27, 29, 30, 32, 33, 34, 35, 36, 37, 40, 42, 44, 45, 46, 48, 50, 52, 53, 54, 55, 56, 57, 58, 60, 63, 66, 67, 73, 74, 76, 77, 80, 81, 85, 86, 87, 89, 91, 93, 94, 99, 100, 102, 103, 104, 106, 108, 110, 111, 112, 113, 114, 115, 116, 118, 119, 123, 124, 125, 126, 127, 129, 130, 131, 133, 134, 136, 137, 138, 140, 141, 142, 144, 145, 146, 147, 148, 149, 150, 155, 156, 158, 161, 162, 163, 164, 167, 169, 171, 172, 174, 175, 176, 177, 179, 180, 181, 182, 183, 184, 186, 187, 188, 189, 191, 192, 193, 194, 197,

199, 200, 201, 202, 203, 204, 205, 207, 209, 210, 211, 212, 214, 215, 216, 217, 218, 219, 223, 224, 225, 226, 227, 229, 234, 237, 239, 240, 242, 243, 244, 245, 246, 249, 250, 251, 256, 258, 259, 260, 261, 262, 263, 264, 265, 266, 267, 268, 273, 275, 277, 279, 281, 283, 284, 285, 286, 288, 294, 296, 297, 298, 299, 300, 303, 304, 306, 307, 308, 310, 311, 314, 315, 316, 321, 322, 323, 324, 325, 326, 328, 330, 332, 334, 337, 340, 343, 344, 347, 348, 349, 352, 353, 354, 355, 357, 359, 362, 365, 366, 367, 368, 369, 370, 371, 372, 373, 374, 375, 376, 377, 381, 382, 383, 386, 387, 388, 389, 390, 392, 393, 394, 395, 396, 397, 398, 399, 400, 403, 404, 406, 411, 412, 414, 415, 416, 419, 420, 421, 422, 425, 426, 427, 428, 429, 431, 432, 433, 435, 436, 437, 438, 439, 442, 443, 444, 446, 447, 448, 450, 451, 452, 456, 457, 463, 465, 472, 475, 477, 478, 479, 482, 483, 486, 487, 488, 489, 490, 491, 492, 493, 495

理想国, 38, 183, 421

理性, 15, 22, 37, 40, 42, 44, 51, 78, 80, 81, 86, 92, 94, 97, 103, 118, 119, 120, 133, 136, 138, 147, 155, 157, 160, 161, 162, 163, 164, 167, 170, 171, 173, 177, 186, 187, 192, 199, 200, 202, 214, 216, 230, 240, 241, 242, 243, 246, 256, 258, 259, 260, 266, 267, 268, 274, 275, 279, 287, 288, 305, 308, 311, 318, 321, 327, 330, 337, 338, 339, 340, 341, 342, 343, 344, 345, 346, 347, 348, 350, 352, 362, 368, 369, 371, 372, 376, 378, 379, 384, 390, 391, 393, 394, 397, 400, 403, 409, 410, 411, 412, 414, 415, 417, 418, 421, 422, 423, 426, 427, 428, 431, 432, 433, 436, 437, 439, 441, 466, 467, 486, 487, 488

纯粹理性, 119, 120, 138, 147, 202, 216, 241, 259, 266, 267,

# 术语索引

268, 369

理性思维, 97, 279, 318, 337, 339, 340, 346, 347, 348, 350, 352, 372, 379

理性运动, 260

理性主义, 160, 161, 162, 163, 164, 441, 487

思辨理性, 92, 138, 240, 369, 371, 391, 397

理学, 1, 2, 3, 4, 5, 7, 8, 10, 12, 13, 16, 21, 22, 23, 30, 33, 34, 38, 39, 42, 47, 48, 49, 50, 52, 55, 58, 62, 72, 80, 89, 90, 96, 102, 103, 110, 119, 121, 122, 123, 131, 132, 133, 134, 135, 136, 137, 143, 144, 146, 153, 154, 155, 156, 157, 185, 188, 197, 198, 201, 203, 215, 220, 221, 222, 223, 224, 225, 226, 227, 228, 229, 231, 233, 234, 239, 240, 241, 242, 245, 249, 251, 252, 262, 263, 264, 265, 266, 267, 269, 274, 276, 277, 280, 281, 282, 283, 284, 285, 287, 293, 301, 304, 308, 315, 316, 321, 328, 332, 341, 346, 347, 353, 356, 357, 358, 364, 365, 366, 367, 368, 369, 370, 371, 372, 373, 374, 375, 376, 377, 378, 379, 380, 381, 382, 383, 384, 385, 386, 387, 388, 389, 390, 391, 393, 394, 395, 396, 397, 398, 399, 400, 401, 402, 403, 404, 424, 433, 435, 436, 437, 439, 445, 446, 447, 448, 450, 460, 461, 463, 488, 495

宋明理学, 10, 13, 30, 72, 89, 90, 96, 143, 157, 221, 222, 226, 227, 228, 229, 231, 233, 239, 240, 241, 242, 245, 249, 251, 252, 274, 293, 301, 332, 346, 402, 404, 435, 437, 439, 446

良知, 22, 59, 68, 69, 70, 71, 76, 81, 82, 84, 85, 90, 91, 93, 96, 135, 147, 328, 410, 412, 415, 422, 423, 426, 428, 432, 433, 439, 446

六艺, 1, 2, 8, 15, 16, 17, 18, 19, 20, 21, 24, 133, 134, 452

论语, 15, 17, 18, 19, 62, 86, 96, 98, 183, 184, 185, 188, 190, 195, 196, 239, 292, 294, 297, 298, 299, 300, 306, 308, 309, 318, 330, 349, 351, 360, 384, 391, 439, 440

逻各斯, 130, 164, 451

逻辑, 2, 3, 4, 8, 10, 11, 12, 13, 15, 20, 23, 37, 41, 44, 46, 47, 48, 50, 55, 58, 78, 79, 80, 82,

85, 86, 88, 101, 102, 112, 114,
119, 120, 121, 122, 123, 124,
127, 128, 133, 134, 135, 146,
148, 149, 150, 151, 152, 153,
154, 155, 159, 162, 164, 170,
174, 175, 176, 177, 179, 182,
187, 194, 195, 199, 200, 202,
205, 206, 209, 210, 215, 216,
217, 219, 221, 228, 237, 240,
241, 243, 245, 246, 249, 255,
262, 263, 266, 267, 279, 281,
282, 287, 297, 299, 304, 305,
306, 307, 308, 310, 312, 313,
314, 315, 317, 318, 329, 343,
345, 352, 354, 371, 372, 373,
379, 380, 382, 385, 386, 387,
388, 389, 390, 391, 397, 399,
400, 402, 406, 408, 411, 412,
413, 426, 431, 433, 435, 436,
438, 439, 443, 444, 446, 454,
456, 457, 459, 460, 461, 462,
465, 467, 468, 492, 493, 494

美德, 39, 62, 154, 183, 184, 185,
188, 189, 190, 191, 192, 193,
194, 195, 209, 309, 366, 367, 421

美诺篇, 39, 167, 168, 170, 171,
184, 185, 186, 187, 188, 190,
193, 194, 212, 213, 214

民主, 140, 158, 184, 336, 402, 410,
411, 412, 414, 415, 416, 418,
419, 420, 421, 422, 423, 424,
425, 426, 428, 429, 432, 451

民族主义, 437, 445, 446, 466, 467

内圣, 18, 19, 20, 134, 144, 147,
289, 293, 389, 403, 411, 412,
413, 414, 427, 429, 430, 432,
438, 453

尼各马科伦理学, 23, 39, 42, 55,
220, 282, 367, 368, 370, 375,
376, 377

求是, 2, 4, 9, 38, 42, 43, 48, 51,
101, 102, 103, 109, 110, 111,
115, 118, 119, 120, 121, 122,
123, 124, 125, 126, 127, 128,
129, 130, 131, 132, 134, 135,
139, 140, 141, 153, 154, 191,
192, 201, 203, 204, 209, 245,
246, 247, 248, 249, 255, 256,
262, 282, 283, 287, 319, 355,
379, 438, 490, 491, 494

求用, 18, 20, 36, 37, 38, 41, 42,
43, 48, 49, 51, 52, 110, 147,
154, 202, 252, 282, 283

求真, 37, 41, 42, 43, 109, 137,
156, 173, 174, 186, 204, 206,
212, 214, 218, 478, 483, 488,
489, 490, 491, 492, 494

求知, 2, 4, 8, 13, 22, 31, 36, 37,
38, 39, 41, 42, 43, 58, 101,
110, 131, 132, 145, 146, 147,

153, 162, 173, 186, 194, 198, 201, 205, 207, 208, 209, 237, 239, 250, 252, 276, 281, 282, 295, 305, 306, 308, 309, 313, 317, 318, 319, 345, 370, 379, 388, 395, 411, 434, 435, 462, 490, 491

人类学, 159, 163, 273, 278, 280, 283, 284, 304, 408, 445

人生观, 10, 21, 22, 27, 29, 30, 32, 33, 35, 36, 41, 45, 46, 47, 48, 49, 50, 51, 54, 56, 57, 58, 91, 126, 128, 132, 135, 136, 137, 138, 139, 141, 142, 156, 165, 223, 224, 232, 252, 264, 265, 268, 274, 287, 318, 348, 371

人文, 5, 8, 9, 10, 11, 12, 13, 19, 20, 21, 100, 101, 102, 103, 121, 122, 123, 132, 133, 135, 137, 139, 145, 149, 154, 155, 165, 192, 197, 201, 202, 203, 252, 253, 262, 264, 282, 293, 325, 337, 338, 339, 356, 357, 404, 407, 434, 436, 438, 442, 443, 445, 452, 454, 456, 457, 459, 462, 463

 人文科学, 5, 8, 9, 10, 11, 21, 100, 102, 122, 132, 139, 165, 252, 253, 404, 407, 434, 436, 459, 462

人性, 8, 10, 13, 74, 97, 126, 127, 139, 140, 172, 197, 209, 210, 239, 258, 259, 260, 263, 281, 282, 286, 311, 326, 335, 337, 352, 358, 388, 400, 409, 413, 415, 416, 417, 418, 420, 422, 423, 424, 425, 430, 431, 432, 433, 434, 436, 438, 446, 450, 451, 456, 461, 462, 465, 466, 467, 468

仁, 18, 19, 43, 48, 50, 52, 65, 66, 72, 86, 96, 97, 125, 133, 154, 183, 185, 190, 191, 192, 193, 194, 195, 209, 239, 288, 290, 291, 292, 297, 298, 300, 308, 309, 311, 312, 335, 338, 349, 350, 360, 362, 366, 411, 427, 432

认知, 3, 4, 5, 6, 7, 10, 22, 55, 61, 62, 63, 80, 81, 84, 86, 87, 92, 93, 102, 120, 125, 128, 130, 138, 145, 147, 154, 164, 219, 250, 273, 280, 313, 315, 343, 350, 356, 367, 369, 370, 371, 372, 373, 376, 379, 384, 385, 388, 389, 390, 391, 392, 393, 395, 397, 403, 412, 413, 414, 417, 423, 429, 441, 446, 447, 449, 450, 451, 456, 462

 认知主义, 61, 63, 86, 87, 92, 130, 145, 313, 367, 370,

385, 388, 393, 397, 441, 446, 447, 449, 450, 451, 456, 462

儒家, 3, 5, 6, 8, 9, 11, 13, 15, 17, 18, 19, 20, 21, 22, 24, 29, 33, 34, 43, 48, 52, 93, 94, 97, 127, 128, 131, 133, 134, 135, 141, 142, 143, 144, 145, 146, 147, 148, 154, 156, 184, 185, 192, 193, 194, 196, 209, 219, 229, 231, 232, 268, 273, 274, 275, 276, 278, 279, 283, 285, 287, 288, 289, 291, 293, 294, 295, 296, 297, 298, 300, 301, 302, 303, 304, 305, 306, 307, 308, 309, 310, 311, 312, 313, 314, 315, 316, 320, 321, 322, 323, 324, 325, 326, 327, 328, 329, 330, 331, 332, 333, 334, 335, 337, 338, 348, 349, 350, 351, 352, 353, 354, 355, 356, 358, 359, 360, 362, 364, 365, 366, 376, 378, 382, 383, 384, 385, 386, 387, 388, 389, 390, 391, 394, 396, 397, 398, 399, 400, 401, 402, 403, 404, 405, 407, 408, 409, 410, 411, 412, 413, 414, 415, 417, 419, 420, 421, 422, 423, 424, 425, 427, 428, 429, 430, 431, 432, 433, 434, 435, 436, 437, 438, 439, 440, 446, 449, 451, 452, 456, 457, 458, 459, 460, 461, 469

儒家哲学, 274, 275, 276, 305, 334, 382, 386, 387

新儒家, 13, 305, 310, 325, 335, 352, 389, 394, 396, 397, 398, 402, 446, 449, 451, 460, 469

儒教, 141, 321, 322, 323, 324, 329, 331, 332, 333, 334, 335, 336, 358, 360, 362, 407, 409

儒学, 2, 3, 10, 13, 18, 20, 21, 22, 43, 52, 53, 88, 95, 96, 98, 131, 134, 142, 149, 154, 192, 196, 219, 273, 274, 320, 364, 366, 382, 388, 389, 390, 391, 392, 393, 394, 396, 397, 398, 399, 402, 403, 408, 410, 411, 412, 414, 422, 424, 425, 427, 428, 429, 430, 433, 438, 439, 443, 446, 451, 455, 456, 457, 458, 459, 460, 461

尚书, 33, 55, 125, 448, 452

神学, 46, 55, 118, 137, 147, 222, 224, 225, 226, 230, 231, 233, 235, 242, 253, 265, 268, 324, 330, 457

生命存在与心灵境界, 31, 141, 336, 389, 403, 405

# 术语索引

圣经, 95, 133, 321, 349, 351, 352

圣人, 66, 68, 69, 75, 125, 128, 133, 144, 145, 183, 219, 265, 267, 290, 293, 299, 300, 301, 304, 305, 350, 392

诗, 2, 15, 16, 17, 18, 19, 20, 22, 24, 31, 33, 55, 61, 62, 121, 123, 148, 150, 186, 213, 284, 295, 314, 324, 439, 448, 452, 464, 465, 466, 495

诗经, 22, 33, 55, 439, 448, 452

实践, 6, 10, 14, 21, 39, 40, 48, 57, 78, 79, 80, 81, 84, 92, 93, 94, 99, 124, 127, 128, 129, 133, 138, 139, 144, 147, 154, 165, 176, 182, 185, 199, 209, 215, 217, 226, 229, 230, 240, 259, 261, 267, 277, 278, 280, 282, 283, 287, 288, 293, 295, 301, 302, 304, 305, 309, 310, 318, 323, 324, 329, 330, 341, 343, 344, 345, 346, 347, 349, 350, 351, 352, 355, 356, 357, 362, 368, 370, 371, 372, 373, 375, 376, 377, 378, 379, 380, 381, 382, 389, 390, 391, 392, 393, 394, 395, 396, 397, 398, 399, 402, 405, 406, 408, 409, 412, 413, 416, 429, 432, 434, 436, 438, 439, 444, 458, 459, 460

实践理性批判, 138, 230

实体, 39, 41, 50, 51, 55, 64, 65, 75, 76, 85, 86, 90, 111, 114, 116, 117, 123, 126, 151, 152, 185, 186, 201, 203, 204, 228, 229, 231, 239, 240, 243, 246, 247, 248, 253, 261, 265, 266, 278, 321, 328, 330, 334, 336, 406, 419, 426, 427, 479, 483, 492

 精神实体, 50, 64, 86, 123, 126, 247, 248

实在, 46, 59, 63, 64, 65, 72, 77, 78, 79, 82, 83, 85, 89, 90, 92, 97, 101, 108, 109, 127, 128, 143, 149, 155, 156, 174, 203, 204, 221, 233, 235, 236, 237, 238, 239, 246, 247, 278, 288, 308, 314, 328, 337, 346, 348, 361, 368, 369, 391, 396, 424, 428, 438, 451, 471, 476, 478, 480, 483, 489, 492

 终极实在, 59, 65, 77, 78, 79, 82, 83, 85, 89, 90, 97, 127, 128, 156, 203, 221, 238, 239, 288, 361, 368, 369, 396, 451

世界观, 10, 21, 22, 27, 29, 30, 32, 33, 35, 36, 41, 45, 46, 47, 48, 49, 50, 51, 53, 54, 56, 57, 135, 217, 258, 274, 278, 317, 348

事实判断, 9, 37, 38, 40, 41, 43, 47, 48, 50, 51, 101, 102, 107, 110, 111, 112, 125, 126, 127, 131, 132, 139, 154, 155, 156, 191, 192, 209, 239, 240, 250, 282, 287, 304, 369, 379, 474, 476

是

    实是, 7, 20, 48, 51, 58, 60, 61, 65, 102, 111, 115, 116, 117, 119, 122, 125, 126, 129, 162, 258, 279, 302, 307, 329, 357, 361, 364, 379, 387, 415, 425, 426, 436, 443, 447, 448, 450, 465, 476, 479, 480, 494

    是本身, 115, 492, 493, 494

    是与应该, 100, 129, 139, 191, 192, 239, 368

    是者, 61, 62, 103, 112, 113, 114, 117, 118, 478, 480, 482, 483, 484, 485, 486, 487, 488, 489, 490, 496

    是之为是, 482, 494

    所是, 61, 62, 112, 113, 115, 116, 117, 118, 173, 479, 483, 485, 486, 488, 489, 490

    它是, 8, 40, 46, 47, 51, 53, 60, 62, 64, 86, 106, 111, 113, 114, 117, 128, 150, 163, 170, 174, 175, 176, 196, 200, 219, 229, 234, 235, 236, 237, 241, 246, 247, 253, 261, 268, 273, 282, 284, 285, 298, 311, 317, 318, 348, 352, 361, 362, 377, 418, 430, 473, 476, 479, 485, 486, 487, 488, 489, 490, 491, 494, 495

    怎是, 61, 95, 112, 117, 122

    真正的是, 113

    作为'是'的'是', 115

书, 2, 15, 17, 18, 20, 24

思辨, 4, 10, 13, 38, 39, 40, 52, 78, 79, 80, 81, 92, 93, 138, 146, 157, 165, 199, 214, 235, 240, 314, 318, 327, 342, 344, 347, 369, 371, 372, 377, 378, 391, 396, 397, 399, 423, 441, 453

思维方式, 3, 4, 5, 6, 7, 10, 11, 12, 20, 21, 37, 38, 39, 40, 41, 42, 43, 44, 45, 46, 47, 48, 52, 58, 88, 100, 101, 102, 103, 109, 110, 111, 115, 118, 119, 120, 123, 125, 126, 128, 129, 130, 131, 132, 133, 134, 136, 139, 140, 141, 142, 143, 145, 146, 147, 149, 153, 154, 156, 157, 179, 192, 196, 201, 203, 204, 207, 208, 209, 210, 225, 228, 230, 239, 240, 241, 246, 249,

# 术语索引

250, 251, 252, 255, 262, 277, 279, 280, 282, 283, 285, 287, 288, 304, 307, 314, 319, 320, 321, 323, 324, 325, 326, 327, 329, 331, 332, 334, 335, 336, 338, 339, 340, 341, 344, 345, 346, 348, 349, 351, 352, 353, 354, 356, 362, 364, 371, 372, 373, 379, 380, 381, 382, 383, 386, 391, 404, 476

体用, 59, 60, 62, 63, 65, 66, 68, 71, 72, 75, 76, 77, 82, 84, 89, 90, 91, 94, 95, 98, 150

天人合一, 148, 158, 354, 355

外王, 18, 20, 134, 144, 147, 289, 293, 389, 403, 411, 412, 413, 414, 415, 416, 425, 427, 428, 429, 430, 431, 432, 433, 434

唯心论, 48, 225, 238255, 311

未来形而上学导论, 241, 243, 244, 267, 268

文化, 3, 5, 7, 9, 11, 13, 14, 16, 22, 27, 33, 55, 62, 65, 75, 97, 98, 102, 103, 110, 124, 129, 133, 135, 136, 140, 141, 145, 146, 149, 153, 160, 161, 162, 183, 198, 200, 219, 220, 251, 257, 273, 278, 306, 309, 312, 313, 314, 315, 316, 318, 322, 326, 327, 330, 335, 336, 337, 338, 339, 352, 353, 354, 360, 362, 363, 369, 388, 389, 393, 398, 402, 403, 410, 413, 416, 417, 418, 419, 420, 421, 422, 423, 429, 430, 432, 433, 434, 435, 437, 438, 439, 444, 449, 450, 451, 452, 453, 454, 455, 458, 461, 462, 463, 464, 466, 476

人类文化, 220, 354

西方文化, 7, 14, 102, 129, 141, 145, 146, 183, 251, 313, 318, 335, 336, 439, 444, 449, 451

中国文化, 22, 27, 33, 55, 62, 75, 124, 135, 136, 153, 273, 306, 314, 315, 318, 322, 327, 336, 337, 352, 389, 393, 398, 402, 410, 413, 416, 417, 422, 429, 430, 432, 438, 454, 462

文明, 11, 38, 55, 110, 148, 149, 157, 160, 161, 163, 353, 387, 418, 426, 437, 447, 449, 450, 451, 453, 454, 455, 458, 459, 461

华夏文明, 447

西方文明, 38, 157, 450, 453

中国古代文明, 451

中华文明, 437, 451, 455

无意识, 443

五经, 15, 17, 18, 19, 323

物质, 38, 53, 64, 65, 86, 123, 148, 157, 225, 226, 238, 246, 248, 263, 265, 348, 362, 431, 466

西学, 1, 2, 3, 4, 6, 7, 8, 9, 10, 11, 12, 14, 15, 16, 18, 20, 21, 22, 23, 24, 27, 28, 30, 32, 34, 36, 38, 40, 42, 44, 46, 48, 50, 52, 54, 56, 58, 60, 62, 64, 66, 68, 70, 72, 74, 76, 78, 80, 82, 84, 86, 88, 90, 92, 94, 96, 98, 100, 101, 102, 103, 104, 105, 106, 107, 108, 109, 110, 111, 112, 113, 114, 115, 116, 117, 118, 119, 120, 121, 122, 123, 124, 125, 126, 127, 128, 129, 130, 131, 132, 133, 134, 135, 136, 137, 138, 139, 140, 141, 142, 143, 144, 145, 146, 147, 148, 149, 150, 151, 152, 153, 154, 155, 156, 157, 158, 160, 162, 164, 166, 168, 170, 172, 174, 176, 178, 180, 182, 183, 184, 186, 188, 190, 192, 194, 196, 198, 200, 202, 203, 204, 206, 208, 210, 212, 214, 216, 218, 220, 221, 222, 224, 226, 228, 230, 232, 234, 236, 238, 240, 242, 244, 246, 248, 250, 252, 254, 256, 258, 260, 262, 263, 264, 266, 268, 274, 275, 276, 278, 280, 282, 284, 286, 288, 290, 292, 294, 296, 298, 300, 302, 304, 306, 308, 310, 312, 314, 315, 316, 318, 320, 322, 324, 326, 328, 330, 332, 334, 336, 337, 338, 340, 342, 344, 346, 348, 350, 352, 354, 356, 357, 358, 360, 362, 366, 368, 370, 372, 374, 376, 378, 380, 382, 384, 386, 387, 388, 390, 392, 394, 396, 398, 400, 402, 403, 404, 405, 406, 407, 408, 410, 412, 413, 414, 416, 418, 420, 422, 424, 426, 428, 429, 430, 432, 434, 436, 437, 438, 440, 441, 442, 444, 446, 448, 450, 451, 452, 454, 456, 458, 460, 462, 464, 466, 468, 472, 474, 476, 478, 480, 482, 484, 486, 488, 490, 492, 494, 495, 496

西方学术, 2, 3, 5, 6, 7, 8, 9, 10, 11, 12, 13, 14, 15, 22, 23, 27, 28, 52, 57, 93, 94, 101, 102, 118, 123, 132, 140, 154, 156, 159, 160, 221, 282, 315, 353, 354, 378, 402, 403, 404, 409,

术语索引

414, 429, 436, 439, 441, 446, 447, 448, 449, 450, 452, 456, 457, 459

西周, 52, 53

希腊, 2, 5, 7, 8, 9, 10, 11, 27, 29, 30, 33, 34, 35, 36, 37, 38, 41, 44, 47, 51, 53, 56, 58, 61, 73, 80, 81, 85, 101, 102, 103, 104, 105, 106, 107, 108, 109, 110, 111, 112, 113, 114, 115, 116, 117, 118, 119, 120, 121, 123, 124, 130, 139, 142, 144, 145, 146, 150, 151, 153, 157, 159, 160, 161, 162, 163, 164, 165, 166, 167, 169, 171, 174, 175, 176, 178, 179, 180, 182, 183, 194, 196, 197, 198, 199, 200, 201, 202, 203, 206, 207, 208, 210, 211, 212, 219, 232, 235, 236, 238, 242, 252, 257, 260, 275, 277, 279, 287, 313, 316, 319, 357, 364, 366, 367, 368, 370, 374, 375, 376, 377, 404, 413, 418, 419, 421, 435, 436, 438, 449, 451, 456, 459, 461, 462, 465, 470, 471, 472, 473, 474, 475, 476, 477, 478, 482, 483, 486, 487, 488, 490, 491, 494, 495, 496

希腊方式, 161

希腊人, 27, 29, 38, 44, 102, 121, 124, 130, 145, 157, 159, 160, 161, 162, 163, 166, 169, 196, 198, 200, 201, 202, 206, 207, 208, 374, 473, 476, 477, 487, 488

希腊文化, 160, 161, 200

希腊文明, 161

现代化, 14, 15, 316, 358, 409, 419, 429, 446, 455, 462, 464, 465, 466, 467, 468, 469

孝经, 17, 24, 440

心体与性体, 99, 145, 229

心性, 1, 33, 34, 97, 99, 135, 147, 223, 224, 227, 229, 266, 274

新理学, 143, 144, 229, 269, 396

新原人, 31, 157, 228, 265

新知言, 228, 229, 269

信仰, 10, 11, 22, 23, 34, 45, 46, 62, 78, 79, 80, 82, 91, 92, 93, 94, 97, 129, 132, 138, 139, 146, 149, 156, 162, 165, 194, 196, 209, 230, 240, 259, 260, 273, 279, 282, 283, 287, 288, 304, 318, 328, 329, 330, 333, 337, 341, 342, 343, 344, 346, 348, 349, 352, 369, 370, 371, 372, 385, 386, 398, 403, 433, 434, 436, 451, 452, 455, 459

形而上，8，13，38，39，41，42，44，46，47，48，50，51，55，56，58，60，61，63，65，72，73，74，82，85，86，91，93，99，101，103，111，112，115，116，117，119，120，121，122，123，133，134，137，138，145，147，149，150，152，153，156，157，165，170，173，175，179，180，187，201，204，208，213，214，217，221，222，278，311，319，336，345，346，351，389，397，398，401，403，404，406，414，417，424，425，426，447，449，450，470

形而上学，8，13，38，39，41，42，44，46，47，48，50，51，55，56，58，61，63，65，85，86，91，93，99，101，103，111，112，115，116，117，119，120，121，122，133，134，137，138，145，147，150，152，153，156，157，165，170，173，175，179，180，187，201，204，208，213，214，217，221，222，278，311，319，336，345，346，389，397，398，401，403，404，406，414，417，424，425，426，447，449，450，470

形上学，58，99，137，147，222，227，228，229，230，231，232，239，245，265，266，267，268，269，396，397，402，406，423，424，428，429，439

性恶，126，127

性善，126，127，326

修身，18，19，20，21，47，127，128，132，134，135，156，183，194，195，198，206，209，229，289，290，291，295，300，309，311，312，314，324，328，349，352，391，392，397，398，402，424，426，428，429，438，439，440，444，453，458，459，460，495

玄学，30，33，34，59，81，88，89，90，91，103，137，138，156，222，223，224，225，226，228，231，232，233，234，239，240，244，249，252，254，264，265，268，269，274，306，316，463

科玄论战，91，139，228

学科，1，2，3，4，5，6，7，8，9，10，12，15，16，17，18，19，20，22，23，28，30，32，33，34，35，36，39，45，46，49，52，53，56，59，60，89，94，100，101，102，103，115，117，120，121，122，123，130，132，133，134，135，136，142，173，183，197，198，200，201，202，203，204，205，208，210，212，216，223，246，

252, 262, 264, 265, 274, 275, 276, 281, 282, 284, 313, 314, 315, 316, 317, 318, 321, 345, 348, 352, 353, 356, 357, 364, 366, 368, 370, 374, 375, 378, 383, 384, 385, 386, 387, 388, 393, 395, 401, 403, 404, 438, 441, 442, 443, 444, 445, 447, 448, 450, 452, 453, 454, 455, 456, 457, 458, 459, 464, 465, 468, 492

西方学科, 1, 2, 3, 5, 6, 7, 10, 12, 16, 17, 18, 22, 23, 59, 60, 94, 130, 134, 313, 314, 315, 316, 364, 383, 384, 385, 386, 387, 388, 448, 452, 456, 458

学术, 1, 2, 24, 27, 28, 29, 30, 32, 33, 34, 36, 37, 38, 39, 40, 42, 44, 46, 48, 50, 52, 54, 56, 57, 58, 59, 60, 62, 64, 66, 68, 70, 72, 74, 76, 78, 80, 82, 84, 86, 88, 90, 92, 93, 94, 96, 98, 100, 158, 159, 160, 220, 221, 222, 273, 274, 276, 278, 279, 280, 282, 283, 284, 285, 286, 288, 290, 292, 294, 296, 298, 300, 302, 304, 305, 306, 307, 308, 310, 311, 312, 313, 314, 315, 316, 318, 319, 320, 321, 322, 323, 324, 326, 328, 329, 330, 331, 332, 334, 336, 337, 338, 340, 342, 344, 346, 348, 350, 351, 352, 353, 354, 355, 356, 357, 358, 360, 362, 364, 365, 366, 368, 369, 370, 372, 374, 376, 378, 380, 382, 384, 385, 386, 388, 389, 390, 392, 393, 394, 396, 398, 399, 400, 402, 440, 441, 442, 443, 444, 445, 446, 447, 448, 449, 450, 452, 453, 454, 455, 456, 457, 458, 459, 460, 461, 462, 463, 464, 465, 466, 467, 468, 469, 471, 472, 474, 476, 478, 480, 482, 484, 486, 488, 489, 490, 492, 494, 495, 496

学术事业, 161, 163, 165, 209, 434, 436, 462, 468

中国古代学术, 1, 2, 3, 5, 6, 7, 9, 10, 12, 15, 16, 18, 20, 21, 22, 23, 24, 27, 28, 32, 58, 90, 102, 103, 110, 123, 127, 131, 133, 134, 135, 136, 139, 143, 156, 165, 183, 187, 196, 198, 201, 207, 221, 222, 228, 229, 240, 242, 249, 262, 273, 274, 276, 279, 306, 307, 310, 311, 313, 315,

316, 337, 346, 351, 353, 355, 357, 364, 365, 385, 388, 389, 402, 403, 404, 405, 436, 437, 438, 439, 443, 446, 448, 449, 450, 452, 453, 458, 459

中国学术, 1, 2, 24, 28, 29, 30, 32, 34, 36, 38, 40, 42, 44, 46, 48, 50, 52, 54, 56, 57, 58, 59, 60, 62, 64, 66, 68, 70, 72, 74, 76, 78, 80, 82, 84, 86, 88, 90, 92, 94, 96, 98, 100, 101, 102, 104, 106, 108, 110, 112, 114, 116, 118, 120, 122, 124, 126, 128, 130, 132, 134, 136, 138, 140, 142, 144, 146, 148, 150, 152, 154, 156, 158, 160, 162, 164, 166, 168, 170, 172, 174, 176, 178, 180, 182, 184, 186, 188, 190, 192, 194, 196, 197, 198, 200, 202, 204, 206, 208, 210, 212, 214, 216, 218, 220, 221, 222, 223, 224, 226, 228, 230, 232, 234, 236, 238, 240, 242, 244, 246, 248, 250, 252, 253, 254, 256, 258, 260, 262, 264, 266, 268,

274, 276, 278, 280, 282, 284, 286, 288, 290, 292, 294, 296, 298, 300, 302, 304, 306, 308, 310, 312, 314, 315, 316, 318, 322, 324, 326, 328, 330, 332, 334, 336, 338, 340, 342, 344, 346, 348, 350, 352, 354, 356, 358, 360, 362, 366, 368, 370, 372, 374, 376, 378, 380, 382, 384, 386, 388, 389, 390, 392, 394, 396, 398, 400, 402, 440, 441, 442, 443, 444, 445, 446, 447, 448, 450, 452, 454, 456, 458, 460, 462, 464, 465, 466, 467, 468, 469, 472, 474, 476, 478, 480, 482, 484, 486, 488, 490, 492, 494, 496

学统, 94, 126, 149, 206, 253, 258, 263, 389, 414, 425, 442, 443, 444, 445, 446, 449

学问, 2, 3, 4, 5, 6, 9, 12, 15, 17, 19, 20, 21, 22, 27, 29, 30, 32, 33, 34, 36, 42, 43, 44, 45, 46, 47, 48, 49, 51, 53, 56, 60, 63, 66, 81, 82, 88, 89, 90, 91, 93, 94, 95, 99, 100, 101, 102, 103, 109, 115, 117, 120, 122, 129,

# 术语索引

130, 131, 132, 133, 134, 135, 137, 138, 139, 141, 142, 144, 147, 156, 159, 173, 176, 183, 192, 194, 195, 197, 199, 201, 202, 209, 219, 221, 226, 227, 228, 229, 232, 233, 238, 239, 240, 241, 242, 243, 250, 253, 263, 264, 267, 273, 274, 275, 276, 277, 278, 280, 281, 282, 283, 285, 286, 287, 288, 289, 290, 291, 296, 297, 301, 304, 306, 309, 310, 313, 314, 317, 318, 334, 348, 353, 356, 365, 375, 394, 395, 399, 414, 424, 431, 433, 443, 446, 447, 452, 456, 458, 463, 465, 466, 478, 493

仪礼, 17, 333

义理, 1, 17, 30, 31, 33, 34, 49, 58, 266, 268, 274, 293, 301, 306, 307, 309, 315, 316, 336, 362, 448, 490

易, 2, 9, 15, 16, 18, 20, 21, 24, 28, 29, 42, 63, 64, 66, 72, 75, 77, 78, 81, 82, 83, 84, 88, 89, 96, 124, 125, 126, 136, 142, 149, 150, 195, 207, 227, 228, 229, 239, 241, 243, 251, 261, 264, 276, 277, 288, 292, 298, 307, 321, 334, 336, 339, 349,

373, 375, 377, 378, 381, 387, 393, 395, 398, 410, 418, 427, 428, 439, 445, 448, 452, 458, 464, 467, 468, 472, 476, 477, 479, 484, 486

易传, 77

易经, 227, 410

应该, 1, 9, 11, 16, 24, 49, 50, 51, 58, 78, 100, 101, 102, 110, 121, 124, 127, 128, 129, 131, 132, 136, 139, 144, 145, 148, 154, 155, 162, 184, 189, 191, 192, 209, 218, 219, 224, 225, 238, 239, 240, 242, 252, 260, 268, 276, 286, 307, 321, 343, 344, 354, 368, 388, 402, 404, 424, 425, 428, 429, 430, 432, 433, 434, 465, 466, 476, 485

哲学, 1, 2, 3, 5, 6, 7, 8, 9, 10, 11, 12, 13, 16, 19, 20, 21, 22, 23, 24, 27, 28, 58, 59, 60, 61, 63, 64, 65, 72, 73, 75, 77, 78, 80, 81, 82, 84, 85, 86, 87, 88, 89, 90, 91, 92, 93, 94, 95, 96, 97, 98, 99, 100, 101, 102, 103, 104, 105, 106, 107, 108, 109, 110, 111, 112, 113, 114, 115, 116, 117, 118, 119, 120, 121, 122, 123, 124, 126, 128, 129, 130, 131, 132, 133, 134, 135,

137, 138, 139, 140, 141, 142,
143, 144, 145, 146, 147, 148,
149, 150, 151, 152, 153, 154,
155, 156, 157, 158, 159, 160,
162, 163, 164, 165, 166, 168,
169, 170, 174, 175, 176, 177,
178, 180, 181, 182, 183, 184,
185, 186, 187, 188, 190, 192,
194, 196, 197, 198, 199, 200,
201, 202, 203, 204, 205, 206,
207, 208, 209, 210, 211, 212,
213, 215, 216, 217, 218, 219,
220, 221, 222, 223, 224, 227,
228, 229, 231, 232, 233, 234,
235, 236, 237, 238, 239, 240,
241, 242, 243, 244, 245, 246,
247, 248, 249, 250, 251, 252,
253, 256, 257, 258, 259, 260,
261, 262, 263, 264, 265, 266,
267, 268, 273, 274, 320, 321,
324, 326, 327, 328, 330, 334,
335, 336, 337, 338, 339, 340,
342, 343, 344, 345, 346, 347,
348, 349, 350, 351, 352, 353,
354, 355, 356, 357, 358, 359,
360, 362, 363, 365, 367, 369,
371, 372, 373, 374, 375, 376,
377, 378, 380, 381, 382, 383,
385, 386, 387, 388, 389, 393,
397, 399, 400, 401, 403, 404,
405, 406, 407, 408, 409, 410,
412, 413, 414, 421, 422, 426,
435, 436, 437, 439, 441, 442,
444, 445, 447, 448, 449, 450,
451, 452, 453, 454, 455, 456,
458, 459, 460, 461, 462, 463,
465, 470, 471, 472, 473, 476,
477, 478, 482, 483, 484, 485,
486, 487, 488, 489, 490, 491,
492, 493, 494, 495, 496

第一哲学, 44, 58, 115, 117, 121, 122, 235, 242, 253, 257, 401, 495

西方哲学, 2, 5, 6, 9, 19, 20, 28, 35, 36, 39, 40, 41, 42, 43, 44, 46, 47, 48, 49, 50, 51, 52, 53, 55, 56, 57, 58, 60, 61, 63, 64, 65, 75, 77, 81, 84, 85, 86, 87, 88, 93, 94, 96, 100, 101, 102, 104, 106, 111, 118, 119, 120, 123, 126, 128, 129, 130, 131, 132, 134, 137, 138, 139, 142, 143, 144, 146, 147, 148, 149, 150, 153, 154, 155, 156, 157, 159, 165, 175, 176, 188, 190, 192, 201, 202, 203, 204, 210, 211, 216, 221, 222, 223, 227, 228, 233, 234,

术语索引

236, 238, 240, 241, 242,
243, 244, 245, 247, 249,
250, 251, 253, 259, 260,
262, 263, 266, 268, 276,
278, 287, 288, 297, 301,
304, 305, 306, 307, 308,
310, 311, 314, 315, 317,
318, 319, 321, 337, 346,
350, 354, 356, 357, 362,
369, 371, 389, 393, 408,
409, 413, 414, 437, 439,
441, 442, 444, 449, 453,
459, 460, 463, 470, 472,
477, 483, 484, 486, 487,
495, 496

希腊哲学, 2, 8, 9, 37, 38, 58,
80, 81, 85, 101, 102, 105,
106, 108, 109, 110, 111,
112, 115, 117, 118, 119,
121, 123, 146, 150, 153,
157, 159, 160, 162, 163,
164, 166, 174, 175, 176,
180, 182, 183, 194, 196,
199, 207, 210, 257, 260,
279, 319, 367, 449, 451,
461, 465, 470, 471, 472,
473, 476, 477, 478, 482,
483, 487

哲学家, 2, 5, 6, 8, 24, 28, 30,
31, 35, 36, 37, 38, 39, 40,

41, 42, 43, 44, 45, 46, 49,
51, 52, 53, 55, 58, 63, 64,
73, 80, 81, 85, 86, 94, 95,
101, 108, 109, 110, 111,
112, 115, 118, 124, 126,
128, 129, 130, 143, 144,
146, 147, 150, 153, 154,
155, 157, 159, 166, 175,
178, 180, 182, 183, 185,
186, 187, 192, 201, 203,
204, 205, 210, 215, 232,
235, 239, 241, 242, 245,
246, 249, 253, 273, 275,
278, 284, 285, 286, 288,
305, 306, 317, 319, 320,
343, 345, 347, 348, 350,
353, 356, 367, 373, 380,
381, 397, 400, 407, 408,
413, 421, 435, 442, 449,
451, 453, 454, 459, 461,
470, 471, 472, 473, 476,
477, 478, 482, 483, 491, 494

哲学史, 5, 22, 23, 24, 27, 28,
30, 31, 34, 36, 37, 40, 43,
45, 47, 53, 56, 57, 58, 64,
81, 86, 104, 111, 123, 135,
137, 138, 142, 143, 144,
150, 153, 154, 157, 159,
175, 176, 177, 180, 188,
190, 198, 199, 201, 203,

204, 207, 210, 211, 213, 216, 217, 228, 234, 238, 242, 243, 244, 245, 247, 248, 256, 260, 266, 268, 274, 275, 276, 277, 288, 306, 307, 310, 311, 312, 313, 314, 315, 316, 317, 318, 334, 350, 362, 369, 447, 448, 453, 455, 458, 459, 463, 483, 484, 492, 496

哲学王, 38, 144, 184, 209, 367, 421

中国古代哲学, 12, 30, 53, 98, 119, 274, 307, 308, 346, 354, 356, 452

中国哲学, 1, 9, 22, 23, 24, 28, 30, 34, 45, 53, 58, 59, 60, 63, 77, 85, 87, 88, 92, 93, 94, 95, 98, 105, 106, 135, 140, 141, 142, 143, 146, 147, 148, 150, 151, 153, 157, 158, 198, 201, 203, 228, 266, 274, 276, 277, 278, 305, 306, 307, 308, 310, 311, 312, 313, 314, 315, 316, 317, 318, 319, 321, 334, 335, 336, 346, 350, 354, 356, 382, 444, 447, 448, 449, 450, 452, 453, 454, 455, 456, 458,

459, 463, 486, 495

中国哲学史, 22, 23, 24, 28, 30, 34, 45, 53, 58, 135, 150, 198, 201, 228, 274, 276, 277, 306, 307, 310, 311, 312, 313, 314, 315, 316, 317, 334, 447, 448, 453, 455, 458, 459, 463

哲学史讲演录, 43, 157, 177, 207, 213, 217, 260

真理, 4, 37, 38, 40, 42, 46, 51, 52, 64, 101, 104, 108, 109, 139, 141, 146, 156, 157, 159, 166, 172, 174, 176, 179, 180, 181, 186, 187, 188, 192, 197, 198, 199, 200, 203, 206, 211, 212, 214, 215, 218, 227, 230, 237, 246, 249, 250, 256, 257, 259, 260, 263, 275, 280, 283, 287, 308, 343, 344, 369, 372, 373, 374, 376, 379, 381, 416, 417, 441, 465, 476, 478, 479, 480, 483, 486, 493

正义, 17, 62, 63, 82, 154, 183, 184, 185, 187, 188, 189, 190, 193, 194, 209, 333, 411, 467, 491

政统, 446

政治学, 1, 2, 3, 7, 8, 12, 16, 21, 22, 23, 103, 121, 122, 133, 134,

# 术语索引

135, 197, 198, 203, 264, 321, 345, 356, 357, 385, 386, 387, 388, 404, 412, 445, 448, 452, 488

知, 2, 3, 4, 5, 6, 7, 8, 10, 11, 13, 14, 15, 19, 20, 21, 22, 23, 27, 29, 30, 31, 32, 33, 34, 35, 36, 37, 38, 39, 40, 41, 42, 43, 44, 45, 46, 47, 48, 50, 51, 53, 54, 55, 56, 57, 58, 59, 61, 62, 63, 64, 65, 68, 69, 70, 71, 72, 74, 75, 76, 80, 81, 82, 84, 85, 86, 87, 90, 91, 92, 93, 94, 96, 97, 98, 101, 102, 108, 109, 110, 111, 116, 117, 119, 120, 122, 123, 124, 125, 127, 128, 130, 131, 132, 134, 135, 137, 138, 139, 140, 142, 144, 145, 146, 147, 148, 149, 153, 154, 155, 156, 157, 161, 162, 164, 166, 169, 171, 172, 173, 174, 176, 177, 179, 181, 182, 183, 184, 185, 186, 187, 189, 190, 192, 193, 194, 195, 196, 198, 199, 200, 201, 202, 203, 204, 205, 206, 207, 208, 209, 212, 216, 217, 218, 219, 221, 225, 226, 227, 228, 229, 232, 233, 234, 236, 237, 238, 239, 240, 241, 242, 243, 244, 245, 247, 248, 249, 250, 251, 252, 253, 254, 255, 257, 258, 260, 261, 263, 265, 267, 268, 269, 273, 276, 278, 279, 280, 281, 282, 283, 284, 285, 286, 287, 288, 289, 290, 291, 292, 293, 294, 295, 296, 297, 298, 299, 300, 301, 302, 303, 304, 305, 306, 307, 308, 309, 310, 311, 312, 313, 314, 315, 316, 317, 318, 319, 321, 322, 323, 324, 326, 328, 330, 334, 335, 336, 343, 344, 345, 346, 347, 349, 350, 351, 352, 353, 354, 355, 356, 361, 364, 365, 366, 367, 368, 369, 370, 371, 372, 373, 375, 376, 377, 378, 379, 380, 381, 382, 384, 385, 386, 388, 389, 390, 391, 392, 393, 394, 395, 396, 397, 398, 399, 402, 403, 405, 406, 408, 410, 411, 412, 413, 414, 415, 416, 417, 418, 419, 421, 422, 423, 425, 426, 428, 429, 430, 432, 433, 434, 435, 436, 437, 438, 439, 440, 441, 443, 444, 445, 446, 447, 448, 449, 450, 451, 452, 453, 454, 455, 456, 457, 458, 459, 461, 462, 463, 464, 468, 476, 478, 479, 481, 483, 488, 490, 491,

492，493，494，495

知识，2，4，10，11，14，22，23，27，
30，31，32，37，38，39，40，41，
42，44，45，46，47，48，53，54，
55，56，57，58，62，80，82，91，
92，93，108，109，117，119，120，
122，123，132，135，137，139，
142，144，146，147，148，149，
153，157，161，162，171，173，
174，179，184，185，186，187，
193，194，196，198，199，200，
201，202，203，204，205，206，
207，208，209，212，216，217，
219，221，226，227，228，229，
233，234，236，237，239，240，
241，242，243，244，245，249，
250，253，254，257，258，260，
265，267，268，276，279，283，
284，285，286，293，302，305，
306，309，312，313，314，316，
317，318，336，343，344，346，
347，350，354，355，364，366，
367，368，369，370，371，373，
376，377，378，379，380，381，
382，388，389，390，391，392，
393，394，395，396，397，398，
399，402，405，406，411，422，
423，429，430，433，434，435，
436，437，438，443，444，445，
446，447，450，451，452，453，
454，455，457，458，459，461，
462，463，464，468，476，478，
479，481，483，488，490，491，
492，493，494，495

爱知识，41，207，208

知识分子，14，23，208，312，313，
314，434，435，437，438，445，
450，451，452，454，459，461，
462，463，464，468

知行，22，68，70，71，131，135，
146，157，185，196，301，303，
304，314，318，346，350，354，
355，356，366，391，393，432

知性，3，6，7，10，92，146，147，
153，267，300，301，308，318，
356，390，392，411，412，413，
415，416，417，418，423，426，
428，439

治国，6，14，20，21，33，40，48，
66，67，68，134，184，209，289，
298，300，311，349，376，431，
433，435，442，444，464，495

智慧，27，29，30，31，33，34，35，
36，39，40，41，42，44，47，53，
55，57，160，183，184，185，186，
189，190，193，194，198，199，
208，209，235，274，278，300，
337，340，349，371，372，375，
376，377，378，380，382，391，
392，393，397，406，410，458，

# 术语索引

490, 495
　爱智慧, 27, 29, 34, 41, 53, 185, 274, 375, 490
　实践的智慧, 39, 40, 57, 375, 376, 377, 378
智性直观, 92, 93
中国伦理学, 1, 22, 23, 119, 135, 198, 201, 203, 315, 356, 364, 365, 374, 382, 383, 385, 387, 445
中国思想, 1, 17, 27, 53, 63, 64, 89, 93, 94, 124, 127, 131, 151, 223, 269, 306, 337, 403, 444, 448, 455
　中国古代思想, 22, 23, 28, 52, 76, 79, 93, 95, 279, 310
中学, 1, 2, 3, 4, 6, 7, 8, 9, 10, 11, 12, 13, 14, 16, 18, 20, 21, 22, 23, 24, 28, 30, 32, 34, 36, 38, 40, 42, 44, 46, 48, 50, 52, 54, 56, 58, 60, 62, 64, 66, 68, 70, 72, 74, 76, 78, 80, 82, 84, 86, 88, 90, 92, 94, 96, 98, 100, 101, 102, 103, 104, 106, 108, 110, 112, 114, 116, 118, 120, 122, 124, 126, 128, 129, 130, 131, 132, 133, 134, 136, 138, 140, 142, 144, 145, 146, 148, 149, 150, 151, 152, 154, 155, 156, 158, 160, 162, 164, 166, 168, 170, 172, 174, 176, 178, 180, 182, 183, 184, 186, 188, 190, 192, 194, 196, 198, 200, 202, 204, 206, 208, 210, 212, 214, 216, 218, 220, 221, 222, 224, 226, 228, 230, 232, 234, 236, 238, 240, 242, 244, 246, 248, 250, 251, 252, 254, 256, 258, 260, 262, 264, 266, 268, 274, 276, 278, 280, 282, 284, 286, 288, 290, 292, 294, 296, 298, 300, 302, 304, 306, 308, 310, 312, 314, 315, 316, 318, 320, 322, 324, 326, 328, 330, 332, 334, 336, 338, 340, 342, 344, 346, 348, 350, 352, 354, 356, 357, 358, 360, 362, 366, 368, 370, 372, 374, 376, 378, 380, 382, 384, 386, 388, 390, 392, 394, 396, 398, 400, 402, 403, 404, 405, 406, 407, 408, 410, 412, 413, 414, 416, 418, 420, 422, 424, 426, 428, 429, 430, 432, 434, 436, 437, 438, 440, 441, 442, 444, 446, 448, 450, 451, 452, 454, 456, 458, 459, 460, 462, 464, 466, 468, 469, 472, 474, 476, 478, 480, 482, 484, 486, 488, 490, 492, 494, 496

中庸，18，19，21，62，72，75，83，124，125，127，183，184，185，289，290，294，297，300，303，306，331，333，341，349，351，439，440

终极关怀，3，4，93，97，138，156，165，221，226，332，341，347，351，352，362，379，398

周礼，17，333，452

周易，28，63，82，124，125，227，228，229，239，241，251，448，452

周易正义，63，82

主体，2，5，10，50，54，75，89，111，116，143，148，158，201，217，247，258，261，265，268，335，336，351，354，355，395，402，406，412，415，417，418，422，423，425，426，427，428，439，443，449，459，463，475

自然，2，5，8，9，10，11，12，13，21，22，31，32，38，39，42，43，53，54，65，69，73，100，101，102，105，119，120，121，122，123，125，132，133，137，139，140，142，145，146，147，148，155，156，157，158，161，165，176，183，185，186，192，194，196，197，199，202，203，204，207，208，224，227，235，236，243，244，247，249，252，253，254，257，264，267，268，282，302，304，314，317，325，328，330，336，337，345，354，357，366，367，368，377，393，394，395，397，404，406，407，408，416，419，429，430，434，435，436，447，449，455，459，462，481，482，491，492，494

自由，2，8，13，41，42，43，44，99，119，136，137，138，158，161，162，163，164，165，188，193，200，206，207，208，209，210，211，216，223，224，227，230，250，258，259，260，261，265，308，345，347，362，366，388，409，414，419，430，431，432，433，434，435，436，438，439，446，449，451，452，464，466，467，468

意志的自由，138，230

自由的意识，43，163，164

宗教，4，5，10，11，40，43，44，45，46，47，54，56，57，59，60，63，65，71，77，78，79，80，81，82，83，84，85，87，88，89，90，91，92，93，94，95，97，99，118，125，126，128，129，131，132，137，138，139，140，141，142，144，146，148，154，156，157，

161, 163, 164, 165, 201, 202,
206, 209, 240, 260, 265, 273,
278, 279, 280, 281, 282, 283,
285, 287, 288, 304, 306, 307,
318, 320, 369, 370, 371, 372,
373, 379, 380, 381, 382, 383,
385, 386, 388, 389, 390, 393,
394, 399, 407, 408, 409, 425,
427, 436, 457, 460, 491

佛教, 5, 33, 34, 45, 72, 73,
78, 79, 80, 97, 141, 279,
310, 322, 324, 327, 331,
332, 336, 339, 340, 341,
342, 347, 349, 350, 353,
356, 359, 360, 361, 363,
379, 389, 394, 407, 457

基督教, 11, 23, 36, 43, 45, 48,
55, 79, 91, 97, 128, 129,
133, 139, 141, 145, 146,
147, 148, 149, 154, 155,
165, 262, 263, 279, 287,
322, 324, 331, 332, 336,
342, 347, 350, 351, 352,
353, 354, 356, 357, 359,
360, 372, 379, 381, 382,
383, 385, 386, 387, 389,
390, 394, 399, 407, 435,
439, 456, 457, 460

宗教思维, 88, 129, 321, 327,
332, 338, 339, 340, 341,
343, 344, 346, 347, 348,
349, 350, 352, 353, 354,
355, 356, 357

左传, 33, 55, 349, 391, 440, 448,
452, 458

做, 3, 4, 6, 8, 13, 14, 15, 16, 18,
19, 20, 21, 22, 28, 30, 31, 42,
43, 44, 50, 53, 54, 57, 58, 59,
69, 72, 73, 74, 77, 90, 93, 94,
102, 103, 115, 120, 123, 126,
127, 129, 131, 132, 133, 134,
135, 139, 140, 144, 147, 148,
149, 154, 178, 181, 195, 203,
206, 208, 209, 218, 225, 230,
233, 251, 254, 256, 260, 267,
273, 274, 277, 278, 280, 281,
282, 283, 284, 285, 286, 287,
288, 289, 291, 292, 293, 297,
298, 299, 300, 301, 302, 303,
304, 305, 306, 307, 309, 310,
311, 312, 313, 314, 315, 318,
327, 328, 332, 337, 342, 343,
345, 348, 349, 351, 352, 354,
355, 357, 359, 362, 367, 368,
371, 374, 380, 381, 382, 387,
388, 389, 391, 393, 394, 396,
399, 401, 402, 403, 408, 412,
413, 414, 417, 424, 425, 429,
431, 436, 442, 443, 444, 446,
448, 449, 450, 452, 453, 458,
459, 460, 461, 465, 466, 467,
468, 472

# 修订版后记

本书新版之际，对原稿内容作了一系列重要调整。较大的变化有如下几处：

一、增加了《本体的三种含义及其现代混淆》一章。本章内容曾作为论文在《哲学研究》2020年第9期上发表，不过发表时所用的是压缩版，只有1.5万字左右，而本书所收此文则有3万字。这篇新文之所以收入，显然是因为觉得它与本书从概念范畴出发讨论现代中国学术问题这一主题契合度高。

二、增加了《中国古代有伦理学吗?》一章。此章内容是将我以前的两篇论文《中国古代有伦理学吗?》[《清华大学学报》（哲学社会科学版）2009年第1期（第24卷），127—135］及《知识、道德与传统儒学的现代方向》（《中国社会科学》2005年第3期，80—90）合并整理而成。二文曾收入拙著《学统的迷失与再造：儒学与当代中国学统研究》（西安：陕西师范大学出版社2010年）。是否增加此章，我亦犹豫再三，有勉强之感。主要是因为我实在不想让此书内容与我的其他专著重复。当然，此二文与本书主题确实相关。

三、删除旧版《理解西方两千多年来的"学统"》一章，将其内容分别并入辩证法、形而上学两章中。这主要是因为此章是从辩证法、形而上学来讨论西方学统问题，并入辩证法、形而上学两章，可强化关于这两个范畴在现代中国的命运的探讨的意义，从而更好地扣紧本书主题。在合并过程中，为了上下文衔接，对原稿作了一定修订。

四、文献的更新、增补和校订。对全书引用文献进行了全面校订，根据民国文献尽量采用原始版、港台文献尽量采用港台版、当代文献尽量不用他人转载等原则，对朱熹、王阳明、王国维、梁启超、章太炎、蔡元培、胡适、马一浮、冯友兰、张岱年、张东荪、张君劢、唐君毅、牟宗三、钱穆、方东美、刘述先等人，根据原始文献、新的全集本或较早较权威版本对旧版引文进行一次全面的更新、校订和统一处理，更新文献一二百处，校订引文数百处。旧版中数十处当代学者文献来自第二手资料（如他人转载或网文），这次一并溯源到原始文献并进行了校订。在文献校订方面，可以说这次花了很大气力。

五、内容的修订、补充和调整。对全书内容也进行了一次修订。本书的主体部分是 20 年前写成的，前人成果有的有遗漏，有的后来才出现，比如关于儒学宗教性的研究、关于 ontology 与"是"的研究、关于形而上学的研究等，都有这方面的问题。这次修订中，在儒学宗教性一章，补充了国外儒学宗教性研究的概括分析，此外增补了十多份有关宗教性的文献，新增文献主要是外文文献，也有若干反映新近儒学宗教性进展的中文文献，包括对秦家懿、罗尼·泰勒、南乐山等人的有关介绍；在 ontology 章，考虑到有关 ontology/to be 的研究最近 20 年来成果丰硕，笔者花了不少时间重点阅读了查尔斯·H. 卡恩的相关成果以及陈康、王太庆、王路等人的相关论著，并对正文作了相应的修订和完善。在形而上学章，适当增加了若干材料和内容。

六、增加附录。在阅读卡恩（包括欧文、丹西、欣提卡等人）等西方学者论述时，我发现旧版 ontology 章开头一节总结希腊文"是"（einai, eimi, estin 等）之义的主要观点正是 20 世纪 50 年代以来一批西方学者所着力纠正的。为此，我不得不花不少精力细读了卡恩的论文和著作，结果是将 ontology 一章第一节几乎完全重写了。现在想来，当年写这一部分时，对古希腊文中 to be 含义的分析就有不尽如己意、甚至偷懒的地方，这次改写后自己稍稍安慰了一些。另外，我在阅读王路的《"是"

与"真"——形而上学的基石》(2013) 一书时，发现有些观点与我多年前的有些观点若合符节，因此我将王路的有关观点作了摘录，与我对卡恩、王太庆观点的梳理合在一起，新做了一个附录。读者由此可以读到一些有关 ontology 和形而上学的新成果。

最后，还有两个地方要特别说明一下：

（1）关于形而上学（metaphysics）的含义，我在本书旧版中称西方人将唯物主义称作为形而上学一分支，而其实唯物主义按照中国人的理解是"形而下学"。现在我觉得这一说法后半句可能有问题，即我现在发现，在很多西方学者看来，唯物主义虽然是 metaphysics 一分支，但也属于"形而上"之学，因而西方人对唯物主义的理解与中国学者区别很大。

（2）近来专门读了法国学者皮埃尔·阿多（Pierre Hadot, 1922—2010）的著作 *What is Ancient Philosophy?*（trans. by Michael Chase, Cambridge, Mass.: Belknap Press of Harvard University Press, 2002）及其中译本《古代哲学的智慧》（张宪译，上海：上海译文出版社，2017）。阿多重视古代哲学作为一种生活方式的含义，特别是古代西方哲学注重实践和精神修炼（spiritualexercise）的特征。看完以后，我并不认为阿多的研究为儒学或道家学说是哲学提供了一种证明。因为我认为他的主要目的是为了批评近现代西方哲学变成了思维游戏，从而丧失了精神意义的趋势，其所谓实践品格、精神修炼也需要在特定意义上理解，何况这也不是对西方古典哲学传统特征的全面解读，他的有些说法很容易给中国学者以误导。这方面应该另外撰文讨论。

总的来说，最近20年来，国内外学界围绕哲学、形而上学、ontology/to be、儒学宗教性等本书相关问题的考证和研究取得了很大进步，出版了很多成果。这次修订虽重新阅读并针对性地补充了一些重要材料，作了一些改写，但总的来说，没有办法全面搜集材料大幅改写。这是一种遗憾，唯望此书所代表的旧说没完全过时。总之，这次修订以校正、完善而不是以改写为主，原则上不改变旧版主体内容。

修订还包括：校订文字错误百余处；调整个别章节标题；对正文文

字适当修订数百处；调整了 ontology 一章的标题；调整了最后一章即讨论新儒家一章的标题。调整标题有时是为了保持全书标题风格一致，并非原标题不妥，也不等于正文内容改变。其他新增文字包括：《跋》增加了三小节，放在最前面，节标题分别为《当代中国学人的意义危机》《中国哲学的范式危机》《现代儒学的出路问题》。这些新增内容都是从我近年一些文章中摘取后修订而成，或许能更好地反映本书的中心思想或主题。

新版另一个重要变化是把脚注全部转换成章末注，着重号基本上一律除去，希望这样做有利于增加读者视角上的观感和兴趣；最后，增加了原版没有的《术语索引》，压缩了《人名索引》。

在阅读旧版时，我发现当年的言辞常常过于尖锐激烈，甚至显得刻薄，对不少德高望重的前辈学人似欠尊重。站在今天角度，我是绝不赞同这种文风的，但考虑到全面删削工作量太大，最后还是决定故存其旧，作为历史见证吧，所以没有大动干戈对正文内容重写。

本书的索引由周秦汉同学制作。本书的校对贾祯祯博士做了不少工作。

方朝晖
2021 年 5 月 24 日星期一